Kirkpatrick Sale

Das verlorene Paradies

Kirkpatrick Sale

Das verlorene Paradies

Christoph Kolumbus und die Folgen

Aus dem Amerikanischen
von Brigitte Rapp

List Verlag
München · Leipzig

Die Originalausgabe erschien unter dem Titel «The Conquest of Paradise – Christopher Columbus and the Columbian Legacy» 1990 im Verlag Alfred A. Knopf, Inc., in New York.

ISBN 3-471-78639-2

Gesamtherstellung: Ebner Ulm

Inhaltsverzeichnis

Für meine Frau
Für jene, die zuerst hier waren

Prolog

Der Mann, den wir als Christoph Kolumbus kennen, starb, so erstaunlich uns das heute erscheinen mag, von der Welt fast vergessen und völlig unbeachtet auf dem Subkontinent, dessen Geschichte er doch so entscheidend veränderte. Die wahre Bedeutung seiner Entdeckung zeigte sich erst später, als die Neue Welt der Alten Welt ihre Schatzkammern mit jedem Jahrzehnt weiter öffnete und die historische Bedeutung seiner Tat in der gelehrten Welt und dann auch allgemein bekannt wurde. Ein halbes Jahrhundert nach seinem Tod wußte man seine Leistung in dem Land, das den größten Nutzen daraus zog, zweifellos entsprechend zu würdigen – 1552 sprach der spanische Historiker Francisco López de Gómara von dem «größten Ereignis seit der Erschaffung der Welt nach dem Tag, an dem Christus Mensch geworden und für uns gestorben ist». Ende des sechzehnten Jahrhunderts gestanden selbst die mit Lob für nichtgallische Leistungen sehr sparsamen Franzosen ein, daß «die größten Verdienste der vergangenen Epoche die Erfindung der Druckerpresse und die Entdeckung der neuen Welt waren, die nach meiner Meinung nicht nur der Antike, sondern der Unsterblichkeit gleichzustellen sind», wie ein gewisser Louis Le Roy schrieb. Nach weiteren zwei Jahrhunderten, als die Völker Europas das ganze unglaubliche Panorama der beiden neuen Kontinente erkannt (und sich in großem Umfang zunutze gemacht) hatten, wäre das nüchterne Urteil des schottischen Ökonomen Adam Smith kaum auf Widerspruch gestoßen: «Die Entdeckung Amerikas und des Seeweges nach Ostindien um das Kap der Guten Hoffnung sind die beiden größten und bedeutendsten Ereignisse in der Geschichte der Menschheit.»

Trotz unzähliger Bewertungen dieser Art kann Kolumbus' Leistung erst in unserem Jahrhundert – und eigentlich erst in der Rückschau anläßlich der Fünfhundertjahrfeiern seiner ersten Reise – wirklich in vollem Umfang erfaßt werden. Heute erst können wir ermessen, wie sehr seine Entdeckung und ihre Auswirkungen die Lebensumstände auf unserem Globus und die von ihnen abhängigen Kulturen verändert haben:

Die Gesellschaft des europäischen Subkontinents wurde in die Lage versetzt, in nie gesehenem Ausmaß zu expandieren, so daß sie heute praktisch jede andere Gesellschaft, mit der sie in Berührung kommt, beherrscht, einem Großteil der Menschheit ihre westliche Kultur aufzwingt und ihre Institutionen und Vorstellungen, ihre Sprachen und ihre Kultur, ihre Technologie und Wirtschaft um den ganzen Erdball trägt.

Europa häufte Reichtümer und Macht in einer vorher unvorstellbaren Fülle an, wodurch es das erfolgreichste System aller Zeiten schaffen und ausbauen konnte, ein Gemisch aus Humanismus und Säkularismus, Rationalismus und Wissenschaft, Materialismus und Kapitalismus, Nationalismus und Militarismus – also das Grundgefüge unserer sogenannten modernen Zivilisation.

Eine gewaltige, beabsichtigte oder zufällige, Umverteilung der Lebensformen fand statt, welche die tiefgreifendste Veränderung des Lebens auf der Erde seit dem Ende des Erdaltertums zur Folge hatte und die vor so vielen Erdzeitaltern getrennten Kontinente wieder zusammenfügte, wodurch es zum Aussterben, zur Veränderung und sogar zur Entstehung neuer Arten in einem ungeahnten Tempo und Ausmaß kam.

Vor allem aber ermöglichte Kolumbus' Entdeckung dem Menschen, die Verwandlung der Natur wirkungsvoller und gründlicher denn je zuvor zu betreiben; der Mensch vermehrte sich, bereicherte sich und beherrschte die Erde wie keine andere Art zuvor, er veränderte die Produkte und Prozesse seiner Umwelt und griff in die Systeme von Boden, Wasser und Luft ein, er brachte stabile atmosphärische und klimatische Systeme aus dem Gleichgewicht und gefährdet heute bereits – und das ist gewiß keine Übertreibung – den Fortbestand der Erde in ihrer vertrauten Form und eines Großteils der auf ihr lebenden Arten, einschließlich seiner eigenen.

Jetzt, fünf Jahrhunderte später, sind wir in der einzigartigen Lage, Kolumbus' Entdeckung in allen ihren Konsequenzen überblicken und beurteilen zu können. Heute erst können wir richtig abschätzen, was es bedeutet, daß gerade diese auf einem kleinen Vorsprung der asiatischen Landmasse beheimatete Kultur mit ihrem besonderen historischen Hintergrund in eben diesem historischen Moment ein Ereignis dieser Größenordnung zu bewirken und davon reichlich zu profitieren vermochte, heute erst verstehen wir die Auswirkungen der Verpflanzung dieser Kultur auf die ganze Welt. Wir sind jetzt vielleicht sogar in der Lage, die Entdeckung selbst und die von ihr in Gang gesetzten Prozesse mit anderen Augen zu betrachten, und vielleicht gelingt uns im Rückblick eine Neubewertung der von ihr begünstigten industriellen Zivilisation und ihrer Werte und Ziele.

Die vorliegende Untersuchung wurde durchgeführt, um neue Einsichten dieser Art zu gewinnen. Kolumbus verkörpert vor allem den Beginn der Neuzeit – in unserer Hemisphäre die letzten fünf Jahrhunderte; in seinem Charakter und in seinen Leistungen wird für uns das Grundmuster sichtbar, das dieses Zeitalter von Anfang an prägte und größtenteils auch heute noch prägt. Er war für die Art und Weise der Übertragung der europäischen Kultur auf den amerikanischen Kontinent verantwortlich, nicht nur als Befehlshaber der Spanier, sondern auch als Vorbote der nachfolgenden Nationen, und wie seine Segelrouten, so diente auch sein außergewöhnlicher Lebensweg allen, die nach ihm kamen, als Modell. Er begründete das Erbe der europäischen Zivilisation in der amerikanischen Welt; diese Zivilisation beherrschte unsere Kultur fünf Jahrhunderte lang, und ihre Auswirkungen stellen heute unser Überleben in Frage.

Eine Neubewertung kommt ganz besonders der Nation zu, die das europäische Erbe nicht nur äußerst erfolgreich ausgenutzt, sondern den Entdecker sogar zu ihrem größten Helden, zum Symbol ihrer selbst auserkoren hat. Im Namen Columbia, den die neuen Vereinigten Staaten Ende des achtzehnten Jahrhunderts erhielten, schlägt das Herz dieser Nation, er steht für Mut und Abenteuerlust, Eroberung und Herausforderung, Unnachgiebigkeit und Unbezwingbarkeit. Nach diesem Mann wurden in den USA mehr Städte, Bezirke, Ortschaften, Flüsse, Universitäten, Parkanlagen, Straßen und Gebäude benannt als nach irgendeiner anderen historischen Persönlichkeit mit Ausnahme George Washingtons, und für keinen anderen weltlichen Helden der Geschichte wurden mehr Denkmäler, Statuen und Gedenktafeln errichtet. Die Vereinigten Staaten tragen schwerer als jede andere

Nation an Kolumbus' ehrenvollem Vermächtnis. Sie sind besser als jede andere Nation in der Lage, die Bedeutung der Entdeckung in ihrer ganzen Vielfalt und Folgenschwere zu bewerten.

Interessanterweise hat uns Kolumbus die eigene Einschätzung seiner Tat hinterlassen, an deren Größe er offenbar keinen Zweifel hegte. Auf seiner vierten Reise, bei angegriffener Gesundheit und zeitweilig verwirrtem Geist, phantasierte er von einem offenbar himmlischen Wesen, das eines Nachts zu ihm gesprochen habe:

«Als er sah, daß du das Alter erreichtest, dessen er zufrieden war, da ließ er wundersam deinen Namen allenthalben auf der Erde erschallen. Die Indischen Lande, die ein so reicher Teil der Welt sind, gab er dir zu eigen und du verteiltest sie, wie es dir gefiel, und dir ward die Macht dazu gegeben. Die Bande des Ozeanischen Meeres, die mit so festen Ketten geschlossen waren, du öffnetest sie mit dem Schlüssel, den er dir gab. Und in vielen Landen war man dir gehorsam und bei allen Christen gewannst du soviel Ehre und Ruhm.»

Göttliche Eingebung – wie der Entdecker voll Freude annahm – oder nicht, die folgenschwere Tat war zweifellos sein Verdienst, und den Nutzen daraus zog die Christenheit, die seinen Namen schließlich unsterblich machte. Wir aber haben an dem Erbe dieser Tat zu tragen, und mehr als je zuvor kommt es heute für uns darauf an, diese Tat richtig zu bewerten und zu verstehen.

Erstes Kapitel
1492

Wir haben keine zuverlässigen Berichte über das Wetter an jenem Freitagmorgen Anfang August 1492, kurz bevor der Tag zu dämmern begann über dem kleinen Fischerstädtchen Palos am Río Tinto im südwestlichen Zipfel Kastiliens, am Rand der Halbinsel, mit der sich Europa weit in die damals als Ozeanisches Meer bezeichnete Wasserfläche vorschiebt. Zweifellos sollte es wieder ein wüstenheißer Tag werden, wie zu dieser Jahreszeit typisch für Andalusien. Zweifellos war die Luft aber auch noch frisch vom *terrál,* jenem sanften Wind, der an Sommerabenden von der Sierra Morenas zum Meer hinunterweht. Tief am westlichen Himmel war wohl in der Ferne noch ein blasser, geisterhafter Mond zu sehen, der sich binnen kurzem zum Vollmond runden würde.

Mit Sicherheit wissen wir jedoch, daß Cristóbal Colón, Oberbefehlshaber von drei kleinen Segelschiffen, die den Sommer über in der geschützten Bucht von Palos gelegen hatten, «eine halbe Stunde vor Sonnenaufgang» den Befehl gab, die Anker zu lichten und die lange Reise in die unbekannten Weiten der westlichen Meere zu beginnen. Mit Hilfe von langen Eschenholzrudern wurden die Schiffe in die Mitte des Tinto gebracht, wo durch den Rückfluß der Flut in den Golf von Cádiz die Strömung stärker war, und bald konnten die Mannschaften die Segel setzen, um die sanfte morgendliche Brise auszunutzen.

Der Anblick dieser drei Schiffe auf ihrem Weg zum Meer war keineswegs aufsehenerregend. Es waren die üblichen Schiffe mediterraner Bauart, die an den Atlantikküsten bereits seit über einem Jahrhundert in Verwendung waren; sie hatten sich als manövrierfähig und seetüchtig erwiesen. Die ersten beiden waren Karavellen, wendige, leichte Allzweckschiffe mit jeweils drei Masten, vermutlich fünfzehn bis achtzehn Meter lang und etwa sechs Meter breit und mit einer Besatzung von jeweils etwa zwei Dutzend Mann. Die Namen der Schiffe – oder vielmehr ihre Spitznamen, denn damals wurde noch nichts auf die Heckbalken gemalt, und man kannte die Schiffe unter den Bezeichnungen, die ihnen die Seeleute gaben – dürften den Generalkapitän, der für seine Frömmigkeit bekannt war, nicht eben erfreut haben: *Pinta,* der Name des ersten Schiffes, war zweifellos von einer Familie Pinto abgeleitet worden, der das Schiff gehörte, bedeutet aber eigentlich eine «Angemalte» (*puta* in der Seemannssprache); das zweite Schiff hieß offiziell *Santa Clara,* wurde aber nach dem Besitzer, Juan Niño aus dem nahen Moguer, *Niña* genannt, was «kleines Mädchen» bedeutet und ähnliche Assoziationen weckt.

Das dritte Schiff war ein Nao, ein etwas größeres, bauchiges Schiff, vielleicht um ein Zehntel größer als die Karavellen, aber plumper, langsamer und, wie Colón später klagte, «sehr schwerfällig und Erkundungsfahrten nicht gewachsen». Eigentlich hieß es *La Gallega,* da es in Galicien gebaut worden war, erhielt aber dann möglicherweise den Spitznamen *Marigalante,* ein «flottes Mariechen» in der Seemannssprache, was dem gottesfürchtigen Colón gewiß nicht zu Ohren kommen durfte. Abgesehen von dem Namen, den ihm die Seeleute auf dieser Reise gegeben haben mögen, trug es offiziell den Namen *Santa María,* und mit ihm ist es in die Geschichte eingegangen. Es war das Flaggschiff der Flotte, auf dem sich der Generalkapitän und der privilegierte (das heißt nicht seeerprobte) Teil der Besatzung – zwei Abgesandte des Hofes, der die Reise finanzierte, ein *alguazil* (Polizeioffizier) der Flotte, ein Sekretär, ein Dolmetscher und ein Arzt – sowie weitere drei Dutzend Mann befanden, und das alles auf einem Schiff, das nicht viel größer als ein moderner Tennisplatz gewesen sein kann.[1]

Auf ihrer langsamen Fahrt den Tinto hinab näherten sich die drei Schiffe nun einem hohen, pinienbewaldeten Hügel, auf dessen Gipfel das kleine Franziskanerkloster La Rábida stand; seine hellen, weißgetünchten Mauern hoben sich selbst im schwachen Licht der Morgendämmerung deutlich ab. Vielleicht ließ der Generalkapitän hier halten, um einen letzten Blick des Abschieds auf diesen Ort zu richten, der so viel für ihn bedeutete. Hier hatte er mit seinem Sohn Diego in jenen dunklen Tagen sieben Jahre zuvor, aus Portugal kommend, heimatlos und vermutlich auch mittellos, um Gastfreundschaft und Aufnahme gebeten. Hier war er mit dem berühmten Astronomen und Franziskanerpater Antonio de

Marchena zusammengetroffen (vielleicht hatte er ein Empfehlungsschreiben an ihn), der seinen großen Plan, über das Ozeanische Meer nach Westen zu segeln, um in fernen Ländern und auf fernen Inseln Reichtum zu finden, als erster wohlwollend aufgenommen und unterstützt hatte. Hier hatte er Diego zumindest während eines Teils jener schweren, enttäuschenden Jahre in der Obhut der Franziskaner zurückgelassen, als er dem an wechselnden Orten Kastiliens residierenden Hof nachreiste, immer auf der Suche nach Unterstützung für seinen großartigen Plan. Und hier war er auch mit Pater Juan Pérez zusammengekommen, einem früheren Vertrauten (und möglicherweise einem der Beichtväter) Königin Isabellas, dem es den Berichten nach in erster Linie zu verdanken war, daß man Ende 1491, als schon alles verloren schien, Colón eine letzte Audienz bei Hof gewährte – jene Audienz, die nach sechs langen, erfolglosen Jahren schließlich die königliche Zustimmung sowie den Erwerb und die Ausstattung der drei Schiffe zur Folge hatte, die nun als kleine Flotte auf dem Fluß ihre Reise antraten.

Doch La Rábida stand noch für etwas anderes, dessen sich Colón gar nicht bewußt gewesen sein mochte: Es war am südwestlichsten Punkt der spanischen Küste gelegen, wo Kastilien auf die Weite des Ozeans hinausblickt, und für die Kastilier symbolisierte es die Position ihres Königreiches am Rande der Welt und die acht Jahrhunderte währenden Bemühungen, diesen Rand weiter hinauszuschieben. Tatsächlich läßt sich die Geschichte Kastiliens als eine Reihe von Zusammenstößen entlang einer immerwährenden Grenze definieren, da das Königreich sich vom zwölften Jahrhundert an seiner heiligen Reconquista widmete – der Rückeroberung der Iberischen Halbinsel, die seit dem neunten Jahrhundert von den ungläubigen Mauren besetzt war. In diesem langen und blutigen Prozeß – der aus endlosen Schlachten, Eroberungen, Belagerungen und Angriffen bestand – dehnte Kastilien sein Territorium Jahrhundert um Jahrhundert unnachgiebig und zielstrebig nach Süden vom Kantabrischen Gebirge bis zum Mittelmeer aus, und das Wesen der kastilischen Monarchie und die Eigenart der kastilischen Gesellschaft bildeten sich heraus. Nicht umsonst waren die Helden Kastiliens und mancher anderer Kulturen von diesen Grenzen geprägt: gewissenlose Banditen wie der sagenumwobene El Cid, romantische Ritter und *caballeros,* die sich in den Sattel schwangen, um für Land und Liebe zu kämpfen, Granden und *títulos,* die riesige, ertragreiche Besitzungen mit Schaf- und Rinderherden aus dem Nichts aufbauten – und natürlich jener große, wenn auch erst hundert Jahre später geschaffene *hidalgo* Don Quichotte, der so eifrig zwischen allen Grenzen wandelte, daß er sie erfand, wenn sie nicht existierten.

Am 6. Januar 1492, vier Tage nach der offiziellen Kapitulation, zogen Königin Isabella von Kastilien und König Ferdinand von Aragonien in das mauernbewehrte Granada ein, die letzte Bastion des Islam, der achthundert Jahre lang die Iberische Halbinsel beherrscht hatte.* Von dem jungen Kalifen Boabdil nahmen sie die Schlüssel der Alhambra entgegen, jener prachtvollen, ockergelben Zitadelle der Mauren aus dem vierzehnten Jahrhundert, und ließen das Kreuz und die königliche Standarte an ihren Türmen befestigen. Damit war die Reconquista vollendet.

Gemäß dem Kapitulationsvertrag sollte es den besiegten Mauren gestattet sein, sich weiterhin in diesem Gebiet aufzuhalten und ihren Glauben auszuüben, sofern sie es nicht vorzogen, zum Christentum überzutreten oder über das Meer nach Afrika auszuwandern. Zehn Jahre später setzten die spanischen Monarchen diesen Vertrag plötzlich außer Kraft und erließen den Befehl, daß alle Moslems den christlichen Glauben anzunehmen hätten oder unverzüglich außer Landes gehen müßten. Anschließend wurde ganz Spanien, zumindest in der Theorie, zu einer dem römischen Papst ergebenen christlichen Nation vereint.

Als die drei Schiffe an dem Franziskanerkloster vorbeiglitten und sich steuerbords langsam die Stelle näherte, wo der Tinto und der Río Saltés zusammenströmen, war wohl die *Pinta* unter dem

---

* Die Monarchen heißen eigentlich Isabel und Hernando (oder Fernando), und es ist schade, daß sie bei uns Isabella und Ferdinand genannt werden, da diesen Namen die spanische Würze abgeht. Da sie sich aber in dieser Form eingebürgert haben, werde ich mich an sie halten. Ebenso verfahre ich mit den Namen der spanischen Städte.

Kommando Martín Alonso Pinzóns an der Spitze, und so blieb es auch während fast der ganzen Reise.

Pinzón war nicht nur ein wichtiger Schiffseigner in Palos, sondern wahrscheinlich einer der erfahrensten Seefahrer in diesen Gewässern – damals war er 46 bis 50 Jahre alt und hatte offenbar einen Großteil seines Lebens auf See verbracht –, und mit größter Wahrscheinlichkeit war es seiner öffentlichen Unterstützung Colóns zu verdanken, daß die anderen Seeleute der Gegend sich für diese Reise gewinnen ließen. Es ist durchaus möglich, daß er sogar Colóns großen Plan selbst ersonnen hatte, die Erfahrung dafür besaß er, und seine Familie und seine Freunde standen dafür ein, beschworen es sogar einige Jahre später in einem langwierigen Prozeß, den Kastilien gegen die Erben des Generalkapitäns anstrengte. In diesen Verfahren, die als *Pleitos de Colón* in die Geschichte eingegangen sind, wurde die Behauptung aufgestellt, Pinzón sei in Rom gewesen und habe Karten von neuen Ländern jenseits des Meeres gesehen, und er habe bereits vor dem Auftauchen Colóns die Absicht gehabt, diese neuen Länder «auf eigene Faust mit zwei eigenen Schiffen im gleichen Jahr aufzusuchen». Solche Behauptungen lassen sich kaum durch Beweise erhärten, aber die Menschen von Palos nahmen sie immerhin ernst; heute findet sich in dieser Stadt nur eine Statue des Entdeckers der Neuen Welt, und sie stellt Martín Alonso Pinzón dar.

Die anderen Besatzungsmitglieder der kleinen Flotte waren wohl ebenso erfahrene Seeleute und stammten mit Ausnahme von vier Ausländern (einem Portugiesen und drei Italienern) alle aus Kastilien; gewiß waren sie keine Schwerverbrecher, wie es die Legende behauptet. (Einer von ihnen, Bartolomé de Torres, war eingekerkert gewesen, weil er einen Mann im Streit umgebracht hatte, und drei seiner Freunde waren verhaftet worden, als sie ihm bei der Flucht helfen wollten. Sie waren die einzigen «Verbrecher», die die königliche Amnestie nutzten – jeder, der sich Colón anschloß, hatte Anspruch darauf.) Kapitän auf der *Niña* war Vicente Yañez Pinzón, Martín Alonsos jüngerer Bruder und wie er ein geborener Seemann; der Kapitän des Flaggschiffs war selbstverständlich Colón. Die jeweiligen Schiffseigner waren ebenfalls an Bord, und zwar zwei als Schiffsführer – sie waren für die Besatzung verantwortlich – und einer als gewöhnlicher Matrose. Auch die vorwiegend für die Navigation verantwortlichen Steuermänner waren alte Seebären aus Palos.

Neben den Seeleuten, die die Hauptverantwortung trugen, befanden sich vermutlich auf jedem Schiff auch ein Zimmermann, ein Kalfaterer, ein Küfer und ein Polizeioffizier sowie *marineros,* Proviantmeister und Schiffsjungen. Erstaunlicherweise hatte jedes Schiff auch einen eigenen Arzt; allerdings dürften diese während der gesamten Reise kaum in Erscheinung getreten sein, da der Generalkapitän ihre medizinischen Fähigkeiten kein einziges Mal erwähnt und zwei von ihnen später auf Hispaniola zurückgelassen wurden, weil man sie offenbar auf der Rückreise für entbehrlich hielt.

Interessant ist aber auch, wer *nicht* an Bord war.

Obwohl der Generalkapitän behauptete, im Interesse Roms zu handeln – er versicherte seinen Monarchen, der wichtigste Grund für die Reise sei, «jene Fürsten, Völker und Orte aufzusuchen und die Möglichkeit zu erwägen, wie man sie zu unserem heiligen Glauben bekehren könnte» –, reisten weder Mönche noch Missionare, Priester, Patres oder sonstige Angehörige des geistlichen Standes mit ihm. Und obwohl er damit rechnete, Prinzen und Herrschern zu begegnen (und sogar ein Empfehlungsschreiben von Ferdinand und Isabella an den «Erlauchtesten Fürsten ...» mit einer freien Stelle für den entsprechenden Namen bei sich trug), befand sich niemand mit diplomatischer Erfahrung an Bord, kein Botschafter oder Minister, niemand, der die Staatskunst beherrschte, wie es erforderlich gewesen wäre, um an einem fremden Hof Freunde zu gewinnen. Wenn auch Konfrontationen mit «Fürsten und Völkern» zu erwarten waren, befanden sich auf den Schiffen weder Soldaten noch irgendwelche nennenswerten Geschütze mit Ausnahme einiger Armbrüste und Arkebusen sowie einiger kleiner Kanonen. (Welcher Art letztere waren, ist nicht bekannt, allerdings spricht Colón später davon, daß aus einer Bombarde gefeuert wurde, einer ziemlich kleinen, niedrigen Kanone, die wahrscheinlich auf dem Flaggschiff unter Deck aufgestellt war.) Und entgegen den Darstellungen späterer Illustratoren und Berichterstatter, die allesamt keine Augenzeugen gewesen waren, gab es weder Männer mit Kampfspießen noch Kanoniere, Hellebardiere, Bogenschützen oder sonstige Gefechtsspezialisten. Ja, nicht einmal Schiffsköche waren an Bord (doch hatte jeder Kapitän einen persönlichen Bediensteten) – allerdings ist dieser Beruf auch erst im sechzehnten Jahrhundert entstanden.

In Anbetracht des königlichen Befehls an diese kleine Flotte, alle neuen Länder, auf die sie stoße, zu «entdecken und zu erobern», ist es verwunderlich, daß offenbar keiner der Mitreisenden naturkundliche Erfahrungen besaß und niemand je erwähnt wird, der auch nur über die grundlegendsten Kenntnisse der Flora und Fauna verfügt hätte, geschweige denn die in den neuen Ländern voraussichtlich anzutreffenden unbekannten Lebensformen hätte beschreiben, bestimmen oder konservieren können. Colón selbst sollte das sehr bedauern: Als ihm die Inselbewohner einen Ort zeigten, an dem viele Gewürze wuchsen, schrieb er: «Zu meinem großen Leidwesen aber kenne ich mich darin nicht aus – sah ich doch tausenderlei verschiedene Baumarten. [...] Aber in diesem ganzen Reichtum der Vegetation war es uns nur vergönnt, den Aloebaum zu erkennen.» (Und selbst da irrte er: Große Mengen der seiner Ansicht nach heilkräftigen Aloepflanzen, die er mit zurückbrachte, erwiesen sich als wertlose Agavenart.) Überdies war niemand in der Lage oder daran interessiert, die neuartigen geologischen, biologischen oder anthropologischen Gegebenheiten in Bildern festzuhalten, um das Publikum zu Hause zu erbauen oder zu erheitern. In der Tat hat Spanien kein einziges Mal in der Geschichte seiner Entdeckungen Künstler ausgesandt – nicht einmal im Jahrhundert El Grecos und Velázquez' –, und sollten die Kastilier einen visuellen Sinn gehabt haben, so äußerte er sich einzig und allein in ein paar ungelenken, ungenauen Zeichnungen oder besser Skizzen, die Gonzalo Fernández de Oviedo für seine *Historia general* der Jahre 1535 bis 1557 anfertigte.

Und schließlich gab es auch keine Goldschmiede oder Metallurgen an Bord. Obwohl von dieser Reise gemäß den Verträgen mit der Krone «Perlen, Edelsteine, Gold, Silber, Spezereien sowie alle anderen Handels- und Kaufwaren» mitgebracht werden sollten, konnte niemand an Bord Gold von Pyrit oder eine Perle von einem Chrysoberyll unterscheiden. Ein Reiseteilnehmer wurde im Bordverzeichnis als «Silberschmied» geführt und war mit den Aufgaben eines «Mineralprobers und Goldwäschers» betraut: da es sich aber um den Schiffsjungen handelte, hat man es wohl mit einer starken Übertreibung zu tun. In den folgenden Wochen ist von seinen Fertigkeiten jedenfalls nichts zu hören; im übrigen ließ Colón mindestens einmal Goldproben laden, und es stellte sich heraus, daß es nicht mehr war als Eisenkies.

Am 2. August 1492, dem Tag vor Colóns Abreise aus Palos, sollte die gesamte jüdische Bevölkerung aus Spanien vertrieben sein.

Gemäß einer vier Monate zuvor, am 30. März, unerwartet erlassenen königlichen Verordnung, die die Unterschrift desselben königlichen Beamten trug, der später auch die Anordnungen für Colóns Reise über das Ozeanische Meer unterzeichnete, waren alle Juden ungeachtet ihres Alters, Ranges oder ihrer Stellung unverzüglich auszuweisen. Es wird geschätzt, daß 120000 bis 150000 Menschen ihren nicht selten seit Jahrhunderten angestammten Familienbesitz, Heim und Hof verlassen mußten. Nur die unmittelbare persönliche Habe durfte mitgenommen werden – Gold, Silber, Juwelen und Bargeld mußten jedoch der Krone und ihren Agenten überlassen werden.

Etwa sechzig Jahre später beteuerte ein alter Spanier in Guatemala in einer eidesstattlichen Erklärung, er sei wirklich und wahrhaftig selbst dabeigewesen und habe mit eigenen Augen die Flotte von Colóns erster Reise gesehen, wie sie an jenem frühen Morgen den Río Tinto hinuntersegelte. Er sei Schiffsjunge auf einem aus dem nahen Huelva kommenden Schiff gewesen, das, überladen mit Juden – *Sephardim,* nach dem biblischen Ort Sepharad –, tief im Wasser gelegen haben muß und nur eines von vielen Schiffen gewesen war, die an jenem Tag bis zum Schandeckel vollgepackt mit den unglücklichen Auswanderern Spanien verließen.

Der Generalkapitän hat zu diesem jammervollen Exodus, der in jedem spanischen Hafen ein gewaltiges Durcheinander hervorgerufen haben muß, kaum etwas zu sagen und nimmt in allen seinen Schriften nur ein einziges Mal darauf Bezug. In der Einleitung, die er seinem Bericht über die erste Reise voranstellte und an den König und die Königin persönlich richtete, stellt er beiläufig fest:

«Nach Vertreibung aller Hebräer aus Ihren Königreichen und Herrschaften befahlen mir Eure Hoheiten im nämlichen Monat Januar ... in See zu stechen», und selbst hier irrt er sich im Monat.[2]

Am Zusammenfluß des Río Tinto mit dem Río Saltés änderten die drei Schiffe ihre Richtung und glitten auf dem größeren Fluß zwischen den pinienbestandenen Hügeln und dem Buschwerk des Festlandes auf der Linken und den morastigen Inseln und sandigen *bancos* auf der dem Meer zugewandten Uferseite hinaus in den Golf. Laut dem knappen Bericht des Generalkapitäns passierte die kleine Flotte die Flußmündung, «verließ ... um acht Uhr die Saltésbank» mit südlichem Kurs und drehte «dann nochmals in Richtung Süd-zu-West». Die Meeresbrise füllte die Segel, die graugrünen, gleichmäßigen Wellen schlugen gegen die Planken, die erste Wache bezog ihren Posten, und die folgenschwere Reise begann.

Keiner der neunzig Männer an Bord kann auch nur im geringsten an der Bedeutung dieser Reise gezweifelt haben, doch sie wußten nicht, konnten nicht einmal ahnen, welche verhängnisvollen Auswirkungen sie auf den Lauf der Geschichte haben würde, ebensowenig wie der Mann, dessen ganze Leidenschaft über ein Jahrzehnt lang dieser Reise gegolten hatte. Jeder von ihnen wußte, daß sie eine Reise in die unbekannten westlichen Gegenden des Ozeanischen Meeres unternahmen, auf den ausdrücklichen und äußerst ungewöhnlichen Befehl des Königs und der Königin hin, deren Verfügung einige Monate zuvor in der Kirche von Palos verlesen worden war: «Wir schicken den edlen Cristóbal Colón mit drei ausgerüsteten Karavellen nach gewissen Gegenden des Ozeanischen Meeres, damit er in Unserem Auftrage gewisse Handlungen vollziehe.» (Und nicht nur das: Die ob ihrer königlichen Großzügigkeit nicht eben gerühmten Monarchen hatten sogar einen Großteil der für die Reise erforderlichen Geldmittel zur Verfügung gestellt und bezahlten die übliche Heuer für die Mannschaften, noch dazu vier Monate im voraus; da mußte mehr dahinterstecken.) Jeder Mann an Bord kannte aber auch die Geschichten, die von Seeleuten, Geographen und Reisenden seit Jahrzehnten, wenn nicht Jahrhunderten erzählt wurden: von Orten dort draußen am fernen Rand des Meeres, die phantastische Reichtümer bargen, von goldenen Städten, Zauberbrunnen und faustgroßen Edelsteinen; und sie träumten davon, mit Reichtümern nach Palos zurückzukehren, die einen Granden erblassen lassen würden.

Gewiß, gefährlich würde es sein, das hätte keiner von ihnen bestritten. Nicht deshalb, weil man am Rand der Welt hinunterfallen oder so weit darüber hinausgelangen könnte, daß man nicht mehr zurückkam – dieses Landrattengefasel glaubte kein Seemann; man hatte genug Schiffe am Horizont verschwinden sehen, die ohne Schwierigkeiten wieder zurückkehrten. Aber es war klar, daß es eine lange Reise werden würde. Alle drei Schiffe waren mit Vorräten für ein ganzes Jahr ausgerüstet, und das in einer Zeit, da man kaum je länger als zwei Wochen ununterbrochen auf hoher See blieb. Anders als bei den Fahrten entlang der afrikanischen Küste würden sie sich so weit vom Festland entfernen, daß sie es aus den Augen verlieren würden. Die Winde waren immer ein Problem, sie wußten genau, daß derselbe Wind, der beim Auslaufen günstig ist, als Gegenwind die Heimkehr verhindern kann, und selbst die Kühnsten von ihnen erschauerten bei diesem Gedanken. Und natürlich konnten sie nicht wissen, was für Menschen – oder wohl eher Ungeheuern, wenn die Geschichten stimmten – sie dort draußen, an Land oder auf See, begegnen würden: den wohlbekannten Wilden, den Ungeheuern mit Hundeköpfen, den Zyklopen und haarigen Riesen, den männerversklavenden, einbrüstigen Amazonen, den Kannibalen, die Menschenfleisch am Spieß rösteten und verzehrten, oder den Sirenen und Meerjungfrauen, die Seeleute in den Tod lockten.

Auch der Generalkapitän kannte diese Gefahren – wahrscheinlich wußte er aus der bizarren Reiseliteratur des fünfzehnten Jahrhunderts viel besser Bescheid über diese schrecklichen Wesen als alle seine Männer.* Aber wie er uns später immer wieder berich-

---

* Tatsächlich haben wir gewisse Vorstellungen von Colóns Lektüre, da sieben Bücher aus seinem persönlichen Besitz mit umfangreichen Randnotizen (die Fachleute bezeichnen sie als *postille* oder Postillen) erhalten geblieben sind und heute in der Biblioteca Colombiana in Sevilla aufbewahrt werden. In drei dieser Bücher werden phantastische Reisen geschildert und die verschiedensten Unge-

tet, hatte er viele Jahre Zeit gehabt, sich auf seine Gelegenheit vorzubereiten und die zu erwartenden Gefahren abzuwägen. Er hatte mehrere Jahre auf See verbracht – wie viele es tatsächlich waren, ist ungewiß, und seine diesbezüglichen Behauptungen («dreiundzwanzig Jahre hindurch habe ich das Meer befahren» im Jahre 1492 und «vierzig Jahre habe ich in diesem Dienst verbracht» im Jahre 1501) sind nicht nur widersprüchlich, sondern zweifellos übertrieben –, und er war möglicherweise im Süden bis zur afrikanischen Goldküste und im Norden bis nach Island (oder zumindest Bristol) vorgestoßen.[3] Er kannte die damals kursierenden Geschichten über die sagenhaften reichen Inseln im westlichen Ozean (Antilia, Brasilien, Ymana, die St.-Brendan-Inseln, Ventura, Satanazes und viele mehr), hat sich möglicherweise intensiv mit ihnen beschäftigt. Er wußte wohl auch von Portugals jahrzehntelanger Suche nach diesen Inseln und kannte die Geschichten, die in den Häfen von Lissabon und Porto Santo von Leuten erzählt wurden, die behaupteten, dort gewesen zu sein. Möglicherweise verfügte er auch über eine brauchbare Landkarte, denn später auf See sagt er, er habe Martín Alonso Pinzón «eine Karte» gezeigt, «auf welcher gewisse Inseln jener Gewässer verzeichnet erschienen», doch läßt sich natürlich nicht feststellen, ob es sich wirklich um brauchbare Landkarten handelte oder wieder nur um eine phantasievolle Darstellung von Traumwelten, wie bei anderen Karten aus der Zeit. Auch besteht durchaus Grund zu der Annahme, daß er, woher auch immer, eine gewisse Vorstellung von den Windverhältnissen auf dem Atlantik hatte, denn sowohl auf dem Weg nach Westen als auch auf der Rückreise wählte er Routen, die es ihm erlaubten, die vorherrschenden Luftströme exakt

---

heuer ausführlich beschrieben: Marco Polos *Orientalium regionum* und eine italienische gekürzte Fassung aus dem Jahre 1485, Pierre d'Aillys phantasievolle *Imago Mundi* und andere Abhandlungen (1480–83) sowie Plinius' klassische *Historia naturalis* in einer italienischen Übersetzung (1489). Die anderen sind die *Historia rerum ubique gestarum* von Papst Pius II. (1477), Plutarchs *Vitae* in einer kastilischen Übersetzung aus dem Jahre 1491, eine *Summula confessionis* des heiligen Antonius von Florenz (1476) und Senecas Tragödien. Colóns Sohn Fernando gibt im sechsten und siebenten Kapitel seiner Biographie mehrere andere Quellen an, die sein Vater vermutlich benutzt hat, deren Glaubwürdigkeit aber zum Teil ebenso zweifelhaft ist.

auszunutzen – dieselben Routen werden von Segelschiffen noch heute gefahren.

Wahrscheinlich war er als Kapitän wie als Seemann und Forscher für seine Zeit einer der fähigsten Männer. Doch dürfen wir nicht vergessen, daß dieser Mann, der jetzt das Schicksal von neunzig Männern und vielleicht des spanischen Reiches in Händen hielt, soweit wir seine Laufbahn nachvollziehen können, nie zuvor Kapitän eines größeren Schiffes gewesen war, ganz zu schweigen von einer Flotte.

Am Abend des 10. August 1492 wurde Rodrigo Borja aus dem spanischen Zweig der berühmten Familie Borgia, der sich seinen Weg durch Bestechung, Bedrohung, Streit und Erpressung geebnet hatte, mit der Macht und dem Geld Ferdinands von Aragonien im Rücken, als Alexander VI. zum Pontifex maximus, Statthalter Christi und Papst der Kirche von Rom ernannt. Er war ein außerordentlich reicher Mann, er lebte in unerhörtem Luxus und war ungeachtet der heiligen Gelübde Vater einer unbekannten Zahl von Kindern in Kastilien wie in Rom, darunter Cesare und Lucrezia, die später selbst Berühmtheit erlangten. Sogar zu seiner Zeit galt er als schlimmster Vertreter eines Papsttums, dessen Niedergang nach hundert Jahren nun seinem Ende zuzustreben schien.

Alexanders Pontifikat zeichnete sich aus durch eine Politik der Begünstigung beinahe ununterbrochener zerstörerischer Kriege überall in Italien, durch die Vergabe einträglicher Kirchenämter an die Vermögendsten und Korruptesten der Kurie und durch seine eigenen Sünden, zu welchen Bestechung ebenso zählte wie Unkeuschheit und Veröffentlichung unkeuscher Schriften sowie Mätressenwirtschaft. Alles in allem stand er in einer Reihe mit anderen korrupten und unfähigen Päpsten, deren Taten wenige Jahre später jene Reaktion heraufbeschworen, die wir heute als Reformation bezeichnen.

Die Unterkunft des Generalkapitäns auf seinem Flaggschiff war keineswegs geräumig. Er hatte wahrscheinlich eine eigene Kajüte unter dem Achterdeck (und war damit der einzige an Bord mit einem Schlafplatz, die Abgesandten des Hofes nicht ausgenommen), einen Raum von etwa drei mal sechs Metern mit zwei kleinen Fenstern an den Seiten und einer Öffnung an der Stirnseite, in dem kaum mehr Platz fand als ein Bett und ein Schreibtisch. Wenn er also nicht gerade schlief, beim Essen war oder in sein Tagebuch schrieb, stand Colón auf dem Achterdeck – bestimmt stand er dort an jenem erwartungsvollen Morgen, als sie auf das offene Meer hinausfuhren –, überwachte von dort aus das Schiff und kommandierte den Rudergänger oder Steuermann im Kompaßhaus unter dem Achterdeck.

Zu diesem Zeitpunkt war der Generalkapitän nicht mehr jung – einigen wir uns auf ungefähr vierzig Jahre, um der Diskussion über sein Geburtsdatum auszuweichen.[4] Seinem zweiten («illegitimen») Sohn Fernando zufolge, von dem die allererste Biographie stammt, war er ein «gut gebauter Mann von überdurchschnittlichem Wuchs». Der zeitgenössische Historiker Oviedo beschreibt ihn als «von guter Gestalt und Erscheinung, überdurchschnittlich groß und mit starken Gliedern». Sein in jungen Jahren «rot glänzendes» Haar war inzwischen ziemlich weiß geworden (nicht wenige Historiker äußern die Vermutung, daß dies auf den schwierigen Kampf um Unterstützung für seinen Plan zurückzuführen gewesen sei); in sein Gesicht, das «leicht blutrot anlief», hatten sich Falten gegraben, und einer Quelle zufolge trug er einen Bart. Wir wissen nicht, wie hoch die Lebenserwartung im ausgehenden fünfzehnten Jahrhundert war; ohne Zweifel forderten aber wiederholte Hungersnöte und Epidemien selbst unter den Bessergestellten einen hohen Tribut. («Wie gefährdet und kurz das Leben damals war, geht aus tausend Einzelheiten hervor», stellt der große französische Historiker Fernand Braudel fest.) Vierzig Jahre waren also ein hohes Lebensalter. Karl V. von Frankreich galt bei seinem Ableben im Alter von zweiundvierzig Jahren als «weiser alter Mann».

Einem Mann von vierzig Jahren blieb demnach nicht mehr viel Zeit, um sich selbst oder seine Träume zu verwirklichen, und Colón dürfte sich dessen durchaus bewußt gewesen sein, besonders da seine Träume so weit über die der meisten anderen hinausgingen. Ihre Erfüllung hing ganz von der Reise ab, die an diesem Morgen begann: Wenn dieses Unternehmen fehlschlüge, wäre Cristóbal Colón am Ende.

Aus seinen späteren Schriften läßt sich schwerlich herauslesen, was die Triebfeder seiner Unternehmungen war, doch dürfte die unter Historikern sehr verbreitete Annahme, bei der Eroberung Amerikas sei es den Europäern um «Gott, Gold und Glorie» gegangen, in seinem Fall durchaus zutreffend sein. An seiner Gottesfurcht und seiner Überzeugung, von Gott zum Werkzeug der Erlösung auserwählt zu sein, bestehen kaum Zweifel, wiewohl sie bisweilen opportunistisch schienen. Wie wir aus seiner späteren Begeisterung für jenen bizarren chiliastischen Glauben an Christi Wiederkehr und Jüngstes Gericht, von dem das gesamte Zeitalter ergriffen war, schließen können, war er von diesem Gedanken der Auserwähltheit in einer fast krankhaften Weise besessen. Aber seine Liebe zum Gold war nicht weniger heftig und bestimmte sogar den Kurs seiner Entdeckungsreisen in der Karibik: «Das Gold ist überaus vortrefflich», schrieb er nach seiner letzten Reise, denn «wer es hat, der macht damit alles, was er in der Welt nur will.» Darüber hinaus hatte sein Drang nach Ruhm, nach persönlichem Ruhm für sich und seine Nachfahren, in den vergangenen sechs Jahren so sehr von ihm Besitz ergriffen, daß er beinahe seinen Plan aufs Spiel setzte, indem er auf großartigen, weit über das für einen Mann seines Ranges übliche Maß hinausgehenden Pfründen, Titeln, Ehren und Privilegien bestand. Und das alles beschäftigte ihn auch weiterhin, bis er in seinen letzten Lebensjahren an kaum etwas anderes mehr denken konnte.

Gott, Gold und Glorie – das war also der Stoff, aus dem die Träume dieses Mannes waren, und das waren auch die Beweggründe für die Millionen, die ihm folgen sollten. Was aber sagen diese drei kleinen Wörter über einen Mann aus und über die Kultur, die ihn hervorgebracht hat?

Im Jahre 1492, kaum zwanzig Jahre nach Einführung des Buchdrucks in Spanien, veröffentlichte Isabellas königlicher Historiograph Elio Antonio de Nebrija in Salamanca eine Grammatik der kastilischen Sprache, das erste Werk dieser Art in Europa. Eine Grammatik ist ein typisches Produkt des enzyklopädischen Denkens, das im Europa der Renaissance aufkam und der vielgepriesenen wissenschaftlichen Methode diente: Es ist allumfassend und erschöpfend, neutral und wertfrei, arbeitet vorgeblich ohne politische Neigung oder sozialen Zweck, stellt am liebsten nur Listen, Kataloge oder Verzeichnisse her.

«Was ist der Zweck dieses Werkes?» soll Isabella in einem Anflug von praktischem Denken gefragt haben, als ihr ein Höfling Nebrijas Buch vorstellte.

«Eure Majestät», habe der Höfling geantwortet, «Sprache und Herrschaft gehören seit jeher zusammen.»

Freitag, den 3. August. Wir verließen am Freitag, den 3. August 1492 um acht Uhr die Saltésbank und fuhren bei oftmaligem Wenden bis zum Sonnenuntergang 60 Seemeilen gegen Süden, was 15 geographischen Meilen entspricht, dann nochmals in Richtung Süd-zu-West, also mit Kurs auf die Kanarischen Inseln.

Die erste Aufzeichnung des Generalkapitäns über diese Reise nimmt sich zugegebenermaßen nicht sehr vielversprechend aus. Aber allein die Tatsache, daß er ein Tagebuch führte, ist schon außergewöhnlich und ein ausgesprochener Glücksfall für die Geschichte. Die erste Reise ging nicht nur deshalb in die Geschichte ein, weil Colón in ihrem Verlauf einige unbedeutende Inseln entdeckte, sondern auch, weil er die Voraussicht besaß, täglich Tagebuch zu führen: So können wir die Ereignisse hautnah miterleben, sie nehmen Farbe und Leben an, werden Wirklichkeit.

Das *Bordbuch* (*diario de a bordo,* im Spanischen als *Diario de Colón* bezeichnet) ist nach heutigem Wissensstand das erste Logbuch, das nicht nur für Seefahrer oder die königlichen Marinearchive bestimmt war. Es ist an Ferdinand und Isabella adressiert, wurde aber zweifelsohne mit Blick auf die Geschichte selbst verfaßt – daher stehen andere Dinge als Gezeiten, Winde, Strömungen und ähnliches im Mittelpunkt. Es ist außerordentlich detailliert und umfassend, auch verglichen mit Reiseberichten aus späteren Jahrhunderten; von anderen wichtigen Reisen, wie jenen von Cabot, der Corte-Real-Expedition oder Balboa, liegen keinerlei nennenswerte Berichte vor.*

Aus der Perspektive des modernen Historikers ist das *Bordbuch* jedoch oberflächlich und ungenau und in den Ortsbeschreibungen und Angaben über zurückgelegte Strecken manchmal sogar irreführend. Wir würden so viel über jenen schicksalhaften Freitag im August wissen wollen – die Abmessungen der Schiffe und ihre Takelung, die Lebensmittelvorräte und die übrige Fracht, die Vorgänge in Palos und entlang der Küste, vor allem aber die Gedanken des Generalkapitäns. Doch wir haben nichts als diese zwei schmucklosen Sätze, kaum ein paar Zeilen über Winde und Entfernungen. Und dazu einen Satz in einer später hinzugefügten Einleitung: «Am 3. August dieses Jahres, an einem Freitag, verließ ich diesen Hafen, wohlversehen mit Lebensmitteln und Mannschaften, eine halbe Stunde vor Sonnenaufgang und nahm Kurs auf die Kanarischen Inseln, die zum Besitz Eurer Hoheiten gehören.»

Mehr hat Colón über diesen Tag nicht berichtet, und mehr können wir über den Beginn der ersten Reise auch nicht mit Bestimmtheit sagen.

Lassen Sie sich nicht hinters Licht führen. Viele Autoren schildern diesen Aufbruch zur ersten Reise sehr viel farbiger und detaillierter, manche geben ausführliche Beschreibungen der Fracht und gehen den Gedanken und Gefühlen des Generalkapitäns und seiner Besatzung auf den Grund, und selbstverständlich werden auch die Gespräche an Bord wiedergegeben und die Wolken am Himmel beschrieben. Wir müssen uns aber darüber im klaren sein, daß es sich dabei um Erfindungen, Ausgedachtes, Produkte dichterischer Phantasie handelt, die sich im Kleid historischer Wahrheit präsentieren. Wahrscheinlich gibt es kein Gebiet der neueren Geschichte, auf dem so viele Phantasiegebilde als nüchterne Tatsachen ausgegeben werden wie in der Kolumbus-Forschung, unabhängig von Ruf und Ansehen der Verfasser.

---

* Von den wichtigen Reisen John Cabots, des angeblichen europäischen Entdekkers Nordamerikas, sind weder ein Log- oder Tagebuch noch Originalbriefe, Berichte der Mitreisenden oder Frachtbriefe, ja nicht einmal eine Unterschrift des Kapitäns erhalten.

Man mag gerne glauben, daß Colón kurz vor der Abreise am Kai von Palos seinen Freund García Fernández mit den Worten umarmte: «Wenn es Gott gefällt, sind wir ums Jahr wieder hier» – wie es Charles Paul Mac Kie, ein beliebter Schriftsteller des neunzehnten Jahrhunderts, schildert. Oder daß Colón und die Matrosen sich bekreuzigten und niederknieten, als sie an La Rábida vorbeifuhren, und dem verklingenden Morgenchoral der Mönche lauschten, wie es Samuel Eliot Morison in seiner 1942 mit dem Pulitzer-Preis ausgezeichneten Biographie darstellt. Oder daß Isabella und Ferdinand am Kai von Palos standen, als Colón schweren Herzens Abschied nahm und in eine der Barkassen zu seinen schwerbewaffneten Männern stieg – eine rührende Szene auf einem 1594 entstandenen Stich von Theodore de Bry. Man mag diese Geschichten gerne glauben, aber sie entstammen der Phantasie, nicht der Geschichte.

Wirklich verlassen können wir uns einzig und allein auf den Wortlaut des *Bordbuchs*. Doch auch das ist nicht immer die sicherste Quelle. Wir können Colóns Darstellung der Ereignisse nicht immer vertrauen, denn er war nicht darüber erhaben, um des guten Eindrucks willen zu Lügen und Übertreibungen Zuflucht zu nehmen. Darüber hinaus hat die Originalhandschrift des *Bordbuchs* die Zeiten nicht überdauert, und uns steht nur ein Auszug oder eine Zusammenfassung mit einigen Zitaten zur Verfügung, die der bewundernswerte Pater Bartolomé de Las Casas vermutlich in den dreißiger Jahren des fünfzehnten Jahrhunderts, also vier Jahrzehnte nach dem Ereignis, verfaßte, noch dazu nach einer durchaus mangelhaften Abschrift des Originals. Irrtümer sind also möglich, und daher ist Vorsicht geboten.

Bei den wenigen anderen Quellen über die erste Reise ist ebenfalls Vorsicht geboten. Der erste Biograph, Colóns Sohn Fernando, war zum Zeitpunkt der ersten Reise vier Jahre alt, und sein Buch ist nicht im spanischen Original, sondern nur in einer italienischen Fassung erhalten und enthält zahlreiche Ungenauigkeiten; das Werk des Höflings und Humanisten Petrus Martyr («Erste Dekade», 1511) Oviedos *Historia General* (1535) und Las Casas' *Historia de las Indias* (um 1550) erschienen beträchtliche Zeit nach dem Ereignis, und da keiner der Verfasser in Palos oder an Bord der Schiffe gewesen war, mußten sie sich auf die späteren Schilderungen Colóns oder die Geschichten der Mannschaft verlassen. Eine weitere Quelle stellen die sogenannten *Pleitos* dar, eine Sammlung von Aussagen, welche die überlebenden Mitglieder der ersten Mannschaft vor königlichen Notaren machten. Diese wurden ebenfalls um einiges später aufgezeichnet, nämlich zwischen 1513 und 1536, und ihr Inhalt beschränkt sich auf Dinge, die für die Krone von Interesse waren. Darüber hinaus waren die Zeugen meist parteiisch, verwickelten sich bisweilen in Widersprüche und machten oft ungenaue Angaben.

Wir müssen uns also notgedrungen an das *Bordbuch* halten. Mehr zuverlässiges und eindeutiges Beweismaterial haben wir kaum zur Verfügung – was die Abreise betrifft, das erste Sichten von Land, die gesamte folgenschwere Reise. Wo es nicht ausreicht und wir Vermutungen anstellen, müssen wir uns offen dazu bekennen und, das ist für den Historiker Pflicht, mit diesen unseren Gesellen Vermutlich, Wahrscheinlich und Vielleicht die Untiefen der Vergangenheit zu meistern versuchen.

Am 9. April 1492 starb Lorenzo de' Medici, der den schmeichelhaften Beinamen «il Magnifico» trug. Er hatte Florenz mehr als zweiundzwanzig Jahre lang als allmächtiger Herrscher großmütig und geschickt regiert. Sein älterer Sohn Piero folgte ihm nach, und binnen zwei Jahren war die Oligarchie der Medici am Ende. Piero wurde von dem apokalyptischen Prediger Girolamo Savonarola und dessen Kreis von republikanischen Opportunisten vertrieben. Dem zweiten Sohn Giovanni, der von 1513 bis 1521 Papst war, erging es nicht viel besser, denn in seiner Regierungszeit begann die protestantische Reformation mit dem Anschlag der Thesen Luthers im Jahre 1517.

Lorenzo, Herrscher von Florenz, und später Cesare Borgia, Herr über Norditalien, inspirierten den Florentiner Niccolò Machiavelli zu seinem 1513 verfaßten Werk *Der Fürst,* einem Dokument von politischer Unmoral, Betrug, Doppelzüngigkeit, Gewalt und Egoismus, das als Grundlage der modernen Politikwissenschaft bezeichnet wird.

Samstag, den 4. August. Wir fuhren mit Kurs Südwesten zu Süden.

*Sonntag, den 5. August. In Tag- und Nachtfahrt haben wir mehr als 160 Seemeilen zurückgelegt.**

Von Palos segelte Colóns Flotte etwa 700 Meilen weit bis zu den Kanarischen Inseln, wo Kastilien zu jener Zeit eine Kolonie nach dem Vorbild der portugiesischen Azoren aufbaute.

Die Winde waren günstig, denn die Schiffe legten zwischen 80 und 120 Meilen pro Tag zurück; von einem fehlerhaften Ruder auf der *Pinta* wurden sie jedoch aufgehalten, so daß sie erst bei Tagesanbruch des 9. August, eines Dienstags, Gran Canaria sichteten. (Ihr eigentliches Ziel, die Kanareninsel Lanzarote, hatten sie um über hundert Meilen verfehlt – soviel zum Zustand der Seefahrt im fünfzehnten Jahrhundert und zu den navigatorischen Fähigkeiten des Generalkapitäns.) Drei Tage lang mußten sie beidrehen, «einmal wegen ungünstiger Winde, dann wieder wegen Flaute», und erst am Sonntag gelang es ihnen schließlich, in einen Hafen einzulaufen, die *Pinta* auf Gran Canaria und die *Santa María* und die *Niña* achtzig Meilen weiter westlich auf der Insel Gomera.

Warum Colón ausgerechnet zu den Kanarischen Inseln segelte, ist nicht ganz klar. Wohl waren dies die westlichsten Besitzungen Kastiliens, aber sie lagen 700 Meilen im Süden, und das bedeutete eine beträchtliche Kursabweichung für eine Flotte, die doch direkten Kurs nach Westen nehmen sollte. Es ist durchaus möglich, daß er, wie vielfach vermutet wird, auf den Gedanken gekommen war (vielleicht während seines Aufenthalts auf Madeira), er würde in diesen Breiten Ostwinde vorfinden. Wenn das stimmt, so bewirkte es zweifellos die wichtigste Entscheidung seiner gesamten Seefahrerlaufbahn, denn tatsächlich fand er hier die günstigen Winde. Die Portugiesen waren auf allen ihren Entdeckungsreisen in den vergangenen Jahrzehnten von den Azoren aus, 800 Meilen

* Die tatsächliche Länge von Colóns *leghe* ist umstritten, wird aber von verschiedenen Fachleuten auf 3,18, 2,89, 2,82 oder 2,67 Seemeilen geschätzt. Für Colón war eine Meile gleich 4 Seemeilen; wir wissen allerdings nicht, wie lang seine Meile war. [Der Einfachheit halber wird in der deutschen Übersetzung alles in Seemeilen berechnet. Anm. d. Ü.]

nördlich, direkt nach Westen gefahren und waren jedesmal auf Westwinde gestoßen, die sie zurückwarfen. Vielleicht hatte Colón aber auch wirklich nur das Glück des Ahnungslosen, vielleicht ließ er sich von der Idee leiten, daß sein Ziel auf demselben Breitengrad wie die Kanarischen Inseln liege und er bloß auf die untergehende Sonne zusteuern und das Ruder festmachen müsse. Wir wissen es nicht. Er äußert sich mit keiner Silbe dazu.

Eigentlich wissen wir nicht einmal, wohin er überhaupt unterwegs war.

Das bringt uns zu einer bohrenden Frage, der wir nicht ausweichen können, wenn wir wissen wollen, was im Kopf des Entdeckers vorging: Was suchte er *wirklich*? Was war sein Ziel?

Die Geschichtenschreiber und traditionellen Historiker geben für gewöhnlich zur Antwort, er habe China (oder Cathay, wie er selbst es genannt haben mag) und die ihm vorgelagerten Inseln samt jener sagenumwobenen Insel Cipango, dem heutigen Japan, gesucht – also «Indien», wie die östlichen Gebiete Asiens im fünfzehnten Jahrhundert bezeichnet wurden.

Zweifellos setzte Colón diesen Glauben selbst in die Welt; in seinen späteren Briefen und Berichten schilderte er unermüdlich, wie er jahrelang seine Idee von der «indischen Unternehmung» vorgetragen und dafür nichts als «Gelächter und Spott» geerntet habe. Auch im Prolog zu seinem *Bordbuch* erklärt er: «... erwogen Eure Hoheiten ... mich, Christoph Kolumbus, nach den vorgenannten Gegenden Indiens zu entsenden», und weiter unten: «... nach den genannten Gestaden Indiens in See zu stechen».[5] Denselben Zweck scheinen auch zwei Dokumente zu verfolgen, die Colón auf der ersten Reise mitführte: ein offizieller Reisepaß (in lateinischer Sprache), der ihm bescheinigte, daß er die Erlaubnis besitze, «nach Indien» *(ad partes Indie)* zu segeln, und ein fremden Fürsten vorzulegendes Empfehlungsschreiben der Monarchen, die «mit Freuden vernommen [haben], von welch edler Gesinnung und bestem Willen Ihr uns und unserem Staate gegenüber beseelt seid» – möglicherweise eine Reaktion auf Marco Polos Bericht, demzufolge die Herrscher des Ostens begierig darauf warteten, Europäer zu empfangen und den christlichen Glauben anzunehmen. Und schließlich gibt es ein Dokument im Archiv von Simancas, in dem eine Zahlung für «drei Karavellen, die Ihre Hoheiten nach Indien entsandten», an König Ferdinands Schatzmeister bestätigt und die Entlohnung des «mit vorgenannter Flotte segelnden Xristoual Colón» angeordnet wird.

Es ist bemerkenswert, daß die ersten Historiker der entdeckten Länder, Fernando, Las Casas und andere, diese Theorie fraglos akzeptierten. Ebenso bemerkenswert ist, daß sie ausnahmslos dem Wort Colóns und den Dokumenten aus seinem Nachlaß vertrauten, in denen die Idee der «indischen Unternehmung» mit soviel Sorgfalt entworfen wird.

Natürlich hatten auch sie ihre guten Gründe. Entgegen der herkömmlichen Meinung stimmt es nämlich nicht, daß nach der Eroberung Konstantinopels durch die Türken der Handelsweg über den Vorderen Orient abgeschnitten war. Die Venezianer etwa unterhielten mit dem Osten bis in die zwanziger Jahre des sechzehnten Jahrhunderts einen geregelten Handel, kauften Gewürze, Arzneien und Luxusgüter. Es ist jedoch richtig, daß sowohl Portugal als auch Spanien daran interessiert waren, einen eigenen Seeweg nach Asien zu erschließen. Selbst damals hielt man den Handel mit weit entfernten Gegenden für ein einträglicheres Unternehmen als den Handel im eigenen Land, denn es ließ sich immer etwas daheim im Überfluß Vorhandenes finden, das an entlegenen Küsten rar war, und umgekehrt. Und für Europa, in dem sich eben die Anfänge des Kapitalismus zeigten, bedeutete dies eine Möglichkeit, an freie Geldmittel heranzukommen. Außerdem war eine aufstrebende, expandierende Nation wie Spanien wohl eher an der Ausweitung des Orienthandels interessiert, wo man es mit bekannten Partnern und Ländern zu tun hatte, als an der Eroberung neuer Länder mit ungewissem Wert für den Handel.

Und doch muß all dies ernsthaft in Frage gestellt und angezweifelt werden.

Es gibt fast keine zuverlässigen Aufzeichnungen über Colóns Leben vor seinen Verhandlungen mit dem kastilischen Hof in den späten achtziger Jahren des fünfzehnten Jahrhunderts, und es gibt nirgends einen Hinweis darauf, daß sich sein großer Plan auf eine Reise nach Indien bezogen hätte. Die verbreitete Vorstellung, daß er seit den Tagen in Portugal an Indien dachte, ist völlig haltlos, da als Beweis dafür einzig und allein Fernandos Bericht in Frage kommt – der vermutlich auf späteren Erzählungen seines Vaters beruht. Wie der Kolumbus-Forscher Henry Vignaud erklärt, basiert «der Plan, Indien vom Westen her zu erreichen, letzten Endes allein auf der unbestätigten Aussage jenes Mannes, der daran interessiert war, dieser Behauptung Nahrung zu geben – auf dem Wort des Christoph Kolumbus, der nicht viel von der Wahrheit hielt». Möglicherweise hatte Colón nur einen sehr vagen Plan, als er sich an die Monarchen wandte – vielleicht beabsichtigte er, wie viele portugiesische und englische Seefahrer vor ihm, die sagenhaften Inseln zu suchen oder aber völlig unbekannte Länder am östlichen Ende Asiens*, nicht Cathay noch Cipango, sondern eine davor liegende «Insel oder ein Land von großer Bedeutung», wie es einmal bei Fernando heißt.

Der Prolog hilft uns hier nicht viel weiter, da er offensichtlich zu einem späteren Zeitpunkt dem *Bordbuch* vorangestellt wurde und möglicherweise erst verfaßt wurde, *nachdem* Colón zu der Überzeugung gelangt war (oder Ferdinand und Isabella davon zu überzeugen versucht hatte), daß die wenigen von ihm entdeckten Inseln wirklich zu jenen gehörten, die laut Marco Polo vor der chinesischen Küste lagen – als er sich darum bemühte, noch einmal auf eine Reise geschickt zu werden. Die Tatsache, daß er Indien vor der Eintragung im *Bordbuch* am 17. Oktober und China vor der Eintragung am 21. Oktober nie und in keinem Dokument (mit eigenen Worten) erwähnt, kann als Bestätigung dafür dienen, daß er diese «Entdeckung» im asiatischen Raum erst hinterher aus dem Hut zauberte.

Aber es gibt noch mehr offene Fragen. In den zwischen Colón und den spanischen Monarchen ausgehandelten Verträgen – sie werden in ihrer Gesamtheit als *capitulaciónes* bezeichnet und sind ohne Zweifel echt, auch wenn es sich dabei um Kopien handelt – findet sich kein Hinweis auf Indien, Cathay oder ein bestimmtes

---

* Indien oder Asien wird in den (allerdings beschränkten) Aufzeichnungen portugiesischer Reisender in den Westen zwischen 1431 und 1486 nicht erwähnt; in einem Bericht aus dem Jahre 1484 wird von der Suche nach einer Insel gesprochen, in einem anderen Bericht aus dem Jahre 1486 von einem nicht näher bezeichneten Festland.

Land des Orients. Es heißt darin nur, und das gleich neunmal, daß Colón ermächtigt werde, Länder und Reiche im Ozeanischen Meer zu «entdecken und erobern». Problematisch ist auch dieses «entdecken und erobern», denn es ist schwer vorstellbar, daß die Monarchen Colón auf eine Entdeckungsreise in bereits bewohnte Gebiete schickten mit dem Auftrag, zu erobern, was bereits der unumschränkten Macht des Großen Khans oder eines anderen orientalischen Fürsten unterstand. Da sie ihm überdies das Recht zugestanden, sich auf jedem von ihm entdeckten Stück Land «Vizekönig und Gouverneur» zu nennen, dürften sie wohl kaum an bereits beanspruchte, besiedelte und beherrschte Länder gedacht haben; sie müssen neue Gebiete vor Augen gehabt haben. Dasselbe geht auch aus den *Pleitos* hervor, den Aussagen der ersten Mannschaft, da keiner der Männer – und wer sonst sollte das wahre Ziel besser gekannt haben? – zu Protokoll gibt, daß Colón von einer Reise nach Indien oder in den Orient sprach; es ist nur von «neuen Ländern» die Rede.

Ungeklärt bleibt auch, warum Colón, wenn er wirklich eine Reise nach Cathay oder in das Reich des von Marco Polo gepriesenen Großen Khans plante, so wertlose Dinge wie Ketten, Glasperlen und Glocken mitnahm: Das war der Trödel, den die Portugiesen für ihren Tauschhandel mit den Stämmen entlang der afrikanischen Küste brauchten; einer fürstlichen Hoheit wie dem erhabenen Khan konnte man damit nicht unter die Augen treten. Als Vasco da Gama einige Jahre später endlich in Indien landete, geriet er in Schwierigkeiten, weil er mit nichts als dem im Afrikahandel gebräuchlichen Tand vor einen Radscha trat, und so schickten die Portugiesen beim nächsten Mal im Jahre 1500 dreizehn mit Geschenken und europäischen Handelsgütern reich beladene Schiffe auf die Reise. Eigentlich hätte man von Colón eher das Verhalten eines Jean Nicolet erwartet, der hundertvierzig Jahre später bei der Erforschung der Großen Seen den reichbestickten Damastmantel eines Mandarins mit sich führte für den Fall, daß er jemandem aus dem Gefolge des Khans begegnen würde und sich entsprechend zu kleiden habe.

Und benahm er sich je wie ein friedlich gesinnter Botschafter einem mächtigen, selbständigen fremden Reich gegenüber? Jede Insel, auf der er landete, nahm er, wie er in seinem *Bordbuch* kühn behauptet, in einer ausführlichen Zeremonie in Besitz und hißte die Flagge Kastiliens und Leóns vor den Augen der Bewohner, als handelte es sich um herrenloses Territorium. Dabei hatte er keine Armee hinter sich, verfügte nicht einmal über ausgebildete Soldaten, und das Waffenarsenal, das er mitführte, war äußerst beschränkt. Er rechnete also offenbar weder damit, auf ein orientalisches Fürstentum zu treffen, noch auf Widerstand irgendwelcher Art zu stoßen.

Trotz ihrer nicht unbeträchtlichen Zweifel daran, daß Colón nach Indien unterwegs war, gelang es den Anhängern des Historikers Vignaud – der mehrere umfangreiche und sorgfältig recherchierte Bücher zu diesem Thema geschrieben hat – nicht, die Indien-Theorie endgültig zu entkräften. Andererseits konnten ihre Gegner, die ich nach dem größten Parteigänger des Entdeckers in unserem Jahrhundert Morisonianer nenne, diese Zweifel aber auch nicht vollständig ausräumen.[6] Wir ziehen den Schluß daraus, daß diese Frage, wie so viele andere in der Kolumbus-Forschung, vielleicht nie geklärt werden kann und wir wahrscheinlich nie mit Sicherheit wissen werden, was dem Generalkapitän zu Beginn seiner Expedition vorschwebte.

Am 7. Dezember 1492 stürzte sich auf der Marmortreppe des Justizpalastes in Barcelona ein Attentäter auf König Ferdinand und stieß ihm von hinten ein Schwert in den Nacken. Nur der schweren Amtskette, die der König um den Hals trug, war es zu verdanken, daß er nicht enthauptet wurde, doch sank er schwer verwundet zu Boden und soll dem Chronisten zufolge in einer Blutlache liegend ausgerufen haben: «Heilige Maria, hilf! Verrat! Verrat!»

Der Attentäter, Juan de Cañamás, wurde ergriffen, gefoltert, gehenkt und dann auf dem Scheiterhaufen verbrannt.

Donnerstag, den 6. September. Am Morgen dieses Tages verließ ich den Hafen von La Gomera und ging unter Segel, um meine Überfahrt zu beginnen. [...] Den ganzen Tag und die ganze Nacht hindurch herrschte Windstille vor. Am Morgen befand ich mich zwischen La Gomera und Teneriffa.

Freitag, den 7. September. Den ganzen Freitag und Samstag bis um drei Uhr nachts lagen wir wegen völliger Flaute bei.

Samstag, den 8. September. Sonntag gegen drei Uhr nachts erhob sich ein aus Nordosten kommender Wind, worauf ich in den Kurs Westen setzte ... so daß wir an jenem Tage und der folgenden Nacht nur um 36 Seemeilen vorwärts kamen.

Inzwischen ist ein Monat vergangen. Die kleine Flotte hat einige Ärgernisse in verschiedenen kanarischen Häfen und Gewässern hinter sich, zunächst die Suche nach einem Schiff als Ersatz für die am Ruder beschädigte *Pinta,* dann das ergebnislose Warten auf die Rückkehr der Gouverneurin von Gomera, deren Schiff gegen die *Pinta* ausgetauscht werden sollte, und schließlich doch die Weiterfahrt und Reparatur der *Pinta* «mit viel Mühe und Fleiß». Am Morgen des 6. September konnte der Generalkapitän schließlich Segel setzen, jedoch nur, um zu seiner größten Enttäuschung binnen kurzem auf einem glatten, unbewegten Ozean wieder stillzuliegen.

In den Morgenstunden des 9. September kam endlich ein Wind aus Nordosten auf und blähte die Segel, und die drei Schiffe schlugen ihren schicksalhaften Kurs ein: nach Westen, genau nach Westen.

Zweites Kapitel
EUROPA (I)

«Denn die Zeit ist nahe»

Gegen Ende des Jahres 1492 beauftragte der bekannte Nürnberger Drucker Anton Koberger mehrere führende deutsche Künstler mit der Herstellung einer Serie von etwa zweitausend Holzschnitten für die umfangreiche *Weltchronik* des Arztes, Gelehrten und Schriftstellers Hartmann Schedel, die im darauffolgenden Jahr erscheinen sollte. In einer der von Koberger ausgewählten Werkstätten arbeitete ein junger Nürnberger Künstler, der damals erst einundzwanzigjährige, aber bereits als hochbegabt geltende Albrecht Dürer.

Beim jungen Dürer war offenbar unter anderem ein Totentanz in Auftrag gegeben worden. Seit Europa im vierzehnten Jahrhundert von schrecklichen Seuchen verwüstet worden war – auch im fünfzehnten Jahrhundert traten ohne erkennbaren Grund noch Seuchen auf, die ganze Städte leerfegten –, tauchte dieses Thema immer wieder auf, und seine Beliebtheit wuchs von Jahrzehnt zu Jahrzehnt. Der Tod beschäftigte alle Gesellschaftsschichten von den Fürsten bis zu den Bauern. Abhandlungen lehrten die *ars moriendi,* die Kunst des Sterbens; Mysterienspiele wurden aufgeführt, und auf Dorfplätzen und in Kathedralen spielten Bauern endlose Sterbeszenen. Die neuen Druckerzeugnisse verbreiteten Darstellungen verwesender Leichen, gekrümmter Skelette und von Würmern zerfressener Körper; hinter allem sah man das hämische, lustvolle, triumphierende Grinsen des Todes. Der Totentanz, in dem Körper in verschiedenen Stadien der Verwesung ihre letzten Kapriolen schlugen, war auf Fresken und Holzschnitten, Glasfenstern und Grabsteinen zwischen London und Neapel allgegenwärtig. Seine perfekte Begleitmusik war der Grabgesang, der durch ein Zeitalter hallte, über das der Historiker Johan Huizinga schrieb: «Keine Zeit hat mit solcher Eindringlichkeit jedermann fort und fort den Todesgedanken eingeprägt wie das fünfzehnte Jahrhundert.»

Erwartungsgemäß geht Dürer in seiner Version dieses schauerlichen Themas weit über die übliche Darstellungsweise hinaus. Er drückt nicht nur Entsetzen und Melancholie aus, sondern krankhafte Freude, morbides Vergnügen. Ein Skelett, dessen welkes Fleisch und Eingeweide ihm noch an den Knochen hängen, wiegt sich mit zwei anderen über einem Grab im Tanz. Ein vierter Leichnam steigt mit erhobener Hand daraus empor und schließt sich dem Reigen an, zu dem ein gespenstischer, in ein Leichentuch gehüllter Musikant die Weise spielt. Unendlich genau in den Details, gestaltete Dürer die Todesbesessenheit seiner Zeit, die psychotische Faszination, die der Tod, unerklärlich und allzeit präsent, auf diese Kultur ausübte. Der deutsche Gelehrte Paul Herrman bezeichnete dieses Werk als das schauerlichste seiner Art, das bewußt Grauen erregen will.

Es eignete sich wirklich gut als Illustration für das geplante Buch, eine Geschichte der Welt, die verkündete, woran viele Menschen bereits glaubten, daß nämlich ihr Zeitalter «jenes normale Ausmaß an Sittenlosigkeit beträchtlich überschritten» habe und daß es das vorletzte Zeitalter der Menschheit sei. Ihm werde folgen das Jüngste Gericht und das Ende der Welt.

Das Ende der Welt: im Europa des fünfzehnten Jahrhunderts nahm man diesen Gedanken sehr ernst; er war nicht bloße Phantasie, Metapher oder theologisches Bild, sondern eine düstere, beängstigende Voraussage, die sich auf die göttliche Weisheit der biblischen Prophezeiung und die Erfahrungen des täglichen Lebens stützte. Der vielseitige deutschsprachige Historiker Egon Friedell, der diese Periode als «Inkubationszeit» der Neuzeit bezeichnet, spricht von einer «allgemeinen Weltuntergangsstimmung, die, ausgesprochen oder unausgesprochen, bewußt oder unbewußt, das ganze Zeitalter durchdringt und beherrscht». Der offizielle Geschichtsschreiber des Habsburgerkaisers Friedrich III., Joseph Grünpeck, schrieb, man müsse sich nur die schreckliche Verderbtheit der gesamten Christenheit, den Niedergang aller lobenswerten Bräuche, Regeln und Gesetze, die Niedertracht aller Schichten, die zahlreichen Pestilenzen, die Veränderungen und all die seltsamen Vorgänge der Epoche vor Augen führen, um zu wissen, daß das Ende der Welt nahe sei und Ströme des Leidens sich über die gesamte Christenheit ergießen würden.

Wen wundert es, daß in einer solchen Atmosphäre – Harmagedon schien zum Greifen nah, und Johannes' schreckliche Worte («Weh, weh, weh, denen, die auf Erden wohnen») von der Herrschaft des Antichrist, dem Triumph der teuflischen Schlange, von tausendjährigem Leiden schienen schon Wahrheit geworden – der chiliastische Glaube überall Nahrung fand? Der britische Historiker Norman Cohn hat die Zeugnisse dieser außergewöhnlichen, aber offenbar sehr weit verbreiteten Ausprägung des Christentums im Spätmittelalter zu einem umfangreichen Buch zusammengetragen. Seine sorgfältigen Darlegungen lassen jedoch einzig den Schluß zu, daß hinter den Hunderttausenden sich zum Chiliasmus bekennenden Europäern – den Rantern, Amalrikanern oder Taboriten, den Brüdern und Schwestern des freien Geistes oder den Franziskanern – Hunderttausende andere gestanden haben müssen, bei denen diese Bekenntnisse Widerhall fanden.

Zu diesen zählte ein gewisser Cristóbal Colón, der eben von Palos zu seiner verrückten, waghalsigen Reise über das Ozeanische Meer aufgebrochen ist. Offenbar beschäftigte er sich ständig mit dem Ende der Welt, war fast davon besessen, und er wollte unbedingt die Zahl der bis zum Jüngsten Gericht verbleibenden Jahre bestimmen. Zu diesem Zweck studierte er eingehend die Offenbarung und Jesaja, seine wichtigste Quelle aber war Pierre d'Aillys *Imago mundi* (samt Opuscula); in seinem Exemplar finden sich nicht weniger als 848 Randnotizen und Berechnungen aus seiner Feder. Seine Schlußfolgerungen: «Der heilige Augustinus sagt, daß das Ende der Welt im siebenten Jahrtausend nach ihrer Erschaffung kommen wird. Die heiligen Theologen schließen sich ihm an, vor allem der Kardinal Pierre d'Ailly ... Nach dieser Berechnung fehlen noch etwa einhundertfünfundzwanzig Jahre auf das siebente Jahrtausend, da die Welt zu ihrem Ende gelangen wird.» Mit anderen Worten, Harmagedon um 1650. Daran glaubte er fest.

Ob man nun das Ende der Welt schon für den nächsten Tag oder erst einige Generationen später erwartete, die Wirkung auf die Seele Europas war weitgehend die gleiche. Ein allgemeines Gefühl drohenden Unheils, düstere Niedergeschlagenheit lastete auf den Seelen der Menschen, wie Huizinga schreibt. Die Beweise dafür sind überall zu finden: in den Bildern des Totentanzes, in der *Danse Macabre,* die gleich nach Erscheinen 1485 weite Verbreitung fand, in den wehmütigen Liebesliedern Nordeuropas, in den Tagebüchern der jungen spanischen Granden, in den von italienischen Kanzeln geschmetterten Schmähreden, in Georges Chastellains Prinzenchroniken oder in dem folgenden typischen Gedicht des Franzosen Eustache Deschamps:

> Zeit der Schwermut, Zeit der Versuchung,
> Jahre voll Schrecken, voll der Enttäuschung,
> Zeit der Entartung schon vor dem Verfall,
> Jahre voll Tränen, Mißgunst und Qual,
> Zeit der Ermattung und der Verdammung,
> Jahre voll Lügen, Hochmut, Berechnung,
> Zeit ohne Ehre, Sinn und Verstand,
> Jahre der Trauer, in Schicksals Hand.

Huizinga, der dem Phänomen einen wesentlichen Teil seines Klassikers *Herbst des Mittelalters* widmet, kommt zu folgendem Schluß: «Wo man auch sucht in der Überlieferung jener Zeit ... fast nur die Erinnerung an Zwist, Haß und Bosheit, Habsucht, Roheit und Elend scheint sich darin erhalten zu haben. [...] Tiefe Niedergeschlagenheit über das irdische Elend ist die Stimmung, sobald die kindliche Lebensfreude oder das blinde Genießen der ernsten Betrachtung weicht.»

Das alles liegt fünf Jahrhunderte zurück, und in jener Welt gab es vieles nicht, was für uns heute selbstverständlich ist – flache Teller, Gabeln, Spirituosen, Gummi, Nachtkleider und bequeme Sessel und, nicht zu vergessen: den Fortschrittsgedanken oder den Optimismus der Wohlhabenden. Deshalb können wir uns dieses Gefühl für Tod und Leiden kaum vorstellen, geschweige denn nachempfinden. Wir wollen uns daher näher mit jener Welt auseinandersetzen, wenigstens einige der düsteren Landschaften des Zeitalters genauer betrachten.

Gewalt: Was Huizinga als grausamen Grundton des Lebens im fünfzehnten Jahrhundert bezeichnet, war so allgegenwärtig – der

Tod war so alltäglich, die Brutalität so verbreitet, die Zerstörung von Lebendigem und Leblosem so normal –, daß es uns selbst in unserem Zeitalter der Massenzerstörung zu schockieren vermag.

Auf der ersten Stufe gab es die Gewalt des Alltags, wie sie der zeitgenössische Historiker Lucio Marineo Siculo in dieser Beschreibung Spaniens schildert: «Viele Städte und Ortschaften in Spanien waren zermürbt von zahlreichen grausamen Dieben, Mördern, Ehebrechern, durch ständige Angriffe und Frevel und alle möglichen Verbrechen ... Manche rissen unter Mißachtung der menschlichen und göttlichen Gesetze das Recht an sich. Andere gaben sich der Völlerei und Nichtstuerei hin und taten verheirateten Frauen ebenso wie Jungfrauen und Nonnen schamlos Gewalt an ... Wieder andere überfielen Händler, Reisende und Jahrmarktbesucher und beraubten sie auf grausame Weise ihrer Habe. Andere wiederum, die mächtiger und dreister waren, bemächtigten sich einiger Ländereien und Burgen der Krone, um von dort aus die Felder ihrer Nachbarn zu plündern.»

Auf der nächsten Stufe stand die Gewalt der örtlichen Strafbehörden. Täglich wurden Menschen öffentlich auf dem Schafott hingerichtet. Huizinga spricht von der «justiziellen Grausamkeit»: «Was nun an der justiziellen Grausamkeit des späten Mittelalters auffällt, ist nicht krankhafte Perversität, sondern das tierische, abgestumpfte Ergötzen, das Jahrmarktvergnügen, das das Volk davon hat. Die Leute von Mons [in Flandern] kaufen einen Räuberhauptmann für einen viel zu hohen Preis nur um des Vergnügens willen, ihn zu vierteilen, ein Schauspiel, dont le peuple fust plus joyeux que si un nouveau corps sainct estoit ressuscité*. Während der Gefangenschaft Maximilians zu Brügge 1488 steht auf dem Markte vor den Augen des gefangenen Königs die Folterbank auf einer hohen Estrade, und das Volk kann nicht genug bekommen, die des Verrats verdächtigen Magistratspersonen immer wieder in der Folter zu sehen, und schiebt die von jenen erflehte Hinrichtung hinaus, nur um immer wieder neue Quälereien auszukosten.»

---

* In etwa: «Das die Menschen mehr erfreute, als wenn ein neuer Heiliger von den Toten auferstanden wäre.»

Noch eine Stufe höher gab es die von der Kirche geförderte Gewalt, die Inquisition, die methodisch und gnadenlos alle Arten von Ketzern, Abtrünnigen, Reformern oder Mystikern verfolgte und mit dem Schwert – oder mit der Folterbank und dem Autodafé – zu erreichen versuchte, was ihr mit dem Wort oder dem Gebet nicht gelang. Durch ihren Urteilsspruch wurden Millionen Menschen eingekerkert und Hunderttausende getötet. Nirgends war die Inquisition im fünfzehnten Jahrhundert so unmenschlich wie in Spanien, nicht zuletzt deshalb, weil sie ausschließlich den Kronen von Kastilien und Aragonien verantwortlich war. Sie war die einzige wirklich nationale Institution innerhalb des Krongebietes und als solche das mächtigste (und beliebteste) Instrument zur Schaffung des künftigen spanischen Nationalstaates. Man darf annehmen, daß Cristóbal Colón die kritischen Äußerungen gerade dieser durch königlichen Befehl 1483 eingesetzten Inquisition beachtete; ihre Tätigkeit stand ihm täglich vor Augen, wenn von den Plätzen der Städte und Dörfer ganz Iberiens Rauchwolken in den Himmel aufstiegen.

Und schließlich ging auch von den zu jener Zeit in Europa entstehenden Nationalstaaten wie eben Spanien und von den Fürstentümern, Herzogtümern, Markgrafschaften, Republiken, Lehensgebieten und Grafschaften Gewalt aus, ebenso wie von den Adelscliquen und königlichen Familien, die um Vormachtstellungen und Einflußbereiche kämpften. Für sie gehörte tödliche Gewalt zum politischen Alltag. Im Inneren wurde der grausame Kampf Bruder gegen Bruder und Vetter gegen Vetter mit den Mitteln von Entführung, Folter, Verstümmelung, Mord, Attentat und dem Schüren von Rebellionen geführt; man denke nur an die Fraktionskämpfe im schottischen Königshaus das ganze fünfzehnte Jahrhundert hindurch, an die jahrzehntelangen Rosenkriege in England und an die blutigen Kämpfe der streitsüchtigen Familien Kastiliens, über die der zeitgenössische Historiker Pater Juan de Mariana schrieb: «Es war Sitte, daß die Männer die königliche Würde mit der Lanzenspitze oder den Waffen zur Schau trugen» und: «Am mächtigsten ist der, welcher den Schatz seines Gegners ohne Rücksicht auf die Gesetze erbeutet, die angesichts der lärmenden Waffen, Trompeten und Trommeln schweigen.» Wenn sie dieses mörderischen Zeitvertreibs überdrüssig waren, wandten sich die Machthaber mit ebensolcher Brutalität gegen die Ungehorsamen oder Ungeliebten unter ihren Mitbürgern; was für Blutbäder haben die um die Macht in den zerfallenden italienischen Stadtstaaten kämpfenden Tyrannen angerichtet! Wie unbarmherzig sind die Glaubens- und Bauernaufstände in den deutschen Ländern unterdrückt worden! In Spanien ließen Ferdinand und Isabella die Santa Hermandad (Heilige Bruderschaft) als ihre private und außerhalb des Gesetzes stehende Polizei wiederaufleben; im Heiligen Römischen Reich Friedrichs III. entwickelten sich die Femegerichte zu geheimen terroristischen Bünden. Auch nach außen übten sich die aufstrebenden Staaten in schonungsloser – offiziell als Krieg bezeichneter – Gewalt. Kein Winkel des Subkontinents blieb von Schlachten, Belagerungen und Gemetzeln verschont. Es wird geschätzt, daß es zehn- bis fünfzehnmal so viele Gewalttaten gab wie drei Jahrhunderte zuvor.

Krankheit: In der Mitte des fünfzehnten Jahrhunderts hatte der Schwarze Tod seinen Griff gelockert, doch bis ins achtzehnte Jahrhundert sollte er in ganz Europa noch seinen Tribut fordern. Perugia zum Beispiel wurde im fünfzehnten Jahrhundert mindestens achtmal von der Pest heimgesucht und hatte Tausende Tote zu beklagen. In Hamburg, Nürnberg und Köln brach die Seuche mehr als zehnmal aus, und es heißt, daß ihr zu Zeiten mehr als die Hälfte der Bevölkerung dieser Städte zum Opfer fiel. In Katalonien, wo die Pest im vierzehnten Jahrhundert viermal gewütet hatte, trat sie im fünfzehnten Jahrhundert weitere sechsmal in Erscheinung und bewirkte einen Bevölkerungsrückgang von etwa 430000 im Jahre 1365 auf unter 278000 im Jahre 1497.

Doch das alltägliche und immer ungewisse Schicksal Europas wurde nur zu einem Teil von der Pest bestimmt. In einem Buch über die Geschichte der Medizin steht folgendes dazu zu lesen: «Während des ganzen Mittelalters wurde die Bevölkerung wie nie zuvor oder danach von Epidemien gequält, die mit Kometen und anderen astralen Einflüssen, Stürmen, Mißernten, Hungersnöten, Bergrutschen, Dürrekatastrophen oder Überschwemmungen, Insektenschwärmen, Brunnenvergiftungen durch Juden und anderen abwegigen Ursachen in Zusammenhang gebracht wurden. In Wirklichkeit hatten aber Übervölkerung und mangelhafte sanitäre Einrichtungen innerhalb der mittelalterlichen Stadtmauern die Voraussetzungen dafür geschaffen, ebenso wie das Elend, Durcheinander und der allgemeine Verfall der Sitten, den die zahlreichen Kriege, das Heer durch Europa ziehender Soldaten, Studenten und verschiedensten Vagabunden sowie der weitverbreitete Aberglauben, die Unwissenheit und Unsauberkeit der Massen hervorgerufen hatten.»

Dann werden die Auswirkungen dargelegt: Neben der Beulen- und der Lungenpest (letztere trat in Europa erstmals im vierzehnten Jahrhundert auf und war besonders verheerend) sind Lepra, Ergotismus, Skorbut, Veitstanz, Pocken, Masern, Diphtherie, Typhus, Tuberkulose und Grippe ausnahmslos nicht nur den Körper schwächende, sondern tödliche Krankheiten.

Tödlich in einem heute schwer vorstellbaren Ausmaß. Hören wir die aufrüttelnden Worte Savonarolas, die er 1496 von seiner Kanzel in Florenz seinem Publikum zurief: «Es wird nicht mehr genug Männer geben, um die Toten zu bestatten, noch die Möglichkeit, genügend Gräber zu graben. So viele werden tot in den Häusern liegen, daß Männer durch die Straßen gehen und rufen werden: ‹Bringt eure Toten heraus!› Und die Toten werden auf Karren und Pferde geladen werden, sie werden auf einen Haufen getürmt und verbrannt werden. Männer werden durch die Straßen ziehen und laut rufen: ‹Habt ihr Tote? Habt ihr Tote?›»

Und das ist keine Prophezeiung, auch keine rhetorische Übertreibung, sondern genaue Beobachtung. Thomas à Kempis drückte es einfacher aus: «Wie kann man es Leben heißen, bringt es doch so viele Tote und Seuchen hervor?»

Hungersnot: Nahrungsmittel waren für das gemeine Volk im fünfzehnten Jahrhundert zu *keiner* Zeit in Fülle vorhanden. Und was man zu essen hatte, war nie besonders nahrhaft – Weizen und Gerste stellten die wichtigsten und in den meisten Gegenden die einzigen Feldfrüchte dar, sie reichten für kaum mehr als Brot und Suppe. Die Erträge waren immer ungewiß und fielen oft dürftig aus. Eine schlechte Ernte bedeutete Hunger, zwei bedeuteten eine Katastrophe. «Jahrhundertelang brechen regelmäßig Hungersnöte aus», stellt Fernand Braudel am Anfang seiner meisterhaften Geschichte der europäischen Gesellschaft fest, «Europa wird immer wieder vom Hunger heimgesucht und weithin entvölkert.» Und wir dürfen nicht vergessen, daß es damals weder Kartoffeln noch Mais gab, die in späteren Jahren die Not linderten und so oft die Rettung der Armen waren: Sie warteten noch auf Entdeckung in ihrem Ursprungsland, der Neuen Welt.

Die europäischen Böden waren qualitativ sehr unterschiedlich, ebenso die landwirtschaftlichen Methoden, aber selbst in einem relativ fruchtbaren Gebiet wie Frankreich sind im fünfzehnten Jahrhundert mindestens sieben Hungersnöte im ganzen Land sowie zahlreiche örtlich begrenzte zu verzeichnen. Der französische Mittelmeerraum mit seinen kargen und wenig fruchtbaren Böden habe stets am Rande einer Hungersnot gestanden, berichtet Braudel, und Spanien verschlimmerte seine Landwirtschaftskrise noch, indem es der Schafzucht den Vorrang gegenüber dem Ackerbau gab und seinen *hidalgos* riesige brachliegende Pachtgüter zugestand. Ganz Kastilien erlitt im fünfzehnten Jahrhundert mindestens vier schwere, historisch belegte Hungerkatastrophen, und das arme Andalusien wurde mit erschütternder Häufigkeit von Mißernten und Hungersnöten heimgesucht: 1400–02, 1412–14, 1421, 1423–26, 1434–38, 1442–43, 1447–49, 1454, 1458–59, 1461–62 und 1465–73, das sind insgesamt fünfunddreißig Jahre. Kein Wunder, daß ein altes spanisches Sprichwort sagt: Fliegt die Lerche über Kastilien, so nicht ohne Gerste im Schnabel. Kein Wunder auch, daß das Wort *carestía* in den Tagebüchern und Chroniken jener Zeit immer wieder aufscheint: Not, Mangel, Bedürftigkeit.

Der Tribut, den solche Hungersnöte forderten, wurde kaum je gesondert aufgezeichnet und verbirgt sich daher hinter den immer sehr hohen Todesraten, aber der Hunger war ohnehin meist ein Begleiter der Epidemien. Alljährlich müssen Hunderttausende verhungert sein – noch zwei Jahrhunderte später starb nachweislich ein Drittel der finnischen Bevölkerung in der Hungerkatastrophe von 1696, und die Herzöge von Burgund schrieben 1662, daß «die Hungersnot in diesem Jahr mehr als zehntausend Familien in

Eurer Provinz dahingerafft und ein Drittel der Bewohner selbst guter Städte gezwungen hat, Gras zu essen». Solche Detailschilderungen gewähren uns einen Einblick in die Situation des ausgehenden fünfzehnten Jahrhunderts.

Die sozialen Kosten der Hungerkatastrophen waren ohne Zweifel gewaltig. Die ersten Leidtragenden waren meist die Menschen auf dem Lande, und sie wehrten sich dagegen durch offene Rebellion – wenn ihnen noch Kraft genug blieb. Diese Aufstände sind bis zu einem gewissen Grad dokumentiert, was nicht zuletzt auf den Umstand zurückzuführen ist, daß Soldaten ausgesandt wurden, um sie im Keim zu ersticken. Die verheerendsten Hungersnöte erreichten aber auch die Städte und größeren Siedlungen und gingen einher mit Raubüberfällen, schlimmen Plünderungen und offenem Aufruhr – und als Gegenmittel wurden vielfach wiederum regelrechte Massaker veranstaltet. 1462 brachte ein gewisser Garci Sánchez in Sevilla folgendes zu Papier: «Um sieben Uhr brach in Sevilla wieder ein Hungeraufstand aus. Die Menge bewaffnete sich und machte sich auf die Suche nach Brot. Die Banden zogen von Haus zu Haus und beschuldigten die Leute, Vorräte angelegt zu haben. Jedermann verbarg seine Wertsachen aus Furcht, daß sie die Truhen plündern könnten. Das ging so bis zum Mittag.» Angesichts des Tonfalls dieser Schilderung ist man geneigt anzunehmen, daß solche Unruhen kaum etwas Ungewöhnliches waren.

Ein düsteres Zeitalter also, dessen Hang zur Beschäftigung mit dem Tod, dessen Vorgefühl des nahenden Verderbens verständlich erscheint. Hunger, Krankheit und Gewalt begleiteten diese Menschen durch den Tag, die Jahreszeit, das Jahr, das Leben, wie kurz es auch war. Ein französischer Dichter hinterließ Ende des fünfzehnten Jahrhunderts dieses gequälte Gebet:

Nichts als Elend, Hunger und Beben!
Krieg und Tod sind unser Leben.
Kälte, Hitze, Tag und Nacht,
Von Floh und Ratte stets bewacht.
Drum bete, Sünder, ich zu Dir,
O Herr, hab Gnade Du mit mir.

Aber weder die Kirche noch die weltlichen Institutionen jener Zeit fanden einen Ausweg oder Linderung. Die einst so beständigen Bräuche und Werte der mittelalterlichen Welt waren nichts mehr wert. Es fand, so Friedell, «eine entschiedene, obschon meist unterbewußte Abkehr von fast allen bisherigen Dominanten des Daseins statt. Alle die religiösen, ethischen, philosophischen, politischen, ökonomischen, erotischen, künstlerischen Normen und ‹Wahrheiten›, bisher so sicher geglaubt und begründet und die Orientierung des Menschen in Vergangenheit, Gegenwart und Zukunft scheinbar für immer garantierend, brechen mit einem Male zusammen. [Es war] ein katastrophaler Zusammenbruch aller Werte, eine radikale Lösung aller Bindungen.»

An die Stelle der alten Universalien traten nun Dualismen, Schismen, Vielzahl und Unendlichkeit: Nicht umsonst wurden gerade in diesem Zeitalter die Polyphonie und der Kontrapunkt in der Musik und die doppelte Buchführung im Handel eingeführt, und die Sprachen und Dialekte waren von solch babylonischer Vielfalt, daß Leonardo da Vinci befürchtete: «Von den Menschen wird man dereinst sagen, einer habe die Sprache des anderen nicht verstanden.»

«Es war eine Kultur, die ihre Stützpfeiler verloren hatte», sagen Bruce und William Catton in ihrem Überblick über dieses Zeitalter, und es spricht alles für die Richtigkeit dieser Behauptung: Welche Autorität hätte sich in diesen Zeiten, diesen langen Jahrzehnten der Umwälzung und Verzweiflung als solche behaupten können? Woran konnte man in einem Zeitalter der Ungewißheit glauben, wie konnte man Frieden finden, wenn überall nichts als Gewalt war, wo einen Hafen suchen, wenn in allen Richtungen nur Stürme tobten?

Die Kirche? Sie war korrupt, dekadent und unglaubwürdig. Sie war unfähig, die Katastrophen vorherzusagen, zu erklären oder zu lindern. Man darf nicht vergessen, daß die Inquisition kein Zeichen von Stärke war, sondern von Schwäche. Sie zeugte nicht von religiöser Inbrunst, sondern von Verfall. «Niemand baut in diesen Tagen Kirchen oder gründet Klöster», berichtete 1493 Abt Trithemius von Sponheim zutreffend.

Der Fürst, der Feudalherr? Er war meist gleichgültig; und zeigte er Mitgefühl, so stand es nicht in seiner Macht, Hunger zu stillen und Kranke zu heilen. «Man muß Verständnis dafür haben», schrieb Machiavelli nur einige Jahre später, «daß ein Herrscher, und vor allem ein solcher in einer neu gegründeten Herrschaft, nicht alles beachten kann, wodurch die Menschen in einen guten Ruf kommen, sondern oft gezwungen ist, gegen Treue, Barmherzigkeit, Menschlichkeit zu verstoßen, eben um die Herrschaft zu behaupten.»

Dann also der Staat? Es gab ihn, und in zunehmendem Maße, aber einstweilen war er kaum mehr als ein im Geist des einen oder anderen vorübergehend mächtigeren Fürsten entstehendes Gebilde, und für einen Fürsten waren Steuererhöhungen und Befestigung des Machtbereichs viel wichtiger als das Wohlergehen und die Sicherheit der Bürger. Die meisten Menschen, so Nikolaus von Kues, wurden von jenen, die über sie herrschten, geknechtet und waren ihren Launen ausgesetzt; Schutz vor diesen willkürlichen Herren gab es kaum, und Gerechtigkeit fehlte ebenso wie Trost.

Wohin aber konnte sich ein verstörtes und verzweifeltes Europa wenden? Der Zufall wollte es – wenn man es Zufall nennen will –, daß diesem geschundenen Europa damals drei Antworten offenstanden; sie alle waren geprägt von starken sozialen und intellektuellen Kräften, die noch am Beginn ihrer Entwicklung standen, aber ein solches Potential besaßen, daß sie die Neuzeit einläuteten und noch heute ihre Grundlage bilden.

Zunächst gab es die Antwort der Renaissance, vorwiegend auf der Halbinsel Italien, aber bald auch auf dem gesamten (zumindest dem gebildeten) Subkontinent; sie wird als *Humanismus* bezeichnet. In diesem Zeitalter der verlorenen Sicherheiten und des schwindenden Glaubens machte der Humanismus aus dem Menschen eine greifbare und fundamentale Größe; der Mensch wurde sich seiner Kraft und fast göttlichen Einzigartigkeit bewußt. Und der Humanismus eroberte das fünfzehnte Jahrhundert nicht nur, weil er ein zuverlässiges ideologisches Fundament für die Reichen und Mächtigen schuf, sondern weil er sich auf die Autorität der Antike stützen konnte und eine Fülle von neuen Möglichkeiten versprach.

De dignitate et excellentia hominis betitelte Giannozzo Manetti sein einflußreiches, in den vierziger Jahren des fünfzehnten Jahrhunderts veröffentlichtes Buch und brachte damit die einfache Botschaft des Humanismus zum Ausdruck. Vor der neu entdeckten Würde und Größe des Menschen wirkten die Schwierigkeiten der Zeit – die politischen wie die intellektuellen und praktischen – weniger überwältigend; und der Florentiner Humanist Marsilio Ficino erklärte in seiner etwa vierzig Jahre später veröffentlichten *Theologica platonica:* «Dies nun läßt die ganze Größe unserer Seele deutlich erkennen: Der Mensch wird sich nicht mit dem Reich dieser Welt zufriedengeben, wenn er nach dessen Eroberung erkennt, daß es eine andere Welt gibt, die er sich noch nicht untertan gemacht hat. [...] Daher will der Mensch niemanden über ihm oder auf einer Stufe mit ihm wissen und wird nicht zulassen, daß etwas von seiner Herrschaft ausgeklammert oder ausgeschlossen bleibt.» Das ist nicht bloß der klassische «Mensch als Maß aller Dinge», das ist ein neuer Mensch, der keine Einschränkung mehr gelten läßt, der Mensch als Imperialist. Welch zutreffende Beschreibung des Zeitalters, in das Europa eintrat – und wie passend muß sie erst einem Genuesen erschienen sein!

Der Humanismus bleibt jedoch in seinen philosophischen Ausschweifungen nicht auf dieser Stufe stehen: Der nächste Schritt ist der Mensch als Gott. Ficino drückte es so einfach aus: «Und so strebt er Gott gleich zu sein in allem.» Das ist keine Blasphemie, kein Sakrileg, sondern die Erkenntnis des wahren Gottesplans, die Erhöhung des Menschen über alle anderen Wesen. Leon Battista Alberti, ein Renaissancemensch par excellence, bringt es in diesem Lobgesang auf den Menschen zum Ausdruck: «Dir ist ein anmutigerer Körper gegeben als anderen Wesen, die Fähigkeit gewandter und vielfältiger Bewegungen, dazu die schärfsten und feinsten Sinne, Witz, Vernunft, Erinnerung wie einem unsterblichen Gott.» Und nach Meinung eines anderen Florentiners, Giovanni Pico della Mirandola, konnte jeder Mensch sich «aus dem freien Willen seines Geistes zum gottähnlichen Wesen wiedergebären». Es war wahrhaftig eine Renaissance: eine Wiedergeburt des Menschen nach dem Ebenbild Gottes.

Nicht daß der Humanismus eine neue *Moral* propagierte, die an die Stelle des korrumpierten und zersetzten christlichen Glaubens treten sollte – keineswegs. Vielmehr förderte er einen neuen weltlichen Pragmatismus, der sich über die alten Regeln der Moral hinwegsetzte, und wenn Machiavelli mit seinem unverhohlenen Bekenntnis dazu selbst manche seiner Landsleute zu schockieren vermochte, so war er doch nur der ehrlichste seiner Altardiener. Was zählt, ist das, was uns im Hier und Heute nützt: Schließlich bauen wir nicht das Himmelreich, sondern das irdische Reich. In seiner Studie über das Italien der Renaissance erklärt der Historiker Lauro Martines, daß der Humanismus stets den Zweck verfolgte, «den Bürgern der Oberklasse ein Gefühl der Einheit zu vermitteln, richtungweisend für ihr Leben zu sein, und sich damit viel offener an weltlichen Zielen orientierte. Die Sünde mußte in den Hintergrund gerückt und die Moral neu definiert werden zu einem den irdischen Zielen besser entsprechenden Bewußtsein.» Folglich waren im fünfzehnten Jahrhundert «die irdischen Ansprüche bereits absorbiert und bildeten das psychologische Bewußtsein nicht nur der Gelehrten, sondern auch der obersten sozialen Schichten.» Und folglich wurden «Geld und Autorität nirgends besser und mit schmeichelhafteren Worten verteidigt als in den Lobreden der Humanisten».

Wenn die Humanisten von der «Würde des Menschen» sprachen, meinten sie zwar in erster Linie das gesamte Menschengeschlecht, sie bezogen sich aber *auch* auf den männlichen Menschen, ganz besonders den reichen, urbanen, hochgestellten, vollendeten Mann. Die Frau wurde, wenn überhaupt, nur am Rande mitgedacht. Denn in diesem Europa war das Patriarchat tief verwurzelt: in der Kirche mit einem unfehlbaren Vater an der Spitze, im Fürstentum und im Staat mit ihren hierarchischen Herrschaftsformen, in der Familie mit dem männlichen Oberhaupt, das vor dem Gesetz wie vor der Kirche Herr über sein Haus war. Die Frau galt als ein dem Mann biologisch nachgeordnetes Wesen.

Eine weitere, eng damit in Zusammenhang stehende Antwort des Zeitalters war der *Rationalismus* und insbesondere jene Ausprägungsform, die wir heute als Wissenschaft bezeichnen. Zweifellos eine außergewöhnliche Weltsicht und dennoch – als Verherrlichung von Logik, Geradlinigkeit und objektiver Einsicht – der Zeit auf ideale Weise entsprechend. Mit Hilfe des Rationalismus konnten Philosophen und Gelehrte und sehr bald auch alle Gebildeten die Welt in ihre kleinsten Details zerlegen und so mit dem Bedürfnis nach Gottheiten, dem Wunderglauben, der Zauberei, der Mystik und Metaphysik aufräumen. Sollten die alten Religionen doch schwanken und scheitern, die Wissenschaft würde der neue Glaube sein.

Es war eine unerhört große Aufgabe, den europäischen Rationalismus zum Triumph zu führen, sie erforderte die vielfältigsten Begabungen – Humanisten, Handwerker, Maler, Ärzte, Alchimisten –, und es sollte noch Jahrhunderte dauern, bevor die Wissenschaft zum Allgemeingut wurde. Denn uralte Denkgewohnheiten mußten erst zerschlagen, grundlegend andere Wahrnehmungsweisen ausgemerzt werden. «Sie mußten nicht falsche Theorien kritisieren und bekämpfen», schreibt ein Historiker über die ersten Wissenschaftler. «Vielmehr mußten sie die Aufgabe des Intellekts selbst neu setzen, seine Begriffe neu formulieren und gestalten, eine neue Sicht des Seins entwickeln, einen neuen Wissens- und Wissenschaftsbegriff, sie mußten sogar eine ganz natürliche Denkweise, den gesunden Menschenverstand, durch eine keineswegs natürliche ersetzen.» Es war, als versuchte man zu erklären, daß Kanonenkugeln und Federn mit derselben Geschwindigkeit zu Boden fallen.

Die Entgöttlichung der Natur selbst mußte erreicht werden, nach Schillers treffendem Wort. Zu jener Zeit war trotz intensivster Bemühungen seitens der Kirche mancherorts in Europa immer noch der Glaube lebendig, daß Götter und Geister die Natur bevölkerten – Bäume, Ströme und Flüsse, Wälder und Berge –, und in der Kirche selbst gab es Auffassungen, nach denen die Natur heilig war, weil Gott in allen seinen Werken lebendig sei. Die Aufgabe des Rationalismus bestand nun darin, mit Hilfe der Wissenschaft zu zeigen – nein, zu *beweisen* –, daß die Erscheinungsformen der Natur nichts Heiliges an sich haben und weder eine Seele noch einen Willen besitzen, sondern bloß meßbare Kombinationen von chemischen und mechanischen Eigenschaften darstellen, die wissenschaftlich analysiert, bestimmt und manipuliert werden können. Entgöttlicht, sollten sie vom Menschen nach Belieben genutzt und beherrscht werden; so kamen die Europäer – als einzige unter allen Kulturen, soweit man das heute feststellen kann – zu dem Glauben, daß der Mensch, wie Descartes sagt, Herr und Beherrscher der Natur sei.

Der Rationalismus fand im Europa jener Zeit sicher auch deshalb so viele Anhänger, weil er hielt, was er versprach. Technische Neuerungen konnten besehen und bestaunt werden und waren bald aus dem Alltag nicht mehr wegzudenken: die öffentlich aufgestellte Uhr zum Beispiel (die jetzt, zu Ende des fünfzehnten Jahrhunderts erstmals auch zur Viertelstunde schlug), die Brille (die sich erst Mitte des Jahrhunderts wirklich durchsetzte), das Glasfenster (das zunehmend Verbreitung fand, insbesondere in den Häusern der Reichen) und das doppeltgetakelte, dreimastige Segelschiff (das Ende des Jahrhunderts in ganz Nord- und Südeuropa in Verwendung war). An Bedeutung übertroffen werden diese Errungenschaften in ihrer unmittelbaren wie in ihrer langfristigen Wirkung nur von der Druckerpresse und dem Gewehr – und welch traurige Ironie liegt darin, daß sie etwa zur gleichen Zeit aufkamen.

Die Vervollkommnung der beweglichen Lettern in den vierziger Jahren und die Verfügbarkeit von gutem, billigen Papier anstelle des teuren Pergaments führten in den nächsten Jahrzehnten zur Entstehung gutgehender Druckereibetriebe. Bereits 1500 soll es auf dem Subkontinent, von Toledo bis Stockholm, 110 Orte mit zumindest einer Druckerpresse, einige mit sogar drei oder vier gegeben haben. In dem relativ kurzen Zeitraum von einem halben Jahrhundert – von 1454 bis 1501, für Gelehrte das Zeitalter der Inkunabeln (der «Wiegendrucke») – wurden nach einer Schätzung 20 Millionen Exemplare von mindestens 40 000 verschiedenen Titeln gedruckt. Die positiven Folgen dieser Explosion sind nicht zu übersehen; doch stehen wir hier auch am Beginn einer fatalen Entwicklung. Immer mehr ersetzte die Maschine die Arbeit des Menschen, das Unpersönliche trat an die Stelle des Individuellen, die Quantität an die Stelle der Qualität und die Gleichförmigkeit an die Stelle der Spontaneität. Es ist vielleicht nicht übertrieben, hier den Beginn der Industrialisierung der Philosophie und der Mechanisierung des Denkens zu sehen.

Die zweite triumphale technische Neuerung (in vielen Aspekten mit der ersten verwandt), die erst durch die Entwicklung des gekörnten Schießpulvers in den zwanziger Jahren und die Verbesserung der Läufe und Schußmechanismen in den sechziger Jahren des Jahrhunderts möglich wurde, waren die Feuerwaffen. Nach der Erfindung der Arkebuse gegen Ende des Jahrhunderts konnte erstmals der einzelne Soldat eine Handfeuerwaffe bedienen, und die Perfektionierung der mobilen großkalibrigen Kanone in den achtziger Jahren (von den Franzosen 1494 im Feld erprobt) machte es möglich, daß eine relativ kleine Armee verheerende Wirkungen erzielte, und legte den Grundstein für die moderne mechanisierte Kriegführung. «Ende des fünfzehnten Jahrhunderts», so schreiben zwei Wirtschaftshistoriker, «als Kanonen und Handfeuerwaffen bereits allgemein in Verwendung standen, hatte das Schießpulver eine grundlegende Veränderung der militärischen, herrschaftlichen und industriellen Aspekte der mittelalterlichen Zivilisation herbeigeführt.» Eine grundlegende Veränderung, wahrhaftig: Richtiger wäre es wohl, von einer rasch fortschreitenden, völligen Zerstörung zu sprechen.

Weit über die bedeutenden technischen Errungenschaften hinaus brachte der Siegeszug des Rationalismus jedoch etwas mit sich, das wir als die Kultur der Wissenschaft bezeichnen können, ein Umfeld von Rastlosigkeit, Neugierde, Bewegung, Ungeduld und Begeisterung, ein von keiner anderen Gesellschaft zuvor so empfundenes Bedürfnis, zu erklären und zu erforschen, umzustoßen und aufzudecken. Peter Mathias, ein britischer Wissenschaftshistoriker, der sich mit diesem Phänomen auseinandersetzt, stellt fest, daß Europa sich vom fünfzehnten Jahrhundert an nicht durch die Verbreitung wissenschaftlichen *Wissens* auszeichnete, das im Grunde nur einigen wenigen vorbehalten blieb, sondern durch wissenschaftliche *Grundhaltungen,* die von vielen übernommen wurden. In diesem Zusammenhang, so meint er, seien Wissenschaft und Technik «Zeugen einer Gesellschaft, die immer neugieriger, immer suchender, immer bewegter war, immer mehr den Dingen nachging, sie ausprobierte, Experimente machte und Verbesserungen anstrebte». Ein heroisches und prometheisches Streben, vielleicht aber auch gefährlich und faustisch, und nicht ohne Grund fällt Friedell das Wort vom «tollen Höllenspuk» dazu ein.

Die letzte Antwort des fünfzehnten Jahrhunderts auf die allgemeine Verwirrung war natürlich aus demselben Stoff: Es war der *Materialismus,* der im wirtschaftlichen Alltag die Gestalt des Kapitalismus annahm. Daß man in einer Welt der physischen Ungewißheit und geistigen Leere das materielle Hier und Heute, das Greifbare besonders schätzt, erscheint vom heutigen Standpunkt aus verständlich; es war für das damalige Europa in dieser Form aber etwas völlig Neues. Das Berührbare und Beobachtbare, das rationalistisch «Reale» und wissenschaftlich Quantifizierbare bekam allmählich eine Bedeutung, die es zu keiner Zeit und an keinem Ort je gehabt hatte.

Am deutlichsten sichtbar wird dies in der Kunst: in der Liebe zu den Dingen und ihrer detailgetreuen Wiedergabe bei Dürer und besonders bei Leonardo in den Skizzenbüchern; im Realismus der Porträts von van Eyck; in der unglaublichen Figurenfülle der Gemälde von Bosch. Die Künstler dieser Zeit seien, so Kenneth Clark, in höchstem Maße fähig gewesen, ihre Gedanken sichtbar zu machen, was er mit der von liberalem Materialismus beherrschten Atmosphäre begründet. Dieser Materialismus verherrlichte die sichtbare Welt, die nun mittels der Zentralperspektive und all der anderen neuen künstlerischen Fertigkeiten, die die Renaissance hervorbrachte, «realistisch» dargestellt wurde. Dieser neue Stil stand in krassem Gegensatz zur gesamten Kunst seit dem Untergang Roms. Der Realismus dieses Zeitalters war Materialismus in Farbe und Marmor.

Nicht zum erstenmal begehrte das Herz des Menschen Reichtum und Besitz – aber zum erstenmal verdrängte der Wert des Besitzes materieller Güter die anderen Werte ethischer und religiöser Art mit solcher Vehemenz. All die schönen Worte und leeren Phrasen, die andere Kulturen in früheren Zeitaltern verwendet hatten, um von ihrem ganz materiellen Streben nach Reichtümern abzulenken oder es in Abrede zu stellen, wurden in diesem neuen offenen und praktisch orientierten Europa allmählich entbehrlich. Wo sonst hätte man einen Mann wie den großen Buchdrucker Aldus Manutius finden können, der über dem Eingang zu seiner berühmten Druckerei in Venedig ein Schild mit der Aufschrift anbrachte: «Sprich nur über das Geschäft, und erledige es rasch»?

Wo sonst wäre ein Satz denkbar, wie er in einem belehrenden Dialog von Alberti vorkommt: «Ein Mann kann sich keiner freieren [nützlicheren] Arbeit widmen als dem Geldverdienen»? Wo sonst hätte man Lobreden hören können wie jene auf den 1475 in Florenz gestorbenen Matteo Palmieri, der gepriesen wird, weil er wußte, «wie wichtig Reichtum für ein bürgerliches Leben in Würde ist»? Ein so freimütiges Bekenntnis zur materiellen Begierde wird man in der Geschichte nur selten finden.

Der Materialismus, der sich über Jahrzehnte im Verbund mit einem ausgeprägten Humanismus und Rationalismus entwickelte, schuf die grundlegenden Voraussetzungen für den Erfolg jenes Wirtschaftssystems, das wir heute als Kapitalismus bezeichnen. (Das fünfzehnte Jahrhundert kannte dieses Wort natürlich nicht – es tritt erst im achtzehnten Jahrhundert auf und erhält seine gegenwärtige Bedeutung erst im späten neunzehnten Jahrhundert.) Zweifellos trugen Elemente, die im späten fünfzehnten Jahrhundert bereits existierten, wie Währungstransaktionen, Wechsel, Seetransportversicherungen, ein internationales Bankwesen und die Anhäufung von Metallen und Geldmitteln, dazu bei, aber erst die Geisteshaltung des Materialismus, sein Wertesystem, seine Neuinterpretation der Welt, ermöglichte die Verbindung und Weiterentwicklung von all dem zu einer neuen Art des Wirtschaftens.

Es war ein langwieriger Prozeß, der lange vor dem fünfzehnten Jahrhundert begonnen hatte und danach weiterging, aber die Anfänge liegen eindeutig in diesem Jahrhundert, und es gab sogar manche Zeitgenossen, die ahnten, daß die alten Werte an Boden verloren und durch neue ersetzt wurden. Der Gedanke des angemessenen Preises, der die mittelalterliche Wirtschaft so sehr bestimmt hatte, daß die Zünfte alle ächteten, die für ihre Waren zu hohe Preise forderten, wurde nun von dem Motto «so viel, wie das Geschäft verträgt» abgelöst. Hatte es früher geheißen: Gute Waren zu einem angemessenen Preis, so wurde jetzt der alte römische Grundsatz Caveat emptor – Vorsicht ist des Kunden Lohn – wiederbelebt. Geldverleih gegen Zinsen, einst eine Sünde («Du sollst nicht Zinsen nehmen», las man in der Bibel), wurde zunächst den Juden («Juden braucht man ebenso wie Bäcker», berichtete ein Venezianer 1519) und später auch anderen in allen Bereichen der

Gesellschaft zugebilligt. Kurz, Gott und die Beschränkungen, die er der mittelalterlichen Wirtschaft auferlegt hatte, machten dem Mammon Platz, und die Kirche hatte nicht die Macht (angesichts ihrer weitreichenden weltlichen Interessen eigentlich auch nicht den Wunsch), etwas dagegen zu unternehmen. Lewis Mumford faßt dies folgendermaßen zusammen: «Der gesamte moralische Wandel unter dem Kapitalismus kann auf die Tatsache reduziert werden, daß die Absichten, Bedürfnisse und Grenzen des Menschen nicht mehr lenkend und beschränkend auf seine Betriebsamkeit wirkten: Die Menschen arbeiteten nicht nur, um ihren Lebensunterhalt zu verdienen, sondern um zu Reichtum und Macht zu gelangen und dem Ego zu huldigen, das in enormen Anhäufungen von Geld und Macht Befriedigung fand.» Diesen Prozeß sollten wir genau unter die Lupe nehmen.

Was man auch immer über diese neuen Kräfte sagen kann, denen sich der Geist, ja die ganze Kultur Europas zuwandte oder, besser gesagt, unterwarf – sie waren ohne Zweifel mächtig, fähig und überzeugend, und in der Folge bildeten sie das Grundgerüst der Neuzeit. Sie entwickelten sich unabhängig voneinander, aber auch im Zusammenspiel, und sie verliehen diesem Zeitalter sein Wesen und sein Streben.

Eine weitere wichtige Voraussetzung für ihr Wachstum war die Anhäufung bürgerlicher Macht, die wir als Nationalstaat bezeichnen. Er war eben erst am Horizont sichtbar geworden. Der Begriff der Nation oder des Nationalismus war noch unausgereift, er bot dem Jahrhundert keine wirkliche Alternative. Die Grundelemente zur Bildung des Nationalstaates waren aber bereits vorhanden, und sie paßten zu den erwähnten pragmatischen, akkumulativen, mechanistischen und vollkommen amoralischen Zügen der Zeit. Die Humanisten, Wissenschaftler und Kapitalisten erwiesen sich als natürliche Verbündete der Fürsten dieses keimhaften Staates – und jene Fürsten, die zuerst lernten, solche Allianzen zu nützen, sollten später triumphieren: Sie nahmen für sich und ihre Geschlechter nicht nur die althergebrachte Königswürde in Anspruch, sondern sie bauten sich Nationen.

Der Nationalismus wäre mächtig geworden, auch wenn er ausschließlich die geldverleihenden Bankiers und die großkalibrigen

Geschütze der Streitkräfte hinter sich gehabt hätte – wie im spanischen Staat während seiner jahrhundertelangen Vorherrschaft. Doch wieviel mehr Macht konnte er entfalten, wenn er das Wissen und die phantasievolle Selbstverherrlichung der Humanisten, die praktischen Techniken der Wissenschaftler, die Schätze und Druckmittel der Kapitalisten zu Hilfe nahm!

Es gäbe viel zu sagen über den Entstehungsprozeß der europäischen Staaten; fürs erste wollen wir uns jedoch auf die Feststellung beschränken, daß es sich um eine neue Erscheinung am politischen Horizont handelte – vergleichbar dem neuen Kontinent, der sich am geographischen Horizont abzeichnete –, ein nie gekanntes machtvolles System, dessen Auswirkungen sich bald auch überall dort zeigten, wo es neue Entdeckungen und Besiedlungen gab. Für Arnold Toynbee war der Aufstieg des Nationalstaates die entscheidende Erscheinung dieses Zeitalters, und diese Feststellung machte er nicht in seinem Jugendwerk *Study of History*, sondern im reifen Alter: «Die wichtigste politische Veränderung im christlichen Abendland in dem Vierteljahrtausend von 1303 bis 1563 war der Übergang der Macht (und des Rechtes, Steuern zu erheben) vom Papst und von anderen Organen der Kirche (zum Beispiel Klöstern) auf die weltlichen Regierungen.»

Allmählich können wir uns ein Bild machen vom Zustand der europäischen Kultur an jenem Morgen, als Cristóbal Colón Segel setzen ließ. In den nächsten fünf Jahrhunderten gewann sie praktisch weltweit die Oberhand – in allen Ländern, denen sie sich mehr oder weniger gewaltsam aufgedrängt hatte, sollten sich ihre Werte und Vorurteile, ihr Denken und ihre Handlungsweisen durchsetzen.

Es mag übertrieben sein, diese fünf Jahrhunderte, wie Friedell sagt, als «große, ununterbrochene Krisis der Europäischen Seele» zu sehen, als «eine Art Menschheitskindheit, Urzeit und Prähistorie», oder, wie es der Wissenschaftler Frederick Turner ausdrückte, als die Methode, durch die eine gefräßige, unersättliche Zivilisation eine uralte fremde Welt zum Verschwinden bringt. Die Spanier sahen in dieser Zivilisation das Werkzeug, um die Welt zu einen und «jene fremden Länder nach unserem eigenen Vorbild» zu gestalten, wie es der zeitgenössische spanische Humanist Hernán Pérez de Oliva ausdrückte. Durch diesen Prozeß war Europa schließlich in der Lage, seine eigenen verzweifelten Schwächen und Schrecken zu überwinden, und es fand nicht nur Gold, Silber und kostbare Erze jenseits aller Vorstellung, Nahrungsmittel, die seine Bevölkerung jahrhundertelang ernähren konnten (unter anderem Kartoffeln, Maniok, Mais, Tomaten), Arzneien (etwa zweihundert neue Sorten) und enorme Ressourcen an Bauholz, Pelzen, Fellen und Wasserkraft, sondern den riesigen Kontinent, auf dem seine Völker sich ausbreiten konnten.

Das finstere Dämmer Europas im fünfzehnten Jahrhundert wurde beherrscht von der Frage – wenn man noch die Kraft, sie zu stellen, besaß –, wie der Wirbel von Elend, Leid und Gewalt zu überleben sei, in dem die Welt ihrem Ende entgegenzurasen schien. Die Antwort, die sich ihren Weg bahnte, als die kleine Flotte von den Kanarischen Inseln aus Kurs nach Westen nahm, war die Inbesitznahme des Paradieses.

Drittes Kapitel
1492 (II)

Sonntag, den 9. September. Wir kamen um 36 Seemeilen weiter. [...] Im Laufe der Nacht brachten wir 120 Seemeilen hinter uns, bei einer Stundengeschwindigkeit von 10 Seemeilen. [...]

Montag, den 10. September. Wir legten 240 Seemeilen in Tag- und Nachtfahrt zurück. [...]

Dienstag, den 11. September. Auf einer Strecke von 80 und mehr Seemeilen setzten wir unsere Fahrt auf dem eingeschlagenen Kurs, also nach Westen, fort. [...] Nachts durchliefen wir an die weiteren 80 Seemeilen. [...]

In den ersten zehn Tagen auf See nach ihrer Abreise von den Kanarischen Inseln wurden die drei kleinen Schiffe von frischen Passatwinden weit auf den Ozean hinausgetrieben, weiter, als je ein Schiff gekommen war. Für den Seemann geschah nichts Beunruhigendes. Die Schiffe segelten voll im Wind und legten täglich beachtliche Strecken von 150 Meilen und mehr zurück, die Wellen kamen von achtern, der Himmel war klar, und es herrschte mildes Wetter. Und doch brachte jeder Tag neue Gewässer und neue Erfahrungen, eine Welt von unbekannten Vögeln, Fischen, Vegetationsformen und Passatwolken, und mit jedem Tag wurde die Entfernung zur Heimat größer und damit die Unruhe.

Mit geblähten Segeln eilig voran: Sie kannten ihr Ziel nicht, näherten sich ihm aber mit großer Geschwindigkeit. (Sogar mit ungewöhnlicher Geschwindigkeit; Passatwinde in dieser Stärke lassen in jenen Breiten normalerweise bald nach.) Da faßte der Generalkapitän einen ungewöhnlichen Entschluß. Er beschloß, die Mannschaft – oder seine «Leute», wie er sie mit der damals auf iberischen Schiffen gebräuchlichen, egalitären Bezeichnung im *Bordbuch* nannte – über die tatsächlich zurückgelegten Entfernungen im unklaren zu lassen. Laut Las Casas griff er am Sonntag, dem 9. September, erstmals zu dieser List: «Wir kamen um 60 Seemeilen weiter. Ich beschloß, weniger einzutragen, als wir tatsächlich zurückgelegt hatten, damit meine Leute nicht den Mut verloren, falls die Reise zu lange dauern sollte», und setzte sie am nächsten Tag fort: «Wir legten 240 Seemeilen in Tag- und Nachtfahrt zurück, allein, ich verzeichnete nur 192 Seemeilen, damit die Mannschaft wegen der großen Länge der Fahrt nicht unwillig werde.»

Auf dieser Quelle beruht also die Geschichte von Colóns berühmtem «falschen Tagebuch», wenn auch bezweifelt werden muß, daß es sich überhaupt um ein schriftliches Tagebuch handelte – trotz der Eintragung am 25. September, wo er schreibt, daß er auf dieser Reise «eine doppelte Rechnung führte». Viel eher handelte es sich dabei um Schätzungen, die der Generalkapitän am Ende des Tages äußerte und gelegentlich neben den «richtigen» Angaben im *Bordbuch* vermerkte. Im übrigen ist es äußerst unwahrscheinlich, daß jemand von der Mannschaft des Lesens mächtig war oder Zugang zu den Aufzeichnungen hatte, seien sie nun echt oder falsch gewesen.

In jener Zeit waren Streckenberechnungen eine heikle Angelegenheit – es gab keine Instrumente für exakte Messungen, und so blieb den Seeleuten nichts anderes übrig, als die Geschwindigkeit des Schiffes an der Geschwindigkeit vorbeiziehenden Treibguts oder der Heftigkeit des am Bug aufgewirbelten Schaums zu messen. Alle Männer konnten also ebenso genaue oder ungenaue Vermutungen anstellen, und Colón zog die Schätzungen der erfahrenen Steuermänner mehrmals auf der Reise zum Vergleich heran. Es bestand also keine Möglichkeit, die Mannschaften der drei Schiffe mit falschen Berechnungen in die Irre zu führen, denn wenn sie eine Entfernung schon nicht selbst berechnen (oder schätzen) konnten, so konnten sie doch immer ihren jeweiligen Kapitän oder Steuermann befragen.

Seltsamer noch ist die Argumentation des Generalkapitäns. Allem Anschein nach wollte er die Männer glauben machen, wie sein Sohn Fernando sagt, «daß sie sich noch nicht so weit von Spanien entfernt hatten, wie es tatsächlich der Fall war»; demnach müssen sie gewußt haben, welche Strecke sie noch bis zu ihrem Ziel zurückzulegen hatten – das aber hätte Anlaß zu noch viel größerer Beunruhigung geben müssen. Zweifellos wußten sie, wie weit es bis zu ihrem Ziel war, denn Fernando versichert uns, daß sein Vater «ihnen oft gesagt hatte, sie dürften nicht damit rechnen, auf Land zu stoßen, ehe sie von den Kanarischen Inseln 3000 Seemeilen in westlicher Richtung gefahren seien». Da ihnen der Generalkapitän nach zehn Tagen auf See mitgeteilt hatte, sie hätten 1400 Seemeilen zurückgelegt (während er selbst 1600 schätzte), konnte sich jeder von ihnen ausrechnen, daß sie noch 1600 Seemeilen von ihrem Ziel entfernt waren. Das war nicht dazu angetan, eine Mannschaft auf Entdeckungsreise zu beruhigen, denn man stellte sich wahrscheinlich eher die Frage: Wann kommen wir an? als: Wie weit sind wir von der Heimat entfernt?

Im übrigen waren Colóns «falsche» Zahlen, die er der Mannschaft mitteilte, um einiges genauer als die «richtigen» Zahlen in seinem Tagebuch, und die Berechnungen des Steuermanns der *Santa María* erwiesen sich als zuverlässiger als die des Generalkapitäns. Am 1. Oktober, als Colón insgeheim zu dem Schluß kam, 2828 Seemeilen von den Kanarischen Inseln entfernt zu sein (seine gesonderten Eintragungen ergeben insgesamt 2700 Seemeilen), berechnete der Steuermann 2312 Seemeilen, der Mannschaft wurden 2336 Seemeilen bekanntgegeben – in Wirklichkeit betrug die Entfernung wahrscheinlich 2300 Seemeilen.

Welche Schlüsse auf den Charakter seines Urhebers läßt dieser seltsame Schwindel zu? War er nur vorsichtig und benutzte den harmlosen Trick im Interesse einer friedlichen Reise? Ist seine Handlungsweise «durchaus richtig und auch moralisch zu vertreten», wie Samuel Eliot Morison behauptet, da «Seeleute kuriose Menschen sind, die von den Landratten nur schwer verstanden werden», und «unwissendes Schiffsvolk» sich von allem Unbekannten leicht in Angst versetzen lasse? Oder kann man von diesem Täuschungsmanöver auf einen der weniger angenehmen Charakterzüge des Entdeckers schließen, stößt man hier auf den Wunsch, den Seeleuten als möglichen künftigen Konkurrenten die Reiseroute und die Entfernung zu verheimlichen – später formuliert Colón ja selbst, «... um die Kapitäne und Matrosen, die den Standort [*carteava*] des Schiffes bestimmten, irrezuleiten, da er niemand das Geheimnis dieses Seeweges nach Indien preisgeben wollte. Denn niemand von seinen Fahrtgenossen wußte um den zurückgelegten Weg genau Bescheid, so daß keiner denselben Weg mit voller Sicherheit einzuschlagen vermöchte» (18. Februar).[1]

Dieser Betrug oder vielmehr *Selbstbetrug* ist bezeichnend für die immer wieder beobachtbaren inneren Vorgänge des Cristóbal Colón und deutlicher Ausdruck seines Grundtemperaments. Es scheint, als wäre er nicht in der Lage gewesen, eine exakte Trennlinie zwischen Wahrheit und Unwahrheit zu ziehen – genauer gesagt, er maß dieser Unterscheidung keinerlei moralische oder praktische Bedeutung bei, wenn es um höhere Ziele ging. Unterscheidungen dieser Art sind nur in einer von der Logik beherrschten Welt notwendig und wichtig; im Mittelalter waren die Vorstellungen von «Tatsachen» und «Wahrheit» vielfach verschwommen; der Glaube, eine Überzeugung oder eine Meinung konnten ebensoviel Gewicht haben. Für Colón verwischten sich diese Unterscheidungen jedenfalls immer wieder, und die daraus resultierenden Täuschungen und Irreführungen, ob bewußt oder unbewußt begangen, haben unter seinen Zeitgenossen und Weggefährten und noch mehr unter seinen späteren Chronisten für beträchtliche Verwirrung gesorgt. Und wie wir im weiteren sehen werden, gingen Realität und Illusion, wirklich Erlebtes und Wunschbilder bei ihm bald so sehr ineinander über, daß es an Wahnsinn grenzte.

Im Sommer des Jahres 1492 entsandte Kastilien eine bewaffnete Expedition zur Eroberung der zu den Kanaren gehörenden Insel Palma, einer der letzten beiden noch nicht von der iberischen Monarchie beherrschten Inseln in diesem Gebiet. Wie andere Expeditionen zuvor sollte auch diese die gesamte Gewalt jener europäischen Macht aufbieten, um das seit Jahrhunderten auf den Inseln ansässige Volk der Guanchen zu unterwerfen und auszurotten und Außenposten für die Landwirtschaft und den Handel Europas zu errichten.

Die schon in der Antike bekannten Kanarischen Inseln wurden 1336 von den Europäern wiederentdeckt und ab dem frühen fünfzehnten Jahrhundert nach blutigen Kämpfen mit den Eingeborenen besiedelt. Zahlreiche europäische Fürsten und Handelshäuser gründeten hier Kolonien, doch erwies sich im Lauf der Jahrzehnte Kastilien als die vorherrschende Macht und sicherte sich trotz des Widerstandes der Guanchen schließlich einen Großteil des Gebietes. 1479 gab Portugal seine Ansprüche zugunsten Kastiliens auf, und weitere vier Jahre später war die Insel Gran Canaria fest in kastilischer Hand. Nach einer im selben Sommer begonnenen Belagerung fiel die Insel Palma schließlich im Jahre 1493, und drei Jahre später erlitt Teneriffa das gleiche Schicksal. 1496 waren die Kanarischen Inseln die erste Überseebesitzung des späteren weltumspannenden spanischen Reiches.

In den zwanzig Jahren seiner Eroberungsgeschichte lernte Kastilien einige Lektionen. Die neuen Waffen der Europäer waren, abgesehen von Rüstungen, Pferden und Hunden, Verrat und Täuschungsmanövern, denen ihrer Feinde, und wenn sie noch so tapferen und entschlossenen Widerstand leisteten, überlegen, so lange diese nicht auch in den Besitz von Gewehren kamen. Die Verheißungen von Land und Reichtum lockten zahllose iberische Soldaten und *hidalgos* an, und sie waren zu ziemlich allem bereit, wenn ihnen nur etwas von der Beute und ein paar Titel zugesichert wurden. Weit weg von Europa schienen die Völker für bestimmte Krankheiten extrem anfällig – welch günstige Fügung für die Eindringlinge, die die tödlichen Krankheitskeime mitbrachten, ohne sich dessen allerdings bewußt zu sein. Und als das fremde Ökosystem bezwungen und nachhaltig gestört war und man die eingeborenen Arten ausgerottet oder verdrängt hatte, traten neue, aggressivere und anpassungsfähigere Arten aus Europa an ihre Stelle.

Die Guanchen, einst ein Volk von 80000 bis 100000 Menschen, waren keine zwei Jahrhunderte später ausgestorben.

Untersuchen wir dieses Grundmuster von Täuschung und Verwirrung näher. Fragen wir zunächst nach Colóns Geburtsort. Bei dieser so elementaren Angelegenheit ist er merkwürdig wenig auskunftsfreudig: Soweit heute bekannt ist, bezieht er sich ein einziges Mal in einem 1498 abgefaßten Testament darauf: «Geboren in Genua» und «... ich komme aus ihr und bin in ihr geboren.» In allen seinen Schriften findet sich kein weiterer Hinweis. (Und selbst dieses Testament ist nicht hundertprozentig zuverlässig, da uns das Original nicht vorliegt und wir uns auf eine drei Jahre später datierte königliche «Bestätigung» verlassen müssen, deren Text ebenfalls nicht ganz vertrauenswürdig ist, wie aus den aktuellsten Gutachten hervorgeht.) Die Annahme des Geburtsortes Genua basiert zusätzlich auf vier authentischen Notariatsurkunden. In einer aus dem Jahr 1479 wird «Cristoforus Columbus, Bürger von Genua» genannt, und wir haben allen Grund zu glauben, daß es sich bei diesem Mann wirklich um den späteren spanischen Admiral handelt. Die Tatsache, daß Colón seinen Geburtsort in keinem anderen privaten oder öffentlichen Dokument erwähnt, mutet jedoch seltsam an und hat allen möglichen, meist recht phantasievollen Spekulationen Tür und Tor geöffnet. Im vergangenen Jahrhundert wurden genau 253 wissenschaftliche Artikel und Bücher gezählt, die sich mit Colóns Herkunft beschäftigen; Korsika, Griechenland, Chios, Mallorca, Aragonien, Galicien und Portugal, ja sogar Frankreich und Polen haben Anspruch auf den Geburtsort erhoben – leider ohne hieb- und stichfeste Beweise mitzuliefern, und so ist es wohl angebracht, einstweilen Genua als Geburtsort zu akzeptieren.*

Die Verwirrung um Colóns Geburtsdatum ist vielleicht eher verständlich, wenn man bedenkt, wie wenig Aufmerksamkeit solchen Angelegenheiten damals geschenkt wurde. Die Tatsache, daß er selbst im Laufe seines Lebens so widersprüchliche Angaben macht, läßt dennoch auf ungewöhnliche Gleichgültigkeit, wenn nicht sogar beabsichtigte Täuschung schließen. Und wenn wir das Leben Colóns vor 1486 erforschen wollen, dem Jahr, in dem er sich erstmals an die spanischen Könige wandte, tappen wir völlig im dunkeln. Allerdings ist das Leben historischer Persönlichkeiten, wenn es fünf Jahrhunderte zurückliegt, kaum je gut dokumentiert, besonders wenn es sich nicht um Adlige handelte. Dieser Colón zog aber in den Jahren nach 1493 zumindest in Spanien be-

* Gelegentlich wurde sogar die Frage aufgeworfen, ob Colón jüdischer Herkunft sei. Salvador de Madariaga und Simon Wiesenthal vertreten diese These mit größter Bestimmtheit. Da sie durch keinerlei unmittelbare Beweise zu erhärten ist und auch die angeführten Indizien vage und nicht selten geschmacklos sind (Madariaga vertritt sogar die Ansicht, daß Colóns Leidenschaft für Gold ein Beweis für sein jüdisches Blut sei), besteht keine Veranlassung, sie für wahr zu halten.

trächtliche Aufmerksamkeit auf sich, und man sollte doch annehmen, daß ihm eine vollständige Darstellung seines früheren Lebens abverlangt wurde. Offenbar war dem aber nicht so, denn eine solche Darstellung existiert nicht, und die zeitgenössischen Erzählungen über ihn sind unvollkommen, romantisch, manchmal widersprüchlich; sie passen zu einem Colón, der immer zu Übertreibungen neigt, wenn es um seine Tapferkeit und ähnliche schöne Tugenden geht.* An zuverlässigen Informationen ist äußerst wenig vorhanden, und eine gründliche, sachliche Dokumentation fehlt bedauerlicherweise ganz.

Die schillernden zeitgenössischen Erzählungen werden von traditionellen Historikern aber unverdrossen weiterverbreitet. Da ist zum Beispiel die durch nichts zu belegende Geschichte Fernandos, derzufolge Colón 1476 vor der portugiesischen Küste Schiffbruch erlitt und an ein abgerissenes Ruder geklammert den Strand erreichte. Nach einer weiteren ist Colón Piratenkapitän im Dienste des Königs René von Anjou gewesen und soll seine Schiffskameraden durch einen Schwindel mit dem Kompaß dazu gebracht haben, bei Nacht über das Mittelmeer zu segeln. Diese Geschichte hat Fernando angeblich von seinem Vater, er liefert aber keinerlei Beweise dafür, und die vielen unwahrscheinlichen Details verweisen sie in den Bereich des Lächerlichen. Und schließlich haben mehrere italienische Gelehrte, die Colón nicht kannten, behauptet, er sei mit seinem Bruder Bartolomé in das Kartenmachergeschäft eingestiegen und habe sich dank seiner Geschicklichkeit und buchhändlerischen Begabung damit den Lebensunterhalt verdient, doch nicht einmal Fernando erschienen diese Geschichten glaubwürdig genug, um darüber zu berichten. Das sind die Lekkerbissen, mit welchen selbst ernst zu nehmende Historiker auch heute noch ihren biographischen Eintopf schmackhafter machen, doch lassen wir uns nicht täuschen: Auch wenn es gut schmeckt, handelt es sich nur um nicht verifizierbare Erfindungen.

---

* Sein Sohn Fernando zum Beispiel gesteht ein, daß sein Vater starb, «ehe ich mir die Freiheit erlaubte, ihn über solcherart Dinge zu befragen. Um die Wahrheit zu sagen, standen solche Gedanken meinem jugendlichen Geist damals völlig fern.» Daher ist auch seine ohnehin dürftige Schilderung des jungen Colón voller Fehler und Spekulationen.

Allerdings sind die Spuren, die Colón hinterlassen hat, beginnend mit dem Tag und dem Ort seiner Geburt, so verworren und lückenhaft, daß mehr dahinterstecken muß als der nachlässige Umgang mit Wahrheit und Erfindung, den man von ihm kennt, und auch die Tatsache, daß es vor der allgemeinen Verbreitung des Buchdrucks wenig schriftliche persönliche Dokumente gab, erklärt noch nicht alles. Die Dunkelheit über alldem legt eher den Schluß nahe, daß Colón tatsächlich keine faßbare Vergangenheit hatte, daß er ein Mann ohne Heimat, ohne Wurzeln, ohne Familie war, daß er nie ein Gefühl, geschweige denn Liebe für einen Ort empfunden hat. Seine jungen Jahre liegen im dunkeln, da sie in gewissem Sinne leer sind.

Sehen wir uns das genauer an. Wenn Genua tatsächlich sein Geburtsort war, so hat sich die Stadt seinem Herzen kaum eingeprägt: Nirgends nimmt er Bezug auf die Heimat, in der er geboren wurde, oder auf die Art und Weise, wie er seine Jugendjahre verbrachte, an keiner Stelle zieht er die Jahreszeiten, das Klima oder die Vegetation des Gebietes, in dem er vermutlich aufwuchs, zum Vergleich heran, selbst Vater und Mutter oder andere Mitglieder seiner Familie bleiben unerwähnt.* Und nirgends fand er eine neue Heimat, soweit wir das beurteilen können: Die ersten zwanzig Jahre seines Lebens verbrachte er wahrscheinlich zum großen Teil auf See, wenn er nicht in Genua war; in den siebziger Jahren

---

* Und nirgends taucht in seinen Schriften ein Wort eines italienischen Dialekts auf, auch nicht des genuesischen. Selbst wenn man von Genua als Geburtsort ausgeht, kann man Colón schwerlich als «Italiener» (wenn man zu dieser Zeit überhaupt von einem «Italien» sprechen kann) bezeichnen, auch wenn die Italiener das seit dem Risorgimento (insbesondere die Italo-Amerikaner) fleißig tun. Es gibt keinen Beweis dafür, daß er eine italienische Sprache in Wort oder Schrift beherrschte. Das Toskanische, aus dem sich das Hochitalienisch entwickelte, beherrschte er ganz sicher nicht (eine Randnotiz in seiner Plinius-Ausgabe ist zwar in entstelltem Italienisch abgefaßt, könnte aber ebensogut von seinem Bruder Bartolomé stammen); sein Genuesisch unterschied sich beträchtlich von den anderen Dialekten der Halbinsel und konnte kaum als «Italienisch» bezeichnet werden; auch hatte er keinerlei Kenntnis von den großen italienischen Schriftstellern, Wissenschaftlern und Künstlern. Er schrieb Kastilisch mit einigen portugiesischen Elementen und Latein und verwendete zunächst das erstere und später das letztere für seinen Namen. Alle erhaltenen Briefe und Dokumente mit seiner authentischen Unterschrift sind in Kastilisch abgefaßt, *einschließlich* der Briefe an genuesische Freunde oder an den Banco di San Giorgio in Genua.

war er, mit Unterbrechungen, vier Jahre lang in Lissabon (und auf See) und in den darauffolgenden vier oder fünf Jahren in Porto Santo und Madeira (und auf See); nach 1485 war er in Kastilien, und in den nächsten sieben Jahren zog er ohne festen Wohnsitz umher (Palos, Córdoba, Salamanca, Puerto de Santa María, dann, dem Königspaar nachziehend, Sevilla, Madrid, Guadalupe, Malaga, Jaen, Sevilla ...). Es ist bezeichnend für diesen Mann, daß er nie ein seßhaftes Leben kannte und sich nie mit einem Flecken Erde identifizierte; von Kindheit an war seine einzige Heimat das Meer – ein unruhiges, grenzenloses Meer, dessen unendliche graue Wellen dem Menschenwesen keine Heimstatt bieten. Immer trieb es ihn fort, und wie er selbst berichtet, verzehrte ihn zehn Jahre lang der Drang, in den unerforschten Westen zu segeln. Als er diese Reise schließlich gemacht hatte, gab er sich nicht zufrieden, bis er die nächste Insel erreicht hatte und dann noch eine und die dahinterliegende ... Er war ein rast- und ruheloser Mann ohne Wurzeln.

Nach den vorhandenen Zeugnissen zu urteilen, hatten auch Familienbande kaum Bedeutung für ihn. Eine knappe Erwähnung seiner Familie in Genua findet sich nur in den Testamenten von 1498 und 1506, in denen er seinen Brüdern Unterstützungszahlungen zusichert und seinem Sohn aufträgt, Messen für «die Seelen meines Vaters und meiner Mutter» lesen zu lassen. Seine mutmaßliche Heirat mit einer gewissen Felipa Moniz Perestrello in Portugal erwähnt er mit keinem Wort, auch nicht das Datum ihrer Hochzeit (vermutlich 1479), das der Geburt ihres einzigen Kindes Diego (vermutlich 1480) oder des Todes seiner Frau (vermutlich 1484). Es gibt keine Liebesbriefe, Gedichte oder anderen Memorabilien, keinerlei Beschreibungen, nicht einmal freudige Erinnerungen im Alter, und das bei einem Mann, der in anderen Dingen durchaus leidenschaftlich sein konnte. Über seine Geliebte in Córdoba, Beatriz Enríquez de Arana, macht er nur eine einzige vage Andeutung in seinem Testament von 1506: Diego (nicht Fernando, dessen Mutter sie war) möge sich darum kümmern, daß sie nach seinem Tod «würdig leben» könne. Und weiter sagt er etwas geheimnisvoll: «...dies soll zur Entlastung meines Gewissens geschehen, denn es drückt schwer auf meine Seele. Ausführlicher darüber zu sprechen ziemt sich hier nicht.»*

Am bezeichnendsten für diesen Mann ist wohl die Tatsache, daß er keinen festgelegten *Namen* besitzt, und man darf annehmen, daß die damit verbundene Verwirrung oder doch Unbeständigkeit tatsächlich auf eine gewisse psychische Instabilität hinweist. Vermutlich als *Cristoforo Colombo (Christofferus de Columbo)* laut einem Zeugnis in Genua geboren, wurde er in Portugal zu *Christobal* (oder *Christovam*) *Colom* (oder *Colombo*) und in Spanien, während seines ruhmreichsten Jahrzehnts, schließlich zu *Cristóbal Colón,* (gelegentlich aber auch *Christoual* oder *Colomo*). In den *capitulaciónes* vor der ersten Reise wird er als *Xprõual de Colón* oder *Xρõual Colón* bezeichnet, mit der griechischen Abkürzung für «Christus», und diese Form verwendet er bei der einzigen Gelegenheit, da er selbst seinen vollen Namen angibt, nämlich im Prolog zum *Bordbuch*. Als wäre das nicht schon verwirrend genug, zeichnete er ab 1493 häufig nur mit *Xρõ* FERENS und stellte damit ganz bewußt eine Verbindung her zwischen seinem Namenspatron und seinem Verdienst, das Christentum über den Ozean getragen zu haben – wie der heilige Christophorus das Jesuskind über den Fluß getragen hatte. Nicht außer acht gelassen werden sollte auch die alleinige Verwendung des Vornamens – dazu waren nur Adlige berechtigt. Glücklicherweise bekam er die latinisierte Fassung seines Namens (wahrscheinlich) nie zu Gesicht, denn das hätte seine Verwirrung nur gesteigert.**

Im Spanischen gibt es ein Wort, das Colón möglicherweise kannte, *querencia* – «Sehnen, Liebe»; es beschreibt aber darüber hinaus auch jenes tiefe, stille Gefühl des inneren Wohlbefindens, das der Kenntnis eines bestimmten Ortes mit seinen Tagesabläufen, seinen verschiedenen Gesichtern im Wandel der Jahreszeiten,

---

* Seltsamerweise schenkt Fernando der leiblichen Mutter in seiner Biographie noch weniger Beachtung: Er erwähnt sie überhaupt nicht.

** *Columbus* ist nur eine von mehreren lateinischen Möglichkeiten und keinesfalls die zu seinen Lebzeiten am häufigsten verwendete. In mehreren lateinischen Übersetzungen seines Briefes an die Könige nach der ersten Reise wird die Form *Christoforus Colom* (auch *Cristoferi Colom*) und in einigen anderen die Form *Colonus* aus dem Spanischen verwendet, während Fernando *Christophorus Colonus* bevorzugte.

seinen Früchten und Düften, seiner Geschichte und seinem Anteil an unserem Leben entspringt. Es ist der Ort, an dem sich unserem Herzen ein Seufzer des Erkennens und der Erleichterung entringt, wenn wir dorthin zurückkehren. Colón sollte es verwehrt bleiben, jemals diese Empfindung der *querencia* kennenzulernen, jemals an einem Ort wirklich zu Hause zu sein; er mußte durchs Leben gehen, ohne sich an diesem wichtigen Bezugspunkt der Heimat orientieren zu können.

Das ist der Stoff, aus dem Entdecker gemacht sind, wird man vielleicht sagen. «Nur den Unzufriedenen verdankt die Welt ihren Fortschritt», meint Hawthorne in *Das Haus der sieben Giebel.* «Der Glückliche läßt sich's am alten genügen.» Was er auch immer gewesen sein mag – nichts deutet darauf hin, daß Colón ein glücklicher Mensch war.

Am 19. Dezember 1492 wurde Vincenzo Colombo am Turm des großen Piers der Stadt Genua gehängt.

Intensivste Nachforschungen haben ergeben, daß Vincenzo Colombo mit Cristoforo nicht verwandt war, doch waren beide Ligurer, und beide fuhren zur See. Vincenzo war ein waschechter Pirat, der als Kapitän einer Achtundzwanzig-Ruder-Brigantine im westlichen Mittelmeer viel Erfolg hatte, wie Hunderte anderer mutiger Seeleute auch, unter ihnen zahlreiche Genuesen. Seine Karriere endete abrupt, als er im Dezember 1491 das Pech hatte, ausgerechnet auf ein Schiff zu stoßen, das unter dem Schutz des französischen Königs Karls VIII. segelte. Das Schiff befand sich auf der Rückreise aus dem Vorderen Orient und war schwer mit Seide, Perlen und Gewürzen beladen, die in den Gewässern vor Genua zum Teil auf ein kleines Boot umgeladen werden sollten. Vincenzo lag zufällig in dieser Gegend auf der Lauer, kaperte das Boot und machte sich zufrieden nach Korsika davon.

Karl VIII. war nicht eben erfreut und forderte den Herzog von Mailand und dieser wieder den Podesta von Genua auf, den Freibeuter zu jagen und zu bestrafen. Als Vincenzo davon hörte, schrieb er einen Protestbrief an den Podesta, da er doch nichts tue, was mit der Loyalität gegen Genua nicht vereinbar sei, doch die Jagd auf ihn wurde eröffnet, und Ende 1492 wurde er schließlich ergriffen, eingekerkert und zum Tode verurteilt. An dem Nachmittag, als er gehängt wurde, unterzeichnete er ein notariell beglaubigtes Testament, das zwar die Art und den Umfang der gestohlenen Güter verzeichnete, in dem von Schuld oder Reue aber keine Rede war.

Im Lauf der Zeit wurde immer wieder versucht, eine Verbindung zwischen Vincenzo und Cristoforo herzustellen. Manche behaupteten sogar, es handelte sich um ein und denselben Mann. So wenig wir über Colóns frühe Jahre wissen – er könnte sie durchaus als Freibeuter verbracht haben, wie er selbst anklingen läßt –, so besteht doch nach Prüfung der Tatsachen keine Veranlassung anzunehmen, daß er jemals in enger Verbindung mit Vincenzo stand.

Montag, den 17. September. Die Kapitäne stellten die Lage fest und merkten, daß die Kompasse wiederum um einen guten Strich deklinierten (abwichen); die Matrosen zeigten sich furchtsam und bekümmert, sagten aber nicht warum. Ich bemerkte es und trug den Kapitänen auf, bei Tagesanbruch aufs neue den Standort zu bestimmen und die Nadeln mit dem Nordpunkt genau zu kontrollieren. Hierbei stellten sie fest, daß die Nadeln doch richtig waren.

Erst acht Tage waren seit ihrer Abreise von den Kanarischen Inseln vergangen, als die Kompasse der Flotte verrückt spielten, zumindest in den Augen der Seefahrer. Die Kompaßnadeln zeigten nicht nach Norden, und das war wahrlich beängstigend. Kein europäischer Seemann hatte je etwas Ähnliches erlebt, und in den Schriften der alten Geographen war nichts davon zu lesen.

Die Rolle des Magnetkompasses für die technologische Eroberung des Ozeans kann schwerlich überbewertet werden.* Es gab noch andere wichtige Navigationsinstrumente – das Astrolabium, den Jakobsstab, den Quadranten –, doch keines war so exakt und

---

* Die Macht des Instruments zeigt sich auch in der Etymologie: Das spanische *brújula* ist vermutlich aus einer Kombination des italienischen *bùssola* (Kompaß) und des murcischen *brujería* (Zauberei) entstanden.

so leicht zu handhaben wie der Kompaß, keines auf langen Reisen weitab des Festlands so nützlich. Er war keine europäische Erfindung – die Chinesen kannten den Kompaß bereits im zwölften Jahrhundert, vermutlich kam er über den Indischen Ozean nach Europa und erreichte im späten vierzehnten Jahrhundert Italien; wie viele andere Anleihen wußte ihn sich aber gerade die europäische Kultur besonders gut zunutze zu machen. Die rastlose Suche nach Erlösung jenseits der eigenen Ufer hatte eben erst begonnen. Neben anderen Verbesserungen in der Navigation und im Schiffsbau des fünfzehnten Jahrhunderts war der Kompaß die wichtigste Voraussetzung technischer Überlegenheit, wodurch sich der europäische Subkontinent zu einer Seefahrtsmacht entwickeln konnte, die seine Ausdehnung oder Bevölkerungszahl nicht hätten erwarten lassen. Der Kompaß, im Verbund mit den gleichzeitig entwickelten und ab Mitte des fünfzehnten Jahrhunderts auf den Schiffen installierten Waffen, ermöglichte es Europa in den nächsten vier Jahrhunderten, alle Meere der Welt zu beherrschen. «In diesem Fall», so Fernand Braudel, verschaffte sein technisches Können Europa einen bedeutenden Vorteil gegenüber den anderen Zivilisationen der Erde, «verhalf die Technik – sprich: die Hochseeschiffahrt – der Alten Welt zu einer Vorzugsrolle und führte damit eine weltweite ‹Asymmetrie› herbei». Zwar haben auch andere seefahrende Kulturen versucht, sich auf den Meeren zu behaupten, doch war allein Europa an einer weltweiten Vormachtstellung interessiert, allein Europa – man beachte das Wort – «‹brauchte› die Welt und strebte daher in die Ferne».

Und nun, auf den drei Schiffen westlich der Kanarischen Inseln, schien dieses wichtigste Instrument, von dem die ganze Überlegenheit abhing, den Dienst zu versagen. Kein Wunder, daß die Matrosen sich «furchtsam» zeigten.

In Wirklichkeit waren die Schiffe zu einem Punkt gelangt, wo, anders als im Mittelmeerraum, die normale tägliche Rotation des Polarsterns beobachtet werden kann. Die Seeleute fanden also den Polarstern zuerst auf der einen Seite und dann auf der anderen, vom Kompaß festgelegten, «wirklichen» Nordseite – da es sich beim Polarstern aber um einen Fixstern handelt, der für alle Ewigkeit an derselben Stelle steht, konnte es sich, wie sie glaubten, nur um einen Fehler des Instruments handeln. Und wenn die Kompasse fehlerhaft waren, jeder einzelne auf jedem der Schiffe, so blieb nichts mehr, worauf man sich verlassen konnte, und die Flotte hatte keine Möglichkeit mehr, festzustellen, wo sie sich auf dem endlosen Ozean befand – oder wie sie heimkehren konnte.

Da zeigte es sich, wie nützlich die betrügerische Erfindungsgabe des Generalkapitäns sein konnte. Er nahm keineswegs an – wie manche Autoren behaupten –, eine «westliche Kompaßdeklination» entdeckt zu haben, vergleichbar der im Mittelmeerraum anzutreffenden östlichen Deklination (erst auf seiner dritten Reise zog er diese Alternative in Erwägung, im *Bordbuch* findet sich keinerlei Hinweis darauf); einer momentanen Eingebung folgend, wie es scheint, erklärte er den Männern, die Mißweisung rühre nicht daher, daß die Nadeln sich bewegten, wohl aber der Polarstern dies tue, und einige Tage später: «... weshalb es einleuchtend ist, daß der Polarstern genau so wie die andern Sterne beweglich ist und daß die Kompaßnadeln stets die Wahrheit verzeichnen.» Colón kann dies keinesfalls aus eigener Erfahrung gewußt haben. Es zeigte sich jedoch, daß er sehr wohl recht hatte und die Mannschaft ihm offenbar glaubte, denn es wird über keine weiteren Anzeichen von «Furcht» berichtet. Bemerkenswert, daß der Generalkapitän sogleich zu dieser List griff – und daß er, ohne es zu ahnen, recht hatte damit.

Im Herbst 1492 sprach der vor kurzem ernannte Papst Alexander VI. den Humanisten Giovanni Pico della Mirandola von der Sünde der Häresie frei und bahnte damit dem beliebten jungen Gelehrten den Weg zurück nach Florenz, wo er seine frühere glänzende Stellung wieder einnehmen sollte.

Pico war durch seine um 1486 verfaßte Abhandlung *De hominis dignitate oratio* (Rede über die Würde des Menschen) in Schwierigkeiten geraten, da sein unerschrockenes Eintreten für den Humanismus und die Gottgleichheit des Menschen in der für die Hochrenaissance und für Florenz typischen Art und Weise dem Vorgänger Alexanders, Papst Innozenz VIII., verständlicherweise ketzerisch erschienen war. Wie zahlreiche andere Humanisten seiner Zeit vertrat Pico die Meinung, daß der Mensch das

Recht habe, über die gesamte Schöpfung zu herrschen, und daß Gott selbst ihm aufgetragen habe, ohne Schranken und Begrenzungen dem eigenen freien Willen gemäß zu leben. Diese Botschaft wurde von vielen vernommen, besonders aber von jenen, die sich der Entdeckung und Eroberung verschrieben hatten.

Pico starb zwei Jahre nach seiner Begnadigung an den Folgen der erlittenen Tortur im Alter von einunddreißig Jahren.

Donnerstag, den 20. September. Wir fuhren mit Kurs West-zu-Nord. Wegen der unsteten Brisen mußten wir oft kurswechseln, weshalb wir nur 28 oder 32 Seemeilen vorwärts kamen.

Nach den frischen Brisen der ersten zehn Tage legte sich am 19. September der Wind und war während der nächsten Woche sehr launenhaft, wehte einmal stärker und erstarb dann wieder zu einem sanften Hauch, und das Meer war «spiegelglatt, wie ein ruhiger Strom». Bei beträchtlichen Kursabweichungen und häufiger Windstille legte die Flotte manchmal 32 oder 40 und manchmal 80 oder mehr Seemeilen zurück. Das Wetter ließ den Seeleuten sehr viel Zeit zum Nachdenken.

Der Generalkapitän und auch die Mannschaft entdeckten immer wieder Anzeichen des Landes, nach dem sie so begierig Ausschau hielten. Zuerst sichteten sie einen «Reiher und einen anderen Vogel», Vögel, die sich nach Meinung des Generalkapitäns «nie mehr als etwa 100 Seemeilen vom Lande entfernen», und zwei Tage später «große Mengen grünen frischen Grases, das sich erst vor kurzem von der Erde losgerissen zu haben schien», was er abermals als Zeichen dafür deutete, «daß man sich in der Nähe irgendeiner Insel ... befinden müsse». Er irrte sich. Bei den Vögeln handelte es sich mit größter Wahrscheinlichkeit um Seevögel, die sich Tausende Kilometer vom Land entfernen, und bei dem grünen Gras um den Beerentang des Sargassomeers, der ebenfalls auf hoher See vorkommt und nichts mit Inseln zu tun hat. Die Schiffe waren jetzt über 750 Meilen vom nächstgelegenen Flecken trockener Erde entfernt.

Täglich entdeckten sie weitere «Anzeichen»: am 17. September einen Krebs, den Colón als «sicheres Anzeichen ansah, daß Land in der Nähe sei»; am 18. eine trübe Dunstschicht, «was das Anzeichen nahen Landes ist»; am 19. gab es einen Regenschauer, ohne daß Wind aufgekommen wäre, «was auf Landnähe hindeutet»; am 21. sahen sie einen Wal, «was wieder auf Landnähe hindeutete, denn diese Tiere halten sich stets in der Nähe des Landes auf». Bei einem Mann, der dreiundzwanzig Jahre lang das Meer befahren zu haben behauptete, ist diese Ignoranz überraschend, selbst wenn man einräumt, daß er als erster in diese Gegenden gelangte und nicht jeden Vogel an seinem Gefieder erkennen konnte und daß er die Moral der Mannschaft aufrechtzuerhalten bestrebt war. Alle Schlüsse, die er aus seinen Natur- und Klimabeobachtungen zog, waren falsch, aber er fuhr fort, diese Beobachtungen aufzuzeichnen; vielleicht weil er sich als Naturgeschichtler gefiel.*

Die Spannungen auf den drei Schiffen verstärkten sich vermutlich, denn die «Anzeichen nahen Landes» brachten sie diesem kein bißchen näher, und die Männer waren zermürbt durch die Weigerung des Generalkapitäns, irgendwelche unbedeutenden Inseln anzulaufen anstatt des Festlandes, dem er zustrebte. Es kam zu mehreren Unterredungen zwischen den Kapitänen und Steuermännern der drei Schiffe, und am 22. September schickte Colón Martín Alonso Pinzón eine Karte auf die *Pinta,* die dieser drei Tage lang studierte, ehe er sie zurückschickte. Da dürften die ersten Zweifel laut geworden sein, ob der Generalkapitän wirklich so genau wußte, wohin er unterwegs war. Ende September hatte die Flotte drei Wochen auf See zugebracht, ohne Land zu Gesicht zu bekommen; und sehr wahrscheinlich hatte sie damit die weiteste je zuvor von Europäern ohne Zwischenstopp in einem Hafen zurückgelegte Strecke hinter sich gebracht. Selbst nach Colóns «falschen» Berechnungen waren sie fast 1800 Meilen auf dem scheinbar unendlichen Ozean vorgestoßen und hatten immer noch keine Gewißheit, daß Land vor ihnen lag oder daß sie auf günstige Winde für die Heimreise stoßen würden.

---

* Was seine Fähigkeiten zur Naturbeobachtung anlangt, so ist bezeichnend, daß er sechzehn Tage lang, einen endlosen Tag nach dem anderen, jenes seltsame Sargassogras betrachtete, bis er feststellte, daß es «eine Art Früchte trug», nämlich die kleinen Kugeln, die das Gras schwimmen lassen. «Seltsam», so Morison, «daß er sie nicht eher bemerkte.»

Aber erst am 10. Oktober, einen ganzen Monat nach der Abreise von den Kanarischen Inseln, immer noch auf dem offenen Meer, verzeichnet das *Bordbuch* offene Unstimmigkeiten in der Mannschaft: «Zu diesem Zeitpunkte beklagten sich meine Leute über die lange Reisedauer, die ihnen unerträglich zu sein schien.» Aus dieser Eintragung, den phantasievollen Ausschmückungen durch Fernando und Oviedo und einigen Jahrzehnte später gemachten unzuverlässigen Aussagen in den *Pleitos* wurde die berühmte Geschichte von der «Meuterei» gegen Kolumbus konstruiert. Im *Bordbuch* steht kein Wort von einer Meuterei oder ähnlichem – ein einziges Mal wird am 22. September darauf hingewiesen, daß man die «Mannschaften stets zur Weiterfahrt antreiben» müsse, da «sie der Ansicht waren, daß in diesen Gewässern keine Winde gingen, die geeignet wären, unsere Schiffe nach Spanien zurückzubringen». Und von den Klagen über die «lange Reisedauer» machte der Generalkapitän kein großes Aufhebens. In Las Casas' Worten: «Ich wußte sie jedoch aufzumuntern, so gut ich eben konnte, und stellte ihnen den Verdienst, den sie sich auf diese Weise verschaffen konnten, in nahe Aussicht» – gemeint sind die zu erwartenden Goldschätze. «Dem fügte ich hinzu, daß es zwecklos wäre, darüber in Streit zu geraten, da ich nun einmal entschlossen sei, nach Indien zu gelangen und die Reise solange fortzusetzen, bis ich mit Gottes Hilfe dahin gelangt sein werde.»

Es bleibt ein Rätsel, warum die Chronisten diese unter den gegebenen Umständen nur gerechtfertigt erscheinende und doch offenbar geschickt im Zaum gehaltene Klage als ausgesprochene Rebellion behandelten – Morison spricht gar von «offener Meuterei». Vielleicht hat Colón diese Geschichte seinem Sohn und anderen in Spanien aufgetischt. Als er vier Monate später auf der Heimreise gegen Martín Alonso Pinzón den heftigsten Groll hegte, erinnerte er sich an den Moment, als seine Matrosen und anderen Fahrtgenossen «alle einmütig sich gegen ihn erhoben und umkehren wollten» (14. Februar) – eine typische, aus seiner üblen Laune erwachsene Übertreibung. Aber er hätte ja seine Reise nicht fortsetzen können, wenn die gesamte Mannschaft gegen ihn gewesen wäre. Vielleicht ist die Geschichte aber auch eine Erfindung jener Fabulierer der Geschichtsschreibung, die das Bild vom mutigen, einsamen Helden im Kampf gegen die ganze Welt zeichneten. Als Dokument kommen wohl nur die sechzehn bis fünfundvierzig Jahre später in den *Pleitos* protokollierten Aussagen der Mannschaft in Frage, sie erhärten die Annahme, daß Anfang Oktober *tatsächlich* eine gewisse Unruhe auf den Schiffen herrschte, daß *möglicherweise* gegen den Generalkapitän Beschwerde geführt wurde und *wirklich* eine Besprechung der Schiffskapitäne stattfand, bei der beschlossen wurde, die Reise einige Tage fortzusetzen – drei, vielleicht vier Tage, und dann über die Heimkehr zu entscheiden. Das ist die ganze «Meuterei». Einzig die Aussage eines 1536 bereits über Achtzigjährigen, der nicht einmal der Mannschaft angehört hatte, wie sich später herausstellte, enthält etwas von üblen Absichten der Seeleute.

Die Meuterei-Geschichte sieht wieder einmal sehr nach Betrug aus, vielleicht sogar nach Selbstbetrug, als hätte Colón versucht, sich vor seinem Sohn und leichtgläubigen Chronisten als der heldenhafte, einsame Visionär im Kampf gegen die zweifelnde Menge darzustellen. Naheliegender ist jedoch die Annahme, daß sich tatsächlich eine gewisse Beunruhigung äußerte, als sie nach einem Monat auf See noch immer nichts als einige «Reiher» und einen Wal zu Gesicht bekommen hatten, und daß sich daher die Kapitäne zu einem Meinungsaustausch versammelten, was auf den iberischen Schiffen jener Zeit nichts Außergewöhnliches war. (Einige Jahre früher, 1488, mußte Bartolomëu Diaz nach der Umsegelung des Kaps der Guten Hoffnung umkehren, weil seine Mannschaft entschieden hatte, daß sieben Monate Suche nach dem Weg um die Spitze Afrikas genug seien, und gegen die Weiterreise gestimmt hatte.) Wir werden nie wissen, ob es Pinzón oder Colón war, der zur Weiterreise drängte: «Weiter! Segelt weiter!», wie es in dem schönen romantischen Gedicht Joaquin Millers aus dem neunzehnten Jahrhundert dargestellt wird. Wir wissen nur, daß sie weiter nach Westen segelten, und vielen von ihnen wird in dieser Nacht wohl der alte Wahlspruch der Stadt Palos in den Sinn gekommen sein: «Vertrau auf Gott und trachte weiter!»

Sie segelten weiter, und mit beachtlichem Tempo: 236 zurückgelegte Seemeilen verzeichnete Colón am 10. Oktober, 108 bis zum Sonnenuntergang des elften, etwa 72 bis Mitternacht und mehr als 16 in den ersten zwei Stunden des zwölften. Am elften entdeckten sie ein grünes Schilfrohr, ein Rohr und einen kurzen, anscheinend von Menschenhand bearbeiteten Stock – dies waren die ersten echten Anzeichen nahen Landes, so daß Colón schrieb: «Diese Vorboten versetzten alle in gehobene, freudvolle Stimmung.»

Der Mond stand an diesem 11. Oktober an einem klaren Abendhimmel. Gegen zehn Uhr glaubte Colón ein Licht am Horizont entdeckt zu haben, jedoch war «das schimmernde Licht so undeutlich, daß ich es nicht wagte, es als Land zu bezeichnen»; daher rief er den Truchseß des Königs, der das Licht ebenfalls sah, sowie den königlichen Beobachter, der aber kein Licht erkennen konnte. Der Generalkapitän war immer noch überzeugt, etwas zu sehen, «als würde man eine kleine Wachskerze auf- und niederbewegen», doch weder auf der *Pinta* noch auf der *Niña,* die dem Flaggschiff voransegelten, wurde das vereinbarte Zeichen gegeben; er trug seinen Männern nur auf, «auf dem Vorschiff gute Wache zu halten und auf das Insichtkommen des Landes wohl achtzugeben». Er fügte hinzu, daß «derjenige unter ihnen, der als erster melden würde, Land zu sehen, sofort eine seidene Jacke zum Geschenk [bekomme], außer all den Belohnungen, die das Herrscherpaar versprochen hatte, nämlich die Auszahlung eines lebenslänglichen Ruhegehaltes von 10000 Maravedis».*

Etwa zwei Stunden nach Mitternacht rief der Wachposten auf der *Pinta,* Juan Rodríguez Bermejo, *«Tierra!»,* und das Schiff feuerte seine Kanone, um den anderen zu signalisieren, daß Land in Sicht sei. Und da, «etwa acht Seemeilen entfernt», lag das langersehnte Ziel nun vor ihnen. Die Segel wurden eingeholt, und die

* Entspricht etwa 70 Dollar jährlich in Gold, wobei ein guter Seemann im Jahr etwa 12000 Maravedis verdienen konnte. Umrechnungen dieser Art sind im übrigen äußerst problematisch. Im großen und ganzen habe ich mich bemüht, die damalige Kaufkraft und im Bedarfsfall den Goldwert der verschiedenen Beträge anzugeben. In den meisten Fällen habe ich den Goldwert in US-Dollar umgerechnet, und zwar den Wert des Dollar *vor* 1933. Der Maravedi war eine Kupfermünze, die 1492 etwa 0,0103 Gramm Gold wert war.

drei Schiffe drehten bei, um sich erst bei Tagesanbruch dem Land zu nähern.*

Es war der Augenblick von Colóns Triumph, und vielleicht sollte man nicht gerade an dieser Stelle seinen Erfolg zu schmälern versuchen. (Die Gefühle, die ihn überwältigt haben müssen, finden allerdings im *Bordbuch* keinen Niederschlag, und auch in seinen späteren Schriften weist er nie auf diese einzigartige Stunde hin.) Dennoch sollte nicht unerwähnt bleiben, daß Colón die 10000 Maravedis (und vermutlich auch die seidene Jacke) sich selbst zusprach, weil angeblich er es gewesen sei, der die Lichter der Insel zuerst entdeckt hatte, und auf seinen Antrag hin wurde ihm die Belohnung 1493 auch gewährt. Das Geld wurde von den Metzgern Sevillas, die eine Sondersteuer zu zahlen hatten, aufgebracht; eine andere Quelle spricht in diesem Zusammenhang von beschlagnahmten Besitztümern mutmaßlicher jüdischer *conversos*** (wenn auch kaum einzusehen ist, warum für eine keineswegs horrende Summe all diese Maßnahmen ergriffen werden mußten). Am folgenden Tag, dem 13. Oktober, berechnete Colón, daß er mindestens vierzig Seemeilen von der Insel entfernt gewesen war, als er die Lichter «sah». So steht es im *Bordbuch*. Aus dieser Entfernung kann er aber unmöglich irgend etwas gesehen haben.

Am 9. November 1492 unterzeichneten Karl VIII. von Frankreich und Heinrich der VII. von England den Friedensvertrag von Étaples, der den Hundertjährigen Krieg neununddreißig Jahre nach Aufhören der kriegerischen Auseinandersetzungen offiziell been-

* So kommt es, daß der 12. Oktober als Kolumbustag gefeiert wird, wenn auch erst seit 1934, als die Regierung der USA diesen Tag zum offiziellen Feiertag erklärte. Nach dem Gregorianischen Kalender fand die Entdeckung am 23. Oktober statt. Colón verwendete den Julianischen Kalender, bei dem im sechzehnten Jahrhundert Abweichungen gegenüber dem Stand der Gestirne festgestellt worden waren, so daß im neuen, 1582 eingeführten Kalender zehn Tage gestrichen wurden.

** *Conversos* war noch die respektvollste Bezeichnung für jene Juden, die zum Christentum konvertiert waren, anstatt aus Spanien zu fliehen. Ihre Loyalität wurde immer in Zweifel gezogen, und die Inquisition ließ sie niemals in Ruhe. Abfällig wurden sie als *marranos*, als «Schweine» oder «Schmutzige» bezeichnet.

dete. Theoretisch verzichtete Frankreich damit auch auf seine Ansprüche auf die Bretagne, und Karl mußte seine Unterstützung für Perkin Warbeck, den Thronprätendenten aus dem Hause York, aufgeben. Mit diesem Vertrag untermauerten Frankreich und England ihren Willen zu einem dauerhaften Frieden zwischen den beiden Dynastien – er hielt genau dreißig Jahre und endete, als der ein Jahr vor der Unterzeichnung geborene Heinrich VIII. 1522 Frankreich überfiel.

Karl hatte allerdings nie die Absicht, dem Krieg ganz abzuschwören. Er verzichtete vorübergehend nur auf den Krieg mit Heinrich VII. Noch im selben Monat gab er Befehl, Frankreichs neue mobile Artillerie auszubauen, deren Schlagkraft er sobald wie möglich zu erproben gedachte. Kaum zwei Jahre später fiel er in Norditalien ein – wo sich seine Geschütze als weitaus wirkungsvoller erwiesen, als er gedacht hatte – und leitete damit nicht nur den Zerfall und Niedergang Italiens, sondern auch langwierige kriegerische Auseinandersetzungen zwischen Frankreich und Aragonien ein, die beide auf die Wahrung ihrer Interessen auf der Halbinsel bedacht waren.

Die Bürger von Florenz dürften von dieser Entwicklung nicht überrascht worden sein. Im selben Jahr nämlich hatte der Bußprediger Savonarola vorhergesagt, daß äußere Mächte in Italien eindringen würden – ein absurder, unmöglicher Gedanke! – und daß ihnen die niedergeschlagene und erschöpfte Bevölkerung von Florenz einen herzlichen Empfang bereiten würde – lächerlich! Wie viele seiner Prophezeiungen erwies sich auch diese als richtig und war ein Grund, daß ihn der Papst 1495 mit einem Predigtverbot belegte.

[Freitag, den 12. Oktober. Bei] ... Anbruch des Tages, der ein Freitag war, an welchem wir zu einer Insel gelangten, die in der Indianersprache Guanahani hieß. Dort erblickten wir allsogleich nackte Eingeborene. Ich begab mich ... an Bord eines mit Waffen versehenen Bootes an Land.

Nun gut: Land. Der heißersehnte Lohn. Da erhebt sich aber die Frage – die erste, die unmittelbar mit der immer noch ungelösten

Frage nach dem Ziel ihrer Reise verbunden ist –: *Wo glaubten sie zu sein?*

Glaubte der Generalkapitän (erst jetzt, da er sein Versprechen eingelöst hat, dürfen wir ihn als Admiral bezeichnen), eine der 7448 Inseln gefunden zu haben, die laut Marco Polo im Chinesischen Meer zu finden waren, vielleicht die wunderbare Insel Cipango mit ihren Dächern aus Gold und Straßen aus Marmor? Das könnte Colóns erster Gedanke gewesen sein, denn am nächsten Tag verließ ihn angesichts dieses ersten korallenüberwucherten Vorpostens die Geduld, und er erklärte, er wolle «nicht unnütze Zeit verlieren und versuchen, ob es mir gelingt, die Insel Cipango zu finden».

Glaubte er, sich vor den Toren des weltabgeschiedenen Königreichs des Großen Khans zu befinden, nahe seinen wunderbaren Städten und unbeschreiblichen Reichtümern? Zu diesem Zeitpunkt ließ er sich noch nichts davon anmerken, aber eine Woche später, am 21. Oktober, erklärte er erstmals, er sei «fest entschlossen, bis zum Festland vorzudringen und die Stadt Quisai [Quinsai] zu erreichen, um dem großen Khan die Briefe Eurer [der spanischen] Hoheiten zu überreichen».

Oder hatte er die Vorstellung, auf einer der sagenumwobenen Inseln gelandet zu sein, auf Antilia oder St. Brendan, und wenn es hier auch weder Reichtümer noch Städte zu geben schien, so konnte er doch ganz in der Nähe sein ... Es konnte wirklich jene «bedeutende Insel oder jenes bedeutende Land sein», das er laut Fernando «zu finden hoffte ... zwischen dem Ende Spaniens und dem bekannten Ende Indiens».

Oder glaubte er, das Land erreicht zu haben, das Fernando als den «unbekannten östlichen Teil Indiens» bezeichnete, den «niemand zuvor gesehen oder entdeckt hatte», ein Land, das nicht zum Reich des Khans oder eines anderen Fürsten gehörte, sondern nur auf ihn wartete? Das würde erklären, warum er am nächsten Morgen in stolzer Eroberermanier an Land ging und es sofort mit dem entsprechenden Pomp für seine Könige in Besitz nahm.

Oder nahm er etwa an, am Rand eines anderen, völlig neuen und unerforschten Festlandes gelandet zu sein, nicht in Cathay, nicht in Indien, auch nicht auf der sagenhaften Chersonesos, sondern in jenem Land jenseits des Ozeans, dessen Existenz, so sein Zeitgenosse Oviedo, «offenkundig» sei? Sicherlich hatte er davon reden gehört, entweder in Portugal (von dort waren im fünfzehnten Jahrhundert ein Dutzend Schiffe aufgebrochen, und einige der Zurückgekehrten hatten von einem fremden Land zu berichten gewußt) oder auf seiner mutmaßlichen Reise nach Bristol (das zumindest von 1480 an Ausgangspunkt für Expeditionen war). Vielleicht kündigte die reizlose kleine Insel vor ihm jenen neuen Kontinent an?

Leider läßt sich nicht feststellen, was im Morgengrauen jenes denkwürdigen Tages wirklich im Kopf des Admirals vorging. Er sagte nie, was er damals gefunden zu haben glaubte und wo um alles in der Welt er sich zu befinden meinte. Später behauptete er in seinem Bericht an die Könige, er sei irgendwo, irgendwie nach Indien oder auch vor die Küste Chinas gelangt, aber genauere Angaben fehlen.

Hat er schließlich erkannt, daß er eine neue Welt gefunden hatte und mit ihr das Paradies? Das kommt der Wahrheit am nächsten.

Die zweite Frage ist: Wo befanden sie sich wirklich?

Nicht, daß das so wichtig wäre. Überall hätte ihre Landung zweifellos ähnliche Folgen gehabt; es war unerheblich, daß sie auf einem kargen Kalkstein- und Korallenfelsen vonstatten ging, dessen Unwirtlichkeit selbst die eingeborenen Tainos davon abhielt, dort seßhaft zu werden. Die Geschichte hätte denselben Verlauf genommen, auch wenn diese erste kühne europäische Flotte auf irgendeine andere Karibikinsel oder auf Festland gestoßen wäre, und für die unmittelbar und mittelbar Beteiligten hätte es auch keinen großen Unterschied bedeutet.

Dennoch ist dieser Punkt der umstrittenste und am wenigsten gesicherte in der gesamten Kolumbus-Forschung, und das sollte uns zu denken geben. Colón hätte es keine Schwierigkeiten bereitet, die Insel so genau zu beschreiben, daß wir heute trotz des zeitlichen Abstands feststellen könnten, welche der Bahama-Inseln er als erste entdeckte. Oder er hätte seine Astrolabien, Quadranten, Kompasse und Karten an Land mitnehmen und damit seine geographische Position so exakt ermitteln können, daß wir heute genau wüßten, wo er sich befand. Er hätte auch ein Denkmal errichten können, ein Kreuz mit einer in Stein gemeißelten Inschrift zur Erinnerung an seinen Triumph, zum Beispiel, das die Zeiten überdauert und die Stelle jahrhundertelang gekennzeichnet hätte. Doch er tat nichts dergleichen.

Überlassen wir es ruhig den Wissenschaftlern, Seeleuten, Tourismusbeamten und fanatischen Amateurforschern, das verwirrende Dickicht, das die «Landung» umgibt, bis zur Tausendjahrfeier zu lichten; wir können sicher sein, daß nichts Nennenswertes dabei herauskommen wird. Heute sind wir bei *zwölf* Inseln, die allen Ernstes die Ehre der Landung für sich beanspruchen – Behauptungen von Hoteliers und Touristenführern auf winzigen Nebeninseln ausgenommen: San Salvador (die früheren Watling Islands), Grand Turk Island, Caicos Islands, Cat Island, Mayaguana Island, Crooked Island, Conception Island, Eleuthera Island, Egg Island, Plana Cay, Rum Cay und Samana Cay. (Viel mehr Inseln gibt es nicht in dieser Gegend, und dafür sollten wir dankbar sein.) Für jede dieser Inseln können einigermaßen einleuchtende Argumente ins Treffen geführt werden; ich zumindest lasse mich jedesmal von neuem überzeugen. Jeder Autor versichert, jetzt seien endlich alle Zweifel ausgeräumt. Zuletzt wurden über eine Million Dollar und die Autorität der National Geographic Society aufgeboten, um einen solchen Anspruch zu untermauern.

Alle Autoren können aber nicht recht haben, und die einzig vernünftige Schlußfolgerung daraus ist, daß die Frage, wo Kolumbus landete, niemals geklärt werden kann. Auch wenn es unserem modernen Geist nicht gefällt, müssen wir uns damit zufriedengeben.

Man muß sich allerdings fragen, warum Colón der Nachwelt dieses Rätsel hinterlassen hat. Zwei Antworten bieten sich an, die beide dem Charakter des Admirals entsprechen. Erstens war es ihm wahrscheinlich gleichgültig. Er war nicht auf der Suche nach kleinen, bewaldeten, korallenüberwucherten Inseln – mehrmals während der Reise hatte er deutlich gemacht, daß er nicht beabsichtigte, auf irgendeiner Insel zu landen, da es «ratsamer wäre, zunächst auf Festland zu stoßen und dann erst die Inseln anzulaufen». Sein Ziel war nicht *Land,* sondern *Gold:* der Reichtum der sagenumwobenen Länder jenseits der Ozeane, von dem er gemäß den offiziellen Vereinbarungen mit der Krone ein Zehntel für sich behalten konnte. Schon am nächsten Tag und dann immer wieder bekannte sich Colón offen zu seinem dringenden Wunsch, Gold zu finden, und von da an war jede seiner Bewegungen auf diesen Zweck ausgerichtet. Was kümmerte ihn also dieser unwirtliche Felsen im Meer?

Zweitens – und das ist kein Widerspruch – wollte Colón diesen Ort möglicherweise zum Zwecke eigenen Ruhms und Reichtums nützen und setzte daher alles daran, seinen Weg zu verschleiern. Es ist bezeichnend, daß er sogar beabsichtigte, seine Könige hinters Licht zu führen: Er vermied es, sich in dem für sie bestimmten Tagebuch festzulegen, und entgegen seinem Versprechen im Prolog lieferte er ihnen auch keine «Seekarte», auf der «die geographische Lage des ganzen Ozeans und der Länder dieses Ozeans» verzeichnet sein sollte. Die Königin und der König waren verstimmt. In einem Brief vom 15. September 1493, sechs Monate nach seiner Heimkehr, schrieben sie ihm mit ungewöhnlicher Schroffheit und wie zur Ermahnung: «Wir wünschen die geographische Lage der von Euch entdeckten Inseln und des Landes sowie Eure Reiseroute zu wissen.» Colón reagierte ausweichend, sein Verhalten grenzte an Verrat. In keinem der vorhandenen Dokumente ist ein Hinweis darauf zu finden, daß er der Aufforderung der Majestäten je nachkam.

Im Lauf der Zeit vergaßen aber alle das kleine, nutzlose Koralleneiland in den Bahamas und wandten sich größeren, aussichtsreicheren Inseln zu. Und es blieb vergessen bis 1825, als Las Casas' Fassung des *Bordbuchs* erstmals veröffentlicht wurde und man sich ernsthaft die Frage stellte, wo Colón auf dieser Reise zum ersten Mal an Land gegangen war. Doch es war bereits zu spät. Der Admiral hatte das Geheimnis mit ins Grab genommen.

Im Jahre 1492 stellte der zu dieser Zeit in Nürnberg tätige Kosmograph Martin Behaim der Öffentlichkeit eine mit einer Weltkarte aus Pergament überzogene, von ihm selbst mit dem etwas wunderlichen Namen *Erdapfel* bezeichnete Kugel vor. Heute befindet sich dieser älteste Globus der Welt im Germanischen Nationalmuseum in Nürnberg. Seine prächtigen goldenen und himmelblauen Farben und seine originelle Form sind bemerkenswert, viel wichtiger aber ist die Tatsache, daß er die Denkweise der damaligen Kartographen widerspiegelt: Zwischen Europa und Asien liegen nur Cipango und einige verstreute Inseln. Da ist Platz genug für eine kleine Bahama-Insel, vielleicht sogar für eine Insel von der Größe Kubas oder Españolas, nicht aber für zwei neue Kontinente – die Entfernung zwischen den Kanarischen Inseln und Cipango beträgt dort weniger als 3000 Meilen, während die tatsächliche Entfernung etwa 10000 Meilen beträgt.

Behaim wurde in Nürnberg geboren, lebte aber in den achtziger Jahren des Jahrhunderts erwiesenermaßen in Lissabon, wo er eine Frau aus dem niederen Adel ehelichte, möglicherweise als Kosmograph in den Diensten König Joãos stand und vielleicht sogar zum Ritter geschlagen wurde. 1487 oder 1490 kehrte er nach Nürnberg zurück und wurde von der Stadt beauftragt, aufgrund seiner in Portugal erworbenen Kenntnisse einen Globus nach dem aktuellsten geographischen Wissensstand herzustellen. Unterstützt wurde er dabei von Hartmann Schedel, der eben seine Nürnberger Chronik vollendete, und dem gelernten Arzt Hieronymus Müntzer (bekannt unter dem interessanten lateinischen Namen Monetarius).

Ende 1493 ging Behaim wieder nach Lissabon und legte König João einen leidenschaftlichen Brief des hochgebildeten Müntzer vor, in dem dieser ihn drängte, Entdeckungsschiffe über das Meer nach Westen zu senden: «Oh, welcher Ruhm wird Euch zuteil werden, wenn Ihr den bewohnbaren Orient Eurem Okzident bekanntmacht [und] jene Inseln des Orients zu Euren Vasallen macht, denn ihre Völker werden, übermannt, sich Eurer Hoheit widerstandslos unterwerfen.» Er riet ihm weiterhin, Behaim das Kommando über diese Schiffe zu geben, der «von unserem König Maximilian dazu abgesandt ist», und empfahl, ihn und andere erfahrene Seeleute «von den Azoren aus in See stechen und die Weite des Meeres durchsegeln» zu lassen.

Wir wissen nicht, ob König João den Navigationskünsten Behaims, der stets zu Unwahrheiten und Prahlerei neigte, Glauben schenkte und ob er wußte, daß ein Schiff direkt in entgegenkommende Winde geriet, wenn es von den Azoren aus in westlicher

Richtung segelte; eines aber ist sicher: Er wußte, daß jemand den Versuch unternommen hatte, auf westlichem Kurs Land zu suchen, und daß dieser Versuch geglückt war, denn im März, fünf Monate bevor Müntzer seinen Brief verfaßte, war Admiral Colón in Lissabon eingelaufen und hatte ihm Bericht erstattet.

[Freitag, den 12. Oktober.] Dort entfaltete ich die königliche Flagge, während die beiden Schiffskapitäne zwei Fahnen mit einem grünen Kreuz im Felde schwangen. [...] Unseren Blicken bot sich eine Landschaft dar, die mit grün leuchtenden Bäumen bepflanzt und reich an Gewässer und allerhand Früchten war.

Mit den Flaggen und den geeigneten Männern der Besatzung – den offiziellen Beobachtern, zu denen der königliche Sekretär Rodrigo de Escobedo zählte, vielleicht dem Dolmetscher, wahrscheinlich einigen mit Schwertern und Arkebusen bewaffneten Wachen – begab sich der Admiral an Land. An Land ... um Amerika zu entdecken.

Nur – entdeckt hat Colón Amerika *nicht*. (Und natürlich war es damals nicht «Amerika», aber zu dieser Frage kommen wir noch.) Was immer der Admiral vorhatte – eines können wir mit Gewißheit sagen, daß nämlich eine «Entdeckung» niemals stattgefunden hat.

Denn erstens war diese erste Insel, wo Colón vielleicht landete, den Menschen, die sie bevölkerten, sehr gut bekannt. Schon vor Tausenden von Jahren war sie entdeckt worden; wie archäologische Untersuchungen ergeben haben, dürfte sie erstmals um 900 n. Chr. besiedelt worden sein.

Und zweitens war die von uns als Nordamerika bezeichnete Landmasse, der die Bahamas geologisch und biologisch angehören, bereits um 1000 n. Chr. von Europäern entdeckt und vorübergehend besiedelt worden. Es steht heute außer Frage, daß norwegische Forschungsreisende im elften Jahrhundert vermutlich von ihren Kolonien in Grönland aus bis nach Baffinland, Labrador und Neufundland gelangten und in diesen Gebieten Nordamerikas zumindest eine Zeitlang Wohnstätten errichteten. Es gibt eine Fülle von Beweisen aus verschiedensten Quellen dafür, und jährlich werden es mehr. Die Grabungen in dem am eingehendsten untersuchten L'Anse aux Meadows im nördlichen Neufundland haben unumstößliche Beweise für die Besiedelung durch Europäer (zweifellos handelte es sich um Norweger) zutage gefördert, und an mehreren anderen Stätten zwischen Michigan und der Küste Neuenglands wurden Spuren gefunden, die, wenn schon nicht eine Besiedelung, so doch eine Erforschung durch Europäer wahrscheinlich erscheinen lassen. Wenn «Entdeckung» bedeutet, daß Europäer Amerika sichteten und betraten, so gebührt die Ehre höchstwahrscheinlich Leif Eiriksson, und der von den Skandinaviern als Tag der Landung ermittelte 9. Oktober sollte als Feiertag begangen werden. (Die Ehre des ersten Sichtens des Landes gebührt wahrscheinlich Bjarni Herjolfsson, der im Jahre 986 von Grönland aus seine Reise unternahm.)

Darüber hinaus gibt es eine Vielzahl schlüssiger Beweise dafür, daß Nordamerika vor 1492 mehrmals gesichtet wurde und vielleicht sogar eine Landung stattfand. Henry Harrisse, ein durchaus nicht wirklichkeitsfremder Historiker des neunzehnten Jahrhunderts, zählte nicht weniger als zwanzig Fälle, und spätere Autoren haben weitere, wenn auch unterschiedlich fundierte Möglichkeiten angegeben. Wie aus Patenturkunden und Gerichtsprotokollen hervorgeht, sandte Portugal zwischen 1431 und 1486 mindestens elf Expeditionen westwärts auf die Suche nach neuen Inseln und sagenumwobenen Ländern. Wahrscheinlich liegt die Zahl noch höher, aber die Wahrheit ist für immer unter den Trümmern der portugiesischen Archive begraben, die 1755 bei einem Brand zerstört wurden. Von portugiesischen Historikern wird behauptet, zwischen 1492 und 1495 habe eine Reise nach Nordamerika stattgefunden, und João Fernandes von den Azoren (bekannt als *il lavrador*, der Landmann – daher die Bezeichnung «Labrador» auf späteren Landkarten) sei noch vor Colón an Land gegangen; sein einziger eindeutiger Bericht bezieht sich jedoch auf eine Reise zwischen 1499 und 1500, bei der nicht näher bezeichnete nordische Länder gefunden wurden.

Wir wissen auch, daß zumindest ab 1480 von Bristol aus Versuche unternommen wurden, die mythische Insel Brasilien in den Weiten des Atlantiks zu finden. Heute wird außerdem als gesichert angenommen, daß ab 1482 Fischerboote aus Bristol vor der Küste Neufundlands Dorsch fischten und bei dieser Gelegenheit Land entdeckten, das für Festland gehalten wurde, wie aus einem Brief des John Day aus dem Jahre 1498 hervorgeht. Wahrscheinlich entdeckten Schiffe aus anderen europäischen Atlantikhäfen – Schiffe aus der Bretagne, aus Bordeaux und Galicien, die 1500 zweifellos bereits in diesen Gewässern Fischfang trieben – diese Küsten etwa zur selben Zeit wie die Schiffe aus Bristol.

Wenn die Landung Admiral Colóns keine Entdeckung im eigentlichen Sinn war, warum wurde ihr dann soviel Bedeutung beigemessen – von seinen Zeitgenossen, sobald sie die Nachricht vernommen hatten, und von allen Generationen danach bis in unsere Zeit, fünf Jahrhunderte später? Was ist so anders an dieser Begegnung mit den unbekannten Ländern des Westens, daß sie sich von den früheren abhebt, warum wurde gerade sie zum Wendepunkt in der Geschichte der Welt?

Erstens, und das ist vielleicht der wichtigste Grund, handelte es sich um eine offizielle Mission des Königs und der Königin von Kastilien, León, Aragonien, Sizilien, Granada etc. etc., die über eines der größten Machtgefüge Europas herrschten. Das war nicht bloß eines der vielen von Brest auslaufenden Fischerboote, die sich auf kaum mehr als auf die Autorität des Kapitäns berufen konnten, und es war kein verstohlener Versuch, unter Umgehung der Zollbehörden und der verhaßten Steuern aus dem Hafen von Bristol und dem Einflußbereich der Krone herauszukommen.

Zweitens wurde diese Reise sorgfältig dokumentiert, sowohl vom Generalkapitän selbst, als auch, zumindest bei historisch bedeutenden Anlässen, von den zu diesem Zweck mitreisenden königlichen Beobachtern, vor allem dem königlichen Sekretär, dessen unabhängige Darstellungen ein schönes Gegengewicht zu Colóns Aufzeichnungen darstellen würden, wenn sie noch existierten. Darüber hinaus kehrte Colón von dieser Reise mit greifbaren Beweisen zurück – unter anderem Menschenwesen, wie man sie nie zuvor zu Gesicht bekommen hatte –, so daß außer Zweifel stand, daß er irgendein exotisches Ziel erreicht hatte.

Drittens wurde nicht nur ein Weg *nach* Amerika, sondern auch ein Weg *zurück* gefunden, dem andere Reisende folgen konnten.

Anders als jene Seeleute, die, von ihrem eigentlichen Kurs abgetrieben, Land gesehen haben wollten, und anders als jene, die nicht feststellen konnten, wo sie sich befanden, als sie zufällig auf eine Insel stießen, hatten Colón und seine Leute Fahrtrichtung, Winde und Strömungen, Wetter, Untiefen und Riffe und all die anderen Details mit größtmöglicher Sorgfalt aufgezeichnet, wodurch ihre Tat (mit Ausnahme der Landung selbst) nachvollziehbar und wiederholbar wurde.

Viertens wurde die Nachricht von dieser Reise in ganz Europa verbreitet, was dank der Druckerpresse ziemlich rasch vonstatten ging. Wenn frühere Reisende tatsächlich auf neue Länder gestoßen waren, so erfuhr es die Welt höchstens im Dunstkreis der Häfen, aus dem Mund unzuverlässiger Matrosen – die Entdeckungen konnten sich nicht tiefer in das historische Gedächtnis einprägen. Es ist durchaus möglich, daß eine der portugiesischen Expeditionen die Küste Nordamerikas entdeckte und vielleicht sogar mit Beweisen ihres Erfolges nach Lissabon zurückkehrte, daß der portugiesische König diese Entdeckung aber geheimhielt, um seine Rivalen nicht auf die neuen Schätze aufmerksam zu machen, die er selbst auszubeuten beabsichtigte. Eine solche Reise konnte in der Geschichte keinen größeren Widerhall erzeugen als ein auf dem Meeresboden landender Anker.

Fünftens verfolgte Colón von Anfang an ganz andere Ziele, als nur gute Fischgründe oder die seit langem verschwundenen St.-Brendan-Inseln zu finden oder einen Außenposten für den Handel zu gründen, wie das die Portugiesen mit El Mina an der Goldküste Afrikas getan hatten. Seine Reise war der Anfang eines langen, wohlvorbereiteten und äußerst wirksamen Prozesses; mit seiner Reise begannen Handel, Eroberung, Kolonisierung und Ausbeutung in großem Stil.

Und schließlich wurde seine Tat von einer Macht und im weiteren Sinn von einer Kultur vollbracht, die die Möglichkeit der Expansion suchte – und brauchte, wie Braudel schreibt –, um mit der tiefverwurzelten Verzweiflung und dem institutionellen Niedergang vieler Jahrzehnte fertig zu werden. Norwegen kümmerte sich im elften Jahrhundert kaum um seinen isländischen Vorposten und die noch fernere Kolonie Grönland, ganz zu schweigen von einer unwirklich scheinenden Siedlung an der Küste Vinlands (wenn es überhaupt von ihrer Existenz wußte). Das norwegische Königreich hatte kein nennenswertes Interesse an Kolonien oder einem regen Handelsverkehr über eisige Gewässer, auch nicht an den Gütern aus diesen fernen Gegenden, die den eigenen doch so sehr glichen. Ohne Zweifel brauchte aber Westeuropa im fünfzehnten Jahrhundert eine Ausweichmöglichkeit oder glaubte sie zu brauchen, und es beabsichtigte von vornherein, die neuen Länder auf jede erdenkliche Weise zu nutzen. Insofern ist es gerechtfertigt zu sagen, daß Amerika auch ohne Kolumbus gewiß nicht viel später entdeckt worden wäre; wäre er nicht auf den Bahamas gelandet, wäre jemand mit sehr ähnlicher Gesinnung irgendwo am Rande der beiden riesigen Kontinente angelangt, die ihre Geheimnisse nicht länger für sich behalten konnten.

Es ist also unerheblich, daß Cristóbal Colón *nicht* die Entdeckung Amerikas einleitete, als er mit seinem Beiboot den weißen Sand der kleinen Bucht berührte, das Ziel seiner langgehegten Träume. Was zählt, ist einzig und allein die Tatsache, daß Europa mit diesem Ereignis wirklich seine Beziehungen zu diesem neuen Teil der Welt aufnahm.

Die «Entdeckung» an sich ist irrelevant. Nicht weil ein Fremder auf einer winzigen Insel der Bahamas landete, hallt dieser Augenblick durch die Korridore der Zeit, sondern weil damit Europas Eroberung der Welt beginnt. Als sich der Admiral im Beiboot der *Santa María* der Insel näherte, sah er ein smaragdgrün glitzerndes Meer, einen Saum von leuchtendem Korallensand und dunkle Nadelbaumwälder; das Land war «mit grün leuchtenden Bäumen bepflanzt und reich an Gewässern und allerhand Früchten ... [Es] hat eine so satte grüne Färbung, daß [sein] Anblick wohltuend wirkt.» Am Strand stand eine kleine Gruppe «nackter» Menschen, selbst aus der Ferne beeindruckend in ihrer stillen Würde und Schönheit; sie hatten «einen schön geformten Körper und gewinnende Gesichtszüge». Man kann es den Eindringlingen wahrlich nachfühlen, daß sie glaubten, den Garten Eden erreicht zu haben.

Viertes Kapitel
EUROPA (II)

«Vor ihm erzittert das Land»

«Das Land ist vor ihm wie der Garten Eden, aber nach ihm wie eine wüste Einöde, und niemand wird ihm entgehen.

Sie sind gestaltet wie Pferde und rennen wie die Rosse.

Völker werden sich vor ihm entsetzen, und jedes Angesicht erbleicht.

Vor ihm erzittert das Land und bebt der Himmel.»

Soweit der Prophet Joel.

Colón und ohne Zweifel auch die Männer, die ihn begleiteten, glaubten beim ersten Anblick der Insel wirklich, im Paradies zu sein; und in späteren Jahren sollte sich dieser Glaube noch verstärken. Keiner von ihnen hätte zwar behauptet, eine «wüste Einöde» hinter sich gelassen zu haben, selbst wenn er von den kargen, von Gestrüpp überwucherten Hügeln und dürftigen Sandböden der andalusischen Küste kam, mit ihren mageren und unsicheren Ernten. Und doch ist das Wort von der «wüsten Einöde» nicht falsch: Hinter ihnen lag ein Europa, das im Denken wie im Handeln seiner natürlichen Umgebung entfremdet war und seit Jahrtausenden den Boden und das Wasser, von dem es abhängig war, ausbeutete und zerstörte und in den verschiedenen Glaubensbekenntnissen und Anschauungen dafür eine Rechtfertigung suchte.

Als Colón den Fuß auf die erste Insel setzte, brachte er auch dieses ökologische Erbe mit, natürlich ohne sich dessen bewußt zu sein; es gehörte zu einem Europäer des fünfzehnten Jahrhunderts wie die Bibel oder das Schwert – doch seine Folgen waren um vieles zerstörerischer.

Die Weite und Fülle, die Schönheit und Vielfalt der Natur des amerikanischen Doppelkontinents zeitigte in den darauffolgenden Jahrhunderten eine deutliche Wirkung auf die Umweltsensibilität der Europäer – diesmal also ein Einfluß von Ost nach West –, wenn auch vielleicht nur deshalb, weil man sich der Existenz eines Landes von der achtfachen Größe Europas mit zahllosen unbekannten Lebensformen bewußt wurde. Zu diesem Zeitpunkt war aber die ökologische Beschaffenheit und die Geschichte Europas – also der Einfluß von West nach Ost – der viel größere Einfluß, denn Europa entdeckte Amerika nicht, sondern verleibte es sich ein, machte es zu einem Bestandteil seiner speziellen, seit langem geübten und vor kurzem neuerlich bestätigten Sicht der Natur.

Der Teppich der europäischen Natursicht war aus vielen Garnen gewirkt, die wiederum aus vielen Fäden und Fasern bestanden, mit komplizierten und bunten, aber nicht immer schönen Mustern. Die Literatur zu diesem Thema ist äußerst umfangreich, denn seit jeher haben die Menschen ihre Beziehung zu der sie umgebenden Welt erforscht, und allein die in den letzten Jahrzehnten dazu verfaßten Abhandlungen würden eine eindrucksvolle Bibliothek füllen. Dennoch ist es möglich, die wesentlichen Themen dieser Werke herauszufiltern, die hervorstechendsten Muster jenes Teppichs sichtbar zu machen und so eine Vorstellung zu erhalten von den Gedanken und Einstellungen, aus denen sich das ökologische Bewußtsein des fünfzehnten Jahrhunderts zusammensetzte.

Am Anfang unserer Betrachtung muß die Angst der Europäer vor den meisten Naturelementen stehen – eine Angst, die, wie immer, auf Ignoranz beruht, auf einer für heutige Begriffe schokkierenden Unwissenheit nicht nur der ungebildeten Mehrheit, sondern ebenso der gelehrten Kreise Europas.

Von der Kirche kam keinerlei Ermunterung, die vorherbestimmten Wege der Geschöpfe Gottes zu ergründen, geschweige denn das Leben der Bäume, Flüsse und des Erdreichs, und die meisten Menschen gaben sich damit zufrieden, daß all das von Gott erschaffen und gesegnet war und dem Menschen gegeben, damit er es sich «untertan mache».[1] Wie wir aus den damals sehr beliebten und daher in zahlreichen Abschriften und gedruckten Ausgaben erhaltenen Bestiarien und Herbarien wissen, fanden sich in der Überlieferung banale Stereotype (Lämmer sind fromm, Löwen sind mutig, Wölfe sind hinterlistig) und bizarre Vorstellungen sonder Zahl (Kröten saugen nachts den Kühen die Milch aus, Spechte sind gefährliche Raubtiere, Buchen leiten den Blitz ab, zerstoßener Rosmarin, um den rechten Arm gebunden, macht «behend und froh»). Ebensowenig drang die mittelalterliche Poesie tiefer in die Welt der Natur ein, beschrieb sie lediglich in einer verschnörkelten, formelhaften Sprache: Ein «sanfter Zephir» aus dem «finsteren Wald» streicht über «murmelnde Gewässer», und natürlich findet man im Wind die Leidenschaft, in der Rose die Liebe, im Strom das Mitleid, im Sturm den Zorn und im Meer die Gewalt. Die Unkenntnis der realen Welt wurde kompensiert durch unsinnige Vorstellungen aus der Welt der Ungeheuer, und diese Phantasien akzeptierten selbst die größten Zweifler jener Zeit wie selbstverständlich.

Der solcherart im Bann gehaltene europäische Geist fürchtete, was er nicht verstand, und verabscheute, was ihm Angst einflößte. Die Natur im großen – die Stürme und Fluten, die strengen Jahreszeiten, die Pestepidemien und Hungersnöte – und die Natur im kleinen – die Nagetiere und Kakerlaken, die Wölfe und Werwölfe: für die meisten Menschen handelte es sich gleichermaßen um eine antagonistische, feindliche Welt. Das Bekannte war beängstigend genug, aber das Ungewöhnliche, Unbekannte und Ferne war noch furchterregender, es weckte das Grauen, wie uns aus den Märchen jener Zeit bekannt ist. Das galt besonders für die unzugänglichsten Gegenden, die Berge und Wälder der Wildnis. Wie Lukrez in seinem klassischen Werk *De rerum naturae* lehrt, erfülle unendliches Grauen die mächtigen Berge und undurchdringlichen Wälder der Erde.

Die Berge waren Orte der Bedrohung, «häßlich» und «ekelerregend», wie Keith Thomas in seiner aufschlußreichen Studie über europäische Naturanschauungen schreibt. «... die Reisenden der frühen Neuzeit fühlten sich in Berggegenden unbehaglich und gefährdet», wähnten sie «bevölkert von unzivilisierten Menschen». Sehen wir uns nur die Bergdarstellungen des Mittelalters und großteils auch der Renaissance an: Diese Berge sind nicht der Inbegriff von klarer und majestätischer Schönheit, wie sie es in der Romantik waren und im großen und ganzen bis heute geblieben sind; es sind zerfurchte, scharfe Klippen und Felsen, diabolisch, fast lebendig, dunkel und kahl bis auf ein paar dürre Bäume, bevölkert von grimmigen, wilden Wesen. Niemand kannte die Berge in jener Zeit so gut wie Leonardo, der selbst in den Alpen gewesen war, um sie zu studieren. Und doch sind auf seinem Bild der *Madonna in der Felsengrotte* – an dem er vielleicht gerade arbeitete, als Colón in der Neuen Welt an Land ging – die bizarren Felssäulen der Grotte zerklüftet und nackt, fast unheimlich, die Bergsilhouetten im Hintergrund wie unwirkliche Formen einer verbotenen Wüste. Der deutlich spürbare Kontrast zum gelösten Gesichtsausdruck der Familie im Vordergrund läßt den Betrachter vor Angst erschauern. Das Wort «abscheulich» kommt einem hier in den Sinn; kein anderes Wort könnte diese Landschaften besser charakterisieren: Abscheulich sind für Thomas More auch die wilden Zapoleten in den Bergen östlich seines Utopia, abscheulich sind für William Cambden die schroffen walisischen Berge, für Richter Roger North die Hügel Nordenglands und für James Howell die Alpen.*

Noch schlimmer waren die Wälder. Tatsächlich lebten wilde Tiere darin, vor allem in den dichtbewaldeten Gebieten Nordeuropas. Marc Bloch schreibt in *La Société féodale,* daß «die wilden Tiere aus unseren Kindergeschichten – Bären und vor allem Wölfe – die Wildnis durchstreiften und selbst in bebauten Feldern anzutreffen waren». Zweifelhafte Gesellen wie Ausgestoßene, Siedler und Eremiten bevölkerten den Wald, Verbrecher, Gesetzlose und Banditen, um die sich Geschichten wie die Robin-Hood-Legende rankten. Die kindliche ebenso wie die erwachsene Phantasie sah im Wald aber noch viel größere Schrecken und Gefahren:

---

* Es wird oft erwähnt, daß Petrarca im frühen vierzehnten Jahrhundert einen Berg bestieg und Wohlgefallen daran fand. Dabei wird aber meist vergessen, daß er seit der Antike offenbar der erste und einzige Mensch war, der solche Empfindungen hegte. Und fast immer wird unterschlagen, daß er gleich schuldbewußt zu seinem Augustinus griff und ausgerechnet jenen Abschnitt aufschlug, in dem es hieß, der Mensch müsse sich schämen, daß er «die Gipfel der Berge und die ungeheuren Fluten des Meeres und die weit dahinfließenden Ströme und den Saum des Ozeans und die Kreisbahnen der Gestirne» bestaune statt der menschlichen Seele. Er lernte daraus und schreibt Francesco Dionigi, dem Adressaten seines Briefs: «Wie oft, glaubst Du, habe ich an diesem denkwürdigen Tage, auf dem Rückwege umblickend, den Gipfel des Berges betrachtet, und er schien mir kaum die Höhe einer Elle zu haben gegenüber der Höhe menschlicher Betrachtung ...»

Sie machte ihn zur Wohnstätte von Waldgeistern und Zentauren, von teuflischen, frauenentführenden und kinderverschlingenden Ungeheuern und Höllenwesen, von ganzen Geschlechtern abscheulicher, animalisch-roher menschenähnlicher Wesen. Ebenfalls ein Waldbewohner ist die in mittelalterlichen Geschichten häufig wiederkehrende Figur des wilden Mannes – riesig, mächtig, behaart, eine Holzkeule in der Hand, das imposante Geschlecht entblößt, behangen mit üppigem Blattwerk, stumm und daher ohne Vernunft, im Besitz der Geheimnisse der Natur, Sklave seiner Begierden und ungezähmten Leidenschaften, stets auf der Lauer liegend, dort, im Schatten der Bäume, und ebenso in den finsteren, hintersten Winkeln der menschlichen Begierde, der Unruhe und Angst.

Aber auch wo Wälder und Berge nicht bevölkert waren, flößte ihre Wildheit Angst und Entsetzen ein. Denn «wild» hat etwas mit «Willen» zu tun, mit dem Eigenwillen, der sich nicht beherrschen, lenken oder steuern läßt, der keinem kulturellen Einfluß unterliegt. In der Wildnis fühlt man sich verloren und verwirrt. Für den europäischen Geist ist sie jener Teil der Natur, der menschlichen Natur, wo mühsam erlernte und erworbene Beschränkungen der «Zivilisation» nicht funktionieren, wo nichts vorhersagbar und daher alles möglich ist. Dorthin, in «die große und schreckliche Wüste» (im hebräischen Text steht *tohu,* «Chaos», wie die Urfinsternis, die vor der Schöpfung war), verbannte der Gott des Alten Testaments die Abtrünnigen und Verdammten, dorthin gingen die Sünder, um sich von den Übeln ihrer Natur zu reinigen. Diese Wildnis war den Betrachtungen der Menschen etwas so Fremdes, daß sie vom Zusammenbruch des Römischen Reiches bis zum sechzehnten Jahrhundert selten genannt, kaum je im Bild dargestellt und so gut wie nie direkt beschrieben wurde, daß aber «das Eindringen wilder Wesen in das Reich des Menschen immer Angst auslöste», wie Keith Thomas schreibt. Schon eine verirrte Biene im Haus oder ein gegen das Fenster fliegendes Rotkehlchen konnten den stärksten Mann das Fürchten lehren. Das englische Unterhaus lehnte im Jahre 1604 sogar einen Gesetzesantrag ab, weil während der Rede des Abgeordneten, der ihn eingebracht hatte, eine Dohle durch den Sitzungssaal geflogen war.

Diese Entfernung von der Natur, diese Entfremdung vom Reich des Wilden ist meiner Ansicht nach in keiner anderen komplexen Kultur der Welt zu finden. In ihrem Verhalten der Wildnis gegenüber, das ihrer tiefsitzenden Abneigung gegen die Natur im allgemeinen entsprach, schuf die europäische Kultur eine beängstigende Distanz zwischen dem Menschlichen und dem Natürlichen, zwischen den verborgenen, unhörbaren Rhythmen der Welt und den unergründlichen, wiederkehrenden Rhythmen des Körpers, zwischen den elementaren und ewigen Prozessen des Universums und der körperlichen und geistigen Wahrnehmungsfähigkeit, mit deren Hilfe wir das Universum begreifen und unseren Platz darin finden. Im mittelalterlichen Europa wäre es undenkbar gewesen, das Wilde, wie es so viele andere Kulturen getan haben, als etwas *Heiliges* zu betrachten – die, die man Hexen nannte, mußten das am eigenen Leib erleben. Sie wurden dafür verbrannt.* Von der Angst vor dem Wilden zur Zuneigung zum Bezähmten ist es nur ein kleiner Schritt, und von dort ging es geradewegs zur zwanghaften Beherrschung und Kontrolle der Natur durch den Men-

---

* Ich habe Franz von Assisi nicht vergessen, der in gewissem Sinn eine die Regel bestätigende Ausnahme ist. Zweifelsohne basierte sein christliches Weltbild, vor allem für die späteren Hagiographen, zu einem Gutteil auf der Überzeugung, daß Gott in jedem Lebewesen (nicht aber in der unbelebten Schöpfung Gottes) gegenwärtig sei. Die Begründung seiner Heiligsprechung steht hier allerdings auf wackligen Beinen: Einmal wies er einen Schüler zurecht, weil dieser einem Schwein bei lebendigem Leib die Füße abgeschnitten hatte, um einem Gefährten zu essen zu geben, jedoch tadelte er ihn nicht wegen der dem Schwein zugefügten Schmerzen oder wegen seiner Grausamkeit, sondern weil er es unterlassen hatte, den Schweinehirten für die Beschädigung seines Eigentums um Verzeihung zu bitten. Im übrigen war sein Einfluß in der Kirche erwiesenermaßen unerheblich: Sein Franziskanerorden war im vierzehnten Jahrhundert bereits eindeutig aristotelisch und pragmatisch ausgerichtet und hatte sich weit von seiner gefühlsbetonten Haltung Tieren gegenüber entfernt; und die an seinen Überzeugungen festhaltenden Anhänger, die Fraticelli, wurden noch zu seinen Lebzeiten als Ketzer verurteilt und auf dem Scheiterhaufen verbrannt.

Ich habe auch die heidnischen Traditionen – etwa die der Kelten – nicht vergessen, die verschiedenen Formen der Naturverehrung, die über Jahrhunderte neben den kirchlichen Riten lebendig blieben. Noch zur Zeit der Inquisition und der Hexenverfolgungen im sechzehnten und siebzehnten Jahrhundert gab es sie, und wenn man sie praktizierte, wurde man beschuldigt, mit dem Teufel im Bunde zu sein. Sie wurden aber nur von einer meist ländlichen Mehrheit gepflegt, vor allem in den norddeutschen und nordischen Staaten, und ihre Auswirkungen waren, jedenfalls was die Hauptströmungen der Kultur betrifft, kaum spürbar.

schen – wie man es auf den im späten fünfzehnten Jahrhundert so verbreiteten Darstellungen der Unterwerfung und Bezähmung der ungebändigten Landschaft sehen kann.

Ein Beispiel bieten die Bilder von Piero della Francesca, dessen «Ideale Stadt» eine leblose Konstruktion von Menschenhand ist, ohne einen einzigen Grashalm oder schattenspendenden Baum, beherrscht von der Perspektive, der wichtigsten Erfindung der Renaissancekunst. Oder denken wir an die damals sehr beliebten Städtedarstellungen und Atlanten, die der Bekräftigung der menschlichen Herrschaft über die physische Welt dienten, insbesondere die neuartigen *mappe-mondes*-Karten, von denen etwa 280 zwischen 1472 und 1600 entstanden. Auch die so populäre Abenteuerliteratur lebt ganz vom Kampf gegen die wilde Natur, etwa die illustrierten Romanzen über die im Kampf gegen die rohen Heiden siegreichen Kreuzritter oder die erfundenen Siege Alexanders des Großen über die «wilden Männer» und Ungeheuer Persiens und Indiens.

Ihren eindrucksvollsten und deutlichsten Ausdruck findet die Beherrschung der Natur aber im symmetrischen Renaissancegarten, der im letzten Drittel des fünfzehnten Jahrhunderts zu Perfektion und Popularität gelangte und seinen Höhepunkt um die Mitte des darauffolgenden Jahrhunderts in so exakten Kunstwerken wie den Gärten von Compton Wynyates in England (1520) und Tivoli in Italien (1549) erreichte. Die Hand des Menschen, nicht die Schönheit der Natur, ist hier gegenwärtig: zu starren geometrischen Formen zurechtgeschnittene Sträucher und kleine Bäume, die wie Hochzeitstorten oder Parfumflakons aussehen, knapp gestutzte Hecken entlang geometrisch angelegten Wegen, Blumenbeete in einheitlichen Farben, sorgfältig gesäumte Rasenflächen und kunstvoll verteilte Statuen, Bänke, Brunnen, Wasserbecken und Brücken. (Ein «wüster Garten, der auf in Samen schießt; verworfnes Unkraut erfüllt ihn gänzlich», wie Hamlet später voll Abscheu sagt – so etwas war hier undenkbar.) Diese Bilder vor Augen, überrascht es uns kaum, daß in Giovanni Bellinis höchstens ein oder zwei Jahre vor Colóns erster Reise entstandener *Allegorie des irdischen Paradieses* ein höchst stilisierter Garten dargestellt wird, eigentlich mehr eine mit geometrischen

Fliesen ausgelegte Terrasse mit einem einzigen kleinen Baum im Tontopf in der Mitte, umgeben von einer niedrigen, durchbrochenen Mauer und beherrscht von einem erhöhten thronartigen Sitz, ein Garten Eden, der in deutlichem Kontrast zu der «wilden» Natur im Hintergrund mit ihren kahlen, bedrohlich aussehenden Bergen und Höhlen steht. Es ist die Vision von der bezwungenen, wenn auch völlig künstlichen «Natur».

Die Idee ist nicht im Europa der frühen Neuzeit entstanden; historische Zeugnisse lassen den Schluß zu, daß die Beherrschung der Natur in jenen frühen Gesellschaften ihren Anfang nahm, die Herden hielten und mit knappen Wasservorräten leben mußten – und die monotheistische Religionen schufen. Nur selten jedoch war sie so ausgeprägt gewesen, daß man von einem «Drang» sprechen konnte, wie es der Mittelalterexperte John Block Friedman ausdrückte, dem Drang «des westlichen Menschen, das Primitive zu zivilisieren und das Wilde zu beherrschen». Kaum je hatte er sich bisher so unverhohlen und mit solch ungezügelt vermessenen Absichten und Ansprüchen geäußert. In einer seiner Kampfschriften zur Rechtfertigung des Kolonialismus forderte Samuel Purchas dazu auf, «die Natur zu bezähmen, wo sie am wildesten ist», und «der Herrschaft des Menschen zu unterwerfen, dem nach dem Willen Gottes des allzeit Gepriesenen alle dienstbaren Kreaturen untertan sind».

Die Wurzeln dieser Haltung sind in der Bibel zu finden, in dem zentralen Schöpfungsmythos. Der Gott Jahwe, der so wenig Teil der Natur ist, daß er seine Elemente vor allem einsetzt, um Rache an seiner Herde zu üben, erschafft den Menschen nach seinem Ebenbild und als seinen Stellvertreter und heißt ihn, zu herrschen über alle Tiere der Erde, die Erde zu füllen und sie sich untertan zu machen. Immer wieder wird dies wiederholt, um die Hierarchie unter den Geschöpfen deutlich zu machen und jene herauszustellen, die den größten Nutzen daraus ziehen sollen. Keith Thomas setzte sich mit der Bedeutung dieser Konzeption für die Engländer eingehend auseinander und sprach von dem «atemberaubend anthropozentrischen Geist, in dem die Prediger der Tudor- und Stuart-Zeit die Bibel interpretierten». So erklärte zum Beispiel ein Bischof aus der Zeit Jakobs I.: «Die Geschöpfe wurden nicht um ihrer selbst willen geschaffen, sondern um dem Menschen zu nützen und zu dienen», und manche Theologen behaupteten, die Welt werde nach dem Jüngsten Gericht zerstört werden, da sie für den Menschen geschaffen worden sei und ohne ihn keinen Zweck mehr zu erfüllen habe.

Wie wir bereits gesehen haben, hatte solche Vermessenheit noch einen anderen Ursprung: Was von Gott nicht erlaubt war, gestatteten die damals so nachdrücklich vertretenen humanistischen und wissenschaftlichen Prinzipien, die von der Idee der menschlichen Dominanz durchzogen waren. Bacon sprach von dem Recht über die Natur, das dem Menschen nach göttlichem Willen zustehe. Am unmißverständlichsten drückte es der Humanist Ficino aus: «Der Mensch ... vervollkommnet, korrigiert und verbessert die Werke der untergeordneten Natur. Daher ist die Macht des Menschen fast mit der Macht der göttlichen Natur gleichzusetzen. [...] Wie herrlich bebaut er den Boden auf der ganzen Erde, welch wunderbare Gebäude und Städte errichtet er, wie gut versteht er sich darauf, die Gewässer zu lenken!» Oder, wie der Mittelalterforscher A. R. Hall schreibt: «Die Welt ... bestand nur, um im Dienste des Menschen verdorben, ausgebeutet oder verstümmelt zu werden.»

Diese Grundmuster des europäischen Naturteppichs – Ignoranz und Angst, Entfremdung und Feindschaft, Dominanz und Ausbeutung – ergeben zusammen ein deutliches Bild: Wir haben es mit einer mehr am Mechanischen als am Organischen, mehr am Gekünstelten als am Verinnerlichten, mehr am Körperlichen als am Geistigen orientierten Welt zu tun, aus der Nähe, Verehrung und Ehrfurcht fast verschwunden sind (den nächsten fünf Jahrhunderten blieb es überlassen, diese Werte ganz abzuschaffen) und in der immer mehr Kälte, Gleichgültigkeit und Lieblosigkeit herrschen.

Was wir sonst noch über das ökologische Erbe Europas wissen, steht dem Land ins Gesicht geschrieben. Mit einigen bemerkenswerten Ausnahmen ist es eine Geschichte von Rodung, Erosion, Verschlammung, Auslaugung, Verschmutzung, Ausrottung, Grausamkeit, Zerstörung und Ausplünderung, unternommen zum Nutzen der Menschen und nicht selten aus simpler Unwissenheit.

Schon die Griechen, angefangen mit der mykenischen Kultur, zerstörten die einst bewaldeten Hügel und wasserreichen Flüsse des Mittelmeerraumes durch willkürliche Brandrodung und Ausdehnung der Städte, durch unbedachte Viehzucht und Überweidung, durch rücksichtslose Bepflanzung und schonungslosen Ackerbau; Plato berichtet von Quell- und Flußgeistern geweihten heiligen Stätten auf einem ausgedörrten, von Rissen durchzogenen Boden. Die nachfolgenden Römer dehnten die Verwüstung im Norden bis nach Britannien aus, im Westen bis nach Iberien und im Süden bis in die Sahara. Sie verwandelten weite Gebiete in Kornkammern für ihre schnell wachsenden Städte und erschlossen, ernteten und weideten so rücksichtslos und im Übermaß, daß Millionen Quadratkilometer europäischer Böden bald ausgelaugt waren und das Imperium zusammenbrach, weil es sich nicht mehr selbst ernähren konnte. Die anschließende jahrhundertelange christliche Vorherrschaft hielt die Zerstörung auf, aber die habgierige Nutzung der Natur ging – in kleinerem Maßstab und unkontrolliert – dennoch weiter: England etwa hatte bereits im elften Jahrhundert einen erheblichen Teil seines Baumbestandes gerodet und war zur Zeit des Domesday Book 1086 nur noch zu höchstens zwanzig Prozent bewaldet (und nur zwei Prozent des Landes waren noch völlig unberührt).

Das Europa des fünfzehnten Jahrhunderts übernahm also ein einfaches Erbe: Es war richtig und «natürlich», daß der Mensch Bäume fällte, Sträucher entfernte, Sümpfe und Moore «zurückeroberte», Böden bestellte, Feldfrüchte anbaute, Vieh weidete, Tieren Geschirr anlegte, Raubtiere und «Ungeziefer» tötete, Kanäle und Gräben zog und sich die von einem wohlmeinenden Gott für ihn geschaffenen Gaben der Natur überhaupt zunutze machte. Vom zwölften und ganz besonders vom vierzehnten Jahrhundert an wurde diese Entwicklung zunehmend forciert. Es war tatsächlich ein Kampf, eine Schlacht voller Feindschaft und Gewalt, ein endloser Feldzug, in dem, wie Marx später feststellte, der Mensch sich gegen die Natur auflehnte, um sich die Produkte der Natur anzueignen.

Der Mensch drängte alle seine Werke der europäischen Landschaft mit Gewalt auf. Die Städte zum Beispiel wuchsen im fünfzehnten Jahrhundert bis zu beträchtlicher Größe (London hatte vermutlich 75 000 Einwohner, Rom 55 000 und Venedig 80 000), und ihr Bedarf an Nahrungsmitteln, Brennstoffen und Baumaterialien stellte eine große Belastung für die ländliche Umgebung dar. Berechnungen zufolge brauchte eine Stadt mit 3000 Einwohnern im elften Jahrhundert einen landwirtschaftlichen Gürtel von mindestens 8,5 Quadratkilometern außerhalb ihrer Mauern für die Versorgung mit Nahrungsmitteln; mit dem zunehmenden Wachstum der Stadt vergrößerten sich auch die Dimensionen der Landwirtschaft entsprechend. Kanäle und künstliche Wasserstraßen, mit deren Bau man um die Mitte des vierzehnten Jahrhunderts begonnen hatte und die ein Jahrhundert später bereits gut entwickelt waren, vergrößerten die Reichweite des Menschen und wurden bisweilen mit erstaunlicher Kühnheit und Erfindungsgabe durch Ebenen und über Anhöhen geführt. Alle nur möglichen Böden wurden für Getreideanbau und Viehzucht genützt, um eine ständig bedürftige Bevölkerung zu ernähren und zu kleiden. Die Auflösung der traditionellen Lehensgüter und die neuen Anreize des kapitalistischen Handels ermunterten alle, vom Bauern bis zum Edelmann, dazu, das Land urbar zu machen und in Besitz zu nehmen, wenn es ungestraft möglich war. Alles in allem veränderte sich die Natur im Europa des fünfzehnten Jahrhunderts grundlegend. Braudel schreibt: «Die langwierige Neulandgewinnung in Flußauen, Lagunen, Sümpfen, Wäldern und Heiden quält Europa ohne Unterlaß und verdammt es zu übermenschlichen Anstrengungen.» Wahrlich übermenschlich!

Der Preis dafür war hoch. Die steinharten Böden waren nicht sehr fruchtbar, die meisten enthielten überdies wenig Phosphor, Kalzium und andere Grundstoffe, und abgesehen von den russischen Steppen und dem Balkan gab es wenig von der fetten, schwarzen Erde, die die Voraussetzung für ertragreiche Getreideernten ist. Das Kulturland wurde ohne Unterlaß bebaut und manchmal vier- oder fünfmal im Jahr abgeerntet. Trotz des allgemeinen Einsatzes von Brache und Düngung lieferte das Saatgut nur dürftige, nie ausreichende Erträge, und es kam häufig zu Mißernten, so daß die Landwirtschaft insgesamt, wie Braudel es zusammenfaßt, «ein Gewerbe mit Schwierigkeiten ohne Ende» war. Durch Verdichtung der Böden und Auslaugung der oberen Bodenschichten schritt die Verödung der ausschließlich für die Weidewirtschaft genutzten Flächen zunehmend voran. In vielen Teilen Europas zog man mit den Vieh- und Schafherden einfach weiter, wenn die Weide kraftlos geworden war. Insbesondere Spanien wurde von den riesigen, insgesamt fast drei Millionen Merinoschafe umfassenden Herden verwüstet, die vom fünfzehnten Jahrhundert an Andalusien und die Estremadura kahlfraßen. Als Folge der Überwirtschaftung und Überweidung kam es sehr bald zur Erosion durch Wind und Wasser; die Folgen sind trotz der im neunzehnten Jahrhundert versuchten Rückgewinnung des Landes im ganzen Mittelmeerbecken und in weiten Teilen Frankreichs und Deutschlands noch heute zu besichtigen.

Nichts veränderte das Landschaftsbild jedoch so grundlegend wie die gezielte Beseitigung der europäischen Wälder. Diese Zerstörung kann zwar nicht durch Statistiken belegt werden, doch weisen zahlreiche Indizien in dieselbe Richtung, und es bestehen kaum Zweifel an der Richtigkeit dieser Annahme. Die europäische Zivilisation war buchstäblich aus Holz gemacht: Häuser, Schiffe und Mühlen wurden aus Holz gebaut, Maschinen, Pflüge, Möbel, Teller, Rohre, Geräte, Fuhrwerke, sogar Wand- und (zeitweilig) Taschenuhren waren aus Holz. Holz und Holzkohle dienten zum Kochen und zum Beheizen von Häusern, Hütten und Schlössern sowie als Brennstoff für alle Gewerbezweige von der Bäckerei oder Glashütte bis zur Eisenhütte oder Waffenschmiede. (Eine Eisenhütte mittlerer Größe verbrauchte im fünfzehnten oder sechzehnten Jahrhundert laut Braudel etwa 2000 Hektar Wald in zwei Jahren; das hatte so große Brennstoffverknappungen zur Folge, daß manche Hütten nur alle vier oder fünf Jahre in Betrieb waren.) Die ausgedehnten Wälder, mit denen Europa gesegnet war – die Völker des Vorderen Orients und eines Großteils von Asien kannten nichts Vergleichbares –, wurden unablässig und rücksichtslos der Zivilisation geopfert, so daß im sechzehnten Jahrhundert so gut wie keine ursprünglichen Waldgebiete, keine natürlichen Ökosysteme mehr übrig waren.

Es wird geschätzt, daß Europa gegen Ende des achtzehnten Jahrhunderts jährlich 200 Millionen Tonnen Holz verbrauchte; unter Berücksichtigung der niedrigeren Bevölkerungszahlen und geringeren Verbreitung der Industrie kann daraus für das Jahr 1500 ein Verbrauch von 60 bis 80 Millionen Tonnen abgeleitet werden – das ergibt die erstaunliche Menge von jährlich einer Tonne Holz pro Person. Durchaus glaubwürdig sind daher die Aufzeichnungen einer Kachelfabrik bei Dijon aus dem vierzehnten Jahrhundert, die 423 Holzfäller und 334 Ochsentreiber beschäftigte, um den Forst von Lesayes zu roden und das Holz zu den Öfen zu transportieren. Nicht weniger glaubwürdig sind die Berichte über große Holzflöße, zusammengebundene Stämme, die zur Versorgung der Städte und vor allem der Schiffswerften an den Flußmündungen regelmäßig die Ströme Europas – insbesondere die Weichsel, die Donau, den Rhein, die Loire und die Marne – hinuntertrieben und gelegentlich die Durchfahrt von Schiffen verhinderten. Ebenso ist es die Schätzung, daß der große Wald von Orléans südlich von Paris nach 1520 in einem einzigen Jahrhundert um die Hälfte reduziert wurde – von 140000 Morgen auf 70000 Morgen. Braudel sagt ganz deutlich: «Der Wald wirft nur dann Gewinn ab, wenn er durch vielfältige Nutzung ins Wirtschaftsleben einbezogen ist, wenn Hirten ihre Herden in ihm weiden ... und das rauhe und freie Volk der Holzfäller, Köhler, Fuhrleute ihn ausbeutet, nutzt und damit letztlich zerstört.» Und in dem gleichen Tonfall dessen, der das alles billigt, fügt er hinzu: «Der Wald besitzt nur insoweit Wert, als man von ihm Gebrauch macht.»

Da immer wieder Versorgungsengpässe und, damit verbunden, Preissteigerungen auftraten, konnte das Ausmaß der Zerstörung den Zeitgenossen nicht verborgen bleiben, egal, wie ihre Einstellung dazu war. In Spanien, das bereits um 1500 Holz aus Nordeuropa importieren mußte, klagte der Dichter Antonio de Guevara in den zwanziger Jahren des Jahrhunderts, daß das Brennmaterial in Medina del Campo teurer sei als das Essen im Kochtopf. Zumindest ab dem späten fünfzehnten Jahrhundert wurden überall Verfügungen von örtlichen Behörden und in der Folge königliche Dekrete und Gesetze erlassen (das erste der zahlreichen Forstgesetze in England wurde 1483 verabschiedet), um die Zahl und Art der zu fällenden Bäume zu beschränken, und teilweise auch, um die Anpflanzung neuer Baumarten (vor allem von «Nutzhölzern») zu fördern. Diese Maßnahmen waren aber nutzlos. Sie konnten der unaufhörlichen Entwaldung Europas keinen Einhalt gebieten. Die Forste wurden wie mit einem unablässig geschwungenen Besen von der Mittelmeerküste bis in das Gebiet der heutigen Beneluxländer und nach Osten über Deutschland bis in den Kaukasus weggefegt. Selbst König Jakob I. von England, der den Besen zum Stillstand bringen wollte und Verordnungen zur Eindämmung dieser Entwicklung erlassen hatte, mußte mit einiger Verzweiflung erkennen: «Wenn die Rodung der Wälder weiterhin zugelassen wird, wie es täglich geschieht, wird nichts mehr übrigbleiben.»

Gewiß waren die Wälder nicht die einzigen Bestandteile der belebten Natur, die im Spätmittelalter als verwertbare Gaben betrachtet wurden. Schon lange vorher herrschte die Überzeugung, daß auch die, wie ein englischer Priester schreibt, «zum Nutzen des Menschen geschaffenen und seinem Willen unterworfenen» Tiere dazu bestimmt seien, die Menschheit zu ernähren, zu kleiden und zu befördern und ihr bei der Arbeit sowie bei Sport und Spiel zu dienen. Es wird sogar behauptet, daß Europa seine Zivilisation in erster Linie dieser unschätzbar wertvollen Gabe, nämlich insbesondere den Haustieren Rind und Pferd, verdanke. Man könnte hinzufügen, daß es ihnen zu einem Gutteil auch einen Vorteil vor den Völkern Amerikas und des Pazifikraums verdankt. Diese befanden sich in Ermangelung so großer domestizierter Tiere in einer weitaus weniger günstigen Lage.

Aber die mittelalterliche Welt zeigte sich weniger durch die Ausbeutung der Tiere als vielmehr in ihrem Umgang mit ihnen als das, was sie war. Man betrachte nur die damals so beliebten Sportarten: den iberischen Stierkampf, wo an einem einzigen Nachmittag in einer einzigen Corrida ein Dutzend Tiere und mehr niedergemetzelt wurden; die nordeuropäische Bärenhatz, bei der eine Meute trainierter, rasender Hunde auf ein riesiges, ausgehungertes Tier gehetzt wurde, das, gepfählt und gefesselt und mit den Vorderklauen wild um sich schlagend, am Boden lag; die oft acht, zehn, ja sogar fünfzehn Stunden dauernden Hahnenkämpfe in ganz Westeuropa, in deren Verlauf ein Tier nach dem anderen mit gestutzten Flügeln und rasiermesserscharfen Sporen an den Beinen in den Kampf bis zum Tod getrieben wurde.

Vor allem aber: die Jagd. Sie war in ganz Europa so beliebt und verbreitet – in allen Kulturen und Schichten, bei Ungebildeten und Gelehrten, Bürgerlichen und Königen, Frauen, Kindern und Männern –, daß sie nicht mehr nur als Sport bezeichnet werden kann. Sie war weit mehr als eine Mode und kaum weniger als ein Sakrament; für viele, vor allem Angehörige der Aristokratie, war sie sogar, laut Keith Thomas, «eine zwanghafte Beschäftigung». Es wäre zu trostlos, die Arten und Zahlen der getöteten Tiere aufzuzählen und das daraus gewonnene Vergnügen zu beschreiben. Dennoch sollen hier die Dimensionen abgesteckt werden: Anfang des sechzehnten Jahrhunderts ließ Heinrich VIII. wiederholt zweihundert oder dreihundert Stück Rotwild aus seinen königlichen Forsten zusammentreiben, einpferchen und seine Jagdhunde auf sie hetzen; der Beobachter einer Raubvogeljagd schrieb voller Bewunderung: «Manchmal nehmen sie eine richtige gefiederte Armee gefangen, zwei- oder dreitausend auf einen Schlag, und sie kennen keine Gnade»; der Herzog von Henneberg soll 1581 an einem einzigen Nachmittag «nicht weniger als 1003 Stück Rotwild» geschossen haben, und der Kurfürst von Sachsen soll 1585 mit seiner Jagdgesellschaft 1532 Wildschweine auf einmal erlegt haben.

Zu der Grausamkeit bei der Jagd als «Sport» kam die Gier bei der Jagd nach Nahrung. Fleisch spielte in der Ernährung des mittelalterlichen Europas eine viel größere Rolle als irgendwo sonst in der Welt; daher war auch die Einstellung gegenüber den Tieren im Alltag völlig anders: In Schwein, Huhn und Fisch sah man weniger die lebendigen Tiere als die fertige Speise. Jagen und Fischen für den Verbrauch stellten auf dem gesamten Subkontinent wichtige Wirtschaftszweige dar, und die Jäger und Fischer mußten mit Ausnahme seltener, auf bestimmte Gebiete beschränkter Fälle keinen Gedanken an begrenzte Ressourcen verschwenden.

Die einst überquellenden Fischgründe des Mittelmeeres etwa waren, was die Zahl der Arten und das Gewicht der Fänge betrifft, im fünfzehnten Jahrhundert bereits erheblich reduziert (Braudel spricht von einem «beschränkten Bestand»). In der reicheren Ostsee war seit dem elften Jahrhundert so übermäßig Fischfang betrieben worden, daß der Hering im fünfzehnten Jahrhundert bereits so gut wie ausgerottet war. In England ging der Bestand an Fischarten wie Barben, Brassen, Karpfen und Schollen durch Überfischung deutlich zurück. Und der im östlichen Atlantik einst so zahlreich vertretene Wal war im sechzehnten Jahrhundert bereits entscheidend dezimiert, im achtzehnten Jahrhundert wurde er nur noch gelegentlich gesichtet, und im neunzehnten Jahrhundert war er ein für allemal ausgestorben.

Dazu kommen die zum Schutz der domestizierten Herden als Raubtiere gejagten wildlebenden Tierarten. Der Wolf zum Beispiel war in England im dreizehnten Jahrhundert praktisch ausgestorben (einige wenige sollen in den Mooren von Yorkshire bis zum fünfzehnten Jahrhundert überlebt haben) und Anfang des sechzehnten Jahrhunderts aus vielen Teilen Frankreichs verschwunden; auch der Bär war im dreizehnten Jahrhundert nicht mehr in freier Wildbahn anzutreffen. Der Iltis und der Marder wurden in die entlegensten Gebiete Nordeuropas zurückgedrängt. Für die Erlegung von Fuchs, Wiesel, Igel und Hermelin waren Prämien ausgesetzt. Raben und Saatkrähen waren für die Bauern immer und überall Freiwild; und in England mußten vom frühen sechzehnten Jahrhundert an die Gemeinden per Gesetz regelmäßig für die Ausrottung der einen oder anderen unerwünschten Art sorgen. Im Anschluß an seine ausführliche Beschreibung solcher Praktiken sagt Keith Thomas: «Heute vergißt man allzu leicht, welcher Einsatz im Kampf gegen die Arten erforderlich war, die dem Menschen die Gaben der Erde streitig machten.»

Es bedarf wirklich keiner allzu großen Phantasie, um zu erkennen, daß die gesamte Kultur Europas auf den *Kampf gegen die Tier- und Pflanzenarten* ausgerichtet war und daß Nahrung und Versorgung, Energie und Sport, die Ausweitung des städtischen wie des landwirtschaftlich genutzten Raumes ebenso wie Bilder, Märchen und Verlautbarungen genau darauf gründeten. Es war nichts anderes als ein Krieg, und er tobte am wildesten in den Jahrzehnten der Seuchen und Hungersnöte, da man arglistige Geister der Natur für alles Unglück verantwortlich machte. Uns erscheint es erstaunlich, daß in den Tagebüchern, Briefen und Memoiren aus jener Zeit so gut wie nie die Schönheiten der Natur gepriesen werden, sei es der Sonnenuntergang oder ein Weinberg, ein Wasserfall oder der Flug des Falken. Zwanghaft werden statt dessen Bilder der Gewalt und Morbidität, der Angst und des Abscheus in die Natur hineinprojiziert.

Ist das aber wirklich so erstaunlich? Ist es nicht so, daß alle Kulturen ihre Umwelt in gewissem Maße bekämpfen, um ihre Bedürfnisse zu befriedigen, und daß keine Gesellschaft ganz ohne Einflußnahme auf die Natur auskommen kann? Nur so können wir überleben. Aber liegt nicht etwas in den Haltungen und Handlungen Europas, das von ganz anderer Qualität ist? Die Antwort muß wohl lauten: ja. Die Fachwelt ist sich einig, daß das spätmittelalterliche Europa in vielen, bedeutenden Aspekten anders war als alle Gesellschaften auf vergleichbarer Entwicklungs- und Organisationsstufe, die wir kennen.

Auch andere Kulturen standen ihrer Umwelt nicht immer so wohlwollend gegenüber, daß ein Mißbrauch ausgeschlossen war: So wurden zum Beispiel in China, als die Bevölkerung zunehmend wuchs, während mehrerer Dynastien Wälder abgeholzt, und bestimmte wildlebende Arten starben aus; die Mayas rodeten Urwälder, was zu Erosion und Mißernten und schließlich zum Untergang Teotihuacáns führte. Nirgends sonst jedoch hörten die Menschen auf, Achtung vor der Natur zu empfinden, nirgends kam man auf den Gedanken, daß der Mensch Leistungen vollbringen und materiellen Wohlstand erringen könne, indem er sich der Natur *widersetzt,* nirgends finden wir eine derart einhellige und begeisterte Mißachtung und Zerstörung wie in der Geschichte des Westens. Selbst als China in der Zeit der stärksten staatlichen Einflußnahme mehrere hochentwickelte technische Unternehmungen initiierte, um fruchtbares Land zu gewinnen, hielt es seiner religiösen Überzeugung gemäß daran fest, daß die Arbeit nur im Einklang mit der Natur ausgeführt werden konnte, es widersetzte sich nie den Wünschen und Absichten eines Flusses, Berges oder Wasserfalls.

Die religiöse Überzeugung ist das Schlüsselwort. Die zentralen Religionen der asiatischen und amerikanischen Zivilisationen, wie sehr sie auch mißbraucht und verzerrt wurden, ließen niemals eine Entfernung von der Natur zu, ebensowenig eine beherrschende Haltung ihren Geschöpfen gegenüber oder zu starke Eingriffe in die Abläufe der nicht-menschlichen Welt. Im Gegenteil, die Religionen Indiens etwa, vor allem Buddhismus und Dschainismus, lehrten, daß der Mensch mit allen lebenden Dingen mitfühlen müsse und die Menschheit mit der Natur zu einer Einheit verwoben sei; die Wildnis der Berge und Wälder war für sie nicht furchterregend, sondern heilig, die Verehrung eines Gipfels oder einer Bergkette etwa im Himalaja spielte in den örtlichen Kulten der Gegend eine große Rolle. Von den chinesischen Lehren ging der Taoismus vielleicht am weitesten in seiner Verehrung der Natur, die in der traditionellen Landschaftsmalerei so deutlich zum Ausdruck kommt. (In seinem «Aufsatz über die Landschaftsmalerei» schrieb Kuo Hsi im elften Jahrhundert, daß die Menschen und insbesondere die Künstler «sich an der Landschaft erfreuen», da «das Gewirr der staubigen Welt und die Enge seiner Wohnungen der Natur des Menschen zuwider sind»; hingegen seien es «die Dunstschleier, Nebel und stets wachenden Geister der Berge» – und er dehnt dies auch auf Flüsse, Felsen, Bäume und ähnliches aus –, «die das Wesen des Menschen sucht und doch nur selten finden kann».) Der japanische Schintoismus war eine die Natur verherrlichende Religion. Es gab Schreine, wo die Götter und Göttinnen der Berge, Quellen, Wälder, ja sogar Stürme angebetet wurden; bis heute werden Bräuche geübt wie etwa das Schmücken heiliger Felsen, und für die Reise des Mondes über den nächtlichen Himmel wird gemeinschaftlich gebetet; auch hier manifestierte sich in der Wildnis das Göttliche, nicht das Böse.

Darüber hinaus unterschied sich Europa auch in seiner Technophilie, seiner ungehemmten Liebe zur Maschine, von den anderen Kulturen der Welt. Die Wurzeln liegen tief und sind weitverzweigt, aber es läßt sich feststellen, daß Europa die Technik besser zu nutzen wußte als jede andere Gesellschaft. Dem Urteil Lewis Mumfords zufolge hielt man es ausschließlich in Europa für richtig, «die gesamte Lebensweise der Geschwindigkeit und den Fähigkeiten der Maschine anzupassen». Selbst jenen Zivilisationen, die technische Erfindungsgabe und Sinn für mechanische Abläufe besaßen (der chinesischen, persischen und japanischen), gelang es nicht, das dazugehörige abstrakte System der Rationalität – das wir als Wissenschaft bezeichnen – zu entwickeln. Folglich entwickelte sich dort auch keine technische Kultur, keine sich selbst antreibende und beschleunigende, einzig den eigenen Zwecken dienende Denkweise. Nur die Europäer, die die Herstellung von Feuerwaffen von den Chinesen gelernt hatten, gingen bei der Perfektionierung dieser Waffen mit so zähem Geschick ans Werk, daß sie binnen wenig mehr als einem Jahrhundert die anderen Kulturen bei weitem übertroffen hatten; und nur die Europäer verfeinerten und vervollkommneten die Navigationstechniken – auch hier aufbauend auf dem Wissen zahlreicher anderer Kulturen – derart, daß sie ungeachtet der chinesischen und osmanischen Leistungen bis zur Mitte des sechzehnten Jahrhunderts zur führenden Seemacht der Welt aufsteigen konnten.

Aus der Wurzellosigkeit und Ruhelosigkeit der europäischen Gesellschaft entstanden Abenteuerlust und Neugierde, die wenig Raum für Einschränkungen und Begrenzungen ließen, sei es im physischen oder im intellektuellen Bereich. Für eine solche Kultur mußte aus der Vorherrschaft in der Seefahrt zwangsläufig die Inbesitznahme und Besiedelung der überseeischen Gebiete folgen; diese Kultur handelte nach völlig anderen Gesetzen als zum Beispiel die Chinesen, die von 1405 bis 1433 mehrere Entdeckungsreisen nach Westen bis zum Persischen Golf und zur Ostküste Afrikas unternahmen, bald aber fanden, daß es dort eigentlich nichts gab, was besser als das Bekannte zu Hause war, und sich daher fortan auf einen bescheidenen Handelsverkehr innerhalb des Chinesischen Meeres beschränkten.

Besonders stark ausgeprägt war in Europa schließlich das Streben nach materiellen Gütern, die im allgemeinen auf Kosten der Natur erworben und angehäuft wurden. Vielleicht war das, wie viele Historiker behaupten, eine Reaktion auf die Schwierigkeiten des Überlebens auf einer – jedenfalls im Vergleich zu den riesigen Landmassen in China oder Rußland – relativ begrenzten Fläche und unter dem ständigen Druck des von Kirche und Fürsten geförderten Bevölkerungswachstums. Vielleicht ist dies, wie Braudel meint (wenn er darüber nachdenkt, ob Europa sich menschlich und *historisch* von der übrigen Welt unterschieden habe), auf seine «besonderen sozialen Strukturen» zurückzuführen und darauf, daß zur Anhäufung von Schätzen «in größerem Umfang und mit einer solideren Grundlage als anderswo – meist auch mit dem Segen des Staates» – ermuntert wurde. Der Hauptgrund war aber sicher die Macht des noch jungen, jedoch immer energischer auftretenden kapitalistischen Systems, das das von den mittelalterlichen Institutionen hinterlassene Vakuum füllte und nirgends seinesgleichen fand: Zweifellos war es materialistischer als jedes andere Wirtschaftssystem, expansionistischer, flexibler und energischer, hing stärker von Wachstum und Fortschritt ab und entbehrte der moralischen Restriktionen, die in anderen hochentwickelten Kulturen der Welt zu finden sind. In seiner schon vor zwanzig Jahren veröffentlichten, bahnbrechenden Arbeit *Impact of Western Man* faßt William Woodruff das sehr klar zusammen: «Vor den Europäern hatte keine Zivilisation Anlaß gehabt, an den systematischen materiellen Fortschritt der gesamten Menschheit zu glauben; keine Zivilisation legte so viel Wert auf die Quantität anstelle der Qualität des Lebens; keine Zivilisation strebte so unnachgiebig einem in immer weitere Ferne rückenden Ziel zu; keine Zivilisation versuchte mit solcher Leidenschaft, das Tatsächliche durch das Mögliche zu ersetzen; keine Zivilisation war je so begierig wie die westliche, die Welt nach ihrem Willen zu lenken; keine Zivilisation kennt so wenige Augenblicke des Friedens und der Ruhe.»

Diese Zivilisation, in materieller Hinsicht äußerst fähig, machtvoll und energiegeladen, war dennoch mutlos und ohne Ziel, von Schwermut und Leiden befallen – und vor allem nicht fest in der lebendigen Erde verankert, nicht im Einklang mit sich selbst im Kreislauf der Natur; sie war unfähig, ihre grenzenlose Begabung einer leider begrenzten Welt anzupassen.

«Blast die Posaunen zu Zion, ruft laut auf meinem heiligen Berge! Erzittert, alle Bewohner des Landes!»

«Ein finsterer Tag, ein dunkler Tag, ein wolkiger Tag, ein nebliger Tag! Gleichwie die Morgenröte sich ausbreitet über die Berge, so kommt ein großes und mächtiges Volk, desgleichen vormals nicht gewesen ist und hinfort nicht sein wird auf ewige Zeiten für und für.»

«Vor ihm geht her ein verzehrendes Feuer und hinter ihm eine brennende Flamme. Das Land ist vor ihm wie der Garten Eden, aber nach ihm wie eine wüste Einöde, und niemand wird ihm entgehen ...»

«Vor ihm erzittert das Land und bebt der Himmel.»

Soweit noch einmal der Prophet Joel.

Fünftes Kapitel
1492–1493

Insgesamt 96 Tage widmete Admiral Colón der Erkundung der Gegenden, die er auf der anderen Seite des Ozeanischen Meeres vorfand – vier kleine Koralleninseln der Bahamas-Kette und zwei längere Küstenstreifen, die er schließlich als größere Inseln identifizierte –, und ergriff im Namen seiner Herrscher von jeder einzelnen Insel Besitz.

Der ersten gab er den Namen San Salvador, sicherlich ebensosehr aus Dank dafür, daß sie nach einem Monat auf See vor ihm aufgetaucht war, wie zu Ehren des Gottessohnes; die zweite nannte er nach der heiligen Jungfrau, deren Namen sein Flaggschiff trug, Santa María de la Concepción, und die dritte und vierte taufte er zu Ehren seiner Wohltäter Fernandina und Isabela, doch ist bis heute unklar, warum er Aragonien den Vortritt vor Kastilien gab.* Die erste der beiden großen und äußerst fruchtbaren Inseln nannte er Juana, wie Fernando behauptet, zu Ehren des kastilischen Thronfolgers Prinz Juan, wenngleich plausibler erscheint, daß er damit Prinzessin Juana würdigen wollte, die damals noch ein Kind war, später aber die Linie fortsetzte; die zweite nannte er wegen ihrer Ähnlichkeit mit der Landschaft Kastiliens la Ysla Española, die «spanische Insel».

Es war nun keineswegs so, daß die Inseln Namen brauchten, und zweifellos kannte Colón auch die Namen, die ihnen die Ein-

---

* Daß Isabella ihre Juwelen verpfändete, um Colóns Entdeckungsreise zu finanzieren, ist reine Erfindung. Sie basiert auf Bemerkungen Fernandos und Las Casas', die heute klar widerlegt sind. Der wichtigste Geldgeber war vielmehr Luis de Santangel, der *escribano de ración* (Schatzmeister des königlichen Haushalts) König Ferdinands und selbst ein wohlhabender Geschäftsmann, der möglicherweise eigenes Geld in eine Reise investierte, aber auch die Aufgabe hatte, bei der königlichen Polizei Santa Hermandad zu diesem Zweck eine Anleihe aufzunehmen. (Der führende Bankier der Santa Hermandad war vermutlich der Jude Abraham der Ältere, die Geschäfte mit der Krone wurden jedoch von Santangel, einem *converso,* und Francisco Pinelo oder Pinelli, einem Genueser Bankier und Freund Colóns, abgewickelt).

geborenen gegeben hatten, denn er verwendete sie, ehe er ihnen seine eigenen verlieh. Der Vorgang der Namengebung war vielmehr mit der Besitzergreifung verbunden, wozu auch das Präsentieren der königlichen Banner, das Errichten diverser Kreuze, das Ablegen von Eiden und Gelöbnissen gehörte. Wenn das Anmaßung war, so gab es ein würdiges Vorbild: Der Schöpfer selbst hatte Adam aufgetragen, jedem Lebewesen, das er sich untertan machte, einen Namen zu geben, auch dem aus seiner eigenen Rippe erschaffenen.

Colón bedachte die Geographie der Inseln – Kaps, Landzungen, Berge und Ankerplätze – mit nicht weniger als 62 weiteren Namen, und die fast übermütige Überheblichkeit, die er dabei an den Tag legte, zeigt, daß in seiner (und der europäischen) Vorstellungswelt der Akt der Namengebung einem Talisman der Eroberung gleichkam; durch diesen Ritus wurden die unkultivierten, neutralen Weiten entlegener Gegenden zu Fortsätzen Europas. Er begann langsam, fast zögernd – erst vier Tage später schrieb er in sein *Bordbuch,* daß er die erste Insel, auf der er gelandet war, San Salvador getauft hatte –, aber als er Española erreichte, hatte er bereits soviel Geschmack an der neuen Tätigkeit gefunden, daß dieser Küstenstreifen mehr als zwei Drittel all seiner Namensschöpfungen abbekam. Manchmal steigerte er sich fast in eine Taufwut hinein: Am 6. Dezember benannte er sechs Orte, am 19. weitere sechs und am 11. Januar sogar zehn – acht Kaps, eine Landzunge und einen Berg. Er schien entschlossen zu sein, den Inseln seinen Stempel aufzudrücken, um so seine – und damit Spaniens – Autorität durchzusetzen.* (Allerdings ließ er ausschließlich seine eigene Namengebung gelten: Als er einmal den Verdacht hegte, Martín Alonso Pinzón habe einem Fluß den Namen Pinzón gegeben, taufte er ihn sofort in Río de Gracia um.)

* Nur bei wenig mehr als einem Drittel der Namen (24) ließ er sich von der Natur inspirieren. Die übrigen entstammten den Bereichen Religion, Heiligenfeste (11), Frömmigkeit und Schönheit (8), himmlische Wesen (4), Tiere (4), bestimmte Personen (3), Wörter aus dem Taino (5); oder es waren zufällige – manchmal recht mysteriöse – Einfälle (9), wie etwa La Amiga («Freundin») und Cabo del Cinquin («Fünfter»).

Das alles geschah keineswegs beiläufig. Der Admiral nahm die Sache sehr ernst und erklärte, er wolle «an keiner Insel vorbeifahren, ohne daselbst zu landen und von ihr Besitz zu ergreifen» (15. Oktober), und er pflege zum Zeichen der christlichen Herrschaft «an jedem meiner Landungsplätze ein Kreuz zu errichten» (16. November). Vermutlich gab es sogar bestimmte Vorschriften dazu (in den Anweisungen des Herrscherpaares ist die Rede von einem «Treueid» und dem «in einem solchen Fall erforderliche[n] Akt»), und Rodrigo de Escobedo wurde der Flotte als Sekretär zur Verfügung gestellt mit dem ausdrücklichen Auftrag, diese Geschehnisse zu bezeugen und in allen Einzelheiten festzuhalten.

Aber was steckte hinter diesem Akt, was beabsichtigten die Herrscher, was Colón? Warum nahm der Admiral an, daß dieses Land *niemandem* gehörte – auch wenn es ganz eindeutig Bewohner gab – und von Spanien in Anspruch genommen werden konnte? Warum dachte er nicht weiter an die Möglichkeit, daß irgendein bedeutender Herrscher – der Große Khan von China zum Beispiel, von dem er später (11. Dezember) schreibt, sein Herrschaftsgebiet reiche fast bis Española – sich mit einer überlegenen Kriegsflotte jederzeit auf ihn stürzen konnte, um ihn für seine territorialen Übergriffe zu bestrafen? Warum vollführte er als erste Handlung an Land die Zeremonie der Besitzergreifung, noch bevor er die Bewohner kennenlernte, die Umgebung erkundete oder feststellte, ob sich unter den solcherart in Besitz Genommenen Widerstand regte – vor allem wenn sie wirklich die großen Schätze besaßen, die er zu finden hoffte? Kein Europäer wäre je auf den Gedanken gekommen, daß irgend jemand, drei kleine Boote mit Indianern beispielsweise, an einer europäischen Küste oder Insel an Land gehen und dann von dem Land «Besitz ergreifen» könnte; kein Europäer hätte erwartet, ungestraft irgendwo in Nordafrika oder dem Vorderen Orient einmarschieren und sich zum Herrscher erklären zu können. Warum glaubte man, daß es hier anders sei?

Gab es einen Grund zu der Annahme, man habe noch von keinem Herrscher beanspruchte Küsten vor sich, neue, weit von den Reichen des Ostens entfernte Länder? Oder ist das alles einfach mit Eurozentrismus, europäischem Überlegenheitsdenken zu erklären, gepaart mit Habsucht und Naivität?

In jedem Fall ist es erstaunlich, wie beiläufig und gelassen der Admiral an die Aufgabe der Besitzergreifung heranging. Selbst die erste Zeremonie auf San Salvador, ein doch herausragendes Ereignis seiner Karriere, war ihm nur eine äußerst knappe Beschreibung wert. Er vermerkte nur, daß er in seiner Barkasse, bewaffnet und ausgerüstet mit den königlichen Standarten und Bannern, an Land gerudert sei, gefolgt von den Kapitänen der beiden Karavellen und in Begleitung zweier Vertreter des Hofes, deren Aufgabe darin bestand, «als Augenzeugen davon Kenntnis zu nehmen, daß ich im Namen des Königs und der Königin, meiner Herren, von der genannten Insel Besitz ergreife». Er setzte hinzu, er habe «die rechtlichen Unterlagen» geschaffen, «wie es sich aus den Urkunden ergibt, die dort schriftlich niedergelegt wurden».Bedauerlicherweise ging er aber nicht näher darauf ein, und es sind auch keine solchen Dokumente auf uns gekommen. Alles, was wir haben, ist das Bild einer Gruppe von Europäern, die bei glühender Morgenhitze in voller Montur im weißen Sand stehen, während Escobedo, ausgerüstet mit Pergament, Tintenfaß und Feder, mühevoll den Eid des Amirals niederschreibt.

Wir verdanken es Fernando, der, sichtlich selbst von der Szene begeistert, schrieb, daß alle «Unserem Herrn Dank sagten, niederknieten und die Erde unter Freudentränen ob der erwiesenen Gnade küßten», worauf die Mannschaft dem Admiral «mit solcher Freude und Hingabe Gehorsam schwor» und ihn alle «um Vergebung baten wegen aller Unbill, die sie ihm aus Furcht und Unbeständigkeit zugefügt hatten». Diese Geschehnisse seien in Gegenwart «einer großen Zahl daselbst versammelter Eingeborener» vor sich gegangen, deren Reaktionen aber nirgends beschrieben und deren Meinungen nirgends aufgezeichnet wurden.*

---

* Im Anschluß an seine ebenfalls recht phantasievolle Beschreibung dieser Szene kommt Morison auf den springenden Punkt: «Niemals wieder werden sterbliche Menschen hoffen dürfen, ein solches Staunen und Wundern, eine solche Verzückung zu erleben, wie die Männer in jenen Oktobertagen im Jahre 1492, als die Neue Welt ihre Jungfräulichkeit den kastilischen Eroberern voller Anmut preisgab.» Die anwesenden Indianer hätten angesichts des Kommenden wohl eher von Vergewaltigung gesprochen.

[Freitag, den 12. Oktober] In der Erkenntnis, daß es sich um Leute handle, die man weit besser durch Liebe als mit dem Schwerte retten und zu unserem Heiligen Glauben bekehren könne, gedachte ich sie mir zu Freunden zu machen und schenkte also einigen unter ihnen rote Kappen und Halsketten aus Glas und noch andere Kleinigkeiten von geringem Werte, worüber sie sich ungemein erfreut zeigten. Sie wurden so gute Freunde, daß es eine helle Freude war.

Nach erfolgter Besitzergreifung konnte nun zur Erkundung San Salvadors geschritten werden. Zum ersten Mal wandte der Admiral seine Aufmerksamkeit den «nackten Eingeborenen» am Strand zu, die ihn anstarrten. Interessanterweise gab er ihnen nicht gleich einen Namen, sondern wurde sich erst sechs Tage später klar darüber, wie er sie nennen könnte. Mit seinem Flitterzeug versuchte er ihre Gunst zu gewinnen.

Sie gehen nackend umher, so wie Gott sie erschaffen, Männer wie Frauen, von denen eine noch sehr jung war. Alle jene, die ich erblickte, waren jung an Jahren, denn ich sah niemand, der mehr als dreißig Jahre alt war. Dabei sind sie alle sehr gut gewachsen, haben einen schön geformten Körper und gewinnende Gesichtszüge. Sie haben dichtes, struppiges Haar, das fast Pferdeschweifen gleicht, das über der Stirne kurz geschnitten ist bis auf einige Haarsträhnen, die sie nach hinten werfen und in voller Länge tragen, ohne sie jemals zu kürzen. Einige von ihnen bemalen sich mit grauer Farbe (sie gleichen den Bewohnern der Kanarischen Inseln, die weder eine schwarze noch eine weiße Hautfarbe haben), andere wiederum mit roter, weißer oder einer anderen Farbe; einige bestreichen damit nur ihr Gesicht oder nur die Augengegend oder die Nase, noch andere bemalen ihren ganzen Körper.

Es war die Geburtsstunde der amerikanischen Anthropologie.

Eine wenig exakte Anthropologie allerdings, eine Beschreibung, oberflächlich wie alle Beschreibungen Colóns, wenn sein Interesse beschränkt war, aber doch einfach und aufrichtig, frei von Phantastereien und Fabulierkünsten, wie sie manche frühere (aber auch einige spätere) Berichte über neu entdeckte Völker auszeichnen. Er erhob keinen Anspruch auf Objektivität, kam auch nicht auf den Gedanken, daß diese Menschen Vertreter einer der europäischen gleichwertigen Zivilisation sein könnten, geschweige denn einer Kultur, die Europa als Vorbild dienen könnte. Colón nahm die Minderwertigkeit der Eingeborenen sofort als gegeben hin, und zwar nicht nur, weil sie nackt waren (an sich schon ein eindeutiger Beweis), sondern weil sie technisch so rückständig zu sein schienen (das zuverlässigste Kriterium seiner Gesellschaft). «Mir schien es, als litten sie Mangel an allen Dingen», schrieb er an diesem ersten Tag, und, noch schlimmer, «sie besitzen keine Art Eisen.» Immer wieder lieferten sie ihm Beweise für ihre Minderwertigkeit, zum Beispiel durch ihre Unkenntnis eines für das Leben in Europa so grundlegenden Gegenstandes wie des Schwertes: «Sie führen keine Waffen mit sich, die ihnen nicht einmal bekannt sind», notierte er, «ich zeigte ihnen die Schwerter und da sie sie aus Unkenntnis bei der Schneide anfaßten, so schnitten sie sich.» Dabei flossen die ersten Tropfen Indianerblut in der Neuen Welt, doch das rief nicht Gesten des Mitleids hervor, sondern bloß ein überhebliches Lächeln.

Nur sechs Sätze weiter machte Colón deutlich, was diese Minderwertigkeit für ihn bedeutete: «Sie müssen gewiß treue und kluge Diener sein ... überdies glaube ich, daß sie leicht zum Christentum übertreten können, da sie allem Anschein nach keiner Sekte angehören. Wenn es dem Allmächtigen gefällt, werde ich bei meiner Rückfahrt sechs dieser Männer mit mir nehmen, um sie Euren Hoheiten vorzuführen, damit sie die Sprache (Kastiliens) erlernen.»

Keine Kleidung, keine Waffen, kein Besitz, kein Eisen und nun auch keine Religion – ja nicht einmal eine Sprache: Demnach eigneten sie sich als Diener und Gefangene. Es ist durchaus angebracht, hier den Beginn der amerikanischen Sklaverei zu sehen.

Ob Colón bereits an Sklaverei dachte, ist ungewiß, obgleich er auf seine Erfahrungen als Sklavenhändler in Afrika (12. November) verwies und zweifelsohne von der Sklaverei in den portugiesischen Pflanzungen auf Madeira und der Versklavung der

Guanchen auf den Kanarischen Inseln durch die Spanier wußte. Der Gedanke dürfte aber bald konkrete Gestalt angenommen haben, als er im Lauf der Wochen immer mehr hilflose Eingeborene in seine Gewalt brachte. Einmal schickte er sogar seine Leute an Land, um «sieben teils junge, teils ältere Frauen und drei Knaben» zu entführen. Der spanische Historiker Salvador de Madariaga bemerkt dazu, daß die allein vom Nützlichkeitsgedanken geleitete Unterwerfung des Menschen durch den Menschen nirgends besser zum Ausdruck komme als in dieser Textstelle, die sowohl in der Wortwahl als auch im Geist ohne jedes menschliche Gefühl sei.*

Natürlich wußte Colón nichts von den Menschen, die er zu Sklaven machen wollte, und wäre aufgrund seiner mangelnden Bildung in dieser Beziehung auch kaum in der Lage gewesen, mehr über sie zu erfahren, selbst wenn er gewollt hätte. Sie gehörten einem weite Gebiete bevölkernden, zahlenmäßig großen und erfolgreichen Volk an, und als sie die Frage, wer sie seien, mit dem Wort «taino» (oder «taíno») beantworteten, was in ihrer Sprache soviel wie «gut» oder «edel» bedeutet, wurden sie von den Europäern fortan einfach die Tainos genannt. In Kultur und Sprache waren sie entfernt verwandt mit den Araukanern des südamerikanischen Festlandes, doch wäre es irreführend und ungenau, sie als solche zu bezeichnen, wenn auch viele Historiker dazu neigen; bleiben wir dabei, sie Tainos zu nennen. Um Christi Geburt waren sie vom Festland auf die Inseln gekommen, die heute die Großen Antillen heißen, und um 900 n. Chr. hatten sie wahrscheinlich Guanahani (Colóns San Salvador), die äußerste Insel der Bahamas, erreicht. Bis zur Entdeckung durch die Europäer hatten sie die vor ihnen hier lebenden Guanahacabibes (auch Guanahatabeys) bis in den Westen Kubas und möglicherweise entlegene Gegenden des benachbarten Española zurückgedrängt. Wahrscheinlich im frühen fünfzehnten Jahrhundert stießen sie auf die ebenfalls vom Festland

* Der Admiral machte sich nie Gedanken darüber, wie die Sklaverei nach der Besitzergreifung vor dem Gesetz zu rechtfertigen sei. Theoretisch wurden die Bewohner durch den Akt der Besitzergreifung automatisch zu Untertanen des spanischen Königshauses und konnten als solche selbstverständlich nicht durch andere Spanier versklavt werden.

stammenden Kariben, die sich später auf den Kleinen Antillen festsetzten.*[1]

Die Tainos waren bei weitem nicht so rückständig, wie Colón aus ihrer Nacktheit schloß. (Wie absurd war das Verhalten der Europäer in dieser Hinsicht, die trotz Temperaturen um dreißig Grad alle Kleider ständig anbehielten; die Tainos schützten sich, wie Colón später bemerkte, auch durch ihre Körperbemalung vor Sonnenbrand.) Sie lebten mit ihrer natürlichen Umgebung in solcher Harmonie, daß jede andere Gesellschaft sie darum hätte beneiden können. Sie verfügten über eine nicht unausgereifte Technik, mit der sie die vorhandenen Ressourcen zu nützen wußten. Zwei ihrer Geräte waren so beeindruckend, daß die Europäer sie übernahmen: die aus mächtigen Wollbäumen geschnittenen und ausgebrannten, «äußerst kunstgerecht aus einem einzigen Baumstamm verfertigten» (13. Oktober) *canoa,* Kanus, die bis zu 150 Personen aufnehmen konnten, und die *hamaca,* Hängematten, «eine Art Wollnetze» (17. Oktober), die möglicherweise ein Hauptgegenstand des Handels mit anderen Indianerstämmen bis Florida waren. Ihre Häuser waren nicht nur geräumig und sauber – wie die an die überfüllten und vernachlässigten Schuppen und Hütten der südeuropäischen Bauern gewöhnten Spanier überrascht und anerkennend feststellten –, sondern den Gegebenheiten auch gut angepaßt und erstaunlich sturmsicher gebaut. Die runden Wände bestanden aus kräftigen, tief verankerten und eng aneinandergefügten Rohrstangen, die konischen Dächer aus Zweigen, die mit Kletterpflanzen miteinander verwoben und mit schweren Palmenblättern abgedeckt waren. Mit Ausnahme einiger Schmuckstücke und Dekorationsgegenstände aus Gold waren alle ihre Gerätschaften und Schmuckgegenstände aus erneuerbaren Stoffen gefertigt; sie hatten Arm- und Halsbänder aus Korallen, Muscheln, Metall und Stein, bestickte Baumwollgürtel, Webkörbe, geschnitzte Statuen und Stühle, Utensilien aus Holz und Muscheln und Töpferwaren mit unterschiedlichen Verzierungen.

* «Antillen» ist die von uns verwendete (Mehrzahl-) Form des Namens, den die Portugiesen der Insel gaben, die sie zu entdecken erwarteten und von der sie annahmen, daß Colón sie tatsächlich entdeckt hatte: das seit langem verschwundene sagenumwobene Antilia, die Insel der Sieben Städte.

Aber am erstaunlichsten war ihre außerordentlich produktive und den Umweltbedingungen der Insel perfekt angepaßte Landwirtschaft. Ihre Grundlage bildeten in erster Linie die als *conucos* bezeichneten Felder in kniehoch gehäufelter Erde, auf denen *yuca* (auch als Maniok bezeichnet), *batata* (Süßkartoffeln) und verschiedene Kürbisse und Bohnen in harmonisch aufeinander abgestimmten Mischkulturen gepflanzt wurden: Die Knollenfrüchte wirkten der Erosion entgegen und erzeugten Mineralien und Kaliumkarbonat, die Blätter der Sträucher sorgten für Schatten und Feuchtigkeit, und die gehäufelte Erde war ebenfalls ein Schutz gegen Erosion und Überflutung. Zudem war diese Form der Pflanzung in fast jedem Gelände anwendbar, sogar auf steilen Anhöhen. Das System der *conucos* entsprach nicht nur den Gegebenheiten der Umwelt – «die Conuco-Landwirtschaft bot die Möglichkeit einer ökologisch besonders ausgewogenen und schonenden Bodennutzung», wie David Watts in seinem neuen und maßgebenden Werk *West Indies* schreibt –, sondern zeichnete sich auch durch hohe Erträge aus, die bei weitem über die in Europa erreichten hinausgingen, erforderte außerdem kaum mehr als zwei bis drei Stunden Arbeit pro Woche und ermöglichte jahrelanges, ununterbrochenes Ernten. Der amerikanische Geograph Carl Sauer, ein Pionier auf seinem Gebiet, schreibt über die Landwirtschaft der Tainos, sie sei «produktiver gewesen als die der meisten anderen Weltgegenden» und habe «die größten Nahrungsmittelmengen in ununterbrochener Folge, mit den einfachsten Methoden und bei geringem Arbeitsaufwand» geliefert, und mit einem Anflug von Bedauern fährt er fort: «Der weiße Mann wußte die hervorragende Pflanzenkombination der Conucos nie richtig zu würdigen.»

In ihrer gesellschaftlichen Organisationsform erreichten die Tainos ebenfalls Harmonie. Die meisten Dörfer waren klein (zehn bis fünfzehn Familien) und autonom, fühlten sich mit den benachbarten Dörfern jedoch vielfach zusammengehörig. Sie wurden von einem Kaziken, dem *kaseke* (spanisch *cacique*) regiert, einer Art Richter und Sprecher zugleich, der von Beratern und Dorfältesten unterstützt wurde und dessen Amt erblich war. Gewalt spielte in diesem System eine geringe Rolle; und offenbar gab es keinen Krieg (jedenfalls ist uns nichts über kriegerische Musik, kriegerische Tänze oder kriegerische Gegenstände bekannt, auch gibt es keine Zeugnisse kriegerischer Auseinandersetzungen zwischen den Stämmen), ja nicht einmal offene Auseinandersetzungen (Las Casas berichtet, daß kein Spanier je zwei gegeneinander kämpfende Tainos gesehen habe). Die hochentwickelte Kunst ihres sozialen Umgangs veranlaßte die Entdecker immer wieder zu Äußerungen über die erstaunliche Freundlichkeit, Wärme und Offenheit und vor allem die – für eine gewinnsüchtige Kultur nahezu unbegreifliche – Großzügigkeit dieser Menschen.

Sie seien «die besten und fügsamsten Leute der Welt», schrieb Colón in sein *Bordbuch* (16. Dezember), und er hörte nicht auf, sich über ihre Güte zu wundern:

Sie wurden so gute Freunde, daß es eine helle Freude war. [...] Sie gaben und nahmen alles von Herzen gern [12. Oktober].

Gegen Morgen schickte ich mein Boot an Land, um Wasser zu schöpfen, worauf die guten Leute sich beeilten, meinen Männern gutwilligst die Stelle zu zeigen, wo sich dieses befand, und die Fässer an Ort und Stelle zu schaffen, wie sie denn überhaupt ihre Absicht offenbarten, uns in allem zu Gefallen sein zu wollen [16. Oktober].

Sie sind sehr fügsam und ohne jeden Harm. [...] Sie töten niemand und berauben auch niemand seiner Freiheit [12. November].

Eure Hoheiten mögen mir gütigst glauben, daß es weit und breit keine besseren und fügsameren Menschen, als es diese hier sind, geben kann. ... da es nirgendwo eine bessere Bevölkerung und schönere Gegenden geben kann. [...] Die Bewohner tragen ein ganz besonders liebenswertes Wesen zur Schau und haben eine gefällige Redensweise [24. Dezember].

Eure Hoheiten [können mir] aufs Wort glauben, daß es auf der weiten Welt keine besseren Menschen und kein schöneres Land geben kann. Sie lieben ihre Nächsten wie sich selbst; dabei tragen sie stets das sanftmütigste, heiterste Wesen zur Schau, ihre höflichen Reden immer mit einem Lächeln begleitend [25. Dezember].

Selbst wenn man davon ausgeht, daß er ein wenig übertrieb – zweifellos versuchte Colón, Ferdinand und Isabella davon zu überzeugen, daß die Indianer ohne Schwierigkeiten zu erobern und zum christlichen Glauben zu bekehren seien –, liegt es doch auf der Hand, daß die Tainos im Umgang mit anderen einen Ton pflegten, der auf die ungehobelten Europäer gewaltigen Eindruck machte. Als Wesenszug galt dies jedoch wenig und hatte daher auch wenig Einfluß auf Colóns Urteil. Er wäre nie auf den Gedanken gekommen, es als Zeichen für eine auf Güte und Harmonie bedachte Gesellschaft zu werten, von der andere Kulturen lernen konnten. Er sah nur das wundersame Verhalten von Kindern, die naive Arglosigkeit paradiesischer Wesen, die ebensowenig zu handeln, zu feilschen und zu betrügen wie sich zu kleiden wußten: «Für ein kurzes Bändchen gaben die Indianer Goldstücke von der Größe zweier Finger» (6. Januar) und: «Selbst abgebrochene Faßreifen nahmen sie und gaben, wie die Tiere *[como besti]*, alles was sie hatten, dafür» (Brief an Santangel). Wie die Tiere – solche Unschuld konnte nicht menschlich sein.

Es ist bedauerlich, daß der Admiral die wahren Tugenden dieser Menschen nicht erkennen konnte. Denn das Leben der Tainos war in vieler Hinsicht ebenso idyllisch wie ihre Umgebung, in die sie sich mit solchem Können und solcher Zufriedenheit einfügten. Sie waren wohlgenährt und hatten stabile Behausungen, litten keine Armut und kannten keine ernsten Erkrankungen. Sie verfügten über viele Stunden der Muße, die sie mit Tanzen, Singen, Ballspielen und erotischen Vergnügungen verbrachten, und fanden ihren künstlerischen Ausdruck in Flechtwerk, Holzschnitzereien, Keramik und Schmuck. Sie lebten miteinander in Frieden, ohne Habsucht, Geiz und Diebstahl. Carl Sauer versichert: «Die von Kolumbus und Petrus Martyr geschilderte tropische Idylle entsprach im großen und ganzen der Wirklichkeit.»

Tatsächlich – kein Eisen und wenig Gold; dafür aber etwas, was die Europäer viel nötiger gebraucht hätten.

Samstag, den 13. Oktober. Die Insel ist sehr groß und ganz eben, ohne jede Spur eines Gebirges, dafür mit grün belaubten Bäumen besetzt, reich an Gewässer und hat in ihrer Mitte eine breite La-

gune; sie hat eine so satte grüne Färbung, daß ihr Anblick wohltuend wirkt.

Vielleicht ist es nur natürlich, daß Colón zunächst vom Anblick der nackten Inselbewohner gefangengenommen war; eigenartig allerdings ist, daß er, vor allem in den ersten Tagen, die atemberaubende Landschaft fast völlig außer acht ließ. Er befand sich doch inmitten eines tropischen Urwaldes, wie er ihn sich nie hätte vorstellen können, mit Bäumen, die bis zu zwanzig Meter in den Himmel ragten, mit mehr Tier- und Pflanzenarten, als er zählen, geschweige denn benennen konnte, mit einer in krassem Gegensatz zu den kargen und kahlen Landschaften des Mittelmeeres stehenden Üppigkeit, erfüllt von der Vielfalt der Vogelmelodien und den Rufen der Papageien – warum rief das alles kein Erstaunen, keine Erregung in ihm wach, keine Freude an der Natur in ihrem ganzen stolzen Überfluß? Am ersten Tag erwähnte er die Landschaft nicht einmal, abgesehen von einer einzigen Bemerkung über «grün leuchtende Bäume» und «reiche Gewässer», und am zweiten brachte er nur jenen kurzen Satz über eine große Insel mit einer breiten Lagune und grün belaubten Bäumen zuwege. Während der ganzen zwei Wochen der ersten Etappe seiner Reise die Bahamas entlang nach Kuba bezieht sich nur der dritte Teil seiner Beschreibungen auf die Landschaft. Einige der Naturerscheinungen dürfte er nicht einmal wahrgenommen haben: Mit keinem Wort erwähnt er den nächtlichen Himmel (außer im Zusammenhang mit navigatorischen Erwägungen), die strahlenden Sternbilder, die er jede Nacht gesehen haben muß, viele von ihnen zum ersten Mal.

Schließlich unterlag Colón aber doch dem natürlichen Reiz der Inseln – wie auch nicht? – und geriet allmählich ins Schwärmen: «Diese Inseln haben ein gemäßigtes Klima und eine reiche Vegetation, die sie mit frischem Grün bedeckt und sehr fruchtbar macht» (15. Oktober), schreibt er, dann erwähnt er Bäume, «die zum Schönsten gehörten, das ich je erblickt» (17. Oktober) und «einen wohligen Duft von Blumen und Pflanzen» (19. Oktober). Dennoch bleiben seine Beschreibungen seltsam eintönig und vage, die Sprache ist glanzlos und ohne Leben:

Die andere große Insel [15. Oktober] ... Diese Insel ist sehr ausgedehnt [16. Oktober] ... mit frischem Grün bedeckt und sehr fruchtbar [15. Oktober] ... dieses Land [gehört] zu den fruchtbarsten und in klimatischer Hinsicht gemäßigtsten der Erde [17. Oktober] ... mögen auch die anderen von mir entdeckten Erdstriche noch so herrlich gewesen sein, so war diese Insel noch viel wundervoller. ... reich an hohen, grünbelaubten Bäumen [19. Oktober]. [...] Wenn die andern von mir aufgesuchten Inseln wundervoll grün und fruchtbar gewesen waren, so mußte ich bekennen, daß diese noch weit schöner war mit ihren ... breiten Lagunen ... die großen und kleinen Vögel sind in zahlreichen, von unsern heimatlichen Vögeln verschiedenen Arten vertreten [21. Oktober]. ... reich an ausgezeichneten Ankerplätzen und tiefen Flüssen [28. Oktober].

Allmählich wird uns klar, was dem Admiral so schwerfiel: Die Natur ist ihm gleichgültig, soweit er sie nicht für die Seefahrt braucht, und selbst wenn er sie bewundert, spürt man seine mangelnde Erfahrung bei der Bewertung ihrer Eigenschaften und seine noch geringere Vertrautheit mit dem Vokabular der Naturbeschreibung. Für die üppige Dichte und stolze Pracht dieser tropischen Wälder hat er kaum mehr als die Wörter «grün» und «sehr» zur Verfügung: «grün leuchtende Bäume» (12. Oktober), «grün belaubte Bäume» (13. Oktober), «leuchtend grün wie die Bäume Kastiliens» (14. Oktober), «hohe, grünbelaubte Bäume» (19. Oktober), «grün schimmernde Wälder» (21. Oktober) und «blühende, grünumrankte Bäume» (28. Oktober). Und auch als er sich der Vielfalt dieser Bäume bewußt wurde, konnte er keine sinnvollen Unterscheidungen treffen: «Dabei waren die Bäume so grundverschieden von jenen unserer Heimat, wie Tag und Nacht» (17. Oktober), «Bäume vielerlei Art» (21. Oktober), «tausenderlei verschiedene Baumarten» (23. Oktober), «Bäume ... die ganz anders aussahen als die heimatlichen Bäume» (28. Oktober), «verschiedenerlei Bäume» (14. November) und «tausenderlei verschiedene Bäume» (6. Dezember).*

* Die Farblosigkeit seines Ausdrucks bedeutet keineswegs, daß Colón sich durch die dichten Wälder oder die «hochragenden Berge» (die in Wahrheit kaum höher

Seine Unwissenheit – die er selbst immer wieder beklagte – verhinderte jede genauere Kenntnisnahme der neuen Pflanzen. «Ich bemerkte zahlreiche Bäume, die von den unseren recht verschieden waren», schrieb er am 16. Oktober, «darunter solche, wo auf ein und demselben Stamm verschiedenartige Zweige wuchsen, was ganz eigenartig anmutet. Zum Beispiel: ein Zweig trug die Blätter des Zuckerrohres, während ein anderer wie der Zweig eines Mastixbaumes aussah, so daß auf ein und demselben Baume fünf oder sechs vollkommen verschiedene Arten zusammentreffen.» Einen solchen Baum gibt es nicht, hat es nie gegeben, schon gar nicht «zahlreiche» davon: Warum aber sollte jemand sich so etwas ausdenken?

Einzelne Arten konnte er nicht nur nicht identifizieren, er schrieb ihnen meist auch einen nicht vorhandenen wirtschaftlichen Wert zu, so zum Beispiel der wertlosen «Aloe», von der er riesige Mengen an Bord laden ließ. Der «Portulak» vom 28. Oktober und die am 25. November identifizierten «Eichen» und «Meerkirschbäume» kommen in der Karibik nicht vor; der am 5. November entdeckte «Mastixbaum», den er mitnahm und in Spanien verkaufen wollte, war eine kommerziell wertlose Tropenpflanze. (Andererseits erwies sich eine der seiner Ansicht nach nicht vermarktbaren Pflanzenarten, die «Kräuter», die die Eingeborenen in Händen hielten, um sich «ihren Gebräuchen gemäß zu beräuchern» [6. November], als Tabak.) Auch bei den am 16. Oktober gesichteten «Walfischen» dürfte es sich bloß um große Fische gehandelt haben und bei den am 6. November und am 22. Dezember beobachteten «Gänsen» um Enten; die «Nachtigallen», die ihm wiederholt Freude bereiteten (6. November, 7. und 13. Dezember), kommen auf dem ganzen Doppelkontinent nicht vor, und die am 29. Oktober gefundenen Knochenreste von einem «Rinderhaupt» stammten wahrscheinlich nicht von Landtieren, sondern von Seekühen.

---

als 900 Meter waren) aus der Fassung hatte bringen lassen. Er schreibt von «Gärten, die mit den schönsten Bäumen, welche ich je gesehen habe, dicht bepflanzt waren» (14. Oktober) und den «schöne[n] und hohe[n] Berge[n] ... Erhebungen, die an Sizilien gemahnen» (28. Oktober), wagte sich aber selbst nicht nah heran, sondern überließ die nähere Erkundung lieber seinen Männern.

Das alles stimmt traurig, weil es die Verlorenheit eines Mannes offenlegt in einer Welt, die kennenzulernen er nicht in der Lage ist, eines Mannes mit «Kenntnissen der Geographie und Naturkunde, die sich als wenig tiefgreifend und alles andere als vollkommen erweisen», mit «geringer Vorstellungskraft und einer auf eine beschränkte geographische Kultur gestützten Fähigkeit zu Vergleichen», wie ihn der Kolumbus-Experte und Professor für Geographie der Universität Genua, Gaetano Ferro, beschreibt. Natürlich kann man von einem Abenteurer und Seefahrer jener Zeit nicht erwarten, daß er sich auch in Botanik auskennt oder wenigstens Interesse oder eine gewisse Neugierde für die Natur zeigt, und doch ist es enttäuschend, daß der Entdecker der Neuen Welt mit soviel Einfalt ans Werk ging.

Die Grenzen Colóns sind zugleich die Grenzen seiner Kultur. Sie zeigen sich im darauffolgenden Jahrhundert in vielen anderen Reisebeschreibungen – von Vespucci, Cortés, Hawkins, Juet, Cartier, Champlain und Ralegh. Was der bedeutende englische Historiker J. H. Elliott als das «Beschreibungsproblem» der mit der Neuen Welt konfrontierten Europäer bezeichnet, hat hier seinen Ursprung: «Das Aussehen der Neuen Welt wird allzuoft entweder völlig ignoriert oder aber in einer äußerst farblosen und konventionellen Ausdrucksweise beschrieben. Die beiläufige Erwähnung der Natur steht in krassem Gegensatz zu den zahlreichen präzisen und treffenden Beschreibungen der Eingeborenen. Die amerikanische Landschaft wird gleichsam als bloßer Hintergrund betrachtet, vor dem die wunderlichen und stets faszinierenden Völker der Neuen Welt pflichtgemäß Aufstellung genommen haben.» Nach Meinung Elliotts liegt dies bezeichnenderweise an «einem unter den Europäern des sechzehnten Jahrhunderts, besonders jenen aus dem Mittelmeerraum, zu beobachtenden mangelnden Interesse für die Landschaft und die Natur». Als Oviedo im darauffolgenden Jahrhundert den Versuch unternahm, in seiner *Historia general* die Phänomene der Natur zu beschreiben, stieß er immer wieder Stoßseufzer aus: «Von all den Dingen, die ich gesehen habe», so schrieb er an einer Stelle, «hat mich dieses am meisten der Hoffnung beraubt, es mit Worten schildern zu können», oder an einer anderen: »Es müßte von der Hand eines Berruguete oder eines anderen hervorragenden Künstlers gemalt werden, von Leonardo da Vinci oder Andrea Mantegna, von berühmten Künstlern, mit welchen ich in Italien bekannt war.» Angesichts dieser wundervollen Natur schienen alle Neuankömmlinge in der Neuen Welt kopfscheu und sprachlos zu werden, genau wie Colón.[2]

*Montag, den 15. Oktober. Gegen 10 Uhr fuhr ich ab, mit Westwind, der nach Süden drehte, und nahm Kurs auf jene andere sehr große Insel, welche nach den durch Zeichen ausgedrückten Angaben der Männer aus San Salvador, die ich mitgenommen hatte, reich an Gold sein sollte, das die Eingeborenen in Form von Ringen und Spangen um Arme, Beine und Hals wie in den Ohren tragen. [...] Es gibt hier sicherlich eine Unmenge Dinge, die ich nicht kennen lernte, weil ich nicht Zeit verlieren wollte, um viele andere Inseln anzusteuern, wo ich Gold zu finden hoffte. Da nun das Gold, welches diese Inselbewohner an ihren Armen und Beinen tragen, tatsächlich echtes Gold ist, da ich es mit dem meinigen verglichen habe, und hiermit ein Beweis vorliegt, daß es auf diesen Inseln vorkommen muß, so wird es mir mit Gottes Hilfe gelingen müssen, den Ort seines Vorkommens ausfindig zu machen.***

Ein Maßstab, der Colón durchaus vertraut war und den er so oft anlegte, war der Nutzwert. Er war zwar nicht fähig, die Schönheit der Natur zu beschreiben oder Baumarten zu erkennen, doch er verstand es meisterhaft, die Nutzungsmöglichkeiten und den Wert dessen zu bestimmen, was er sah, auch wenn er sich täuschte. Für ihn bestand die Natur aus allen möglichen Schätzen, Aloe, Mastixbäumen, Gewürzen, Zimt, Muskatnuß, Farbstoffen und Arzneien oder Gold, Silber und Perlen – ganz gleich, was es war, solange man es nur in Europa verkaufen konnte. «Kolumbus'

* Hier muß angemerkt werden, daß der Admiral mit Ausnahme einiger vor der Küste von Kuba verbrachter Tage ständig nach Süden und Südwesten (also *gegen* den Wind) segelte. Wenn sein Ziel wirklich der Orient war, wie er am 21. Oktober endlich angab, hätte er genau nach Westen oder Nordwesten fahren müssen. Als er Kuba am 5. Dezember verließ, kam der Wind aus Norden, Nordosten und dann aus Osten; das Nächstliegende wäre gewesen, Kuba auf einer Südwestroute zu umschiffen und dann westlichen Kurs auf Cathay oder Mangi zu nehmen – statt dessen fuhr Colón direkt gegen den Wind nach Osten, auf Española zu.

Einstellung zur Natur», so der italienische Wissenschaftler Antonello Gerbi in seiner maßgebenden Studie *La natura delle Indie nuove,* «wird ausschließlich von seinen Zielen bestimmt», und sein wichtigstes Ziel ist der Reichtum. Der spanische Wissenschaftler Ramón Iglesia drückte es deutlicher aus, als er meinte, daß Colón nichts anderes als «ein Geschäftsmann» gewesen sei und es ihm um nichts anderes als um Ressourcen für potentielle Märkte gegangen sei.

Diese rein utilitaristische Einstellung zur Natur sieht in jeder Landschaft nur ihren potentiellen Reichtum; je schöner sie ist, desto wertvoller ist sie auch: Einmal beginnt Colón mit der «so wundersam schönen und von der unseren so verschiedenartigen Vegetation» und fährt gleich darauf fort: «Meines Dafürhaltens gibt es auf diesen Inseln viele Kräuter und Pflanzen, die man in Spanien sehr zu schätzen wissen wird, um daraus Tinkturen zu gewinnen, die man zu Heilzwecken oder als Gemüse verwenden kann.» (19. Oktober) Er äußert innige Freude und Wohlgefallen an den Nadelwäldern, da man mit ihrem Holz nach Herzenslust Schiffe bauen könne (25. November). Und: «Sie bergen gewiß große Schätze an kostbaren Steinen und Gewürzen.» (14. November) Besonders bemerkenswert ist aber der Eintrag, in dem es um seinen Auftrag geht: «... einige jener Eingeborenen einzufangen, um ihnen Freundlichkeiten zu erweisen und ihre Angstgefühle zu zerstreuen, damit, falls sich hier irgendwelche Nutzwerte vorfinden sollten, was angesichts der Üppigkeit des Landes unbedingt der Fall sein muß, die Eingeborenen sich bewogen fühlten, sie uns zur Verfügung zu stellen.» (12. Dezember) Wo Schönheit, da Wert und Profit. Das zeichnete Colón als echten Sohn der materialistisch denkenden Renaissance aus.

Doch der von Colón am heißesten ersehnte Schatz, dessen unmittelbar bevorstehende Entdeckung er immer wieder imaginiert, war das Gold. Sein Verhalten an den ersten drei Tagen auf San Salvador und dann auf einer Bahama-Insel nach der anderen vermittelt den Eindruck, daß er von dem Gedanken an Gold wirklich besessen war. In den beiden Wochen auf diesen ersten Inseln spricht er sechzehnmal von Gold, manchmal sehr ausführlich, weitere dreizehnmal während seiner Reise entlang der Küste von Kuba und nicht weniger als sechsundvierzigmal während der knappen fünf Wochen auf Española. Es ist *die* Konstante des *Bordbuchs*, das immer wiederkehrende Ziel, das er an manchen Tagen kaum aus seinen Gedanken verbannen konnte.*

Diese Fixierung war von Anfang an deutlich zu erkennen. Am zweiten Tag, als er der Baumwollknäuel, Papageien und «anderen Dinge» überdrüssig zu werden begann, mit welchen ihn die Tainos überhäuften, «trachtete» er, «herauszubekommen, ob in dieser Gegend Gold vorkomme», und stellte schließlich fest, daß einige Eingeborene die Nase durchlöchert und «durch die Öffnung ein Stück Gold geschoben hatten»; im nächsten Atemzug behauptet er, den Hinweisen der Eingeborenen irgendwie entnommen zu haben, daß «man gegen Süden fahren müsse, um zu einem König zu gelangen, der große, goldene Gefäße und viele Goldstücke besaß». Obwohl er in den nächsten acht Wochen nur sehr vereinzelt winzige Goldstücke entdeckte («so geringfügige Mengen, daß es nicht der Rede wert war», 22. Oktober), schloß er aus jedem Hinweis, jedem Gespräch in ihm unbekannten Sprachen, bei jeder sich bietenden Gelegenheit auf die Nähe von Gold:

«Jene andere sehr große Insel [soll] reich an Gold sein» (15. Oktober); «... auf ihr oder einer der benachbarten Inseln [muß sich] eine Goldader befinden» (16. Oktober); «... ‹Samaot› [soll] die Insel oder der Ort sein, wo sich das Gold vorfindet» (16. Oktober); «... auf dieser Insel [müssen] Goldminen und Perlen zu finden sein» (28. Oktober); «... an einem Ort mit Namen ‹Bohío› [soll] Gold in Überfülle vorhanden sein» (4. November); «... die mit dem Namen ‹Veneque› bezeichnete Insel [war] dem Hörensagen nach reich an Gold» (13. November); dort werde «viel Gold zu Tage gefördert» (18. Dezember); jene Inseln sollen «so goldreich sein, daß einige von ihnen mehr aus Gold als aus Erde bestehen» (22. Dezember).

Das Gold trieb den Admiral vorwärts, und gelegentlich schien er das zu bedauern: «Es gibt hier sicherlich eine Unmenge Dinge,

* Diese Besessenheit spricht auch aus den Randnotizen in Colóns Büchern; ausnahmslos handelt es sich um Anmerkungen über Gegenden mit Goldfunden und Goldverkehr. Zwar sind auch verschiedene geographische Bemerkungen und Theorien unterstrichen, aber die Hinweise auf Gold sind im Text doppelt oder dreifach unterstrichen.

die ich nicht kennen lernte, weil ich nicht Zeit verlieren wollte, um viele andere Inseln anzusteuern, wo ich Gold zu finden hoffte» (15. Oktober); und: «deshalb gedenke ich mich nicht länger hier aufzuhalten ... um die Hauptsiedlung aufzusuchen ... hatte ich doch selbst feststellen können, daß es hier keine Goldminen gibt» (23. Oktober).

Keine Goldmine auf Conception, keine auf Fernandina oder Isabela, auch nicht auf Juana, wo es so vielversprechend ausgesehen hatte. Die gefangenen Tainos behaupteten, ganz in der Nähe gebe es Gold (das zumindest schloß Colón aus ihren Gebärden, denn sprachlich konnten sie sich nicht verständigen), aber entlang der Küste schien niemand zu wissen, wo es zu finden war. Die Enttäuschung wuchs.

Dann untersagte der Admiral den Handel mit den Eingeborenen, die gesponnene Baumwolle und «andere Kleinigkeiten» an Bord brachten: «... [damit] allen klar würde, daß ich einzig und allein auf der Suche nach Gold war» (1. November). Die erhofften Schätze blieben dennoch aus. Als er von Menschen hörte, die «während der Nacht mit Fackelbeleuchtung das Gold am Meeresstrand auflasen» (12. November), unternahm er eine lange Reise in Richtung Südosten, fand aber kein Gold, weil es keines zu finden gab, und er fand auch keine Eingeborenen mehr vor: Sobald sie die drei Schiffe der weißen Männer erblickt hatten, waren sie alle aus ihren Siedlungen geflohen. Die Enttäuschung wuchs weiter.

Mitte Dezember, nachdem er zwei ganze Monate der Erkundung der Inseln gewidmet hatte und nicht mehr als einige zu Schmuck verarbeitete Goldkörner aufgetaucht waren, schien Colón der Verzweiflung nahe: «Die Temperatur komme jener Kastiliens im Monat April gleich», berichtete er am 13. Dezember, sich an den Strohhalm einer Stimmung klammernd, «während Nachtigallen und andere Vögel wie in der spanischen Heimat munter zwitscherten.» Überdies hätten die Männer viel Mastix, Aloe und Baumwollpflanzungen gesehen, fuhr er fort, doch – man spürt, wie schwer es ihm fiel, das zu Papier zu bringen – «Gold fanden sie keines».

Auch die goldenen Schmuckgegenstände und kleinen Goldstücke, die die Tainos Colón bereitwillig überließen, sobald er sie nur bewunderte, reichten ihm nicht, da sie die riesigen Goldminen und Schätze ja nur ankündigten, die irgendwo *weiter* entfernt lagen, an einem weiter östlich gelegenen Fluß, im Landesinneren, auf der nächsten Insel, hinter dem nächsten Berg. Gold, gewiß gab es hier Gold, es *mußte* Gold geben! Und als die Tainos die Freude des Admirals über ihre bescheidenen Goldgeschenke gewahrten, versicherten sie ihm, «den nicht allzu weit von hier entfernten Ort zu kennen, wo Gold reichlich zu finden sei». (26. Dezember) Er solle ganz ruhig sein, sie würden ihm soviel Gold verschaffen, wie er nur haben wolle.

Sie hatten also keine Ahnung, daß es diese Goldmengen nicht gab, und es dauerte noch einige Jahre, bis sie zu dieser Einsicht gelangten.

Sonntag, den 21. Oktober. Mein Plan war, an diesem Ort alle Fässer unserer Schiffe mit Wasser zu füllen ... Hierauf wollte ich nach einer sehr großen Insel absegeln, die meines Erachtens Cipango sein mußte, wenn die Berichte zutreffend sind, die mir meine an Bord befindlichen Indianer darüber geben. [...] Auf jeden Fall aber bin ich fest entschlossen, bis zum Festland vorzudringen und die Stadt Quisai [Quinsai] zu erreichen, um dem Großen Khan die Briefe Eurer Hoheiten zu überreichen und mit seiner Antwort nach Europa zurückzukehren.

Am 17. Oktober, als er bereits fast seit einer Woche durch die Inselwelt der Karibik segelte, erklärte Colón erstmals, sich in «Indien» zu befinden (alle früheren Bemerkungen dazu stammen eindeutig aus Las Casas' Feder), und erst am 21. Oktober sprach er davon, daß er sich in der Nähe des Großen Khans befinde. Da war bereits offenkundig, daß er weder Marco Polos Orient aus Marmor und Gold noch die sagenumwobenen Inseln mit ihren Ungeheuern und Schätzen gefunden hatte, und die Frage, wo er wirklich gelandet sei, muß ihm ziemliches Kopfzerbrechen bereitet haben. Unter diesen Umständen hielt er es für besser, vor seinen Männern und im *Bordbuch* von einem vagen, nicht näher bezeichneten «Indien» zu sprechen.

Dennoch befand er sich in einem gewissen Dilemma. Wie würde er diese kostspielige Reise vor dem spanischen Hof und den

Geldgebern rechtfertigen, die ihm ihr Geld anvertraut hatten, wenn er doch nichts von den «Perlen, Edelsteinen, Gold, Silber» vorweisen konnte, die zu finden er ausgesandt worden war?

Sein erster Gedanke war also, daß er sich in der Umgebung des Großen Khans befinde; eine der großen Inseln mußte zur Küste Chinas gehören: Daher schickte er seine Abgesandten zweimal ins Landesinnere, um mit dem Hof von Quinsai Kontakt aufzunehmen. Sie kamen aber zurück, ohne von Quinsai etwas gehört oder gesehen zu haben, und nach einer Woche gab er die Suche nach dem chinesischen Herrscher auf. Nach dem 1. November gibt es nur noch einen einzigen Hinweis darauf, daß man die Städte des Großen Khans «zweifelsohne entdecken wird» (12. November).

Sein nächster Gedanke war, daß er sich, wenn nicht auf dem Festland, so doch irgendwo zwischen den Tausenden verstreuten Inseln des Chinesischen Meeres – «alle indischen Inseln», schrieb er am 12. November – befinden müsse und daß es das einfachste wäre, dem Hof des Khans auf der *nächsten* Reise einen Besuch abzustatten, da man «von hier aus bis zum Festland nur eine Seefahrt von zehn Tagen zurückzulegen hat» (28. Oktober). Gut und schön, aber was blieb ihm dann für *diese* Reise? Kein König, kein Palast, keine großen Städte und kein Gold, aber der Admiral erkannte schließlich, daß diese Inseln bei weitem nicht so arm waren, wie es zunächst den Anschein gehabt hatte, sondern verborgene Reichtümer, verborgene Möglichkeiten zum Ruhm und Nutzen Spaniens bereithielten. Er entdeckte verschiedene Fruchtarten, Bäume mit verwertbarem Mastixharz, feine Baumwolle, die das ganze Jahr hindurch geerntet wurde, Aloeholz in reichen Mengen. Er entdeckte schöne Häfen, hohe Bergspitzen und «große Schätze an kostbaren Steinen und Gewürzen» (14. November). Und bald schien China oder sein Herrscher vergessen; und selbst das Wort «Indien» kam nicht mehr vor.*

---

* Colón spricht auch ab Mitte Dezember nicht mehr von *Indios* – in den aus seiner Feder stammenden, nicht von Las Casas interpretierten Passagen werden nach dem 16. Dezember die Bezeichnungen «Eingeborene» (21. und 24. Dezember) und «Bewohner» (24. und 25. Dezember, 10. Januar) verwendet –, dennoch setzte sich der Begriff allgemein durch, zum großen Leidwesen der Wissenschaftler, zur Verwirrung der Studenten und der Empörung der verschiedenen Urvölker Amerikas zum Trotz.

Was Colón wirklich glaubte, ist unklar, aber möglicherweise war ihm gar nicht daran gelegen, Gewißheit zu erlangen. In dem zusammenfassenden Brief, den er am Ende der Reise an das Königspaar schickte, hielt er es für klüger, mehrere Möglichkeiten anzudeuten. Er berichtete voll Zuversicht, er sei «nach Indien gelangt», an einen Ort unweit des Kontinents und des «Landes des Großen Khans». Dann versicherte er, die zahlreichen von ihm entdeckten Inseln seien trotz ihrer augenscheinlichen Dürftigkeit «so reich, daß ich es nicht zu schildern vermöchte».

Españolas Goldminen seien besonders ergiebig, und es gebe weitere Inseln, wo «eine Unmenge Goldes» zu finden sei. Außerdem sei das gesamte Gebiet reich an «Gewürze[n], Baumwolle und Mastixharz», die den Herrschern «in jedem gewünschten Ausmaße zu Gebote stehen», ebenso an Aloe, Sklaven, Rhabarber und Zimt, und er werde «in der Lage sein, noch weitere wertvolle Produkte ... zu finden».

Soviel war also von seinem großen Plan übriggeblieben. Nicht Asien hatte er gefunden (wenn er es überhaupt gesucht hatte), sondern nur die Fahrtroute «dorthin», keine nennenswerten Schätze, nur allerorts ungewisse Ankündigungen; Festland war ebenfalls keines in Sicht, weder ein östliches noch ein südliches, nur ein Band kleiner, grüner Inseln. Von da an verbrachte Colón sein ganzes Leben – drei weitere Reisen und etwa sieben Jahre Aufenthalt auf den Inseln – damit, diese seltsame, nicht einzuordnende Entdeckung zu rechtfertigen: vor sich selbst, vor seinen Herrschern, vor seinen Landsleuten, vor Europa.

Montag, den 5. November. Am Morgen ließ ich die Santa María *und die beiden andern Schiffe an Land ziehen [um sie frisch zu teeren und auszubessern], und zwar nicht alle drei gleichzeitig, sondern in der Art und Weise, daß jeweils zwei Schiffe Seite an Seite im Wasser verblieben, um die Sicherheit der Mannschaften zu gewährleisten, obwohl nach meinem Dafürhalten jene Eingeborenen ganz harmlos sind. [...] Jener Seehafen ist einer der besten der Welt, mit einem hervorragenden Klima und einer friedlichen Bevölkerung, und da er von einem felsigen Vorgebirge von beträchtlicher Höhe überragt wird, kann man hier ein kleines Fort errich-*

ten, damit die Kaufleute hier eine sichere Unterkunft und einen Schutz vor jedwelchem feindlichen Staate finden können, falls der Hafen sich zu einem richtigen Stapelplatz entwickeln sollte. Der allmächtige Herr, in dessen Hände alle Siege gelegt sind, möge all das in Erfüllung gehen lassen, was seinen Plänen dienlich ist!

Etwas konnte den Spaniern auf diesen nicht sehr vielversprechenden Inseln doch noch Ruhm eintragen. Am dritten Tag seiner Erkundungen – einem Sonntag – machte Colón sich auf, um eine Stelle ausfindig zu machen, die zum Anlegen einer Festung geeignet war, und er fand unverzüglich eine Landzunge, die «zu einer Insel umgestaltet werden könnte» und von der aus man «mit einigen fünfzig Mann alle anderen niederhalten und zu allem zwingen könnte» (14. Oktober). Während der zweiten Etappe seiner Entdeckungsreise entlang der Nordküste Kubas nahm dieser Gedanke von einem befestigten Außenposten des Kolonialismus immer deutlichere Gestalt an. Wie ein Kind, das Soldat spielt, entdeckte Colón immer wieder mögliche Standorte für militärische Bauten in der Landschaft: am 5. November einen Seehafen für ein «kleines Fort», am 12. November einen Hafen, der «zur Errichtung einer Stadt und eines Forts wie geschaffen ist», am 16. November einen weiteren Hafen, in dem man «eine Festung errichten könnte», am 27. November eine Stelle, die geeignet sei «zur Errichtung einer Ortschaft oder Stadt mit befestigter Anlage» – bis schließlich durch einen unglücklichen Zufall aus der Phantasie Wahrheit wurde.

Daß überhaupt keine Veranlassung bestand, überall Festungen zu errichten, wußte Colón sehr wohl: «Doch halte ich eine derartige Umgestaltung nicht für erforderlich, da ja die Bewohner keine besonderen Kenntnisse von Waffen besitzen» (14. Oktober), aber seine kolonialistisch geprägte architektonische Phantasie ging eben diesen Weg: eine Halbinsel, eine Landzunge, ein geschützter Hafen, und schon sah er die Festung vor sich. So tief saß der europäische Militarismus des fünfzehnten Jahrhunderts; Festungen waren viel wichtiger für ein Land als Kirchen oder Burgen.

Zu Beginn seiner Erkundungen dachte Colón vielleicht nur an eine Art Handelsniederlassung nach dem Beispiel des portugiesischen El Mina an der afrikanischen Goldküste, das er möglicherweise aus eigener Anschauung kannte. Doch während der Fahrt entlang der Küste Kubas ersann er etwas weit Großartigeres: nicht bloß einen Handelshafen, sondern eine richtige Kolonialsiedlung, einen Außenposten des Reiches, wo sich die Spanier niederlassen und durch die Arbeit der Eingeborenen (man «braucht sich hier nur niederzulassen und den Eingeborenen anzuordnen, allen Befehlen nachzukommen», 16. Dezember) und den Handel der Europäer zu Wohlstand gelangen würden.

Am 27. November ging Colón an einer großen, «sehr eigenartige[n] Reede» vor Anker, die er Puerto Santo nannte (heute als Puerto Baracoa bezeichnet, etwa 160 Kilometer von der Ostspitze Kubas entfernt). Angesichts der tropischen Herrlichkeit verschlug es ihm fast die Sprache, er konnte sich «vor Staunen nicht fassen und fand keine Worte». Die Vision von der Eroberung löste ihm jedoch die Zunge wieder, und das gründlich:

Eure Hoheiten werden hier Städte und Festungen errichten lassen und die Bevölkerung bekehren. Eure Hoheiten mögen versichert sein, daß es auf dem weiten Erdenrund kein zweites Land geben kann, welches diese Gegenden an Fruchtbarkeit, Milde der Jahreszeiten und am Überfluß guten und heilsamen Wassers ... übertrifft. [...] Wenn also nach dem Ratschluß Gottes Unsere Hoheiten gelehrte Männer hierher entsenden oder aber diese auf eigene Veranlassung herkommen sollten, werden sie die Wahrheit meiner Aussagen bestätigen können. Wenn ich weiter oben von einem zur Errichtung einer befestigten Stadt sehr geeigneten Standort gesprochen habe ... läßt sich jene Gegend nicht mit dieser vergleichen. Ebenso sehr liegt zwischen dem Mar di Nuestra Señora und der Gegend, in der ich mich gegenwärtig aufhalte, ein himmelweiter Unterschied, da im Innern des Landes zahlreiche dicht bevölkerte Siedlungen und wertvolle Naturschätze vorhanden sein müssen, so daß hier an allen von mir entdeckten Orten und in jenen, die ich vor meiner Rückkehr nach Kastilien noch zu entdecken hoffe, die ganze Christenheit einen einträglichen Handelsverkehr wird treiben können, an erster Stelle Spanien, dem alles unterworfen sein muß. Eure Hoheiten werden es nicht zulassen dürfen, daß hier Ausländer festen Fuß fassen, die nicht katholische Christen sind, andernfalls würden Zweck und Ziel des Unternehmens zunichte, nämlich die ruhmvolle Ausbreitung des Christentums und der Grundsatz, daß nur gute Christen sich in diesen Gegenden niederlassen dürfen.

Damit war der europäische Kolonialismus geboren.*

Es zeichnen sich die ersten Konturen einer nicht nur von Spanien, sondern auch von anderen europäischen Ländern künftig verfolgten Politik ab, einer Politik der Eroberung, der religiösen Bekehrung, der Ausbeutung, des internationalen Handels und der internationalen Herrschaft. So bekamen die europäischen Länder die Mittel und die Macht, die ihre Entwicklung zu Nationalstaaten erst ermöglichten.

Wieder können wir keine Erklärung dafür finden, warum Colón das Recht auf die Versklavung dieser friedfertigen und harmlosen Menschen 3000 Meilen weit von Spanien entfernt so selbstverständlich in Anspruch nahm. Es sei denn, es genügt uns als Erklärung, daß in den Augen der Europäer dem Mächtigen die Welt gehört; und die Eingeborenen besaßen schließlich keine Waffen, sie waren «unkriegerisch, harmlos, nackt und so feige, daß tausend von ihnen drei meiner Leute nicht an sich herankommen lassen würden» (16. Dezember). Selbst Morison behauptet, daß «jeder einzelne Mann in der Flotte, vom Admiral herab bis zum Schiffsjungen ... überzeugt war, daß kein christlicher Mensch in Indien je die Hand zur Arbeit zu rühren brauchte, so daß sich ihnen die berückende Aussicht eröffnete, durch die Ausbeutung der Arbeitskraft friedfertiger Eingeborener reich zu werden». Und wir wissen, daß auch der Admiral die Tainos so sah: «Dafür sind sie bereit, zu gehorchen, zu arbeiten und alles Nötige zu vollführen» (16. Dezember) und: «Man braucht nur noch ihre Sprache zu verstehen, um ihnen Anordnungen zu geben, denen sie ohne Murren nachkommen würden» (21. Dezember).

---

* Irgendwann dürfte dem Admiral bewußt geworden sein, daß sowohl im Kastilischen als auch im Florentiner Italienisch das Wort «*Colon*» mit Wörtern wie Kolonisierung verwandt ist. Daraus mag er wieder den Schluß gezogen haben, daß alles, was er tat, vorherbestimmt und daher gerechtfertigt sei.

Das angemaßte Recht auf Kolonialisierung bedingte eine Entwicklung, die verhinderte, daß die christlichen Eindringlinge aus dem mutlosen und melancholischen Europa etwas über schöpferische Kraft und Erneuerung, über soziales Miteinander und harmonisches Leben in der Natur lernten. An diesen Küsten hätten andere Bauwerke errichtet werden sollen: ein Forum, ein Amphitheater, eine Akademie, vielleicht ein Hörsaal oder eine Kirche; statt dessen wollte Colón eine Festung bauen.

Sonntag, den 9. Dezember. Auch heute noch regnete es reichlich. Das Wetter hatte einen ganz winterlichen Anstrich, wie im Monat Oktober in Kastilien. [...] Die Insel ist sehr ausgedehnt, es würde mich nicht wundernehmen, wenn sie einen Mindestumfang von 800 Seemeilen hätte. [...] Die Einfahrt in diese Bucht ist tausend Schritt breit, was einer Seemeile entspricht. [...] Jenseits davon dehnen sich lieblich anzusehende Ebenen aus, die an die Ebenen Kastiliens erinnern, sie aber in den Schatten stellen. Dies veranlaßte mich, dieses Land «Spanische Insel» zu benennen.

Regen und Kälte waren zweifellos die richtigen Gefährten für Colón, als er auf Española, der sechsten und, wie sich zeigen sollte, letzten Insel der Reise anlegte, denn seine Stimmung hatte sich sehr verdüstert. Nach zwei Monaten Erkundungsfahrten durch die Inselwelt hatte er so gut wie nichts vorzuweisen; bei Hof und vor der Geschichte würde seine Reise nichts sein als eine kostspielige, unnütze Verschwendung. Die Indianer waren äußerst unkooperativ und liefen davon, sobald sie die europäischen Schiffe sahen. Das Wetter war erbärmlich, die Wogen so hoch und der Wind so stürmisch, daß Colón eine Anlegestelle tagelang nicht zu verlassen wagte. Um dem Ganzen die Krone aufzusetzen, hatte sich Pinzón zwei Wochen zuvor plötzlich ohne Erklärung mit der *Pinta* in östlicher Richtung abgesetzt, während der Admiral nördlich von Kuba kreuzte – was, wenn *Pinzón* das Gold fände und nach Palos zurückkehrte, um den Ruhm dafür einzuheimsen? Die wunderschönsten Ebenen – eine davon war so bezaubernd, daß Colón ihr den bezeichnenden Namen Valle del Parayso gab – boten keinen Trost.

Nach fünf Tagen Schlechtwetter näherte sich die geschrumpfte Flotte wieder der Küste und ankerte in diesem und jenem Hafen der Spanischen Insel.* Und dann, am 17. Dezember, endlich *Gold,* ein «handgroßes» Goldblatt und einige kleine Stücke sowie Anzeichen, daß mehr zu finden sein würde. Der Admiral war der Ansicht, «nicht weit von den Goldminen entfernt zu sein», und hoffte, daß Gott ihn die richtige Stelle finden lassen würde. Am nächsten Tag brachte der *kaseke* der Siedlung, der «noch jung an Jahren» war, zwei dünne Goldarbeiten an Bord («Wohl aber muß das Ursprungsland des Goldes, wo es reichlich vorkommt, nicht weit von hier entfernt sein»), und später tauschten die Männer am Strand noch mehr ein. Einige Tage später, sie waren immer noch auf Küstenfahrt, wurden dem Admiral ein Gürtel und eine Maske mit großen, in Gold gehämmerten Gesichtszügen überbracht – ein Geschenk des mächtigen *kaseke* Guacanagarí, der ihm sagen ließ, er wolle ihm «seine ganze Habe geben» (22. Dezember), wenn er ihn aufsuchte –, und die Männer tauschten weitere «Goldstücke» ein, offenbar in beträchtlichen Mengen (und so bereitwillig abgetreten wie «Steinkrüge mit Wasser»). Colón mußte daraus den Schluß ziehen, daß «dort viel Gold vorhanden sein müsse und daß [er], falls es [ihm] gelänge, den Ort seiner Gewinnung zu ermitteln, eine Unmenge dieses kostbaren Edelmetalls zu billigem Preise oder gar umsonst werde erstehen können» (23. Dezember). Die Entschädigung für all die Mühsal und Gefahr schien also endlich in greifbarer Nähe.

Im Überschwang seiner Gefühle schrieb der Admiral am 24. Dezember: «Eure Hoheiten mögen mir gütigst glauben, daß es weit und breit keine besseren und fügsameren Menschen, als es diese hier sind, geben kann», und daraus ergäben sich die schönsten Aussich-

---

* Die Wahl dieses Namens ist bezeichnend. Anfänglich hatte Colón in seinen Vergleichen die Exotik der Inseln betont – «so grundverschieden von unserer Heimat wie Tag und Nacht» (17. Oktober) –, doch je deutlicher sich die Möglichkeiten der Kolonialisierung vor ihm abzeichneten, desto bekannter schien ihm alles zu sein: «... worunter viele Baumarten sich befanden, die auch in Spanien gedeihen» (6. Dezember) und: «... was alles sehr an Kastilien erinnerte» (7. Dezember). Das Suchen und Betonen bekannter Eigenschaften sei auf unbewußter Ebene die Ankündigung von Besitzansprüchen, sagt Gerbi in *Nature in the New World:* «Erkennen ist bereits ein Akt der Eroberung und Unterwerfung.»

ten: «Eure Hoheiten haben allen Grund, sich darüber herzlich zu freuen, da man diese Indianer bald zu guten Christen machen und sie in die Sitten und Gebräuche des Königreiches einführen kann, da es nirgendwo eine bessere Bevölkerung und schönere Gegenden geben kann. [...] Die Bewohner tragen ein ganz besonders liebenswertes Wesen zur Schau und haben eine gefällige Redeweise, sehr zum Unterschied von jener der Eingeborenen der anderen Inseln, deren Ausdrucksweise lauter Drohungen zu beinhalten scheint. Männer sowohl als Frauen sind gut gewachsen und haben eine dunkle Hautfarbe. [...] Siedlungen und Behausungen sind hübsch und sauber, an ihrer Spitze stehen Häuptlinge oder Richter, denen sie in bewundernswerter Weise gehorchen. Diese Anführer sind wortkarg und sittenstreng; oft drücken sie einen Befehl mit einem Wink der Hand aus, den das ganze Volk erstaunlich rasch begreift.»

So groß war sein Überschwang, daß er anordnete, diese Menschen an Bord der Schiffe zu empfangen (mehr als tausend Personen kamen mit Kanus an Bord seines Schiffes und «mindestens 500 Indianer hatten die Schiffe schwimmend erreicht, da sie nicht über Kanoes verfügten») und mit ihnen gebührend zu feiern. Dann beschloß er, noch in derselben Nacht weiterzusegeln, um Guacanagarí zu besuchen und herauszufinden, was es mit seinen Versprechungen auf sich hatte. Es war der Heilige Abend.

Ein sanfter Wind wehte, das Meer lag ruhig da – «glatt wie Öl», vermerkte der Admiral –, und die Sichel des Neumonds stand tief im klaren Himmel, als die beiden Schiffe, die *Niña* voraus, langsam die Küste entlangzogen. Da er sich «bereits zwei Tage und eine Nacht hindurch keinen Schlaf gegönnt hatte» – wahrscheinlich, weil er sich dem Palaver und den Tauschgeschäften mit den Tainos gewidmet hatte, und gewiß auch, weil allgemein eine erregte vorweihnachtliche Feierstimmung herrschte –, ging der Admiral kurz vor Mitternacht «zur Ruhe». Wie sich jedoch zeigte, war er nicht der einzige Schlafbedürftige: Der wachhabende Matrose wollte sich ebenfalls ein Nickerchen gönnen und überließ das Steuer einem Schiffsjungen, obwohl das vom Admiral streng untersagt worden war.

Kurz nach Mitternacht, der Schiffsjunge stand immer noch am Steuer und der Admiral schlief, lief die *Santa María* einige Meilen vor der Küste «in aller Ruhe» auf ein Korallenriff auf. Der Junge begann, «ein lautes Geschrei zu erheben», die Wache lief an Deck. Colón gab Befehl, mit der Barkasse einen schweren Anker nach achtern zu bringen, um das Schiff frei zu bekommen, aber kaum hatten die Männer die Barkasse bestiegen, ruderten sie auf die in der Nähe segelnde *Niña* los – vielleicht wollten sie die Besatzung auf die Lage der *Santa María* aufmerksam machen und Hilfe holen, vielleicht wollten sie aber auch, wie der Admiral behauptete, zur Karavelle entfliehen. (Warum er die Deserteure später nicht bestrafte, wenn er das wirklich meinte, ist allerdings unerklärlich.) Wie dem auch sei, das Schiff blieb, wo es war, dann drehte sich das Heck, so daß es mit der Breitseite gegen das Riff stieß, und jede Welle hob es in die Höhe, um es gleich darauf auf die harten, scharfen Felskanten zurückfallen zu lassen. Binnen weniger Stunden «trat durch die Fugen Wasser ein», und das Flaggschiff begann sich zur Seite zu neigen. Der Admiral befahl, es zu räumen, und sah im Licht der aufgehenden Sonne zu, wie es auseinanderbrach und in den Fluten versank.*

Die Stadt Guacanagarís konnte nicht weit sein, und der Polizeioffizier der Flotte, Diego de Arana, wurde ausgesandt, um den örtlichen *kaseke* um Hilfe zu bitten. Wie es heißt, weinte Guacanagarí, als er von dem Schiffbruch erfuhr, und «entsandte augenblicklich alle Einwohner seines Dorfes mit vielen großen Kanoes», die den Europäern halfen, die Ladung des sinkenden Schiffes zu retten.

«Später gewährte er uns persönlich samt seinen Brüdern und Verwandten jede Unterstützung, sowohl auf dem Schiffe, wie zu Lande, damit alles wohl vonstatten gehe. Von Zeit zu Zeit schickte er einige seiner Verwandten zu mir, die mich weinend baten, es nicht allzu tragisch zu nehmen, er würde mir gerne alles, was er besäße, überlassen. Ich kann Euren Hoheiten hoch und heilig versichern, daß unser Besitz in ganz Kastilien nicht besser versorgt hätte werden können, von dem nicht eine einzige Nadel verloren

* Warum der Admiral in der Dunkelheit der Nacht an den karibischen Küsten entlangsegelte, obwohl er wußte, wie gefährlich das war, wird uns immer verborgen bleiben. Ein weiterer Fehler des «großen Seefahrers», für den er teuer bezahlen mußte. Berufs- und Amateurarchäologen suchten jahrelang nach den Überresten seines Schiffes – bis heute erfolglos.

ging. Denn er ließ all unser Hab und Gut in der Nähe seiner Behausung aufstapeln, wo es bleiben sollte, bis die Hütten freigemacht würden, wo alles untergebracht werden konnte. Bewaffnete Männer hielten die ganze Nacht hindurch davor Wache. Dabei waren er und all die Seinen in Tränen aufgelöst.»

Nun schien ihnen nichts anderes übrigzubleiben, als die Kolonialisierung sofort zu beginnen: Die etwa sechzig Männer konnten nicht alle auf der verbleibenden kleinen Karavelle weitersegeln, ein Teil von ihnen würde zurückbleiben und nolens volens den ersten festen Stützpunkt des imperialistischen Unternehmens bilden müssen. Colón gab den Befehl, eine Festung anzulegen, mit Turm und tiefem Graben; das aber, wie er weiter schreibt, «nicht etwa deshalb, weil ich der Ansicht war, daß diese Vorsichtsmaßregel den Eingeborenen gegenüber geboten schien. [...] Ich tat es deshalb, weil ich es für zweckmäßig hielt, diese Befestigung nach militärischen Erfordernissen zu errichten, wenn man die weite Entfernung dieser Gegenden von den Königreichen Eurer Hoheiten in Betracht zieht, und mit der Absicht, den Indianern die Tüchtigkeit der Untertanen Eurer Hoheiten vor Augen zu führen und sie so Euren Hoheiten in liebevoller Ergebenheit fügsam zu machen.« Das war gewiß nicht ironisch gemeint, und als Colón elf Monate später an diese Stelle zurückkehrte, war den Eingeborenen inzwischen zweifellos vor Augen geführt worden, wozu die spanischen Kolonisten fähig waren.

In seiner «tiefe[n] Kümmernis um den Verlust [seines] Schiffes» tröstete ihn der Gedanke an die neue Kolonie, die er zur Erinnerung an das Weihnachtsfest, den Tag ihrer unvorhergesehenen Gründung, La Navidad nannte. Selbstverständlich lag darin wieder einmal Gottes Fügung – er gelangte zu «der Erkenntnis, daß der Herrgott das Schiff gerade an jenem Orte hatte auflaufen lassen, um hier eine Niederlassung zu gründen» (26. Dezember). Und er behauptete sogar, daß «es der bestgeeignetste [Ort] der ganzen Insel ist, um eine Niederlassung zu gründen» (6. Januar), obwohl es sich in Wahrheit um einen völlig ungeschützten Hafen handelte und er an der ganzen Küste kaum eine schlechtere Stelle für seine Zwecke hätte finden können. Aus dem von der *Santa María* geretteten Holz hatten die Spanier mit Unterstützung der hilfsbereiten Tainos die wichtigsten Gebäude des Dorfes errichtet. Das erste Bauwerk der Europäer in der Neuen Welt war eine Festung.*

Noch mehr trösteten Colón aber die Goldstücke und Geschenke aus Gold, mit denen Guacanagarí ihn Tag für Tag überhäufte: eine große Maske, «in deren Augen, Ohren und anderen Gesichtsteilen große Stücke Goldes eingelassen waren», und andere «goldene Geschmeide», die der *kaseke* ihm «auf den Kopf und um den Hals legte» (26. Dezember), eine «große Goldplatte», die er ihm um den Hals legte (28. Dezember), eine «goldene Gesichtsmaske» (29. Dezember), «zwei große Goldplatten» (30. Dezember) und schließlich die Aussicht, innerhalb von nur zehn Tagen «eine Statue aus reinem Golde, so groß wie [er] selbst», zu erhalten (2. Januar). Der Admiral wußte nun, daß die von der göttlichen Vorsehung für Spanien bestimmte Kolonie, die es ohne den Untergang seines Schiffes wohl nie gegeben hätte, einen einzigen Zweck zu erfüllen hatte, nämlich soviel Gold wie möglich anzusammeln, bis er mit einem neuen Schiff zurückkehren würde. Der Admiral hoffte, «bei seiner Rückkehr aus Kastilien hier mit Gottes Hilfe ein ganzes Faß voll Gold vorzufinden [...], das seine Leute inzwischen im Tauschwege sich gut verschafft haben könnten. Denn bis dahin werden sie wohl jene Goldmine und den Ort, wo die Gewürze wachsen, ausfindig gemacht haben» (26. Dezember).

Donnerstag, den 27. Dezember. Bei Anbruch des Morgens begab sich der König dieses Landes [Guacanagarí] an Bord der Karavelle und meldete mir, daß er seine Leute auf die Suche nach Gold geschickt hatte, um mich, noch ehe ich in See ging, ganz mit Gold zu bedecken, deshalb möge ich meine Abreise noch verschieben. [...] In diesem Augenblick brachten einige Eingeborene die Kunde, daß die Karavelle Pinta *in einem Fluß vor Anker liege, der sich am*

* 1958 begann Dr. William H. Hodges, Missionar und Arzt mit einem Hang zur Archäologie, in En Bas Saline auf Haiti die Suche nach La Navidad, und in der Folge wurden mehrere archäologische Untersuchungen durchgeführt; dennoch steht bis heute nicht eindeutig fest, wo sich dieser Ort tatsächlich befand. Die Ausgrabungen der Universität von Florida in derselben Gegend förderten die Knochen einer europäischen Ratte zutage; wann diese wirklich hier landete, steht zwar nicht fest, doch daß das erste Tier, das von der Alten in die Neue Welt wechselte, ein Schädling war, kann keine ganz falsche Theorie sein.

äußersten Ende der Insel befand. [...] Inzwischen traf ich mit größter Beschleunigung die Anstalten zu meiner Rückfahrt nach Kastilien.

Wie Colón selbst berichtet (19. Oktober), hatte er die Rückreise nach Kastilien ursprünglich für April geplant, wenn die Winterstürme vorbei sein würden (wie er wahrscheinlich von seinen früheren Reisen wußte). Nach dem Untergang der *Santa María* und nachdem er die Gewißheit hatte, daß die *Pinta* sich in der Nähe befand, entschloß er sich nun aber zur sofortigen Heimreise. Diese riskante und seemännisch alles andere als kluge Entscheidung – wie er sich bald eingestehen mußte, als er vom Kurs abgetrieben wurde und in zwei wütenden Stürmen im Februar und März beinahe unterging – legt die Vermutung nahe, daß er sich in größter Bedrängnis befand. Nichts davon in seinen Aufzeichnungen. Er beabsichtige, schreibt er, die Heimfahrt anzutreten, «ohne mich durch irgend etwas davon abhalten zu lassen, da ich ja das Gesuchte gefunden hatte» (9. Januar), und mich «mit vollen Segeln auf die Heimfahrt nach Spanien zu machen, um rasche Kunde über alle meine Taten bringen ... zu können» (8. Januar).

Diese Ausdrucksweise mutet seltsam an: Was hatte er denn gefunden, warum mußte er mit vollen Segeln heimreisen, und warum war er entschlossen, mitten im atlantischen Winter in See zu stechen? *Eine* Antwort scheint wahrscheinlich, aber wir müssen sie den spärlichen Andeutungen im *Bordbuch* entnehmen.

Den ersten Entschluß zur Abreise faßte der Admiral an dem Tag, als die Nachricht eintraf, daß die *Pinta* weiter südlich gesichtet worden sei; drei Tage nachdem er am 6. Januar mit Pinzón zusammengetroffen war, sprach er davon, «das Gesuchte gefunden» zu haben. War es möglich, daß Pinzón auf seinem Abstecher die «Goldminen» im Inneren Españolas *tatsächlich gefunden*, dem Admiral darüber berichtet und ihn dorthin geführt hatte? Zweifelsohne war er an einem Ort gelandet, der den Bergen im Landesinneren näher war, und im Landesinneren gab es tatsächlich Goldkörner – Colón bestätigte dies auf seiner zweiten Reise. Mehrere Flüsse spülen Goldstaub von den Bergen herab. Am 8.Januar schrieb Colón, er habe einen dieser Flüsse erforscht und ihn Río del Oro genannt, weil der Sand «erstaunlich viel Gold aufwies». Pinzón hatte mindestens zehn, wahrscheinlich sogar zwanzig Tage dort verbracht (wie ein Taino dem Admiral berichtete), hatte also genügend Zeit gehabt, mit den Eingeborenen Freundschaft zu schließen, das Landesinnere zu erforschen und «Goldminen» zu finden. Waren aber nicht diese «Goldminen» genau das Ziel, das Colón die ganze Zeit über verfolgt hatte? Und war der Beweis, den Pinzón und seine Männer für ihre Existenz erbracht hatten, so eindrucksvoll, daß Colón entgegen seiner ursprünglichen Absicht von einer Bestrafung absah, obwohl die *Pinta* «ohne jede Ermächtigung sich von der Armada» abgesondert hatte? Statt dessen erklärte er, er wolle seine «Verstimmung hintansetzen» (6. Januar) und über den Verrat hinwegsehen, um «das Unternehmen zu einem guten Ende bringen zu können» (8. Januar). Könnte die Nachricht nicht gestimmt haben, daß Pinzón «Gold und Goldminen in Überfülle» gefunden und seine Karavelle «auf dem Tauschwege reichlich viel Gold gesammelt» (6. Januar) habe und daß die Goldstücke auf der Spanischen Insel groß waren wie Getreidekörner? Könnte nicht diese außergewöhnliche Entdeckung der Grund dafür gewesen sein, daß die Brüder Pinzón «und ihre Gefolgsleute aus Habgier und Eigendünkel alles für sich in Anspruch nehmen zu müssen glaubten» (8. Januar), daß ihnen die Auszeichnung, von Colón zu Gefährten auserwählt worden zu sein, zu wenig schien?

Und könnte *das* nicht der Grund für Colóns übereilte, allen Regeln der Seemannskunst zuwiderlaufende Abreise gewesen sein? Wollte er vermeiden, daß der wendige Pinzón sich selbst auf den Weg machte und mit Unterstützung all seiner Freunde aus Palos zu Hause behauptete, *er* habe gefunden, was auf diesen Inseln wert war, gefunden zu werden? War *das* der Grund dafür, daß Colón nie offen über Pinzóns entscheidende Entdeckung sprach und sein Verdienst nie gebührend würdigte, sondern es mit solch verwirrenden Umschreibungen verschleierte, daß die meisten Historiker bis heute daraus den falschen Schluß gezogen haben, auf Española sei wenig Gold zu finden gewesen und Pinzón sei ein Deserteur?

Sonntag, den 13. Januar. Derweilen schickte ich das Boot an Land, nach einem schönen Strande, wo die Matrosen «ajes» zum Essen sammeln sollten. Diese stießen dabei auf einige mit Bögen und Pfeilen ausgerüstete Männer, mit welchen sie sich in ein Gespräch einließen und denen sie zwei Bogen und zahlreiche Pfeile abkauften. Die Spanier ersuchten einen von ihnen, sich an Bord der Karavelle Niña zu begeben, um mit mir zu sprechen, was dieser auch tat. Dieser Eingeborene hatte weitaus häßlichere Gesichtszüge als alle bisher angetroffenen Indianer. [...] Ich ließ dem Indianer Speisen reichen und schenkte ihm ein Stück grünen und roten Stoffes sowie Glasperlen, alles Dinge, die bei den Eingeborenen in hohem Kurs standen. Hierauf befahl ich, ihn an Land zu schaffen, nicht ohne ihm vorher eingeschärft zu haben, Gold aufs Schiff zu bringen, wenn er solches auftreiben konnte; denn daß am Orte Gold vorhanden sein mußte, glaubte ich aus einigen Kleinigkeiten dieses Edelmetalles, die der Eingeborene auf sich trug, schließen zu können. Als das Boot an Land stieß, tauchten hinter den Bäumen zumindest 55 vollkommen nackte Männer auf; sie hatten langes Haar, wie die Frauen Kastiliens, und trugen einen nach hinten herabhängenden Kopfschmuck aus Papageienfedern. Jeder von ihnen war mit einem Bogen ausgerüstet.

Was auch immer die Gründe für seine Eile waren, eines steht fest: Der Admiral hielt sich nicht lange mit der Umsegelung der Insel auf. Kaum mehr als eine Woche nach seinem Zusammentreffen mit Pinzón nahmen die beiden Karavellen bereits Kurs auf Spanien. Ein einziger Landgang in einer schmalen Bucht etwa zweihundert Meilen östlich von La Navidad ist deshalb erwähnenswert, weil einige von Colón an Land geschickte Männer erstmals mit Pfeil und Bogen ausgerüstete Indianer entdeckten.

Da der Admiral den Befehl ausgegeben hatte, den Indianern Waffen abzukaufen oder sie einzutauschen – was bereits mindestens zweimal geschehen und vermutlich ohne Feindseligkeiten abgelaufen war –, begannen die Männer in den Booten mit den federngeschmückten Bogenschützen zu feilschen. Aber dann liefen die Indianer plötzlich zum schützenden Wald zurück und «machten sogar Miene, die Christen anzugreifen und zu fangen», wie die

Spanier mutmaßten. Als die Indianer mit Stricken in den Händen zurückkamen – höchstwahrscheinlich in der Absicht, diese anstatt ihrer kostbaren Pfeile zu verkaufen –, gerieten die Spanier in Panik und – «[der] Worte eingedenk, mit denen [Colón] ihnen größte Vorsicht eingeschärft hatte» – griffen mit Schwertern und Spießen an, wobei sie «einem Indianer mit einem Spieß ins Hinterteil fuhren» und einen zweiten durch einen Pfeilschuß an der Brust verletzten. Die Tainos hoben die Verwundeten auf und flüchteten entsetzt; die Spanier hätten sie verfolgt und «ein wahres Blutbad angerichtet, wenn der befehlhabende Kapitän sie nicht daran gehindert hätte». Es ist wohl gerechtfertigt, dies als erste Schlacht zwischen Europäern und Indianern in der Neuen Welt zu bezeichnen, in der die weißen Eindringlinge erstmals die Gewalt ihrer Waffen demonstrierten und bewiesen, daß sie bereit waren, sie einzusetzen.

Protestierte der Admiral gegen diese Vorgehensweise, die doch seinem ursprünglichen Plan zuwiderlief, gute Beziehungen mit den Eingeborenen zu hegen, um aus ihnen willfährige Handelspartner und fügsame Diener zu machen? Wohl kaum: Es erschien ihm «erwünscht, daß die Inselbewohner von den Christen eingeschüchtert würden», und er verewigte das Scharmützel, indem er den Ankerplatz «Bucht der Pfeile», Bahía de las Flechas, nannte.

Nicht zum ersten (und auch nicht zum letzten) Mal gab sich Colón der vielleicht typisch europäischen Illusion hin, daß mit Gewalt Gehorsam erkauft werden könne. Bereits zweimal zuvor hatte er die europäischen Waffen präsentiert, nur um den Tainos noch mehr Angst und Ehrfurcht einzuflößen, als sie ohnedies schon zeigten: Am 26. Dezember ließ er mit einem türkischen Bogen, einer Flinte *[espingarda]* und einer Bombarde schießen, worauf sich die Eingeborenen «alle zu Boden [warfen]» und der *kaseke* «höchst verwundert» war; und am Vorabend seiner Abreise von La Navidad ließ er von der neuen Festung eine Bombarde auf die Überreste der *Santa María* feuern, damit Guacanagarí sehen konnte, «wie weit das Geschoß der Bombarde flog, das, nachdem es die Bordseite des Schiffes durchbohrt hatte, weit draußen ins Meer fiel», und um ihn «zu veranlassen, mit den zurückbleibenden Christen in guter Freundschaft zu leben, und ihm einen heilsamen Respekt einzuflößen». Neuerlicher Beweis seines eigenartigen, dem gutmütigen *kaseke* und seinem freundlichen Volk gegenüber kaum zu verstehenden Verhaltens.

Mittwoch, den 16. Januar. Drei Stunden vor Sonnenaufgang verließ ich jene Bucht, der ich den Namen «Bucht der Pfeile» gegeben hatte, wobei ich zuerst mit Landwind ... fuhr. [...] So hielt ich Kurs auf Spanien in Richtung Nordost-zu-Ost. [...] Als das Kap der Spanischen Insel, das ich San Teramo benannt hatte, außer Sicht kam, fuhr ich bei strahlendem Wetter 148 Seemeilen in Richtung Ost-zu-Nord.

Damit endete dieses so unheilverkündende Ereignis, die erste Begegnung der Alten Welt mit der Neuen, wenn auch weder die Menschen aus der einen noch aus der anderen auf den Gedanken gekommen wären, sie so zu bezeichnen, ebensowenig wie sie die Folgen dieses Ereignisses je hätten absehen können. Die geschrumpfte Flotte mit etwa fünfzig Männern und vielleicht zwei Dutzend gefangenen Tainos* an Bord nahm Kurs nach Norden.

Der Monat Januar war ein ganz besonders passender Zeitpunkt für diese Überfahrt, denn dieser Monat ist nach dem Gott Janus benannt, dem römischen Gott des Eingangs, des zeitlichen wie des örtlichen Anfangs. Ein Anfang, der nicht folgenschwerer hätte sein können.

---

* Colón erwähnt im *Bordbuch* insgesamt einunddreißig gefangene Indianer, von denen aber vier entkamen und drei an Land ausgesetzt wurden. Wir wissen nicht, wie viele Tainos an Bord waren, als die beiden Schiffe die Rückreise über den Atlantik begannen. Martyr behauptet, es seien zehn gewesen. Die Zahl der Europäer an Bord ist ebenso ungewiß, da nicht feststeht, wie viele in La Navidad zurückgelassen wurden: Das *Bordbuch* spricht von neununddreißig, ebenso Fernando, bei Martyr und Oviedo sind es achtunddreißig und bei Andrés Bernáldez vierzig. Alle anderen kehrten unversehrt zurück.

Sechstes Kapitel
1493–1494

Freitag, den 15. März. In der Nacht auf Freitag setzte ich meine Fahrt in derselben Richtung mit schwachem Winde weiter fort und befand mich bei Tagesanbruch auf der Höhe von Saltés. Um zwölf Uhr mittags fuhr ich bei Flut an der Felsbank von Saltés vorbei in den Hafen ein, von dem aus ich am 3. August des vergangenen Jahres meine Fahrt angetreten hatte. Damit will ich mein Bordbuch beschließen. Ich möchte nur noch bemerken, daß ich mir vorgenommen habe, mich auf dem Seewege nach Barcelona zu begeben, wo ich wußte, daß zu dieser Zeit der König und die Königin sich aufhielten, um ihnen einen ausführlichen Bericht über meine ganze Reise, die die Gnade Gottes mir eingegeben und zu glücklichem Ende hatte bringen lassen, vorzulegen.

Die Heimreise war beschwerlich – in zwei schrecklichen Stürmen wurden die *Niña* und die *Pinta* wieder getrennt, die halbe Mannschaft der *Niña* wurde gefangengenommen, als sie auf den Azoren anlegten, und um sein Schiff wieder flottzumachen, war Colón gezwungen, in Portugal vor Anker zu gehen, und das hieß, König João Bericht zu erstatten, ehe er Spanien erreichte; Mitte März, 224 Tage nach seiner Abfahrt, fuhr Cristóbal Colón wieder in den Hafen von Palos ein. Und er kam im Triumph, mit der Nachricht, daß weit draußen im Ozeanischen Meer wirklich besiedelte Inseln lagen, mit dem Beweis, daß Ost- und Westwinde die Hin- und Rückreise begünstigten, mit Gegenständen aus Gold und anderen Schätzen aus diesen Gegenden, und mit sechs (oder sieben oder acht, je nach Bericht) bronzefarbenen, bemalten Eingeborenen – denn mehr waren nach zwei Monaten auf den kleinen Schiffen im sturmgepeitschten Nordatlantik nicht übriggeblieben. Und er kam, um der Welt zu berichten.

In den ersten Wochen der Rückreise, bevor das Wetter umschlug, begann Colón einen zusammenfassenden Brief an die Monarchen zu schreiben, in dem er seine großen Entdeckungen schilderte. Er beendete ihn am 15. Februar vor den Azoren und sandte ihn, wahrscheinlich am 4. März von Lissabon aus, an den Hof in Barcelona. Wie nicht anders zu erwarten, ist dieser Brief von seiner eigenen Sicht der Dinge bestimmt, er steckt voller Übertreibungen (Kuba etwa wird beschrieben als «größer als England und Schottland zusammengenommen», obwohl es kaum halb so groß ist) und Fabeln (Berichte über Amazonen, Menschen mit Tierschwänzen und das unvermeidliche Volk, das «Menschenfleisch verzehrt»). An mehreren Stellen unterschlägt Colón einfach die Fakten (wenn er zum Beispiel schreibt, «eine große Ortschaft *[una villa grande]* in aller Form besetzt» zu haben, den Schiffbruch aber mit keinem einzigen Wort erwähnt); gleichzeitig strotzt sein Bericht aber von großartigen Versprechungen, er stellt «Handelsverkehr» und «materiellen Wohlstand» in Aussicht, Flüsse und Goldminen, Gewürze, Baumwolle, Mastixharz und Aloe und «weitere wertvolle Produkte», unvergleichliche Häfen und «in hervorragender Weise zur Anlage von Pflanzungen, zur Viehzucht» geeignete Landschaften, die «von Natur aus so reich sind, daß ich es nicht zu schildern vermöchte». Er malt das Bild einer unvorstellbaren Welt, das faszinierend und peinigend zugleich gewesen sein muß (wenn auch nicht sehr genau): «Diese Welt ist von erstaunlicher Fruchtbarkeit», herrlich «von verschiedenerlei Bäumen besetzt», die «niemals ihren Blätterschmuck [verlieren]», mit «zahllose[n] Vogelarten», und mit «außergewöhnlich viele[n] Pinien, weite[n] bepflanzte[n] Ländereien ... und verschiedensten Fruchtarten»; und die Menschen dieser Welt sind einfach und unverdorben, «ohne Unterschied des Geschlechts vollkommen nackt, wie sie Gott erschaffen», ohne Waffen oder Eisen und offenbar sogar ohne persönlichen Besitz, «Leute von angenehmem Äußern» und mit einem »gesunden Menschenverstand», aber «von einer unheilbaren Feigheit» (das sagt er viermal), äußerst großzügig und herzlich, «so ehrliche und freigiebige Menschen, daß es niemand für möglich halten würde, der es nicht selbst erlebt hat».

Man kann sich gut vorstellen, wie Ferdinand und Isabella auf dieses – nach dem königlichen Beamten, an den es adressiert war, allgemein als «Brief an Santangel» bezeichnete – Schreiben reagierten, als es Mitte März in Barcelona eintraf. Zweifellos erfreut über das unerwartet günstige Ergebnis der Reise, beriefen sie ihren Admiral zur genaueren Berichterstattung an den Hof und dachten bereits an eine zweite, weit größere Flotte, die noch vor Ende des Sommers auslaufen sollte. Ihre Begierde nach den neuen Gebieten, die Admiral Colón für sie entdeckt hatte, nach der Gelegenheit zur «Bekehrung so vieler Völker zu unserem Glauben», wie er es in seinem Brief ausdrückte, und nach dem «materiellen Wohlstand, den dies alles im Gefolge haben wird», zeigte sich in der Eile, mit der sie Rom von seiner Entdeckung in Kenntnis setzten, um die Anerkennung durch den Papst zu erwirken. Mitte April erreichte eine Abschrift des Briefes an Santangel Rom, und am 3. Mai bekräftigte Seine Heiligkeit Alexander VI., der tief in Ferdinands und Isabellas Schuld stand, durch eine päpstliche Bulle die spanische Herrschaft über alle Gebiete, die der *dilectus filius Christophorus Colon* entdeckt hatte und noch entdecken würde.

Die weitverbreitete Meinung, daß dieser Brief Europa sofort aufhorchen ließ, ist jedoch irrig. Ende März oder Anfang April wurde er in Barcelona in einer kleinen Auflage in kastilischer Sprache gedruckt, wahrscheinlich zum Zwecke der privaten Verbreitung bei Hof – davon ist nur ein einziges Exemplar erhalten geblieben. Kurz darauf, Anfang Mai, erlangte eine ins Lateinische übersetzte *(De insulis inuentis. Epistola Cristoferi Colom)* und in Rom als achtseitige Broschüre veröffentlichte Ausgabe Beliebtheit – heute würde man wohl von einem Bestseller sprechen, denn ehe das Jahr um war, gab es zwei weitere lateinische Auflagen in Rom und fünf in Basel, Paris und Antwerpen; darüber hinaus erschienen drei Ausgaben in Toskanisch, die ein gewisser Giulano Dati nach der lateinischen Vorlage in ziemlich plumpe Verse übersetzt hatte, die erste davon Mitte Juni. Die geringe Zahl dieser Ausgaben läßt jedoch den Schluß zu, daß sie in kleinen Auflagen gedruckt wurden und ihr Inhalt vorwiegend für Gelehrte von Interesse war (von den zwölf Auflagen waren acht lateinisch), Europa im ganzen aber der darin enthaltenen Neuigkeit gelassen und ungerührt gegenüberstand. Zweifellos wurde keine intellektuelle Explosion ausgelöst, nichts, was «Europa zu der Erkenntnis veranlaßte, daß die Grenzen seiner Welt sich veränderten», und eine

«Neubewertung seines Weltbildes» nötig machte (wie in einer neuen Studie behauptet wird). Wie der Archivar der John Carter Brown Library, Rudolf Hirsch, meint, waren diese Schriften nur «in einem beschränkten Leserkreis beliebt und stießen in der breiten Öffentlichkeit auf wenig Interesse». Außerdem wußte niemand diese neue Information richtig einzuordnen, auch die Kosmographen und Wissenschaftler nicht, und es dauerte noch ein Jahrzehnt – mancherorts länger –, bis man erkannte, daß Colóns Entdeckung bedeutender war als zum Beispiel die Entdeckung der Azoren oder der Kanarischen Inseln. Aber auch die Gelehrten verloren offenbar bald das Interesse an den Entdeckungen, und in den nächsten sieben Jahren wurden nur sieben Ausgaben gedruckt, zwei in Lateinisch im Jahre 1494, zwei in Toskanisch 1495, eine in Kastilisch und eine in Deutsch 1497, eine weitere in Toskanisch 1500, und danach nichts mehr.

Nach der ersten Erregung, die sein Bericht am spanischen Hof ausgelöst hatte, stand der erfolgreiche Admiral jedoch bei den Monarchen in hohem Ansehen. Mitte April empfingen sie ihn mit allen Ehren bei Hof, und wenn wir auch überraschend wenig über die Einzelheiten dieses Ereignisses wissen – selbst das genaue Datum ist ungewiß –, so muß es doch ziemlich feierlich und auch einigermaßen dramatisch verlaufen sein, wenn man sich Colóns Abordnung von der *Niña* vorstellt, die aus sechs Indianern und mehreren Männern der Mannschaft mit Papageien in Käfigen, «Ratten» *(hutias)* und Hunden an Leinen, Truhen voll ungewöhnlicher Dinge und Goldstücken bestand.[1]

Am 20. Mai gestanden ihm Ferdinand und Isabella nicht nur ein Familienwappen zu, sondern erlaubten ihm sogar, darauf die Burg von Kastilien und den Löwen von León abzubilden, die auch auf der königlichen Standarte zu sehen waren. Eine Woche später bestätigten sie erneut die Bedingungen ihrer ursprünglichen Vereinbarung aus dem Jahr zuvor:

«Alldieweil es aber unserm Herrn gefallen hat, daß Ihr viele dieser Inseln entdeckt habt, daß Ihr mit Seiner Hilfe noch andere Inseln und Festländer in besagtem Ozean und in den Regionen von Indien auffinden und entdecken werdet ... bestätigen Wir hierdurch Euch und Eure Nachkommen, einen nach dem andern, für jetzt und immerdar, in den genannten Ämtern als Admiral des besagten Weltmeeres, als Vizekönig und Gouverneur der besagten Inseln und Festländer, die Ihr durch Eure Betriebsamkeit in besagten Regionen Indiens noch auffinden und entdecken solltet.»

Am darauffolgenden Tag, dem 29. Mai, gaben sie formelle Anweisungen für die zweite Entdeckungsreise und betrauten ihren Admiral nicht nur ausdrücklich mit der Ausstattung der Schiffe und Durchführung der Reise, sondern verliehen ihm die Entscheidungsgewalt über alle Aktivitäten in dem ganzen neu entdeckten Gebiet. (Diese Ehren legen den Schluß nahe, daß die Monarchen seine verschiedenen «Schätze» von Aloe, Mastixharz und Gewürzen noch nicht als wertlos erkannt hatten oder es ihnen gleich war, solange nur das Gold echt war.)

Colón stand auf dem Gipfel seiner Macht: Niemals wieder sollte er bei Hof so hohes Ansehen genießen, niemals wieder als Stratege oder Seefahrer so ernstgenommen werden. Der König und die Königin stimmten sogar seinen eigentümlichen Vorstellungen von einer künftigen Kolonisierung im wesentlichen zu, die er einen Monat zuvor in einer Denkschrift zur «Besiedelung und Regierung» der Westindischen Inseln skizziert hatte.

In dieser Schrift fanden seine in der Karibik ausgebrüteten Festungsgedanken einen konkreten Ausdruck. Sie ist insofern ein bemerkenswertes und zu Unrecht außer acht gelassenes Dokument, als darin erstmals die kolonialen Strategien Spaniens dargelegt wurden, die zur Beherrschung der ganzen Erde führten.

Eine unangefochtene europäische Vorherrschaft wird darin ebenso als selbstverständlich gesehen wie die Eroberung und Verwaltung der Inseln durch die zweitausend auszusendenden Spanier. Alle bestehenden oder konkurrierenden Ansprüche so mächtiger Herrscher wie der Fürsten von Cipango oder des Großen Khans werden vollkommen ignoriert. Ebensowenig Berücksichtigung finden die Rechte oder Lebensumstände der Indianer selbst. Die eingeborene Bevölkerung wird als eine substanzlose Ziffer behandelt – allerdings gibt es die Empfehlung, zum Zwecke ihrer Bekehrung Priester auszusenden. Im übrigen ist das Hauptaugenmerk auf die Organisation von Nutzbarmachung und Handel gerichtet, was einzig und allein als Zweck der Besiedelung und Beherrschung genannt wird. Selbstverständlich steht das Gold im Mittelpunkt der Überlegungen; fast zwei Drittel der Schrift sind den Methoden gewidmet, die der Gouverneur (Colón selbst natürlich) und die Beamten anzuwenden hätten, um das Sammeln, Schmelzen, Lagern sowie den Verkauf und das Verschiffen des Metalles möglichst effektiv zu überwachen. (In einem bemerkenswerten und entlarvenden Absatz gesteht Colón ein, daß Gold zur Besessenheit werden könne; er sagt, daß «aus Gier nach Gold jeder lieber danach suchen wird, als anderen unerläßlichen Beschäftigungen nachzugehen», und schlägt vor, die Arbeit in den Goldgruben eine Zeitlang zu verbieten, damit »andere Aufgaben erfüllt werden können».)*

So kam es, daß Spanien den anderen Nationalstaaten voran in die Arena des Imperialismus stieg und seine Regierungsform und Kultur Stück für Stück auf fremden Boden verfrachtete, seine Gesetze (und Siedlungen) jedem Gebiet aufzwang, in dem es sich ohne Rücksicht auf die eingeborenen Kulturen oder natürlichen Bedingungen behaupten konnte; die indischen Siedlungen sollten, wie Colón ohne zu zögern schrieb, «nach den Sitten und Gebräuchen Kastiliens» regiert werden. Soviel Arroganz stand den Königen und dem Volk eines so sehr von Militarismus, Religiosität, Ausbeutung und Beherrschung durchdrungenen Staates übel an; andererseits war es aber nur der genaue Ausdruck der herrschenden Machtformen. Besetzung, Bekehrung, Besitzgier und Bevormundung – mit Colóns zweiter Reise wurden sie in die neuen Gebiete getragen.

Bei der zweiten Reise ging es aber nicht mehr nur um drei armselige Kähne: Es handelte sich um die Begründung des spanischen Imperiums, und die Monarchen stellten nicht weniger als siebzehn

* Es überrascht kaum mehr, am Ende eines so offenkundig materialistischen Briefes jene hier erstmals verwendete Unterschrift zu finden, mit der Colón fortan immer zeichnete und deren erster Teil (ohne Zweifel kabbalistisch inspiriert) bis heute allen Entschlüsselungsversuchen standgehalten hat:

·S·
·S·A·S·
XMY
: Xρo FERENS /

für eine sechsmonatige Reise voll ausgerüstete Schiffe zur Verfügung, mit einer aus «den Besten und Zuverlässigsten ihrer Zunft» bestehenden Mannschaft und zwischen 1200 und 1500 Kolonisten – dieses Mal waren auch fünf mit der Bekehrung der Eingeborenen zum christlichen Glauben betraute *religiosos* darunter; des weiteren mehrere Hundert *hidalgos* zur Ausweitung der Reconquista auf die neuen Länder; viele Soldaten mit Harnischen, Armbrüsten, Arkebusen und Kanonen; zwei der überlebenden indianischen Gefangenen als Dolmetscher; einige Handwerker, Bauern, Bergleute und Erzfachleute; und eine zusammengewürfelte Schar Abenteurer, die ihre Truhen mit den vom Admiral versprochenen Goldschätzen füllen wollten. Ein großzügiges Unternehmen, wahrhaftig, und zumindest ein Teil der dafür erforderlichen enormen Summen stammte aus dem beschlagnahmten Besitz spanischer Juden, wenn man nach den königlichen Befehlen vom 23. Mai 1493 urteilt, demselben Tag, an dem Ferdinand und Isabella auch die zweite Reise genehmigten und neue Verfügungen wegen nicht beanspruchtem oder bei *conversos* zurückgelassenem jüdischen Eigentum erließen.* Interessanterweise fuhren auch diesmal keine Frauen mit; die Krone hatte sich demnach noch nicht zu einer endgültigen Besiedelung entschlossen und rechnete damit, daß die Männer sich die Inselfrauen nach Belieben gefügig machen würden. Erst 1497 tauchte der Vorschlag auf, spanische Frauen in die Kolonien zu schicken, was aber nachweislich erst ab 1502 geschah.

Trotz ihrer Bedeutung gibt es erstaunlich wenig schriftliche Aufzeichnungen über diese Reise. Der Admiral führte offenbar ein Tagebuch, das Fernando als Vorlage für seine Biographie diente, doch wurde es anscheinend nie vervielfältigt und ging verloren. Der Hof sandte keinen offiziellen Chronisten mit auf die Reise, und der einzige königliche Beamte war, wie könnte es anders sein, ein Rechnungsprüfer, der sorgfältigst darauf achten sollte, daß den Monarchen nichts von ihrem Anteil am Gold entging. Glücklicherweise gibt es drei kurze Berichte, eigentlich nur Briefe, die zu-

* Wie Meyer Kayserling schätzt, wurden Schätze im Wert von etwa 6 Millionen Maravedis beschlagnahmt, dreimal soviel, wie die erste Reise gekostet hatte.

sammengenommen ein Bild von der Reise nach Española, von den ersten Besiedelungsversuchen und den Erkundungen des Admirals auf Jamaika und der Südküste Kubas zu vermitteln vermögen: einen Brief des Arztes der Flotte, Dr. Diego Alvarez Chanca, aus dem Jahre 1494; einen 1495 datierten Brief des ligurischen Adeligen Michele de Cuneo, der möglicherweise ein Kindheitsfreund Colóns war und als einfacher Abenteurer mitfuhr; und einige Briefe von Guillermo Coma von Aragonien, die sein Freund Nicolo Scillacio Ende 1494 oder Anfang 1495 in Pavia ins Lateinische übersetzte und veröffentlichte. So hilfreich diese sind, so fehlt doch die unverkennbare Stimme Colóns, an die wir uns durch Las Casas gewöhnt haben und die uns tiefen Einblick in seinen komplizierten Charakter gewährt; erst während der dritten Reise 1498 werden wir sie wieder hören.

Die zweite Reise führte zu der ersten intensiveren Begegnung zwischen der europäischen und der indianischen Gesellschaft, zum Zusammenprall der Kulturen, dessen Echo sich über fünf Jahrhunderte fortsetzte. Ihr Verlauf läßt all die Eigenheiten dieses dunklen Zeitabschnitts klar hervortreten. Die zuvor nur angedeutete Einstellung diesen naturverbundenen Menschen und ihrer Welt gegenüber trat jetzt ganz deutlich zutage, und es zeigte sich in trauriger Weise, daß die europäische Welt der in Angriff genommenen Aufgabe nicht gewachsen war.

[Sonntag, den 3. November. Dominica.] Die in der Beobachtung der Ferne wetteifernden scharfsichtigsten Aussichtsposten verkündeten vom Mastkorb des Flaggschiffs aus, daß Land in Sicht sei. Einmal melden sie, die Gipfel der Berge zu sehen, dann wieder das Grün der Wälder, und plötzlich tauchten sieben unbekannte Inseln vor unseren Augen auf. [...]

Diese Inseln werden von den Canabilli *bewohnt, einer wilden, ungezähmten Rasse, die sich von Menschenfleisch ernährt. Es wäre nicht falsch, sie als* anthropophagi *zu bezeichnen. Um sich mit Fleisch zu versorgen, führen sie endlose Kriege gegen gutmütige und ängstliche Indianer; diese sind ihre Beute und das Ziel ihrer Jagd. Sie gehen grausam gegen die Indianer vor, plündern und peinigen sie ohne Erbarmen. [Coma]*

Schon am ersten Tag, als die Flotte die «indische Küste» sichtet, ist von den *Canabilli* die Rede, jenem gefürchteten Volk, das laut Colóns Bericht an die Monarchen Menschenfleisch verzehrte. Diese Indianer werden auch als Canibales, Canibas oder am häufigsten als Caribas bezeichnet, von ihnen leiten alle europäischen Sprachen das Wort «Kannibalismus» ab – auch die ersten mutmaßlichen Fälle von «Kannibalismus» werden mit ihnen in Verbindung gebracht.

Die, laut Colón, von den Tainos so genannten Caribas oder Kariben – die Anthropologen sprechen im allgemeinen von «Insel-Kariben», um sie von einem völlig anders gearteten Festlandvolk desselben Namens zu unterscheiden – bezeichneten sich selbst offenbar als Kalinas (oder Killinagos). Sie waren Neuankömmlinge auf dem später nach ihnen benannten Meer und seinen Inseln; erst Anfang des fünfzehnten Jahrhunderts waren sie in das Gebiet gekommen und hatten die Kleinen Antillen von Grenada bis hinauf nach Guadeloupe erobert, hatten sich aber mit den eingeborenen Igneris vermischt und viele Bräuche von ihnen angenommen. Damals waren sie berüchtigt, doch wissen wir heute nur wenig von ihnen, ihr Siedlungsgebiet ist anthropologisch kaum erforscht. Außerdem wurden sie von der Eroberungswelle und den Krankheiten der Europäer schon bald ebenso hart getroffen wie die übrige Inselbevölkerung, so daß nur einige zusammenhanglose Spuren von ihnen übrigblieben, die im neunzehnten Jahrhundert untersucht wurden.

Bekannt ist jedoch – sollte es angesichts der vorliegenden Fakten jedenfalls sein –, daß die Kariben entgegen der hartnäckigen Meinung der Europäer weder wild noch kriegerisch waren – und sie waren auch keine Kannibalen.

Die Mythen, die sich um die Kariben ranken, entspringen fast ausschließlich der Phantasie des Cristóbal Colón. Und wie sich zeigt, ist er eine außerordentlich unzuverlässige Quelle – ein Mann, der kaum etwas Wesentliches über die Kultur der Kariben gewußt haben kann, der in all den Jahren mit allergrößter Wahrscheinlichkeit auf keine einzige von Kariben bewohnte Insel den Fuß setzte und wahrscheinlich überhaupt nie einen lebendigen Kariben zu Gesicht bekam, mit Ausnahme einiger Frauen und Kinder, die er *zweieinhalb Jahre* nach dieser ersten Entdeckung Dominicas als Gefangene an Bord bringen ließ.

Das alles mag seltsam klingen, wenn man bedenkt, wieviel Tinte Colón und seine Begleiter verbrauchten, um den Charakter der Kariben zu beschreiben, doch die Tatsachen sprechen eine ziemlich deutliche Sprache. Auf seiner ersten Reise traf Colón nie auf Kariben und behauptete das auch nicht; das Bild von ihrer Wildheit machte er sich anhand der Schilderungen der Tainos – deren Sprache er nicht verstand. Die von ihm zunächst als Kariben bezeichneten, mit Bögen und Keulen ausgerüsteten Eingeborenen, die «zumindest nicht weit von den letzteren seßhaft sein» mußten, waren ein östlicher Stamm seiner «sanften Tainos», der keineswegs besonders gewalttätig schien. Nun, auf der zweiten Reise, hatte Colón offenbar im voraus festgelegt – auch wenn er sich nur auf die Informationen der gefangenen Tainos stützen konnte –, daß die neu entdeckten Inseln von Kariben bewohnt seien, und das gab er, zusammen mit seinem Bild des wilden Eingeborenen, an Coma und die anderen mitreisenden Briefeschreiber weiter. Doch auf Guadeloupe, der einzigen karibischen Insel, auf der seine Flotte während dieser Reise vor Anker ging, flüchteten «die Eingeborenen ... sobald sie uns erblickten» (Cuneo) – wohl kaum ein Beweis für ihre Wildheit –, und bei den einzigen Indianern, die Colón entdeckt haben kann, vierzehn «Weibern und Knaben», die er entführen ließ, soll es sich nicht um Kariben, sondern um deren unglückliche Gefangene gehandelt haben.

Wie wir sehen werden, traf Colón einige Tage später tatsächlich auf offenen Widerstand und nahm selbstverständlich an – ebenso wie die Chronisten seiner Zeit und meines Wissens auch die meisten Historiker bis heute –, daß nur Kariben den Weißen mit solcher Feindseligkeit entgegentreten konnten. Dieser Vorfall ereignete sich jedoch auf der nie von Kariben bewohnten Insel Santa Cruz (St. Croix) – man nimmt an, daß die Kariben nicht weiter nördlich als Guadeloupe, über 300 Kilometer entfernt, siedelten –, deren Bewohner wahrscheinlich zu jenen mit Bögen bewaffneten östlichen Tainos gehörten, mit denen der Admiral auch auf seiner ersten Reise in der Bucht der Pfeile zusammengestoßen war. Colóns Fehleinschätzung wurde fast zur Regel: Wenn die Menschen auf einer Insel unterwürfig oder zumindest nicht feindselig waren, wurden sie von den Spaniern den Tainos oder guten Indianern zugeordnet, empfand man sie aber als feindlich gesinnt oder zumindest abwehrend, so wurden sie als kriegerische Kariben, als böse Indianer bezeichnet. Das Verständnis der Europäer für die Inselbevölkerung bewegte sich in dem Jahrhundert, da sie miteinander in Berührung kamen, im großen und ganzen auf dieser Ebene.

Die Vorstellung von den wilden und feindseligen Kariben war also nie mehr als ein aus Colóns Verfolgungsangst oder seiner unbeugsamen Grausamkeit erwachsener Wahn, der sich auf die Mitreisenden, die europäischen Chronisten und die Geschichte übertrug. Im sechzehnten Jahrhundert kamen tatsächlich einige Seeleute zu Schaden, als sie auf diesen Inseln landeten – angesichts der Taten der Weißen verwundert es kaum, daß die Kariben nicht eben gastfreundlich waren. In den historischen Zeugnissen aus diesem Jahrhundert wird jedoch die Liebenswürdigkeit der Inselbewohner und ihr passives Verhalten stets besonders hervorgehoben. Pater Raymond Breton, ein französischer Priester, der Mitte des siebzehnten Jahrhunderts unter den Kariben lebte, zeigte sich sogar verärgert über ihre mangelnde Angriffslust: «Ich würde mich viel eher über ihr allzu sanftes Verhalten mir gegenüber beklagen», schrieb er.

Und ihr Kannibalismus? Den wirklich stichhaltigen Beweisen nach zu urteilen, handelt es sich auch dabei um einen Mythos. Colón war niemals selbst Zeuge des Verzehrs von Menschenfleisch, auch berichtete er nie darüber, obwohl er immer danach Ausschau hielt, und nur bei zwei Gelegenheiten wußten seine Männer über äußerst vage Anzeichen für einen solchen Vorgang zu berichten: Während eines Aufenthaltes in einem verlassenen Dorf auf Guadeloupe wurde laut Chanca «ein Männerhals in einem Topfe gekocht»; in den Hütten wurden «Gebeine» gefunden und bei einem erneuten Aufenthalt auf der Insel im Jahre 1496 laut Fernando ein «Männerarm, der zum Rösten auf einem Bratspieß steckte». Man kann sich allerdings schwerlich vorstellen, daß europäische Seeleute einen vom Körper getrennten Hals oder Arm eindeutig als von einem Menschen und nicht von einem Affen oder einem Hund stammend identifizieren konnten. Im übrigen gibt es keinen Beweis dafür, daß sie wirklich zum *Verzehr* bestimmt waren, daß man nicht eben dabeigewesen war, bestimmte Knochenteile eines Verstorbenen (wie in anderen indianischen Kulturen) zu säubern und vorzubereiten für die Aufbewahrung als Reliquien. Von ihren Vorurteilen blind gemacht, fanden diese Leute offenbar, was sie zu finden erwarteten.

Das ist alles. In keinem der Augenzeugenberichte über die Kariben aus dem nächsten Jahrhundert finden sich weitere Belege für das tatsächliche Vorhandensein des karibischen Kannibalismus. Nur Pater Breton schildert ein gemeinschaftliches Fleischmahl; möglicherweise war er aber nicht selbst anwesend, da er nicht mit Gewißheit sagen konnte, ob das Fleisch wirklich von einem Menschen stammte. Seine Versicherung, die Kariben hätten ihm selbst *gesagt,* es handle sich um Menschenfleisch, wird durch die Tatsache relativiert, daß er zu diesem Zeitpunkt ihre Sprache noch kaum beherrschen konnte. Las Casas, der jahrzehntelang Erfahrungen auf den Inseln gesammelt hatte, stellte den Kannibalismus der Kariben entschieden in Abrede, und William Sheldon, ein Wissenschaftler, der im neunzehnten Jahrhundert die gesamte Literatur überarbeitete, erklärte, keinen zuverlässigen Nachweis für den Kannibalismus gefunden zu haben. Archäologen haben zwar in mutmaßlichen Kariben-Siedlungen einzelne Menschenknochen gefunden, doch könnten diese ebensogut von prä- oder postkaribischen Kulturen stammen; jedenfalls läßt nichts – weder Zahnabdrücke noch Messereinschnitte – darauf schließen, daß hier das Fleisch von Menschen anderen Menschen als Nahrung diente. Pater Breton, der die Sprache der Kariben später erlernt hatte, erklärte, er kenne keine auf kannibalische Riten bezogenen karibischen Wörter, und auch die Ethnographen haben keine entsprechenden Hinweise gefunden. Robert Myers, der das Problem in neuester Zeit untersuchte, erklärt, daß «weder archäologische noch linguistische Daten für die Existenz des Kannibalismus sprechen», und argumentiert folgendermaßen: «Die verfügbaren Informationen lassen keinen eindeutigen Schluß zu, doch sind alle Beweise schwach, beruhen auf Zufällen und stammen großteils aus zweiter Hand. Würde man die Kariben des Kannibalismus anklagen, man müßte sie freisprechen.» Der Anthropologe W. Arens erklärt in seinem umfassenden Buch *The Man-Eating Myth,* er habe «kein Material entdecken können, das belegen könnte, daß auch nur eine Gesellschaft der Welt den Kannibalismus in welcher Form auch immer als Brauch pflegte», und es gebe «wenig Grund zu der Annahme, daß jene Eingeborenen, deren Name jetzt für Menschenfresser steht, wirklich zu diesen gehörten».[2]

Wie konnte ein solcher Mythos entstehen und sich später so festsetzen, daß der Kannibale das Bild der Europäer von den Menschen Indiens, ja der gesamten Neuen Welt prägte? Wie zum Beispiel auf einer möglicherweise von Hans Holbein dem Jüngeren illustrierten Karte Basels aus dem Jahre 1532, auf der einige großartige, kunstvolle Gebäude für den Vorderen Orient stehen und eine Horde Kannibalen, die vergnüglich Arme und Beine von den dazugehörigen Körpern trennen und am Spieß rösten, Amerika darstellen. Warum widmeten Chanca, Amerigo Vespucci und Sebastian Münster ebenso wie viele spätere Chronisten den Geschichten über Menschenfresser so breiten Raum? Wie etwa Petrus Martyr, der berichtet, daß die Kannibalen gefangengenommene Kinder «beschneiden, um sie zu mästen, wie wir es mit Hähnen und Ferkeln tun, und um sie zu verzehren, wenn sie wohl genährt sind; zuerst verzehren sie die Eingeweide und die Extremitäten, wie Hände, Füße, Arme, Hals und Kopf. Die übrigen, fleischigeren Teile würzen [salzen] sie, um sie aufzubewahren, wie wir es mit Schweinefleisch und Räucherschinken tun».

Die einfache Antwort auf diese Frage ist, daß Europa jahrhundertelang von seltsamen menschenfressenden Stämmen in den unteren Regionen der Welt gehört hatte – Menschenfresser gehörten zum Standardrepertoire der volkstümlichen «Berichte» von Weltreisenden wie John Mandeville und zählten wie der wilde Mann zu den beliebtesten Ungeheuern und Schreckgespenstern – und daß jeder gebildete Mensch darauf gefaßt war, sie an einem Ort wie Indien anzutreffen; das geringste Anzeichen konnte als Beweis für ihre Existenz gelten. Für Europa war der Kannibalismus ein ungeheuerlicher Verstoß gegen die göttlichen Naturgesetze, nach denen ausschließlich «höhere» Wesen «untergeordnete» essen durften. Die unvollkommene Kreatur diene den Zwecken der vollkommenen, schreibt Francisco de Vitoria. Er war das Werk des Satans, dessen Riten bekanntermaßen solche Zerrbilder der christlichen Liturgie (d.h. der Eucharistie) enthielten. Er verstieß gegen die Grundsätze der europäischen Zivilisation, nach denen Menschen bei *lebendigem* Leibe geröstet und getötet werden konnten, wie es in allen Ländern der Inquisition täglich geschah, es aber undenkbar war, sie zu töten und zu rösten, wenn sie bereits *tot* waren.*

Es kommt aber noch etwas hinzu: Die Kannibalismus-Legende bot eine Möglichkeit zur Rechtfertigung der Versklavung und Verschleppung dieser Menschen, die so deutlich von der Gnade Gottes ausgenommen waren, daß man sie durchaus zu den Tieren zählen konnte. Wie wir bereits gesehen haben, nahm die Idee zur Versklavung der Inselbevölkerung im Kopf des Admirals auf der ersten Reise um so konkretere Formen an, je weniger andere gewinnträchtige Gründe er für seinen großen Plan ins Treffen führen konnte. Schließlich konnte er den Monarchen «Sklaven in jeder gewünschten Menge» versprechen. Jetzt, auf der zweiten Reise, wurde aus der Idee noch vor dem ersten Landgang ein fast völlig ausgereifter Plan: Jeder Inselbewohner wurde fortan als Karibe betrachtet und konnte daher versklavt werden. (Tatsächlich ist es erstaunlich, wie viele Eingeborene, die auf den ersten Blick für sanfte Tainos gehalten worden waren, sich bei näherer Betrachtung als wilde Kariben erwiesen und in Ketten auf die spanischen Schiffe getrieben wurden.)

---

* Die Ironie daran ist, daß der Kannibalismus den Europäern selbst offenbar keineswegs fremd war. Einigermaßen zuverlässig sind unter anderem die Berichte über folgende Fälle: 1476 wurde der verhaßte Tyrann Galeazzo Maria Sforza vom Mob in Stücke gerissen und verspeist; nach dem Massaker in der Bartholomäusnacht wurden 1572 in Paris und Lyon Körperteile von Hugenotten versteigert und angeblich verzehrt; 1617 wurde der Körper des Marschalls d'Ancre in Frankreich gegessen. In besonders schlimmen Hungerperioden schien der Verzehr von Menschenfleisch zumindest manchen Zeitgenossen akzeptabel – Braudel berichtet von einer der schwersten Hungersnöte im Burgund des Jahres 1662, während der Menschenfleisch verzehrt wurde, und in unzähligen Berichten aus dem sechzehnten und siebzehnten Jahrhundert werden Fälle von Kannibalismus auf Schiffen, denen die Nahrungsmittel ausgegangen waren, angedeutet (und fallweise zugegeben). Montaigne schreibt, daß sowohl die Katholiken als auch die Protestanten in den Glaubenskriegen des sechzehnten Jahrhunderts das Fleisch ihrer Feinde aßen, führt allerdings keine Beweise dafür an – vielleicht, weil die Sache so wenig glaubhaft war.

Fremde Völker für unterlegen zu halten, ist immer leicht, und noch leichter ist es, sie als Tiere oder Bestien hinzustellen, besonders wenn ihre Versklavung oder Ausrottung aus purer Habgier beschlossene Sache ist. Was für eine glückliche Fügung, daß sie sich alle als Menschenfresser erwiesen und ihre Unterlegenheit – ja, Unmenschlichkeit – selbst unter Beweis stellten, und das dreimal täglich, bei jeder Mahlzeit! Dieses Thema wurde im gesamten sechzehnten Jahrhundert immer wieder abgehandelt, wie etwa in dieser Version des spanischen Historikers Gómara, der behauptete, daß «auf jenen Inseln in den neuen Ländern manche Menschen andere Menschen verzehren und ... sie alle Götzen verehren; und [Ferdinand und Isabella] gaben das Versprechen, wenn Gott ihnen ein langes Leben gewähre, diese abscheuliche Unmenschlichkeit und den Götzendienst in den indischen Ländern, die ihnen gehören, auszumerzen».

Die Kannibalen waren also eine Erfindung derer, die sie nötig hatten, und dienten in den darauffolgenden Jahrhunderten ihren vielfältigen Zwecken, selbstverständlich ohne sich dessen selbst bewußt zu sein. Es paßt ins Bild, daß Shakespeare ihnen im Geist Europas einen Ort und einen Namen zuwies: Der zum Kannibalen erklärte Karibe wurde zu Caliban, zum «Sklaven» und «Bösewicht», zum verachteten Naturwesen – «Du Erdkloß», nennt Prospero ihn verächtlich, die denkbar schlimmste Beschimpfung in Europa –, «gezeugt vom Teufel selbst», geeignet nur zur Unterwerfung und Versklavung. Er ist jener wilde Mann, der immer in den Randbereichen des europäischen Bewußtseins geschlummert hatte und jetzt zum Leben erwachte in dieser schönen Neuen Welt, die für ihn aber ganz anders aussah.

[Donnerstag, den 14. November.] Santa Cruz. Als wir ... vor Anker lagen, sahen wir aus einer Bucht ein Kanu kommen. ... es waren drei oder vier Camballi darauf mit zwei Weibern und zwei Indianern, die sie zu Sklaven gemacht hatten. [...] Da wir mit dem Kapitänsschiff gelandet waren, setzten wir unverzüglich ein Boot aus, als wir das Kanu herbeikommen sahen, und machten uns auf die Jagd nach diesem Kanu. Sobald sich das Boot näherte, schossen die Camballi mit ihren starken Bogen und hätten den Unsri-

gen schweren Schaden zufügen können. Einer von den Unsern hatte einen Schild an der Hand, der Schild wurde von einem Pfeil durchschossen und der Pfeil drang ihm noch drei Finger tief in die Brust ein, so daß er nach wenigen Tagen starb. Wir nahmen das Kanu mit allen Insassen gefangen, und ein Camballo wurde von einer Lanze verletzt, so daß wir ihn für tot hielten. Wir ließen ihn für tot im Meer, aber er begann sogleich zu schwimmen. Deshalb fingen wir ihn mit einem Haken und zogen ihn an Bord des Schiffes, wo wir ihm den Kopf abschnitten. Die andern Camballi schickten wir dann zusammen mit den erwähnten Sklaven nach Spanien. [Cuneo]

Elf Tage später kam es am Salzfluß auf der von Colón Santa Cruz getauften Insel zu der zweiten Schlacht in der Neuen Welt, die die ersten Opfer forderte, von denen wir wissen. Erst später wurde die Behauptung aufgestellt, daß die Verluste auf beiden Seiten gleich groß gewesen seien.

Nicht umsonst hatte die Flotte des Admirals schließlich ganze Schiffsladungen von Soldaten mit europäischen Waffen und einem unerschütterlichen Glauben an die Wildheit der Kariben hierher verfrachtet, die gleich bei der allerersten Gelegenheit ohne jegliche Provokation Jagd auf die Eingeborenen machten. Auf der Barkasse befanden sich laut Chanca etwa zwei Dutzend voll ausgerüstete Männer, während «nur vier Männer und zwei Weiber» auf dem Kanu unterwegs waren, an einen fairen Kampf war aber unter diesen Umständen ohnehin nicht zu denken. «Kariben» – und diese waren keine – waren für die Sklaverei bestimmt oder den Tod. Von einer mit der Gewalt so vertrauten Kultur, die eben die Reconquista auszudehnen begann, konnte man kaum erwarten, daß sie ihre Prinzipien verleugnete, bloß weil sie sich einigen Nackten gegenübersah, die mit nichts als Pfeil und Bogen bewaffnet waren. Und doch ... hier kündigt sich etwas Verhängnisvolles an: «Sie wurden ergriffen und dem Admiral vorgeführt. Einer von ihnen war siebenmal verwundet worden, und seine Eingeweide hingen heraus. In der Annahme, daß er nicht wiederhergestellt werden könne, wurde er ins Meer geworfen. Doch er hielt sich über Wasser und hob einen Fuß, preßte die linke Hand auf seine Eingeweide und schwamm mutig ans Ufer.

Dieses Ereignis erschreckte die als Dolmetscher mitgeführten Indianer, welche fürchteten, die Kariben könnten entkommen und noch viel grausamere Rache üben. Daher beharrten sie darauf, die Kariben zu töten. So wurde der verwundete Karibe am Ufer erneut ergriffen, an Händen und Füßen fester gefesselt und kopfüber ins Wasser zurückgeworfen. Doch dieser unbeirrbare Wilde schwamm noch entschlossener, bis er schließlich von mehreren Pfeilen getroffen starb.» [Coma]

Es war wohl ein geeigneter Ort, um Vergeltung zu üben, denn hier kam Cristóbal Colón zum ersten Mal in Reichweite des Territoriums der Vereinigten Staaten.

Die Spur der Gewalt, die die Spanier auf der zweiten Reise hinter sich ließen, ist nicht gut dokumentiert, da die Briefeschreiber dieser Seite der Invasion offenbar nicht viel Aufmerksamkeit schenkten. Dennoch finden sich da und dort Hinweise. Cuneo beschrieb ganz beiläufig eine Begegnung zwischen den Barkassen des Admirals und einigen Indianern in Jamaika: «Als wir nun an Land gehen wollten, bewarfen sie uns mit Steinen, so daß unsere Boote zu den Schiffen zurückkehren mußten. Wir versahen nun die Boote mit Schilden, Armbrüsten und Bombarden und kehrten wieder an Land zurück. Wieder bewarfen sie uns mit Steinen. Da erschoß einer von uns mit seiner Armbrust 16 oder 18, und fünf oder sechs mit der Bombarde. Das geschah kurz nach der Vesperzeit, und am späten Abend kehrten wir zu den Karavellen zurück.»

Später beschrieb Fernando mit ähnlicher Nonchalance, wie die Männer auf Guadeloupe an Land gingen und «erbeuteten und zerstörten, was sie fanden», und er berichtete von einem Vorfall auf einer verlassenen Insel vor Española, bei dem sie «acht Seewölfe, die im Sand schliefen», erschlugen und «viele Vögel und Tauben [ohne Zweifel Möwen]» erlegten; «da nämlich jene Insel nicht bevölkert war und die Tiere keine Menschen kannten, ließen sie sich mit Stöcken erschlagen«. Kein Wort davon, daß das Fleisch der Tiere ihnen als Nahrung dienen sollte; es klingt viel eher so, als hätten die Spanier nur ein sportliches Vergnügen gesucht.

Die Gewalttätigkeiten dieser Reise gipfelten in den Treibjagden auf Indianer, die nach Spanien verschifft wurden, um in Cádiz als

Sklaven verkauft zu werden. Diese auf den Antillen zum erstenmal praktizierte Vorgangsweise hatte Colón sich allem Anschein nach einfallen lassen, um seine im Brief an Santangel gegebenen Versprechen zu erfüllen; offenbar wurde sie von der spanischen Krone jedoch nie ausdrücklich gebilligt. Wir wissen nicht genau, was im einzelnen geschah, fest steht jedoch, daß die Flotte mehrere Dutzend Kariben – oder Gefangene der Kariben, das fiel nicht ins Gewicht – gefangennahm und sie mit den ersten zurückkehrenden Schiffen nach Spanien schickte, zusammen mit einem Brief, in dem Colón den regelmäßigen Schiffstransport von Menschen aus Indien im Austausch gegen Vieh und Versorgungsmaterial aus Kastilien vorschlug: «Die Bezahlung dieser Dinge könnte in Form von Sklaven aus dem Volk der Kannibalen erfolgen, die äußerst wild und gut geeignet *[dispuesta]* für diesen Zweck, gut gebaut und sehr klug sind ... die besten aller Sklaven.» Die Reaktion der Monarchen auf diesen Vorschlag war deutlich zurückhaltend: «Diese Angelegenheit ist für den Augenblick bis zu einer künftigen Reise zurückgestellt worden», antworteten sie im Sommer desselben Jahres, «mittlerweile soll der Admiral sich äußern, was er darüber denkt» – doch Colón ließ sich dadurch nicht im geringsten beirren. Als die nächsten Schiffe im Februar 1495 nach Spanien zurückkehrten, ließ er nicht weniger als 1600 Tainos aus dem Inneren Españolas zusammentreiben – die sanften Tainos, von denen er gesagt hatte, es gebe «auf der weiten Welt keine besseren Menschen» – und unter Bewachung zu den Schiffen bringen, wo 550 von «den besten Männern und Frauen» (so Cuneo) in Ketten an Bord genommen wurden. Und die anderen?

«Aus den übrigen durfte sich jeder seine Leute nach Belieben auswählen, und so wurde es gemacht. Als alle versehen waren, blieben noch etwa vierhundert übrig, welche die Erlaubnis erhielten, hinzugehen, wo es ihnen beliebte. Unter diesen waren viele Frauen mit Säuglingen an der Brust. Da sie Angst hatten, wir würden auch sie ergreifen, ließen sie, um besser vor uns fliehen zu können, die Kinder auf der Erde zurück, liefen verzweifelt davon und flohen sieben oder acht Tagereisen über Berge und sehr große Flüsse von unserer Ansiedlung Isabela fort, so daß man kaum weitere von ihnen wird haben können.»

Ließen die Kinder auf der Erde zurück: Wen würden diese Unglücklichen nicht dauern? Dabei kamen sie wahrscheinlich noch besser davon als ihre Gefährten auf den Schiffen. Cuneo berichtet, daß «von den erwähnten Indianern etwa 200 [starben], deren Leichen wir ins Meer warfen», die übrigen waren zur Hälfte krank, «vermutlich hatten sie die ungewohnte Luft, die kälter ist als bei ihnen, nicht ertragen».

Freilich, in jener Zeit hatte man andere Wertvorstellungen, wenn es um Sklaverei und Menschenleben ging. Und doch ist schwer zu verstehen, wie die Europäer diese groß angelegte Verschleppungsaktion und dieses Massensterben von Mitmenschen vor sich selbst rechtfertigen konnten.

[Donnerstag, den 28. November. La Navidad.] Am nächsten Tag begaben sie sich bei Tagesanbruch zu der Insel, auf welcher ... der Admiral im vorangegangenen Jahr einige Christen zurückgelassen hatte, als er nach Spanien zu den Königen zurückkehrte. [...] Nachdem sie acht Tage lang auf See zugebracht hatten und alles auf ihrem Wege erkundet hatten, erreichten sie den Hafen der Christen voller Freude und zugleich mit unsagbarer Beunruhigung. Denn sie waren begierig, ihre Gefährten gesund und munter anzutreffen und sich über die Sitten der Indianer und den Handel mit ihnen berichten zu lassen. Doch was sie vorfanden, unterschied sich sehr von dem, was sie erhofft hatten. [Coma]

Als die mächtige Flotte des Admirals schließlich in ihrem Zielhafen einlief, der von Colón ein Jahr zuvor unfreiwillig gegründeten kleinen Garnison La Navidad, bot sich den Männern ein Bild der Verwüstung: Weder die Festung noch eines der anderen Gebäude stand noch, die Leichen der Spanier, «abscheulich entstellt und verwest», bedeckten den Boden; von den vierzig Männern war keiner mehr am Leben. Die Ursachen dafür dürften vielfältig gewesen sein – die Spanier könnten untereinander um Gold und Frauen gestritten haben oder wegen ihres grausamen Vorgehens gegen die Tainos von diesen aus Rache angegriffen worden sein –, Comas Erklärung kommt der Wahrheit jedoch wahrscheinlich am nächsten: «Das zügellose Benehmen unserer Männer gegenüber den indianischen Frauen erhitzte die Gemüter und endete in Kämpfen, denn jeder Spanier hatte fünf Frauen, um seine Wünsche und Begierden zu erfüllen», und weiter: «... das konnten die Gatten und Verwandten der Frauen nicht hinnehmen, und so rotteten sie sich zusammen, um diese Beleidigung zu rächen und diesen Frevel auszumerzen (denn keine Menschenart ist frei von Eifersucht), und griffen die Christen mit großer Gewalt an.»

Über die sexuellen Kontakte zwischen den ersten Europäern und den Inselfrauen ist schon viel geschrieben worden, im Grunde wissen wir aber nur sehr wenig darüber. Auf der ersten Reise spricht Colón mit keinem Wort davon, sicher zum Teil deshalb, weil er direkt an Ferdinand und Isabella schrieb und es ungeziemend gewesen wäre, vor der Königin intime Details zu erwähnen; wohl berichtet er mehrmals von nackten Frauen, sogar von solchen «von wunderbarer Gestalt» (21. Dezember), doch die Stelle ist ohne eindeutige sexuelle Konnotation. Manche Autoren vermuten, daß auf dieser Expedition wilde Orgien gefeiert wurden, da die Männer bereits einen Monat auf See waren und die Tainos «ein ganz besonders liebenswertes Wesen zur Schau» trugen (24. Dezember) und «alles von Herzen gern» gaben (12. Oktober), doch gibt es dafür keinen wirklichen Nachweis. Ein Indiz spricht sogar dagegen: Man nimmt an, daß die Syphilis, die sich nach 1494 in Europa so rasch verbreitete, ihren Ursprung in der Karibik hatte, aber zumindest die Mannschaft der *Niña* kehrte nach Palos zurück, ohne daß sich irgendwelche Spuren der verheerenden Krankheit (die inzwischen hätte ausbrechen müssen) zeigten, in einem vom Admiral selbst als außerordentlich gut bezeichneten Gesundheitszustand.[3]

Und die Inselfrauen dürften den Annäherungsversuchen der Europäer eher Widerstand entgegengesetzt haben. Der erste Bericht über sexuelle Kontakte zwischen Angehörigen der beiden Kulturkreise – verfaßt von dem italienischen Adligen Cuneo auf Santa Cruz – ist äußerst aufschlußreich:

«Auf jenem Kanu hatten wir auch eine sehr schöne Camballin gefangen genommen, die mir der Herr Admiral zum Geschenk machte. Nachdem ich sie mit in meine Kammer genommen hatte und sie nach ihrer Sitte nackt war, bekam ich Lust, mich mit ihr zu ergötzen. Als ich aber meine Gelüste ausführen wollte, wehrte sie sich heftig und zerkratzte mich dermaßen mit ihren Nägeln, daß es mir zunächst lieber gewesen wäre, ich hätte mich gar nicht mit ihr eingelassen. Ich nahm dann aber, um Euch auch das Ende zu erzählen, einen Strick und fesselte sie damit; dabei stieß sie so unerhörte Schreie aus, wie man es kaum glauben möchte. Nachdem es so weit war, büßte ich meine Lust an ihr; und ich kann Euch sagen, daß sie sich in diesem Punkte dann so verhielt, als wäre sie in einer Hurenschule angelernt worden.»

Das ist eine Vergewaltigungsphantasie, wie sie im Buche steht, triefend vom häßlichen Triumph des Macho. Man würde gern die Version der jungen Frau hören.

Der Widerstand der Indianer um La Navidad konnte die in ihren Vorurteilen befangenen Europäer nicht erschüttern. Die Vorstellung, daß die Naturvölker intensiven und wahllosen sexuellen Umgang pflegten, war fest verankert – so fest wie die Vorstellung vom Kannibalismus, mit dem sie oft vermischt wurde. Die Vespucci zugeschriebenen Berichte sind nicht zuletzt deshalb so beliebt, weil sie zahlreiche Beschreibungen einer lustbetonten indianischen Gesellschaft enthalten:

«Sie heiraten so viele Frauen, wie ihnen beliebt; und der Sohn wohnt der Mutter bei, der Bruder der Schwester, der Vetter der Base und jeder Mann der ersten Frau, die er trifft. [...] Die Frauen gehen, wie gesagt, nackt herum und sind sehr wollüstig, und doch sind ihre Körper leidlich schön und sauber. [...] Wenn sich ihnen die Gelegenheit bot, sich mit den Christen zu vereinen, verleitete ihre Lüsternheit sie dazu, sich zu entehren und zu erniedrigen.»[4]

Wie in vielen ähnlichen Berichten aus späteren Jahrhunderten übte auch hier die Sexualität der Indianer eine starke Anziehung auf die europäische Psyche aus. Ein Bild freier, ungehemmter und natürlicher Sexualität eröffnete sich, und das löste Reaktionen aus, in die das Erlaubte ebenso hineinspielte wie das Tabu, das Befreite wie das Unterdrückte, das Begehrte wie das Gefürchtete, das Menschliche wie das Tierische. Und wenn diese Gefühle unbeirrbar in Nötigung und Ausbeutung umgesetzt wurden, so war auch das fest in der europäischen Psyche verankert: in der Haltung der männlichen Welt gegenüber der weiblichen, des Begierigen gegenüber dem Begehrten, des Beherrschenden gegenüber dem Schwachen, des Zivilisierten gegenüber dem Natürlichen. Die Frauen Amerikas gehörten zur verdienten Prämie für die europäischen Eroberer, ebenso wie die anderen im Überfluß vorhandenen Ressourcen.

Durch den Kontakt der beiden Kulturen entstand in den nächsten Jahrzehnten die Bevölkerungsgruppe der *mestizos,* aber auch eine Einstellung gegenüber dem Geschlechtlichen und den Frauen, die ebenso ausbeuterisch und zweckorientiert war wie die Einstellung zur Natur: Die Mutter Erde und die Erdenmutter waren eins, und sie brauchten nur benützt zu werden.

[Montag, den 8. Dezember. Isabela.] Wir verweilten hier zehn Tage. Am 8. Dezember brachen wir von diesem Ort auf, der infolge der Sümpfe ungesund ist, und fuhren zu einer anderen Stelle der Insel, dort gingen wir in einem sehr guten Hafen vor Anker. Hier errichteten wir 200 Häuschen, kleine Hüttchen wie Vogelnester, bedeckt mit Schilf. [Cuneo]

La Navidad war ein schlecht gewählter Ort für die erste europäische Stadt in der Neuen Welt gewesen – der Hafen war nicht geschützt, und der Boden war sumpfig –, aber die Wahl war zufällig gewesen. Als der Admiral ihn aufgab und etwa 75 Meilen weiter westlich zog, um dort eine Stadt zu gründen, die er Isabela nannte (nach der Königin natürlich), traf er eine bewußte, aber ebenso schlechte Entscheidung. Colóns Kenntnis des Meeres in Ehren – aber auf dem Land legte er eine außerordentliche Ignoranz an den Tag und hatte keine Augen für Landschaften, die sich für koloniale Niederlassungen geeignet hätten.

Entgegen Cuneos Behauptung war der Hafen von Isabela äußerst schlecht, im Norden und Nordwesten weit offen und so seicht, daß die größeren Schiffe der Flotte mehr als eine halbe Meile vor der Küste ankern mußten. Das Süßwasser mußte von einem eine Meile entfernten Fluß geholt werden. Diesen Mangel versuchte Colón später zu beheben, er rückte aber nicht näher an den Fluß, sondern befahl den Bau eines Kanals, der das Wasser des

Flusses zur Stadt leiten sollte. Die Böden waren karg und ungeeignet für die aus Europa mitgebrachten Samen; die wichtigsten Pflanzen der europäischen Landwirtschaft, wie Weizen, Kichererbsen, Bohnen, Zwiebeln und Kopfsalat, konnten nicht gedeihen, auch weil es wenig regnete. Und die nahe gelegenen unheilvollen Tieflandmoore trugen vermutlich zur Entstehung von Infektionskrankheiten bei, die bald fast die ganze Kolonie lahmlegten.

Kurz, es war ein äußerst ungeeigneter Regierungssitz – und das ist erstaunlich, denn es wäre ein leichtes gewesen, eine Barkasse auf die Suche nach einem besseren Hafen zu schicken (ganz in der Nähe gab es Buchten, die sich als Häfen ausgezeichnet geeignet hätten) oder sich von den Tainos dorthin führen zu lassen. Und dennoch ließ der Admiral gerade hier die Fracht seiner siebzehn Schiffe ausladen, seine 1500 Begleiter, seine zwei Dutzend Pferde, seine unzähligen Kühe, Schweine und Hunde, und mit ihnen seinen Ehrgeiz. Hier richtete er für die nächsten drei Jahre seine Kolonialhauptstadt ein, hier sah man die Wahrzeichen seiner Herrschaft – laut Coma «eine mächtige Festung mit hohen Zinnen» und eine «prächtige Kirche, die kaum das von Isabela gesandte Mobiliar faßte», ein Lagerhaus und seine Residenz. Diese gehörte zu den wenigen Gebäuden aus Stein, und er geruhte, sie als «königliches Schloß» zu bezeichnen, wie Coma beschwört – selbstverständlich, weil in ihr die Monarchen residieren würden, wenn sie «dieses wunderbare Land besuchen und die so weit von der Heimat für sie in Besitz genommenen Inseln in Augenschein nehmen» sollten.

Wie wir uns denken können, wurde der Ort von den Wolken des Verderbens verdüstert wie von den Wolken am tropischen Nachmittagshimmel: Es gab Krankheit und Erschöpfung, Mißernten und Hungersnöte, Aufruhr und Meuterei, Unterdrückung und Selbstherrschaft, Aufstand und Vergeltung. Die Geschichte von Isabela ist zwar etwas länger, aber keineswegs erfolgreicher als die von La Navidad. Und als Colón nach zwei glücklosen Regierungsjahren Anfang 1496 nach Spanien zurückkehrte, wurde die erste Hauptstadt umgehend aufgegeben zugunsten von Santo Domingo, an der Südküste der Insel gelegen. Laut Las Casas glaubten die dortigen Indianer noch lange danach, daß die Geister der verstorbenen Spanier an dem Ort umherirrten. Sie waren nicht davon abzubringen, daß die schrecklichen Schreie der Kranken und Verhungernden noch immer in den verlassenen Straßen widerhallten. Und zumindest ein Mann schwor, einmal zwei Reihen elegant gekleideter *hidalgos* in den Straßen gesehen zu haben, die beim Gruß den Kopf zugleich mit dem Hut abnahmen und sich danach in Luft auflösten.*

[Dienstag, den 20. Januar 1494. Isabela.] Nachdem wir uns viele Tage in unserer Siedlung ausgeruht hatten, schien dem Herrn Admiral der Augenblick gekommen, seinen Plan, nach Gold zu forschen, auszuführen. Hauptsächlich hatte er ja seine große und gefährliche Reise deswegen unternommen. Der Herr Admiral schickte zwei Hauptleute mit etwa 40 Mann in guter Ordnung, geführt von zwei Indianern, die sich auf der Insel auskannten, zu einem Ort, der Cibao heißt, wo sich nach Ptolemäus viel Gold in den Flüssen befinden sollte...

*[Die Indianer] zeigten unseren Hauptleuten auch Gold, darunter drei große Stücke, das eine mochte 9 Castellani**, das andere 15 und das dritte, das an einem Felsstück haftete, 22 Castellani wert sein. Dieses Gold brachten sie dem Herrn Admiral und berichteten ihm, was sie gesehen und gehört hatten. Darüber war er*

---

* 1891, also kurz vor dem vierhundertjährigen Jubiläum der Entdeckung, suchte eine Marineexpedition der Vereinigten Staaten mit dem Schiff *USS Enterprise* unter Kapitän G. A. Converse die «Ruinen der Stadt Isabella [sic]». Man fand das gesamte Gebiet «im Umkreis von eineinhalb Meilen» verlassen vor und entdeckte nichts als «verschiedene kleine, undefinierbare Haufen von Steinen, die von Mauern aus kleinen, unbehauenen, offenbar einmal mit Mörtel zusammengefügten Steinen stammten, Überreste von alten Fliesen und Topfscherben, einige der letzteren mit Glasur, Bruchstücke von breiten, roh gearbeiteten Ziegeln. [...] Der Boden war von Bäumen, Wurzelgeflecht und wuchernden Kletterpflanzen bedeckt. [...] Wir drehten alle Steinblöcke um und untersuchten sie sorgfältig in der Hoffnung, irgendwelche Zeichen oder Daten zu finden, hatten aber keinen Erfolg und sind daher überzeugt, daß nichts dergleichen existiert».

Die Regierung der Dominikanischen Republik, in deren Staatsgebiet Isabela liegt, hat die «archäologische Rekonstruktion» des Ortes rechtzeitig zu den Fünfhundertjahrfeiern versprochen.

** Ein Castellano war 435 Maravedis wert, was ungefähr dem Monatslohn eines Handwerkers oder Arbeiters entspricht.

sehr erfreut und wir mit ihm, denn außer diesem gesegneten Gold war uns alles andere gleichgültig. [Cuneo]

Auch wenn die Könige von der Bekehrung zum Christentum und der Admiral von Besiedelung und Bebauung sprachen, so war der wahre Zweck der Kolonisierung letztlich doch «dieses gesegnete Gold», und keiner der Männer dieser zweiten Reise hatte den geringsten Zweifel daran. Bis hinauf zum neuen Gouverneur von Española, der keine Zeit verlor und die Mannschaften umgehend ins Landesinnere auf die Suche nach den Goldminen entsandte, für deren Existenz ihm Martín Pinzón – der arme Martín Pinzón, der schon einige Tage nach der Landung in Palos gestorben war – gebürgt hatte.

Der Schatz war jedoch nicht so leicht zu heben, wie die spanischen Abenteurer es erwartet hatten. Hoch im metamorphen Intrusivgestein der Kordilleren, die Española in der Mitte durchschneiden, gab es tatsächlich beträchtliche Goldlager, aber das Gelände war schwierig und das goldhaltige Gestein ohne spezielle Ausrüstung und Ausbildung kaum zu erkennen. Merkwürdigerweise mangelte es den neuen Kolonisten an beidem. Zuerst hatte man Gold in jenen Flüssen gefunden, die in den Bergen entsprangen, oder in den nahe gelegenen Überschwemmungsgebieten, aber die Suche nach dem wertvollen Metall und die Goldwäsche selbst erforderten nicht nur Zeit, sondern auch intensive Arbeit, und die Einsatzbereitschaft der *hidalgos* hielt sich in Grenzen. Eine gewisse Menge Goldklumpen wurde in Bodenritzen und Steinspalten gefunden, an einigen der goldführenden Flüsse konnte relativ problemlos Gold gewaschen werden, aber in den Dörfern fand man das am leichtesten verfügbare Gold – Schmuckstücke und Gebrauchsgegenstände der Tainos, die diese gegen so gut wie nichts eintauschten. Im ersten Jahr beschäftigten sich die Siedler hauptsächlich mit dieser Art der Goldsuche. Cuneo, dessen Offenheit immerhin erfrischend ist, berichtet von einer Expedition von fünfhundert Männern zu den Hochebenen der Kordilleren unter der Leitung des Admirals, in deren Verlauf keiner den Mut verlor, obwohl ihre «Kleider nicht mehr sehr gut imstand» waren und sie zwanzig Tage lang «sehr schlechtes Wetter, schlecht zu essen und noch schlechter zu trinken» hatten: «Aber die Gier nach dem genannten Gold hielt uns alle frohgemut und bei Kräften.»

Sie fanden zwar keine einzige Goldmine, sammelten aber schließlich doch soviel zusammen, daß der Admiral mit dem ersten nach Cádiz zurückkehrenden Schiff Anfang Februar, nur einige Wochen später, Gold im angeblichen Gegenwert von 30000 Dukaten nach Spanien schicken konnte. Das entsprach wahrscheinlich nicht ganz der Vorstellung, die sich die Monarchen von den Schätzen gemacht hatten, aber man durfte auf mehr hoffen. Dazu schickte Colón noch «Zimt», Pfeffer, sechzig Papageien und eine unbestimmte Zahl von Indianern, von denen sechsundzwanzig überlebten.*

Goldgier fordert ihren Preis. Erwartungsgemäß verloren die Männer die Geduld für die unerläßlichen alltäglichen Aufgaben der Besiedelung. Als der Gouverneur den Bau einer Mühle beschloß, mußte er laut Fernando «hier wie auch sonst die Leute stets überwachen ... um sie zur Arbeit anzuhalten, denn sie scheuten alle die Mühe». Im übrigen hielten die Edelleute aus Kastilien nie viel von Arbeit: Fast alle waren Soldaten, und sie waren geprägt von der Kreuzfahrermentalität, gewöhnt an Eroberung durch Militärgewalt, an das Aufteilen der eroberten Ländereien und erbeuteten Güter. Einmal beklagte sich Colón laut Petrus Martyr, daß «die Spanier, die mit ihm in diese Gebiete gekommen waren, dem Schlaf, dem Spiel und dem Müßiggang viel mehr pflegten als der Arbeit». Eben diese tiefverwurzelte Einstellung, verbunden mit den Krankheiten, die Hunderte von Männern monatelang an ihr Lager fesselten, dürfte Anfang des Jahres zu der vom Gouverneur selbst so bezeichneten «Meuterei» geführt ha-

* Möglicherweise kam mit diesem Schiff auch die Syphilis nach Spanien. Es gibt zwar keine Augenzeugenberichte über diese Rückfahrt, doch waren viele der Mitreisenden zweifellos bereits in Isabela erkrankt. Als Epidemie trat die Syphilis erwiesenermaßen erstmals während der Französisch-Italienischen Kriege Ende 1494 oder Anfang 1495 in Italien in Erscheinung. Sie war möglicherweise von kämpfenden spanischen Soldaten eingeschleppt worden. Ebensogut könnten sich aber auch spanische Frauen bei den von Colón 1493 bei Hof zurückgelassenen oder den mit dem Schiff 1494 neuangekommenen Indianern angesteckt haben und die Krankheit dann auf spanische Soldaten oder italienische Reisende übertragen haben.

ben. Es gibt keine klaren Aussagen über den Ablauf dieser Meuterei, laut Fernando wurde sie jedoch von Leuten angeführt, die «diese Fahrt mitmachten», weil sie geglaubt hatten, «sobald sie an Land gingen, könnten sie sich mit Gold beladen und als reiche Leute heimkehren», und die nun «unzufrieden geworden [waren] und sich nur ungern der Mühe unterzogen, die neue Siedlung aufzubauen». Im übrigen dürfte sie kaum spürbare Auswirkungen gehabt haben, obwohl eine Gruppe Spanier versuchte, einige im Hafen liegende Schiffe zu kapern, um damit nach Kastilien zurückzukehren; als sie entdeckt wurden, hielt man sie auf dem Flaggschiff gefangen und schickte sie mit dem nächsten Schiff zurück.

Der Gouverneur – ihn jetzt noch als Admiral zu bezeichnen hieße, seine verantwortungsvolle Position an Land zu ignorieren, wenn auch viele seiner Bewunderer dies tun – war nicht ganz schuldlos an der Entstehung des Aufruhrs. Abgesehen von seinem anmaßenden und selbstherrlichen Verhalten hatte er schließlich selbst die Geschichten von den «Unmengen Goldes» und den «großen Goldminen, wie auch anderen Erzgruben» in die Welt gesetzt, die die kastilischen Ritter zu Hunderten angelockt hatten. Außerdem hatte er nicht eben klare Vorstellungen davon, wie die Ordnung in seiner Kolonie zu verbessern oder aufrechtzuerhalten sei – nicht in der Hauptstadt und schon gar nicht im Landesinneren, wo mindestens tausend bewaffnete und hungrige Männer auf der Suche nach Gold nach eigenem Gutdünken die Gegend durchstreiften und kaum zögerten, Gewalt anzuwenden, um zu bekommen, was sie wollten. (Ein gewisser Alonso de Hojeda zum Beispiel ließ zwei Begleitern eines *kaseke* die Ohren abschneiden, weil sie angeblich einigen Spaniern die Kleider gestohlen hatten.) Die Gewalt, mit der Colón schließlich doch Ordnung in seine Kolonie zu bringen versuchte, leitete sich vom kastilischen Recht her, zeitigte aber keinerlei Wirkung; Cuneo berichtete, daß jeder Spanier, der bei dem Versuch ertappt wurde, von dem Gold, das Colón und der Krone zustand, für sich etwas abzuzweigen, kräftig ausgepeitscht wurde und manchen sogar «die Ohren abgeschnitten [wurden], andern die Nase, so daß es jämmerlich anzuschauen war», doch die Diebstähle konnten damit nicht eingedämmt werden: «Wie Ihr wißt, lockt der Teufel zum Bösen» und: «Solange Spanien Spanien bleibt, wird es an Verrätern nicht mangeln.»

[Freitag, den 25. April. Isabela.] Ich will Euch nun noch von der Reise erzählen, die ich mit dem Herrn Admiral ausführte, um andere Inseln und das Festland zu suchen. Am 25. April segelten wir mit drei Karavellen von unserer Siedlung ab ... und wir hatten 98 Mann, gute und böse, bei uns. [Cuneo]

Nachdem der Admiral im Februar 1494 den Großteil der Flotte – zwölf von siebzehn Segelschiffen – nach Spanien zurückgeschickt und seine Autorität so gut als möglich bei den übellaunigen Männern von Isabela durchgesetzt hatte, verlor er offenbar vollends den Geschmack an den Verwicklungen des Regierungsamtes und begann sich nach der Einfachheit des Meeres zu sehnen – das heißt, er brannte darauf, seine Suche nach dem Festland wiederaufzunehmen oder nach den reichen Ländern, die er in der Nähe zu finden hoffte. Er setzte seinen jüngsten Bruder Giacomo (von den Spaniern Diego genannt), eine zwielichtige Figur, von der wir kaum mehr wissen, als daß ihn ausschließlich seine Beziehungen zu Colón für die Führung der Kolonie qualifizierten, als seinen Stellvertreter ein. Wieder einmal war Colón nicht in der Lage, die Macht in die Hände fähiger Männer zu legen. Er vertraute stattdessen auf Familienbande. (Diese unglückliche Neigung war erstmals in La Navidad zutage getreten, wo Colón Diego de Arana, dem Cousin Beatriz', seiner Geliebten in Córdoba, die Leitung der Kolonie übertragen hatte – eine Aufgabe, für die dieser eindeutig nicht geeignet war, wie der Untergang der Garnison zeigt.)

Diese Entdeckungsreise ist nur insofern interessant, als dabei Jamaika entdeckt wurde; und während er an der Südküste Kubas entlangsegelte, nahm Colón zum zweiten Mal sein «Juana» in Besitz und errichtete ein weiteres Kreuz. Die ersten Flamingos und Pilotfische und, so wird versichert, Spuren von Löwen und Geiern wurden gesichtet. Die Reise brachte aber keine wirklich wichtigen geographischen Erkenntnisse und ist hauptsächlich wegen des seltsamen und bezeichnenden Ereignisses bedeutend, bei dem der Eid abgelegt wurde, daß Kuba keine Insel sei.

Am 12. Juni, als die drei Schiffe des Admirals sich am westlichsten Zipfel Kubas befanden, beschloß er, die gesamte Mannschaft unter Eid aussagen zu lassen, daß die Küste, der sie die letzten vier Wochen entlanggesegelt waren, *nicht* zu einer Insel gehörte, sondern zu dem Festland, wo Indien beginnt, und daß sie, wenn sie weitersegelten, ein Land finden würden mit zivilisierten und intelligenten Menschen, die Handel treiben und die Welt kennen. Das war kein beiläufiger Schwur: Der Admiral bestand darauf, daß jeder Mann und Matrose ihn zu leisten hatte, entsandte einen Notar, der ihre eidlichen Aussagen aufzeichnen sollte, und bedrohte sie per Dekret mit einer Strafe von 10000 Maravedis und dem Abschneiden der Zunge für den Fall, daß jemand später das Gegenteil behaupten sollte; wenn es ein Junge sei, würde er ihm hundert Peitschenhiebe verabfolgen lassen.

Von welcher Seite wir diesen Vorfall auch betrachten, er ist und bleibt verwirrend. Natürlich waren Colón und seine Männer bereits müde, hungrig, schwach und sehnten das Ende ihrer Expedition herbei, um nach Isabela zurückkehren zu können. Dieser Eid bot nun die Möglichkeit zur Rechtfertigung ihrer Rückkehr – obgleich sie sich ebensogut auch formlos, ohne all das notarielle Getue, hätten einigen können. Sicher hatte sich der Admiral bereits Gedanken gemacht, wie er diese zweite kostspielige Reise angesichts der allzu geringen Goldfunde auf Española – auf Jamaika wurde überhaupt kein Gold gefunden – rechtfertigen würde. Aber selbst wenn eine Million Männer geschworen hätten, daß Kuba keine Insel sei – auf den nüchternen spanischen Hof hätte das kaum Eindruck gemacht. Und sicher wollte Colón, wie in der eidesstattlichen Erklärung zum Ausdruck kommt, unbedingt sichergehen, daß nach Abschluß der genannten Reise niemand Veranlassung habe, Dinge, die großes Lob verdienen, böswillig in ein schlechtes Licht zu stellen und ihren Wert zu schmälern. Dabei wurde er – und das hätte ihm damals bereits klar sein müssen – viel eher wegen dieses absurden Eides nicht ernstgenommen (ja lächerlich gemacht); selbst sein Freund Cuneo schrieb später, es habe sich «nur [um] eine sehr große Insel» gehandelt.

War das etwa wieder einer von Colóns Versuchen, nicht nur seine Männer, sondern auch die Geldgeber in Kastilien und noch mehr die bereits unruhigen Kolonisten in Española zu täuschen? Oder handelte es sich um eine reine Einbildung, hervorgerufen von einem unlängst durch Krankheit aus dem Gleichgewicht geratenen Geist? Selbst Morison gesteht ein, daß Colón «von einer geistigen Unruhe erfaßt [war], weil er keinen Beweis dafür gefunden hatte, daß er sich im Orient befand».

Wir haben keine Antwort darauf. Wir wissen nur, daß trotz des unnachgiebigen Beharrens des Admirals darauf, daß Kuba Teil eines asiatischen Festlandes sei, nur ein Verrückter wirklich länger daran geglaubt hätte. Nicht weniger als fünf zu Colóns Lebzeiten entstandene Karten, darunter die um 1500 entstandene wunderschöne Weltkarte des Juan de la Cosa, der mit Colón gesegelt war (er war *Maestro de hacer cartas,* d.h. Kartograph auf ebendieser Reise), zeigen Kuba eindeutig als Insel, und bereits 1501 berichtet Petrus Martyr, daß «viele versichern, Kuba umsegelt zu haben».

[Mittwoch, den 24. September. Española.] [Sie] steuerten zur östlichen Spitze von Española und von hier hinüber zu einem Inselchen, das zwischen Española und San Juan liegt und das die Indianer «Amona» nennen.

Die weitere Fahrt von dieser Insel bis nach Isabela zeichnete der Admiral in seinem Bordbuch nicht auf; er sagt nur, er sei von Amona nach San Juan gefahren und sei infolge der Anstrengungen, seiner Schwäche und der Kargheit an Nahrungsmitteln von einer schweren Krankheit befallen worden. Die Krankheit, ein schweres Fieber, habe ihn im Nu der Sehkraft, der Sinne und des Gedächtnisses beraubt. [Fernando]

Vom ersten Tag in La Navidad an wurden die Männer der zweiten Reise von Krankheit befallen, und daran änderte sich auch später nichts. In Isabela schätzte Chanca 1494 einmal, daß «ein Drittel unserer Mannschaft erkrankt» sei, und Fernando berichtete, daß die Männer «ermüdet von den Krankheiten und unzufrieden mit dem neuen Land [waren], dessen Luft und Speisen ihnen nicht zusagten». Hauptverantwortlich war unter anderem wahrscheinlich die Syphilis, vielleicht auch die Malaria, aber soweit sich anhand der dürftigen Informationen über die Symptome feststellen läßt, war die wichtigste Krankheit wahrscheinlich die durch mangelnde Hygiene leicht übertragbare Bakterienruhr.

Die Ernährung war allgemein unzureichend, und bisweilen litten die Europäer sogar Hunger, was den schlechten Gesundheitszustand noch verschlimmerte und sie schwächte und verwundbar machte. Im Rückblick ist diese Tatsache beinahe unfaßbar angesichts der üppigen Auswahl an Nahrungsmitteln, die sich ihnen darbot: Kassawabrot, Süßkartoffeln, Mais, Paprika, Erdnüsse, alle Arten von Fisch, Muscheln, Schildkröten, Papayas, Ananas, Pflaumen, Birnen etc. etc. Offenbar verschmähten die Spanier einen Großteil dieses reichen Angebotes. Später gewöhnten sie sich zwar an das von den Tainos für sie gebackene Kassawabrot und waren schließlich sogar darauf angewiesen, aber sie gingen selten fischen und kaum je auf die Jagd. Die Klage über Hunger und schlechte Ernährung ertönte fast unaufhörlich während dieser ersten Jahre der Besiedelung, bis die Kolonisten endlich herausfanden, welche *europäischen* Früchte in den neuen Ländern gediehen. (Ein Grund für die schlechte Ernährungssituation war vermutlich auch die Ignoranz der Spanier – sie lernten nie, «wann und auf welche Weise gesät werden mußte», erklärt Cuneo und schreibt dies dem Umstand zu, daß «niemand in jenen Gegenden wohnen» wolle).

Die Gesundheit des Admirals begann im Dezember schlecht zu werden, als er von einer nicht näher bezeichneten Krankheit – wahrscheinlich der Ruhr – befallen wurde, die ihn bis Mitte März lähmte. Ende April, auf der Reise nach Kuba, dürfte er einen Rückfall erlitten haben, denn Fernando berichtet, daß er «ziemlich erschöpft» gewesen sei; offenbar litt er an mangelndem Appetit und an Schlafstörungen, und am 19. Mai klagt er, er habe sich auf dieser Reise keine einzige Nacht «entkleidet und zu Bett gelegt». Nur fünf Monate später, nachdem er einen anstrengenden und unergiebigen Sommer lang an der Küste Kubas entlanggefahren war, wobei er die häufige Nahrungsmittelknappheit zu spüren bekommen hatte und «oft innert acht Tagen keine drei Stunden geschlafen» hatte, befiel ihn eine noch schlimmere Krankheit. Daraufhin beschloß die Flotte die umgehende Rückkehr nach Isabela, wo sie am 29. September anlangte. Der Admiral mußte an Land getragen werden, wo, so Fernando, «seine Schwäche noch mehr als fünf Monate dauerte».

Damit begann die Leidensgeschichte des Admirals, der bis an sein Lebensende von Krankheiten gepeinigt wurde. Sie machten ihn zeitweilig handlungsunfähig und brachten ihn allem Anschein nach bisweilen an den Rand des Wahnsinns.

Man weiß nicht genau, an welcher Krankheit Colón wirklich litt; die Vermutungen reichen von Syphilis bis Gicht. Ein kleiner Prozentsatz von Ruhrpatienten wird jedoch immer wieder von einer nach ihrem Entdecker im zwanzigsten Jahrhundert als Reiterscher Krankheit bezeichneten Kombination von Arthritis, Uveitis und Urethritis (Entzündung der Gelenke, der Augen und des Harnsystems) geplagt. Das Taktgefühl des fünfzehnten Jahrhunderts ließ Kommentare über das Harnsystem des Admirals natürlich nicht zu, es gibt aber Hinweise auf die anderen Symptome. Bei seiner Rückkehr nach Isabela stellte Chanca die Diagnose «Gicht» – damals die Bezeichnung für eine starke Entzündung der Beine und Füße. Darüber hinaus hatte Colón wiederholte Anfälle von Arthritis in der Wirbelsäule und den unteren Extremitäten, die ihn zeitweilig sogar bewegungsunfähig machten und ihm noch auf seinem Totenlager sehr zu schaffen machten. Auch die Phasen von Blindheit, die ihn eigenen Aussagen zufolge während eines Gichtanfalles im September befiel, wiederholten sich und waren auf der dritten wie auf der vierten Reise mit Netzhautblutungen verbunden, was ihn einmal so stark beeinträchtigte, daß er nicht in der Lage war, von Bord zu gehen und seinen Fuß auf das Festland zu setzen, das er so lange gesucht hatte.

Wahrscheinlich litt Colón nicht nur an Ruhr, sondern auch an der Reiterschen Krankheit. In den historischen Quellen wird keine deutliche Verbindung zu ausgeprägten Geistesstörungen hergestellt, meiner Ansicht nach kann man aber das wunderliche und bisweilen wirklich krankhafte Verhalten des Admirals in den kommenden Jahren auf diese äußerst schwächende Erkrankung zurückführen.

Die Gestalt des Admirals, der in seinem «königlichen Schloß» monatelang krank und hilflos darniederlag, während die Situation der aufstrebenden Kolonie sich verschlimmerte, ist entsprechend mitleiderregend. Mitleid war aber zweifellos kein Gefühl, das seine spanischen Gefährten hegten; die Traditionen der Reconquista ließen eine solche Empfindung kaum zu.

Aber auch der Admiral selbst hielt nicht viel von Mitleid. Für die etwa vierzig in La Navidad umgekommenen Männer, die auf See seine Gefährten gewesen waren, hatte er bei der Entdeckung ihres schrecklichen Schicksals keinerlei Gefühl gezeigt, wie alle Chronisten ohne Unterschied berichten. Keine Trauer, keinen Schmerz; und mit keinem Wort beklagte er ihren Tod, hatte keine Zeit für eine Trauerfeier oder Seelenmesse. Fernando berichtete, daß er «an Land [ging] und zu seinem großen Schmerz sah, daß *alle Häuser und die Festung* zerstört waren». Wenn er Mitleid empfand, dann immer nur – für sich selbst.

Von Las Casas, aber nicht nur von ihm, wissen wir, daß die Tainos von Española weniger über die Gewalttätigkeit der seltsamen weißen Menschen von den großen Schiffen staunten, über ihre Habsucht oder ihre eigenartige Einstellung zum Besitz, als vielmehr über ihre Kälte, ihre Härte, ihre mangelnde Liebe.

Siebtes Kapitel
1495–1500

In den letzten sechs Jahren des fünfzehnten Jahrhunderts wirkte Cristóbal Colón als Gouverneur und Vizekönig der Insel Española, als Mann des Meeres fühlte er sich jedoch in tragischer Weise verloren auf dem Land, das er entdeckt und benannt hatte; in den Wirbeln der Politik fand er sich nicht zurecht, und den Stürmen menschlicher Leidenschaften konnte er nicht die Stirn bieten. Er war immer noch unfähig, *querencia* zu finden, einen heimatlichen Boden, in den er seine Wurzeln schlagen konnte. Nach zwei Jahren in Spanien machte er zwar eine neue Reise, doch beherrschten die zum Teil selbstverschuldeten Schwierigkeiten, die sich aus der Überwachung der von ihm immer noch für Indien gehaltenen Gebiete ergaben, sein Leben. Es waren keine glücklichen Jahre, weder für den Gouverneur noch für die Insel, und nach Ablauf dieser Zeit kehrte er als ein in mancherlei Hinsicht gebrochener Mann nach Kastilien zurück, gepeinigt von seiner hartnäckigen Krankheit, den spanischen Königen eine Last, ein Schandfleck in den Augen der spanischen Öffentlichkeit.

Und doch zeigen diese sechs Jahre den Charakter der europäischen imperialistischen Erfahrung. Es waren Jahre der Gewalt und Unterwerfung, Jahre der Grausamkeit, die zur Entstehung der sogenannten Schwarzen Legende – *Leyenda Negra* – führten, die Spanien fast das gesamte sechzehnte Jahrhundert lang zu schaffen machte. Es waren Jahre der Ausbeutung und Vergeudung der Natur, der rücksichtslosen und zerstörerischen Verdrängung einer Kultur und ihrer Landwirtschaft durch eine andere. An ihrem Anfang standen große Mißgeschicke, große Unglücksfälle und ungeheure Ignoranz und an ihrem Ende große Reichtümer, das große Abenteuer und die großartige Vision nicht nur einer neuen Hemisphäre, sondern einer neuen Welt.

Heute wünschen wir uns vielleicht, daß diese Jahre anders verlaufen wären, daß sie ein beiden Seiten angemessenes Modell des kulturellen Kontaktes hervorgebracht hätten. Aber Europa, das mittelalterliche Europa auf dem Weg in die Neuzeit, war dafür nicht gerüstet. Wie J. H. Elliott erklärt, war es eine von «ihrer einzigartigen Stellung und Rolle in Gottes Vorsehung» durchdrungene Kultur; er stellt daher die Frage: «Wie können wir von diesem Europa, das von seiner Unfehlbarkeit so überzeugt war, erwarten ... daß es auch nur den Versuch unternimmt, einen gemeinsamen Nenner mit einer anderen Welt zu finden?» Wie auch immer, es geschah nicht.

Sobald er von seiner Erkrankung, die ihn bis Anfang 1495 ans Bett gefesselt hatte, einigermaßen genesen war, unternahm Colón den Versuch, Ordnung in die Kolonie zu bringen, die unter der Herrschaft seines unfähigen Bruders Diego noch weiter ins Chaos abgeglitten war. Wieder stand ihm ein Bruder zur Seite, der im vorangegangenen Juni in Española angekommene Bartolomé (wie er im Spanischen genannt wurde), den er aufgrund zweifelhafter Vollmachten und zum Mißfallen der Kolonisten zum *adelantado,* also praktisch zum Mitregenten der Insel machte.* Auf die beiden wartete eine gewaltige Aufgabe.

Während der Admiral Kuba erforschte, kamen die Kolonisten seinem Auftrag, «die Insel zu durchstreifen und sie dem Dienst der Katholischen Könige ... zu unterwerfen», nur allzu willig nach und wüteten schlimmer als je zuvor auf der Insel, suchten in jedem Winkel nach Gold, ließen sich Nahrung schenken, erbettelten oder stahlen sie, entführten junge Männer, die sie als Sklaven, und Frauen, die sie als Konkubinen hielten und schlugen, verstümmelten, vergewaltigten und plünderten nach Lust und Laune. Jeder «ging hin, wo es ihm am besten gefiel», berichtete Fernando – und er war keiner, der die Unzulänglichkeiten seiner Landsleute mit kritischen Augen betrachtete –, «[begab] sich unter die Indianer, [nahm] ihnen ihre Habe weg, [bemächtigte] sich ihrer Weiber und [spielte] ihnen so schlimm mit, daß die Indianer beschlossen, sich an allen, die sie allein antreffen würden, zu rächen». Bei der Rückkehr Colóns befand sich die Insel «in einem schlimmen Zustand,

* Dieser Titel wurde, durchaus passend, von der Reconquista entliehen und bedeutete wörtlich «Marschführer» (von *adelantar,* vorrücken).

der größte Teil der Christen hatte zahllose Übergriffe begangen; deshalb wurden sie von den Indianern tödlich gehaßt, und die Eingeborenen weigerten sich, wieder in ihren Gehorsam zurückzukehren».

Die vielleicht typische Reaktion des Gouverneurs sah wie ein schlechtes Omen aus: Er ließ die Opfer bestrafen. Am 24. März 1495 versammelte er zweihundert Soldaten in voller Rüstung (bewaffnet mit Arkebusen, Armbrüsten, Lanzen, Piken, Schwertern und Hunden) sowie zwanzig Reiter (die Tainos, die nichts Vergleichbares kannten, stürzten schon vor Angst davon, wenn sie nur die Pferde sahen) und marschierte von Isabela aus los, um die aufsässigen Eingeborenen gefügig zu machen und die Gegend zu unterwerfen. Im Vega Real, einem etwa zehn Meilen weiter südlich gelegenen Tal – laut Las Casas hatten es die Spanier im Jahr zuvor als «Paradies» bezeichnet –, traf die kleine Armee auf eine Streitmacht, zu der Fernando allen Ernstes «mehr als hunderttausend Indianer» zählt (wahrscheinlich eine zehnfache Übertreibung), und fiel in zwei Gruppen mit solcher Grausamkeit über sie her, daß sie «sich nach allen Seiten zerstreuten». Kein Mitgefühl mehr für die «gutherzigen Eingeborenen»: Die Soldaten mähten Dutzende mit gut gezielten Salven nieder, hetzten die Hunde auf die Indianer, damit sie sie zerfleischten, jagten den Flüchtenden in den Busch nach, um sie mit dem Schwert oder der Pike aufzuspießen, und «trugen in kurzer Zeit mit der Gnade Gottes den Sieg davon. Sehr viele Indianer waren erschlagen, andere wurden gefangengenommen und vernichtet.» Aus dem Tal des Paradieses machten sie eine Einöde und nannten es Frieden.

Española wurde in erster Linie mit roher Gewalt und nach den Launen des Gouverneurs und seines Bruders regiert. Als Colón den unbotmäßigen *kaseke* Caonabó gefangennehmen wollte, den er als «wichtigsten Kaziken von allen» bezeichnete, ließ er dem Taino-König Handschellen und Fußeisen aus glänzendem Stahl übergeben und überredete ihn mit der Behauptung, auch der große König von Spanien trüge solchen Schmuck, dazu, sie anzulegen; der solcherart in Ketten gelegte Caonabó wurde aus seinem Dorf nach Isabela verschleppt, in den Kerker geworfen und später auf einem Schiff nach Kastilien geschickt – auf der Reise starb er jedoch an seinen «Seelenqualen», so Martyr. Bartolomé, der sechs Tainos bestrafen wollte, weil sie Heiligenstatuen der Christen in einem Feld vergraben und darauf ihre Notdurft verrichtet hatten, ließ diese ergreifen, «richten» und vor aller Augen auf dem Scheiterhaufen verbrennen. Er wußte nicht, daß die Indianer die Götter der Christen ihrer Tradition gemäß geweiht hatten, damit die Ernte besser ausfalle. Als Colón erfuhr, daß einige Indianer sich spanisches Eigentum angeeignet hatten – ihr Denken unterschied sich in dieser Hinsicht erheblich von dem der Europäer –, ließ er ihnen Nase und Ohren abschneiden, und als er später von drei weiteren «Dieben» hörte, ließ er diese enthaupten. In jeder größeren Siedlung der Insel wurden Festungen errichtet – bis 1500 waren es mindestens sieben –, das wahre Symbol der Kolonialherrschaft aber war der Galgen: Galgen, meist mehrere, kennzeichneten jeden spanischen Ort, und noch vor Ablauf des Jahrzehnts ragten ganze 340 im Vega Real empor.

Zur Gewalt gesellten sich später zwei weitere Instrumente der Kolonialregierung: Abgaben und Sklaverei.

Das vom Gouverneur 1495 eingeführte Abgabensystem war eine einfache und brutale Methode zur Befriedigung der Goldgier der Spanier bei gleichzeitiger Berücksichtigung ihrer Arbeitsscheu. Jeder Taino über vierzehn Jahre mußte alle drei Monate eine Falkenglocke voll Goldstaub (oder 25 Pfund gesponnene Baumwolle in Gebieten, wo es kein Gold gab) an die Herrscher abliefern. Als Beweis für geleistete Abgaben mußte ein Zeichen um den Hals getragen werden. Wer nicht bezahlte, wurde – so vorsichtig drückt es Fernando aus – «bestraft» (durch Abhacken der Hände, sagt Las Casas deutlich) und mußte hilflos verbluten. (Ein besonders schauerlicher Stich in einer Ausgabe von Las Casas' *Brevísima relación* aus dem siebzehnten Jahrhundert zeigt einen axtschwingenden Spanier, der einem nackten Taino die Hand abhackt, zwei andere Indianer, den Blick starr vor Entsetzen, haben ihre Hände bereits eingebüßt, einem dritten werden eben Augen oder Nase verstümmelt, und im Hintergrund treiben spanische Truppen mit Hunden und Piken weitere Opfer zum Hackklotz.) Eine Falkenglocke ist zwar nicht besonders groß – zu vergleichen mit einem größeren Fingerhut –, aber die Tainos hatten auf ihrer Insel noch nie soviel Gold gefunden (oder sie hatten sich nicht bemüht, es zu finden), und das vorhandene Gold mußte mühevoll aus den goldführenden Strömen gewaschen oder in Schwemmland und Bergen ausgegraben werden. Selbst wenn sie alle bekannten Goldvorkommen ausbeuteten, hatten sie keine Chance, ihren Verpflichtungen nachzukommen, und ihre Baumwollpflanzungen waren viel zu klein, um ausreichenden Ersatz zu liefern. Das System war in Las Casas' Worten ganz einfach «unmöglich und unerträglich».

Nach der Befriedung der Insel wurde fast umgehend auch die Sklavenarbeit eingeführt. Jedem Spanier in Isabela wurde – wir erinnern uns – vor der Rückreise im Februar 1495 gestattet, sich «seine Leute nach Belieben auszuwählen», und binnen einiger Jahre wurde das erfolglose Abgabensystem mehr oder weniger durch die Sklaverei ersetzt, deren man sich nun bediente, um dem Land seine Reichtümer abzuringen. Ehe das Jahrzehnt um war, führte Colón die Sklaverei offiziell ein: Seine *encomienda* war eine neue Variante des alten kastilischen Prinzips, wonach der Gouverneur bestimmte Indianer einzelnen Kolonisten *(encomenderos)* «anvertrauen» konnte, damit diese nach Belieben über sie verfügten (mittels Abgabenpflicht oder Zwangsarbeit). Die einzige Verpflichtung der Herren bestand darin, aus ihren Schutzbefohlenen gute Christen zu machen. Gewiß, man *sprach* nicht von Sklaverei, die Indianer sollten sogar einen kargen Lohn ausbezahlt bekommen, aber niemand machte sich je die Mühe, diese Bestimmung zu verwirklichen, und so unterschied sich die *encomienda* praktisch durch nichts von der wirklichen Sklaverei. Las Casas bezeichnete das System als eine «vom Satan erfundene moralische Pestilenz». Colóns Verwaltungssystem erwies sich jedoch als sehr dauerhaft. 1502 wurde die Sklaverei auf ganz Española eingeführt, 1503 von der Krone sanktioniert und in der Folge durch die Invasionen der Konquistadoren nach Mexiko, Peru und La Florida getragen.

Die Haltung der spanischen Krone dem Sklavenhandel gegenüber war ambivalent. Ein königlicher Brief vom 12. April 1495 gestattete Colón den Verkauf von Indianersklaven in Andalusien («Ihr sollt sie verkaufen, wie es Euch geeignet dünkt»), diese Erlaubnis wurde jedoch vier Tage später widerrufen («weil wir uns in dieser Angelegenheit mit Rechtsgelehrten, Theologen und Gelehrten des Kirchenrechts beraten wollen, um festzustellen, ob sie mit gutem Gewissen verkauft werden können»), und im Juni ordneten die Monarchen an, die Indianer in Spanien freizulassen und keine weiteren mehr einzuführen. Das hinderte den Admiral selbst allerdings nicht daran, im Juni des folgenden Jahres etwa dreißig Indianer mitzubringen, noch ließ sich Bartolomé davon abhalten, im selben Sommer weitere dreihundert nach Kastilien zu schicken, und gelegentlich schickten wagemutige Kapitäne Sklavenschiffe nach Spanien, ohne von der Krone dafür belangt zu werden. Letzten Endes war aber nicht der Handel mit Indianern für das Schicksal dieser Inseln ausschlaggebend, sondern der mit Afrikanern; dieses umfangreiche und weitaus verheerendere Geschäft begann aber erst um 1505 und ist nicht – oder nicht unmittelbar – dem Admiral anzulasten.

Die auf Eroberung und Beherrschung der Bevölkerung abzielende Regierungsweise des Gouverneurs war offenbar wenig geeignet, die inzwischen auf der Insel befindlichen Spanier unter Kontrolle zu bringen. Es waren zweifellos üble Gesellen, deren Zahl von etwa 630 im Jahre 1495 auf vermutlich etwa 1000 im Jahre 1500 angewachsen war. Der *canalla* war inzwischen zahlreicher vertreten als der *hidalgo,* denn die Edelleute hatten es vorgezogen, nach Kastilien zurückzukehren. Die Zurückgebliebenen und die Neuankömmlinge gehörten den niederen Rängen der spanischen Gesellschaft an, und wie Fernando berichtet, fehlten manchen von ihnen Nase und Ohren, was in Kastilien ebenso wie in Española ein untrügliches Merkmal verurteilter Diebe war. Diesen Männern – jedenfalls den gesunden – wurde gestattet, auf der Suche nach dem so heiß begehrten Gold die Gegend zu durchstreifen, ob sie nun *encomiendas* hatten oder nicht. Es vermag uns kaum zu überraschen, daß es auf ihren Streifzügen zu den schlimmsten Auswüchsen grausamer Konquistadorenherrschaft kam und sie nur ihre eigenen Gesetze befolgten. Sie machten «das Gesetz unter sich, daß allemal hundert Indianer umgebracht werden sollten, so oft ein Christ von ihnen getötet würde», berichtete Las Casas. Er übertrieb keinesfalls.

Las Casas, der 1502 nach Española kam und acht Jahre lang selbst ein *encomendero* war, bevor er die Kirchengelübde ablegte, ist die wichtigste Quelle, die wir haben, um uns ein Bild von den kaum vorstellbaren Übergriffen der Kolonisten in diesen (und wahrscheinlich auch in früheren) Jahren zu machen. In seinen Schilderungen ergriff Las Casas stets die Partei der Indianer, dennoch besteht keine Veranlassung, an seiner Glaubwürdigkeit zu zweifeln; man erkennt unzweifelhaft den Tonfall der Wahrheit: «Alle diese bisher beschriebenen Greuel, und noch unzählige andere, habe ich mit eigenen Augen gesehen», versichert er immer wieder.

Die Spanier, so berichtet Las Casas, «wetteten miteinander, wer unter ihnen einen Menschen auf einen Schwertstreich mitten voneinander hauen, ihm mit einer Pike den Kopf spalten, oder das Eingeweide aus dem Leibe reißen könne. Neugeborene Geschöpfchen rissen sie bei den Füßen von den Brüsten ihrer Mütter, und schleuderten sie mit den Köpfen wider die Felsen. Andere schleppten sie bei den Schultern durch die Straßen, lachten und scherzten dazu, warfen sie endlich ins Wasser.» Sollte die Strafe mehr der Form entsprechen, hängten sie die ausgewählten Tainos an den Galgen, «so, daß die Füße beinahe die Erde berührten, hingen zu Ehren und zur Verherrlichung des Erlösers und der zwölf Apostel je dreizehn und dreizehn Indianer an jedem derselben, legten dann Holz und Feuer darunter, und verbrannten sie alle lebendig». Einmal, als Las Casas eine spanische Truppe begleitete, trafen sie auf eine Gruppe Tainos, die sich auf einem Dorfplatz versammelt hatten. Am selben Morgen hatten die Soldaten ihre Schwerter an den Steinen in einem Flußbett geschärft und waren nun begierig, sie zu erproben; diese Gelegenheit kam wie gerufen:

«Ein Spanier, in den der Teufel selbst gefahren zu sein schien, zog plötzlich sein Schwert. Darauf griffen alle hundert zu den Schwerten und schlitzten diesen Lämmern die Mägen auf, zerfetzten und töteten sie – Männer, Frauen, Kinder und alte Leute, die alle überwältigt und verängstigt dahockten und die Spanier mit ihren Stuten anstarrten. Kaum war die Zeit um, die man für zwei Kredos braucht, war kein einziger von ihnen mehr am Leben. Die Spanier drangen in das nahe gelegene große Haus, denn all das war vor seinem Tor geschehen, und begannen, auf die Leute einzustechen, und töteten jeden, den sie fanden, auf die geschilderte Weise, so daß das Blut in Strömen floß wie beim Schlachten einer großen Zahl von Kühen ... Die Wunden der Toten und Sterbenden waren ein schauerlicher, schrecklicher Anblick.»

Las Casas war nicht der einzige Beobachter. Aber Fernández de Oviedo, der spätere offizielle Geschichtsschreiber des vermeintlichen Indien und ein großer Fürsprecher des spanischen Imperialismus, erzählt ganz ähnliche Greuelgeschichten – zum Beispiel von einem *kaseke,* von den Spaniern Quemado genannt («Verbrannter»), «denn sie verbrannten ihn tatsächlich und ganz ohne Grund, da er ihnen nicht soviel Gold gab, wie sie forderten» –, und seine Schlußfolgerungen sind ebenso hart. Die Neue Welt, so schreibt er in seiner *Historia general,* sei den Konquistadoren zum Opfer gefallen, «welche die neuen Länder nicht eroberten, sondern sie vielmehr entvölkerten und plünderten», aber auch den «einfachen Soldaten, die wahrlich wie Henker und Scharfrichter oder wie Werkzeuge des Satans auf vielfache und grausame Weise so vielen Menschen den Tod bringen, wie es Sterne am Himmel gibt».

Am Ende seines langen Lebens blickte Las Casas zurück auf diese frühe Phase des Plünderns und Mordens, erinnerte sich noch einmal an die «Grausamkeit, wie man sie nie zuvor gesehen, darüber gehört oder gelesen hatte», und schrieb in seinem Testament diese unversöhnliche Prophezeihung nieder, die auch von seiner persönlichen Qual spricht:

«Ich glaube, daß wegen dieser in Unrecht, Tyrannei und Barbarei an ihnen begangenen gottlosen, verbrecherischen und schändlichen Taten der Zorn Gottes Spanien treffen wird, weil es einen Anteil hat, wie groß oder klein er auch sein mag, an den blutbesudelten, durch Diebstahl und Abneigung, durch Tötung und Ausrottung dieser Völker erworbenen Reichtümern – es sei denn, seine Reue ist groß.»

Der Zorn Gottes äußerte sich zu Las Casas' Lebzeiten nicht so, daß es Anlaß zu irgendwelcher Reue gegeben hätte. Las Casas starb 1566, als Spanien blutbesudelte Reichtümer in riesigen Mengen regelmäßig einstreifte – und doch bewahrheitete sich seine

Prophezeiung; Spanien mußte im nächsten Jahrhundert und in allen darauffolgenden für die Art und Härte seiner Eroberung bezahlen.

Die Zahl der Opfer auf seiten der Tainos kann kaum oder nur sehr grob geschätzt werden. Die durch Abgaben und Sklavenarbeit, Hunger, Selbstmord und Mord gekennzeichnete neue Lebensform und schwerwiegende soziale Veränderungen als Folge der Entwurzelung ganzer Familien und Dorfgemeinschaften forderten viele Tausende von Menschenleben. Las Casas faßte dies folgendermaßen zusammen:

«In dieser Zeit wurden die schlimmsten Greueltaten und Gemetzel verübt und ganze Dörfer auf diese Weise entvölkert. [...] Die Indianer sahen, daß sie ihrer Königreiche, ihrer Ländereien und Freiheiten, ihres Lebens, ihrer Frauen und ihrer Heime beraubt wurden, ohne selbst ein Unrecht begangen zu haben. Als sie zusehen mußten, wie sie Tag für Tag an den Grausamkeiten und Unmenschlichkeiten der Spanier zugrunde gingen, niedergetrampelt von ihren Pferden, in Stücke gerissen von ihren Schwertern, zerfleischt von ihren Hunden, viele von ihnen bei lebendigem Leibe begraben und den verschiedensten ausgewählten Folterungen ausgesetzt, entschieden einige der Fürsten, vor allem jene im Vega Real ... sich ohne weitere Kämpfe ihrem unseligen Schicksal zu überlassen und sich ihren Feinden zu ergeben, damit diese nach Gutdünken mit ihnen verfahren mochten. Dennoch gab es immer noch Menschen, die in die Berge flüchteten.»

Im weiteren führt er das traurige und bezeichnende Beispiel des *kaseke* Guacanagarí an, jenes loyalen Freundes Colóns, durch dessen Einsatz die Fracht der *Santa María* gerettet und die erste Siedlung in La Navidad errichtet werden konnte: Er wurde seiner «Staaten beraubt» und war gezwungen, «ihrem mörderischen, grausamen Verfahren zu entfliehen, verirrte sich aber im Gebirge und kam darüber ums Leben».

Las Casas und andere frühere Historiker setzten sich in erster Linie mit solcherart Widerwärtigkeiten auseinander – «Krieg, Sklaverei und die Minen», so Las Casas –, und daraus konstruierten die ersten englischen und niederländischen Propagandisten die Schwarze Legende. Seit einigen Jahren führt eine neue Richtung der Kolumbus-Forschung jedoch eine ganze andere Ursache für die Vernichtung der Indianer ins Treffen: die von den Spaniern eingeschleppten Bazillen und Viren, die für die Eingeborenen durchweg tödliche Krankheiten übertrugen – Masern, Grippe, Typhus, Lungenentzündung, Tuberkulose, Diphtherie und Rippenfellentzündung; und 1518 schließlich die verheerend wirkenden Pocken. Beim Wissensstand der Pathologie zur Zeit der Renaissance waren diese Krankheiten für die zeitgenössischen Chronisten kaum zu erkennen und wurden daher wahrscheinlich auch selten als Ursachen der zahlreichen Todesfälle identifiziert, heute ist man sich jedoch einig, daß sie für das Massensterben von Tainos und Kariben auf den Antillen und später auch der Festlandbevölkerung verantwortlich waren. «Trotz all ihrer Brutalität und Härte waren es nicht die Imperialisten selbst, sondern in erster Linie ihre Bazillen, die die Eingeborenen dahinrafften», faßt Alfred Crosby zusammen.*

Was auch immer die Ursachen – die Folgen waren in jedem Fall katastrophal. Um sie richtig abschätzen zu können, müssen wir uns auf den unsicheren Boden der historischen Demographie begeben, einer Wissenschaft, die sich auf unvollständige Aufzeichnungen, laienhafte Schätzungen und oft nicht viel mehr als Grabhügel und Geröll stützen kann, einer überdies umstrittenen Wissenschaft, die hitzige Diskussionen ausgelöst hat zwischen den Verfechtern der These, daß die beiden amerikanischen Kontinente im wesentlichen leer gewesen seien, und jenen, die nachweisen wollen, daß sie ziemlich bevölkert waren. In unserem Jahrhundert herrschte lange Zeit die Meinung, daß die Bevölkerungszahl der

---

* Ein Grund für die besondere Anfälligkeit der indianischen Bevölkerung nicht nur der Karibik für alle möglichen Krankheiten ist die Tatsache, daß es auf dem amerikanischen Doppelkontinent vorher so gut wie keine gefährlichen Krankheitserreger gab. Man nimmt an, daß bei der mutmaßlichen Überquerung der Beringstraße durch die indianischen Ureinwohner Jahrtausende zuvor die meisten menschlichen Krankheitskeime mit wenigen Ausnahmen durch die extreme Kälte abgetötet wurden, und da sich auf den Kontinenten vor dieser Zeit offensichtlich keine anderen leicht übertragbaren Seuchen entwickelt hatten, erfreuten sich die Indianer im allgemeinen einer bemerkenswert guten Gesundheit. Wie Henry Dobyns in seiner Studie über die Eingeborenen Nordamerikas *Their Numbers Become Thinned* schreibt, waren Krankheiten keine häufige Todesursache, ehe die Europäer kamen.

Karibikinseln 1492 nicht viel höher war als 200000 oder 300000, und die Schätzungen von Las Casas und anderen von «über drei Millionen» wurden als leichtfertige Übertreibungen abgetan. In den letzten Jahren setzte sich die Forschung jedoch intensiver mit dieser Frage auseinander und durchforstete die zeitgenössischen Quellen, so daß heute zuverlässigere Angaben gemacht werden können.

Wir wissen heute zum Beispiel, daß Bartolomé Colón als Stellvertreter seines nach Spanien zurückgekehrten Bruders 1496 auf der bei weitem am dichtesten besiedelten Insel Española, vermutlich um die Abgabenzahlungen zu überprüfen, die erwachsene indianische Bevölkerung zählen ließ und auf etwa 1,1 Millionen Personen kam. Da Kinder unter vierzehn, alte Menschen, *kasekes* und noch einige andere Gruppen ausgenommen waren – zusammen etwa vierzig Prozent der Bevölkerung – und die Zählung nur die von den Spaniern beherrschte Hälfte der Insel abdeckte, dürfte die Bevölkerungszahl für ganz Española wohl eher bei etwas über drei Millionen gelegen haben. Außerdem wurde Bartolomés Volkszählung vier Jahre nach dem ersten Kontakt mit den europäischen Krankheitserregern und zwei Jahre nach dem Anfang der schlimmsten Gewalttaten der Europäer durchgeführt, so daß von einer noch höheren Zahl vor 1492 ausgegangen werden kann. Die beiden führenden Forscher auf diesem Gebiet, Sherburne Cook und Woodrow Borah von der Universität Berkeley, haben den Bevölkerungsrückgang *nach* 1496 berechnet und daraus eine bis in das Jahr 1492 zurückreichende Kurve abgeleitet; sie schätzen anhand dieser Zahlen die Urbevölkerung der Insel auf knapp unter acht Millionen Menschen.

Wenn wir die nächsten Daten, die wir haben, vor diesem Hintergrund betrachten, erscheinen sie uns fast unvorstellbar. Spanische Zählungen aus den Jahren 1508, 1510, 1514 und 1518 zeichnen in großen Zügen alle das gleiche Bild einer Bevölkerung von bereits *unter 100000* mit rasch rückläufiger Tendenz. Die detaillierteste Volkszählung, das *repartimiento* von 1514, verzeichnete nur noch 22000 Erwachsene (Cook und Borah geben 27800 an, wenn man die von der offiziellen Zählung nicht Erfaßten mit einschließt): *von acht Millionen auf 28000 in kaum mehr als* *zwanzig Jahren.* Das ist mehr als Dezimierung, das ist ein Blutzoll von über 99 Prozent in nur einer einzigen Generation und daher im Bereich des Genozids anzusiedeln. Im Jahre 1542 lebten laut dem zu dieser Zeit selbst auf Española weilenden Las Casas nur noch 200 Tainos auf der Insel, und wahrscheinlich waren sie die letzten ihres Volkes nicht nur auf dieser, sondern auch auf allen anderen Inseln. Ein oder zwei Jahrzehnte später waren sie ausgestorben. Eine wahrlich düstere Legende.*

Wir müssen uns jedoch unbedingt vor Augen halten, daß die anderen europäischen Nationen keine Gelegenheit ungenutzt ließen, ebenso schreckliche und grausame Methoden wie die Spanier anzuwenden (in gewisser Hinsicht wüteten die Engländer noch schlimmer), und damit demographische Konsequenzen der gleichen Art zeitigten. Die Spanier hielten es immerhin für richtig, die Indianer zu bekehren und in vielen Fällen ihre Frauen zu ehelichen, hielten sie also für fähig, die christliche Lehre und die europäische Zivilisation anzunehmen und schätzten sie damit höher ein als andere Kolonisatoren. Und wir dürfen auch nicht vergessen, daß es die Spanier waren – zumindest einige von ihnen, wie etwa Las Casas –, die letzten Endes diese düsteren Vorgänge aufdeckten und in höchsten Kreisen dagegen protestierten, was eine Reihe von Reformen zur Folge hatte, die zumindest die schlimmsten Übergriffe der Kolonialherren milderten. Hätte es diesen öffentlichen Aufschrei nicht gegeben, wäre wahrscheinlich auch die Schwarze Legende nicht entstanden, die den protestantischen Nationen als Munition im Propagandakrieg gegen Spanien diente. Spaniens guter Ruf in Europa litt Schaden, und es wurden allerorts Zweifel geäußert an seiner Vormachtstellung in den amerikanischen Kolonien.

Mit der Inselbevölkerung gingen die Invasoren achtlos und grausam um, aber noch viel rücksichtsloser und fast genauso zerstörerisch behandelten sie die Inseln selbst.

---

* Ein Forschungsbericht von 1989 spricht von ungefähr tausend Personen mit indianischen «Merkmalen», die im Osten Kubas leben; zumindest ein Teil von ihnen behauptet, direkt von den Tainos abzustammen. Möglicherweise handelt es sich dabei um ein kulturelles Erbe, wohl kaum aber um ein genetisches.

Dieses Verhalten entsprach voll und ganz dem Plan des Admirals, und den Monarchen schien es nur natürlich, die kastilische Lebensweise nach Indien zu exportieren und Española tatsächlich in eine spanische Insel zu verwandeln. Tiere und Feldfrüchte, Nahrungsmittel und Getränke kamen aus Spanien. Aus den Aufzeichnungen über Lebensmittellieferungen und den Kommentaren der ersten Reisenden ist leicht ersichtlich, daß kein Gedanke darauf verschwendet wurde, ob die fremden Lebens- und Anbauformen sich für die Inseln eigneten. Es war selbstverständlich, daß alles wachsen und gedeihen würde, was die Europäer anbauten. Verständnis für die Unterschiede natürlicher Lebensbedingungen und die Zerbrechlichkeit bestehender Ökosysteme hatten die Europäer trotz all ihrer neuartigen Bildung und Wissenschaft offenbar nicht in ihrem geistigen Reisegepäck. «Die Europäer», so Crosby, «machten sich umgehend daran, die Neue Welt in die Alte Welt zu verwandeln.»*

Colón importierte zunächst jene Pflanzen, die die Grundlage der mediterranen Ernährung bildeten (jedenfalls in psychologischer Hinsicht) – Kichererbsen, Weizen, Weintrauben und Oliven. Weizen und Kichererbsen verdorrten in der Hitze – «[sie] sind in zehn Tagen eine Spanne gewachsen», merkte Cuneo in seinem Brief an, «dann haben sie alsbald zu welken begonnen»; an den Rebstöcken wuchsen spärliche, verkümmerte Trauben, denen keine Flüssigkeit zu entlocken war; die Olivenbäume gingen gleich ein. (Die allgemeine Reaktion darauf brachte einige Jahre später ein spanischer Kleriker deutlich zum Ausdruck, als er behauptete,

* Selbstverständlich hatte auch Europa bereits erlebt, welche Gefahren Eingriffe in die Natur mit sich bringen: Schwerwiegende Auswirkungen ökologischer und ökonomischer Art nach der Einführung fremder Arten waren auch damals sichtbar. Hier nur ein kleines Beispiel: Mitte des fünfzehnten Jahrhunderts brachte Colóns Schwiegervater den europäischen Feldhasen auf die Madeira-Insel Porto Santo, deren Gouverneur er war. Seiner Veranlagung gemäß vermehrte sich dieses Tier so rasch, daß es sich binnen eines einzigen Jahres der gesamten Insel bemächtigte, indem es alles Grün auffraß und so den heimischen Tieren ihre Ernährungsgrundlage entzog. Abgefressen und ohne ausreichenden Bewuchs, waren die Böden der Erosion ausgesetzt, so daß die Insel schließlich praktisch zu einer Einöde wurde. Die Siedler mußten nach Madeira umziehen, bis das Hasenvolk – wie bei allen Bevölkerungsexplosionen – durch dauernde Überbeanspruchung der Umwelt wieder ausstarb.

daß diese Menschen von Gott gar nicht dazu bestimmt seien, Christen zu werden, weil ihre elenden Böden nicht in der Lage seien, den für die Feier des heiligen Sakramentes erforderlichen Wein hervorzubringen.) Mit anderen Pflanzen aus Europa hatte man mehr Erfolg – Blumenkohl und Kohl, Melonen, Gurken und Rettich –, aber die Kolonisten griffen trotzdem lieber auf Importe aus dem Heimatland zurück; offenbar kamen sie kaum auf den Gedanken – aus den Quellen ist mir jedenfalls nichts davon bekannt –, ihre Ernährung der Umgebung anzupassen. Das vor allem war die Ursache der immer wieder auftretenden Hungersnöte, mit denen die Europäer auf Española von Anfang an zu kämpfen hatten: Nicht, daß es nicht genug Nahrung gab, aber es gab keine *kastilische* Kost, und die Ysla Española war nicht Spanien. Selbst während der Hungerperioden, als sie abhängig waren von der Nahrung, die die Tainos noch in der größten Not produzierten, aßen die Spanier nur sehr wenig und ungern davon. Die Fremdheit der indianischen Kost stieß sie ab.

Unter Colón und weit ins sechzehnte Jahrhundert hinein wurde eine ganze Reihe von europäischen Tier- und Pflanzenarten eingeführt, teils absichtsvoll, teils zufällig, jedenfalls aber mit schweren und letztlich fast ruinösen Auswirkungen. Nutzbringend oder schädigend – je besser sich die neuen Arten an die neue Umgebung anpaßten, desto mehr einheimische Arten wurden verdrängt, und das stabile Ökosystem der Insel veränderte sich schließlich vollkommen.

Nehmen wir zum Beispiel die auf der zweiten Reise eingeführten großen europäischen Säuger. In der Karibik gab es nichts Vergleichbares (die größten Tiere waren kleine Hunde), daher existierten auch keine Krankheiten, die sie hätten bedrohen können, so daß sie, mit Ausnahme der Schafe und Ziegen, außerordentlich gut gediehen. Die Rinder fühlten sich auf Española so wohl, daß behauptet wurde, dreißig oder vierzig wildlebende Tiere hätten sich binnen einiger Jahre auf drei- oder vierhundert vermehrt; auch die Pferde gediehen so prächtig – zum Glück für die kastilischen *caballeros* –, daß aus den ursprünglich zwanzig innerhalb eines Jahrzehnts mindestens sechzig oder siebzig geworden waren und 1507 Pferdeimporte verboten wurden; im Jahr 1500, nur sieben Jahre nach der Einfuhr der ersten vier Paare, war die Zahl der Schweine laut Las Casas unendlich groß.

All diese gefräßigen Tiere gewannen in den Lebensräumen der einheimischen Arten sehr bald die Oberhand. Die Aufzeichnungen darüber sind sehr lückenhaft, da nicht einmal jene Kolonisten, die sich zum Ziel gesetzt hatten, die auf den Inseln heimischen Arten für ein spanisches Publikum zu beschreiben, die gravierenden, buchstäblich unter ihren Füßen stattfindenden Umweltveränderungen überhaupt bemerkten. Immerhin erwähnt Las Casas, daß ein bestimmtes, in Española noch zur Jahrhundertwende häufig vorkommendes Gras nur vierzig Jahre später den hungrigen Herden zum Opfer gefallen und völlig verschwunden war, so daß wir annehmen können, daß es vielen Pflanzen ebenso erging. Ohne näher darauf einzugehen, stellt Crosby die Überlegung an, daß die Verbreitung dieser großen Tierarten «ohne Zweifel viel mit dem Aussterben bestimmter Pflanzen, Tiere ... und sogar der Indianer zu tun hatte», die «im biologischen Wettkampf mit den neu importierten Tieren» den kürzeren zogen.

Bezeichnend war auch das landwirtschaftliche System der *rancheros,* das Colón aus Kastilien importierte. Es gab Rinderherden von fünfhundert Tieren und mehr (1520 waren es laut Oviedo bereits über achttausend). Die Tiere wurden überall ausgesetzt, auf nicht mehr bestellten Feldern, in abgeforsteten Tälern, in den *conucos* der Eingeborenen, sogar auf abschüssigen Hängen; sie fraßen die einheimischen Gräser ab, verhärteten die tropischen Böden, und die vor Erosion schützende Bodendecke ging verloren. Hier, auf seinem allerersten Außenposten in der Neuen Welt, begründete Europa ein Erbe, dessen unauslöschliches Merkmal eine von rotem Fleisch abhängige Gesellschaft war. Das hatte fast automatisch die Zerstörung der Umwelt zur Folge.*

---

* Das System der *rancheros* beruhte auf dem Prinzip des spanischen Privateigentums an karibischem Land. Von Colón wurde 1498 Land nach dem Vorbild des *repartimiento* zugeteilt. Das hatte nicht nur die rapide Verdrängung der Tainos zur Folge, sondern schuf auf den Inseln und später auf dem Kontinent eine spanische Grundbesitzerelite, die der einheimischen Bevölkerung das Recht auf Landbesitz absprach und die gefährlichen Ungerechtigkeiten begründete, die auch heute noch schwer auf den lateinamerikanischen Gesellschaften lasten.

Neben der Invasion der Tiere zeigten auch die von den Spaniern eingeführten Pflanzen schädliche Wirkung. Manche wurden unabsichtlich mitgebracht – darunter so aggressive Pionierarten wie Gänseblümchen, Löwenzahn und Nesseln, die sich überall breitmachten und die schwächeren heimischen Arten verdrängten –, andere wieder wurden gezielt eingeführt und gezüchtet, so zum Beispiel das von den Kanarischen Inseln stammende Zuckerrohr, das im karibischen Klima sofort gut gedieh und daher auf allen nicht für die Nahrungsmittelherstellung und das Vieh beanspruchten Flächen angepflanzt werden konnte. Obwohl wir genau wissen, welche Pflanzenarten der Invasoren auf den Inseln gediehen, geben die vorhandenen Quellen nur sehr beschränkte Auskunft über die untergegangenen Arten. Die zeitgenössischen Chronisten begriffen das «offensichtlich ... spektakuläre biogeographische Phänomen, das sich vor ihrer Nase abspielte» einfach nicht, meint Crosby, jedenfalls machten sie sich nicht die Mühe, darüber zu schreiben.

Aber es ging nicht nur um die Pflanzen*arten,* sondern auch um das Pflanz*system:* Nichts konnte ungeeigneter für ein tropisches Ökosystem sein als die intensive landwirtschaftliche Nutzung und insbesondere die Reihenpflanzungen, die die Europäer überall einführten. Der Pflug zerstörte den Boden viel nachhaltiger, als es der Pflanzstock und die Hacke der Indianer vermocht hatten; die Pflanzung von Monokulturen auf ungeschützten Feldern bewirkte eine weitaus drastischere Erosion der oberen Bodenschichten durch Wind und Wasser als die umsichtige Pflanzweise der Tainos auf ihren *conucos;* außerdem mußten im Dienst dieser Art der Bewirtschaftung (aber auch zur Deckung des Bedarfs an Bau- und Brennmaterial) die imposanten immergrünen Wälder, die seit Urzeiten unveränderte Vegetation der Karibik, abgeholzt und fast zur Gänze gerodet werden.

Die Folgen machten sich binnen einiger Jahrzehnte bemerkbar. Sintflutartige Regenfälle und stürmische Winde, von den Tainos als *hurricanas* bezeichnet, riefen Bodenerosion hervor; die Flüsse begannen zu verschlammen und trockneten manchmal völlig aus; Schlammablagerungen an Flußmündungen zerstörten die Lebensräume der Tiere und führten zu ihrem Aussterben; und der Verlust der dichten Walddecke veränderte allmählich den Feuchtigkeitshaushalt und damit das gesamte Klima dieses Gebietes, was auch zu Lasten der Tier- und Pflanzenwelt zu Land wie zu Wasser ging. Interessanterweise war Colón sich einiger Auswirkungen seiner Maßnahmen durchaus bewußt, er kannte die klimatische Bedeutung des Waldes: Auf seiner Reise nach Kuba 1494 erklärte er, er «habe dieselben Erfahrungen bei den Kanarischen Inseln, bei Madeira und bei den Azoren gemacht, wo jetzt, nachdem die Wälder und Bäume gerodet wurden, nicht mehr so viele Regen aufkommen wie früher», und 1498 schrieb er über die Kapverdischen Inseln, daß «ihr Name sehr irreführend ist, da [ich] nie etwas Grünes zu Gesicht bekam und alles trocken und dürr war». Dieses Wissen hatte aber keinerlei Einfluß auf seine Handlungsweise.

Nur zwei Jahrzehnte nach Ablauf von Colóns Amtszeit als Gouverneur im Jahre 1518 schrieb Alonso de Zuaso an einen Freund am spanischen Hof: «Wenn ich Euch das gesamte Ausmaß des verursachten Schadens schildern sollte, käme ich nie an ein Ende. [...] Seit Gott die Welt erschuf, gediehen diese Inseln und waren voll von Menschen, denen es an nichts mangelte; dennoch ... wurden sie verwüstet und sind nur noch von wilden Tieren bewohnt, so daß sie weder Gott noch Euren Majestäten zu Diensten sein können.» Einige Jahre später schrieb Las Casas über Española: «Sie war die erste, welche verheert und entvölkert wurde.» Aber nicht die letzte.

Anfang 1496 beschloß der Gouverneur nach Hause zurückzukehren. Gewiß aber nicht deshalb, weil er die Leistungen seiner Regierung betrachtet und für gut befunden hatte, denn selbst er, der sonst so oft nur sah, was er sehen wollte, konnte vor bestimmten bitteren Tatsachen nicht die Augen verschließen: Die Spanier, einfache Leute wie Edle, kümmerten sich kaum um die Vorschriften der Brüder Colón und zogen plündernd und zerstörend durch die Gegend; die Goldlieferungen an die Monarchen waren entgegen den Versprechungen nach zwei Jahren intensivster Goldgewinnung immer noch ziemlich dürftig; Krankheiten wie die Ruhr und die Syphilis schwächten weiterhin die Kolonisten und rafften viele von ihnen dahin; die Todesfälle unter den Tainos waren so zahlreich, daß es an Arbeitskräften für die Goldgruben und die Felder mangelte; bisher war nicht ein einziger Indianer zum katholischen Glauben bekehrt worden, obwohl die Bekehrung ein erklärtes Ziel aller Reisen gewesen war; am schlimmsten aber mußte er es empfinden, daß jeder, auch die nach Kastilien Zurückgekehrten, den Mann verwünschten, der seinen Königen in all diesen Jahren «mit untertänigster Ergebenheit» gedient hatte, wie er selbst behauptete, und so viele Hoffnungen in diese zweite Reise gesetzt hatte. Es war nicht verwunderlich, daß Colón die Heimreise für ratsam hielt. Er wollte die Möglichkeiten einer dritten Entdeckungsreise erkunden, er wollte wieder zur See fahren, denn das war das einzige, was er wirklich beherrschte.

Doch auch auf der Rückreise im März 1496 konnte der Fluch der Insel offenbar nicht abgeschüttelt werden. Wie aus den Aufzeichnungen hervorgeht, war der Admiral gezwungen, auf zwei winzige Schiffe (eines davon war die *Niña,* jene ausdauernde kleine Karavelle) dreißig Indianer – großteils Gefangene aus Isabela, unter ihnen der *kaseke* Caonabó in seinen glänzenden Fesseln – und zweihundertfünfundfünfzig Spanier zu verladen, die glücklich waren, Española zu entkommen, wo die Kolonisten laut Las Casas einen einzigen Leitspruch hatten: «! Así Dios me lleve a Castilla!» – Möge mich Gott doch nach Kastilien zurückbringen! Wenn man bedenkt, daß die *Niña* auf der ersten Reise nicht mehr als etwa zwei Dutzend Männer und damit die entsprechende Besatzung für ein Schiff dieser Größe an Bord hatte, kann man kaum glauben, daß sie nun mit fünfmal soviel Menschen vollgestopft wurde. Wie schlecht mußten die Lebensumstände sein, denen sie entkommen wollten!

Und der berühmte Navigator am Steuer dieser kleinen Flotte verschlimmerte die Leiden der zusammengepferchten Menge noch, indem er aus unerfindlichen Gründen nicht den auf der ersten Reise so erfolgreichen nördlichen Kurs einschlug, sondern direkt nach Osten segelte und geradewegs in die ihm entgegenwehenden Passatwinde geriet, so daß er innerhalb eines ganzen Monats nicht weiter kam als bis Guadeloupe, 700 Meilen von Isabela entfernt. Da ihnen die Nahrungsmittel ausgingen, legten sie auf Guadeloupe an (man bedenke, daß es sich um die seit der Hinreise als Wohnstätte wilder Kannibalen verschriene Insel handelte, was den Admiral aber nicht im geringsten zu beunruhigen schien), überfielen eine Küstensiedlung, bemächtigten sich des Kassawateiges der Indianer und backten soviel Brot, wie sie brauchten. Dazu nahmen sie Süßwasser, Holz und zwei weitere Indianersklaven von der Insel mit auf die Schiffe und setzten die Reise nach Spanien fort, immer noch gegen den Wind ankämpfend. Mehr als sieben Wochen später trafen sie schließlich in Cádiz ein. Sie hatten drei Monate für eine Reise gebraucht, die nicht länger als vier Wochen hätte dauern dürfen. Wir wissen nicht, wie viele Tote es an Bord gab, doch befand sich Caonabó unter ihnen, und es heißt, daß die Überlebenden auf ein lebensbedrohendes Maß abgemagert waren, mit «Gesichtern, so gelb wie Zitronen oder Safran» – das waren die Europäer unter ihnen.

Und nun etwas sehr Eigenartiges: Der Admiral des Ozeanischen Meeres, Gouverneur Indiens und Entdecker von Ländern, deren Existenz in Europa bislang unbekannt gewesen war und die unvorstellbaren Reichtum und Ruhm versprachen, faßte plötzlich den Entschluß, das ärmliche graue Ordenskleid der Franziskanermönche anzuziehen. Las Casas berichtet davon, verschweigt uns aber den Grund; auch Andrés Bernáldez, in dessen Haus Colón die ersten Monate nach seiner Rückkehr verbrachte, spricht davon, gibt aber ebenfalls keine Erklärung; bei Fernando findet sich kein einziger Hinweis darauf, obwohl er seinen Vater bei dessen Besuch am spanischen Hof im Ordensgewand gesehen haben dürfte.

Was kann das bedeuten? Man kann nur vermuten, daß aufrichtige Gefühle der Reue ihn dazu trieben, dieses einfache, rauhe Kleid eines Bettelmönchs anzulegen – Bedauern über die elenden Bedingungen in seiner Kolonie, Gewissensbisse wegen seiner Unfähigkeit, sie zu beherrschen, Trauer über das Fehlschlagen seines großen Planes, die versprochenen Schätze zu finden. Ebensogut könnte es aber auch mit der Erkenntnis zu tun gehabt haben, daß er als Vizekönig bei seinen Untertanen auf der Insel in Mißkredit stand und erst recht bei den Heimkehrern, die die Kunde von den armseligen Schätzen und den im Übermaß vorhandenen Leiden beim spanischen Hof verbreiteten. (Morison nimmt an, daß der Wunsch nach Anonymität ihn in die Kutte schlüpfen ließ, da «es ihm nicht mehr möglich [war], sich auf den bevölkerten *sierpes* von Sevilla zu zeigen, ohne von enttäuschten Glücksrittern belästigt und beleidigt zu werden».) Wie dem auch sei, in den nächsten zwei Jahren in Spanien trug Colón das Ordenskleid und verbrachte einen Teil dieser Zeit im Kloster von Las Cuevas in Sevilla, während er versuchte, die Monarchen für eine dritte Entdeckungsreise zu gewinnen und auf ihre Antwort wartete – sehr lange wartete.*

Ferdinand und Isabella zeigten sich natürlich nicht eben erfreut über die aus Indien eintreffenden Nachrichten – von den ausnahmslos verärgerten Kolonisatoren, von den geringen Erfolgen bei der Goldsuche und vom Fehlschlagen aller Bekehrungsversuche –, und sie erkannten, daß ihr Colón, so fähig er als Admiral sein mochte, als Gouverneur gescheitert war. Offenbar gab es weder einen Verweis noch eine Standpauke oder einen Tadel von seiten der Könige, seine Privilegien wurden nicht zurückgenommen, aber es wurde ihm auch kein Empfang wie nach der Heimkehr von der ersten Reise bereitet. Ja, es gibt nicht einmal Aufzeichnungen über ein Zusammentreffen mit den Königen. Im Spätsommer oder Frühherbst 1496 muß aber ein Treffen stattgefunden haben, da er sich erwiesenermaßen Ende Juli auf den Weg nach Burgos machte, um dort mit seinem gewohnten Gefolge von halbnackten Indianern und Papageien, exotischen Pflanzen und Goldklumpen bei Hof zu erscheinen. Fernando berichtet, daß ihm die Könige einen herzlichen Empfang bereitet und seine Gaben mit Freuden angenommen hätten, er geht sogar so weit zu behaupten, daß sie ihm «viele Begünstigungen und Privilegien zustanden, die sich sowohl auf die Angelegenheiten und den Besitz des Admirals bezogen als auch der Verbesserung der Regierung und Verwaltung Indiens dienen sollten» – da er aber diese wichtigen Belohnungen aufzuzählen vergißt und sie nirgends sonst erwähnt werden, liegt

* Zweifellos wählte er den grauen Habit der Franziskaner (zu jener Zeit war er grau und nicht braun, wie Las Casas behauptet) nicht, weil er den Lehren des heiligen Franziskus besonders viel abgewinnen konnte, sondern eher wegen seiner früheren Verbindung zu La Rábida. Es wurde sogar die Theorie aufgestellt, daß er dem Dritten Orden angehört habe, doch gibt es keine eindeutigen Beweise dafür.

der Verdacht nahe, daß sie in erster Linie dem Wunschdenken des Sohnes entsprangen.

Höchstwahrscheinlich schenkten die Monarchen in diesen beiden Jahren dem Admiral und Gouverneur keine Beachtung und schoben die Behandlung seines Antrages auf eine weitere Entdeckungsreise hinaus, weil ihre Aufmerksamkeit nicht so sehr dem Zustand Indiens, sondern vielmehr dem Zustand Europas galt. Spanien befand sich gerade im Krieg mit Frankreich und versuchte, seine Siege auf der italienischen Halbinsel zu konsolidieren. Ihre wichtigste Aufgabe sahen die Monarchen im Augenblick darin, sich durch eine Reihe von königlichen Eheschließungen mit den Habsburgern, den Engländern und den Portugiesen zu verbinden und den Gegner Frankreich mit einem Kreis von Alliierten zu umgeben. Da diese Politik immense Geldsummen verschlang und eine außergewöhnlich große Zahl von Schiffen erforderte (etwa 130 Schiffe mit 25 000 Soldaten an Bord waren im September 1495 in Prinz Juans Hochzeitsflotte gesegelt), waren die Monarchen wenig geneigt, dem Admiral eine schwierige, teure und waghalsige Entdeckungsreise zu gestatten. Mitte 1497 rangen sie sich aber doch zu dem Entschluß durch, ihn mit einer kleinen Versorgungsflotte nach Española reisen zu lassen, stellten ihm sechs kleine Schiffe zur Verfügung und versprachen ihm 2,8 Millionen Maravedis (etwa ein Sechstel dessen, was für die letzte Reise vermutlich ausgegeben worden war).

Nun begann eine lange Zeit des Feilschens und Verhandelns, ehe die königlichen Schatzkammern das Geld wirklich freigaben. Danach mußten in einem langwierigen Prozeß Schiffe gefunden, ausgestattet und Männer angeheuert werden – letzteres gelang nur, weil dieses Mal die Krone alle Verbrecher zu begnadigen versprach, die sich bereit erklärten, mit dem Admiral nach Española zu reisen und ein bis zwei Jahre dortzubleiben. Im Frühjahr 1498 waren die Vorbereitungen endlich abgeschlossen, und am 30. Mai desselben Jahres konnte die dritte Reise beginnen.

Während Colóns zweijähriger Wartezeit hatten – mit größter Wahrscheinlichkeit von ihm unbemerkt – zwei andere brillante Seefahrer die Weltmeere befahren und den von ihm eingeleiteten Prozeß der europäischen Expansion auf spektakuläre Weise fortgesetzt. Am 24. Juni 1497, als Colón sich wahrscheinlich am Hof in Burgos befand, um die Bedingungen für die nächste Reise auszuhandeln, sichtete Giovanni Cabotto, genannt John Cabot, der im Dienst des englischen Königs Heinrich VII. stand, Land, aller Wahrscheinlichkeit nach die Nordküste Neuenglands; das war der Anfang einer langen und wechselvollen Reihe von Kontakten zwischen Nordeuropa und Nordamerika, die über ein Jahrhundert später zur Gründung der Siedlungen in Virginia und Plymouth führten. Und am 20. Mai 1498, als Colóns sechs Schiffe in Sevilla für die Reise nach Indien ausgestattet wurden, erreichte der Seefahrer Vasco da Gama, der in Diensten des portugiesischen Königs Emanuel I. stand, tatsächlich Indien und fuhr in den Hafen von Kalikut an der Südwestküste des indischen Subkontinents ein, wo er mit orientalischer Prachtentfaltung vom Radscha der Stadt empfangen wurde. Damit hatte er den Seeweg nach Asien eingeweiht, dessen Nutzung Portugal drei Jahrhunderte lang Reichtum und Weltgeltung brachte.

Mittwoch, den 1. August. Er segelte fünf Seemeilen gegen Westen und erreichte ein Vorgebirge, wo er mit den drei Schiffen vor Anker ging. Sie holten aus Quellen und Bächen Wasser. [...] Er berichtet, daß sie Aloeholz fanden [und irrt wiederum] und ausgedehnte Palmenhaine und Länder von großer Schönheit entdeckten, «wofür der Heiligen Dreifaltigkeit unendlicher Dank gezollt werde».

Diese dritte Entdeckungsfahrt des Admirals nach Indien war ein armseliges Unternehmen. Die Rückreise fand nicht mehr unter seinem Kommando statt. Sie dauerte (abgesehen von der überlangen Ozeanüberquerung) nur drei Wochen – vom Sichten der von Colón als Trinidad bezeichneten Insel am 1. August bis zur Abreise von der Alto Velo genannten Insel nach Española am 22. August. (Nur drei Schiffe gingen auf diese Reise, die anderen drei waren mit Proviant für die bedrängten und wahrscheinlich hungernden Kolonisten direkt nach Española gesandt worden).

In der auf uns gekommenen Zusammenfassung des *Bordbuchs* – diese wurde ebenfalls von Las Casas angefertigt, obwohl auch er die Dürftigkeit dieser Reise erkannte und sich sehr kurz faßt – entschuldigte sich der Admiral mehrmals für seine Hast. Von den zahlreichen Gründen, die er dafür anführt, klingen nur zwei aufrichtig: Erstens, er habe drei Schiffsladungen voll Lebensmittel für Española an Bord, die zu verderben drohten; und zweitens, er habe seine Mannschaft über das Ziel ihrer Reise im unklaren gelassen, da er es nicht gewagt habe, «ihnen schon in Kastilien zu sagen, daß er mit dem Vorhaben in See stach, neue Länder zu entdecken, und zwar aus Angst, daß sie ihm dann Hindernisse in den Weg legen oder mehr Geld abverlangen würden, als er selbst besaß».

Angesichts der kurzen Dauer der Reise mag es überraschen, daß es in ihrem Verlauf zu zwei sehr bemerkenswerten Aufzeichnungen kam – beide entsprangen sie dem zunehmend verwirrten Geist des Admirals (der immer noch an den Beeinträchtigungen durch das Reiter-Syndrom litt). Eine davon entpuppte sich als exakte und prophetische geographische Theorie, die andere war reine, wenn auch bezeichnende, kosmologische Phantasie.

[Dienstag, den 13. August. Paria.] Montag und Dienstag scheint der Admiral dreißig oder vierzig Seemeilen der Küste entlang gefahren zu sein, seit der Ausfahrt aus der Meerenge des Drachens [vor Trinidad]. [...] Als er sah, daß sich das Land noch weit nach Westen ausdehnte und immer ebener und schöner erschien, und daß der Perlengolf, der am Ende des Golfes oder Süßmeeres lag, keinen Ausgang hatte, wie er gehofft, kam er zu der Erkenntnis, daß dieses ausgedehnte Land keine Insel, sondern ein riesiges Festland sein mußte, und er schrieb dem König folgendes:

Ich glaube, daß dies ein riesiges Festland ist, von dem man bis heute noch keine Nachricht hatte. Diese Ansicht wird unterstützt von dem Vorhandensein dieses sehr großen Flusses [des Orinoko] und dieses Süßwassermeeres. [...] Wenn es sich hier um ein Festland handelt, so ist das etwas ganz Wunderbares, und als das werden es auch alle Gelehrten erachten.»

Ein *Kontinent* – noch dazu einer, von dem man bislang keine Nachricht hatte! War dies eine weitere Selbsttäuschung? Mußte sich der Admiral selbst davon überzeugen, daß er sein Ziel erreicht hatte, «neue Länder außer den gefundenen zu entdecken» und einen neuen Seeweg nach Süden? Oder wußte er, daß es diesmal ernst wurde, und er «zum Ruhme des Königs und der Königin, unserer Herren, zu Ehren der Christenheit Ergebnisse finden», also Reichtümer liefern mußte?

Es ist durchaus möglich und wäre zumindest nicht überraschend, daß er sich selbst etwas vormachen wollte. Nur hatte der Admiral diesmal wirklich einen Kontinent *gefunden* – jenes Land, das später Südamerika genannt wurde.

Die erste Berührung mit dem Kontinent hatte bereits eine Woche zuvor stattgefunden, am 5. August, irgendwo an der Südküste der Halbinsel Paria, die zum heutigen Venezuela gehört, wo der Admiral seine Boote an Land schickte und eine weitere der zahllosen karibischen Inseln entdeckte. Erst in der darauffolgenden Woche, als er beobachtete, welch riesige Wassermengen in den Golf von Paria strömten, zog er daraus den Schluß, daß es einen großen Fluß geben mußte, der wiederum eine große Landmasse voraussetzte, und daß die Insel eigentlich eine Halbinsel sein könnte, und diese wiederum der Fortsatz von ... *tierra firme,* einem Kontinent! Je mehr er darüber nachdachte, desto überzeugter war er: «Und auch die Vernunft spricht sehr dafür wegen eines so großen Flusses und eines solchen Süßwassersees, und weil es doch von Esra in seinem 4. Buch Kap. 6 also verheißen ist, daß sechs Teile der Welt trocknes Land sind und ein Teil Wasser»; und wenn er es recht überlegte, so erhärteten die Behauptungen mehrerer «Indianer und Kannibalen, die [er] bei anderen Gelegenheiten gefangen genommen [hatte], daß sich im Süden von ihren Ländern ein Festland» befinde, seine Annahme. Dasselbe wiederholten die Männer aus «Santa Cruz und von San Juan, die sagten, es befinde sich dort auch viel Gold». Freilich, es würde Zweifler geben, aber schließlich gab es «zu meiner Zeit niemand, der glaubte, man könne von Spanien nach Indien fahren».

Nun gut, ein Kontinent. Aber *welcher* Kontinent?

Handelte es sich um einen südlichen Fortsatz Asiens, den Marco Polo nicht gekannt hatte, um ein riesiges Gebiet im Süden jener

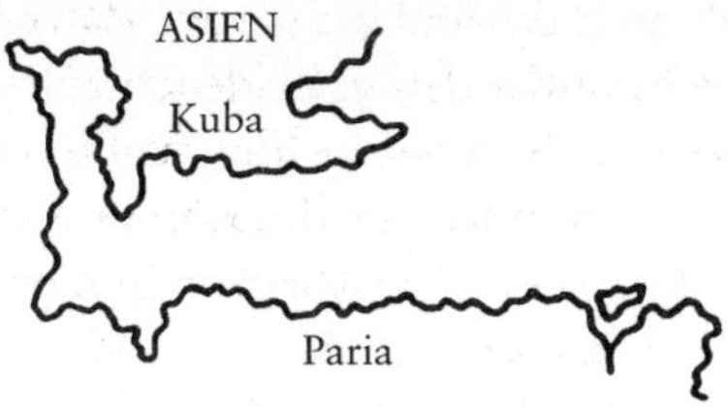

einzigen Erdeninsel, die sich von Europa bis China erstreckte und von deren Existenz schon antike Schriftsteller (und wiederum Esra) gesprochen hatten?

Wenn das stimmte, so gab es hier keinen Weg nach Indien, und es war unerklärlich, wie Marco Polo von der Ostküste Chinas nach Indien zurückgekommen war.

Oder handelte es sich um einen Kontinent, der Asien *vorgelagert* war, unabhängig von dem Festland, das in Kuba begann, um

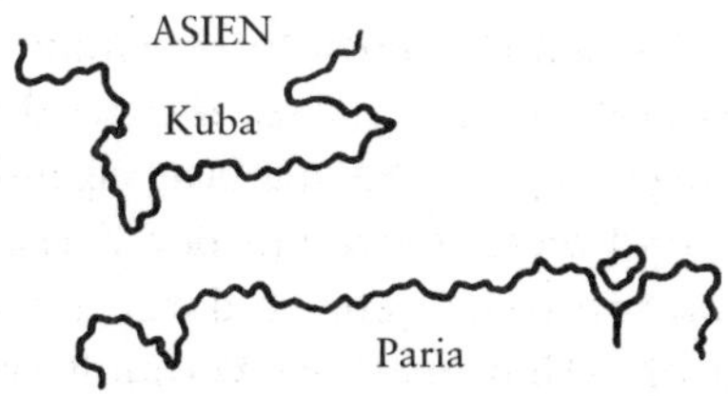

eine vollkommen neue Landmasse, vielleicht jenes berühmte Terra australi, das unbekannte Südland, von dem behauptet wurde, es sei wegen seiner heißen Temperaturen reich an Gold?

Wenn das stimmte, so war die Annahme der Alten und der Kirche, daß die Erde eine einzige Insel sei, falsch, und dies mußte eine Art *orbis alterius* sein, dessen Existenz die Theologen aber ausschlossen.

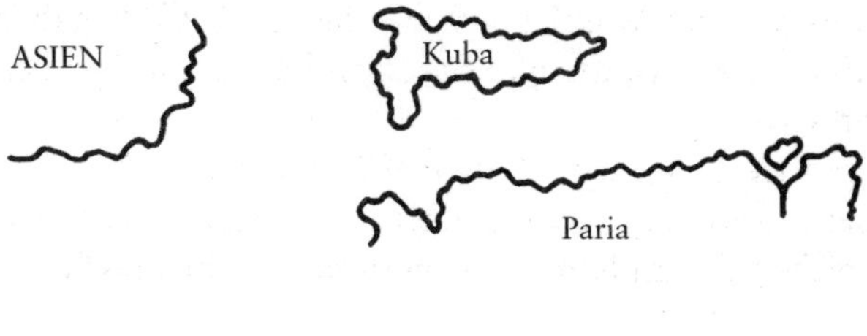

Oder handelte es sich um etwas völlig anderes, etwas ohne jeglichen Bezug zu Asien, etwas, was man wirklich als eine neue Welt bezeichnen konnte?

Wenn das stimmte, so war es geradezu unglaublich, und Colón würde alle seine Behauptungen, daß die von ihm entdeckten Inseln im Chinesischen Meer lägen und Kuba zu Asien gehöre, öffentlich zurücknehmen müssen.

Wir können uns gut vorstellen, welche verwirrenden Gedanken durch den ohnehin nicht allzu gesunden Kopf des großen Entdeckers gewirbelt sein müssen: Die Fragen, die er sich stellte, waren in ihren kosmologischen Auswirkungen so weitreichend und beunruhigend, wie sie sich ein europäischer Geist nur vorstellen konnte. Den Abgründen, die sich vor ihm auftaten, ging er vermutlich nie ganz auf den Grund – obwohl er sich letzten Endes für eine Antwort entschied, die die Existenz einer neuen Welt bekräftigte –, und noch Jahrzehnte später standen die größten Wissenschaftler und besten Kartographen vor denselben Rätseln und Abgründen, selbst nachdem viele weitere Reisen über den Atlantik unternommen worden waren. Bis weit ins sechzehnte Jahrhundert gab es noch keine eindeutige geographische Antwort.*

Donnerstag, den 16. August. Er steuerte nach Nordwesten 26 Seemeilen weit bei ruhigem Meer. [...] Er bittet die Katholischen Könige, dieser Sache große Aufmerksamkeit zu leihen, und erklärt, diese Länder enthielten Gold und Goldminen ohne Zahl, man müsse das Gold jedoch mit Maschinen und viel Fleiß und Mühen herausholen. [...] Er hat Ihren Hoheiten ... Kupfer, Saphire, Harze, Ambra, Baumwolle, Pfeffer, Zimt, Brasilholz in großen Mengen und Sandelholz, weißes und zitronengelbes, Leinsamen, Aloe,

* Die Arbeiten einiger Kartographen zeigen, daß sie schon recht bald – Waldseemüller im Jahre 1507, Stobnicza 1512, Reisch 1512 und Mercator in seinen späteren Karten – eine ziemlich gute Vorstellung von den tatsächlichen Gegebenheiten hatten, aber selbst in der Fachwelt setzte sich der Gedanke an zwei einzelne neue Kontinente nur sehr langsam durch. Selbst ein so namhafter Kartograph wie Giacomo Gastaldi sicherte sich in den sechziger Jahren des sechzehnten Jahrhunderts nach allen Seiten ab: Eine seiner Karten zeigt zwei große, von einem sehr nahen Asien getrennte Landmassen, während auf einer anderen der nördliche Kontinent nahtlos in Asien übergeht.

Ingwer, Weihrauch, Myrobalanen von jeder Art, feinste Perlen und rote Perlen, von denen Marco Polo sagt, sie seien mehr wert als die weißen, gebracht.

Seine neuen Entdeckungen müssen dem Admiral während dieser Tage auf See wirklich Qualen bereitet haben, denn für ihn hatten sie nichts mit abstrakter Kosmologie zu tun, sondern sie stellten seine Weltanschauung in Frage, sein Selbstwertgefühl und seinen Ruf, seine ganze Identität. Worauf konnte man sich noch verlassen? Zuverlässig schienen einzig die Schätze und Waren, die er in beträchtlicher Menge an Bord nehmen ließ, obwohl kaum vorstellbar ist, wie die mit Fracht für Española vollgestopften Schiffe das alles fassen konnten. Die Waren hatten keinen besonderen Wert und mit einigen Ausnahmen täuschte er sich auch über ihre Verwendbarkeit.

Es muß hervorgehoben werden, daß der Admiral hier zum erstenmal Perlen entdeckte – oder sie zumindest erstand, von «einigen Frauen, die an den Armen Ketten aus Steinen trugen, worunter sich Perlen und sehr feine Aljofar befanden». Außerdem erzählten ihm diese Frauen, daß es «im Westen» reichhaltige Perlenbänke gebe, und diesmal gab es sie wirklich, knapp vor der Insel Margarita, doch der Admiral hatte es so eilig, daß er nicht haltmachte, um sie in Augenschein zu nehmen, als er fünf Tage später daran vorbeisegelte. So blieb es Alonso de Hojeda vorbehalten, ein Jahr später den Perlenreichtum dieser Gegend zu entdecken und den Ruhm dafür einzustreifen, was Colón so sehr wurmte, daß er sich vier Jahre später immer noch bei Ferdinand und Isabella über Hojeda beklagte, der ihm «die Perlen stahl und ... meine Admiralswürde in ihrem Wert herabsetzte» und daher Bestrafung verdiene.

Die immer wiederkehrenden Krankheiten des Admirals verschlimmerten seinen Geisteszustand. Im *Bordbuch* klagte er mehrmals über die «schwere Krankheit», die ihn in den letzten beiden Jahren in Spanien stets verfolgt habe, und an Bord litt er am 14. Juli erneut unter «Gicht und Schlaflosigkeit», am 4. August an «starken Schmerzen» und blutenden Augen, am 13. August an «Erschöpfung», Blutverlust und «ungeahnten Qualen», und kurz darauf verfluchte er seine Augen in der Meinung, er sei fast völlig erblindet, weil er durch die langen und unaufhörlichen Wachen nicht genug Schlaf bekommen hatte, und äußerte den Wunsch: «Möge es Gott gefallen, mich von ihnen zu befreien.» Woran immer er litt, die Schlafschwierigkeiten und die Beunruhigung über seinen weiteren Weg verschlimmerten seinen Zustand nur noch; wenn es sich wirklich um das Reiter-Syndrom handelte, so mußte er auch an schmerzhaften Entzündungen der Arm- und Beingelenke, vielleicht auch der Wirbelsäule, zeitweilig wahrscheinlich auch an Entzündungen der Harnröhre gelitten haben; dazu kam vermutlich eine beginnende geistige Verwirrung.

Am 17. August kam Colón zu dem Schluß, daß das «große Festland», das er gefunden hatte, in Wahrheit das «irdische Paradies» sei – «alle sagen, es liege im äußersten Osten, und dies hier ist der äußerste Osten». Er ließ jedoch keine Trompeten erschallen und keine großartigen Zeremonien feiern, sondern blieb außerordentlich ruhig und sprach im *Bordbuch* nicht mehr davon. (In seiner Nacherzählung des *Bordbuchs* läßt Fernando diese Äußerung ganz unter den Tisch fallen.) Und doch war diese Entdeckung offensichtlich etwas, was ihn besonders berührte. Sie stellte alle Inseln voll Gold und sogar die Reiche des Khans in den Schatten: Das war das irdische Paradies, der Garten östlich von Eden, die von Gott auserwählte Wohnstatt für alles Leben auf Erden, zu der die Menschheit seit Adam keinen Zutritt mehr hatte.

Auch wenn er sich im *Bordbuch* bescheiden gab, so erregte ihn dieser Gedanke zweifellos heftig. Als er nach zwei Monaten endlich bereit war, ihm in seinem Brief an die Monarchen Ausdruck zu verleihen, explodierte er fast, füllte Seite für Seite mit einem langen, wirren Durcheinander aus theologischen, astronomischen, geographischen und phantastischen Äußerungen, die weitschweifig, voller Wiederholungen, unlogisch, verwirrend, bisweilen zusammenhanglos, eigennützig, unterwürfig und prahlerisch zugleich waren – und ziemlich verrückt.

«Ich bin überzeugt [*muy assentado*], daß daselbst das irdische Paradies liegt», versicherte er, da die Hautfarbe der Menschen von Paria «heller, weißer [ist] als die der andern Indianer», und sie «klüger und mit mehr Fähigkeiten [*ingenio*] ausgestattet und nicht feige» sind; sie verfügten über reichlich Gold, das paßte zu den biblischen Prophezeiungen; sie lebten knapp über dem Äquator, wo die besten Kenner der Materie stets das Paradies angesiedelt hatten; und sie nannten ihr Land Paria, was ganz offensichtlich eine Form von *paraíso* war. Als ob das noch nicht genug gewesen wäre, erlebte der Admiral, in Las Casas' Überlieferung, «eine solche jungfräuliche Frische des Landes mit so vielen grünen und prächtigen Bäumen, eine solche Milde und Lieblichkeit der Lüfte, eine so großartige und ungestüme Vereinigung von Süßwasserströmen, und darüber hinaus eine so große Gutherzigkeit, Freigebigkeit, Einfachheit und Sanftmut der Menschen, daß er nicht anders konnte, als zu dem Urteil zu gelangen, hier oder in nächster Nähe das von der göttlichen Vorsehung geschaffene Irdische Paradies gefunden zu haben».

Alle diese Beweise verblaßten und verloren jede Bedeutung angesichts der einen unwiderlegbaren Entdeckung Colóns: Als er den Standort des Polarsterns bestimmte und feststellte, daß er sich in einer abweichenden Kreisbahn bewegte, gelangte er zu der Überzeugung, daß die Erde in dieser Hemisphäre nicht kugelförmig sei. Sie habe eher die Gestalt einer Birne, «die allerdings rund ist, ausgenommen dort, wo der Stiel ansetzt, an welcher Stelle sie emporragt. Oder auch wie ein runder Ball, der an einer Stelle eine Emporwölbung ähnlich der Brustwarze einer Frau [*una teta de muger*] trägt. Dieser Ort ist der höchste und reicht am nächsten an das Himmelsgewölbe heran. Er liegt unter dem Äquator und an der östlichsten Grenze des Meeres.» Das Paradies sei an der Milde des Himmels und an der Nähe zum Himmel zu erkennen, Paria zeichne sich durch mildes Klima aus, da es sich hierbei um das höchste Land der Welt handle, also sei es die Spitze des irdischen Paradieses, und so weiter, Seite um Seite.

All das steht in einem offenbar in nüchternem Zustand verfaßten offiziellen Bericht an die Könige von Kastilien, León, Aragonien, Sizilien, Granada etc., das bedeutendste königliche Paar der gesamten Christenheit, das obendrein im Ruf äußerster Unnachgiebigkeit stand. Das Bild des Admirals, der in seinen Amtsräumen auf Española sitzt und in all dem Chaos und Elend um ihn herum Stunde um Stunde die Feder feierlich ins Tintenfaß taucht, um diese Vision einer ganzen Hemisphäre zu schildern, die aussieht wie eine weibliche Brust und im Paradies gipfelt – und der den Plan der Kolonisierung dieser Hemisphäre durch Spanien entwirft –, löst Befremden aus. Es erschüttert den Verstand und betrübt das Herz.

Colón wußte genau, daß das Paradies im christlichen Sinn die verschiedensten Assoziationen weckte. Es bedeutete Überfluß, Frieden, Gesundheit und einfaches Glück, das schrankenlose, unkomplizierte Leben des nackten Menschen vor dem Sündenfall, keine Herrscher, Gesetze, Verbrechen, Kriege, keine Habsucht und keinen Geiz, keine Hierarchien und kein Privateigentum. Doch man spürt auch etwas von Tragik, von unausweichlichem Verlust, von Schuld und Schande der Ausgestoßenen ... und einem latenten, unstillbaren Stolz im Herzen der rebellischen Spezies, die dazu bestimmt war, nach Wissen zu verlangen, Gut und Böse zu erkennen und schließlich auf ihre eigene Weise zu überleben, indem sie wie Abel die Tiere der Weide zähmte oder wie Kain die Früchte des Feldes erntete. Die Menschheit ist für immer verdammt, für immer sündenbefleckt, und sie wartet auf die Jahrtausendwende, um das verlorene Paradies wiederzuerlangen; in der Zwischenzeit bringt sie nichts geringeres als die *Zivilisation* zuwege, mit der sie auf ihre eigene hochmütige Weise die Welt erobert und ihre eigene Gottgleichheit unter Beweis stellt. Und nun sollte genau diese Spannung in der europäischen Seele, dieses historische Drama von Sünde und Schuld, Technik und Eroberung auf die neuentdeckte Welt übertragen werden, die dem Paradies mehr entsprach als jedes irdische Land. Meiner Überzeugung nach hatte der Admiral dies bereits unbewußt erkannt; und als er seinen Gedanken aussprach, drückte er ihn, wie es seiner Zeit entsprach, in der Sprache der Bibel aus, die er mit einigen astronomischen Fachbegriffen anreicherte.

In den Mythen der amerikanischen Indianer taucht immer wieder ein Thema auf, das nicht als «verlorenes Paradies», sondern als «gegenwärtiges Paradies» bezeichnet werden kann: Es wird von Völkern gesprochen, die aus einer finsteren anderen Welt, aus einer Welt voll Sünde und Elend aufgestiegen sind in den gegenwärtigen Garten Eden; es wird nicht von gefallenen, sondern von erhobenen, nicht von verdammten, sondern von gesegneten Völkern gesprochen, die die Erbsünde nicht in sich tragen, sondern rein sind. Eine Kultur, die so etwas glaubt, müßte eine völlig andere Weltsicht haben als das von der Bibel und vom Christentum geprägte Europa.

[Mittwoch, den 22. August. Alto Velo.] Er verließ diesen Ort und erreichte endlich mit einigen Schwierigkeiten, die auf die hier beständig aus entgegengesetzter Richtung kommenden Strömungen und Winde zurückzuführen waren, am Freitag, dem letzten Tag im August des genannten Jahres 1498, den Hafen von Santo Domingo.

So endete also die dritte Reise im Hafen von Santo Domingo, einer während der Abwesenheit des Admirals entstandenen Stadt, die – vielleicht in erster Linie, weil nicht er, sondern sein Bruder Bartolomé sie an dieser Stelle anlegen ließ – zur ständigen Hauptstadt der spanischen Kolonie in Indien wurde. Sie ist die älteste ständig besiedelte Stadt der westlichen Hemisphäre. Bemerkenswert ist, daß hier zum ersten Mal in der Neuen Welt eine regelmäßige Stadtanlage mit rechtwinkeligem Straßennetz aus dem Boden gestampft wurde. Als Vorbild dienten Planstädte Alexanders des Großen und der Römer, die es in Kastilien und andernorts gab. Mit Lineal und Kompaß wurde die Lage von Straßen und Häuserblöcken bestimmt, und beim Bau wurde auf die natürlichen Umrisse und Formen des Geländes, seiner Quellen, Flüsse, Moore und Wälder oder auf die Bewohner keine Rücksicht genommen. Dieses städteplanerische Konzept wurde von Lewis Mumford als «wesentlicher Bestandteil des von den Kolonialisten mitgebrachten Handwerkszeugs» beschrieben; für die künftige Besiedelung des amerikanischen Doppelkontinents erwies es sich als wegweisend.*

---

* Dieses von Bartolomé eingeführte städtebauliche Konzept wurde erst 1502 etabliert, als nach einem verheerenden Orkan Santo Domingo am Westufer des Ozama neu errichtet wurde. Fernando behauptet zwar, daß Bartolomé der Stadt ihren Namen zu Ehren seines Vaters Domenico gab, doch das scheint höchst unwahrscheinlich angesichts des schlechten Rufes, den die Familie Colón damals auf Española hatte. Im übrigen gab es bereits ein kastilisches Vorbild, den heiligen Dominikus, der im dreizehnten Jahrhundert den Dominikanerorden begründet hatte, und aller Wahrscheinlichkeit nach wurde im Jahr 1496 mit dem Bau der Siedlung um den 4. August, den Festtag des Heiligen, begonnen.

Wie nicht anders zu erwarten, herrschte auf der Insel das gleiche Chaos wie bei Colóns Abreise zweieinhalb Jahre zuvor; Fernando untertrieb, als er von «Durcheinander» sprach, Martyr brachte den Zustand besser auf den Punkt, als er schrieb: «Alles war auf den Kopf gestellt und in größter Unordnung.»

Das Abgabensystem war inzwischen der Zwangsarbeit im Rahmen der *encomienda* gewichen, aber die Zahl der fliehenden und sterbenden Tainos blieb unverändert, und die spanischen Goldwäscher klagten über mangelnde Arbeitskräfte. Die Unzufriedenheit der Spanier mit der Herrschaft der Brüder Colón und die Lebensbedingungen auf der Insel hatten zum offenen Ausbruch von Rebellionen geführt – wie Fernando berichtet, waren «alle Familien auf der Insel von einem aufsässigen und rebellischen Geist ergriffen».

Francisco Roldán, der *alcalde mayor* (oberster Richter) war, führte mehrere Hundert aufständische Spanier und Indianer an.

Bartolomé hatte sie in einer Strafexpedition über die ganze Insel verfolgt, was weitere Todesopfer gefordert und die Kluft zwischen Spaniern und Indianern weiter vertieft hatte. Kaum jemand war zum christlichen Glauben bekehrt worden, und der einzige arme Mönch, der sich unverdrossen und aufopferungsvoll weiter darum bemühte, hatte «kaum eine Handvoll» Kandidaten vorzuweisen. Tod und Krankheit hatten unablässig ihren Tribut gefordert, und von der durch die Neuankömmlinge auf etwa sieben- oder achthundert Spanier angewachsenen Bevölkerung litten laut Fernando «einhundertundsechzig an der Französischen Krankheit».*

Konfrontiert mit dieser Situation, bewies Colón wieder einmal, was für ein guter Seemann er war: Er versuchte, einfach alles zu ignorieren. Standesgemäß richtete er sich in einem steinernen Gebäude in Santo Domingo ein und widmete seine Aufmerksamkeit offenbar in erster Linie der Verwaltung seines persönlichen Besitzes, den er in der Umgebung der Hauptstadt und des Vega Real zu-

* Bei der Invasion in Italien 1494–96 hatten sich die Soldaten der französischen Armee mit Syphilis angesteckt, und so benannten die Spanier, wie natürlich auch die Italiener und Engländer, dieses gefürchtete Leiden nach den Franzosen; diese wiederum bezeichneten sie als Krankheit von Neapel; die Polen nannten sie später die Deutsche Krankheit, die Russen die Polnische Krankheit und so weiter.

sammengesammelt hatte. Wir wissen nicht im einzelnen über sein Vermögen Bescheid, doch gibt der Admiral selbst an, daß er im Jahre 1500 bereits «vier Millionen» (vermutlich Maravedis) besaß sowie «etwas mehr aus dem Zehnt», also dem zehnten Teil des königlichen Anteils an der gesamten Insel-Goldproduktion, wahrscheinlich verfügte er also über ein für die damalige Zeit beträchtliches Vermögen. Es könnte sein, daß die offene Feindseligkeit der Kolonisten ihrem Gouverneur gegenüber auch mit diesem seinem unverhältnismäßigen Reichtum zusammenhing.

Colón war kaum daran interessiert und auch nicht in der Lage dazu, die verschiedenen indianischen und spanischen Unruhen unter Kontrolle zu bringen. Allerdings darf auch nicht verschwiegen werden, daß er kaum Unterstützung erhielt: Er brachte nur «weniger als siebzig Mann für den Kampf gegen die Rebellen» zusammen, wie Fernando schrieb, «und von diesen waren weniger als vierzig wirklich zuverlässig». Fernando berichtet sehr ausführlich über die Auseinandersetzung mit dem aufständischen Roldán; es ist hauptsächlich eine Geschichte von Unzulänglichkeiten, Verzögerungen und Demütigungen, und der Gouverneur muß schließlich – etwa *dreizehn Monate* nach seiner Rückkehr auf die Insel – kapitulieren und Roldán wieder als *alcalde mayor* (auf Lebenszeit!) einsetzen, die Rebellen mit «Häusern und Land» belohnen und allen, die nach Spanien zurückkehren wollen, gestatten, das nächste verfügbare Schiff zu nehmen. Wieder hat man das Gefühl, daß Colón für die Führung eines kolonialen Außenpostens ungeeignet war und im Grunde nur so schnell wie möglich wieder hinaus wollte auf das vergleichsweise sichere Meer. «Es sind nunmehr sechs Monate her, wo ich bereit war, abzureisen und Ihren Hoheiten die gute Nachricht über das Gold zu bringen», schrieb er zu Ende seiner Amtszeit auf der Insel in einem Brief an den Hof, und «die Herrschaft über dieses liederliche Volk abzutreten, das weder Gott noch ihren König noch die Königin fürchtet, das aber voller Bosheit und Verbrechen ist» – und von dem manche «weder vor Gott noch den Menschen die Taufe verdienten». Und die Tainos seien um nichts besser, klagte er weiter, ein kriegerisches und menschenreiches Volk, dessen Sitten und Religion sehr verschieden von den kastilischen seien und – man beachte dies – das in den

Bergen ohne feste Siedlungen wohne. Die sanften Tainos hatten sich einmal mehr in Wilde verwandelt.

Ohne Zweifel erhielten Ferdinand und Isabella Anfang 1499 Nachricht über die fortwährenden Schwierigkeiten auf Española: Colón schickte im Oktober 1498 zwei Schiffe mit enttäuschten Kolonisten nach Spanien zurück, er sandte auch seinen Brief über das gefundene Paradies; außerdem legten inzwischen Schiffe ohne offizielle Erlaubnis in einzelnen Inselhäfen an, und die Neuigkeiten sprachen sich schnell herum. Das Vertrauen der Monarchen in ihren Admiral mußte erschüttert sein, nach all seinen Mißerfolgen und Irrtümern. Daher ermächtigten sie einen treuen Diener der Krone, Francisco de Bobadilla, Ritter des Ordens von Calatrava, Colón zu ersetzen und Recht und Ordnung wiederherzustellen. Mitte des darauffolgenden Jahres, im Juli 1500, verließ er Kastilien, um sein Amt als neuer «Gouverneur der Inseln und des Festlandes von Indien» anzutreten. Was allerdings *nicht* rechtzeitig vor Bobadillas Abreise bei den Königen eintraf – und möglicherweise nichts an ihrer Einstellung geändert hätte –, war die Nachricht von der ersten Entdeckung bedeutender und reicher Goldvorkommen in Española um Weihnachten 1499: Da waren sie endlich, die berühmten Goldminen, von denen Colón all die Jahre gesprochen hatte. «Am gleichen Tag», schrieb der Admiral triumphierend, «erfuhr ich, daß auf einem Gebiet von 320 Meilen lauter Goldminen zu finden seien.»

Es ist erstaunlich, daß die Kolumbus-Historiker diesem tatsächlichen Goldfund so wenig Aufmerksamkeit schenken, obwohl er doch schließlich Colóns großen Plan rechtfertigte und allen in den nächsten zwanzig Jahren beträchtliche Reichtümer einbrachte. Die Seefahrerfetischisten, die sich Colón am liebsten an Deck vorstellen, geben sich natürlich kaum mit solch unwichtigen Details ab; sie glauben Morisons arroganter Behauptung, daß die «vielzitierte Goldmine» nicht gefunden wurde, «weil sie nicht existierte». Was aber meinte ihr Held, als er in seinem Brief an Juana de Torres im Oktober 1500 von der «gute[n] Nachricht über das Gold» sprach und davon, daß «viel Gold gefunden ist», ja, ganz eindeutig von der «Entdeckung von Gold in Española». (Morison ließ sich durch diesen letzten Hinweis so verwirren, daß er den

Admiral sogar zu belehren versuchte: «1492 wurde in Hispaniola Gold gefunden. Hier sind wohl neue Wege zur Beschaffung von Gold gemeint.»)

Entdeckt wurden die sehr ergiebigen Goldadern entlang der Nordkette der Cordillera Central etwa 50 Meilen südlich des verlassenen Isabela und etwa 80 Meilen nordwestlich von Santo Domingo, und auch wenn man Colóns Angaben (man weiß, daß er gern übertrieb) nicht wörtlich nimmt, so hat man es doch mit einem Gebiet von etwa 250 Meilen zu tun, was einen für europäische Verhältnisse außerordentlichen Fund darstellt. Colón berichtete, daß «einige Spanier an einem einzigen Tag Werte von 120 Castellanos [sammelten], andere solche von 90. Und es gab welche, die Werte von nahezu 150 Castellanos einheimsten» – eine beachtliche Ausbeute für einen Tag, wenn man bedenkt, daß 120 Castellanos ungefähr dem Jahreslohn eines Kapitäns auf See und der vierfachen Jahresheuer eines gewöhnlichen Seemanns oder eines Schiffszimmermanns entsprachen. Also wahrlich ein Fund von eldoradischen Ausmaßen: Wie aus den unvollständigen (und offiziellen, daher sicherlich zu niedrigen) Berichten über den Anteil der Krone hervorgeht, betrug die durchschnittliche Jahresproduktion zwischen 1504 und 1519 mindestens etwa 150000 Castellanos. Las Casas, der sich zur selben Zeit auf Española aufhielt, spricht von einer Jahresproduktion von etwa 450000 Castellanos. Die niedrigere Zahl würde etwa einer Tonne Gold pro Jahr entsprechen, die höhere fast drei; da die durchschnittlichen Goldimporte im gesamten sechzehnten Jahrhundert und die Hälfte der amerikanischen Produktion (beider Kontinente) sich auf 1,2 Tonnen jährlich beliefen, kann das Goldvorkommen der Cordillera Central als überaus bedeutend bezeichnet werden, und keiner der glücklichen Kolonisten zweifelte auch nur einen Augenblick daran, ebensowenig wie ihr bedrängter Anführer.

Für Colón kam dieser Fund keinen Augenblick zu früh. In seinem Brief an Juana de Torres beschreibt er die Stimmung an jenem Weihnachtstag des Jahres 1499:

«Die Nachrichten, die ich über das Gold geben wollte, sind die, daß am Weihnachtstage, der durch gottlose Spanier und Indianer entweiht wurde, mir, als ich im Begriff war, alles zu verlassen, um wenn möglich mein Leben zu retten, unser Herr wunderbarerweise gnädigst offenbarte: ‹Zeige Mut, sei unverzagt und ohne Furcht, ich werde für alles sorgen. Die sieben Jahre, die Zeit des Goldes, sind noch nicht vorüber. Ich werde dir darin wie in allen andern Dingen helfen!›»

Man weiß nicht, was von diesen mystischen Fieberphantasien zu halten ist, sie sollten sich jedoch bewahrheiten. Genau sieben Jahre nach den ersten eindeutigen Hinweisen auf die Goldvorkommen und der Gründung La Navidads wurde der Fund der Cordillera Central bekanntgegeben. «Das Gold ist überaus vortrefflich», schrieb Colón drei Jahre später. «Aus Gold sammelt man Schätze, und wer es hat, der macht damit, was er in der Welt nur will. Er kann selbst die armen Seelen ins Paradies bringen.»

Am 23. August 1500 kam Bobadilla im Hafen von Santo Domingo an, um sein Amt als neuer Gouverneur anzutreten. (Colóns Anhänger, unter ihnen natürlich auch Fernando, behaupten, daß Bobadilla als Inquisitor und Richter, nicht als Gouverneur, nach Española gekommen sei, seine königlichen Vollmachten vom 21. und 29. Mai lassen aber keinen Zweifel daran, daß er dazu ausersehen war, Colón auch als Gouverneur zu ersetzen.) Schon von weitem sah er sieben Spanier an den Galgen mitten in der Stadt baumeln. Als er an Land ging, traf er auf Diego Colón, der ihm erklärte, daß der Admiral sich im Vega Real aufhalte, wo ein Aufstand im Gang sei, daß der *adelantado* eine andere bewaffnete Truppe im Landesinneren leite, daß die sieben Leichen Rebellen seien, die vor kurzem gefangengenommen und verurteilt worden seien, und daß am nächsten Tag fünf weitere Spanier gehängt werden sollten.

Die schlimmsten Vermutungen bestätigten sich: Die Brüder Colón hatten in Española ein Chaos angerichtet und brachten jetzt unbarmherzig und nach eigenem Gutdünken gute kastilische Männer um. Bobadilla hielt nichts von Gefühlsduselei – er war ein unnachgiebiger, loyaler Ritter, der bereits in ähnlichen Situationen eingesetzt worden war und sich dafür Angst und Ehrfurcht, mehrere Anklagen und einen Mordanschlag eingehandelt hatte –, umgehend bezog er das Haus des Gouverneurs, warf Diego ins Gefängnis und schickte nach den anderen Brüdern, um sie zu bestrafen. Der Admiral kehrte einige Wochen später zurück, der *adelantado* kam bald nach ihm, und laut Fernando riet ihnen der älteste Bruder, «sich Bobadilla widerstandslos zu ergeben, um den Katholischen Königen zu dienen und keine Unruhen zu verursachen». So geschah es. Während eines öffentlichen Verhörs machten die Kolonisten nach sechs Jahren Mißherrschaft und Mißerfolg ihrer Verärgerung Luft, die auch von den Goldfunden nicht hatte besänftigt werden können. Sie äußerten so schreckliche Anschuldigungen gegen die Brüder Colón, daß Bobadilla offenbar keine andere Wahl hatte, als sie nach Kastilien zurückzuschicken, wo ihnen der Prozeß gemacht werden sollte. Er ließ sie alle drei in Eisen legen und unter dem Hohn und Spott der Menge (Colón wurde «Admiral der Moskitos» genannt) auf die wartenden Schiffe bringen, die unverzüglich nach Cádiz ausliefen. «Diese Insel», schrieb ein gewisser Pater Juan de Trasierra, der mit Bobadillas Flotte gereist war, «ist von König Pharao befreit worden.»

Das war ein schrecklicher Schlag für den stolzen Diener Kastiliens. Drei Jahre später erinnerte er sich:

«Ich hoffte auf das Eintreffen von Schiffen, mit denen ich fahren wollte, um vor Euer Hohes Angesicht zu treten. Meinen Sieg wollte ich berichten und wichtige Nachricht von gefundenem Golde bringen; ganz sicher und freudig fühlte ich mich. Doch da ward ich gefangengesetzt und mit meinen zwei Brüdern auf ein Schiff geworfen. [Bartolomé befand sich in Wirklichkeit auf einem anderen Schiff.] Mit eisernen Ketten belud man uns, nackend lagen wir im Verlies, schlechte Behandlung ward uns zuteil. Nicht einmal zur Rechtfertigung vor einem Richter ließ man mich gehen und niemals hat man mich verurteilen können. [...] Das, was ich noch hatte, wurde mir abgenommen und verkauft, und meinen Brüdern nahm man gar das letzte Hemd weg, obgleich man ihnen gar kein Gehör gab und sie nicht sehen wollte. Das alles gereicht schließlich mir zur Unehre.»

Der für die Schriften des Admirals typische Tonfall des Selbstmitleids klingt hier schrill und übersteigert, mit einem Anflug von Märtyrertum. Laut Fernando machte sich der Kapitän des Schiffes erbötig, dem Admiral die unwürdigen und unnützen Ketten abzunehmen, sobald sie den Hafen verlassen hatten, doch der stolze Colón lehnte ab: «Er sagte, er sei im Namen seiner Könige gefesselt worden und wolle die Fesseln so lange tragen, bis sie ihm im Namen derselben wieder abgenommen würden.»

Tennyson hat den Tonfall des Admirals sehr gut getroffen:

Ketten für den Admiral des Ozeans! Ketten
Ihm, der einen neuen Himmel, eine neue Erde holt',
Wie es Johannes einst mir prophezeit,
Der Ruhm und Herrschaft mehr als alle Schlachten
Des Königshauses Spaniens mehrte! Ketten ihm,
Der seinen Bug dem Sonnenuntergang entgegenwarf,
Der Westen Osten werden ließ, des Drachen Schlund durchmaß,
Und der den Weltenberg erklomm
Und aus dem Paradies die Wasser strömen sah!

Anfang Oktober 1500, fast auf den Tag genau acht Jahre nach seiner folgenschweren Landung auf Guanahani – wie viel, wie unendlich viel war inzwischen geschehen – beendete Cristobal Colón seine dritte Reise und seine Amtszeit als Vizekönig von Indien ... in Ketten.

Achtes Kapitel
1500–1506

Mit gefesselten Händen schrieb Colón an Juana de Torres: «Wenn es auch für mich neu ist, über das Übelwollen der Welt zu klagen, ist es dennoch für die Welt keine Neuheit, übel zu wollen. Unzählig sind die Beweise, die ich dafür gesammelt habe. Bis jetzt konnte ich selbst alle Angriffe abschlagen. Nun aber bin ich grausam in tiefste Not geraten.»

Und tiefste Not bestimmte die letzten Jahre des Admirals, ungeachtet der Anträge, Bittschriften und Gesuche an die Könige, ja ungeachtet einer letzten langen, beschwerlichen Reise nach Indien. Vieles war vollbracht, aber auch vieles ungeschehen geblieben, als er sich einen Tag vor seinem Tod in Valladolid auf sein Sterbelager bettete, nach wie vor überzeugt, daß ihm die Könige und die Welt bitter Unrecht getan hatten.

Nach der Landung in Cádiz wurde Colón, immer noch in Ketten und bewacht von einem namenlosen Wächter, in das Kartäuserkloster Las Cuevas in Sevilla gebracht, wo sich bei seinem letzten Aufenthalt sein Freund, der Pater Gaspar Gorricio, um ihn gekümmert hatte. Über fünf Wochen mußte er dort unter seelischen und vielleicht körperlichen Qualen als Gefangener verbringen, ehe er von Ferdinand und Isabella Nachricht erhielt: Am 12. Dezember ordneten sie seine Freilassung an und beriefen ihn an den Hof in Granada. Die Verzögerung war nicht als Strafe gedacht gewesen – später schrieben sie ihm: «Wir waren sehr betrübt über Eure Gefangenschaft»* und: «Als wir dessen gewahr wurden, ordneten wir sogleich an, Euch zu befreien»; vielmehr waren die Könige mit Staatsgeschäften vollauf beschäftigt gewesen, mit den Kriegen auf der italienischen Halbinsel und der Hochzeit Katharinas von Aragonien mit dem englischen Prinzen Arthur, so

* Im Pariser Kodex zeigt dieser Brief neben den Worten «sehr betrübt» eine Hand mit erhobenem Zeigefinger in roter Tinte; vermutlich Ausdruck der Betrübnis Colóns.

daß Colón ins Hintertreffen geriet. Am 17. Dezember empfingen sie ihn offenbar überaus wohlwollend und versöhnlich bei Hof, wahrscheinlich eingedenk des Berichtes von Pater Francisco Ruiz, einem Gefährten Bobadillas, der ihnen einige Monate zuvor die Kunde von den reichen Goldfunden in den Kordilleren gebracht hatte – und zweifellos vergaß auch Colón nicht, sie darauf aufmerksam zu machen.

Möglicherweise waren die Könige auch beeindruckt von Colóns *otro mundo* – die nicht nur die inzwischen auch in der Öffentlichkeit bekannt gewordenen Inseln, sondern einen *neuen Kontinent* umfaßte, fremd und riesig und reich an Schätzen, und er war entdeckt worden für Spaniens Ruhm und Ehre.

Am 10. August 1498 hatte Colón im *Bordbuch* erstmals diesen Ausdruck benutzt: «Und Eure Hoheiten werden diese Länder gewinnen, welche eine andre Welt sind [*que son otro mundo*] und an denen die Christenheit viel Freude erleben und wo sich unser Glaube mächtig ausbreiten wird.» In seinem zusammenfassenden Brief von dieser Reise tauchte der Ausdruck erneut auf; am 18. Oktober erklärte er: «Nie zuvor haben spanische Fürsten Länder jenseits ihrer Grenzen erobert, erst jetzt haben Eure Hoheiten eine andere Welt vor sich, die unserem heiligen Glauben zu großer Verbreitung verhelfen wird und die so großen Reichtum verspricht.»

Und im Oktober 1500 erinnerte er in seinem Brief an Juana de Torres die Monarchen: «[Ich habe eine andere Welt] unter die Herrschaft des Königs und der Königin, unsrer Gebieter gestellt, wodurch Spanien, das vordem als armes Land galt, das reichste aller Länder geworden ist.»

Ferdinand und Isabella hatten allen Grund, die oft wirren und mystischen Schilderungen Colóns von dem neuen Kontinent und seinen Schätzen in Zweifel zu ziehen.

Und doch nahmen sie sie ernst genug, um 1499 vier voneinander unabhängige Entdeckungsreisen nach Paria zu bewilligen. (Mit den Kommandanten Alonso de Hojeda in Begleitung eines gewissen Amerigo Vespucci; Vicente Yáñez Pinzón, Martín Alonsos jüngerem Bruder; Diego de Lepe, einem Verwandten der

Pinzóns; und Peralonso Niño, der auf der *Niña* der ersten Reise Offizier gewesen war.*) Im darauffolgenden Jahr schickten sie mindestens vier weitere Expeditionen aus. Sie alle kehrten mit verschiedensten Schätzen, vorwiegend Perlen, heim und bestätigten die Richtigkeit der Erzählungen Colóns. Die Monarchen geizten jedoch mit Nachrichten von dem neuen Kontinent. Möglicherweise wollten sie ihn ganz allein ausbeuten, ehe das übrige Europa Wind davon bekam; vielleicht befürchteten sie auch die Konkurrenz der Portugiesen (nicht zu Unrecht). Daher wurden keine eilig gedruckten Briefe in Umlauf gesetzt – die hitzigen Briefe des Admirals waren zweifellos zu peinlich, um einem gebildeten Europa präsentiert zu werden –, kaum jemand erfuhr etwas, und es konnten bestenfalls Mutmaßungen angestellt werden, ehe die ab 1503 zirkulierenden falschen Vespucci-Berichte die Existenz dessen bestätigten, was «mit Recht als eine neue Welt» bezeichnet werden kann.

Wie herzlich die Monarchen den Admiral auch empfangen haben mögen, er gab sich nicht damit zufrieden; wie immer wollte er mehr. Er war der Ansicht, seines Amtes als Vizekönig von Española zu Unrecht enthoben worden zu sein und wollte wieder als Gouverneur eingesetzt werden; nach seinem Tod sollte sein Sohn Diego ähnliche Privilegien erhalten. Darüber hinaus wollte er sich und seinen Erben den rechtmäßigen Anteil an allen Schätzen der anderen Welt sichern. Ferdinand und Isabella dürften reserviert und ausweichend auf diese Forderungen reagiert haben, und so brachte Colón in den nächsten Jahren sein Anliegen immer wieder und in einer fast besessenen Weise vor – für einen gesundheitlich so angeschlagenen Mann muß es auch äußerst anstrengend gewe-

---

* An dieser Stelle muß ein großer historischer Irrtum aufgeklärt werden. In Petrus Martyrs Bericht über die Reise Peralonso Niños wird dieser als «Petrus Alphonsus (Nignus genannt)» bezeichnet; in der plagiierten Ausgabe des *Libretto* taucht er als «Pietro Alonso, Neger [*el negro*] genannt» auf, woraus später abgeleitet wurde, daß Peralonso ein Schwarzer, also spanischer Maure gewesen sein muß. Kein Wort davon ist wahr. Wenn man auf einen schwarzen Seemann Wert legt, sollte man sich an einen gewissen Diego el Negro halten, der in der Mannschaftsliste der vierten Reise als Schiffsjunge des Flaggschiffs geführt wird und Afrikaner gewesen sein könnte.

sen sein. Seine Klage nahm die Form zweier inhaltlich ziemlich widersprüchlicher handgeschriebener «Bücher» an, die manche Ungereimtheit enthalten und von traditionellen Historikern aus unerfindlichen Gründen fast immer außer acht gelassen oder abgetan werden, obwohl sie ein deutliches und eindrucksvolles Charakterbild des Admirals zeichnen.

Als erstes entstand das wahrscheinlich 1497 begonnene *Buch der Privilegien* – oder, wie aus dem Titelblatt (in der als Pariser Kodex bekannten Fassung) hervorgeht: *Cartas Privilegios Cedulas y otras Escrituras de Dõ Xpõual Colon, Almirãte Mayor del Mar Oceano Visorey y Governador de las Islas y Tierra Firme.* Im Lauf des Jahres 1501 erhielt es seine endgültige Form, und 1502 gab Colón mindestens vier Abschriften davon in Auftrag.[1]

Die vierundvierzig darin zusammengefaßten Dokumente, von denen Colón bei seinem letzten Aufenthalt in Spanien im Jahre 1497 offenbar Abschriften hatte anfertigen lassen, enthielten alle Beweise, die er hatte finden können, um seine und seiner Nachkommen Ansprüche auf Titel, Belohnungen, Privilegien und Einkünfte zu untermauern, einschließlich der alten Verträge, verschiedener Briefe der Monarchen und der königlichen Erlaubnis, ein Majorat (Erblehen) für seine Söhne einzurichten. Obwohl er sich in seiner Beweisführung auf einige für die Sache unerhebliche Dokumente stützt (den Brief an Juana de Torres etwa), war sie im Ganzen durchaus überzeugend; dennoch hätte Colón wissen müssen, daß die Monarchen in gewissen Punkten nie nachgeben würden, wie gut seine Argumente auch waren. Was auffällt, ist jedoch der Tonfall des Märtyrers und Betrogenen, der Colóns Schriften zunehmend auszeichnete («Hätte ich Indien gestohlen ... und den Mauren zum Geschenk gemacht, wäre ich in Spanien keiner größeren Schmach begegnet».)

Es ist wohl das traurige und verzweifelte Wehklagen eines Menschen, der nach all den Jahren immer noch keine Heimat gefunden hat und somit auch keine Möglichkeit, dieses Erbe seinen Kindern weiterzugeben, eines Menschen, der sich in seinen letzten Tagen nur noch in der Rolle des Opfers sieht – in Mönchskutte und in

Ketten –, und so fleht er die Krone an, seinen Kindern das zu geben, was er selbst nicht erreicht hat.*

Die Monarchen gaben Colóns Drängen schließlich doch nach, stellten ihn aber nie ganz zufrieden. Sie bestätigten sein Recht auf den Titel eines Admirals des Ozeanischen Meeres, der auf seine männlichen Nachkommen übergehen sollte, wie es bis ins zwanzigste Jahrhundert auch geschah; sie weigerten sich jedoch, ihn wieder in seine Ämter als Gouverneur oder Vizekönig einzusetzen und seine Rückkehr nach Española in gleich welchem Amt auch nur in Erwägung zu ziehen. Um ihren Willen zu besiegeln, ernannten sie im September 1501 Nicolás de Ovando, Ritterordensmeister von Lares, zum neuen Gouverneur. Darüber hinaus waren sie bereit, Colóns Anspruch auf ein Zehntel aller Einkünfte aus Indien (was sie ungeachtet Colóns Interpretation der «Aufstellungen» als ein Zehntel des Anteils der Krone auslegten) sowie auf ein Achtel der Gewinne aus allen Expeditionen, die er selbst finanziert hatte, zu bestätigen, verwahrten sich aber entschieden dagegen, ihm ein Drittel aller Einkünfte zu gewähren, wie er es gefordert hatte. Sie selbst erhielten neuerdings nur ein Fünftel der

* Dokument Nr. 30, das Colón zur Einrichtung des Majorats ermächtigt, ist besonders bemerkenswert. Die Krone spricht das Landgut ausdrücklich seinem Sohn Diego zu, nicht «Euren anderen Söhnen, die erbberechtigt sind». Möglicherweise handelt es sich um einen Fehler des Kopisten, die Verwendung des Plurals «andere Söhne» legt jedoch den Schluß nahe, daß er neben Diego (dem «legitimen» Sohn) und Fernando weitere Nachkommen hatte, möglicherweise ein oder mehrere Kinder mit seiner Gattin Felipa in jener undurchsichtigen Zeit zwischen 1481 und 1485 in Portugal und Porto Santo. Zwei weitere verwirrende Hinweise bestärken uns noch in dieser Vermutung: die Eintragung vom 14. Februar im *Bordbuch* der ersten Reise, in der er um «zwei Kinder» bangt, die «ohne jede Unterstützung in der Fremde in Córdoba» zurückbleiben müßten, wenn er auf See ums Leben käme. Diego wäre tatsächlich Waise geworden, nicht aber Fernando, dessen Mutter in dieser Stadt lebte; meinte er ein weiteres Kind? Später schrieb er, er habe, als er Portugal verließ, «Frau und Kind zurückgelassen, die ich nie wiedergesehen habe», was nahelegt, daß Diego damals Geschwister hatte. (Cecil Jane zieht daraus auch den Schluß, daß er als verheirateter Mann aus Portugal kam und als solcher später eine Beziehung mit Beatriz de Arana einging; daher rühre auch sein Schuldgefühl, was sich im Testament [in dem er ihr ein Erbe zusichert] so ausdrückt: »Dies soll zur Entlastung meines Gewissens geschehen, denn es drückt schwer auf meine Seele.») Sollte er tatsächlich noch andere Kinder gehabt haben, so sind sie für die Geschichte verloren.

Einkünfte aus Indien und waren daher nicht geneigt, dem lästigen Admiral mehr zuzugestehen. Sie wollten dafür sorgen, daß der Admiral sein von Bobadilla beschlagnahmtes Eigentum auf Española nach Begleichung seiner Schulden dort zurückerhielt, gaben allerdings per Dekret vom September 1501 Anweisung, einen Großteil davon «in zehn Teile, neun für uns und einen für den genannten Admiral» aufzuteilen.

Zeitigten die *Privilegios* also offenbar eine gewisse Wirkung, so kann von dem zweiten Manuskript Colóns, dem bizarren *Buch der Prophezeiungen (Libro de las profecías),* nichts dergleichen behauptet werden. Er stellte es während der ersten beiden Jahre in Kastilien nach der Rückkehr von der dritten Reise zusammen, und sein Motiv war in diesem Fall wohl der Wunsch, die Monarchen von der kosmischen Bedeutung und ewigen Wirkung seiner Fahrten zu überzeugen. Offensichtlich wurde das Werk nie vollendet – jedenfalls existiert keine fertige Abschrift. Wir verfügen heute über die Fassung, die Colón beiseite legte, als er im März 1502 die Vorbereitungen für seine vierte Reise begann, ein Manuskript von 84 Folioseiten, einige wenige davon in Colóns Handschrift, die übrigen von seinem Bruder Bartolomé, seinem Sohn Fernando und Pater Gaspar Gorricio geschrieben. Wieder sind die Texte bunt zusammengewürfelt: Kommentare von Kirchenvätern (die sich auf «vierundvierzig Bücher des Alten Testaments» und «vier Evangelisten mit dreiundzwanzig Episteln» berufen) und mittelalterliche Autoren sowie Fragmente spanischer Gedichte (wahrscheinlich nicht von Colón verfaßt, obwohl er in einem Brief an Gorricio seine Absicht mitteilt, alles einmal in Verse zu fassen), und allem vorangestellt eine lange, weitschweifige Einleitung.

In den *Profecías* versteigt sich Colón in die höchsten Sphären seines apokalyptischen Gedankengebäudes, manchmal schweift er weit ab und ergeht sich in astrologischen, mystischen und kryptischen, kosmologischen Betrachtungen. Dieser spekulative Hang war, wie wir gesehen haben, im Europa seiner Zeit nichts Ungewöhnliches, nur sieht man ihn bei Colón in ungehemmter Ausprägung. Möglicherweise lag seine Entschlossenheit, das Meer zu befahren, um neue Länder zu finden, tatsächlich auch darin begründet, wie manche Forscher behaupten. («Kolumbus' apokalyptische Sicht der Welt», so schreibt Pauline Moffitt Watts, «seine Überzeugung, daß ihm das Schicksal eine besondere Rolle zugedacht hatte im Ablauf der Ereignisse, die das Ende der Zeit ankündigten, stellte den wichtigsten Anreiz für seine Reisen dar.») Im Lauf der Jahre dürfte sich diese Überzeugung verstärkt haben (wie aus dem *Bordbuch* von 1492, dem Brief an Juana de Torres und dem Testament aus dem Jahre 1498 hervorgeht); hier aber steigerte er sich zu wahrer Besessenheit. Er rechtfertigt sich nicht nur vor den Monarchen, sondern vor der gesamten Christenheit und für alle Zeit.

Die meisten Kolumbus-Hagiographen können diese Seite Colóns mit ihrem Bild des wissenschaftlich denkenden Renaissance-Menschen und Vorkämpfers der europäischen Eroberungen nicht vereinbaren; meist haben sie es daher vorgezogen, über seine *Prophezeiungen* hinwegzusehen oder sie als «Halluzinationen» (Justin Winsor) oder vorübergehende «Geistestrübung» (Filson Young) anzusehen, oder sie sehen in ihnen eine List, durch die Colón die leichtgläubige Königin davon zu überzeugen hoffte, daß er «der von der Vorsehung auserwählte Mann sei, der eine andere Welt erobern» solle (Morison). Die *Profecías* waren mit dem klassischen Bild des Entdeckers so wenig vereinbar, daß sie erst 1892 veröffentlicht wurden (in der von Cesare de Lollis für die Vierhundertjahrfeiern zusammengestellten klassischen *Raccolta*-Ausgabe) und erst 1982 im spanischen Original erschienen; eine englische Fassung erscheint 1991.

In dem Gewirr von Bibelzitaten und mittelalterlicher Theologie zeichnet sich eine einfache Argumentationslinie ab: Cristóbal Colón ist von Gott dazu ausersehen, die uralten Prophezeiungen zu verwirklichen, die die Christenheit vor dem Strafgericht Gottes erretten werden (und wie wir uns erinnern, waren es nur noch 155 Jahre bis dahin). Er wird nämlich den unseligen Heiden auf der ganzen Welt das Christentum bringen und das Gold zur Finanzierung des Kreuzzuges beschaffen, durch den das Heilige Grab zurückerobert werden soll. Aus diesem Grund hat Gott seinem Christusträger Colón den Weg zu den neuen Ländern gewiesen, der anderen Welt, wo es durch göttliche Fügung so viele Heiden und so viel Gold zugleich gibt. Doch nicht nur mit seltenen irdischen Talenten stattete Gott den Entdecker aus –

«Er hat mich reichlich mit Kenntnissen in der Kunst der Seefahrt versehen und mit allen erforderlichen Kenntnissen der Astrologie, Geometrie und Arithmetik; er hat mir Erfindungsreichtum geschenkt und Hände, die fähig sind, Sphären zu zeichnen und Städte, Flüsse, Berge, Inseln und Häfen an die richtige Stelle zu setzen» –,

sondern auch mit der viel wichtigeren himmlischen Inspiration, mit einem «Licht, das mich mit seinen wunderbar klaren Strahlen tröstete ... und mich stets weiter drängte mit großer Eile, ohne daß es einen Augenblick des Innehaltens gab», denn «auf dieser Reise nach Indien wollte Gott der Herr ein deutlich sichtbares Wunder wirken» – natürlich durch seinen demütigen Diener Colón. (Oder wie Colón es ein Jahr zuvor im Brief an Juana de Torres ausgedrückt hatte: «Gott machte mich zum Verkünder eines neuen Himmels und einer neuen Welt und wies mir den Ort, wo sie zu finden sind.»)

Zum Beweis, daß er der von Gott auserwählte Diener sei, zog Colón natürlich in erster Linie eine Vielzahl von Zitaten aus der Bibel heran. Darüber hinaus stützte sich die Prophezeiung auf zwei weitere wichtige nichtbiblische Quellen: Seneca, der in *Medea* weissagte: «Kommen werden in späteren Zeiten Jahrhunderte, in welchen Oceanus die Fesseln der Elemente lockern und ein ungeheures Land sich ausbreiten ... wird» – damit konnte doch nur die Entdeckung Indiens gemeint sein; und auf Joachim von Fiore, einen kalabrischen Abt des zwölften Jahrhunderts, der prophezeit hatte: «Aus Spanien kommen wird jener, der die Arche Zion zurückbringen wird» – damit konnte nur die Rückeroberung Jerusalems gemeint sein.* Die *Profecías* sollten beweisen, daß ein

---

* In diesem Zusammenhang gibt Morison Colón einen Rüffel: Er erklärt, Joachim habe geweissagt, daß «dieser Mann ein Christ sein werde, nicht notwendigerweise ein Spanier». In Wirklichkeit sagte der Abt aber, dieser Christ würde sich von Spanien aus auf den Weg über das Meer machen, daher ist die Weissagung doppelt zutreffend. Joachims apokalyptische Lehre hatte großen Einfluß auf die spanischen Franziskaner des fünfzehnten Jahrhunderts, in erster Linie war sie durch die Werke des Arnold von Villanova vermittelt worden, die Colón vermutlich kannte.

Mann, der das erstere erreicht hatte, ausersehen war für das letztere: «Bei der Durchführung der indischen Unternehmung ... erfüllten sich die Worte Jesajas, und das nun will ich hier beschreiben und es Euren Hoheiten ans Herz legen, auf daß Ihr Euch erfreuet, wenn ich Euch kraft derselben Quellen versichere, daß Euch in der Sache Jerusalems der Sieg gewiß ist, wenn Euer Glaube stark ist.»

Wahrscheinlich machten sich die Monarchen nie die Mühe, die *Profecías* zu lesen, und selbst wenn, so ließen sich zwei so nüchterne Strategen wohl kaum von diesem leidenschaftlichen Endzeittonfall überzeugen. Wie sehr ihnen der Gedanke an einen Kreuzzug zur Befreiung Jerusalems auch gefallen haben mag – sie hatten dennoch nicht die Absicht, gegen Suleiman den Prächtigen und das mächtige Osmanenreich zu kämpfen, um dieses Ziel zu erreichen. Nur im Kopf eines Mannes wie Colón konnte sich ein so bizarrer Gedanke festsetzen. Nach über einem Jahrzehnt veranlaßte er ihn jetzt, kaum daß ihm die Ketten abgenommen worden waren, ein so verwegenes Werk wie die *Profecías* vorzulegen.

Dennoch wäre es ein Fehler, dieses Werk bloß als Produkt seiner Wahnvorstellungen abzuurteilen. Immerhin war es authentischer Ausdruck des in der mittelalterlichen europäischen Kultur tiefverwurzelten Glaubens an das tausendjährige Reich, und Colón war nicht der einzige Kolonist, der sich bei der Eroberung der Neuen Welt von dieser Leidenschaft leiten ließ. Die apokalyptische Vision, begründet in der Bibel und von der Kirche theoretisch untermauert, bot vielen die grundlegende Rechtfertigung für den christlichen Auftrag zur Expansion; die puritanischen Engländer und die evangelischen Franzosen sollten sich in den nächsten Jahrzehnten ebensooft darauf berufen wie die katholischen Spanier. «Es steht geschrieben», so heißt es bei Augustinus, und Colón nahm diese Passage selbstverständlich in sein Buch auf, «daß Gott siegen wird über alle, und er wird alle Götter der Völker der Erde auslöschen, und sie werden ihm huldigen, jedes in seinem eigenen Land, alle Völker der Inseln, und nicht nur die Völker der Inseln, sondern alle Völker.» Was konnte das anderes bedeuten als Eroberung?

Die Monarchen schenkten diesen beiden sonderbaren, von Colón in mühevoller Arbeit geschaffenen Manuskripten offenbar nicht viel Aufmerksamkeit, man hat vielmehr den Eindruck, daß sie in dieser Phase das Schachern um Indien beenden und ihren Admiral so bald wie möglich auf eine lange Entdeckungsreise weit weg schicken wollten. In diesem Fall gingen sie mit erstaunlicher Eile vor: Nur sechzehn Tage, nachdem Colón am 26. Februar 1502 seinen Vorschlag einer vierten Reise unterbreitet hatte, gaben sie ihre königliche Zustimmung, begleitet von Ratschlägen wie: «Ihr solltet sofort und ohne Verzögerung abreisen» oder: «Ihr müßt unverzüglich Segel setzen.» Nur zwei Bedingungen stellten sie, um in jedem Fall ihre Interessen zu wahren: Erstens sollte Colón «unter allen Umständen einen anderen Kurs nehmen» und «nicht über Española fahren», um weiteren Schwierigkeiten aus dem Weg zu gehen; und zweitens sollte er, falls die Suche nach den Schätzen erfolgreich wäre, «alles in Gegenwart Unseres Notars und Beamten aufzeichnen, die in Unserem Auftrage zu diesem Behufe mit Euch reisen werden, damit Wir Kenntnis davon haben, was die genannten Inseln und das Festland bergen».

Am 9. Mai, weniger als zwei Monate nach Erteilung der Bewilligung, liefen vier kleinere Karavellen von Cádiz zur vierten Reise aus. An Bord waren einhundertdreiundvierzig Männer und Schiffsjungen, unter ihnen erstmals auch Colóns damals dreizehnjähriger Sohn Fernando sowie sein Bruder Bartolomé.* Obwohl später ein Seemann berichtete, Colón habe «seine vierte und letzte Reise stets als *el alto viaje* bezeichnet», die hohe Reise, gab es außer Winden und Verlusten nichts Hohes oder Großartiges. Auf mindestens 6000 zurückgelegten Seemeilen wurde so gut wie nichts entdeckt, was den Europäern wertvoll erschien, keine großen Kulturen (obwohl sie sich der Maya-Kultur in Yucatán auf zweihundert Meilen näherten) und keine Durchfahrt nach Indien (obwohl sie bis auf vierzig Meilen an den Pazifik herankamen). Es wurde

* Eigentlich gehörten (abgesehen von den Offizieren und «Edlen») mehr Schiffsjungen als Männer der Mannschaft an – das Verhältnis siebenundfünfzig zu zweiundvierzig läßt erahnen, wie schwierig es war, erfahrene *marineros* für eine Reise unter dem Kommando des großen Admirals anzuheuern.

wenig Gold gefunden, und der Versuch, an der am meisten Erfolg versprechenden Fundstelle eine Siedlung zu errichten, scheiterte kläglich. Entführung, Verrat, Angriff und Kampf (und «zahllose Greueltaten», wie Fernando zugibt) riefen den Unwillen fast aller Völker hervor, mit denen man auf dem Festland und den Inseln in Berührung kam. Die Reise endete mit dem Verlust aller vier Schiffe, der Kapitän und seine Mannschaft mußten ein ganzes Jahr auf Jamaika ausharren, mindestens zweiunddreißig Männer starben, ein halbes Dutzend desertierte, und die übrigen litten über lange Perioden Hunger und waren krank. Nur ein im Irreführen geübter Kapitän konnte diese Reise als «hoch» bezeichnen, ist man geneigt zu denken.

Mittwoch, den 29. Juni. An der Ausfahrt aus dem Hafen [von Santo Domingo] entsandte der Admiral Kapitän Pedro de Terreros zum Komtur [Ovando, Gouverneur von Española] mit der Nachricht, daß er im Hafen Schutz suchen wolle, da er eines seiner Schiffe erneuern müsse und darüber hinaus einen großen Sturm erwarte. [...] Der Komtur war jedoch nicht gewillt, den Admiral in den Hafen einlaufen zu lassen. [...] Da ihm nun die Einfahrt in den Hafen verweigert worden war, näherte sich der Admiral so weit als möglich dem Land, um dort zu ankern und Schutz [vor dem Sturm] zu suchen. [...] Dank seines Könnens und seiner Urteilsfähigkeit gelang es ihm, die Flotte bis zum nächsten Tage zusammenzuhalten; als aber der Sturm immer heftiger wurde und finsterste Nacht hereinbrach, wurden drei Schiffe von den Ankern gerissen und in verschiedene Richtungen abgetrieben; obwohl alle in der gleichen Gefahr waren, dachte jeder, die anderen seien untergegangen. [Fernando]

Was dabei vor allem auffällt, ist Colóns beständiges Ringen mit dem verheerenden Wetter (wie aus seinem zusammenfassenden Brief und Fernandos späterem Bericht hervorgeht). Von Anfang an machte es ihm zu schaffen. Die Überfahrt verlief problemlos, doch als er sich Santo Domingo näherte (so weit nördlich hatte er nichts zu suchen, überdies war ihm verboten worden, diese Gewässer zu befahren), geriet er in ein Wetter, das er als «schrecklichen Sturm» beschrieb, der jedes Schiff «vor sich her[trieb], und es blieb nichts mehr zu erwarten als der Tod».* Er kam glimpflich davon und erreichte in der Nähe des heutigen Honduras die Küste Zentralamerikas, aber – «der schreckliche Sturm hatte nicht von mir gelassen, man sah keine Sonne und keine Sterne auf dem Meer», und einen ganzen Monat hindurch (in seiner Darstellung sind es «achtundachtzig Tage») kämpfte er mit wenig Erfolg und ohne Pause gegen «Wind und Strömung», und es gab «Wasser vom Himmel, Wirbelwinde und Blitze ohne Unterlaß, daß das Ende der Welt gekommen schien». An der Küste von Veragua (dem heutigen Panama) wiederholte sich das Schauspiel: «Meer und Himmel wüteten und stürmten ohne Unterlaß ... der Wind und die Strömung stießen mich wütend zurück», und das Wetter war «grausam»:

«Da hob der Sturm von neuem an und ermüdete mich so schrecklich, daß ich nicht mehr aus noch ein wußte. [...] Neun Tage fuhr ich so, verloren, ohne auf mein Leben zu hoffen. Niemals sahen Augen das Meer so hoch, so häßlich, so ganz zu Schaum geworden. [...] So fuhr ich in diesem Meer umher, das flüssiges Blut schien und das kochte wie ein Kessel, unter dem großes Feuer brennt. Niemals ward der Himmel so schauerlich gesehen: Einen Tag und eine Nacht brannte alles, als sei es ein glühender Ofen. Feuer und Blitz fielen allenthalben, und jedesmal hielt ich Ausschau, ob es mir Mast und Segel geraubt hätte. Mit solcher fürchterlichen Wut gingen sie gegen mich an, daß wir alle glaubten, die Schiffe würden mir versinken.»

Schließlich landete er auf Veragua an einem Ort, den er Belén nannte, doch auch hier fand er keine Zuflucht, denn «am nächsten Tag schon begann der Sturm von neuem», und «unversehens

* Eine große, von Santo Domingo auslaufende Flotte mit dem Ritter Bobadilla an Bord, der alle seine Aufzeichnungen und beträchtliche Goldmengen mitführte, geriet zufällig (manche behaupten, durch göttliche Fügung) in denselben Sturm, und zwanzig Schiffe und etwa fünfhundert Menschen fielen ihm zum Opfer. Ein einziges Schiff (laut Fernando, der neben Las Casas unsere einzige, wenn auch nicht ganz zuverlässige Quelle ist) widerstand dem Sturm und gelangte nach Spanien: Es hatte die 4000 Pesos an Bord, auf die der Admiral Anspruch erhoben hatte.

schwoll der Fluß hoch an und ward mächtig. Er brach mir Haltetaue und Pflöcke, und ich mußte kreuzen; wahrlich, alles schien in größerer Gefahr als je.» Und so ging es weiter, Monat für Monat.

Ohne Zweifel hatte der tapfere General Pech mit diesem ungewöhnlich schlechten Wetter, aber er sah einen bösen Willen darin und vermutete, die Natur habe sich gegen ihn verschworen. Nicht zum erstenmal erlebt Colón «schreckliche» Stürme und «furchterregende Wogen»; nie zuvor hatte er die Natur aber so entschlossen und gewaltig, so bösartig und «grausam» zugleich gesehen. Nie zuvor hatte Colón sich auf diese Weise den Gewalten des Wetters ausgeliefert erfahren. Und sollte das Wetter einmal anders gewesen sein, so blieb er jedenfalls unbeeindruckt davon: Er berichtete nur von den Stürmen, kaum je von ruhigem Wetter.

Auf dieser Reise haben wir noch mehrmals Gelegenheit, die Reaktionen des Admirals und seiner Männer auf die Natur zu beobachten, und erhalten tieferen Einblick denn je. Einmal wurden während einiger ungewohnt ruhiger Tage die Schiffe von Haien umringt, und Fernando berichtete (nicht als Jugendlicher, sondern erst als lebenserfahrener Fünfziger): «Wir hatten Angst, vor allem jene unter uns, die an Vorzeichen glaubten.» Daher, so schilderte er, «richteten wir mit Haken und Kette ein solches Blutbad unter den Haien an, daß es uns nicht möglich gewesen wäre, noch mehr umzubringen» – ein gnadenloses Gemetzel, dessen Motiv nicht der Mangel an Nahrungsmitteln war, wenn auch später «alle dem Hai die Ehre erwiesen, ihn zu verspeisen», da ihnen das Fleisch ausgegangen war. Ein anderes Mal befestigten einige Männer eine Harpune auf einem Tau und fingen damit von einem der Beiboote aus «einen Rochen so groß wie ein mittleres Bett», der schlafend auf der Wasseroberfläche trieb. Als er plötzlich zum Erstaunen der anderen Seeleute «das Boot schnell wie ein Pfeil durch den Hafen zog», hielten sie sich an dem Tau fest, bis «der Fisch endlich starb und mit Taljen an Bord gehievt wurde». Als bei einer anderen Gelegenheit die Indianer dem Admiral zwei «Wildschweine» zum Geschenk machten (in Wirklichkeit karibische Nabelschweine), die «so wild [waren], daß ein irländischer Hund nicht in ihrer Nähe zu bleiben wagte», erfand der Admiral ein «neues Schauspiel und schönes Jagdstückchen» zur Belustigung der Mannschaft:

«Ein Armbrustschütze hatte ein Getier erlegt, das glich einer großen Katze, doch war es viel größer und hatte ein Gesicht wie ein Mensch [möglicherweise ein Klammeraffe]. Mit einem Pfeil hatte er es von der Brust bis zum Schweif durchbohrt, und doch war es so wild, daß er ihm noch einen Arm und ein Bein abschneiden mußte. Als das Wildschwein es erblickte, sträubten sich seine Borsten, und es floh eilends. Als ich das sah, befahl ich, daß man den [Affen] wieder an seinen Platz zurückbringe. Trotzdem das große Tier auf den Tod getroffen war und der Pfeil immer noch in seinem Körper steckte, griff es das Wildschwein gleich an, umschlang dessen Maul mit seinem Schwanz und drückte es kräftig zusammen, und mit dem einen Arm, der ihm blieb, würgte es das Wildschwein am Hals so, wie man einen Feind bedrängt.»

Eine «schöne Belustigung» sei das gewesen, berichtete Fernando. Gewiß konnte eine Gesellschaft, die das Töten von hilflosen Stieren zu einer Kunstform hochstilisiert hatte, auch an einem solchen Schauspiel Gefallen finden; nachdenklich stimmt jedoch die Tatsache, daß Colón diese Worte in einem Brief an das königliche Paar schrieb; er meinte wohl, sie würden ebenso belustigt sein wie seine Männer.

Nicht immer ließen sie sich von Angst und Grausamkeit leiten, und es wäre ungerecht, diesen Eindruck erwecken zu wollen; aber in vielen anderen Episoden kommen gleichermaßen charakteristische Einstellungen zum Vorschein: der alles beherrschende Abscheu vor der Natur im Rohzustand, das Unbehagen gegenüber der als finster, wild und primitiv empfundenen Naturwelt, und im Gegensatz dazu die Bewunderung für alles, was die Handschrift des Menschen trägt. Als er in einen Hafen einfuhr, entschied Colón (laut Fernando), ihn Portobelo zu nennen, «weil er sehr groß, schön, dicht besiedelt und von bebautem Land umgeben ist», und vor allem, weil dieses Land «gut bestellt ist und voll von Häusern, die nur einen Steinwurf oder Pfeilschuß voneinander entfernt sind und alle aussehen wie gemalt, so daß man sich keinen schöneren Anblick denken kann». Jedes Element der fremden Landschaft sollte in einen Teil von Europa verwandelt werden, in etwas Feststehendes, Bekanntes und Vertrautes: So wurde der

Mammeiapfel zum «Granatapfel», die Rundschwanz-Seekuh zum «Kalb», große Eidechsen wurden «Krokodile» genannt und Pumas «Löwen» oder «Leoparden».

Allerdings war von der für die früheren Reisen so typischen utilitaristischen Betrachtung der Natur fast nichts zu merken. Weder der Admiral noch sein Sohn achteten jetzt auf «große Bäume», Farbhölzer, Mastixharz, Gewürze oder Aloe, nicht einmal auf die Indianer, das potentielle Material für den Sklavenhandel. («Dieses Land hatte nichts Nennenswertes zu bieten», ist eine typische Bemerkung Fernandos.) Das hatte einen einfachen Grund: Der Admiral war zum Spezialisten geworden, seine ganze Aufmerksamkeit galt nunmehr dem Gold, ob in Form von Spangen, Schmuck oder Goldstücken – «überall Gold», sagte er hoffnungsvoll, «Gold im Überfluß».

Sonntag morgen, den 14. August. [...] Die Eingeborenen dieses Landes sehen aus wie die auf den anderen Inseln, indes ist ihre Stirn weniger breit, und sie scheinen ohne Religion zu sein. Sie sprechen verschiedene Sprachen und gehen meist nackt umher, nur die Scham bedecken sie mit einem Tuch. [...] Sie schmücken ihre Arme und Körper durch Einbrennen von Zeichen nach der Art der Mauren, was ihnen ein ungewöhnliches Aussehen verleiht. Manche tragen Darstellungen von Löwen oder Wild, andere von Burgen mit Türmen [?!] und wieder andere mannigfaltige Figuren. [...] Um sich für ein Fest zu schmücken, bemalen sie das Gesicht schwarz oder rot, malen sich verschiedenfarbige Streifen ins Gesicht oder tragen einen Schnabel wie ein Straußenvogel, und manche schwärzen ihre Augen. Sie tun dies, um sich zu verschönern, allein, sie sehen aus wie Teufel. [Fernando]

Die europäische Wahrnehmung der Natur äußert sich nirgends so deutlich wie in der Reaktion auf die «Natur»-menschen – und diese zu untersuchen, ist ein schwieriges Unterfangen. Wir gelangen hier in einen Bereich der Mythen, Märchen und Mißverständnisse, der zweifelhaften Tatsachen und unbezweifelten Phantasien, der aufgedrängten Träume und übernommenen Alpträume, die das Bild prägten, das sich Europa vom amerikanischen Menschen machte: ein beunruhigendes und uneinheitliches Bild, in dem der *edle Wilde* und das *wilde Ungeheuer* zu einem Wesen verschmolzen sind.

Zweifellos waren beide Mythen in der Gedankenwelt des Entdeckers lebendig, und er konnte sie jederzeit hervorholen und für seine jeweiligen Zwecke benützen. Im 1493 verfaßten Brief an Santangel, dem wohl meistgelesenen Werk Colóns – und dem mit der größten Wirkung, jedenfalls auf die Gebildeten Europas –, gibt er jedoch in erster Linie das Bild vom edlen Wilden wieder. Die Menschen, die im Paradies, in den arkadischen und elysischen Gefilden der antiken Vorstellungswelt leben, werden hier erstmals von jemandem beschrieben, der selbst dort war und sie gesehen hat: Sie «sind ohne Unterschied des Geschlechts vollkommen nackt, wie sie Gott erschaffen»; sie «besitzen keine Waffen, mit denen sie umzugehen wüßten»; sie haben «einen schön geformten Körper und gewinnende Gesichtszüge» und «haben einen gesunden Menschenverstand»; sie haben keine Religion und «huldigen weder einer Sekte noch einem Götzendienst»; sie sind so «ehrliche und freigebige Menschen, daß es niemand für möglich halten würde, der es nicht selbst erlebt hat»; und: «Was man auch von ihnen verlangt, nie werden sie es einem verweigern, sondern es einem herzlich anbieten, wobei sie sich mit jeder noch so geringfügigen Gegengabe zufrieden geben.» Welches Staunen müssen solche Schilderungen in der verdrossenen europäischen Seele hervorgerufen haben, diese Bilder der Unschuld, Großherzigkeit und Friedfertigkeit, die die finstere Nacht des spätmittelalterlichen Europas wie Leuchtfeuer hätten erhellen können!

Das Bild von der wunderbaren Unschuld erschien auch in den Werken Amerigo Vespuccis – um genau zu sein, in den nach seinen Briefen verfaßten und unter seinem Namen veröffentlichten Berichten, denen von etwa 1503 an so großer Erfolg beschieden war. Der Stil des «Vespucci» war weitaus üppiger und schillernder als der Colóns, und die vielen erotischen und phantastischen Details taten, zum großen Leidwesen der Historiker, seiner Beliebtheit keinen Abbruch. Seine zu einem gut Teil erfundenen Geschichten waren die meistgelesenen Berichte über die Neue Welt, zumindest während der ersten vier Jahrzehnte nach ihrer Entdeckung.* Vespuccis an der Atlantikküste Südamerikas beheimatete Indianer waren wie die von Colón beschriebenen «vollkommen nackt und ohne Unterschied des Geschlechts mit unverhüllter Scham», zeichneten sich aber durch zusätzliche bemerkenswerte Eigenschaften aus: Sie haben «keine Gesetze und keinen Glauben, sie leben wie es ihnen die Natur vorgibt»; «sie haben keinen Privatbesitz und teilen alles miteinander»; «sie haben keinen König, und sie gehorchen niemandem, jeder ist sein eigener Herr»; «es gibt keine Rechtsprechung, sie ist nicht erforderlich, da nach ihrem Gesetz niemand regiert»; «sie leben in gemeinschaftlichen Behausungen»; «wenn sie einander begehren, vereinigen sie sich, ohne viel Aufhebens davon zu machen», und «sie sind ein sehr fruchtbares Volk»; sie «leben lange ... und sie sind weder kränklich, noch machen ihnen Seuchen oder ungesunde Luft zu schaffen». «Gewiß» sind sie Kannibalen, sind «kriegerisch» und «sehr grausam gegen ihresgleichen», durch Lippen und Wangen bohren sie Schmuckstücke, «ein unmenschliches Vorgehen», aber solcherart Exotik war von seltsamen neuen Völkern zu erwarten, und ihre phantastische libertäre Gesellschaft verlor deshalb nichts von ihrer Anziehungskraft.

Der am spanischen Hof wirkende emsige Petrus Martyr griff diese Themen aus den Vespucci-Berichten auf. Er konnte sich nun in seinen eigenen Berichten, die, beginnend mit dem 1504 veröffentlichten Raubdruck des *Libretto,* besonders großen Einfluß auf die Gelehrten und Gebildeten jener Zeit hatten, auf die ausführlichen Detailschilderungen seiner Vorgänger stützen. (Martyr selbst hatte die Neue Welt nie gesehen.) Über Española schrieb er:

«Die Bewohner dieser Inseln leben seit jeher in Freiheit, spielen und vergnügen sich, so daß es ihnen kaum gelingen wollte, das

* Die «Vespucci-Berichte» wurden zwischen 1502 und 1504 zwölfmal herausgegeben und nachgedruckt (in lateinischer Sprache), zwischen 1504 und 1506 erschienen weitere siebzehn Ausgaben in verschiedenen Sprachen, einundzwanzig wurden vor 1510 veröffentlicht und weitere zehn in den darauffolgenden zehn Jahren. Im Vergleich zu diesen sechzig Ausgaben und Nachdrucken hatte Colón nur zwanzig (neunzehn Ausgaben allein seines Briefes an Santangel) aufzuweisen, Cortés achtzehn und die anderen Entdecker (Martyr, Magellan, Cabral etc.) dreißig. Der «Vespucci» erschien in siebenunddreißig Sprachen, Colón in nur zehn.

Joch der Knechtschaft abzuschütteln, dem sie mit allen Mitteln zu entkommen versuchen. Hätten sie unseren Glauben angenommen, sie würden gewiß das glücklichste Leben führen, wenn sie zugleich ihre altgewohnte Freiheit genießen könnten.

Sie geben sich mit wenig zufrieden und haben keine Freude an überflüssigen Dingen, für die man andernorts unendliche Mühen auf sich nimmt und gegen das Gesetz verstößt, ohne je zufrieden zu sein; und viele haben zuviel und niemand hat je genug. Diese einfachen Seelen begnügen sich indes mit wenigen Kleidern, um ihre Nacktheit zu verhüllen; Gewichte und Maße sind ohne Nutzen für sie, denn sie kennen keine Kunst, kein Handwerk und keinen Betrug und kommen ohne das verderbliche Geld aus, das soviel Unheil stiftet.

Wollen wir also ohne Umschweife die Wahrheit eingestehen, so leben sie wohl in jener von den Dichtern vergangener Zeiten so oft besungenen goldnen Welt: in der die Menschen einfach und unschuldig und ohne Gesetze lebten, ohne hadernde Richter, ohne Beleidigungen, zufrieden, nur der Natur Genüge zu tun, ohne den Drang, in die Zukunft zu sehen.»

Und über dic Indianer Kubas schrieb er:

«Es steht außer Zweifel, daß das Land ihnen allen gemeinsam gehört wie die Sonne oder das Wasser und daß sie kein Mein und Dein (die Samen allen Unheils) kennen. Sie begnügen sich mit so wenig, daß in diesem großen Land eher Überfluß denn Mangel herrscht. Sie scheinen also (wie wir bereits sagten) in der goldnen Welt zu leben, ohne Mühsal und Plage, in offenen Gärten, nicht verschanzt hinter Wällen, getrennt durch Hecken oder bewehrt durch Mauern. Sie sind ehrlich gegeneinander, ohne Gesetze, ohne Bücher und ohne Richter. Wem es Vergnügen bereitet, anderen Schmerz zuzufügen, der gilt bei ihnen als böser und unseliger Mensch.»

Ein wahrlich außergewöhnliches Bild, das außerordentlich anziehend gewesen sein muß für ein Europa, das tief im «Unheil» versunken ist, wie Martyr wiederholt erklärte. Ja, es war so anziehend, daß es bald Eingang in die europäische Kultur fand und im politischen Diskurs zum Sinnbild der neueren und besseren Welt wurde, die Europa werden könnte. Nicht von ungefähr erschien Thomas Morus' *Utopia,* der Klassiker der utopischen Literatur, im Jahre 1516, nur zwei Jahrzehnte nach Eintreffen der ersten Nachricht von den Indianerkulturen Amerikas; und nicht von ungefähr ist es eindeutig in der von Vespucci so effektvoll präsentierten neuen Welt angesiedelt, die für Morus ein Quell der Inspiration war. (Ähnliche im siebzehnten Jahrhundert entstandene Werke, wie etwa Francis Bacons *Nova Atlantis* und Tommaso Campanellas *Sonnenstaat,* sind ebenfalls von Amerika inspiriert.)

Der edle Wilde ist nicht, wie bisweilen angenommen, seit alters her in der europäischen Mythenwelt lebendig. Visionen vom Goldenen Zeitalter, Arkadien und ähnlichem können weit zurückverfolgt werden, doch sind die Einzelheiten oft phantastisch (Häuser aus Pfefferkuchen und Zuckerguß zum Beispiel), und die Menschen, die in solchen Bereichen leben, im allgemeinen leblose Puppen, die nicht näher charakterisiert sind als Adam und Eva, brahmanische Weisen und äthiopische Könige oder ewig glückliche Kinder. (Das Thema der die Paradiese bewohnenden Menschen interessierte auch nicht weiter: Ein emsiger Forscher fand nur 65 Erwähnungen solcher Wesen in der gesamten Literatur von den Hebräern bis zum fünfzehnten Jahrhundert.) Spezifische Eigenschaften der paradiesischen Gesellschaft sind weder in den Werken der antiken Klassiker noch der frühen christlichen Theologen untersucht, sie kommen nicht einmal bei den radikalen Sektierern des vierzehnten und fünfzehnten Jahrhunderts vor, deren Darstellungen eines gerechten Staatswesens vollkommen «auf Luft gebaut sind ... poetische Abstraktionen ohne Wirkung», wie Germán Arciniegas in einer kürzlich veröffentlichten Studie behauptet.

Das ist insofern von besonderer Bedeutung, als es die Beschreibungen der Indianer der Neuen Welt in Colóns Brief an Santangel und in allen weiteren Berichten in den nächsten drei Jahrzehnten waren, die das Bild des edlen Wilden in die Welt setzten und die im Denken Europas die Grundzüge der Idee von einem freien Gemeinwesen schufen: einer Gesellschaft ohne Herrschaft, Könige, Hierarchien, Gesetze und Parlamente (die Geburt des Gleichheitsgedankens), soziale Gerechtigkeit, gemeinsames Eigentum ohne Unterschied von Mein und Dein, ebenso die Vorstellung von einer harmonischen Gesellschaft – einer Gemeinschaft ohne Zwänge, die in Frieden, Eintracht und Freundschaft, ohne Richter und Anwälte lebte, aber auch die Vorstellung vom Ende von Mühsal und Mangel, wenn man mit dem, was die Natur schenkt, auskommt. Die Neue Welt wurde so von allem Anfang an zum «Land der Freiheit», zum Land eines möglichen Paradieses; nach einigen Jahrzehnten spielten diese Ideen in Europa eine ebenso große Rolle und waren ebenso präsent wie die Kartoffel und der Tabak, die von demselben Boden stammten. Als sich die Europäer im siebzehnten und achtzehnten Jahrhundert in der Neuen Welt planmäßig anzusiedeln begannen, hofften sie, daß diese Ideen und Ideale in den Kolonien wuchsen und gediehen; die dadurch in Gang gesetzte Entwicklung gipfelte in der Revolution, die dieselben Ideale an ihre Fahnen geheftet hatte und sich zum Ziel gesetzt hatte, auf dieser Grundlage eine neue Nation aufzubauen. Damit schloß sich der Kreis.

Dieses positive Bild der Neuen Welt, so wichtig es für Europa auch war, blieb nicht das einzige und keinesfalls das wichtigste: Der Indianer war immer ebensosehr edler Wilder wie wildes Ungeheuer, und allmählich gewann das Bild des letzteren die Oberhand, insbesondere in der Vorstellungswelt derer, die in die neuen Länder reisten und mit den Indianern unmittelbar in Berührung kamen.

In dieser Hinsicht verhielt sich Cristóbal Colón ganz typisch. Wir haben bereits gesehen, wie er jedes Interesse an den sanften und so leicht zu unterwerfenden Tainos verlor und, geleitet von Wunschdenken und Mythen, den wilden Kariben erfand, der versklavt oder gemordet werden mußte; wir haben gesehen, wie er die Indianer gewaltsam unterwarf, über sie herrschte und seine Mitmenschen mit ebensowenig Mitgefühl tötete wie der Metzger das Schlachttier. Wenn er auf dieser letzten Reise überhaupt von den Indianern sprach, so nur mit Verachtung. Eingeborene, die die Errichtung einer kolonialen Niederlassung mitten in ihrem Land nicht hinnehmen wollten, bezeichnete er als «einfältig» und «sehr wild», und er ließ kurzerhand ihren *kaseke* gefangennehmen; andere nannte er Menschenfresser, wovon «die Unförmigkeit ihrer Gestalt» zeuge. Da er ihre Sprache nicht verstand, tat er sie als «wilde Völker» ab. Und als er unter den Menschen von Jamaika lebte, deren Gastfreundschaft er mit seinen mehr als hundert Männern über ein Jahr in Anspruch genommen hatte und deren Gaben seine träge und kränkliche Truppe ernährt und am Leben erhalten hatten, schrieb er: «Zehntausende von Eingeborenen haben mich umzingelt. Sie sind voll von Grausamkeit und unsere Todfeinde.» Am Ende scheint er also die wunderbare Güte der Bevölkerung von Guanahani und anderen Orten völlig vergessen zu haben, und es sind nur noch «Wilde».

Diese Gesinnung spricht auch aus vielen anderen Werken über die Indianer, und wenn sie anfänglich nicht so beliebt waren wie jene, die den edlen Wilden verherrlichten, so waren sie doch zahlreicher und hatten letzten Endes auch die größere Wirkung. Es vermag uns nicht zu überraschen, daß die ersten bereits entstanden, sobald man den Wert der neuen Länder, die lästigerweise in den Händen der Eingeborenen waren, zu erkennen begann. Nach der Entdeckung der immensen Schätze Mittelamerikas durch Cortés 1519 nahm ihre Zahl rasch zu: Aus den Indianern, die wie edle Wilde gewirkt hatten, solange es nichts als Guanahani zu erobern gab, wurden bald wilde Ungeheuer, als der Reichtum der beiden riesigen Kontinente bekannt wurde und Mexiko und Peru ins Spiel kamen. Ab diesem Zeitpunkt sprechen offizielle Dokumente ebenso wie persönliche Briefe mit wenigen Ausnahmen, wie etwa im Falle Las Casas', immer wieder vom unheilvollen Wesen dieser unmenschlichen Kreaturen.

Der Dominikanermönch Tomás Ortiz schrieb Mitte des sechzehnten Jahrhunderts folgendes an den spanischen Rat der Indien:

«Sie sind mehr dem Laster verfallen als jedes andere Volk. Sie kennen keine Gerechtigkeit. Sie gehen nackt umher. Sie achten weder die Liebe noch die Jungfrauenschaft. Sie sind einfältig und dumm. Sie haben keinen Respekt vor der Wahrheit, es sei denn, sie diene dem eigenen Vorteil. Sie sind unstet. Sie wissen nicht, was Voraussicht bedeutet. Sie sind undankbar und wankelmütig. [...] Sie sind unmenschlich. [...] Je älter sie werden, desto schlimmer werden sie. Mit zehn oder zwölf Jahren scheinen sie noch gesittet, später aber werden sie zu wahren Ungeheuern. Ich kann daher versichern, daß Gott kein verderbtes Menschengeschlecht erschaffen hat, das so sehr jeglicher Güte und Herzensbildung entbehrt.»

Soweit der gütige Priester; sehen wir nun, was der große Humanist und Nationalist Juan Ginés de Sepúlveda dazu zu sagen hat:

«Vergleichen wir die mit Klugheit, Begabung, Edelmut, Mäßigkeit, Menschlichkeit und Glauben gesegneten Spanier mit den kleinen Männern [*hombrecillos,* Indianer], bei welchen kaum das geringste Anzeichen von Menschlichkeit zu entdecken ist; nicht nur haben sie keine Wissenschaft, sie kennen auch keine Schrift und bewahren kein Andenken an ihre Geschichte mit Ausnahme gewisser undeutlicher und dunkler Erinnerungen an bestimmte Dinge in Malereien. Sie haben auch keine geschriebenen Gesetze, und ihre Einrichtungen und Bräuche sind barbarisch. Nicht einmal persönlichen Besitz kennen sie. [...] Wie können wir daran zweifeln, daß die Eroberung dieser wilden, barbarischen und durch solche Gottlosigkeit und Unzüchtigkeit vergifteten Menschen gerechtfertigt ist?»

Zum Abschluß schrieb er, daß der Indianer sich vom Spanier auf dieselbe Weise unterscheide wie der Grausame vom Sanftmütigen und der Affe vom Menschen.

Es ist bezeichnend, daß das Tiermotiv immer wiederkehrt: «Sie leben wie Tiere», erklärte Cuneo; «dumme wilde, gefühllose Tölpel», sagte Gómara; sie «üben tierische Unzucht», sagte Oviedo; nichts als «wilde Ungeheuer», hieß es bei Garcilaso de la Vega. Zurückzuführen ist dies auf den heiligen christlichen Grundsatz, wonach jene, die in engster Berührung mit der Natur leben, von Natur aus Tiere sind und daher in der als Lebenskette bezeichneten gottgewollten Hierarchie *weniger als der Mensch* gelten. Und das paßt wieder zum Bild des wilden Mannes, des haarigen Wilden aus dem Wald – ein Holzschnitt in einer Ausgabe von Vespuccis *Mundus novus* zeigt den klassischen wilden Mann, bärtig, mit einem schweren Bogen (statt der Keule), und eine nackte Frau an seiner Seite: Sinnbild aller neu entdeckten Indianer. Es paßt auch zur Degradierung der Natur durch die Europäer: «Außerordentlich seltsame und wilde Völker», so schrieb der französische Gelehrte André Thevet 1558, «bewohnen heute

Amerika ... und sie leben wie geistlose Tiere, *ganz wie die Natur sie hervorgebracht hat.*»

Wenn der Indianer als wildes Ungeheuer verunglimpft wurde, so handelte es sich dabei nicht ausschließlich um einen zynischen Kunstgriff der Herrschenden; aber dieser Mythos spielte zweifellos eine wesentliche Rolle bei der Unterwerfung und Ausbeutung der Neuen Welt und den entsprechenden Rechtfertigungs-Ideologien. In einem tieferen Sinn war er eine Reaktion auf die Last des Schuldgefühls, das mit der christlichen Mythologie der Vertreibung aus dem Paradies untrennbar verbunden und durch die offiziellen Lehren der Kirchenväter noch verschärft wurde. Es führte zu Eifersucht und Abneigung den paradiesischen Völkern gegenüber, die frei von solcher Last in unleugbarer Fruchtbarkeit, Ruhe, Einfachheit, Sicherheit, Freiheit und Unverdorbenheit in Harmonie mit der Natur lebten. Die Menschen des christlichen Europa konnten mit der Realität des edlen Wilden in der goldenen Welt des Paradieses nur leben, indem sie aus den fremden Völkern allmählich wilde Ungeheuer machten, die in einer abscheulichen Wildnis hausten – und damit begann Schritt für Schritt die Zerstörung.

Mittwoch, den 9. November. Wir verließen Portobelo [Veragua] und segelten 26 Seemeilen gegen Osten, am darauffolgenden Tag drängte uns ein Wind aus entgegengesetzter Richtung jedoch vier Meilen ab, daher liefen wir eine der kleinen Inseln in der Nähe des Festlandes an. [...] Wir blieben an diesem Ort bis zum 23. November, setzten die Schiffe wieder instand und besserten unsere Fässer aus; dann segelten wir nach Osten zu einem Guiga genannten Ort (so heißt auch ein Ort zwischen Veragua und Ciguare). [...]

Dort verweilten wir jedoch nicht, sondern fuhren am Samstag, den 26. November, in einen kleinen Hafen ein, den der Admiral Retrete nannte, da er so klein war, daß er nicht mehr als fünf oder sechs Schiffe faßte. [Fernando]

Fernando ist unser einziger Gewährsmann für die Behauptung, daß der Zweck der vierten Reise die Suche nach einem Weg nach Indien war, und die leichtgläubigeren Historiker haben der Behauptung bereitwillig Glauben geschenkt.* Wahrscheinlicher ist, daß Colón die Ausmaße des neuen Kontinents feststellen oder zumindest seine Nordküste erkunden wollte, denn inzwischen landeten bereits andere spanische Kapitäne an seinen Ufern und trieben Handel, als gehörte er ihnen allein; dieser Kontinent war immerhin etwas Greifbares (im Gegensatz zu dem unwirklichen Weg nach Indien und dem nie näherrückenden Quinsay), er versprach reiche Gold- und Perlenfunde; aber man mußte ihn erforschen, um sich seine Reichtümer zu sichern. Dafür spricht auch der Kurs der kleinen Flotte, die nur zu Beginn der Reise nach Westen segelte und ab dem Moment, da sie vor Honduras Land sichtete, ein ganzes Jahr lang ständig nach Osten und Süden steuerte, wie heftig die Stürme auch sein mochten. Und dementsprechend verhielt sich der Admiral jetzt, in diesem Monat November: Er konnte die Küste von dort aus weiter erkunden, wo er sie bei der dritten Reise verlassen hatte; den Weg nach Indien würde er auf diese Weise aber gewiß nicht finden (ganz im Gegenteil).

Es ist keineswegs erstaunlich, daß er seinem Sohn die Unwahrheit sagte und bei Bedarf auch die Welt in die Irre zu führen versuchte: Solange er verbreitete, daß Kuba keine Insel, sondern Teil des asiatischen Kontinents sei und er ausschließlich auf der Suche nach der Meerenge sei, die nach Indien führte, würde das ganze Gebiet ihm allein gehören, er konnte die Ausdehnung des neuen Kontinents erkunden und diese Tierra Firme für sich in Anspruch nehmen, und, beim heiligen Ferdinand, er konnte das Land zu *seinem* Land machen, es selbst regieren und seinen Nutzen daraus ziehen, und kein Bobadilla und kein Ovando konnte es ihm je wieder wegnehmen. (Colón war so sehr darauf bedacht, alles für sich allein zu haben, daß er die von den Steuermännern angefertigten

* In seinem zusammenfassenden Bericht an die Monarchen spricht der Vertreter der Krone, Diego de Porras, ebenfalls von der Suche nach diesem Weg, und in einer Aussage in den *Pleitos* wird Colóns Suche nach den Gewürzinseln erwähnt. In den königlichen Anordnungen für die Reise ist weder von einer Suche noch von einem Weg, geschweige denn von einem Weg nach Indien, die Rede, und auch in Colóns zusammenfassendem Brief, der *Lettera Rarissima,* steht nichts davon.

Karten beschlagnahmte, ja sogar die Karte des königlichen Notars sowie ein Buch eines gewissen Pedro Mateos, «das alle Berge und Flüsse enthielt ...».)

Eine weitere wichtige Bestätigung dafür, daß der Admiral den Gedanken an einen Weg nach Asien inzwischen aufgegeben und die wahren Dimensionen seiner Entdeckung wahrzunehmen begonnen hatte, liefert uns ein interessantes, aber wenig beachtetes Dokument im *Buch der Privilegien.* In Dokument 43 (undatiert, jedoch vermutlich Ende 1501 oder Anfang 1502 entstanden, gewiß nicht später), einem von Colón diktierten Text, wurde die Bezeichnung *Indias Occidentales* – Westindien – erstmals verwendet, und im weiteren hieß es: «... das genannte Westindien, von welchem die ganze Welt keine Kenntnis hatte», bis er es «dank seines großen Könnens und seiner Kenntnis des Meeres auf wunderbare Weise entdeckte». *West*indien: ein außergewöhnlicher geographischer Begriff, etwas Neues. Colón war sich offenbar bewußt, daß Vasco da Gama ein anderes Indien entdeckt hatte, das alte Indien, das mit seinem Indien nichts gemeinsam hatte und auf der anderen Hälfte der Erde lag. Wenn beide Länder Teil derselben asiatischen Landmasse waren, so läge da Gamas Indien zweifellos weiter westlich, Colóns Indien wäre weiter östlich und müßte als *Ost*indien bezeichnet werden. Aber nein: Die von ihm entdeckten neuen Länder lagen im Westen – das heißt, auf der westlichen Halbkugel –, und sie waren eine halbe Welt von Indien entfernt. Dazu betonte Colón, daß die ganze Welt bislang keine Kenntnis von ihnen gehabt habe, sie also offenbar nicht zu China, Malaysia oder Indien gehörten, Länder, die die Geographen längst kannten.

Hier, an der Küste von Veragua im Monat November, wurde Colóns neue geographische Vision (die dritte, die er auf der letzten Reise gehabt hatte) zur Gewißheit. Hier, im Hafen von Retrete, wo die Karavellen Rodrigo de Bastidas' im vorangegangenen Jahr vor Anker gegangen waren (während des kurzen Aufenthaltes in Santo Domingo hatte Colóns Kapitän ihre Karten übernommen), konnte der Admiral das letzte noch fehlende Stück der Nordküste seiner Tierra Firme zwischen 60 und 85 Grad westlicher Länge in die Karte eintragen. Diese enorme Strecke – 1800 Meilen (und selbst damals weniger als die Hälfte des tatsächlichen nördlichen Randes des Kontinents) – war ein eindeutiger Beweis dafür, daß er mit seiner Behauptung, es handle sich um einen Kontinent, recht hatte. Und da dieser Kontinent sich von dem China, das Marco Polo beschrieben hatte, deutlich unterschied und seine geographische Form und Lage eindeutig nicht den Vorstellungen entsprach, die man allgemein von China hatte (dargestellt etwa auf Behaims Globus), konnte es sich zweifelsfrei *nicht* um Asien handeln.

Und wenn das noch nicht Beweis genug war, so erhielt diese neue Überzeugung des Admirals Mitte November von den an der Küste lebenden Indianern eine endgültige Bestätigung. Der Admiral berichtete darüber – natürlich mit wirren Worten, geprägt von einem nach wie vor von Krankheit gequälten Geist, der noch immer unter dem Eindruck der schrecklichen Unwetter stand – in der *Lettera Rarissima,* die er am Ende der Reise im Juli 1503 an Ferdinand und Isabella schickte.

Er zeigt sich darin vollkommen davon überzeugt, daß erstens eine als Ciguare bezeichnete Provinz «neun Tagereisen zu Land gen Sonnenuntergang» liege, etwa 200 Meilen von seiner Anlegestelle an der Küste Veraguas entfernt. (Einige Seiten weiter erklärt er, die Goldgruben von Veragua lägen «nach Sonnenuntergang, auf zwanzig Tagereisen Entfernung»; diese Diskrepanz konnte nicht aufgeklärt werden, soll uns aber nicht weiter beschäftigen.) Zweitens sei dieses Ciguare eine zivilisierte Gegend, wo «Goldes die Fülle liegen» soll und die Menschen «es zum Schmuck des Hauptes tragen», «alle den Pfeffer kennen», «Handel auf Märkten und Messen treiben», «in reichen Gewändern einhergehen, aller Art von guten Dingen besitzen» und – zweifellos das entscheidende Merkmal einer zivilisierten Gesellschaft – «zu Kriege ziehen». Drittens liege dieses Ciguare an einer großen Wasserfläche, die möglicherweise ein anderes Meer sei: «Mir deucht, diese Lande liegen zu Veragua so wie Tortosa zu Fuenterrabia [ein Mittelmeerhafen und ein Hafen im Golf von Biscaya, 210 Meilen voneinander entfernt] liegt oder Pisa zu Venedig [vom Thyrrenischen Meer bis zur Adria, eine Entfernung von 150 Meilen].» Demnach handle es sich um ein Land, das nur ein paar Hundert Meilen entfernt jenseits einiger großer Berge liege. Und schließlich «sagten sie, daß das Meer auf der anderen Seite von Ciguare ist und daß man von dort in zehn Tagereisen zum Flusse Ganges kommt», was möglicherweise bedeuten sollte, daß das wirkliche Indien etwa 2000 Meilen entfernt sei.

Es gab nur eine mögliche Interpretation: Veragua mußte auf der *östlichen* Seite der etwa zweihundert Meilen breiten Landmasse liegen, und Ciguare auf der *westlichen,* dazwischen mußten sich Berge ähnlich den Pyrenäen oder dem Apennin befinden. Ciguare mußte ein zivilisiertes Gebiet sein, es konnte sich jedoch nicht um China handeln (er versucht auch nicht, «Ciguare» in «Cathay» oder ähnliches umzudeuten), da es am Westrand einer ausgedehnten Wasserfläche liege, was für China nicht zutreffe. Segelte man von dort aus nach Westen, so mußte man an China und Ostasien vorbei – die vermutlich gegen Norden zu lagen – nach zehn Tagereisen den Ganges in Hindustan erreichen. Die Landmasse zwischen Veragua und Ciguare mußte daher eine große Halbinsel am Ende eines neuen Kontinents in diesem zwischen Europa und Asien gelegenen *otro mundo* sein. «Die Lande, die dort Euren Hoheiten untertan sind, übertreffen alle anderen christlichen Lande an Größe, und sie sind reich»; sie bilden einen Kontinent,

der nicht nur große Kulturen aufzuweisen hat, sondern auch riesige Goldmengen, und der darüber hinaus das irdische Paradies ist (um das Maß vollzumachen, brachte er auch dieses Stichwort wieder ins Spiel). Das also war jetzt sein Weltbild.

Ist es Zufall, daß die westliche Halbkugel auf der nur vier Jahre später, 1506, entstandenen ersten gedruckten Karte der Neuen Welt von Giovanni Matteo Contarini und auch auf der Karte von Johannes Ruysch aus dem Jahre 1507 der Beschreibung Colóns aufs Haar gleicht und die Karte von Piri Re'is aus dem Jahre 1513 (die angeblich auf einer «dem Ungläubigen Colon-bo aus Genua» von den Türken geraubten Karte beruhte) ein ähnliches Bild zeigt? Deutet dies nicht auf eine Übereinstimmung geographischer Vorstellungen hin, deren ursprüngliche Quelle nur der Mann sein konnte, der diese Küsten entlangsegelte und die von seinen Steuermännern gezeichneten Karten beschlagnahmte?[2]

Colón war sich bewußt, daß er eine meisterhafte und folgenschwere Leistung vollbracht hatte, und eines Abends in Veragua, als ihn «das Fieber peinigte und die Mühsal kein Ende nahm», hörte er eine himmlische Stimme, die ihm einflüsterte:

«Die Indischen Lande, die ein so reicher Teil der Welt sind, gab er dir zu eigen, und du verteiltest sie, wie es dir gefiel, und dir ward die Macht dazu gegeben. Die Bande des Ozeanischen Meeres, die mit so festen Ketten geschlossen waren [ein Bezug auf die Prophezeiungen Senecas in den *Profecías:* welch belesene Stimme!]: du öffnetest sie mit dem Schlüssel, den er dir gab. Und in vielen Landen war man dir gehorsam, und bei allen Christen gewannst du soviel Ehre und Ruhm. Was tat er für das hehre Volk Israel, als er es aus Ägypten führte? Was für David, den er vom Hirten zum König von Judäa erhob? [...] So sage ich dir, was dein Schöpfer an dir getan hat und an allen tut. Über ein kleines wird er dir den Preis für alle Mühen und Gefahren geben, die du im Dienst für andere bestanden hast.»

Gott flicht seinem demütigen Diener Ruhmeskränze und spendet ihm Trost.*

---

* Bemerkenswert ist auch die Stelle, an der die Stimme den Monarchen einen unverhohlenen Wink gibt: «Wenn Gott Vorrechte gibt und Versprechen macht, so

Man fragt sich, warum diese Leistung des Admirals den traditionellen Historikern verschiedenster Anschauungsrichtungen so lange verborgen blieb. Gewiß hat immer wieder einer von ihnen, so zum Beispiel Henry Vignaud, erkannt, daß der Admiral seinen Kontinent nicht für einen Teil Asiens hielt, und so mancher Zeitgenosse Colóns, ob Historiker oder Kartograph, glaubte an die Existenz zweier Kontinente. In der Regel vertreten dic Historiker aber bis heute die Meinung, Colón sei immer davon überzeugt gewesen, sich in einem Teil Asiens zu befinden, und er habe bis an sein Lebensende nicht erkannt, daß er einen neuen Kontinent entdeckt hatte. Björn Landström gibt die typische Meinung wieder: «Bis zum Schluß war er davon überzeugt, nach Indien gelangt zu sein, und erkannte nicht, daß er eine neue Welt entdeckt hatte.»

Ich habe den Verdacht, daß die meisten Historiker sich nicht die Mühe machen, über die erste Reise hinauszublicken, und sich von den falschen Darstellungen im ersten *Bordbuch* und im Brief an Santangel täuschen lassen – die vermutlich den Zweck verfolgten, die Monarchen zur Finanzierung einer zweiten Reise zu veranlassen. Möglicherweise lassen sie sich aber auch durch die Auslegungen Fernandos und Las Casas' in die Irre führen, die an die Existenz eines neuen Kontinents nicht glaubten, weil sie das Bild von ihrem Helden und Asienfahrer nicht zerstören wollten. Spätere Forscher ingorierten Schriften wie die *Privilegios* und die *Lettera Rarissima* wahrscheinlich oder spielten sie als Erzeugnisse eines Mannes herunter, der nicht im Vollbesitz seiner geistigen Kräfte war. Die ersten Chronisten des sechzehnten Jahrhunderts dürften nicht einmal Zugang zu diesen späteren Schriften gehabt haben, die unmittelbar an die Monarchen gerichtet waren und mehr oder weniger unter Verschluß gehalten wurden. (Die *Lettera* wurde im Mai 1505 in Venedig vermutlich in einer kleinen Auflage in lateinischer Sprache veröffentlicht, fand aber keine große Verbreitung

bricht er sie nicht, und wer ihm einen Dienst erwies, dem sagt er nicht danach, daß er anderer Absicht gewesen sei und daß man ihn schlecht verstand. [...] Alles, was er verspricht, erfüllt er mit Zins und Zinseszins. Ist das nicht der Brauch?»

und wurde in keine andere Sprache übersetzt; die erste spanische Fassung erschien offenbar erst im späten siebzehnten Jahrhundert; die *Privilegios* und die *Profecías* waren nicht zur Veröffentlichung bestimmt und erschienen daher nicht im Druck.)

Dennoch ist reichlich Quellenmaterial vorhanden, das sich durch außerordentliche Klarheit auszeichnet und keinen Zweifel an dieser höchst wichtigen Tatsache aufkommen läßt: Admiral Colón behauptete, einen neuen Kontinent gefunden zu haben, stellte Vermutungen über seine Dimensionen an, berechnete seine ungefähre geographische Lage und machte seinen königlichen Gönnern mehr als einmal Mitteilung davon. In seinem prägnanten Abriß schreibt der Kolumbus-Forscher John Boyd Thacher dazu: «Er wußte, daß zwischen dem Land des Großen Khans und den Ufern Europas große kontinentale Gebiete lagen und daß er – Christoph Kolumbus – und kein anderer ihr Entdecker war.» Und diesmal hatte er recht.

Am Vorabend von Johanni. [Freitag, den 23. Juni 1503] Das Wasser in unserem Schiff stieg so hoch, daß es fast das Deck erreichte. Mit großer Mühsal setzten wir unsere Fahrt auf diese Weise fort und fuhren bei Tagesanbruch in den Hafen Porto Bueno in Jamaika ein. [...] Am darauffolgenden Tage segelten wir in Richtung Osten zu einem von Riffen umgebenen Hafen, der Santa Gloria heißt. Als wir eingefahren waren, brachten wir die Schiffe so nah wie möglich an Land, da wir sie nicht länger über Wasser halten konnten, und setzten eines neben dem anderen aufs Ufer. [Fernando]

Die vierte Reise des Cristóbal Colón, Admiral des Ozeanischen Meeres, nahm ein schmachvolles Ende: Nach einem Schiffbruch saß er an der Nordküste Jamaikas fest, mindestens zweihundert Meilen vom nächsten spanischen Schiff entfernt, das Rettung bringen konnte. So tief gesunken war er auf der «hohen Reise».

Bei all seinen navigatorischen Fähigkeiten, von denen die Seefahrtsfreaks schwärmen, und bei all seinen vom Zufall gelenkten Routen, von denen sie lieber nicht sprechen, konnte Admiral Colón auch ein elender Seemann sein. Läßt man all die Tapferkeit und Beharrlichkeit einmal außer acht und sieht sich die vier Reisen näher an, so entdeckt man eine Fülle von Ungeschicklichkeiten und falschen Navigationsmethoden. Unvorsichtigkeiten und Nachlässigkeiten und die beharrliche Mißachtung der grundlegenden Sicherheitsregeln – verursacht durch eine *ökologische Überheblichkeit,* durch die falsche Gewißheit der menschlichen Überlegenheit über die Natur. Wenn Colón in eine mißliche Lage geriet, so meist deshalb, weil er sich den Gesetzen von Gezeiten, Winden und Riffen nicht unterwerfen wollte oder sogar den Hochmut besaß, nichts darüber lernen zu wollen; dieselbe Verwegenheit, die ihn über den Ozean geführt und durch Sturm und Bedrängnis zurückgeleitet hatte, war auch die Ursache seiner zahlreichen Mißgeschicke.[3]

Während der vierten Reise wird dies ganz deutlich sichtbar. Aus unerfindlichen Gründen segelte er gleich zu Beginn in eine Gegend, die zu bereisen ihm die Monarchen ausdrücklich verboten hatten. (Die von Fernando verbreitete Erklärung dafür – eine seiner Karavellen sei nicht mehr seetüchtig gewesen und er habe sie in Santo Domingo auswechseln wollen –, ist unhaltbar: Dieses Schiff hatte kurz zuvor problemlos den Ozean überquert; dann stand es noch zwei Jahre lang in Verwendung, während zwei andere Schiffe aus der Flotte bald aufgegeben werden mußten.) Von geheimnisvollen Gewalten verfolgt, geriet er von einem Sturm in den anderen, traf auf «grausam schlechtes Wetter», ein «wütendes Meer» und «schwere Strömung», und kämpfte gegen entgegenkommende Winde an, wodurch er in einem ganzen Monat nicht einmal zweihundert Meilen weit kam. Und wie getrieben mußte er immer weiter und weigerte sich, die Reise zu unterbrechen, um auch nur die grundlegendsten Vorkehrungen zur Sicherung der Seetüchtigkeit seiner Schiffe zu treffen. Aus seinen Erfahrungen in den karibischen Gewässern mußte er bereits wissen, wie wichtig es war, die Schiffe vor dem unausweichlichen Befall durch den zerstörerischen Bohrwurm zu schützen. Jedes Holzschiff mußte zu diesem Zweck nach einigen Monaten auf See auf Strand gesetzt werden, gekielholt, gereinigt und bei Bedarf neu geteert werden, und auf der ersten Reise hatte er diesen Vorgang auch mehrmals durchführen lassen. Trotz unzähliger Gelegenheiten und obwohl das Wetter oft genug schön war, ließ Colón seine Schiffe aber offenbar nur einmal kielholen, und auch dann erst, nachdem sie über ein halbes Jahr im Wasser gelegen hatten und es wahrscheinlich schon zu spät war; im Januar 1503 wußte er bereits, daß «die Schiffe nicht mehr seetüchtig» waren, dennoch unternahm er nichts dagegen. Ein Schiff ließ er in Belén zurück, das nächste in Portobelo, und die beiden letzten, die «die Würmer so angefressen hatten, daß sie wie Honigwaben schienen», ließ er in Santa Gloria stranden. Dieses Verhalten ist für einen Seefahrer unverantwortlich.

Im Juni 1504 kam ein Schiff aus Española, das Colón und seine überlebenden Männer rettete. In Jamaika hatten sie ein Jahr der Kämpfe, des Hungers, der Krankheit und Angst verbracht, der Admiral hatte seine Nachlässigkeit und Gewissenlosigkeit bewiesen und die Tainos ihre wunderbare Gastfreundschaft, es war das Jahr, das die Laufbahn des Admirals beendete. Kein Wunder, daß er in seiner *Lettera Rarissima* kein einziges Wort darüber verliert. Einige seiner Äußerungen vermögen uns allerdings eine Vorstellung von den Seelenqualen zu geben, die er litt, als er in Santa Gloria festsaß.

Ich stehe am Rand des Verderbens. Bis heute vergoß ich meine Tränen vor anderen; möge der Himmel sich jetzt meiner erbarmen und die Erde mir nachweinen. An weltlichem Gut kann ich nicht das geringste eigene Opfer darbieten. Was mein geistliches Wohl angeht, so bin ich hier in den Indischen Landen festgehalten, in der Form, von der ich schon schrieb: Einsam mit meinem Leid, krank, täglich bereit, den Tod zu empfangen. Zehntausende von Eingeborenen haben mich umzingelt. Sie sind voll von Grausamkeit und unsere Todfeinde. So weit bin ich von den Sakramenten der Heiligen Kirche entfernt, daß man meine Seele vergessen wird, sowie sie sich vom Körper löst. Weinen möge über mich, wer Nächstenliebe, Wahrheit und Gerechtigkeit liebt.

Ich zog nicht aus auf diese Reise noch fuhr ich zur See, um Ehre und Wohlstand zu gewinnen: Das ist gewißlich wahr, denn die Hoffnung auf beides war mir schon lange abgestorben. Ich kam zu Eueren Hoheiten mit den besten Absichten und wahrem Eifer; das ist nicht gelogen. Demütig flehe ich Euere Hoheiten an, falls es Gott wohlgefällt, mich von hier hinwegzuführen, daß mir dann die Wallfahrt nach Rom und andere Wallfahrten gestattet werden. Die Heilige Dreifaltigkeit schütze und mehre Euer Leben und hohen Stand.

Nach einer einmonatigen Erholungspause in Santo Domingo trat Colón mit seinem Sohn, seinem Bruder und zweiundzwanzig Männern in einem gemieteten Schiff die Rückreise nach Spanien an, die sein letztes Erlebnis auf den grauen Fluten des Meeres sein sollte, der einzigen Heimat, die er je gekannt hatte. Am 7. November landete er in Sanlúcar de Barrameda an der andalusischen Küste, etwa fünfzig Meilen von Palos entfernt, wo seine folgenschweren Reisen vor etwas mehr als zwölf Jahren ihren Ausgang genommen hatten.

Die Chronisten sprechen offenbar nicht gern über die letzten eineinhalb Lebensjahre des Admirals – Fernando zum Beispiel widmet ihnen nur einen einzigen Absatz; nichts in dieser Zeit paßt aber auch zu dem Bild des sich auf den Lorbeeren seines Ruhmes und Reichtums ausruhenden großen Entdeckers.

Einerseits wurde er vom Hof und den Monarchen selbst, deren Gnade er sich in seinem letzten Brief ausgeliefert hatte, fast völlig ignoriert. Nun gut, Isabella war krank und starb drei Wochen nach seiner Ankunft, Ferdinand aber war offenbar nicht gewillt, Colóns Berichten über seine vierte Reise Gehör zu schenken. (Allerdings berief er seinen Sohn Diego in seine Leibgarde.) Erst im Mai des darauffolgenden Jahres gewährte er dem Admiral endlich eine Audienz. Es gibt kein Protokoll darüber, aber es steht fest, daß Colón keine zusätzlichen Privilegien zugebilligt wurden.

Vielleicht hatte er sich solche Privilegien als Belohnung für seine Entdeckungen erhofft. Andererseits war er davon in Anspruch genommen, der kleinlichen Argumentation seiner *Privilegios* Gehör zu verschaffen; eine nutzlose Ehre da und ein kleines Landgut dort – es war sicherer, das zu vergrößern, was man schon hatte. Anstatt seine neuen geographischen Vorstellungen den Herrschern und ganz Europa zu erläutern, beschäftigte er sich ausschließlich damit, sich und seinen Kindern die ihm seiner Ansicht nach zustehenden Besitztümer zu erkämpfen.

Hörte man ihn sprechen, man hätte meinen können, er sei tatsächlich «am Rand des Verderbens» und ohne «das geringste weltliche Gut», ja ohne ein Dach über dem Kopf, wie er es in der *Lettera* darstellte. Tatsächlich besaß er aber zu dieser Zeit ein beträchtliches Vermögen. Das von seinem genuesischen Verwalter Rafael Cattaneo geführte große *mayorazgo* im Vega Real auf Española (eine Landwirtschaft und höchstwahrscheinlich mehrere Goldgruben) brachte ihm vermutlich mindestens 1,7 Millionen Maravedis (laut Colóns eigener Schätzung in seinem Testament des Jahres 1506) und später sogar etwa vier bis acht Millionen Maravedis im Jahr ein (laut den in seinem Testament von 1498 angegebenen Höchstwerten); er hatte umfassende Handelsabkommen mit genuesischen Banken geschlossen, die Española versorgten, und bestimmte über ihre Handelslizenzen. Um 1504 gab er einmal an, ein Vermögen von etwa 26 Millionen Maravedis auf der Insel zu besitzen, die als Sicherheit für entsprechende Frachten verwendet werden konnten. Auf der letzten Reise hatte man ihm in Santo Domingo eine Truhe voll Münzen nach Spanien mitgegeben, darüber hinaus hatte er in Veragua bereits eine beträchtliche Menge Goldstücke und Goldschmuck gesammelt; vermutlich war er auch im Besitz des Goldes, das das einzige angeblich dem Orkan vor der Küste Españolas im Jahre 1502 entkommene Schiff transportiert hatte, und wie aus einer schriftlichen Quelle hervorgeht, wurde zwischen 1503 und 1504 Gold im Wert von etwa einer halben Million Maravedis in seinem Namen verkauft. Des weiteren erhielt er ein Zehntel des gesamten der Krone zustehenden Goldertrages aus Española, der zu dieser Zeit durchschnittlich etwa zwei Millionen Maravedis jährlich betragen haben mag. Man kommt nicht darum herum: Auch wenn er noch so arm tat, Admiral Colón war ein für seine Zeit sehr reicher Mann, und seine Habgier und Privilegiensucht standen ihm nicht wohl an.[4]

Außerdem kämpfte Colón nach wie vor gegen jene hartnäckigen Krankheiten im Gefolge des Reiter-Syndroms und mußte vermutlich schlimme körperliche Schmerzen und wohl auch geistige Qualen erdulden. Auf der letzten Reise hatten sich seine Gichtbeschwerden verschlimmert. – «Viel Schmerzen litt ich, und oft stand ich nahe am Tode», ist ein typischer Hinweis. Jede Bewegung war so schmerzhaft, daß er sich ein Lager auf dem Achterdeck bauen ließ, um nicht mehr von seiner Kabine auf Deck hinaufklettern zu müssen; aller Wahrscheinlichkeit nach verließ er das Flaggschiff nie und betrat auch diesmal nicht seinen neuen Kontinent. (In der *Lettera* behauptete er, «eine Grabstätte auf einem Berge, so groß wie ein Haus» gesehen zu haben, doch aus Fernandos Bericht geht eindeutig hervor, daß nicht er, sondern Bartolomé das Landesinnere erkundet hatte.) Der Text der *Lettera* ist durchdrungen von seinen Qualen; das wird nirgends deutlicher als an der Stelle, wo die himmlische Stimme spricht, von der er selbst sagt, Erschöpfung und Fieber hätten sie in ihm hervorgerufen. Dennoch schreckte er nicht davor zurück, all ihre schwülstigen Worte für die Monarchen zu wiederholen, und sein Verhalten während dieser Zeit zeigt, daß die Stimme an seiner Seite blieb.

Das alles läßt sich natürlich nicht zum Bild des ruhmreichen und edlen Admirals zusammenfügen, das uns die Hagiographen gerne vermitteln würden; und es ist nicht verwunderlich, daß Morison im Zusammenhang mit der letzten Reise meint: «Es wäre gut, wenn der Rest Schweigen gewesen wäre.»

Im kühlen April des Jahres 1506 folgte Cristóbal Colón dem Hof von Salamanca nach Valladolid im Herzen des alten Kastilien und bezog dort ein eingeschossiges Haus unweit der San-Francisco-Kirche (allerdings besteht kein Grund zu der Annahme, daß es sich dabei um das heute als Casa de Colón bekannte Haus in der Calle Cristóbal Colón handelte), und sein Bett dort sollte sein Sterbelager sein. Am 19. Mai diktierte und unterzeichnete er in Anwesenheit von zwei Bürgern von Valladolid, sieben (!) Bediensteten und einem Notar einen Nachtrag zu seinem Testament, in dem er seinen Sohn Diego als Haupterben einsetzte und seinen Brüdern Bartolomé und Diego sowie seinem Sohn Fernando kleine Erbschaften zusicherte, den Auftrag gab, im Vega Real eine Kapelle zu errichten, falls genug Geld vorhanden sei, und Anordnungen zur Versorgung seiner Geliebten Beatriz traf.[5]

Am nächsten Tag, Christi Himmelfahrt, versammelte Colón seine Söhne, seinen Bruder Diego, einige Reisegefährten und seine Diener um sich, empfing die Sterbesakramente und wiederholte, so versichert Fernando, diese letzten Worte, die kein geringerer als Christus selbst gesprochen hat: *«In manus tuas, Domine, commendo spiritum meum»* – Herr, in Deine Hände befehle ich meinen Geist.

Kaum eine Meile von dem Gebäude entfernt, in dem der Admiral des Ozeanischen Meeres seine letzte Reise antrat, liegt das Haus jenes spanischen Dichters, der fast ein Jahrhundert später den Geist Colóns beschworen zu haben schien, um eine unsterbliche Gestalt ins Leben zu rufen – jenen Mann, der durch die Welt wandelte, immer rastlos, immer wurzellos, immer getäuscht, tapfer, ritterlich und absurd, unbezähmbar, leichtgläubig und verrückt –, jenen großen Ritter, den die Welt als El Caballero de la Triste Figura kennt. Ein authentisches Porträt von Colón existiert nicht – soweit wir wissen, entstand keines vor den fünfziger Jahren des sechzehnten Jahrhunderts –, aber die Porträts, die vermutlich der Wahrheit am nächsten kommen, zeigen ausnahmslos einen äußerst schwermütigen und traurigen Mann, wahrlich einen Ritter von traurigem Angesicht.[6]

Wir haben keine zuverlässigen Berichte über das Wetter, das an jenem Mittwoch gegen Ende Mai des Jahres 1506 herrschte – aber schließlich wissen wir kaum etwas über den Todestag des großen Entdeckers aus zuverlässiger Quelle. Sein Tod wurde weder in der Stadtchronik von Valladolid vermerkt, die viele Einzelheiten täglich verzeichnete, noch in den Chroniken des spanischen Hofes. Kein zeitgenössischer Historiker nahm Notiz davon, nicht einmal Petrus Martyr, der sich etwa zur selben Zeit, sicher aber am Ende des nächsten Monats, in Valladolid aufhielt. Die Öffentlichkeit nahm Cristóbal Colóns Ableben erst zehn Jahre später zur Kenntnis, als Martyr 1516 sein *De orbe novo* in Alcalá veröffentlichte. Darin hieß es: «Als Colonus nun in ein anderes Leben hinübergegangen war, wollte der König wissen, wie diese Länder mit Christen zu besiedeln seien zur Vermehrung unseres Glaubens.» Der Admiral des Ozeanischen Meeres starb unbemerkt und unbeweint.

Nur langsam wurde den Europäern die Reichweite seiner Leistung und die Bedeutung der geheimnisvollen Länder im Westen bewußt. Die Vorstellung von einer anderen Welt, einer *Neuen*

Welt in einer neuen Hemisphäre, war so überwältigend, daß die Menschen, und nicht nur die Ungebildeten, sie nicht einfach akzeptieren oder richtig bewerten konnten, auch dann noch nicht, als ganze Schiffsladungen voller Schätze in Spanien einzutreffen begannen. Der gewandte Machiavelli konnte noch 1513 das Geschick König Ferdinands von Spanien rühmen und seine Taten bewundern, ohne ein einziges Mal auf Colóns Entdeckungen einzugehen. Selbst ein zwischen 1539 und 1560 in fünf Auflagen in Frankreich erschienenes weitverbreitetes kosmologisches Werk kam ohne eine Erwähnung Amerikas oder neuer Länder westlich von Europa aus; mindestens sieben zwischen 1516 und 1549 in Frankreich gedruckte allgemeine Geschichtsbücher, darunter zahlreiche Ausgaben der beliebten *Mer des histoires,* enthielten keinerlei Hinweis auf die Entdeckung oder Erforschung der Neuen Welt. Die Werke, in denen das Vorhandensein einer neuen Hemisphäre anerkannt wurde, waren hingegen nicht sehr zahlreich: Jean Bodins 1566 veröffentlichte Bibliographie der Geschichte, die umfassendste Quelle über die Forschungstätigkeit des sechzehnten Jahrhunderts, gab nur drei Bücher über die Neue Welt an; zwischen 1480 und 1609 erschienen in Frankreich dreimal so viele Bücher über Asien und zweimal so viele über die Türkei wie über irgendeinen Teil Amerikas.

Ebensolange dauerte es – und in dieser Hinsicht wurde der Entdecker doppelt vernachlässigt – bis Europa den neuen Ländern einen Namen gab. Colón bezeichnete sie im allgemeinen als «Indien», auch als er bereits überzeugt war, ein *otro mundo* gefunden zu haben, und als «Indien» fanden sie auch Eingang in die offiziellen Chroniken des sechzehnten und siebzehnten Jahrhunderts (erst später kamen Bezeichnungen wie «Nueva España» hinzu). Andernorts gewann eine Neuprägung langsam und zaghaft an Boden, zunächst in Frankreich, dann in Holland und später in England: die Bezeichnung «Amerika», die der Kartograph Martin Waldseemüller vom lateinischen Namen jenes Mannes abgeleitet hatte, dessen *Quattro viaggi* von der Entdeckung der ausgedehnten südlichen Landmasse berichteten; als er 1507 seine Weltkarte und seinen Globus präsentierte, beschriftete er mit diesem Namen kühn den neuen Kontinent. Allerdings ging seine Bezeichnung keineswegs in den allgemeinen Sprachgebrauch ein – die Kartographen verwendeten häufig die Ausdrücke «Mundus Novus» oder «Terra Firma» oder sogar «Terra Incognita» für den nördlichen wie den südlichen Kontinent, und die Autoren des Mittelmeerraums vermieden diesen Namen bis zur Mitte des Jahrhunderts –, und auch Waldseemüller ging später wieder davon ab. In den nächsten drei Jahrzehnten sprach man aber immer häufiger von «Amerika», und 1538 verwendete Gerardus Mercator, der berühmteste Kartograph dieses Jahrhunderts, die Bezeichnung sowohl für die nördliche wie für die südliche Landmasse («Americae»); danach setzte sie sich vor allem in Nordeuropa durch. Nur Las Casas wandte sich unmißverständlich dagegen: Das neue Land, so schrieb er in scharfem Tonfall, «sollte *Columba* genannt werden».*

Als letzte Schmach, die dem Admiral zugefügt wurde, die zu erfahren ihm aber ebenfalls erspart blieb, ist die Tatsache zu verzeichnen, daß die Geschichte nicht weiß, was aus seinen sterblichen Überresten geworden ist. Er wurde in Valladolid bestattet, möglicherweise in der Franziskanerkirche in der Nähe seines Hauses, und die Legende behauptet, daß seine Gebeine immer noch dort liegen, obwohl heute eine Spielhalle an dieser Stelle steht. Aus anderen Dokumenten geht hervor, daß Colóns Leichnam 1509 auf Anordnung seines Sohnes Diego in die Kapelle von Santa Ana in Las Cuevas, dem Kloster in Sevilla, gebracht wurde. Bartolomé Colón fand nach seinem Tod 1514 in dieser Kapelle seine letzte Ruhestätte, und 1526 folgte ihm Diego nach, der eine Zeitlang Admiral und Gouverneur von Española gewesen war (mit kaum mehr Erfolg als sein Vater). In den dreißiger Jahren des sechzehnten Jahrhunderts wurde die Überführung der Leichname Cristóbals und Diegos nach Española durch mehrere königliche Erlässe genehmigt, und in den Jahren 1539 und 1541 wurde laut Eintragungen im Pfarregister die Urne (oder der Sarg) mit den sterblichen Überresten Cristóbals abgeholt und für die Überfahrt nach

* Vespucci selbst sprach nie von «Amerika». Er starb 1512, wahrscheinlich ohne diese Neuprägung zu kennen, und sein Sohn Juan vermied in einer Karte aus dem Jahre 1526 die Verwendung dieser Bezeichnung, obwohl sie damals bereits geläufig war; er benannte nur die Provinzen und Küsten, gab dem Kontinent selbst aber keinen Namen.

Santo Domingo vorbereitet. Über diese Überfahrt gibt es keine zuverlässigen Berichte, man nimmt jedoch an, daß beide Leichname in den späten vierziger Jahren vor dem Hochaltar der Kathedrale von Santo Domingo beigesetzt wurden und dort bis 1667 Ruhe fanden; dann dürften sie wiederentdeckt worden sein und «ein angemesseneres Begräbnis» erhalten haben. Als Frankreich 1795 die Herrschaft über Española übernahm, ordnete Madrid an, Cristóbals sterbliche Überreste nach Havanna in Sicherheit zu bringen; als Kuba 1898 die Unabhängigkeit erlangte, wurden sie erneut weggebracht und nach Sevilla verschifft, um in der dortigen Kathedrale in einem angemessenen Grab beigesetzt zu werden.

1877, also zwanzig Jahre zuvor, war allerdings bei der Vergrößerung der Kathedrale von Santo Domingo ein kleiner Bleisarg entdeckt worden, und bei näherer Betrachtung zeigte es sich, daß er zwei auf den Namen Cristoval Colon lautende Inschriften trug; 1879 wurde er in die Kathedrale zurückgebracht, und dort liegt er bis zum heutigen Tag in einem Grab, das dem großen Entdecker geziemt.[7]

Es mag angemessen scheinen, daß die Gebeine des Mannes, der als europäischer Entdecker von Amerika verehrt wird, auf beiden Kontinenten begraben liegen. Es paßt aber auch ins Bild, daß er selbst nach dem Tod keine Heimat gefunden hat.

Neuntes Kapitel
1506–1606

I
Das Vermächtnis des Kolumbus

«Ich meine, daß Don Christoph Colonus (wie weithin bekannt) als erster Admiral des besagten Indien dasselbe in den Tagen des Katholischen Königs entdeckte ... Bis zum heutigen Tag hat kein Untertan oder Diener seinem König und seinem Land je einen größeren Dienst erwiesen und mehr Gewinn gebracht, das weiß die ganze Welt. Gewiß wird dies für das ganze spanische Reich so nutzbringend und einträglich sein, daß ich nicht einen guten Kastilier oder Spanier heißen kann, wer mir nicht zustimmt.»

Das schrieb 1526, genau zwanzig Jahre nach Colóns Tod, der erste offizielle Geschichtsschreiber der spanischen Eroberungen, Gonzalo Fernández de Oviedo, über den Mann, der diese Eroberungen möglich gemacht hatte. Und weiter:

«Bis in unsere Zeit blieb dieser große Teil der Welt verborgen, denn in keinem Werk der Antike, nicht einmal in der Weltbeschreibung des Ptolemäus oder einem späteren Werk fand er je Erwähnung, bis der erste Admiral Don Christoph Colonus denselben entdeckte. Eine unvergleichliche Tat, ohne Zweifel, viel größer noch als jene des Herkules, von dem es heißt, er habe den Ort gefunden, wo das Meer Mediterraneum sich mit dem Ozean vereinigt, was die Griechen vor ihm nicht zu vollbringen vermochten. [...] «Und hätte man ein Bild aus Gold zum Lob und Preis des Colonus angefertigt, er hätte es gewiß nicht weniger verdient als jene Männer, welchen in der Antike ihrer edlen Taten wegen göttliche Ehren zuteil wurden, hätte er in ihrer Zeit gelebt.»

Eine Statue aus Gold für den spanischen Admiral: Was für eine passende, was für eine erstaunliche Idee! Doch weit entfernt davon, ihm eine Statue aus Gold zu bauen, kamen die Spanier erst dreihundertfünfzig Jahre später auf den Gedanken, ihm überhaupt ein Denkmal zu errichten – anläßlich des vierhundertsten

Jahrestages der Entdeckung bauten sie gleich sechs davon, zwar nicht aus Gold, sondern aus Granit und Marmor, in Sevilla, Barcelona, Huelva, Granada, Salamanca und Madrid.

Damit kommen wir zu dem faszinierenden Puzzle im Zusammenhang mit dem geschichtlichen Ruf des großen Entdeckers. Wenn wir wissen wollen, wie die nachfolgenden Jahrhunderte ihn behandelten – also gewissermaßen sein Leben nach dem Tod betrachten wollen –, müssen wir dem seltsamen Verlauf jenes komplizierten Prozesses der Anerkennung der Neuen Welt durch die Alte folgen. Das Bild des Wegbereiters und Entdeckers änderte sich immer wieder. Im ersten Jahrhundert nach seinem Ableben galt er nur als ein Kapitän, der erstaunliche Nachrichten über unbekannte Inseln im Westen und ihre fremdartigen Bewohner gebracht hatte; später sah man ihn als Vorläufer der spanischen Eroberer, die unvorstellbare Reichtümer aus Amerika bezogen; und schließlich wurde er zu dem tragischen und unbezwinglichen Helden, dem Europa einen «vierten Erdteil» zu verdanken hatte. Als im siebzehnten Jahrhundert andere europäische Nationen die Größe und Bedeutung dieses vierten Erdteils erkannten, war sein Name Ansporn zur Erforschung und Anreiz zur Besiedelung; aus Cristóbal Colón war Christoph Columbus geworden. Im achtzehnten Jahrhundert war er in den Gesellschaften, die in der Neuen Welt Fuß zu fassen begannen, bereits eine Legende, ein mythisches Symbol ihrer eigenen Entstehung aus dem Nichts; und für die so überaus erfolgreiche Gesellschaft, die Anspruch auf den nördlichen Kontinent erhob und auszog, davon Besitz zu ergreifen, wurde er zur Verkörperung ihrer selbst und ihrer Unabhängigkeit. Aber erst nach der Entdeckung und Veröffentlichung verstaubter Dokumente aus den spanischen Archiven im neunzehnten Jahrhundert – darunter auch das *Bordbuch* der ersten Reise – begann man Colóns Geschichte mit all ihren Erfolgen und Enttäuschungen richtig zu verstehen, erst ab dieser Zeit erlangte er das Ansehen, das er heute genießt.

Seither wird ihm die gebührende Ehre endlich auf beiden Seiten seines Ozeans zuteil, und eine wachsende Zahl von Standbildern und Denkmälern kündet davon – bis jetzt gibt es allerdings noch kein Standbild aus Gold, obwohl, wie Oviedo betont, «dieser tapfere und kluge Seemann, dieser mutige Kapitän uns die Neue Welt gezeigt hat, die so reich an Gold ist, daß Tausende solcher Statuen aus dem nach Spanien gesandten Gold verfertigt werden könnten».

Nach einer erfolgreichen Reise zu den nordatlantischen Gebieten, die auch damals noch als Teil der Landmasse galten, die «mit den von den spanischen Königen entdeckten Antillen verbunden» war, lief am 11. Oktober 1501 ein von Miguel Corte Real befehligtes portugiesisches Schiff in Lissabon ein. Die Hauptfracht: etwa fünfzig in Neufundland gefangene Beothuk-Indianer, deren «Sitten und Bräuche äußerst roh sind, wie die von Wilden», die aber «überaus wohlgeformte Gliedmaßen haben» und daher «ausgezeichnete Arbeiter und die besten Sklaven sind, deren man bisher habhaft werden konnte». Wie der venezianische Botschafter schrieb, erfreute die Nachricht «seine Majestät so sehr, daß er erneut Schiffe in die genannten Gegenden zu entsenden und seine indische Flotte zu vergrößern wünscht, um die Eroberung voranzutreiben».

Corte Real setzte die von einem anderen iberischen Kapitän neun Jahre zuvor eingeleitete unselige Tradition der Versklavung und Verschleppung der Indianer fort. Diesmal hatte man allerdings Pech mit der Fracht – die mediterrane Lebensweise und die europäischen Krankheiten verkürzten das Leben der Indianer drastisch –, das aber konnte die Nationen der Alten Welt im nächsten Jahrhundert und darüber hinaus nicht davon abhalten, weiterhin Indianer zu entführen: Der Italiener Verrazzano entriß zum Beispiel 1524 in der Nähe von Kap Hatteras einen Säugling den Armen seiner Mutter; der Portugiese Gomes «füllte 1525 sein Schiff mit unschuldigen Menschen beiderlei Geschlechts» (angeblich insgesamt achtundfünfzig) aus Maine; der Franzose Cartier raubte 1534 am Sankt-Lorenz-Strom zwei, 1536 weitere zehn und 1541 nochmals zwei Eingeborene; der Engländer Frobisher nahm 1576 einen und 1577 drei Inuit-Indianer (darunter eine junge Mutter und ihr Kind) gefangen. Der transatlantische Sklavenhandel der Portugiesen blühte; sie verschleppten immer größere Zahlen von Afrikanern anstelle der Indianer und handelten sich dadurch den

Ruf ein, ein abscheuliches Gewerbe mit der größten Gründlichkeit und dem größten Erfolg in der Geschichte des neuzeitlichen Europa ausgeübt zu haben.

Die Geschichte der Beothuks gleicht in vielem der der Tainos. Sie waren ein edles, friedfertiges Volk, das sich vom Kontinent nach Neufundland zurückgezogen hatte, um ein Leben in Frieden und Abgeschiedenheit zu führen, und sich von den im Überfluß vorhandenen Fischen, Karibus und Robben ernährte. Als die Europäer – Fischer, Jäger, Forschungsreisende – nach Neufundland kamen, wurden die Beothuks immer weiter zurückgedrängt und allmählich ausgerottet; ab Mitte des sechzehnten Jahrhunderts kamen Dorschfänger im Sommer in diese Gebiete, und sie hielten es für zweckmäßig, auf die Eingeborenen Jagd zu machen und ihre Dörfer zu verwüsten. Ein Brite berichtet: «Ehe wir den Ort verließen, setzten wir drei der vier Wigwams in Brand.» Er sagt uns nicht, warum sie so handelten. Je weiter sie nach Süden kamen, desto gefährlicher wurden ihnen Krankheiten, insbesondere die Tuberkulose, die als «Hustendämon» in ihre Mythen einging. In einem knappen Jahrhundert waren Karibu und Biber ausgerottet und nur noch einige hundert Beothuks übrig. Zu Beginn des zwanzigsten Jahrhunderts waren sie ausgestorben.

Während Colóns Bericht über die erste Reise außerordentlich weite Verbreitung fand – neunzehn Ausgaben in vier Sprachen zwischen 1493 und 1500 –, erschien zu seinen Lebzeiten nur eine geringe Zahl von Druckwerken über die weiteren Reisen: Die zweite Reise wurde in einem einzigen kleinen Werk in lateinischer Sprache beschrieben, das 1494 in Pavia erschien; die *Lettera Rarissima* über die vierte Reise wurde nur einmal, 1505, in italienischer Sprache gedruckt; und eine plagiierte Ausgabe von Petrus Martyrs «Erster Dekade» mit Einzelheiten über die ersten drei Reisen wurde 1504 ebenfalls in einer einzigen Ausgabe in italienischer Sprache veröffentlicht.* Nur ein kleiner, privilegierter Kreis von

* Fernando ließ anklingen, die *Lettera Rarissima* sei auch in Spanisch erschienen, doch läßt sich das nicht nachweisen.

spanischen Höflingen und Seefahrern wußte von Colóns Entdeckungen, und durch die Veröffentlichung von Martyrs Werk in Spanien 1511 wurde Colóns Geschichte den wenigen Gebildeten, die des Lateinischen mächtig waren, bekannt. Erst als das auf dem Martyr-Plagiat beruhende beliebte Sammelwerk *Paesi novamente retrovati* 1507 in Italien erschien, verbreitete sich die Nachricht in ganz Europa. Nach der Veröffentlichung von Martyrs «Drei Dekaden» 1516 unter dem Titel *De orbe novo* in Alcalá, die zwischen 1521 und 1534 in weiteren neun Ausgaben in fünf Sprachen erschienen, war das gebildete Europa endlich in der Lage, die Geschichte der vier Reisen zu bewerten – und den Admiral als Entdecker nicht nur einiger Inseln, sondern eines ganzen Kontinents, der Neuen Welt, gebührend zu würdigen.

Entgegen der auch heute noch von Historikern vertretenen Meinung stimmt es jedoch *nicht,* daß Colón nach seinem Tod von einem undankbaren Spanien und einem unwissenden Europa völlig ignoriert wurde. Die verdiente Anerkennung mag ihm zwar nur zögernd gezollt worden sein, doch wurde er im Laufe des sechzehnten Jahrhunderts meines Wissens in mindestens 142 Druckwerken von 118 Verfassern erwähnt, die in insgesamt 385 Ausgaben in neun verschiedenen Sprachen (Italienisch, Spanisch, Portugiesisch, Französisch, Englisch, Niederländisch, Deutsch, Polnisch und Lateinisch) zwischen Lissabon und Krakau, London und Neapel erschienen.[1] Manche Autoren erwähnten ihn nur am Rande, oft im Rahmen einer Einführung über die Syphilis, viele befaßten sich jedoch ausführlich mit seinen Reisen und berichteten zum Teil sogar Einzelheiten aus seinen Jugendjahren und über seine Zeit in Portugal und Spanien. Mindestens zwei Dutzend von ihnen widmeten sich ausschließlich oder weitgehend den Erlebnissen und Leistungen des Admirals – ein Werk kann sogar als Biographie bezeichnet werden.

Auch wenn das Bild des Entdeckers in mancher Hinsicht immer noch verschwommen war, so weckte er doch von allem Anfang an Interesse; und dieses Interesse wuchs, als im Laufe des Jahrhunderts immer mehr Einzelheiten (Fakten ebenso wie Phantasien) bekannt wurden und immer mehr Autoren sich mit der Bedeutung der Neuen Welt auseinandersetzten. Das erste Werk über sein

Leben, ein *Polyglotter Psalter* des Agostino Giustiniani, erschien 1516, zehn Jahre nach seinem Tod. Für Giustiniani war Colón ein «ruhmreicher Mann, der gewiß zu den Göttern gezählt worden wäre, hätte er zur Zeit der griechischen Helden gelebt». In den darauffolgenden Jahrzehnten sprach man immer wieder auf diese Weise von ihm; später wurde der Tonfall geradezu hymnisch – besonders Spanier wie Oviedo neigten dazu, ihm Loblieder zu singen, als mehr und mehr Gold aus Mexiko und Peru über das Meer nach Spanien kam –, und gegen Ende des Jahrhunderts wurde der arme genuesische Seemann sogar in langen Epen verherrlicht. An dieser Entwicklung läßt sich aber nicht nur ablesen, wie das Vermächtnis des Kolumbus den Europäern weitergegeben wurde, sondern auch, wie der Subkontinent sich ein Urteil über Amerika und seine Möglichkeiten bildete.

Bereits innerhalb der ersten fünfzig Jahre nach Colóns Tod gab es sechs Werke über die Neue Welt, die in großen Auflagen erschienen und beträchtliche Wirkung zeitigten:

Petrus Martyr widmete ein Viertel seiner «Drei Dekaden» den Entdeckungen Colóns und seiner Herrschaft in Española bis zu seiner Rückkehr in Ketten und erwähnte ihn darüber hinaus noch vierundzwanzigmal; dieses Werk wurde zwischen 1504 und 1563 in neunzehn Auflagen in lateinischer Sprache sowie in mehreren Landessprachen gedruckt und war das erste und lange Zeit bedeutendste Werk über die Neue Welt. Martyrs Bericht wurde zur wichtigsten Quelle für andere maßgebliche Werke über Amerika in der ersten Hälfte des Jahrhunderts (und da es noch keinen Schutz des Urheberrechts gab, schrieb man allerorten von ihm ab); dazu sind die verschiedenen Fassungen von Montalboddo, Grynaeus, Münster und Ramusio zu zählen, die Colóns Leben in insgesamt fünfundsiebzig Ausgaben darstellten. Dieser Bericht beeinflußte mehr als jedes andere Werk auch die Autoren, die der englischen Kolonisation in der zweiten Hälfte des Jahrhunderts den Rücken stärkten: In erster Linie waren dies Richard Eden (der die «Drei Dekaden» 1555 übersetzte) und Richard Hakluyt (der 1587 eine lateinische Fassung neu auflegte).

Martyr war ein leidenschaftsloser Historiker und hielt nicht viel von Ausschmückungen und Analysen – er vernachlässigte Colóns frühe Jahre und die Beschreibung seines Aussehens und Charakters völlig und berichtete nur sehr oberflächlich über seine Reisen –, ließ aber keinen Zweifel am Heldenmut des Admirals aufkommen: «Habe ich bislang davon berichtet, wie Veragua von Colonus entdeckt wurde, so würde ich wohl ein abscheuliches Verbrechen begehen, würde ich diesen Mann um den verdienten Lobpreis seiner Mühen betrügen, seiner Sorgen und Kümmernisse und schließlich der Gefahren und Bedrohungen, die er auf diesen Reisen erdulden mußte.» Auch was die Bedeutung der Entdeckung für Spanien und für Europa betrifft, hielt sich Martyr nicht zurück:

«Um es also kurz zu fassen: Alles gedeiht, wächst, reift und blüht in einer Weise, daß das letzte immer besser ist als das erste. Ich will nun meine Meinung dazu kundtun, daß nämlich alles, was ehedem entdeckt wurde, sei es durch Saturnus und Herkules auf ihren ruhmreichen Reisen oder durch andere Helden, welche die Antike ihrer Taten wegen als Götter verehrte, gering und unbedeutend scheint, wenn man es mit den siegreichen Taten der Spanier vergleicht.»

Außerordentlich wichtig für die Verbreitung des Wissens über die europäischen Unternehmungen in der Neuen Welt war ferner Fracanzano de Montalboddos Sammlung von Reiseberichten, *Paesi novamente retrovati*. Der Historiker Boies Penrose bezeichnet sie als «eines der wichtigsten je veröffentlichten Bücher» und «das Buch par excellence, durch das die Nachricht von den großen Reisen und großen Entdeckungen – im Osten und Westen – im Europa der Renaissance verbreitet wurde». Es erschien 1507 in italienischer Sprache und wurde alsbald ins Deutsche, Lateinische und Französische übersetzt; zwischen 1508 und 1521 erlebte es vierzehn Auflagen (ein Bestseller also), deren Umfang, nach der Zahl der noch vorhandenen Exemplare zu urteilen, erheblich gewesen sein muß.

Es enthält unter anderem Berichte von da Gama, Cabral und den Brüdern Corte Real, darüber hinaus auch den plagiierten Vespucci-Bericht *Mundus novus* und Martyrs «Erste Dekade». Da im *Mundus novus* behauptet wird, Südamerika sei von Vespucci auf einer Reise im Jahre 1497 (die niemals stattfand) entdeckt worden, war es durchaus möglich, daß selbst die aufmerksamen Leser Colón als Entdecker nicht ernst nahmen (auch wenn Martyr einen umfassenden Bericht über die dritte Reise im Jahre 1498 liefert). Niemand konnte aber daran zweifeln, daß Colón es gewesen war, der das Tor zur Neuen Welt aufgestoßen hatte. Bei Martyr steht: «Die Kapitäne und Seeleute gelangten während dieser zehn Jahre [1492–1502] an viele Küsten, aber immer gab es noch welche, die Colonus schon vor ihnen entdeckt hatte.»

Gonzalo Fernández de Oviedo hatte als *hidalgo* dreißig Jahre in Amerika verbracht und nahm die Geschichte dieses Kontinents sehr ernst. Er lieferte der spanischen Öffentlichkeit die ersten wirklich umfassenden Berichte über die spanische Eroberung der Neuen Welt. Sein 1526 in Toledo in spanischer Sprache veröffentlichtes Werk *Sumario de la natural historia de las Indias* wurde so positiv aufgenommen – noch vor 1577 erschienen elf Auflagen –, daß ihn die Krone zum offiziellen Geschichtsschreiber Indiens erhob. Seine *Historia general y natural de las Indias,* die zwischen 1535 und 1557 stückweise veröffentlicht wurde (und erst im neunzehnten Jahrhundert als Gesamtwerk erschien), war ebenso beliebt und erreichte neun Auflagen; Teile davon wurden ins Französische, Italienische, Englische und sogar ins Arabische übersetzt.

Obwohl Oviedo von den Reisen Vespuccis, der Pinzóns und Magellans Kenntnis hatte und viele der Konquistadoren Zentralamerikas selbst erlebt hatte, räumte er Colón in seinen Berichten viel mehr Platz ein; er behandelte seine Reisen ausführlich und in solider (wenn auch etwas gewundener) Prosa. Colón schien ihm «Ruhm und Ehre verdient» zu haben, nicht nur, weil er «von Gold überquellende» Länder entdeckt hatte, sondern weil er «den katholischen Glauben in diese Gegenden gebracht hatte». Eigentlich sah Oviedo als erster einen großen, komplizierten Helden in Colón, der angesichts der Mißgeschicke auf See und an Land Mut bewies; er erkannte als erster die historische Bedeutung des Entdeckers, dem «alles zu verdanken ist, was wir in diesen Gegenden kennen, denn er hat es uns nahegebracht und es entdeckt für alle, die nun daran teilhaben». In wahrer *hidalgo*-Manier verteidigte er die strenge Kolonialherrschaft des Gouverneurs («Ihr sollter wissen, daß es erforderlich war, und erforderlich ist, in der Stadt einen Galgen aufzustellen und einen Hackklotz, damit die Übeltäter bestraft werden können ...») und seine Entscheidung, jeden Störenfried hängen zu lassen («Wenn sie nicht gehorchen, wird es keine Ordnung ... in diesen neuen Ländern geben ...»). Seine Begeisterung für Colón war so groß, daß er beim Eintreffen von Colóns Sarg in Santo Domingo in den vierziger Jahren des Jahrhunderts den Wunsch äußerte, selbst in der Nähe von Colóns Grabmal in der Kathedrale der Hauptstadt bestattet zu werden. Und so geschah es.

Eine Generation nach Oviedo verfaßte Francisco López de Gómara eine *Historia general de las Indias,* die 1552 in Saragossa veröffentlicht wurde und bemerkenswerte dreiundzwanzig Auflagen und Neudrucke in den nächsten dreißig Jahren erlebte, denen später noch weitere folgten; somit war es das beliebteste im sechzehnten Jahrhundert entstandene Geschichtsbuch über die Neue Welt.

Aus Gómaras Worten sprach weniger Bewunderung, er betrachtete Colóns Leistungen vielmehr im Zusammenhang mit den Entdeckungen von Cortés und Pizarro (eine englische Fassung der *Historia* aus dem Jahre 1596 war sogar ausschließlich Cortés gewidmet und erwähnte den Admiral mit keinem Wort). Dennoch zollte er Colón gleich zu Beginn Anerkennung, weil er Senecas Prophezeiung erfüllt habe und über das *ultima Thule* hinausgesegelt sei. Im weiteren ging er darauf ein, «welche Art Mensch Chrystoph Colón war», und beschrieb seine Jugendjahre, seinen Aufenthalt in Portugal und seine Schwierigkeiten mit Ferdinand und Isabella («wodurch er in seinem Geist auf das heftigste gequält wurde»). Er ging kaum näher auf die Reisen Colóns ein und verzichtete größtenteils darauf, seine Laufbahn effektvoll zu schildern, fast so, als wäre ihm nur daran gelegen gewesen, endlich von den «Gold- und Silberschätzen» berichten zu können. Und doch war er es, der Colóns Tat am einfachsten, mutigsten und vielleicht deutlichsten zusammenfaßte: «Das größte Ereignis seit der Erschaffung der Welt (nach dem Tag, an dem Christus Mensch geworden und für uns gestorben ist) ist die Entdeckung Indiens.»

Sebastian Münsters *Cosmographia* erschien zwischen 1544 und 1576 in nicht weniger als fünfunddreißig Ausgaben in Latein und fünf anderen Sprachen (einschließlich Tschechisch); dieses überaus beliebte Werk war wahrscheinlich das maßgeblichste geographische Kompendium des Jahrhunderts. Die ersten Ausgaben enthielten kaum Informationen über die Neue Welt – noch 1545, fünfzig Jahre nach der Entdeckung, erwähnte Münster die «neuen Inseln» nur am Rande und einen neuen Kontinent überhaupt nicht (obwohl seine Karten von 1540 an eindeutig Kontinente zeigen) –, in den späteren wurden jedoch die Berichte Martyrs und Montalboddos über die ersten Entdeckungsreisen einschließlich der ersten drei Reisen Colóns ziemlich vollständig wiedergegeben. Besonders wichtig war die 1553 erschienene Übersetzung von Münsters Werk ins Englische: Richard Edens *A treatyse of the newe India*. Es war das erste in England gedruckte Buch über Amerika.

Während Münster Colóns Leistungen sehr nüchtern beurteilte – «Er war der Hoffnung, unbekannte Länder zu finden» und «fand etliche Inseln» –, wurde sein Tonfall fast leidenschaftlich, als er Colóns Zusammentreffen mit den «Canibalen» und den «großmächtigen Schlangen» und schließlich die Entdeckung des Goldes schilderte (es gibt «so viel Golds» auf Española, wo «anno Christi 1501 in zwei Monaten 1200 Pfund Gold gesammelt wurden»). Alles in allem könnte man dieses Werk als das Ergebnis einer typisch deutschen Denkweise bezeichnen; Münster ist kühler im Ton als die Spanier, und er informiert so umfassend, wie man es von einem Autor, der seinen Gegenstand nicht aus eigener Anschauung kennt, nur erwarten kann.

In Giovanni Battista Ramusios Sammelband *Navigationi et viaggi* wurde (im dritten Band) das historische Bild der Neuen Welt und ihrer Entdeckung schließlich endgültig festgelegt; an Genauigkeit und Umfang blieb dieses (von Martyr ausgehende und von Oviedo beeinflußte) Werk im Grunde bis zum achtzehnten Jahrhundert unübertroffen. Nach der Erstveröffentlichung im Jahre 1556 erschienen im sechzehnten Jahrhundert nur drei neue, allerdings vielgelesene Fassungen, zwei davon in Italienisch, eine in Französisch. Der britische Historiker David Beers Quinn schreibt darüber: «Von da an betrachteten die englischen, französischen und deutschen Autoren Ramusio als Schatzkiste, aus der sie sich nach Belieben mit Hinweisen und Texten bedienen konnten, um sie in die eigene Sprache zu übertragen.» Auch der einflußreiche englische Herausgeber Richard Hakluyt und der maßgebliche französische Historiker André Thevet bezogen ihr Wissen über Amerika zunächst aus diesem Buch. Ramusio wies, wie übrigens inzwischen auch andere Autoren, Colón seinen rechtmäßigen Platz in der Geschichte als heldenhafter Entdecker Indiens zu und widmete das erste Zehntel dieses Bandes den vier Reisen Colóns, seiner chaotischen Herrschaft auf Española und den in Zurückgezogenheit verbrachten letzten Jahren.

Es ist also offensichtlich, daß Mitte des sechzehnten Jahrhunderts jeder des Lesens kundige Europäer bereits eine deutliche und den Tatsachen entsprechende Vorstellung von der Entdeckung der neuen Länder haben konnte: Sie waren tatsächlich von dem unnachgiebigen, kühnen Cristóbal Colón (Colonus, Columbi, Columbus ...) entdeckt worden, sie waren ein wirklich *neuer,* bislang unbekannter Teil der Erde, ausgestattet mit unerwartet reichen Schätzen, von denen man sich nur zu bedienen brauchte (Gold und Silber, Farbhölzer und Dorsch, ganz zu schweigen von Kakao, Truthähnen und anderen exotischen Dingen); und sie waren bewohnt von nackten Heiden, die ohne Schwierigkeit von den bewaffneten Christen verdrängt werden konnten. Weit davon entfernt, unbeachtet oder in Vergessenheit geraten zu sein, erreichte Colón einen nicht unbeträchtlichen Bekanntheitsgrad, zumindest in der Leserschicht, die an Entdeckungsreisen interessiert war; eine Minderheit wahrscheinlich, aber ebenso wahrscheinlich eine einflußreiche Minderheit, bestand sie doch aus Kaufleuten, Bankiers, Geldanlegern, Fürsten, Höflingen, Forschern, Kosmographen, religiösen Führern, Missionaren und Abenteurern.

Am 7. Juni 1542 landete Jean-François de La Roque, Herr über zahlreiche französische Lehensgüter einschließlich des sogenannten Roberval (irrtümlich ging er unter diesem Namen in die Geschichte ein), mit drei Schiffen aus La Rochelle kommend, im Hafen von St. John's in Neufundland. Mit etwa zweihundert Passagieren – darunter Herren und auch einige Damen von Adel, Soldaten, Maurer und Zimmerleute, Priester und Ärzte sowie eine Gruppe von Haftentlassenen – wollte er am Sankt-Lorenz-Strom eine Kolonie errichten. So verschaffte er Frankreich Zugang zu Amerika. Sein Lehensherr Franz I. hatte ihm zwar den Auftrag zur Bekehrung und Zivilisierung – die übliche Ausrede für die Unterwerfung der Indianer – erteilt, La Roque und seine Begleiter hegten aber keinen Zweifel an ihrer Hauptaufgabe: das sagenhaft reiche Königreich von Saguenay zu finden. «*Il y a infiny or, rubiz et aultres richesses*» – so hatten die Huronen den Franzosen versichert, und Frankreich glaubte an sein Mexiko am Sankt-Lorenz-Strom.

La Roque war ein kluger und fähiger Mann, wenn auch ohne nachweisbare Erfahrung auf See; seine Kolonialherrschaft stützte sich jedoch offenbar ebensosehr auf Roheit und Gewalt wie die seiner spanischen Vorgänger auf Española. Als er auf der Reise zu seiner Siedlung entdeckte, daß eine seiner hochwohlgeborenen Verwandten an Bord eine Affäre mit einem normannischen Bauernburschen hatte, setzte er die beiden kurzerhand zusammen mit der Zofe der Dame auf einer Insel im Sankt-Lorenz-Strom aus und ließ sie mit nichts als einem Korb Eßwaren und einigen Hakenbüchsen zurück. (Wie durch ein Wunder überlebte die Demoiselle und wurde zweieinhalb Jahre später gerettet, während ihre Begleitung und das inzwischen geborene Kind in der Wildnis umkamen.) In der Siedlung, der er den Namen France-Roy gegeben hatte, verhielt sich La Roque, wie ein Zeitgenosse berichtet, «äußerst grausam gegenüber seinen Männern [und] zwang sie, nach seinen Vorschriften zu leben, auf deren strengste Einhaltung er achtete». Strengste Einhaltung hieß zum Beispiel, daß er eines Tages «sechs von ihnen hängen [ließ], obwohl sie zu seinen Günstlingen zählten». «Einigen ließ er Fußschellen anlegen und sie auf einer Insel aussetzen, weil sie bei einem Diebstahl ertappt worden waren», bei dem es nur um ein paar Groschen gegangen war. «Jean von Nantes wurde für sein Vergehen in Eisen gelegt und in den Kerker geworfen», heißt es in einem weiteren Bericht, «andere wurden gleichfalls in Eisen gelegt, und Taschendiebe wurden ohne Unterschied des Geschlechts ausgepeitscht.» «Auf diese Weise», so endet der Bericht ohne jegliche Ironie, «lebten sie friedlich zusammen.»

Friedlich, vielleicht, aber kaum sehr zufrieden, denn die Turbulenzen, unter denen France-Roy litt, waren denen von Isabela nicht unähnlich. Es war erst September, als La Roque zwei Schiffe nach Frankreich zurückschickte, um «Nahrungsmittel und anderes» zu holen, da «die Vorräte von Tag zu Tag weniger wurden» und «Weizen, Schweineschmalz, Mehl, Zider und Wein ausgegangen waren». Vor Anbruch des Winters wurden Gemüsegärten angelegt, aber der Erfolg war dürftig, und trotz des überreichen Wildbestandes in der Gegend verbrachten die Franzosen offenbar die nächsten Monate bei knappen Essensrationen und waren nahe am Verhungern. Sie ließen sich nicht herbei, auf die Jagd oder auf Nahrungssuche zu gehen, sondern ernährten sich vorwiegend von den Lebensmitteln, die ihnen die Stadaconan-Indianer brachten. «Angesichts der Armut [dieser] gequälten Fremden, die so aller Mittel bar sind», trachteten die Indianer, Tag und Nacht Wild zu jagen und zu fischen, um die Kolonie am Leben zu erhalten. Als es auf den Frühling zuging, waren «einige der Männer gezwungen, fischen zu gehen, wenn sie nicht Hungers sterben wollten, und mußten da und dort Pflanzen und Wurzeln sammeln, um etwas zu essen zu haben», aber offenbar waren sie so ahnungslos, daß einige der Kolonisten nach dem Genuß von giftigen Pilzen starben. Wie viele den Hungertod starben, geht aus den dürftigen Quellen nicht hervor; viele wurden jedoch von Krankheiten befallen, in erster Linie Skorbut, und «von diesen starben ungefähr fünfzig», eine ohne Zweifel zu vorsichtige Angabe.

Nie wurde auch nur ein Anzeichen des sagenhaften Königreichs Saguenay gefunden – La Roque dürfte endlich doch eingesehen haben, daß es sich um einen bloßen Mythos handelte, den sich habgierige und leichtgläubige Franzosen aus den phantastischen Geschichten der Indianer zusammengereimt hatten – und nie auch nur die leiseste Spur der erwarteten Schätze. Als der Frühling kam, unternahm La Roque eine letzte erfolglose Expedition flußaufwärts, in deren Verlauf eine Barkasse kenterte und mindestens acht Männer ertranken; danach entschied er, die glücklose Kolonie «wegen des rauhen Klimas dieses Landes und des geringen Gewinnes» aufzugeben. Im Juli drängten sich die letzten Kolonisten schließlich auf das einzige noch verbliebene Schiff, mit dem sie Mitte September offenbar sicher in Frankreich anlangten.

Wie in Isabela waren die Mauern France-Roys bald verfallen und überwuchert, und die Stadaconan-Indianer waren wieder Herren über ihr Gebiet. Als sich fünfundsechzig Jahre später wieder Franzosen flußaufwärts vorwagten, gab es nichts mehr zu sehen. Aber es gab auch keine Geschichten von Geistern weißer Eindringlinge, die den Hut zugleich mit dem Kopf abnehmen.

Da die Tatsachen nun im wesentlichen bekannt waren, überrascht es nicht, daß Cristóbal Colón in der zweiten Hälfte des sechzehnten Jahrhunderts allmählich in den Rang eines richtigen Helden erhoben wurde, sowohl von Historikern wie von Dichtern.

Dies äußerte sich unter anderem darin, daß Colón «historische Größe» zugeschrieben wurde. 1551 wurde er in eine Sammlung von Kurzbiographien berühmter historischer Persönlichkeiten *Elogia vivorum illustrium,* herausgegeben von Paolo Giovio, Bischof von Nocera, aufgenommen. *(«Hic enim ille est Christophorus Columbus, stupendi alterius et nullis ante seculis cogniti terrarum orbis repertor.»)* Giovio besaß eine Sammlung von Porträts berühmter Persönlichkeiten, und vermutlich um 1552 erhielt er ein Bild des Entdeckers oder gab eines in Auftrag. Das Interesse an seiner Galerie in einer Villa bei Como dürfte ihm den Anstoß zur *Elogia* gegeben haben. Die erste Ausgabe war zwar weit verbreitet – bis 1571 erschien sie in acht Ausgaben in vier Sprachen (einschließlich Spanisch) –, enthielt aber noch kein Porträt Colóns; erst in der 1575 in Basel veröffentlichten Ausgabe (mit Neuauflagen in den Jahren 1577, 1580 und 1596) war ein Bild Colóns enthalten, ein vermutlich von Tobias Stimmer angefertigter Holzschnitt, von dem der Herausgeber behauptete, er entspreche genau der Originalvorlage. Dieses Originalporträt entstand lange nach seinem Tod, und wir haben keinen Anlaß zu glauben, daß tatsächlich eine Ähnlichkeit mit Colón bestand. Es wurde in den fünfziger Jahren des Jahrhunderts für die Uffizien in Florenz, für Ferdinand I. von Österreich und für eine italienische Prinzessin kopiert – 1784 wurde übrigens auch eine Kopie für Thomas

Jefferson angefertigt, der sie in seinem Haus in Monticello aufhängen ließ.*

Die Größe Colóns kam aber auch in der ungewöhnlichen Tatsache zum Ausdruck, daß gegen Ende des sechzehnten Jahrhunderts drei Italiener epische Dichtungen über ihn verfaßten. Sie priesen ihn jedoch nicht nur als ihren Landsmann, sondern auch als Begründer des spanischen Reiches, das sie als katholisches Bollwerk gegen den Ansturm der Reformation sahen. Das erste, 1581 in lateinischer Sprache verfaßte Gedicht von Lorenzo Gambara war ein historisches Epos, das auf einhundertzwanzig endlosen Seiten Colóns Reisen ziemlich eingehend schilderte (selbst manche eindeutig überspannte Passagen der *Lettera* wurden zitiert); 1583 folgte eine zweite Ausgabe, der eine Landkarte und ein Bild der Jungfrau Maria beigefügt waren, und 1585 eine dritte – ein überraschender Erfolg für ein in Italien veröffentlichtes lateinisches Gedicht über einen spanischen Seefahrer. Das zweite Gedicht von Julius Caesar Stella war ein ausgereiftes klassisches Epos in lateinischer Sprache mit vielen Engeln, einem Satan und endlos langen Monologen. Die erste Ausgabe erschien 1585 in London und wurde 1590 in Rom neu aufgelegt; Colón wird darin als spa-

---

* Bei diesem Original des Giovio soll es sich um das später im Besitz des Grafen Alessandro de Orchi befindliche Bild gehandelt haben, das oben die Inschrift «COLUMBUS LYGUR NOV[I] ORBIS REPTO[R]» trug und vielfach reproduziert wurde; ein eindeutiger Beweis konnte jedoch bisher nicht erbracht werden. Im sechzehnten Jahrhundert schufen auch André Thevet (1584), Aliprando Caprioli (1596) und Crispin de Pas (1598) Stiche, ausnahmslos für Sammlungen berühmter Männer; Theodore de Bry fertigte für seine Ausgabe des Girolamo Benzoni zwischen 1595 und 1596 ebenfalls einen Stich an. Von mindestens elf anderen in diesem Jahrhundert entstandenen Bildern (eine Auflistung findet sich in John Boyd Thacher, *Christopher Columbus*) wird behauptet, wenn auch mit unterschiedlicher Glaubwürdigkeit, sie seien Darstellungen Colóns (unter anderem Werke, die Sebastiono del Piombo, Lorenzo Lotto und Girolamo Parmigiano zugeschrieben werden). Es ist jedoch kaum möglich, sie exakt zu datieren, und es besteht keinerlei Veranlassung zu der Annahme, daß auch nur eines davon Colón ähnlich sieht. (Inzwischen hat sich die Meinung durchgesetzt, daß es sich bei dem Piombo um das Porträt eines italienischen Edelmannes handelt und keine Verbindung zu Colón besteht; die Inschrift am oberen Rand bezeichnet den dargestellten Mann zwar eindeutig als Columbus, mittlerweile ist man aber überzeugt, daß sie deutlich später, wahrscheinlich sogar erst nach Piombos Tod, nachgetragen wurde.) Von einem in Vergessenheit geratenen Helden kann man bei einer solchen Flut von Porträts wohl kaum sprechen.

nischer Äneas dargestellt, als Begründer eines glanzvollen Reiches und Beschützer seiner Neuen Welt. Das dritte Gedicht aus der Feder Giovanni Giorginis erschien 1596: 24000 Zeilen in italienischer ottava rima, die Colón als eine mit allen klassischen Vorzügen – Frömmigkeit, Gelehrtheit, Klugheit, Weisheit, Mut und Loyalität – ausgestattete Persönlichkeit darstellen; er ist nicht nur ein großer Seemann, sondern auch ein großer Soldat, Diplomat und Conquistador, dem auch die Eroberung Mexikos zu verdanken ist, bei der ihn Cortés und König Ferdinand nur ein wenig unterstützten.

Diese drei Gedichte – und einige weniger bedeutende Gedichte der Epoche* – mögen zwar keine großen epischen Kunstwerke sein, als Barometer für Colóns Ruf sind sie allerdings äußerst interessant. Wem es um Literatur geht, der muß sich an einen anderen Italiener halten: an Torquato Tasso, einen der größten italienischen Dichter der Renaissance, und an sein Versepos *Das befreite Jerusalem,* das bei der Erstveröffentlichung 1581 gleich in sieben Auflagen erschien (später wurde es in weiteren sechs Ausgaben in französischer, spanischer und englischer Sprache veröffentlicht) und lange Zeit das beliebteste erzählende Gedicht Italiens war. Es besteht aus einer Vielzahl von Gesängen, und nur zwei der Strophen im fünfzehnten Gesang beziehen sich auf den Entdecker, doch aus ihnen geht eindeutig hervor, welchen Rang Colón damals bereits innehatte, jedenfalls im gebildeten Italien.

Ein Genueser wird als erster Mensch
Der Fahrt ins Ungewisse sich erkühnen.
Kein Windesbrausen, das ihm droht, kein Meer,
Ungastlich, und kein zweifelhafter Himmel,
Auch keine andern Schrecken und Gefahren,
Die heut entsetzlicher und ernster scheinen,

* Dazu gehören drei Totengedichte eines Bischofs von Fano aus dem Jahre 1574, eine italienische Ode aus dem Jahre 1591 (Gabriel Chiabrera) und ein «Heldengedicht» aus dem Jahre 1602 (Giovanni Villifranchi); spanische Gedichte aus den Jahren 1566 (Luis Zapata) und 1589 (Juan de Castellanos); ein französisches Gedicht aus dem Jahre 1574 (M. de Saint-Gelais); und zwei englische Gedichte aus den Jahren 1563 (Robert Seall) und 1576 (George Gascoigne).

Bewirken, daß der hohe Sinn des Helden
In Abilas verbotner Enge zaudert.

Du wirst, Columbus, neuen Breiten zu
So ferne die beglückten Segel spannen,
Daß Fama kaum, die tausend Augen hat
Und Schwingen, mit dem Blick dem Fluge folgt.
Sie singe Bacchus, Herkules! Ein Zeichen
Von dir genüge künftigen Geschlechtern.
Denn hocherlauchte Dichtung und Geschichte
Wird lange Zeit des Wenigen gedenken.*

Colóns Stellenwert zeigt jedoch am deutlichsten die umfassende Biographie aus der Feder seines Sohnes Fernando, wenn sie auch eindeutig von Eigeninteressen diktiert war – sie hätte jeder in der Öffentlichkeit stehenden Persönlichkeit zur Ehre gereicht. Fernando verfaßte sein Werk vermutlich in den dreißiger Jahren des sechzehnten Jahrhunderts, wahrscheinlich kurz vor seinem Tod 1539; mehrere zeitgenössische spanische Historiker einschließlich Las Casas dürften es in Manuskriptform gekannt haben. Das Manuskript, das später verlorenging, ging an Colóns Erben über und wurde schließlich von Cristóbals Enkel Luis an einen reichen Genuesen verkauft, der es 1569 (und 1571) in der nicht eben hervorragenden italienischen Übersetzung von Alfonso Ulloa in Venedig veröffentlichen ließ.**

---

* Das soll wohl bedeuten, daß Fama Colón immer finden wird, so weit er auch segeln mag; schon ein Hinweis von ihr auf seine große Taten genügt, um sie für die Geschichte unsterblich zu machen.

** Diese Biographie zeitigte schon vor ihrer Veröffentlichung Wirkung, da sie zumindest während der ersten drei Jahrzehnte nach Fernandos Tod in einer, wenn nicht sogar in mehreren Abschriften kursierte und einem engen Freundeskreis möglicherweise schon früher bekannt war. Heute vergessen wir allzu leicht, welche Verbreitung und welchen Bekanntheitsgrad eine Handschrift damals zumindest in Forscherkreisen erreichen konnte. Zu den erwiesenermaßen in Spanien zirkulierenden Manuskripten zählen auch Las Casas' *Historia de las Indias,* ein von Fernandos Freund Hernán Pérez de Oliva vefaßtes Geschichtsbuch, Juan López de Velascos offizielle Chronik Indiens, Andrés Bernáldez' *Historia de los reyes católicos* sowie Juan Ginés de Sepúlvedas erste Schrift gegen die amerikanischen Indianer; alle diese Werke sind wichtige historische Dokumente, und sie wurden erst Jahrhunderte später in Buchform veröffentlicht.

Selbstverständlich zeichnet Fernandos *Historie* den von ihm durchgehend als «Admiral» bezeichneten Colón in den leuchtendsten Farben: als einen hochgebildeten Mann von vornehmer genuesischer Herkunft, der dem Ruf des Herrn folgte und ein übermenschliches seemännisches und geographisches Talent besaß.

Fernando war ein mittelmäßiger Historiker, aber doch ein hochgebildeter Mann mit einer an die 15 000 Bücher und Manuskripte umfassenden Bibliothek, und er hatte Zugang zu fast allen Schriften seines Vaters (einschließlich der Bordbücher der ersten und dritten Reise); er selbst hatte seinen Vater auf der vierten Reise begleitet und ihn über sechs Jahre an Land und auf See aus nächster Nähe in ruhmreichen und schmachvollen Stunden beobachtet. Seine persönliche Darstellung des Admirals machte Fernandos Werk zu einer unbestritten wertvollen Quelle für alle späteren Forscher, die sich (manchmal sogar im Wortlaut) an ihn hielten, wenn es um die Einzelheiten von Colóns Leben ging. Offenbar war sein Werk aber nicht beliebt genug, daß eine vierte spanische Ausgabe gedruckt wurde; und erst Jahrhunderte später wurde es in andere europäische Sprachen übersetzt. Dennoch war es fundierter als alle anderen bis zum neunzehnten Jahrhundert entstandenen Werke. Washington Irving bezeichnete es zu Recht als «Eckpfeiler in der Geschichtsschreibung des amerikanischen Kontinentes».

Am 30. Juli 1578 ging Kapitän Martin Frobisher mit einer Flotte von vierzehn Schiffen in einem Hafen vor dem südlichen Baffin Island in den stürmischen und eisigen Gewässern des Nordatlantiks vor Anker. Einen Monat lang wollte er seine Schiffe mit soviel von dem schweren schwarzen Gestein beladen, wie sie fassen konnten. Er war sicher, daß dieses Gestein reich an Gold war: Bei seiner letzten Reise in diese Gegend hatte er nicht nur Spinnen gefunden, die «ein Zeichen für große Goldlager» seien, wie ihm versichert wurde; er hatte auch etwa zweihundert Tonnen des Gesteins mit nach London genommen, wo ein Goldgehalt im Wert von etwa 24 Pfund je Tonne festgestellt worden war (zu einer Zeit, da ein Kapitän wahrscheinlich fünf bis sechs Pfund monatlich verdiente). Diese Reise war für ihn die größte Herausforderung, seit er vor drei Jahren zum erstenmal die arktischen Gewässer Labradors befahren hatte. Die zwanzig Jahre davor hatte er als Pirat und Freibeuter verbracht. Jetzt überwachte er den Abbau von etwa 1350 Tonnen Erz mit einer Wonne, wie sie wohl auch jener andere tapfere Seemann im selben Monat genau fünfundsiebzig Jahre zuvor empfunden hatte: «Das Gold ist überaus vortrefflich. Aus Gold sammelt man Schätze ...»

Fast ein Jahrhundert nach den ersten Funden war es immer noch in erster Linie das Gold, das die Europäer bewog, ungeachtet aller Leiden und Gefahren den Atlantik zu überqueren, und auch im nächsten Jahrhundert änderte sich daran nichts: Jeder Spanier von Ponce de León bis Menéndez, jeder Franzose von Laudonnière bis Champlain, jeder Engländer von John Rut bis Newport und jeder Portugiese von Corte Real bis Gomes kam nach Amerika in der Erwartung, ein El Dorado zu finden, von dem er Besitz ergreifen konnte. «Wir Spanier leiden an einer seltsamen Krankheit des Herzens, und dagegen hilft einzig und allein das Gold», soll Cortés den Abgesandten des Montezuma als Erklärung für seine erneute Aufforderung, ihm eine Truhe voll Gold als Tribut zu bringen, gesagt haben. Das galt allerdings nicht nur für seine Landsleute.*

Nachdem er einen Monat lang die Küste von Baffin Island erforscht und mehr als sieben Gruben mit genügend Gestein für seine Schiffe gefunden hatte, darunter auch eine, die so reich war, «daß sie alle Goldgier der Welt durchaus hätte zufriedenstellen können», beschloß Frobisher, vor Einbruch des Winters die Heimreise nach England anzutreten, und gab seine Pläne zur Gründung einer Kolonie auf. Auf der Rückfahrt mußten sie erneut den Kampf gegen das Eis und die Stürme des Nordens durchstehen, aber Ende September ging die in nur vier Monaten um zwei Schiffe und etwa vierzig Mann geschrumpfte Flotte in Harwich und anderen Häfen der Umgebung vor Anker. Die Fracht wurde aus-

---

* In seinem einleitenden Gedicht zu George Peckhams *A true report of the late discoveries* lieferte Arthur Hawkins 1583 ein englisches Äquivalent:

> Dies oft besungene Metall mit seines Glanzes Macht,
> In unsern darbend Herzen ein unauslöschlich' Feuer hat entfacht.

geladen und nach Bristol und London verschifft; es herrschte große Aufregung, hieß es doch, ein Mexiko sei für England entdeckt worden und weitere Goldlieferungen seien zu erwarten. Frobisher wurde dafür von Königin Elisabeth mit einer Goldkette belohnt.

Die Steine wurden auf ihren Goldgehalt geprüft, nochmals geprüft, dann in Stücke geschlagen, geschmolzen und erneut untersucht. Kein einziger Stein hatte auch nur den geringsten Wert. Ganze 1350 Tonnen, unter Mühen und Opfern gesammelt, waren völlig wertlos. Aus den schwarzen Klumpen – möglicherweise kristallisierter Markasit oder Eisenkies – «konnte weder Gold noch Silber noch irgendein anderes Metall gewonnen werden», schrieb der Geschichtsschreiber William Cambden einige Jahrzehnte später in seinen *Annales,* daher «wurden sie weggeschafft und zum Ausbessern der Straßen verwendet».

Unwissen über die Schätze und Eigenheiten der Natur war für die damalige Zeit nichts Ungewöhnliches – Verrazzano kehrte 1524 mit einer Fracht von Gewürzen, die keine waren, aus Amerika zurück, und die von Cartier 1542 in Paris ausgestellten kanadischen Diamanten erwiesen sich als große Bergkristalle. (Seither bezeichnet man im Französischen wertloses Zeug als *diamant du Canada.*) In diesem Fall aber waren mehrere hundert Männer aus allen Schichten und mit vielen Berufen beteiligt, darunter zahlreiche Bergleute, mindestens drei Erzprüfer, gebildete Leute und wohlhabende Kaufleute, und kein einziger scheint je daran gezweifelt zu haben, daß es sich um Gold handelte. Diese Unwissenheit kam sie teuer zu stehen: 20000 Pfund, ein beträchtliches Vermögen, waren verloren, und etwa fünfzig Menschen mußten ihr Leben lassen.

Alles Gold, das diese Reise eingebracht hatte, war an Frobishers Hals zu finden.

Colón stand als Urheber des europäischen Expansionsprozesses mittlerweile außer Zweifel, und da man über ihn mehr wußte als über alle anderen Seefahrer seiner Zeit und die meisten Kolonisatoren und Ausbeuter seinem Beispiel folgten, wurde er mehr als jeder andere zum Symbol der Vorstellungen, Mythen und Träume, die mit der Expansion einhergingen.

Welche Vorstellungen Europa von der Neuen Welt auch gehabt haben mochte – sie waren vielfältig, und noch jetzt entsprachen nicht alle der Realität –, jedenfalls handelte es sich um die unbekannte Hälfte des Erdballs, die sich deutlich von Europa und sogar vom Orient unterschied, reich, riesig und geheimnisvoll, mit neuen Völkern, neuen Aussichten, neuen Schätzen, neuen Arten der Flora und Fauna. Wir können uns kaum vorstellen, welche Bedeutung das alles damals hatte; die Europäer müssen die Nachrichten von der Neuen Welt mit ebensoviel Bestürzung wie Faszination, ebensoviel Abscheu wie Neugier und ebensoviel Angst wie Verlangen aufgesogen haben; und es dauerte nicht lange, bis sich Mythen um dieses Land des Neuen, des anderen, des Unbekannten und des Möglichen zu ranken begannen. Für manche war es ein Paradies – viele Entdecker und Autoren teilten Colóns Traum –, in dem sie in Europa nie gekannte Unschuld, Fruchtbarkeit und Fülle zu finden erwarteten und in dem jeder wiedergeboren und erlöst zu werden glaubte. Für andere war es das Land, in dem sich neue Möglichkeiten eröffneten, der Krankheit, Gewalt, Verdorbenheit und Unterdrückung zu entkommen, die zum Alltag einer großen Mehrheit der Europäer gehörten. Für wieder andere war es eine mit Gold, Silber und wer weiß welchen Reichtümern gefüllte Schatztruhe, wo selbst die Armen und Ungebildeten ohne viel Mühe Reichtum erlangen konnten. Und schließlich sahen manche ein riesiges und geheimnisvolles, von der Natur geprägtes Land, ungebändigt und kraftvoll, fremd und beängstigend, voller seltsamer Eindrücke und Wesen, gefährlich, reich und unwiderstehlich.

Alle diese Visionen und Vorstellungen waren neu für den europäischen Geist – nie zuvor hatte sich etwas der Entdeckung Vergleichbares ereignet, nie mehr würde es etwas Vergleichbares geben –, im Lauf der Jahrzehnte und Jahrhunderte gewannen sie jedoch an Boden und bewirkten den unwiderstehlichen Drang nach Westen. Und alle wurden sie, in gewisser Weise, als Geschenk des gefeierten spanischen Admirals betrachtet.

Natürlich bringt jedes Zeitalter die Helden hervor, die es braucht. Aus dem Aufruhr, der Armut und Unterdrückung, dem Elend und der Verwirrung und allen Übeln, die Europa im sechzehnten Jahrhundert fast ebenso quälten wie im fünfzehnten – in manchen Fällen waren sie sogar noch gewaltiger und peinigender –, ließ die beginnende neuzeitliche Kultur einen Mann erstehen, der für die finstere Seele das Symbol für die strahlende neue Welt war, Ziel der Hoffnung, das Reichtum, Weite, Freiheit und Wiedergeburt versprach. In ihm als Symbol – und interessanterweise lebte er mindestens bis zum neunzehnten Jahrhundert viel eher als Symbol weiter denn als reale Person –, in seinen Aspekten des Forschers, Entdeckers und Helden, sah Europa sich selbst.

Als Entdecker schlechthin personifizierte er den ehrgeizigen Expansionsdrang des frühneuzeitlichen Europa und seine offensichtliche Entschlossenheit, die Grenzen des Bekannten zu durchbrechen, sich mit dem Unbekannten vertraut zu machen, den Beschränkungen der Natur zu trotzen und alles zu erobern, was sich zur Eroberung anbot. Die Vorstellungskraft der Renaissance wurde von seiner Kühnheit – sich mit drei kleinen Schiffen und einigen Handvoll unwissender Seeleute über einen unerforschten Ozean zu wagen – angezogen, gehörte es in dieser Zeit doch immer mehr zur europäischen Lebensweise, Risiken einzugehen, ob es sich nun um Investitionen der neuen kapitalistischen Kaufleute, um Freibeuterei oder um Reisen nach Kanton handelte. Auch von seiner puren Abenteuerlust ging ein Reiz aus; die Entdecker, Piraten und Eroberer gesellten sich in der Legende neuerdings zu den alten Rittern und Heiligen. Und sein Trotz – immer wieder hatte er sich gegen die Vergangenheit aufgelehnt und bewiesen, daß das Alte dem Neuen weichen muß – faszinierte in einer Zeit, da Neuerungen und Experimente in allen Bereichen von der Wissenschaft bis zur Religion zum Kennzeichen einer Kultur wurden.

Aber Colón hatte ja nicht nur gesucht, sondern auch gefunden: Er war der erste, der Zugang zu den wunderbaren Goldschätzen Amerikas gefunden hatte, der Mann, der den Beweis geliefert hatte, daß Wagemut reich belohnt wird. Insbesondere für die Engländer und Franzosen war er der Inbegriff des spanischen Überseereiches mit seinem von Jahrzehnt zu Jahrzehnt wachsenden Reichtum und Einfluß. Wie wenig der durchschnittliche Europäer auch von den Schiffsladungen Edelmetall im einzelnen gesehen haben mag – ihre Wirkung dürfte kaum jemandem entgangen sein: Sie gaben der riesigen spanischen Streitmacht, die ein Jahrhundert lang fast ununterbrochen über die Felder und Meere Europas fegte, den Rückhalt; sie waren der Hauptantrieb für die Preisrevolution, die im Lauf des Jahrhunderts bis in die entferntesten Winkel ganz Europas zu einer allgemeinen Kostensteigerung um etwa vierhundert Prozent führte. Geschichten von beipiellosem Reichtum – die sagenhaften vergoldeten Tempel von Mittelamerika, der Goldene Mann vom Amazonas, der unerschöpfliche Silberberg von Potosí, die mit Goldmünzen und Silberbarren beladenen spanischen Flotten – fanden sehr bald Eingang in die europäische Sagenwelt, und selbst einem so nüchternen Chronisten wie Richard Eden verschlug es fast die Sprache, als er von den Schätzen berichtete, «die der Kaiser aus all den neu entdeckten Ländern erhält ... indes spreche ich hier noch nicht von Perlen, Edelsteinen und Gewürzen, ganz zu schweigen von dem im Überfluß vorhandenen Gold».

So verkörperte Colón den frühneuzeitlichen Helden, den Individualisten, der durch Mut und rationales Handeln über Widrigkeiten und Ungerechtigkeiten triumphiert. Dazu kam – weniger aus der Quelle des in persönlichen Dingen knappen Martyr, sondern vielmehr aus den Schriften Oviedos und Münsters und den wohldurchdachten, oft phantasiereichen Detailschilderungen Fernandos – das Bild von dem unvergleichlichen Märtyrer Colón: Bei George Abbot zum Beispiel in seiner *Briefe Description of the Whole Worlde* aus dem letzten Jahr des Jahrhunderts, erleben wir ihn unbeeindruckt von der anfänglich ablehnenden Haltung Ferdinands und Isabellas («geringe Aufmerksamkeit wurde ihm zuteil, und doch verfolgte er unermüdlich und unbeirrbar sein Ziel»). Schließlich gewinnt er sie dank seiner Beharrlichkeit für sich; und seine unverdrossene Suche und Tapferkeit auf See (trotz «des großen Unwillens und der häufigen Meutereien seiner Männer») wird belohnt durch die Entdeckung («Gott hielt stets die Hand schützend über ihn, auf daß die Reise nicht vergeblich sei») und die Schätze («Überfluß an Gold und Perlen»). Doch trotz seines Triumphes («mit großen Schätzen kehrte er nach Spanien heim und brachte die frohe Kunde von seinem Erfolg») werden ihm nach seinem Tod der verdiente Reichtum und Ruhm vorenthalten, ja, man verleumdet ihn («die Spanier ... waren darum bemüht, seinen Ruhm zu trüben aus Neid darob, daß ein Italiener oder Fremder als Entdecker jener Gegenden gelte»)! Das ist Stoff für große Tragödie, und es wurde eine große europäische Heldensage daraus gewebt.

Daß sie wenig Wahres enthielt und auf dem Bild beruhte, das Colón bot, als seine Bedrängnis am größten und seine Gemütsverfassung am schlimmsten war, spielte keine Rolle, denn sie entsprach ganz ihrer Zeit; sie lebte weiter, und man glaubte an sie.

Kurz gefaßt kann man sie noch einmal nachlesen in einem ziemlich widerwärtigen Text, dem ersten englischsprachigen Gedicht über Colón, das der Gelegenheitsdichter Robert Seall Mitte des Jahrhunderts zur Unterstützung eines drittrangigen Schiffskapitäns namens Thomas Stukely verfaßte; dessen Antrag auf Bewilligung einer Reise nach Amerika war 1563 von der englischen Regierung eine entschiedene Abfuhr erteilt worden.

Kolumbus dem Vernehmen nach
mußt dulden jahrelange Schmach;
Als töricht galt sein Streben,
in Büchern steht's geschrieben.
Sein Wunsch, obwohl so wohlbedacht,
versagt war ihm geblieben,
Doch dann, zu guter Letzt,
durft' doch Vernunft obsiegen.
Sein Glück zu prüfen zog er aus
und hat den Sieg errungen.
Durch Taten groß und Reisen weit
hat er das Meer bezwungen
und reichlich Gold gefunden.
Als er dann endlich heimgekehrt,
der Spötter Herzen er bekehrt,
die einst ihn so verhöhnt ...
Und wer auch übel ihm gewollt,
hat nunmehr Ehrfurcht ihm gezollt.

Die Legende Colón fand demnach im sechzehnten Jahrhundert Eingang in die europäische Überlieferung und Geschichte; stets war sie aber geprägt von den Bedürfnissen des jeweiligen Chronisten, den Plänen des jeweiligen Fürsten, der von dem jeweiligen Abenteurer angestrebten Rechtfertigung. Und so rankten sich immer mehr Mythen um ihn, vielleicht mehr als um jede andere Persönlichkeit seines Ranges.

Der Mythos von seinem Stelldichein auf Porto Santo und dem geheimnisvollen Seemann, der in seinem Haus starb und ihm eine Karte der Neuen Welt hinterließ, von der Ablehnung seines Unternehmens, weil der spanische Hof und der Ausschuß von Salamanca bestimmten, daß die Erde flach sei, von den Jahren des Einredens auf die Monarchen und der Unnachgiebigkeit Ferdinands, vom Nachgeben Isabellas aus ... Liebe? Aus dem Gefühl einer geheimnisvollen Seelenverwandtschaft? Aus religiösem Eifer, der sie beide verband? Der Mythos von ihren Juwelen, die sie versetzte, um seine Reise zu finanzieren, von der Meuterei auf der ersten Reise und seinem beharrlichen Vorantreiben der verängstigten Männer, vom triumphalen Einzug in Barcelona nach der ersten Reise, vom Ei: nichts als Erfindungen.

Besonders hübsch ist die Sage vom Ei des Kolumbus. Wie Girolamo Benzoni in seiner *Historia del Mondo Nuovo* verbreitete, gab der Erzbischof von Toledo nach Colóns Heimkehr von der ersten Reise zu seinen Ehren einen Empfang, zu dem auch eine Reihe «edler spanischer Herren» geladen waren. Einer von ihnen forderte Colón mit der Behauptung heraus, daß Indien früher oder später von einem anderen entdeckt worden wäre, wenn es ihm nicht gelungen wäre, denn in Spanien gebe es viele «große Männer, die tüchtig und wohlbewandert in der Kosmographie und Literatur» seien:

«Darauf gab Kolumbus keine Antwort, sondern nahm ein Ei, legte es auf den Tisch und sagte: ‹Ihr edlen Herren, versucht, es auf die Spitze zu stellen, aber nicht mit Hilfe von Brotkrümeln, Salz oder ähnlichem (denn das kann jeder mit Mehl oder Sand), sondern nackt und bloß, wie ich es tun werde, so wahr ich der erste war, der Indien entdeckte. Sie versuchten es alle, doch keinem gelang es, das Ei auf die Spitze zu stellen. Als das Ei die Runde gemacht hatte und wieder zu Kolumbus kam, nahm er es und setzte es fest auf den Tisch, so daß die Spitze ein wenig eingedrückt wurde, und es aufrecht stand; darüber waren alle erstaunt, und sie verstanden, was er meinte: nachdem eine Tat vollbracht ist, weiß jeder, wie sie ausgeführt wird; die Herren hätten erst selbst Indien suchen und nicht über den lachen sollen, der als erster ausgezogen war, um es zu entdecken.»

Es gibt keine Dokumente, wonach zu dieser Zeit ein solches Ereignis wirklich stattgefunden hätte, und kein Wort von Colón, der daran gewiß seine Freude gehabt hätte; und die Geschichte ist schon deshalb völlig unwahrscheinlich, weil die spanischen *hidalgos* es wohl kaum gewagt hätten, den Helden ihrer Monarchen so zu brüskieren. Darüber hinaus hat Cesare de Lollis nachgewiesen, daß es sich dabei um eine uralte italienische Geschichte handelt, die mindestens ein Jahrhundert lang immer wieder hervorgeholt wurde, wenn man das Genie irgendeines Wegbereiters beweisen wollte.

Der Einzug in Barcelona gibt eine noch bessere Geschichte ab, und jede Einzelheit über die jubelnde Menge, die Anmut der Königin und die dem Admiral erwiesenen Ehren macht sie nur noch interessanter. In Wirklichkeit gibt es keinerlei Beweise: Weder in den *Anales consulars,* der königlichen Chronik der Ereignisse bei Hof, wird ein Cristóbal Colón erwähnt noch in entsprechenden zeitgenössischen Berichten, und auch Colón selbst berichtet nichts darüber. Der einzige spanische Geschichtsschreiber, der sich damals in der Nähe der Stadt aufhielt, war der erst fünfzehnjährige Oviedo; aber auch er weiß offenbar nichts von einer triumphalen Parade oder entsprechenden Vorgängen. Fernando und noch mehr Las Casas und die meisten populären Historiker danach konnten aber nicht umhin, den Empfang bei den Monarchen in Barcelona als großartiges, dramatisches Ereignis darzustellen, bei dem der neuerkorene Admiral von der Menge bejubelt wurde: Nicht nur mußte die ganze Stadt auf den Beinen sein, um die Prozession der Indianer, Papageien und Schätze zu sehen, auch die Monarchen mußten ihre Demut (und Dankbarkeit) mit einem großzügigen Empfang bei Hof unter Beweis stellen und ihn mit zahllosen Ehren überhäufen. Las Casas (der sich etwa tausend Kilometer weit weg von Sevilla befand) berichtete:

«Nachdem er ihnen die Hände geküßt hatte, hießen sie ihn mit freudiger Miene aufstehen: sie erwiesen ihm die höchste Ehre und

Gunst, die Ihre Hoheiten nur wenigen Granden zu gewähren pflegten, und ließen ihm einen Stuhl bringen und in ihrer königlichen Gegenwart Platz nehmen. [...] Er zeigte ihnen die Dinge, die er mitgebracht und die noch nie zuvor jemand gesehen hatte, ebenso die in Teile geschlagenen großen Goldstücke ... ebenso berichtete er über die Vielzahl und Einfachheit, Sanftmut und Nacktheit und die Sitten der Menschen dieser Länder, was als kostbarster Schatz und am höchsten galt. [...] Als sie all dies vernommen und sich eingehend darüber beraten hatten, erhoben sich die katholischen und überaus frommen Majestäten und knieten auf dem Boden nieder, faßten einander an den Händen und erhoben sie gen Himmel, und mit Tränen in den Augen sagten sie dem Schöpfer aus tiefster Seele Dank: Da die Sänger der Königlichen Kapelle warteten und bereit waren, sangen sie das *Te Deum Laudamus,* und die hohen Sänger antworteten, so daß es schien, als würden ihnen in jener Stunde die himmlischen Freuden eröffnet und offenbar und als hätten sie Anteil an ihnen. Wer kann die Tränen beschreiben, die aus den königlichen Augen strömten und aus den Augen vieler Granden der vertretenen Gebiete und aller Mitglieder des Königlichen Hauses? Welche Freude, welche Glückseligkeit, welche Verzückung durchströmte alle Herzen!»

Mit dem irdischen Helden war es noch nicht getan, nun sandten sogar die himmlischen Chöre ihre Segnungen über den Admiral und brachten selbst die Herzen der unbeugsamen spanischen *hidalgos* zum Schmelzen. Und all das erfanden und verbreiteten seine historischen Fürsprecher binnen einem Jahrhundert, nachdem er selbst in Valladolid, weit entfernt von solchen Ehren, seine Seele Gott befohlen hatte.

Keine Statue aus Gold ist ihm errichtet worden, aber er lebt – dauerhafter und ehrenvoller – im Mythos weiter fort, er hat uns eine Vorstellung hinterlassen, eine Idee – und ein Vermächtnis.

Zehntes Kapitel
1506–1606

II
England

Gegen Ende des Jahres 1606, hundert Jahre nach dem unbeachtet gebliebenen Tod Cristóbal Colóns in Valladolid, brachen drei kleine englische Schiffe ähnlich denen, die der Entdecker auf seiner ersten Reise befehligt hatte, themseabwärts zu ihrer Fahrt in die Neue Welt auf.

Ihr Ziel lag zwischen 34 und 41 Grad nördlicher Breite an der nordamerikanischen Küste; nach ihrer wahrscheinlich zu Unrecht als jungfräulich geltenden Königin Elisabeth I., die vor drei Jahren gestorben war, wurde dieses Gebiet von den Engländern Virginia genannt. Sie hatten den Auftrag, Gold-, Silber- und Kupferminen ausfindig zu machen und sie auszubeuten, die kürzeste Durchfahrt «zu dem anderen Meer» nach Asien zu suchen und eine erste koloniale Niederlassung zu gründen. England hoffte zuversichtlich, in Amerika Fuß fassen zu können, das bisher ausschließlich eine Provinz des verhaßten Spanien gewesen war. Jeder an Bord muß wohl die Ironie empfunden haben, die darin lag, daß im eben an ihnen vorbeiziehenden Tower von London Sir Walter Ralegh gefangengehalten wurde; zwanzig Jahre zuvor hatte er die erste englische Reise nach Virginia mit genau denselben Zielen vor Augen gefördert, hatte aber zusehen müssen, wie seine Pläne durch Habgier und Dummheit zunichte wurden. Aber selbst im Kerker glaubte er noch daran, daß das Land seiner Träume in englische Hand fallen würde.*

* Ebenfalls im Tower gefangen waren der «Wizard Earl» von Northumberland wegen seiner Verbindung zur Pulververschwörung (während sein jüngerer Bruder, George Percy, an Bord eines der nach Virginia auslaufenden Schiffe war); ein gewisser wegen Ausübung der Schwarzkunst einsitzender Peacock; Sir John Yorke und seine Lady «wegen des Spiels in seinem Haus in Yorkshire»; und ein John Cotton «wegen des Verdachtes, ein Buch geschrieben zu haben».

Konnte jemand an Bord wissen, daß in dem eleganten neuen Globe Theatre, das sie steuerbords eben hinter sich gelassen hatten, seit kurzem das Stück *Antonius und Cleopatra* gezeigt wurde? Schon in der ersten Szene enthielt es eine doppelsinnige und überraschend zutreffende Zeile, die wohl viele von ihnen verstanden hätten: «So mußt du neue Erd' und Himmel schaffen.»

Die Mannschaft der kleinen Flotte – das Flaggschiff *Susan Constant,* die kleinere *Godspeed* und die Pinasse *Discovery* – bestand wahrscheinlich aus 140 bis 150 Männern und Jungen. Etwa hundert davon sollten das neuentdeckte Land unter der Führung eines Rates von sieben Männern besiedeln, aber nur einer von ihnen, Bartholomew Gosnold, verfügte über Erfahrungen als Kolonisator, die er sich vier Jahre zuvor in einem allerdings fehlgeschlagenen Unternehmen in Neuengland erworben hatte. Von den dreiundneunzig Männern, deren Namen bekannt sind, wurden nicht weniger als neunundfünfzig als «Gentlemen» identifiziert. Eine große Zahl von ihnen würde in Amerika erfahrungsgemäß eher ihren Neigungen nachgehen, als ihre Felder bebauen – das läßt sich schon aus der Garderobe des mitreisenden George Percy schließen: fünf Anzüge aus Seide, Samt und feinster Wolle, ein Anzug aus Brokat mit Taftbesatz, goldenen Litzen und Knöpfen und der unerläßliche Zylinder aus holländischer Produktion. Darüber hinaus reisten nur noch ein Dutzend erprobte Arbeiter, vier Zimmerleute, einige Maurer, ein Schmied, ein Barbier, zwei Ärzte unbekannter Qualifikation und ein Priester mit, jedoch keine Bauern, keine Viehzüchter, keine Botaniker, niemand, der in der Naturgeschichte bewandert war; auch keine Erzprüfer oder Goldschmiede, obwohl man sicher von Frobishers Irrtümern wußte; und auch keine Frauen, obwohl in dem einen Jahrhundert der europäischen Kolonisation bereits deutlich geworden war, wie wichtig sie für eine erfolgreiche Besiedelung waren. Zahlreiche frühere Erfahrungen, unter anderem mindestens vier fehlgeschlagene Reisen unter englischer Flagge hätten ihnen als Orientierung dienen können, doch die Engländer hatten offenbar nichts aus der Vergangenheit gelernt.

Und dennoch sollte es gerade dieser Flotte nach außergewöhnlichen Schwierigkeiten gelingen, die erste dauerhafte englische

Siedlung in der Neuen Welt aufzubauen und zugleich den Grundstein zu legen für das Imperium, das den schwindenden Einfluß Spaniens vollends zurückdrängte, sich in ganz Nordamerika festsetzte und sich schließlich über die ganze Welt erstreckte. Der Historiker Matthew Page Andrews spricht in diesem Zusammenhang von «einer der wichtigsten Reisen der Weltgeschichte».

Wie es sich für ein derartiges Unternehmen im Zeitalter des beginnenden Kapitalismus ziemt, segelte die Flotte nicht im Auftrag der Krone (wie einst Admiral Colón), sondern für die kurz zuvor gegründete Virginia Company, eine private Gesellschaft wohlhabender Londoner Aktionäre, die aus den Überseepflanzungen Gewinne ziehen wollten, ohne den seidenen Schuh auf fremden Boden setzen zu müssen. Für diese Investoren stand es außer Zweifel, daß hohe Profite sie erwarteten: Ein Patent König Jakobs I. berechtigte sie dazu, «sich in jenem Teil Amerikas niederzulassen, Pflanzungen anzulegen und mit einer reichen Zahl von unseren Untertanen eine Kolonie zu errichten»; sie sollten – zur Vermeidung jeglicher Mißverständnisse wird dies auf wenigen Seiten sechsmal wiederholt – «alle Ländereien, Wälder, Böden, Gebiete, Häfen, Flüsse, Erzgruben, Sümpfe, Gewässer, Fischgründe, Waren und Güter aller Arten», die sie finden würden, in Besitz nehmen.

Vor dem Auslaufen hatte die Gesellschaft in weiser Voraussicht eine Liste von Anweisungen an die künftigen Kolonisten verteilt, die der bedeutende Verfechter des englischen Kolonialismus, Richard Hakluyt zusammengestellt hatte. An erster Stelle seiner Ratschläge – für die Erzsuche, den Umgang mit der Natur, das Anlegen von Pflanzungen und so weiter – stand folgendes: «Wenn es Gott gefällt, Euch an die Küste von Virginia zu führen, so lasset es Euch angelegen sein, einen sicheren Hafen an der Einfahrt zu einem schiffbaren Fluß zu finden.» Der von der Gesellschaft zum Kapitän dieser ersten Flotte ernannte Mann trug – wie für die gespitzten Ohren der Geschichte – den Namen Christopher Newport.

Newport, ein sechsundvierzigjähriger vollbärtiger Mann, war ein erfahrener Seemann und Navigator, der schon seit den Tagen der *sea dogs,* der Freibeuter Königin Elisabeths, den Atlantik befuhr (er wird erstmals im Zusammenhang mit einer Westindienreise im Jahre 1581 erwähnt). Er beteiligte sich mit Erfolg am Piratengeschäft, das jährlich 200 000 Pfund umsetzte und eine Generation lang in erster Linie von Londoner Kaufleuten finanziert wurde. Die Erfahrungen, Geldmittel und Schiffe, die sich England dadurch erwarb, bildeten die Grundlage für die Entstehung des Überseeimperiums. Gemeinsam mit Sir Francis Drake, dem König der Freibeuter, hatte Newport an dem waghalsigen und gefeierten Sturm auf Cádiz teilgenommen, bei dem 1587 «dem König von Spanien der Bart versengt» worden war. Bei dem Überfall auf die portugiesische Karracke *Madre de Dios* 1592 hatte er die Hand im Spiel gehabt und einen unerhörten Schatz im Wert von einer halben Million Pfund erbeutet. Einer der Überfälle auf spanische Schiffe und Häfen in der Karibik brachte ihm im darauffolgenden Jahrzehnt großen Reichtum und den Verlust des rechten Armes ein. Zum Zeitpunkt dieser Reise war Newport einer der erfahrensten englischen Kapitäne auf dem Atlantik, und wie einer seiner Schiffsgefährten meinte, «ein geübter Seemann, wohl geeignet für die westlichen Gegenden Amerikas».

In der Nacht vom 19. auf den 20. Dezember liefen die drei Schiffe in aller Heimlichkeit und von den Chronisten unbeachtet aus, vermutlich um jede offene Konfrontation mit der Gesandtschaft Spaniens zu vermeiden. Spanien hatte längst seinen Anspruch auf alle Länder des nördlichen Kontinents angemeldet und hatte, um seinem Anspruch Nachdruck zu verleihen, zwei brutale Anschläge (1565 und 1572) auf Kolonialposten verübt, die die Franzosen zu gründen gewagt hatten. Daß eine Reise bevorstand, war aber sicher nicht ganz zu verheimlichen gewesen, da die Aktivitäten der Virginia Company von der Öffentlichkeit mit mehr oder weniger Interesse verfolgt wurden; erst einige Monate zuvor war in London ein begeistertes Gedicht auf alle, die diese erste Reise wagten, erschienen, dem jedoch nur wenig Beachtung geschenkt worden war:

Wagemut'ge Recken,
wert dies' Landes Namen,
die Ehre vermehret,
Sieg begehret.

Feige Gecken
daheim sich verstecken ...

Und frohgemut auf See,
locket euch Gelingen.
Perlen und Gold als Pfand
für unser Land,
Virginia,
Paradies auf Erden.

Gar prächtig Allerlei
An jeglich' Tier zur Jagd,
Boden reich an Ertrag
Ohn' Müh' und Plag'.
Der Ernten drei,
zu träumen nie gewagt.

Der Verfasser Michael Drayton war natürlich nicht in Virginia gewesen; er kannte die paradiesische Natur dieses Landes zweifellos nur aus Berichten, die frühere Reisende als Werbung für die Virginia Company verfaßt hatten, dennoch hat er den Geist der Unternehmung gut erfaßt: Dieses Projekt lebte von Ausdrücken wie «Sieg», «für unser Land» und «prächtig Allerlei». (Der in Aussicht gestellte Ertrag «ohn' Müh' und Plag'» könnte die große Zahl von «Gentlemen» angelockt haben.)

Sir Walter Ralegh* war wegen Blasphemie und Verrates in den Tower geworfen worden, der wahre Grund aber war, daß ihn Jakob I., der nach dem Tod von Raleghs einstiger Fürsprecherin Elisabeth im Jahre 1603 den Thron bestiegen hatte, mit tödlichem Haß verfolgte. Der Vorwurf der Blasphemie wurde in England wie in ganz Europa sehr ernstgenommen. 1604 wurde Ralegh als Agent des katholischen Spanien und wegen seiner «überaus heidnischen und blasphemischen Anschauungen» zu folgender Strafe verurteilt:

* Er selbst gab der Schreibweise «Ralegh» den Vorzug, benützte sie aber nicht ausschließlich; die Form «Raleigh» hat er jedoch, soweit man weiß, nie benützt.

«Auf einem Karren sollt Ihr durch die Straßen zum Richtplatz gezogen werden, daselbst gehenkt und bei lebendigem Leibe abgenommen werden. Euer Körper soll geöffnet, Herz und Eingeweide herausgerissen, Euer Geschlecht abgeschnitten und alles vor Euren Augen ins Feuer geworfen werden; sodann soll Euch der Kopf vom Körper geschlagen und Euer Leib gevierteilt werden, damit der König nach seinem Gutdünken darüber verfüge; und

Gott sei Eurer Seele gnädig.»

Seit fast einem Jahrhundert, seit dem 31. Oktober 1517 – dem Vorabend des Allerheiligenfestes –, als Martin Luther seine fünfundneunzig Thesen an das Tor der Kirche von Wittenberg geschlagen hatte, stand Europa im Bann der durch die Auseinandersetzung zwischen Protestanten und Katholiken aufgewiegelten Emotionen – und der Gewalt. Der Funke war rasch zur lodernden Flamme geworden, bald war Luthers Bruch mit dem Papst erfolgt, und binnen einem einzigen Jahrzehnt hatten sich die Städte und Staaten ganz Europas der einen oder anderen Form der neuen egalitären Glaubensform angeschlossen. Bis 1560 hatte sich die Flamme zur Feuersbrunst entwickelt: Etwa die Hälfte aller Europäer war zum Protestantismus übergetreten, Könige und Landesherren von der Schweiz bis Schweden und von Schottland bis Ungarn hatten ihn zur Staatsreligion erklärt, und wo er nicht Staatsreligion war, war er zumindest ein bedeutender Machtfaktor. Und all das hatte kaum ein Menschenalter gedauert.

Diese rasche und durchgreifende Veränderung eines seit langer Zeit verankerten Systems konnte nur zustande kommen, weil die Reformation deutlicher Ausdruck – zunächst in religiöser und intellektueller, später auch in sozialer und politischer Hinsicht – von Humanismus, Rationalismus, Materialismus und Nationalismus war, den Kennzeichen der frühen Neuzeit. In ihrem Namen geschah es, daß England 1606 die noch vor wenigen Jahrzehnten hochgepriesenen Helden verurteilen und hinrichten ließ.

Warum die englischen Schiffe Mitte Dezember auf die Reise gingen – wohl kaum ein günstiger Zeitpunkt für einen Beutezug im Atlantik –, bleibt ein Geheimnis, und wir haben auch keine Erklärung von Newport, da er kein Logbuch führte; jedenfalls ist keines erhalten. (Unser Wissen über diese Reise verdanken wir in erster Linie den Berichten von zwei Hauptakteuren der Unternehmung – dem jungen Adligen und Soldaten George Percy, dessen «Beobachtungen» 1625 erstmals von Samuel Purchas herausgegeben wurden, und eines gewissen John Smith, der sich selbst als Kapitän bezeichnete und dessen wenig einfühlsamer Bericht *True Relation* bereits 1608 erschien; vier Jahre später folgte die ausführlichere Beschreibung *A Map of Virginia.* Aus keinem der Berichte geht jedoch hervor, warum sie mitten im Winter in See stachen.) Was immer der Grund war, die Schiffe mußten für ihre Kühnheit bezahlen: Fast sofort gerieten sie im Kanal in eine Schlechtwetterfront, die ihnen einen ganzen Monat lang «schreckliche Stürme» bescherte; einen trostlosen Tag um den anderen (der nichts als Hader und Streit brachte) mußten sie entlang der englischen Küste vor Anker gehen. Erst Anfang Februar verloren sie England aus den Augen und setzten endlich Segel in Richtung Kanarische Inseln – wie Colón wollten sie die südlichen Passatwinde für die Überfahrt nützen –, wo sie um den 21. Februar anlegten. Zwei Monate hatten sie für diesen ersten Teil der Reise gebraucht, und das war kein vielversprechender Anfang.

Die Überfahrt verlief allem Anschein nach ohne besondere Vorkommnisse, ging jedoch langsam vonstatten, so daß sie erst am 24. März 1607 Dominica sichteten, das von «Kannibalen, die Menschenfleisch verzehren», bewohnt war, wie der junge Percy versicherte. Im darauffolgenden Monat folgte die Flotte dem Kurs von Colóns zweiter Reise und hielt sich erstaunlich genau daran – Mariagalante, Guadeloupe (wo die Reisenden wie schon Colóns Männer an Land gingen), Nevis, die Jungferninseln, Mona –, dann wandte sie sich gegen Norden und segelte die Küste Floridas entlang. Nachdem mehrere Tage lang heftige Stürme getobt hatten, führte Gottes Vorsehung (so Smith) sie am frühen Morgen des 26. April «zu dem ersehnten Hafen, der all ihre Erwartungen übertraf»: Er lag in der Einfahrt zur Chesapeake Bay, dem größten und besten natürlichen Hafen der ganzen Atlantikküste, genau an der Stelle, die die Betreiber der Kolonisation in London immer schon als idealen Ort für eine Siedlung vorgesehen hatten. Wir wissen nicht, wie es Newport gelingen konnte, so sicher und direkt an diese Stelle zu gelangen; möglicherweise kannte er sie schon von einer mutmaßlichen, jedoch nicht belegten früheren Reise im Jahre 1604. In gewisser Weise erinnert das an die Unbeirrbarkeit und ruhige Gewißheit, mit der Colón auf seiner zweiten Reise direkt nach Dominica segelte, als wäre er von vornherein sicher gewesen, daß diese Insel, nach seinen Worten, den östlichen Rand Indiens darstellte.

Als die Engländer in die weitläufige Bucht einfuhren, an einem später nach dem Kronprinzen Heinrich benannten Vorgebirge und den bewaldeten Südhängen vorbei, müssen sie überwältigt gewesen sein von der Pracht der Natur, die artenreicher und mannigfaltiger, wilder und ungezügelter war, als selbst ein so erfahrener Mann wie Newport erwartet haben konnte. Moos troff von den riesigen Sumpfzypressen und karibischen Kiefern, prächtige Trauben hingen schwer an den Weinstöcken entlang der Küste, blaugefiederte Reiher zogen über den Sümpfen zu Hunderten ihre eleganten Kreise, und unzählige Wandertauben verdunkelten die Sonne, doch das alles war den Berichterstattern kaum ein Wort wert: Percy stellt beiläufig fest, daß sie «nichts Nennenswertes finden konnten», abgesehen von einigen Wiesen, «Bäumen von ansehnlicher Größe» (an wen erinnern diese Worte?) und dem ersten Trinkwasser seit drei Wochen; Smith hat zu diesem ersten Eindruck überhaupt nichts zu sagen.

Vor ihnen lag das Land, das zu erobern sie gekommen waren; hier sollte ihnen die Gründung der ersten Kolonie nördlich von Mexiko gelingen, die Tausende von Menschen das Leben kostete und Hunderttausende Pfund verzehrte. (Spanien hatte zwar in St. Augustine eine vielbelagerte Garnison mit etwa dreihundert Bewohnern, die meisten von ihnen waren jedoch vorübergehend dort stationierte Soldaten oder Franziskanermönche, keine Siedler.) Ihre Vorstellung von einer Kolonie unterschied sich wesentlich von der spanischen Praxis: Im kleinen sollte hier die Gesellschaft der Alten Welt nachgeahmt werden; die Siedler sollten immer hier leben, nicht nur das große Geld machen und dann nach Hause zurückkehren. Es sollte ein *Staat* entstehen, der den herrschenden Bedingungen entsprechende *eigene* Regeln aufstellen und nicht nur der verlängerte Arm der Bürokratie des Mutterlandes sein sollte. Es sollte eine *Gemeinschaft* entstehen, die ihre Aufgabe nicht in der Bekehrung und Beeinflussung, sondern vielmehr in der Verdrängung, Vertreibung und Ausrottung der Eingeborenenvölker sah. Mit der Entstehung dieser Kolonie an den Ufern der Chesapeake Bay, die Jamestown genannt wurde, zu Ehren König Jakobs – den ihr Schicksal jedoch wenig kümmerte –, veränderte sich die Welt, und nicht nur ihr amerikanischer Teil.

Der Namenspatron der neuen Siedlung war zugleich auch der Schirmherr der Londoner Theatertruppe «The King's Men», deren führender Dramatiker erst vor kurzem ein für den König besonders bedeutungsvolles Stück unter dem Titel *Macbeth* vollendet hatte. Es handelte von der durch Jakobs Thronbesteigung realisierten Vereinigung der schottischen und englischen Königshäuser und von König Banquo, für dessen Nachfahren sich Jakob hielt; vor allem aber von der Schwarzen Kunst, einem Thema, für das Jakob großes Interesse zeigte und über das er sogar eine 1597 unter dem Titel *Demonology* veröffentlichte Abhandlung verfaßt hatte.

Jakob glaubte aus tiefster Seele an die Schwarze Kunst, war aber ebenso überzeugt, daß es sich dabei um ein grundlegendes Übel handelte, das mit möglichst großem Nachdruck und mit möglichst wenig Mitleid auszumerzen sei. Sein Verhalten war nichts Ungewöhnliches für seine Zeit – die Zeit der Hexenverfolgungen –, im Gegensatz zu manchen anderen Herrschern fühlte er sich jedoch offenbar unmittelbar und persönlich bedroht.

Seit der Zeit Ferdinands und Isabellas führte die Inquisition die Hexenverfolgungen in Südeuropa durch. Zur spanischen Inquisition, deren Griff sich im Laufe des sechzehnten Jahrhunderts ein wenig lockerte (nicht zuletzt deshalb, weil ihre potentiellen Opfer inzwischen größtenteils vertrieben oder gefangengenommen waren), kam 1542 eine römische Variante. Ein oberstes Kardinalstribunal wurde eingesetzt und ermächtigt, Verdächtige und Anstifter ohne Ansehen von Person, Rang oder Stellung zu ergreifen, festzuhalten und nach Gutdünken hinzurichten. Ziel war aber nicht nur der Kampf gegen alle Formen der Häresie in den katholischen

Ländern und natürlich gegen selbst die leisesten Anzeichen von Protestantismus; besonderen Eifer legte das Tribunal an den Tag, wenn es um das Aufspüren und Verurteilen von Zehntausenden der Ausübung der Schwarzen Kunst verdächtigten Personen ging. Eine über ein Jahrhundert währende Herrschaft des Argwohns und Terrors wurde somit etabliert, die das Leben von Millionen Menschen bestimmte.

In Nordeuropa konnten sich die Verfolger zwar nicht in demselben Maße auf Institutionen stützen, sie gingen aber in den neuen protestantischen Staaten, insbesondere den deutschen, nicht weniger begeistert ans Werk; allem Anschein nach führten sie ein noch viel strengeres Regiment, und es ist wohl angebracht, in diesem Zusammenhang von einem «Wahn» zu sprechen. Konkrete Zahlenangaben sind schwer zu finden und in jedem Fall mit Vorsicht zu behandeln, können aber durchaus aussagekräftig sein: 72 Verurteilungen wegen Schwarzkunst in Ellingen im Maintal allein im Jahr 1591; 274 Hexenverbrennungen in einem Jahr im Fürstbistum Eichstätt; 1586 bis 1588 43 Frauen und 11 Männer in Obermarchtal, einem Ort mit rund siebenhundert Einwohnern, hingerichtet; 1562 63 Hexenverbrennungen in Wiesensteig; 1589 133 Hinrichtungen an einem einzigen Tag im Stift zu Quedlinburg; rund 2500 Hexen zwischen 1611 und 1660 im Waadtland verbrannt. Vorsichtig geschätzt dürften zwischen 1500 und 1700 mindestens 100 000, möglicherweise sogar 200 000 Menschen (zu achtzig bis neunzig Prozent Frauen) vor ein Hexentribunal gestellt worden sein. Den meisten wurde das Geständnis abgepreßt, und die große Mehrheit wurde auf dem Scheiterhaufen verbrannt (oder manchmal gehängt), nicht selten nach furchtbaren öffentlichen Folterungen.

Was verstand man unter der Schwarzen Kunst? Im Grunde faßten die Machthaber und ihre Institutionen die erhaltenen Formen des Heidentums, des Animismus und der Verehrung von Göttinnen unter diesem Begriff zusammen. Tief verwurzelt in den Fruchtbarkeitskulten und der Naturverehrung der Vergangenheit, die die Kirche nie ganz zu unterdrücken vermocht hatte, spielten sie in gewissen europäischen Glaubenssystemen, und besonders in ländlichen Gegenden, immer noch eine wesentliche Rolle. Über ein Jahrhundert lang hatte die Kirche versucht, diese Vorstellungen als Blasphemie und Schwarze Kunst abzuurteilen, als undurchsichtiges, teuflisches, sexuelles Übel; Hexen, so das Gesetzbuch *malleus maleficarum,* der «Hexenhammer», fliegen «auf Stöcken oder Böcken nach gewissen verrufenen Bergen, um dem Meister der Hölle durch Ringeltänze und Küsse auf die Genitalien oder den Hintern zu huldigen ... und sich sodann mit den ‹Buhlteufeln› in üppigen Gelagen und wüster Unzucht zu vergnügen». Und warum pflegten vor allem Frauen diese satanischen Umtriebe? Im *malleus* wird dazu die Frage gestellt: «Was ist denn das Weib anderes als eine Vernichtung der Freundschaft, eine unentfliehbare Strafe, ein notwendiges Unglück, eine natürliche Versuchung, ein begehrenswertes Unheil, eine häusliche Gefahr, ein reizvoller Schädling, ein Weltübel, mit schöner Farbe bestrichen?»

Die leidenschaftlichen und wahnwitzigen Reaktionen dieser Zeit sind Symptome einer bedrängten Gesellschaft; einerseits lebt sie ihren neu aufgeflammten, durch die frühneuzeitlichen Zwänge noch verstärkten Frauenhaß aus, andererseits die uralte Angst vor den Naturgewalten, den Erdgöttinnen. Die Frau als das mit der Natur am engsten verbundene Wesen und die in der Fruchtbarkeit der Frau zum Ausdruck kommende Natur werden als übelwollende Verbündete gegen die aufstrebenden Mächte der neuen, geordneten, wissenschaftlichen Welt betrachtet.

> Nun, ihr geheimen, schwarzen Nachtunholde!
> Was macht ihr da?

Warum wagte gerade das kleine englische Inselreich hundertfünfzehn Jahre nach dem ersten Landgang Colóns auf Guanahani die Unternehmung, die es zur zweitgrößten Kolonialmacht Europas werden ließ? Welche Eingebung, welcher Drang bewog diese Insel mit gewiß kaum mehr als fünf Millionen Menschen und einer viel mehr von Trägheit als von Abenteuerlust geprägten Geschichte, über den Atlantik zu fahren und eine Kolonie in Amerika zu gründen?

Die Antwort der meisten Fachbücher, die mit Analysen über die Rastlosigkeit einer zunehmend landflüchtigen Bevölkerung und das Heraufdämmern neuer geistiger Horizonte gespickt sind, läßt sich in der Regel auf den Begriff «historische Umstände» reduzieren; das läßt die Entwicklung als unausweichliche Notwendigkeit erscheinen, obwohl sie doch nur im Rückblick deutlich als solche zu erkennen ist. Um es präziser auszudrücken: England trat, bewußt und unter dem Einfluß der Ereignisse, allmählich Kolumbus' Erbe an, und es war gewillt und in der Lage zur Kolonisierung der Überseegebiete; unter denselben Voraussetzungen hatten einst auch die spanische Monarchie und ihr Admiral die ersten Vorstöße nach Westen gewagt.

Den freundschaftlichen Beziehungen zwischen den beiden in der Atlantikschiffahrt erfahrenen Staaten Spanien und England in den ersten Jahrzehnten nach der Entdeckung war es zu verdanken, daß Kolumbus' Vermächtnis weitergegeben werden konnte. Die offiziellen Verbindungen waren eng: Durch den Vertrag von Medina del Campo waren sie 1489 zu Verbündeten geworden; Katharina von Aragonien, die Tochter Ferdinands und Isabellas, wurde 1501 mit dem Kronprinzen Arthur und 1509 schließlich mit Heinrich VIII. verheiratet und die beiden Königshäuser dadurch vereinigt; seit langem schon waren die englischen und die iberischen Interessen in Handel und Seefahrt eng miteinander verknüpft. Aber es gab möglicherweise auch eine persönliche Verbindung zwischen Colón und England.

Angeblich hielt sich Bartolomé Colón zwischen 1488 und 1492 in London auf und warb um Unterstützung für die Entdeckungsreise seines Bruders. Oviedo berichtet pflichtgetreu darüber, doch haben wir keinen Beleg dafür, daß etwas Wahres daran ist:

«Colón ... versuchte, durch seinen Bruder Bartolomé auf König Heinrich VII. von England (den Vater des zur Zeit regierenden Heinrichs VIII.) einzuwirken, damit er ihm die Mittel und die Ausrüstung für die Erforschung der westlichen Meere zur Verfügung stelle. Als Gegenleistung versprach er ihm großen Reichtum durch die Ausdehnung seines Reiches und seiner Länder und durch riesige neue Reiche und Güter für seine Untertanen. Der König befragte seine Ratgeber und Vertrauten, die mit der Erörterung dieser Frage beauftragt waren, lachte sodann über Colóns Vorschläge und sagte, seine Worte seien nichts als eitle Prahlerei.»

Es gibt keinen besonderen Grund, die Geschichte zu glauben – sie kann sich weder auf die Aufzeichnungen des Hofes noch auf Colóns eigene Schilderung stützen –, und doch wurde sie im sechzehnten Jahrhundert offenbar allgemein akzeptiert und wurde in Edens 1555 erschienener Gómara-Übersetzung, in Hakluyts erstem großen Werk *Principall navigations* 1589 und in George Abbots beliebtem Geschichtsbuch aus dem Jahre 1599 tradiert.[1]

Außerdem gibt es einen an den «Almirante Mayor», wahrscheinlich Colón, adressierten und etwa im Januar 1498 von einem gewissen John Day verfaßten Brief; hinter dem Namen verbirgt sich vermutlich Hugh Say, Mitglied einer prominenten Londoner Reederfamilie. Wie aus dem Text hervorgeht, wußte Colón damals, also noch vor seiner dritten Reise, daß Seeleute aus Bristol im Westen auf Land gestoßen waren («wie Euer Lordschaft genau weiß»), und er bezog offenbar regelmäßig Informationen über die Reisen der Engländer nach Neufundland und die sagenumwobene Insel «Brasilien». Demnach hatte er eine gewisse Vorstellung vom nördlichen Kontinent, und sie entsprach der Vorstellung, die er meines Erachtens während der vierten Reise entwickelte. Umgekehrt legt dies auch den Schluß nahe, daß sowohl englische Kaufleute als auch die Krone sich über den jeweiligen Aufenthaltsort und die Entdeckungen des Admirals und nach 1499 auch der anderen spanischen Entdecker auf dem laufenden hielten.

Selbst wenn Heinrich VII. Bartolomé empfangen und seinen Vorschlag abgelehnt haben sollte, war sein Interesse an den Entdeckungen im Atlantik doch so groß, daß er dem nächsten Antragsteller, Giovanni Cabotto, ebenfalls genuesischer Seefahrer mit Verbindungen zu Colón, keine Abfuhr erteilte. Cabotto – später als John Cabot bekannt – lebte in Sevilla, als Colón in den Tagen seines Triumphes 1493 dort durchreiste; sicher kamen ihm die Berichte über die Entdeckung zu Ohren, vermutlich sah er auch die gefangenen Indianer samt ihrem Beiwerk, und vielleicht hatte er sogar Gelegenheit zu einem Gespräch mit seinem Landsmann. Wir können annehmen, daß er der Darstellung, bei den neuen Ländern handle es sich um Indien, nicht ganz soviel Glauben schenkte wie die Monarchen und der Hof und schließlich zu dem Schluß kam, daß Colón gewiß nicht im sagenumwobenen Orient gelandet war. Das könnte der Anreiz für seine Reise in den Norden gewesen sein, zu einem Herrscher, dem er die Suche nach dem *wahren* Indien vorschlagen konnte; 1495 oder 1496 wurde er tatsächlich in London vorstellig. Heinrich war inzwischen positiver gesonnen – laut Cabots Sohn Sebastian hatte die Nachricht von Colóns Entdeckung «bei Hof für rege Diskussionen gesorgt», er schrieb, daß «alle Männer voller Bewunderung darüber sprachen und es dem Göttlichen eher zuordneten als dem Menschlichen» – und bewilligte John Cabot 1497 und 1498 zwei Reisen mit dem Auftrag, den Weg nach Asien zu finden.

Weder Asien noch der Weg dorthin wurden gefunden, und England hielt es offenbar für wenig sinnvoll, die bei dieser Gelegenheit entdeckten kalten, steinigen Gebiete weiter zu erforschen – insbesondere nach der fehlgeschlagenen zweiten Reise, auf der Cabot, so ein zeitgenössischer Historiker, «die neuen Länder nirgends anders als auf dem Meeresgrund gefunden haben kann». Zwischen 1501 und 1505 fanden private Reisen statt, und 1508 bis 1509 unternahm Sebastian Cabot noch eine erfolglose Reise. Mit der Thronbesteigung des trägen Heinrichs VIII. kam das Interesse an der Erforschung des Westens zum Erliegen; für ihn wäre es politisch ungeschickt gewesen, sich in Gebieten einmischen zu wollen, die bereits von seinen Schwiegereltern beansprucht wurden. Erst siebzig Jahre später wurde man wieder neugierig.[2]

Inzwischen machte sich allmählich – sehr langsam – auch die englische Öffentlichkeit ein Bild von Colóns Leistung und der neuen Hemisphäre auf der anderen Seite des Atlantiks. (Der Brief an Santangel wurde in England nicht veröffentlicht, und in einer 1503 in London erschienenen *Chronik* steht im Kapitel über die Geographie der Erde nichts von der Neuen Welt.) Von der Entdeckung ist erstmals in einer 1509 entstandenen Übersetzung von Sebastian Brants *Narrenschiff* die Rede, doch wird sie dort (wie in Giulano Datis Fassungen des Briefes an Santangel) allein Ferdinand zugeschrieben. Der Begriff «Amerika» taucht erst um 1511 gedruckt auf und wird mit König Emanuel von Portugal in Zusammenhang gebracht:

«... es wird Armenica genannt / daselbst sahen wir viel wundersam Getier und Vögel, die wir noch nie gesehen/die Menschen dieses Landes kennen nicht Könige noch Herrscher noch Gott, doch teilen sie sich in alle Dinge.»

Etwa zur gleichen Zeit erschienen zwei «Zwischenspiele» – kurze, oft nach einem Bankett aufgeführte Dramolette –, die von einer «neu entdeckten Insel» (*Hyckescorner,* um 1510) und von «jüngst entdeckten neuen Ländern, Amerika genannt» (*Four Elements,* um 1517) sprechen. Offenbar waren also die Entdeckungen im Westen zu dieser Zeit bereits so weit bekannt, daß man bei einer typischen Londoner Tafelgesellschaft wußte, wovon die Rede war.

In den folgenden Jahrzehnten wird die Neue Welt im Englischen nur äußerst selten erwähnt, und wir wissen von nur zwei englischen Forschungsreisen – die Reise des John Rut 1527 und des Richard Hore 1536 –, von denen es aber keine Berichte gibt. (Jeden Sommer segelten englische Schiffe von Bristol aus nach Neufundland und kehrten mit Dorsch und Walfischtran zurück, doch auch hierüber haben wir keine Berichte.) Angesichts der Vielzahl der auf dem Festland veröffentlichten Werke kann man annehmen, daß die gebildeten Engländer die lateinischen oder italienischen Texte bis zu einem gewissen Grad kannten, dennoch erschien erst 1553 das erste in England gedruckte Buch über Amerika, Richard Edens Übersetzung eines Teiles von Sebastian Münsters *Cosmographia,* unter dem Titel *A treatyse of the newe India.*

Der Neuzeithistoriker Boies Penrose hat dieses kleine Buch völlig zutreffend als «Grundstein der geographischen Literatur englischer Sprache» bezeichnet, aber es ist mehr als das; es gehört zum Vermächtnis des Kolumbus.* Edens elegante Prosa gibt alle we-

* Wir wissen nicht genau, warum die Engländer gerade die latinisierte Form von Colóns Namen aufgriffen, doch könnte Edens erstmalige Verwendung dieser Form diese Wahl entscheidend beeinflußt haben. (In Münsters 1550 in Basel erschienener lateinischer Fassung, die Eden als Vorlage diente, steht «Christophorus Columbus».) In seiner nächsten Übersetzung, dem Buch Martyrs, bezeichnet er den Entdecker durchweg als «Colonus», weist jedoch darauf hin, daß dieser «ansonsten Kolumbus genannt wird»; diese Namensform wird auch von Seall, Abbot, John Wolfe und Hakluyt verwendet, wobei letzterer am meisten dazu beitrug, daß sie sich durchsetzte. (In Hakluyts *Principall navigations* darf jedoch Laudonnière von «Christopher Colon» sprechen, und Hakluyt selbst spricht 1600 in einer Widmung von «Christopher Colon, alias Kolumbus».) Natürlich führten die englischen Kolonisten die Form «Columbus» auch in Amerika ein, und sie hat sich bis heute erhalten.

sentlichen Elemente der Geschichte wieder: die Zurückweisung des Admirals («Gespött des Königs und der Königin») und seine triumphale Heimkehr («mit höchsten Ehren empfangen»), die schönen und reichen neuen Länder («Gewässer, darin man so viel Golds fand» und «Gold, das sie im Sand aufgelesen hatten», «Perlen, Gold und andere köstlichen Steine» und so weiter), die Methoden der spanischen Kolonisation mit großangelegter Immigration («zwölfhundert bewaffnete Männer»), Einfuhr von Pflanzen und Tieren, Siedlungen (der Admiral «baute eine Stadt und ließ eine Mauer darumführen»), Sklavenarbeit und Tribut und die seltsamen neuen Völker, manche wild (darunter «Cannibalen», Amazonen und Riesen), manche entgegenkommend, aber alle im wesentlichen «roh und barbarisch», «böser als die wilden Tiere», «ohne alle Scham». Wer diese Seiten las, mußte staunen über die außerordentliche Leistung Colóns zum Ruhm Spaniens.

Von der Veröffentlichung der *Treatyse* im Jahre 1553 an bis zur Abreise der Schiffe Newports nach Virginia 1606 wurde Colón in nicht weniger als zwanzig Büchern (in insgesamt achtundzwanzig Auflagen) in englischer Sprache, einschließlich pflanzenkundlichen Büchern und Tagebüchern, erwähnt, die vorwiegend die Neue Welt zum Inhalt hatten.[3] Zwei davon berichteten eingehend über sein Leben und seine Reisen und erreichten einen hohen Bekanntheitsgrad – Martyrs *Decades of the newe worlde:* von Eden 1555 übersetzt, erforderte die erste, auflagenstarke Ausgabe *vier* Verleger; 1572 und 1576 erschienen Neudrucke und 1577 wurde eine von Eden und seinem Mitarbeiter Richard Willes überarbeitete und gekürzte Ausgabe veröffentlicht*; und George Abbots *Briefe description of the Whole Worlde,* erstmals 1599 erschienen, mit Nachdrucken in den Jahren 1600 und 1605 und weiteren sechs Ausgaben vor 1636. Die anderen Werke erwähnten den Admiral nur am Rande, etwa Stephen Parmenius' gelehrtes Buch *De navigatione* (1582) oder Humphrey Gilberts *Discourse* (1576),

* Wie die Historikerin Elizabeth Baer schreibt, wurde das Werk verfaßt, um «den neuen Monarchen [Königin Maria von England und Philipp von Spanien, die 1576 geheiratet hatten] durch die Verherrlichung der spanischen Errungenschaften zu schmeicheln».

immer aber ist erkennbar, daß Colóns Leistungen ausreichend bekannt waren und keiner eingehenderen Erklärungen bedurften. Die anfängliche Neigung der Autoren des Mittelmeerraums, Colón als Heiligen und übermenschlichen Helden darzustellen, fehlt in den englischen Werken völlig. Ende des Jahrhunderts war die englische Leserschaft (und es war eine zahlreiche Leserschaft*) ohne Zweifel zumindest darüber informiert, daß Colón der Entdecker eines vierten Erdteils jenseits des Atlantiks war (obwohl der Gelehrte André Thevet noch 1568 dieses Verdienst Vespucci zuschreibt), eine spanische Kolonie unter den dortigen wilden Völkern errichtet hatte und den Konquistadoren den Zugang zu wunderbaren Schätzen ermöglicht hatte.

Wie im übrigen Europa kümmerten sich auch die englischen Verfasser weniger um den wahren Colón als um ein Bild, das ihren Interessen gemäß war. Sie erkoren Colón zum Symbol für heroische Größe und Leistung durch Wagemut. Cabot, wiewohl Engländer, wurde den Ansprüchen nicht gerecht, weil man so gut wie nichts über ihn wußte; das galt auch für die Fischer aus Bristol – möglicherweise waren sie die wahren Entdecker, doch der einzige Schatz, den sie zu bieten hatten, war Dorsch. Für manche war Kolumbus das Vorbild für Ausdauer, die zum Ziel führt, die mythische Gestalt (wie Seall ihn in seinem schrecklichen Gedicht darstellt), die im Triumph heimkehrt und «der Spötter Herzen bekehrt»; für andere war er die treibende Kraft, die eine widerstrebende Nation über das Meer drängte («Hatten sie nicht Kolumbus, der sie aufgerüttelt und vorwärtsgetrieben gen Westen, zur Entdeckung ihrer neuen Länder?» Hakluyt, 1598); oder der wagemutige Abenteurer, der sich von der Eingebung leiten ließ («Weder Globus noch Karte hatten dem Kolumbus westliche Inseln angezeigt, er selbst hatte weder Amerika noch eine der Inseln in diesen Gegenden gesehen ... allein die Hoffnung spendete ihm Trost, daß das Land beginnt, wo das Meer endet.» Gilbert, 1576).

---

* In Carl Bridenbaughs *Vexed and Troubled Englishmen* wird geschätzt, daß 1640 «mehr als die Hälfte» aller männlichen Londoner und ein Drittel der männlichen Bevölkerung in «den Grafschaften» lesen konnten; 1610 klagte ein Zeitgenosse: «Eine der Krankheiten unserer Zeit ist die Vielzahl von Büchern, die nichts als eine Bürde sind für die Welt.»

Einem Thomas Abbay blieb es vorbehalten, dies alles in seiner Widmung für John Smiths *Map of Virginia* zusammenzufassen:

«Kann dieses Erfolges [des Colón] Beispiel nicht dazu dienen, den Argwohn mancher Zeitgenossen zu überwinden, ihnen Gedanken, Bilder und Träume von Virginia einzugeben, das doch ein zweites Indien für uns sein könnte oder uns ein solches hervorbringen wird? Hat nicht England eine Isabella, so wie Spanien, oder einen Kolumbus, so wie Genua?» Die Antwort: «Gewiß, steht doch sein Streben dem des ehrenwerten Kolumbus in nichts nach.» Und eben dieses Virginia sollte, wenn auch erst im Laufe der Zeit, zum «zweiten Indien» werden.

Die vernichtende Niederlage, die England der vielgepriesenen spanischen Armada 1588 im Kanal zugefügt hatte, bestärkt die Engländer, zumindest die Verfechter der Kolonisation, in der Überzeugung, daß ihr Land Spanien in der Neuen Welt den Rang ablaufen könne. Es spielte keine Rolle, daß es im Grunde zu keiner vernichtenden Niederlage gekommen war, daß nur wenige Schlachten stattgefunden hatten, daß der Ausgang der Schlachten unklar gewesen war und daß vor allem die Unbilden des Wetters die Landung der spanischen Truppen verhindert und ihre großen Verluste in der Nordsee und den schottischen Gewässern verursacht hatten. Ebenfalls kaum eine Rolle gespielt haben dürfte die Tatsache, daß mindestens 10000 Mann (zumeist Spanier) in weniger als einem Monat erschossen oder erschlagen wurden, ertranken oder an Krankheiten und Hunger zugrunde gingen. Als die Spuren der Schlachten beseitigt waren und die großen Kapitäne vor eine dankbare Elisabeth traten, blieb die unerschütterliche Gewißheit, daß auf See wie an Land die Zukunft den Waffen gehörte, der militärischen Gewalt, wie grausam sie auch war.

Diese von Gewalt bestimmte Haltung eines von Gewalt bestimmten Zeitalters beeinflußte die gesamte Politik der europäischen Nationen und selbst die im Namen Christi, des Friedensfürsten, durchgeführten Unternehmungen. Am Samstag, den 23. August 1572, dem Vorabend des Bartholomäustages, versammelten sich die führenden Kräfte der französischen Hugenotten –

sie waren zwar Protestanten, hatten aber mit dem katholischen Monarchen einen Waffenstillstand geschlossen – in Paris, um der eindeutig politisch begründeten Heirat der selbstverständlich katholischen Schwester König Karls IX. mit dem charismatischen Hugenottenführer Heinrich von Navarra beizuwohnen. Um zwei Uhr früh läuteten plötzlich in der ganzen Stadt die Kirchenglocken als Startsignal für die vom Königshaus geplante und gebilligte Ermordung aller Hugenottenführer und ihrer Familien.

Bewaffnete Truppen durchsuchten jedes Haus und töteten alle Hugenotten oder die, die sie dafür hielten, Frauen und Kinder nicht ausgenommen. Ermutigt durch dieses Beispiel, bildeten sich improvisierte Bürgerwehren, die sich dem Gemetzel anschlossen und die Häuser ihrer Feinde plünderten. Im Fackelschein wurden die aufgespießten Köpfe der Enthaupteten vor den Augen einer jubelnden Menge durch die Straßen getragen. Als sich die Nachricht herumgesprochen hatte, kam es auch in den Pariser Vororten zu Massakern, und innerhalb weniger Tage befand sich ganz Frankreich in einem mörderischen Krieg.

Wie aus den Stadtchroniken hervorgeht, wurden einmal mindestens 2000 Leichen in die Seine geworfen, um die Straßen wieder begehbar zu machen; was die Zahl der umgebrachten Hugenotten betrifft, so kann man nur Mutmaßungen anstellen, da das vorhandene Quellenmaterial überaus vage ist. Die moderne Forschung rechnet mit Opfern im Bereich von 13 000 bis 100 000 – Paris hatte zu jener Zeit nur etwa 200 000 Einwohner.

Der französische Botschafter in Spanien berichtete, daß Philipp II., ein verschlossener und mürrischer Mann, der stets Schwarz trug und zweifelsohne von dem Familienleiden des Wahnsinns nicht verschont geblieben war, ein einziges Mal in seinem Leben lachte: als ihm von den Massakern in der Bartholomäusnacht berichtet wurde.

Als die Flotte Newports 1606 die Anker lichtete, hatte England bereits eine ziemlich realistische Vorstellung von der Neuen Welt. Immerhin hatten inzwischen mindestens zweiundvierzig europäische Reisen nach Amerika stattgefunden, und über fünfzehn dieser Reisen gab es englische Berichte; seit einem halben Jahrhundert gab es Karten vom amerikanischen Doppelkontinent (darunter die hervorragende Weltkarte von Edward Wright, auf die Shakespeare in *Was ihr wollt* Bezug nimmt), die die amerikanische Küste mindestens von Baffin Island bis zur Magellanstraße und im Westen weiter bis nach Kalifornien abbildete; englische Seeleute hatten Forschungsreisen zwischen Neufundland und dem Amazonas unternommen, und es gab Aufzeichnungen über ihre Entdeckungen; englische Schiffe waren mit amerikanischen Schätzen, wirklichen und eher phantastischen, heimgekehrt; auch von den fremden Menschen (und der fremden Flora und Fauna) in den neuen Ländern hatte man bereits Kenntnis, waren sie doch 1590 und 1591 von Theodore de Bry in seinen Stichen und Jacques Le Moyne und John White in ihren Zeichnungen bereits einigermaßen exakt dargestellt worden.

Um zu erfahren, was das alles bedeutete und wie es sich in die englische Vorstellungswelt einfügte, brauchen wir uns nur an die beiden größten Dichter jener Zeit zu halten: John Donne, der enge Verbindungen zu vielen Teilhabern der Virginia Company hatte und eine Zeitlang sogar als offizieller Berichterstatter der Gesellschaft nach Amerika gehen wollte, brachte die Neue Welt mit der Verführung einer Frau in Zusammenhang:

> Erlaub der Hand zu schweifen, laß sie gehn
> Nach vorn, zurück, dazwischen, drunterhin.
> O mein Amerika! Entdecktes Land,
> Mein Reich, geschützt, wenn *ein* Mann es bemannt,
> Mein Edelsteinbergwerk, mein Herrscherpfand,
> Wie hochbeglückt bin ich, daß ich es fand.

In Shakespeares *Die lustigen Weiber von Windsor* ist Frau Page «eine Küste von Guayana, ganz Gold und Fülle», die Falstaff auszubeuten beabsichtigt. In *Heinrich VIII.* hält der König «ganz Indien in den Armen, und viel, viel mehr», wenn er seine neueste Königin umfängt. In der *Komödie der Irrungen* beschreibt Dromio eine Frau: «Sie ist kugelig wie ein Globus; ich wollte Länder auf ihr entdecken.» Auf die Frage «Wo Amerika? die beiden Indien?» gibt er zur Antwort: «O Herr, auf ihrer Nase, die über und über mit Rubinen, Saphiren und Karfunkeln staffiert ist und ihren reichen Glanz nach dem heißen Atem Spaniens wendet ...»

Verschiedenes mag für die englischen Männer im Vordergrund gestanden haben, und ihre Ziele mögen vielfältig gewesen sein, wenn es um die Neue Welt ging; die Dichter aber drückten den Gedanken aus, der Vorrang vor allen anderen hatte: Amerika war die üppige Jungfrau, bereit, verführt, geschändet und geplündert zu werden von einem männlichen Europa, das sich im Glanz ihrer Schätze sonnen sollte. Amerika als das Land der *Ausbeutung* also.

Dieser Begriff ist weniger abschätzig als erklärend gemeint. Er beinhaltet sowohl den Erfahrungsprozeß, durch den die Engländer (und die anderen Völker Europas) die Neue Welt kennenlernten, als auch die Haltung, die sie ihr gegenüber einnahmen. Es besteht kein Grund, das besonders hervorzuheben, aber auch keiner, es zu verschweigen: Von Anfang an war es das Streben nach materieller Bereicherung – nennen wir es Gier –, das die Europäer über den Atlantik zog. Auch wenn man behauptete, den Heiden das Christentum und die Zivilisation zu bringen oder neue Möglichkeiten für die Erweiterung des europäischen Geistes finden zu wollen, und es vielleicht sogar ernst meinte, so handelte es sich doch nur um Ausreden. Daran bestand schon damals kein Zweifel: 1585 gestand Arthur Barlowe offen ein, daß der Zweck seiner Reise sei, herauszufinden, «wie nutzbringend dieses Land ist»; Dionyse Settle begab sich 1577 ebenfalls auf die Suche nach etwas, das «einträglich» und «zu unserem Nutzen» sein würde und «seine Gier zufriedenstellen» könnte; 1555 erklärte Eden, die Neue Welt sei reich an «allerlei Dingen, die [Gott] die Erde so reichlich sprießen läßt, auf daß sie uns zum Nutzen seien»; und 1613 bekannte Robert Harcourt, daß die Entdeckungen durch das «begierige Verlangen nach Gold» vorangetrieben würden. Heute sind sich die Historiker einig: «Die Invasion Nordamerikas war in erster Linie ein aggressiver Versuch, die neuentdeckten Länder und ihre Bewohner zu unterwerfen und daraus Profit zu schlagen», so James Axtell. Der Wirtschaftswissenschaftler E. J. Hamilton schreibt: «Amerika wurde entdeckt, erforscht und besiedelt, weil mächtige Europäer überzeugt waren, daraus Gewinn ziehen zu können.» Kaum ein Wissenschaftler widersetzt sich der Meinung, daß dieses Zeitalter im Interesse der Expansion alle Sünden der Welt beging; nur faul ist es nicht gewesen.

Betrachten wir nun, wenn auch in einem viel zu engen Rahmen, die Einzelheiten dieser Expansion während des langen Zeitraums zwischen 1500 und 1700, in dem Europas Verhältnis zur Neuen Welt fast ausschließlich von dem Gedanken der Ausbeutung bestimmt war.

Am Anfang des Jahrhunderts der Ausbeutung, von 1550 bis 1650, stehen selbstverständlich Gold und Silber, und obwohl das erstere so sehr verherrlicht wurde, erwies sich das letztere letzten Endes doch als wichtiger. Die Funde waren märchenhaft, und mit Ausnahme der gelegentlichen Verluste durch Piraterie fiel ein Großteil davon den Spaniern zu, die in Mexiko und Peru die reichsten Gold- und Silberlager der Welt entdeckt hatten. Die Nachforschungen Hamiltons, die allerdings in den letzten Jahren aus nichtigen Gründen in Zweifel gezogen wurden, haben folgendes erbracht: Zwischen 1503 und 1660, mit dem Höhepunkt in den neunziger Jahren des sechzehnten Jahrhunderts, exportierte Spanien offiziell etwa 200 Tonnen Gold und 18600 Tonnen Silber im Wert von ungefähr 1,25 Milliarden Goldstandard-Dollars (zwangsläufig handelt es sich um höchst ungenaue Berechnungen) aus der Neuen Welt. Das führte innerhalb kaum eines Jahrhunderts (1570–1640) größtmöglicher Ausbeutung zu einem beträchtlichen und raschen Anwachsen der europäischen Edelmetallvorräte, wahrscheinlich auf das *Drei- bis Fünffache* der vorhandenen Gold- und Silberbestände; die Geschwindigkeit, mit der diese Schätze durch Spanien liefen und an seine Gläubiger, Agenten, Handelspartner, Armeen und in seine habsburgischen Gebiete gingen, zeitigte eine deutliche Wirkung auf die gesamte europäische Wirtschaft.

Wirtschaftswissenschaftler und Historiker diskutieren erbittert darüber, in welchem Ausmaß das amerikanische Edelmetall für die dramatischen Veränderungen im damaligen Europa verantwortlich war. Ich zähle nur einiges auf: die «Preisrevolution», die zu einem Preisanstieg um etwa dreihundert bis fünfhundert Prozent führte und ungeahnte und zerstörerische Konsequenzen für

Gesellschaft wie Wirtschaft hatte; die Kapitalanhäufung, vor allem durch diverse Zweige von Handel und Industrie, die den Siegeszug des Kapitalismus in fast ganz Europa ermöglichte; die daraus resultierende Durchsetzung der Geldwirtschaft in allen Bereichen der Gesellschaft und damit der gesellschaftliche Aufstieg der Bankiers, Kaufleute, Händler und Fabrikanten, die Marx später als aufstrebende Bourgeoisie bezeichnete; und der außerordentlich einträgliche Handel mit dem Fernen Osten (hier tauschten die Kaufleute Edelmetalle, vor allem Silber, gegen die erwünschten Güter).

Ein Aspekt kommt noch hinzu: Die amerikanischen Edelmetalle dienten ohne Zweifel zur Finanzierung der mächtigen militaristischen spanischen Regierung, die von 1520 bis zum Ende des Jahrhunderts in ganz Europa, von der Türkei bis zum englischen Kanal, nichts als Zerstörung und Tod verursachte; vor allem aber zur Erhaltung des spanischen stehenden Heeres, das im Lauf des Jahrhunderts von 30 000 auf mindestens 200 000 Mann und möglicherweise sogar doppelt soviel anwuchs – die größte Armee, die Europa je erlebt hatte. Hier liegen die Wurzeln des modernen europäischen Militarismus.

Gold und Silber waren aber nicht das einzige Gut, das aus Amerika bezogen werden konnte, und besonders in den anderen Ländern spielten unscheinbare Ressourcen eine große Rolle. Am wichtigsten war etwas so Alltägliches wie Fisch – man bezog Dorsch und Walfischtran aus Neufundland, vom Sankt-Lorenz-Strom und von der Küste Neuenglands –, und meiner Ansicht nach brachte der Fischfang den atlantischen Ländern Europas zeitweilig mehr ein als das Gold.

Zahlreiche Atlantikhäfen in England, Holland, Frankreich, Portugal und Spanien lebten vom Fischfang. Wie Zeitgenossen berichteten, segelten 1519 bereits mindestens 100 europäische Schiffe jeden Sommer nach Neufundland. 1578 sollen über 300, (150 französische, 100 spanische, 50 englische, 50 portugiesische und 20 bis 30 baskische) Schiffe auf soviel Dorsch gestoßen sein, daß «ein Fisch am Haken hing, sobald die Leine ausgeworfen wurde». In den ersten Jahren des siebzehnten Jahrhunderts erreichten die Fischfänge den Höhepunkt: Bis zu 1000 Schiffe dürften im Jahr ausgefahren sein und mindestens 200 Millionen Stück Dorsch pro Saison gefangen haben, wenn wir den mehrfachen Schätzungen aus der Zeit Glauben schenken. Allein England soll in dieser Phase an einem Fang von etwa 30 Millionen Stück Dorsch ungefähr 120000 bis 130000 Pfund verdient haben; 10000 Seeleute und etwa gleich viel Hafenarbeiter waren von diesem Gewerbe abhängig; Neufundland war, so ein Zeitgenosse, «Großbritanniens Indien».

Ebenso wichtig wie Fisch und für die Franzosen von überragender Bedeutung waren Pelze, vor allem Biberfelle. Wahrscheinlich begründeten die ersten Fischer, die sich in den neunziger Jahren des fünfzehnten Jahrhunderts an Land wagten, den Handel damit, seine führende Rolle in der europäischen Wirtschaft erhielt er aber erst im letzten Viertel des sechzehnten Jahrhunderts, als die Mode und neue Bearbeitungsmethoden die Nachfrage nach amerikanischem Biber plötzlich hinaufschnellen ließen. Die Forschung hat bisher noch keine zuverlässigen Angaben über den Handel mit Biberpelzen – über Schiffe, Felle und Gewinne – erbracht, doch wissen wir, daß in den zwanziger Jahren des siebzehnten Jahrhunderts allein die Holländer und Franzosen bereits um 30000 Biberpelze jährlich einführten (sowie geringere Mengen Marder, Otter, Hase, Rotwild, Fuchs und andere); in den fünfziger Jahren des siebzehnten Jahrhunderts wurden bereits etwa 100000 Felle pro Jahr gehandelt, und die Europäer dürften etwa vierzig Prozent Gewinn gemacht haben; in den neunziger Jahren des Jahrhunderts wurden 286000 Pelze (manche sprechen sogar von 300000) jährlich importiert, womit der Gipfel erreicht war. Abschließend wage ich zu schätzen, daß im siebzehnten Jahrhundert zwischen 10 und 15 Millionen, ja vielleicht sogar 20 Millionen Biber und möglicherweise 1 bis 2 Millionen andere Tiere ihres Pelzes wegen getötet wurden.

Das letzte, besonders für die Engländer wichtige Grundelement in diesem Katalog der europäischen Ausbeutung könnte man vage unter dem Begriff «Roherzeugnisse» zusammenfassen – kultivierte oder wildwachsende Produkte vom Zucker bis zum Holz, vom Tabak bis zum Öl des Sassafrasbaums, die die verschwenderischen Böden der Neuen Welt hervorbrachten. Der Handel mit Gewürzen, Obst, Farbhölzern und Arzneien begann schon auf Colóns erster Reise und wurde im Lauf des sechzehnten Jahrhunderts intensiviert. Die vom Standpunkt des wirtschaftlichen Nutzens aus betrachtete ungehemmte Ausbeutung mußte aber warten, bis die ersten Siedlungen entstanden und die Produktion und Verarbeitung an Ort und Stelle stattfinden konnte, was in der Regel in großen Pflanzungen mit ihren verhängnisvollen Umweltfolgen geschah. Auf beiden Seiten des Atlantiks erwarben sich viele ein Vermögen mit weniger bedeutenden Waren wie Koschenille, Indigo, Holz für den Schiffsbau, Baumwolle und Salz; den nachhaltigsten Erfolg brachten aber Zucker und Tabak. Beide gediehen problemlos in der Neuen Welt und erfreuten sich in der Alten außerordentlicher Beliebtheit; Mitte des siebzehnten Jahrhunderts waren sie bereits die wichtigsten Handelswaren; der Preis, den Mensch wie Natur dafür zahlen mußten, war auf beiden Seiten des Atlantiks erschreckend hoch.

Ein weiteres Element, das allen anderen im wahrsten Sinne des Wortes zugrunde lag, war das Land selbst. Es war weder ein Exportartikel noch ein Tauschmittel, in den Augen der Europäer war es vielmehr eine Ware, die erworben, gekauft, verkauft, übertragen und weitergegeben werden konnte, die in Besitz genommen, benützt, weiterentwickelt, abgebaut und gepflügt werden konnte, die abgeholzt und trockengelegt, ausgebeutet und aufgegeben werden konnte. Dieses Element war immer ein wichtiger Faktor in der europäischen Wirtschaft und Gesellschaft; Amerika hatte unendlich viel davon zu bieten, und Europa zweifelte nie daran, daß es sich nur zu bedienen brauchte.

Die Welt hatte noch nie etwas erlebt, das mit diesem Jahrhundert der Ausbeutung zu vergleichen war. Ob wir nun die Neue Welt als Reservoir des Reichtums für das moderne Europa sehen – wie der französische Historiker Pierre Chaunu erklärte, habe Amerika entscheidend zum raschen Bevölkerungsanstieg im sechzehnten Jahrhundert beigetragen und sei ausschlaggebend gewesen für die Entstehung eines Ungleichgewichts des Wachstums –, oder ob wir meinen, die Alte Welt habe Amerika ihren Stempel aufgeprägt – Amerika sei Europas «Werk», wie es Fernand Braudel ausdrückte –, die überragende Bedeutung der Entwicklungen in diesem Jahrhundert auf beiden Seiten des Atlantiks ist unbestritten. Nichts war danach mehr wie zuvor.

Kurz vor dem denkwürdigen Jahr 1592 verfaßte Christopher Marlowe 1589 *Die tragische Geschichte vom Leben und Tod des Doktor Faustus,* die sofort zum Dauererfolg auf den Londoner Bühnen wurde. Seine Fassung der Legende vom Zauberdoktor war nur eine von vielen. Diese Geschichte brachte die elementaren Wahrheiten der europäischen Seele zum Ausdruck und war auf dem gesamten Subkontinent äußerst beliebt.

Sie beruht auf der Lebensgeschichte des deutschen Magiers und Arztes Johann Faust*, der in den ersten Jahrzehnten des sechzehnten Jahrhunderts, so ein Zeitgenosse, in ganz Deutschland mit «unbeschreiblicher List und vielen Lügen», aber großer Wirkung seinen Beruf ausgeübt habe. Selbstverständlich nahmen die Hexenverfolger jener Zeit auch ihn ins Visier, aber offenbar konnte er über dreißig Jahre lang zaubern und heilen, ohne offiziell verurteilt zu werden, so daß sich noch zu seinen Lebzeiten wilde Gerüchte um ihn zu ranken begannen. Fast unmittelbar nach seinem Tod – ob nun der Teufel die Hand im Spiel hatte oder nicht – wurden Dramen, Gedichte und Parabeln auf ihn verfaßt, und viele von ihnen hielten sich an die Geschichte des Johann Spies aus Frankfurt, das *Spießsche Faustbuch,* wonach Faust seine Seele dem Teufel verschrieben habe, um die finsteren satanischen Künste ausüben zu können und alle Dinge der Erde zu kennen und zu beherrschen. Diese 1587 veröffentlichte und sofort vergriffene Fassung, von der in der Folge vier Raubdrucke erschienen, fiel Marlowe in die Hände.

Ungefähr zu der Zeit, als Faust sein Ende fand, starb noch ein anderer Gelehrter in Frauenburg in Ostpreußen: Nikolaus Kopernikus. Es war Ironie des Schicksals, daß ein frisch von der Druckerpresse kommendes Exemplar seines Werkes *De revolutionibus orbium coelestium* ihn erst an seinem Todestag, dem 24. Mai 1543, erreichte. Er starb, ohne es je gesehen zu haben.

---

* In Wirklichkeit hieß der berühmte Schwarzkünstler wahrscheinlich Georg F. Knittlingen.

Die Bedeutung von Kopernikus' Buch, in dem er die Sonne als Mittelpunkt des Sonnensystems annimmt und erklärt, daß sich die Erde in einer Kreisbahn um die Sonne drehe, lag nicht so sehr in seiner neuen These oder dem Unbehagen begründet, das es in Kirchenkreisen weckte und ihm nicht nur einen Platz auf dem katholischen Index, sondern auch den Vorwurf von Luther einbrachte: «Der Narr will die ganze Kunst Astronomiam umkehren»; viel wichtiger war, daß es, zugleich mit einem halben Dutzend anderer einschlägiger Werke, die neue Denkweise der Naturwissenschaft bestätigte und zu beweisen suchte, daß die Wahrheiten des Universums ausschließlich durch nüchterne Forschung und Vernunft und nicht durch Glaubensübungen zu begreifen seien. Weit davon entfernt, die Menschen und ihre Erde auf eine unbedeutende Rolle im von der Sonne beherrschten Planetensystem zu reduzieren, überzeugte es den Europäer des sechzehnten Jahrhunderts vielmehr von den wunderbaren geistigen Fähigkeiten des Menschen und der Schönheit des rationalen Denkens. So sagt es Egon Friedell: «Durch die neue Astronomie wird [der Mensch] scheinbar zum Nichts herabgedrückt, in Wirklichkeit aber zum Entschleierer, Durchschauer, ja Gesetzgeber des Weltalls emporgehoben.»

Genau darum geht es in der Faust-Legende: Ungeachtet ihres mahnenden Ausgangs hält sie den Sieg des von den Hemmnissen des Glaubens und der Sitten befreiten Menschen über die Natur hoch. In der Version Marlowes sagt sich Faust los von Gott und den Versprechungen des Himmels, um Wissen zu erlangen – von allen Planeten auf dem Firmament und von allen Pflanzen und Wesen der Erde – und damit Macht:

> Oh, welche Welt der Wonn' und des Genusses,
> der Macht, der Ehre und der Allgewalt ...
> Mir, mir steht alles zu Befehl, was zwischen
> den unbewegten Polen sich bewegt!

Nun regiere Europa, gekrönt von der Wissenschaft, die Welt!

Der zweite Grund, warum gerade England im späten sechzehnten und beginnenden siebzehnten Jahrhundert in die Fußstapfen des

Kolumbus trat, war seine besondere, von keinem anderen Volk am Atlantik übertroffene Eignung dazu, andere Länder auszubeuten.

Bis zu einem gewissen Grad ging es von denselben Voraussetzungen aus, die auch Spanien gehabt hatte, als es ein Jahrhundert zuvor die Neue Welt zugänglich gemacht hatte: Unter der stabilen Regentschaft einer beliebten Königin und durch die formelle Vereinigung seiner einzelnen Königreiche konsolidierte sich der moderne englische Staat. Sein Nationalbewußtsein erwachte, begleitet von Haßgefühlen für einen Feind, über den es vor nicht allzu langer Zeit den militärischen Sieg errungen hatte. Schon vor langer Zeit hatte es sich seiner jüdischen Bevölkerung entledigt – die Juden wurden bereits 1290 offiziell aus England vertrieben –, aber die Katholiken blieben eine verhaßte religiöse Minderheit im eigenen Land, und es gab die aufsässsigen Bauern in Irland. Der Seehandel blickte auf eine lange Tradition zurück, und es standen erfahrene und fähige Seeleute für die Entdeckungsreisen und den Handel im Atlantik zur Verfügung.

Darüber hinaus wies England Züge auf, die nur diesem Land und seiner Zeit eigen waren.

Die Insel bot ausreichend Schutz – die englische Monarchie konnte als einzige in Europa auf ein stehendes Heer verzichten. Sie erhob keine zweckungebundenen Steuern, hatte keine eigene Rechtsprechung und erklärte nicht von sich aus den Krieg. Die Macht war in England viel stärker gestreut als im übrigen Europa: Sie befand sich in Händen des Landadels und der aufstrebenden neuen Schicht der begüterten Bauern, wohlhabenden Kaufleute und erfolgreichen Fabrikanten, deren Vermögen durch die von der Preisrevolution verursachte Inflation nur noch größer wurden. Diese Titanen des neuen Kapitalismus waren zum Beispiel in der Lage, zwischen 1553 und 1603 die riesige Summe von etwa 13 Millionen Pfund in Aktiengesellschaften zu investieren, die an Überseegeschäften beteiligt waren. Davon wurden schätzungsweise 584 000 Pfund zur Finanzierung von Unternehmungen in der Neuen Welt verwendet. Gleichzeitig konnten sie noch etwa 4,4 Millionen Pfund in Gesellschaften anlegen, die sich auf die Freibeuterei im Atlantik spezialisiert hatten (was ihnen etwa 60 Prozent Gewinn einbrachte).

Die geographische Isolation hatte auch einen Anteil an der Entwicklung Englands zum modernen Nationalstaat, die in dieser Zeit stattfand. Im Gegensatz zu den Parlamenten der Provinzen in Ländern wie Holland oder der Schweiz war sein einziges repräsentatives Organ ein nationales Parlament; anders als in Frankreich mit seiner unüberschaubaren Gesetzgebung galten im ganzen Land einheitliche Gesetze; und von Cornwall bis zum schottischen Tiefland wurde eine einzige Sprache gesprochen, während es auf der italienischen Halbinsel oder in Ostspanien eine Vielzahl von Dialekten gab. Der englische Historiker K. G. Davies schreibt dazu: «In der Praxis und im Bewußtsein seines Volkes war England im Jahre 1600 mehr als jedes andere europäische Land eine ‹Nation›. Es verfügte über ein besonderes Selbstbewußtsein, das durch die Reformation verstärkt und durch den Krieg mit Spanien gefestigt wurde. In der Literatur aus der Zeit Elisabeths ist dieses Selbstbewußtsein immer wieder anzutreffen.» Die explizit imperialistischen Werke Richard Edens und Richard Hakluyts sind hier selbstverständlich nicht ausgenommen.

Seine Isolation bewahrte England vor dem Krieg, und durch den relativ schmerzlos verlaufenen Übertritt zum Protestantismus im Jahre 1534 blieben ihm die Folgen des mörderischen Aufruhrs erspart, der das übrige Europa erschütterte. So konnte ein Großteil seiner Geldmittel, der königlichen wie der privaten, in die überseeische Expansion und die dazu erforderlichen Flotten fließen: Von 1545 bis 1625 stieg die Zahl der Schiffe und die Tonnage der Königlichen Marine auf das Doppelte und der Handelsmarine auf das Fünffache. England konnte mit Ralegh sagen: «Wer immer das Meer beherrscht, beherrscht den Handel, wer immer den Welthandel beherrscht, beherrscht die Schätze der Welt und damit die Welt selbst.»

Andere Voraussetzungen weisen in dieselbe Richtung: Es gab einen großen «Bevölkerungsüberschuß» – überall wurde Gemeindeland eingefriedet, um es zu Privatbesitz zu machen, und die ländliche Bevölkerung wurde in die übervölkerten Städte getrieben, wo Arbeitslosigkeit, Untätigkeit und das Schicksal der Unerwünschten auf sie wartete; da die Kriminalität stieg, wurden strengere Strafen verhängt (die Zahl der Vergehen, auf die die Todesstrafe stand, war höher als in jedem anderen Land), und bald wurde auch die Möglichkeit der Ausweisung eingeführt, die vielen Verurteilten eine akzeptable Alternative zur Enthauptung schien; die Zahl protestantischer Einwanderer aus den katholischen Ländern des Festlands stieg deutlich an – vielfach waren es Handwerker und Fachleute, die nichts mit England verband und die keine Einwände gegen eine Ansiedlung in Übersee hatten; und es gab die als Protestantismus bezeichnete religiöse Ideologie, die Kredit, Profit, Zinswirtschaft und sogar Wucher eindeutig bejahte und Wirtschaftlichkeit, Fleiß, Reichtum und – unleugbar – auch Ausbeutung begünstigte.

So kam es, daß England, Erbe des Vermächtnisses des Kolumbus, genau ein Jahrhundert nach Colóns Tod die kleine Flotte auf den Weg schickte, die der spanischen Hegemonie in der Neuen Welt erfolgreich die Stirn bieten und den Grundstein für die Veränderung Nordamerikas legen sollte, wenn auch zu diesem Zeitpunkt noch niemand etwas davon ahnte.

Und in Gebieten fern
Viel Helden ihr ernannt
  An Ruhm den Ahnen gleich,
  Mehret das Reich
Unter dem Stern
Dem Norden unbekannt.

Elftes Kapitel
1607–1625

I
Jamestown

«[Mai 1607] Da es dem Kapitän Newport auf seiner ersten Reise nicht gefiel, sich an einem so ungeschützten Ort wie Kap Henry oder Point Comfort aufzuhalten, steuerte er hinauf zum Fluß auf der Suche nach der geeignetsten und sichersten Stelle, wo er sich mit seinen Begleitern niederlassen konnte und wo sie nach seinem Dafürhalten den geringsten Unmut und die geringste Abneigung bei den Einwohnern erwecken würden. Nach langer, mühevoller Suche ... erblickten sie schließlich eine ausgedehnte Ebene und ein Stück Land, das sich nach unten erstreckte bis in die Mitte des Flußbetts und dort eine Art Halbinsel bildete, die nur durch einen schlanken Hals mit dem Land verbunden war ...

Die Trompeten erschollen, der Admiral ließ die Segel streichen, und die ganze Flotte kam vor demselben zum Stillstand und ... um nicht noch mehr Zeit zu verlieren, ging die Kolonie hier an Land, und jeder der Männer trug seine eigne Ausrüstung und sein Mobiliar zugleich mit den gemeinsamen Vorräten an Land. Zu deren Schutz und zu ihrer eignen Sicherheit, Ruhe und besseren Unterbringung wurde ein Teil der kleinen Halbinsel vermessen; diesen befestigten sie und errichteten, so gut und schnell sie nur konnten, eine Festung darauf im Namen des Herrn.» (William Strachey, 1610.)

Als die etwa hundert Engländer von Newports Schiffen am 14. Mai 1607 auf einer sehr niedrig gelegenen Halbinsel am Nordufer des von ihnen so benannten James River an Land gingen, wurde Amerika nach hundertfünfzehn Jahren erneut in Besitz genommen. Für die Alte Welt wie für die Neue war es ein bedeutender Augenblick: Als hätte Gott selbst in diesem Moment die Wasser geteilt, wurde eine Phase kolonisatorischer Aktivitäten eingeleitet, die in nur drei Jahrzehnten Siedler aus einem halben Dutzend europäischer Länder auf den nördlichen Kontinent brachten. Vier Jahre später hatten die Franzosen bereits ein kleines *comptoir* in Quebec, die Holländer hatten das Mündungsgebiet des Hudson erforscht, und die Spanier hatten in Mexiko den Rio Grande überquert und sich in Santa Fe niedergelassen. Dreißig Jahre später bestanden neben dem Dutzend spanischer Siedlungen in Mexiko und der Garnison St. Augustine nicht weniger als neunundzwanzig Kolonien in Nordamerika und der Karibik, und die europäische Bevölkerung außerhalb Mexikos betrug insgesamt annähernd sechzigtausend Menschen.[1]

Eine typisch europäische Kolonie gab es hier nicht: Jede einzelne spiegelte unweigerlich die Lebensweise des Ursprungslandes (oder -gebietes) ihrer Begründer wider, wenn sie auch den jeweiligen Bedingungen angepaßt war. Die französischen Siedlungen am Sankt-Lorenz-Strom waren kaum mehr als Handelsniederlassungen, die von einigen gottesfürchtigen Familien betrieben wurden; die holländischen Kolonien am Hudson und Delaware (ebenso wie die schwedischen und finnischen Posten am Delaware) waren kaum mehr als Transitlager für die Pelz- und Lederlieferungen nach Europa, die nur in dem Maße Landwirtschaft betrieben, als es zur Ernährung der kleinen Niederlassung erforderlich war. Die spanischen Siedlungen im Südwesten waren entweder Bergarbeiterlager oder befestigte Missionsdörfer, kleine Zwischenstationen, von denen aus Seelen bekehrt und Gold und Silber verschifft werden konnten. Die englischen Kolonien in Neuengland, Maryland und Virginia waren im allgemeinen bevölkerungsreicher, da ihre permanente Besiedelung geplant war und sie daher von der landwirtschaftlichen Nutzung immer größerer Gebiete abhängig waren. Mit Ausnahme einiger dem Handel oder den Freibeutern vorbehaltener kleiner Inseln waren die Siedlungen in der Karibik für die Landwirtschaft bestimmt, die von der Arbeit armer Weißer und (in zunehmendem Maße) schwarzer Sklaven abhängig war.

Jamestowns Geschichte mag nicht typisch sein, in vieler Hinsicht ist sie aber zumindest repräsentativ – und als die Geschichte der ersten Niederlassung jenes Landes, das in der Schlacht um den Kontinent letztendlich siegte, ist sie ein warnendes Beispiel. Sie zeigt uns ganz deutlich, wie die zweite große Kolonisationsmacht das Vermächtnis des Kolumbus verwirklichte, nämlich mit der gleichen rücksichtslosen Entschlossenheit, der gleichen Mischung von Unerschrockenheit und Grausamkeit wie die erste – und auch die tragische Wirkung ihrer Unternehmungen und der Triumph ähneln sich. Die spanischen Eroberungsmethoden mögen sich von den englischen unterschieden haben, gemeinsam war ihnen aber das Bestreben, ihr eigenes fremdes Volk hierherzubringen, die politische und ideologische Vorherrschaft an sich zu reißen, große Gebiete zu besiedeln und zu beherrschen, ein Volk von Untertanen militärisch in Schach zu halten, die Ressourcen des Bodens auszubeuten – und geistig erneuert aus diesem Prozeß hervorzugehen.

Auch ihre Vorstellungen von Siedlungen, die Ableger des Mutterlandes sein sollten, glichen einander. Die Halbinsel, auf der die Engländer ihre Lager aufschlugen, war laut John Smith «ein gut geeigneter Ort für die Errichtung einer großen Stadt» – einer großen *europäischen* Stadt, muß man ergänzen, mit Farmen und Fabriken im englischen Stil, mit Häusern, Kirchen und Lagerhäusern direkt aus der englischen Landschaft, bewohnt von Männern (und am Ende auch Frauen) aus England.

Das erste Gebäude dieser Stadt war, wie in La Navidad und Isabela, eine Festung.[2]

«[Mai 1607] Newport, Smith und zwanzig andre Männer wurden ausgesandt, das Quellgebiet des Flusses zu erkunden; an verschiedenen kleinen Siedlungen kamen sie vorbei, in sechs Tagen gelangten sie zu einem Dorf, Powhatan genannt. Es hat zwölf Häuser, lieblich auf einem Hügel angeordnet, davor liegen drei fruchtbare Inseln, umgeben von vielen Getreidefeldern. Der Ort ist äußerst angenehm und von Natur aus reich, sein Fürst wird Powhatan genannt, und sein Volk sind die Powhatan-Indianer.» (John Smith, 1612.)

Was wir über die Indianer im Gebiet der Chesapeake Bay im siebzehnten Jahrhundert wissen, haben wir von einigen englischen Eindringlingen, die zwar nicht ganz ohne Mitgefühl, doch immer streng anglozentrisch orientiert waren. Darüber hinaus beziehen sich die Informationen nur auf die ersten Jahrzehnte, als die indianische Bevölkerung noch nicht dezimiert und verstreut war. Ende des neunzehnten und Anfang des zwanzigsten Jahrhunderts wurden zwar wiederholt wissenschaftliche Untersuchungen durchgeführt, allerdings nur in winzigen Restgruppen, die bereits so zerstreut und vermischt waren, daß sie kaum als Nachfahren der ursprünglichen Kultur zu bezeichnen sind. Die indianischen Stätten der Chesapeake Bay sind archäologisch noch weniger erforscht als die auf dem vormaligen Española. Man sollte daher alle Aussagen mit großer Vorsicht treffen.[3]

Wahrscheinlich lebten die Völker im Südwesten der Chesapeake Bay – im Grunde weiß man nicht, wie sie wirklich hießen, man kennt sie aber unter dem möglicherweise falschen Namen, den Smith ihnen gegeben hat* – damals in einem losen Verband von Dörfern und Provinzen mit einem namengebenden Weisen, von den Europäern als «Häuptling» bezeichnet, an der Spitze. Dabei handelte es sich weder um eine «Monarchie» noch um ein «Reich», auch wenn die ersten Engländer diese Begriffe ganz selbstverständlich verwendeten, zweifelsohne auch nicht um eine organisierte «Konföderation», wie sie Thomas Jefferson und eine ganze Reihe moderner Kommentatoren beschrieben haben; im besten Fall um eine Gemeinschaft von «Stämmen», wie die Engländer sagten (eigentlich Dörfer mit zweihundert bis tausend Einwohnern), die durch Sippenzugehörigkeit, politische Ergebenheit, Abgaben und Verpflichtungen sowie durch wiederholte Verteidigungsbündnisse miteinander verbunden waren.

Wahrscheinlich war dieses System deshalb so wenig stabil, weil es noch relativ neu war; es dürfte erst in den achtziger oder neunziger Jahren des sechzehnten Jahrhunderts entstanden sein und vereinigte zunächst nur etwa ein halbes Dutzend, später vermut-

* Aus glaubwürdigeren englischen Berichten geht hervor, daß die Eingeborenen dieses Wattengebiet Tsenahkommaka («dicht bevölkertes Land», «seit langem bewohntes Land» oder «gegenüberliegendes Land») nannten, daher sollte man diese Menschen unter dem Namen Tsenahkommaka-Indianer zusammenfassen. Das Dorf oder der «Stamm» des Häuptlings wurde als Powhatan, Poaton oder Poetan bezeichnet, für die Engländer nicht nur Name des Häuptlings, sondern auch der von ihm geleiteten Gemeinschaft; wir haben jedoch keinen Hinweis darauf, daß die Indianer selbst für ihr Dorf diesen Namen wählten.

lich etwa dreißig Dörfer. Ob sich die Indianer zusammenschlossen, um besser gegen die Vernichtung ihrer Gesellschaft durch die europäischen Epidemien ankämpfen zu können oder um sich gegen den Ansturm der europäischen Invasoren zu verteidigen, läßt sich nicht mehr feststellen; da es vermutlich in keinem anderen Gebiet östlich der Appalachen eine so durchorganisierte Gesellschaft gab, könnte diese Ausnahmeerscheinung durchaus auf die genannten äußeren Einflüsse zurückzuführen sein.[4]

«[Juni 1607] Kapitän Newport reiste nach England, und wir (einhundertundvier Personen) blieben bei karger Nahrung zurück, da die Eßwaren zur Neige gingen, außerdem ... drohte uns Gefahr von den Wilden. [...] Am 6. August starb John Asbie an Blutfluß. Am neunten Tag starb George Flowre an den Beulen. Am zehnten Tag starb Gentleman William Bruster an einer Wunde, die ihm die Wilden zugefügt hatten, und wurde am elften Tag begraben. [...]

Unsere Leute fielen grausamen Krankheiten wie den Beulen, dem Blutfluß und dem hitzigen Fieber zum Opfer oder fielen in Kämpfen, und manche schieden plötzlich dahin, die meisten aber mußten Hungers sterben. Nie waren Engländer so unglücklich und verlassen in einem fremden Land wir wir in diesem neu entdeckten Virginia.» (George Percy, 1625.)

Von Anfang an und mehrere Jahrzehnte hindurch beherrschte der Tod das Leben in der Kolonie Virginia.

Selbst mit Hilfe von Percys doch einigermaßen detailliertem Bericht können kaum genaue Zahlenangaben gemacht werden; allerdings steht fest, daß die große Mehrheit der zwischen 1607 und 1625 nach Virginia entsandten Kolonisten ums Leben kam und die meisten kaum ein Jahr überlebten. John Smith schätzte 1631, daß bis 1625 «an die achttausend Männer» in Virginia «ihr Leben ließen», und die verfügbaren Zahlen scheinen ihm recht zu geben: Die Passagierlisten der Schiffe von London nach Virginia verzeichneten in diesem Zeitraum mindestens 7289 Personen (wahrscheinlich waren es noch mehr, da es für die Jahre 1610 bis 1618 nur wenige Daten gibt), während bei einer Zählung der englischen Bevölkerung Amerikas im Jahre 1625 nur etwa 1210 lebende Personen vermerkt wurden, die zu 85 Prozent erst nach 1618 ins

Land gekommen waren. Wir müssen daher annehmen, daß mindestens 6000 Personen in Jamestown oder auf dem Weg dorthin den Tod fanden; die einige Jahre später vorgenommene Schätzung des Gouverneurs William Berkeley – «Bis jetzt kam kaum einer von fünf übers erste Jahr» – ist also, so furchtbar das klingt, ein wenig zu niedrig angesetzt.*

Wie läßt sich eine Sterblichkeitsrate dieser Größenordnung begründen?

Die einfache, schreckliche Erklärung entspricht voll und ganz der traurigen kolumbischen Tradition: Mitten im Überfluß der Natur, die bei geringstem Arbeitsaufwand reichlich Nahrung hervorgebracht hätte, waren die Kolonisten von Jamestown nicht in der Lage, sich zu ernähren und sollten es auch in den nächsten zwei Jahrzehnten nicht erlernen. Immer wieder wird berichtet, daß die Kolonisten «nicht die Voraussicht hatten ... Getreide zu bauen, um im Winter Brot zu haben» oder «nicht gezwungen wurden (da sie selbst nicht gewillt waren), Getreide zu säen, um sich die Mägen zu füllen oder Wurzeln, Kräuter usw. zu ihrem eignen Wohl in ihren Gärten oder anderswo zu pflanzen». Immer wieder heißt es, daß sie sich unverantwortlichem «Müßiggang und abscheulicher Trägheit» hingaben, «Faulheit» und «Lustlosigkeit» an den Tag legten – «hätte man sie nicht gezwungen ... sie hätten

* Es könnte noch eine andere Erklärung geben, die aber, nicht zuletzt aufgrund der Zensur durch die Virginia Company, sicher kaum Niederschlag in gedruckten Werken fand, so daß wir auf Mutmaßungen angewiesen sind. Die Zahl der Hinweise auf die Anziehungskraft der indianischen Lebensweise läßt – neben mehreren Gesetzen zur Bestrafung der zu den Indianern Entflohenen – jedoch darauf schließen, daß ein Teil der potentiellen Kolonisten in die Wälder flüchtete und sich den Powhatans anschloß. Selbst die gesetzgebende Versammlung Virginias, die billigte, daß ergriffene Flüchtlinge «durch alle möglichen Methoden wie Hängen, Erschießen und Rädern zu Tode gebracht» würden, gestand ein, daß Hunger und grausame Behandlung «viele dazu zwangen, zum wilden Feind überzulaufen, um Linderung zu erfahren». Die zuverlässigsten Daten, die wir besitzen, stammen aus den Jahren 1618 bis 1622: 3570 Personen schifften sich in diesem Zeitraum nach Amerika ein (700 befanden sich bereits in Virginia), 1625 waren aber nur noch 1240 am Leben – eine unglaublich hohe Sterblichkeitsrate mit etwa 750 Todesfällen pro Jahr also, die doch gewiß aufgefallen wäre und einen Niederschlag in schriftlichen Zeugnissen gefunden haben müßte. Da dies aber nicht der Fall war, darf man annehmen, daß peinlich viele gute Engländer beschlossen, gute Indianer zu werden.

alle gehungert». Immer wieder sprach Percy von «dieser Hungerszeit».

Diese Unfähigkeit, sich den Notwendigkeiten unterzuordnen, hat den Historikern ebenso wie den Zeitgenossen immer wieder Rätsel aufgegeben, und die verschiedensten Ursachen wurden dafür ins Treffen geführt: Percy und andere nach ihm sprechen von Schwächung durch Krankheit, obwohl selbst die gesunden Männer offensichtlich arbeitsscheu und unproduktiv waren und die landeinwärts gelegenen, weniger krankheitsanfälligen Siedlungen ebenso unbekümmert in den Tag hinein lebten; John Smith spricht von mangelnder Disziplin; allerdings war auch in der Zeit nie genug Nahrung vorhanden, als er und seine Nachfolger die Kolonie als Militärlager führten, so daß weiterhin Hunderte an Hunger starben. Weiter wird gesagt, es habe zu viele «feine Herren» gegeben; als die Ernten mit gutem Gewinn verkauft wurden, zeigte sich jedoch, daß diese hochwohlgeborenen Dandys sehr wohl hart arbeiteten und überaus leistungsfähig waren; Ralph Hamor meint, es habe am freien Unternehmertum gemangelt; aber auch als man 1612 Parzellen zu vergeben und Privatinitiativen zu fördern begann, hungerten die Menschen weiter, und noch 1619 herrschte in der Kolonie «großer Mangel an Getreide».

Diese befremdliche «abscheuliche Trägheit unseres Volkes» tritt überall auf – in den Kolonien der Spanier (zum Beispiel Isabela), der Franzosen (zum Beispiel France-Roy und Quebec) und der Holländer (zum Beispiel Fort Orange) und in anderen englischen Niederlassungen (zum Beispiel Plymouth) –, und sie wird meines Erachtens nur verständlich, wenn man versucht, die Empfindungen der Europäer angesichts der amerikanischen Wildnis nachzuvollziehen. Die überwältigenden Eindrücke eines Lebens inmitten der ungezähmten Natur weckten in den Siedlern, die jetzt nicht mehr nur Reisende waren, düstere Angst- und Haßgefühle, und Verwirrung und Verunsicherung waren die Folge. Man fühlte sich nicht hierher gehörig, man war gefangen in einer feindlichen Umgebung, die von feindlich gesinnten Fremden wimmelte, und es zeigte sich, daß die Hoffnungen auf Reichtum und Sorglosigkeit nicht erfüllt werden konnten. Die vertrauten Regeln und Selbstverständlichkeiten hatten keine Gültigkeit mehr, die Normen, an denen sich das Selbstverständnis orientiert – Stand, Beruf, Bildung, Erfahrung oder Fähigkeit –, waren nicht mehr anwendbar. Unter solchen Umständen ist es durchaus denkbar, daß die in der europäischen Kultur bereits tief verwurzelte Entfremdung von der Natur – besonders stark ausgeprägt war sie bei den Siedlern aus den städtischen Ballungsräumen Südostenglands oder Südspaniens – eine psychologische Arbeitsunfähigkeit, ein Sich-Zurückziehen, eine geistige Embryonalstellung bewirkte, was nach außen hin wie Trägheit und Faulheit wirkte. Möglicherweise war durch diese Entfremdung eine ausgeprägte psychische Barriere entstanden, die so mancher nicht einmal in Mangelzeiten überwinden konnte.

Für diese Erklärung sprechen Untersuchungen an anderen Personengruppen, die neue, unbekannte Lebensumstände psychisch nicht bewältigen konnten. Die Historikerin Karen Ordahl Kupperman hat die Symptome der ersten Kolonisten von Jamestown mit denen von Kriegsgefangenen, in erster Linie Amerikanern in Korea und Japan, deren Haftbedingungen weit unter ihren kulturellen Erwartungen lagen, verglichen und erstaunliche Ähnlichkeiten festgestellt. Die in Jamestown so häufig beobachtete Apathie und Lethargie könne durch die auch für die amerikanischen Kriegsgefangenen typische «isolierte Situation und Hoffnungslosigkeit» verursacht worden sein und sie zu dem gleichen «verhängnisvollen Rückzug aus dem Leben» veranlaßt haben. Der Zustand verschlimmere sich noch, so Kupperman, wenn die Männer sich auf keine richtungweisende Führung stützen können und gleichzeitig keine akzeptable und vertraute Arbeit haben – unter solchen Bedingungen lebten sowohl die amerikanischen Kriegsgefangenen als auch die Siedler von Jamestown.

Isolierte Situation – Apathie – Hunger – Tod. Das war das soziale Grundmuster in der Siedlung Jamestown während der ersten zwei Jahrzehnte ihres Bestehens. Die Virginia Company hatte viel mehr Menschenleben – ausschließlich Engländer – auf dem Gewissen, als sie je retten konnte.

«[April 1608] Das größte Unheil brachten unsere Goldscheider mit ihren goldnen Versprechungen, die alle Männer zu Sklaven werden ließen aus Hoffnung, reich belohnt zu werden. Es wurde nicht gesprochen, noch gehofft, noch gearbeitet, nur Gold geschürft, Gold gewaschen, Gold geschieden, Gold geladen, solch unsinniges [Gerede] war da von Gold, daß ein verrückter Gesell im Sand begraben zu werden begehrte, damit sie mit ihrer Kunst Gold aus seinen Gebeinen machten. [...] Kapitän Smith hielt nichts von diesen goldnen Erfindungen ... er schätzte ihre schmutzige Kunst nicht, die diese und viele andere Leidenschaften hervorbrachte, nichts bereitete ihm je größere Qualen, als zusehen zu müssen, wie alle notwendigen Geschäfte vernachlässigt wurden, um ein so trunkenes Schiff mit so viel goldnem Plunder zu beladen.» (John Smith, 1612.)

Als Christopher Newport im August 1607 zum ersten Mal nach London zurückkehrte, präsentierte er der Virginia Company mehrere Fässer voll seiner Meinung nach goldhaltigem Gestein und versprach «ein Königreich, voll von diesem Erz». Offenbar ließ man sich durch die Tatsache, daß die Steine sich als wertlos erwiesen, nicht entmutigen: Auf seiner zweiten Reise nach Jamestown im Januar 1608 nahm Newport zwei Goldschmiede, zwei Goldscheider und einen Juwelengoldschmied sowie hundertfünfzehn neue Siedler mit, die vermutlich meist von dem träumten, was Smith als «goldne Erfindungen» verurteilt hatte. Das Ergebnis ihres mühevollen Schürfens, Waschens und Verladens wurde nicht aufgezeichnet, Newport nahm jedoch weitere Proben mit, als er zu Beginn des Frühlings zu seiner zweiten Rückreise aufbrach. Danach herrscht ohrenbetäubende Stille.

Keine Rede mehr von Gold: In den lockenden Aufrufen der Virginia Company steht nichts mehr von Erzen welcher Art auch immer, jetzt wird das «weitläufige und großartige» Land gepriesen, das «liebliche und heilsame» Klima, der «gesunde und fruchtbare» Boden. Kein Wort mehr vom «goldnen Plunder».

Die Engländer können einem leid tun. Bei keiner ihrer Unternehmungen stießen sie auf «die Gold- und Silbergruben», die den Spaniern überall in den Schoß zu fallen schienen. «Es war ein glücklicher Zufall für die Spanier», schrieb John Smith einigermaßen verbittert, «daß sie in jene Gegenden kamen, wo ... Gold und Silber in Verwendung standen. [...] Wir aber gerieten in ein

Land, das noch so war, wie Gott es erschaffen hatte. Und wir fanden nur ein untätiges, leichtsinniges, verstreutes Volk, das nichts von Gold, Silber oder anderen Waren wußte.» Dennoch gaben sie ihren Traum niemals auf; George Chapman verfaßte für die Feiern von Prinzessin Elisabeths Hochzeit im Jahre 1613 ein Maskenspiel, in dem die Handlung sich um einen riesigen Felsen aus Gold herum abspielte, Symbol für Virginia.

«[Mai 1610] Alles in allem: mangelhafte Regierung, reichlich Untätigkeit, die Hoffnungen durch Verräter zunichte gemacht, der Markt durch die Seeleute ruiniert, die Netze zerrissen, das Wild in die Flucht geschlagen, die Boote verloren, die Schweine geschlachtet, der Handel mit den Indianern verboten; einige von unseren Männern sind geflohen, einige wurden getötet, und die meisten sind durch den Genuß des brackigen Wassers von Fort James angeschlagen und geschwächt, und infolge all dessen vermehren sich Hunger und Krankheiten.» (William Strachey, 1625.)

Das Jamestown der ersten Jahre, dessen Probleme Strachey hier nur kursorisch aufzählte, ist in allem dem Española Colóns vergleichbar. Gewiß wurde es Opfer von zahlreichen «grausamen Erkrankungen», die nicht zuletzt darauf zurückzuführen waren, daß der Standort der Kolonie ganz nach dem frühen Vorbild äußerst schlecht gewählt war: Ein Großteil der Halbinsel war sumpfiges Überflutungsgebiet und somit Brutstätte für Malaria übertragende Mücken (die Malariaerreger waren erst aus London oder über die Karibik nach Amerika gekommen); von dort kam wahrscheinlich auch das «brackige» und von Typhusbakterien wimmelnde Wasser. Die größten Probleme waren aber selbst geschaffen. Zwischenmenschliche Konflikte wurden ausgetragen in Form von Streit und Zank, Rechtsfehden, Plünderungen, Raub, Betrug, Desertion, Meuterei, Verrat, Piraterei, Mord, Verstümmelung, Folter und Hinrichtung, ganz zu schweigen von den Grausamkeiten, von denen die Rachefeldzüge gegen die Powhatans geprägt waren: «Sie fürchteten weder Gott noch den Menschen», berichtete Strachey von den Siedlern, «wodurch sie den Zorn des Herrn der Heerscharen erweckten und seine Strafen herausforderten.»

Die Tatsache, daß die Kolonie die ersten drei Jahre überstanden hat, ist an sich schon erstaunlich und der Ausdauer von Männern wie John Smith und George Percy, der Entschlossenheit der Investoren in London und – ironischerweise – vor allem dem (geschenkten, getauschten oder gestohlenen) Mais der Powhatans zu verdanken. Dennoch schwand die Bevölkerung, die im Herbst 1609 noch ungefähr 600 der ursprünglich etwa 1900 Siedler umfaßte, so rasch, daß «sechs Monate später kaum mehr als sechzig unglückliche und armselige Wesen übrig waren». Als Sir Thomas Gates und seine 150 Männer im Mai 1610 in Jamestown eintrafen, fanden sie eine völlig verzweifelte und geschwächte Gruppe vor, die nichts als «jammern und wehklagen und einer den anderen anklagen oder entschuldigen» konnte; sie entschlossen sich daher, innerhalb weniger Wochen das Experiment in Virginia zu beenden und die Kolonie aufzugeben, und am 7. Juni 1610 traten sie alle die Heimreise nach England an.

«[März 1610] Wir halten es für angebracht, daß Eure Lordschaft sie alle in mehrere Gruppen und Kompanien von fünfzig oder mehr teilt, wenn Ihr es für geboten haltet, und ihre Führung mehreren Offizieren und Hauptleuten überantwortet, die in der Kriegsführung und der Disziplin des Krieges geübt und ausgebildet sind. [...] Eine schnelle und uneingeschränkte Rechtsprechung gepaart mit besonnener richterlicher Tätigkeit, wie nach Eurer Lordschaft Ermessen für diesen Ort am geeignetsten erscheinen mögen, werden der beschleunigten Erledigung ebenso dienlich sein wie als Beispiel und im Falle von Verbrechen, handelt darin gemäß Eurem Auftrag und gutem Ermessen.» (Virginia Company, an Lord De La Warr, 1610.)

In dem Bewußtsein, daß Jamestown buchstäblich in Auflösung begriffen war, entschlossen sich die Londoner Geldgeber im Frühjahr des Jahres 1610 zu einer neuen finanziellen Anstrengung im Interesse der Virginia Company: Sie entsandten den Adligen und erfahrenen Soldaten Thomas West, Lord De La Warr, nach Virginia. Er sollte uneingeschränkt über die Kolonie herrschen, die Ordnung wiederherstellen, Jamestown zu einem Militärlager umgestalten, den lästigen Eingeborenen zu Leibe rücken – und die Kolonie zu einem einträglichen Unternehmen machen.

Durch einen Zufall, in dem die Engländer die Hand der Vorsehung zu erkennen meinten, traf De La Warr auf dem James River mit Gates und den Überresten der Kolonie zusammen, die sich eben auf die Heimreise gemacht hatten. Gemeinsam kehrten sie nach Jamestown zurück, und am 10. Juni, einem Sonntag, ging De La Warr an Land, «fiel auf die Knie und sprach vor uns allen ein langes, stilles Gebet, und danach begab er sich in die Stadt», um seine Anordnungen zu verlesen. Gemäß diesen im darauffolgenden Jahr noch erweiterten Anordnungen der Virginia Company wurde die Kolonie in den nächsten zehn Jahren auf eine Weise regiert, die dem Standrecht gleichkam; nicht nur dem heutigen Betrachter erscheinen die Strafen allzu streng, auch damals wurden sie, zum Beispiel vom Schreiber der Virginia Company, Ralph Hamor, als «grausam, ungewöhnlich und barbarisch» bezeichnet.

Die Anordnungen umfaßten auf etwa sechzig kleingedruckten Seiten eine lange Liste von verbotenen Handlungen, die fast alle «mit dem Tode zu bestrafen» seien. Die Todesstrafe stand zum Beispiel auf Gotteslästerung, Aufwiegelung, Desertion, Sodomie, Ehebruch, Vergewaltigung (unter anderem von «Jungfrauen und Indianerfrauen»), Diebstahl aus dem kirchlichen oder gemeinsamen Lager oder vom Nachbarn (einschließlich Kleidung oder Werkzeug), Meineid, Handel mit Indianern und eine Reihe anderer Vergehen; ausgepeitscht wurde man, wenn man in der Öffentlichkeit Wäsche wusch oder das Waschwasser auf die Straße schüttete, wenn man wagte, im Umkreis einer Viertelmeile um das Fort «den Zwängen der Natur» nachzukommen, wenn man «Unzucht trieb und dafür Beweise vorgelegt wurden» oder sich zahlreicher anderer kleiner Übertretungen schuldig machte; auf Fluchen stand beim ersten Mal «strenge Bestrafung», beim zweiten Mal wurde «eine Nadel durch die Zunge gestoßen», und beim dritten Mal wurde es mit dem Tod bestraft.

Virginia bestand weiter; ob dank dieser Maßnahmen, wie manche Historiker behaupten – in Anlehnung an Kapitän Smith, dem sie durchaus angemessen schienen –, ist allerdings schwer nachzuweisen. Eines aber ist gewiß: Die Kolonie betrieb die Arbeit einer militärischen Invasionstruppe in einem fremden Land.

«[August 1610] Nachdem ich meine Soldaten formiert hatte und einen Hauptmann oder Leutnant an die Spitze jeder Truppe gestellt hatte, marschierten wir auf die Stadt. [...] Und dann kamen wir über sie, töteten fünfzehn oder sechzehn von ihnen und schlugen fast alle übrigen in die Flucht. [...]

Als mein Leutnant die Königin und ihre Kinder sowie einen Indianer als Gefangene zu mir brachte, tadelte ich ihn, weil er sie geschont hatte. Er antwortete, da sie nun in meiner Hand wären, könne ich mit ihnen verfahren, wie ich wolle. Daraufhin ließ ich dem Indianer den Kopf abschneiden. Sodann schickte ich meine Truppen aus, um ihre Häuser niederzubrennen und ihr Getreide abzumähen, das in der Umgebung der Stadt wuchs.

Darauf kehrten wir mit der Königin und ihren Kindern zu unseren Booten zurück, und kaum waren wir auf dem Wasser, begannen meine Soldaten darüber zu murren, daß die Königin und ihre Kinder geschont würden. Daraufhin wurde ein Rat einberufen und entschieden, die Kinder zu töten. Um dieses in die Tat umzusetzen, warfen wir die Kinder über Bord und schossen ihnen im Wasser das Gehirn aus dem Schädel.» (George Percy, 1612.)

Es erweckt Abscheu und Mitleid zugleich, wenn man aus englischen Texten erfährt, wie die Engländer – auch George Percy, jener Gentleman mit goldbesetzten Anzügen und Zylinder – schließlich mit ihren eingeborenen Gastgebern fertig wurden, um so mehr, als die Beschreibungen so nüchtern und unbekümmert, so ohne jegliche Gewissensbisse sind. Im Vergleich zur Eroberung Mexikos oder Perus mag es sich hier um «Kleinkram» handeln, wie der Historiker Howard Mumford Jones erklärte, der Unterschied liegt allerdings nur in der Breite, nicht in der Härte des Vorgehens.

Wenn auch die meisten Historiker nichts davon schreiben, so dürfte es doch ausreichend Beweise dafür geben, daß mit der Landung De La Warrs im Sommer 1610 ein regelrechter Krieg zwischen den Engländern und den Powhatan-Indianern begann. Die Anordnungen der Virginia Company an ihn sind eindeutig: Der «Feind sind die Eingeborenen», hieß es darin, und alle Häuptlinge seien entweder gefangenzunehmen oder zu tributpflichtigen Untertanen zu machen, die «König Jakob als ihren alleinigen Herrscher anerkennen» und regelmäßige Abgaben in Form von Getreide und Fellen zu liefern sowie Arbeitskräfte zur Verfügung zu stellen haben, damit weite Gebiete vom Wald befreit» werden konnten. Und sollten sich die Eingeborenen diesen Maßnahmen widersetzen und «landeinwärts fliehen und ihre Siedlung verlassen», so sollten sich die englischen Truppen der «Hälfte ihres Getreides und ihrer Ernte» bemächtigen und die Häuptlinge und ihre Kinder entführen, um sie «in Euren Sitten und Eurem Glauben» zu unterweisen, wodurch «ihr Volk Euch ohne Zweifel gehorsam sein wird und allmählich christliche Sitten und den christlichen Glauben annehmen wird». Das ist nichts anderes als eine Kriegserklärung.

Das erste Scharmützel fand im Juli statt: Gates überfiel das einige Meilen stromabwärts an der Mündung des James River gelegene Dorf Kecoughtan, «tötete fünf und verwundete viele andere» und «schlug die übrigen Wilden in die Flucht», brannte das Dorf nieder und zerstörte die Maisfelder der Umgebung. Dann zog Percy aus mit dem Auftrag, das Dorf Paspahegh nördlich von Jamestown zu zerstören, und befahl das Blutvergießen, von dem er so kaltblütig berichtete. Danach begann De La Warr, was der Neuzeithistoriker J. Frederick Fausz, der als einer von wenigen die wahren Hintergründe dieser Ereignisse erkannt hat, als «vier Jahre dauernden brutalen und grausamen Rachefeldzug, der an die Schlachten in Irland erinnerte» (in denen De La Warr gedient hatte und in deren Folge er zum Ritter geschlagen worden war) bezeichnet. Die Orte Waraskoyak, Nansamund, Chickahominy, Appomatuk und Paspahegh wurden mehrmals überfallen, und zahlreiche Krieger wurden umgebracht, Häuser niedergebrannt, Kanus und Fischwehre zerstört und Maisfelder zertrampelt und in Brand gesteckt. Sir Thomas Dale, der im Mai 1611 De La Warrs Position übernahm, setzte den Konflikt (mit «einer größeren Zahl» von Männern und «einem umfangreichen Waffenlager», wie Percy berichtete) fort und «machte weitere Einfälle und Streifzüge bei den Wilden» flußaufwärts bis in die entlegensten Gebiete der Powhatans bei der Fall Line, etwa fünfzig Meilen westlich von Jamestown.[5]

Schließlich flehten die Powhatans um Frieden, sie selbst wußten aber wohl, daß es nicht mehr sein konnte als ein Waffenstillstand. Vorangegangen war mit größter Wahrscheinlichkeit Dales Sturm auf ein flußaufwärts gelegenes Dorf, Hauptquartier des von den Engländern Powhatan genannten Wahunseneka im Frühjahr 1614, oder sein vernichtender Feldzug gegen das bis dahin als unverwundbar geltende Dorf Pamunkey um die gleiche Zeit; Anlaß der Waffenruhe, der beiden Seiten die Möglichkeit gab, das Gesicht zu wahren, war die berühmte Hochzeit des Kolonisten John Rolfe mit Wahunsenekas Tochter Matoakah, die unter ihrem Kosenamen Pocahontas in die Geschichte eingegangen ist.* Es ist durchaus denkbar, daß eine gewisse Zuneigung zwischen den beiden Partnern dieser Vereinigung entstanden war – wie Ralph Hamor versicherte, «liebte Rolfe Pocahontas, und sie liebte ihn» –, dennoch liegt es auf der Hand, daß sie in erster Linie politisch begründet war und nicht nur dem Krieg ein Ende setzen sollte, sondern auch zu einem normalen Verhältnis zwischen zwei Völkern beitragen sollte, die nun doch Seite an Seite leben mußten. Jedenfalls erklärte Rolfe seinen militärischen Vorgesetzten, er strebe die Heirat nicht an «aus dem ungezähmten Begehren fleischlicher Liebe: sondern zum Wohle dieser Pflanzung, zur Ehre unseres Landes ... und um ein ungläubiges Wesen zum wahren Erkennen Gottes und Jesu Christi zu bekehren». Von Matoakahs Gefühlen ist uns nichts überliefert.

So endete der erste Krieg zwischen den Engländern und den Powhatans mit einer seltsamen Heirat und dem Sieg der bewaff-

---

* Es besteht Grund zu der Annahme, daß «Pocahontas» «kleiner Schalk» bedeutet, wie die Engländer meinten; ich bin allerdings davon überzeugt, daß es sich um eine Form des algonkinischen Wortes *pocohaac* handelt, das laut William Strachey soviel wie «Geheimnis eines Mannes» oder «Penis» heißt. Aller Wahrscheinlichkeit nach hatten die Powhatans ebenso wie andere Gruppen der Algonkin-Indianer nichts gegen voreheliche Sex einzuwenden – vielmehr förderten sie ihn als Methode der Werbung und Partnerwahl – und Matoakah, die diesen Namen bereits trug, als sie, vermutlich kaum zwölf- oder dreizehnjährig, 1608 erstmals auf Engländer traf, war wohl noch koketter als die meisten anderen. Sie war übrigens *keine* Prinzessin, wenn sie die Engländer auch als solche betrachteten; sie war die Tochter eines Häuptlings, gemäß der weiblichen Erbfolge ging die Macht in der nächsten Generation aber auf die Söhne und Töchter seiner ältesten Schwester über.

neten Eindringlinge. (1622 und 1644 kam es erneut zu kriegerischen Auseinandersetzungen, die militärisch ebenso ausgingen.) Das Ereignis verdient, in die Geschichte einzugehen, denn es leitete eine tragische Entwicklung ein, in deren Verlauf sich auf der Seite der amerikanischen Eingeborenen Niederlage auf Niederlage häufte.

Gewiß waren die Engländer den Indianern gegenüber nicht ausschließlich feindlich gesinnt, weder in Virginia noch später in Neuengland und Maryland. Es gab sogar Leute, wenn auch eine Minderheit, die mühsam ihre Sprache erlernten, ihre Kulturen erforschten und ihre Religionen und Mythen aufzeichneten. Wie die Ereignisse im frühen Virginia zeigen, ist jedoch die Figur des edlen Wilden in der englischen Kolonisationsgeschichte noch weniger ausgeprägt als in der spanischen; in der gesamten englischen Geschichtsschreibung dieser Zeit wird man niemanden finden, der soviel Mitgefühl für die Indianer hatte wie ein Las Casas. Das Bild des Garten Eden wurde zwar manchmal evoziert («die Leute sind überaus entgegenkommend, liebevoll und treu, sie kennen keine Arglist und keinen Verrat, und sie leben wie im goldnen Zeitalter»), allerdings von Leuten, die nie aus England hinausgekommen waren oder kaum die amerikanischen Küsten kannten; die Siedler, die kamen, um unter den Völkern der Neuen Welt zu leben, fanden wenig Lobenswertes und fast nichts Edles.[6]

Mehrere Faktoren können als Erklärung für die Reaktion der Engländer herangezogen werden. Sie trafen auf eine zahlenmäßig viel kleinere indianische Bevölkerung als die Spanier: Ein Jahrhundert tödlicher Epidemien hatte die Indianer dezimiert; ihre Stammesorganisationen, die ohnehin weniger hoch entwickelt und stabil waren als in Mittelamerika, und ihre Sozial- und Religionssysteme waren durch dieselben verheerenden Krankheiten völlig zerrüttet. Als sich herausgestellt hatte, daß es keine großen Gold- oder Silbergruben gab, in denen die Indianer zur Sklavenarbeit herangezogen werden konnten, und daß die Kolonien von der Landwirtschaft würden leben müssen, schienen die Indianer nur noch im Weg zu sein. Dazu beanspruchten sie Land, das mit englischen Pflügen viel besser genützt werden konnte. Trotz gelegentlicher frommer Taten spielte die Bekehrung oder Zivilisierung der Indianer in der englischen Kolonisation weder theoretisch noch praktisch eine größere Rolle, und es wurden keine ernsthaften Versuche unternommen, die Eingeborenen in die europäische Kultur zu integrieren. Das ist auch einer der Gründe, warum in keiner englischen Kolonie – ganz im Gegensatz zu den spanischen – je wieder von einer englisch-indianischen Ehe zu hören war und im siebzehnten Jahrhundert Mischehen unter Strafe gestellt und schließlich sogar gesetzlich verboten wurden.

Die Engländer neigten also viel eher dazu, den Indianer als das wilde Ungeheuer zu sehen – und sie verwendeten diese Bezeichnung viel häufiger in ihren Schriftwerken als die Franzosen (die eher von *peuple* oder *barbars* sprachen), die Nordeuropäer (denen das Wort «wild» genügte) oder die Spanier (die nur gelegentlich von *bestia* sprachen und am häufigsten das Wort «Indios» verwendeten).

Von Anfang an waren die Eingeborenen von Virginia für die Engländer rohe und tierische Wesen. Der Eindruck sollte vermittelt werden, sie seien *weniger als der Mensch* wert, zwar nicht im wörtlichen Sinn – immer wieder wurde auf ihre schöne Gestalt hingewiesen, wurden ihre Stämme mit anderen Gesellschaftsformen verglichen –, aber doch deutlich genug, so daß kein Leser in die Versuchung kam, sich geistig mit ihnen auseinanderzusetzen. Verdrängung aber schafft, wie wir wissen, irrationale Feindbilder: «... man bedenke, was diese Wesen sind (ich kann sie nicht Menschen nennen)»; «... um sie zu Christen zu machen, müssen sie zuerst zu Menschen gemacht werden»; «... die erste Aufgabe besteht darin, Menschen aus ihnen zu machen.» Der Erfolg der kolonialen Unternehmung war der Maßstab für alles. Ihm wurde der reale, lebendige Indianer untergeordnet. «Indem man den Indianer als wildes Tier sah», so der scharfsinnige Historiker Gary Nash, «konnte man die Zukunft voraussagen und ihr den Weg bereiten, man konnte seine künftigen Handlungen rechtfertigen, noch ehe man sie vollzog.» Das bedeutete, was es für alle wilden Tiere bedeutet: Die Eingeborenen wurden überwacht, eingezäunt, eingeengt in Parks oder Reservaten; gebrochen und gezähmt, «domestiziert», den Beschränkungen der zivilisierten Gesellschaft unterworfen; verdrängt und verstreut, in ferne Gegenden ausgewiesen und von Kopfgeldjägern bedroht; oder in weiten Gebieten gehetzt und ausgerottet.

So gingen die Engländer und die späteren Vereinigten Staaten mit den Eingeborenen Nordamerikas in den nächsten vier Jahrhunderten um.

«[1616–21] Da Eure Majestät ... uns die Ausfuhr von Tabak untersagten, der einzigen Ware, durch die wir bisher die Mittel für unsere Kleidung und andere erforderliche Dinge erlangen konnten ... sehen wir uns in so große Not gestürzt, daß wir keine Hilfe noch Hoffnung mehr haben. Wir müssen alle hier zugrunde gehen, weil es uns an Kleidung und anderen unerläßlichen Dingen fehlt. [...]

Mögen Eure Majestät daher aus königlichem Mitgefühl erwägen ... jene Erklärung zu widerrufen oder uns unsere vormalige Freiheit zurückzugeben, oder uns widrigenfalls alle nach Hause holen zu lassen; möget Ihr nicht die Heiden über uns triumphieren lassen, die sagen, ‹Wo ist jetzt ihr Gott?›» (Gesuch der Kolonisten von Virginia an Jakob I., Januar 1621.)

Jakob I. war bekannt als Gegner des Tabaks und hatte 1604 sogar ein erbittertes Pamphlet unter dem Titel *A Counterblaste to Tobacco* verfaßt, um seine Bürger von der um sich greifenden Gewohnheit des Rauchens abzubringen. Ausdruck seines Mißfallens an den wachsenden Tabakimporten aus Virginia war eine öffentliche Bekanntmachung 1620, durch die die Menge der Tabaksendungen aus Virginia und Bermuda nach London beschränkt wurde. Die Pflanzer von Virginia, die inzwischen vom Tabak abhingen, reagierten mit diesen angstvollen Sätzen. Sie dürften – zugleich mit dem Hinweis, daß die Kolonisten in anderen europäischen Häfen bereitwillige Abnehmer finden würden und London und somit der König die einträglichen Einfuhrzölle verlieren würde – Wirkung gezeigt haben, denn der Stillstand im Tabakhandel war nur vorübergehend, und 1623 erhielten Virginia und Bermuda praktisch das Monopol für den englischen Markt.

Um 1610 gab es die ersten Versuche, Tabak zu pflanzen; vermutlich machte John Rolfe den Anfang, und er war es auch, der die in Virginia gepflanzte, angeblich etwas strenge Sorte durch eine süßere Sorte ersetzte, die er um 1611 oder 1612 aus Westindien mitgebracht hatte. Die erste Schiffsladung Tabak wurde 1613 oder 1614 von Virginia nach London geschickt; armselige vier Faß Tabak, die aber einen so guten Preis erzielten – vermutlich etwa vierzig Shilling das Pfund –, daß die Kolonisten ihre Felder vergrößerten. 1616 wurden 2300 Pfund verschifft, im nächsten Jahr 19388, im darauffolgenden 49528 und 1620 bereits etwa 60000 Pfund; das ganze Interesse der Siedler in Virginia galt nunmehr dem Tabak: «Die einzige Handelsware in beiden Pflanzungen ist gegenwärtig nichts anderes als der Tabak: Damit werden Kleidung, Geräte, Gefährte und alle anderen zum Leben erforderlichen Dinge (mit Ausnahme von Eßwaren) erworben.» Angesichts dieses großen Angebotes fielen die Preise natürlich bald ins Bodenlose; hatte ein Pfund im Jahre 1614 noch vierzig Shilling gekostet, so kostete dieselbe Menge 1619 nur noch dreieinhalb Shilling und 1625 ein bis drei Shilling; mit zunehmender Produktion gingen die Preise ständig weiter zurück, und nach 1640 war ein Pfund nur noch zwei bis drei Pence wert.

Die Pflanzer hatten keine andere Wahl: Bei fallenden Preisen konnten sie ihre Einkünfte nur dann auf gleichbleibendem Niveau halten, wenn sie sich immer mehr im Land der Powhatans ausbreiteten und immer größere Pflanzungen anlegten, Bäume fällten und Land urbar machten, wo immer sie konnten. Tabak braucht immer sehr viel Platz, in Virginia aber noch mehr als anderswo, da der dünne Mutterboden der Wattenküste binnen weniger Jahre ausgelaugt war. Die Pflanzungen wurden dann aufgegeben und fielen der Erosion anheim. «Die Begierde nach großen Mengen Tabak», so klagten mehrere prominente Einwohner Virginias , «verleitet sie dazu, nach fünf oder sechs Jahren weiterzuziehen, daher bauen sie keine guten Häuser, zäunen ihren Grund nicht ein, pflanzen keine Obstbäume usw.» Moderne Ökologen stimmen in die Klage ein, zum Beispiel der Ökohistoriker Albert Cowdrey: «Diese Art der Landwirtschaft gewährleistete, daß ein Minimum an Menschen maximalen Einfluß auf Boden und Wald ausübte», und in keinem Fall war der Einfluß günstig. Die verheerenden Auswirkungen der Tabakpflanzungen sind heute noch im Wattengebiet zu sehen.

Der Reiz des Tabaks war dennoch unwiderstehlich. Tabak konnte binnen einem einzigen Jahr geerntet werden, der Anbau war relativ einfach (die härteste Arbeit, das Pflücken, konnte durch Lohnarbeiter oder Sklaven erledigt werden), er war leicht und konnte lose in großen Mengen verschifft werden, und wenn genug Land dafür geopfert wurde, brachte er enorme Profite ein. Im Vergleich dazu war es unerheblich, daß Tabakrauchen schon damals in keinem guten Ruf stand («ungesund für das Gehirn, gefährlich für die Lunge» und «schädlich für die Gesundheit des ganzen Körpers»).

Es ist kein Zufall, daß diese erste Kolonie, die Keimzelle der künftigen Vereinigten Staaten, ihre Rettung und ihren Weiterbestand einem für den Menschen und die Umwelt schädlichen Produkt verdankte.

«[August 1619] Gegen Ende August kam ein holländisches Kriegsschiff mit einer Tragfähigkeit von 160 Tonnen in Point-Comfort an. [...] [Es] brachte nichts mit als über zwanzig Schwarze, die der Gouverneur und Cape Marchant gegen Eßwaren erstanden.» (John Rolfe, Januar 1620.)

Entgegen den Aussagen in den Lehrbüchern war dies noch nicht der Beginn der Sklaverei in den englischen Kolonien; diese «über zwanzig» Gefangenen wurden zur Arbeit verpflichtet und nach Jamestown gebracht. Schon seit einigen Jahren wurde ein Großteil der Arbeit von ihresgleichen verrichtet, und so sollte es noch ein halbes Jahrhundert lang bleiben. Im allgemeinen verpflichteten sie sich, als *indentured labourers,* zwei bis acht Jahre gegen nichts als Kost und Quartier und die Überfahrt nach Amerika zu arbeiten, danach wurde ihnen ein Stück Land, ein *freedom grant,* zugewiesen, auf dem sie eine Farm bauen konnten. Tausende Engländer (und einige wenige Engländerinnen) kamen unter diesen Voraussetzungen nach Jamestown; wie aus den vorhandenen Aufzeichnungen hervorgeht, wurden diese etwa zwanzig Afrikaner zu denselben Bedingungen angeworben, und zumindest einige von ihnen leisteten ihren Dienst ab und wurden freie Männer.

Diese Art der Vertragsarbeit war nicht weit entfernt von der Sklaverei, auch wenn am Ende die Freiheit stand. Die Arbeitsbedingungen waren wesentlich härter als in England, die Löhne waren noch niedriger und wurden nicht immer ausgezahlt, Verstöße wurden viel strenger geahndet – ein Ehepaar schlug seine beiden Arbeiter tot und kam ungestraft davon; es war nicht ungewöhnlich, daß jemand doppelt so lang wie vorgesehen oder noch länger dienen mußte, weil ihm widriges Verhalten vorgeworfen wurde, oder daß jemand an einen anderen Herren verkauft wurde, wenn die Laufzeit seines Vertrages zur Hälfte abgelaufen war: Man lebe «wie ein verdammter Sklave», so klagte ein gewisser Thomas Best, als ihm dieses Schicksal 1623 widerfuhr.

«[1618–1625] Gemäß einem feierlichen Vertrag und Entschluß fordern wir, der genannte Schatzmeister und die genannte Gesellschaft ... Euch, den genannten Gouverneur und Rat der Besitzung auf, mit der gebotenen Eile eine frühere Anordnung unserer Gerichte in die Tat umzusetzen ... und dreitausend Morgen Land abzugrenzen und mittels Grenzsteinen zu kennzeichnen ... das fortan Gouverneursland heißen soll ... [und] mit dreitausend Morgen ebenso zu verfahren und sie als Gesellschaftsland zu bezeichnen. [...] Schließlich fordern wir Euch hiemit auf und ermächtigen Euch ... alle oben genannten Ländereien und Gebiete in Virginia zu vermessen oder vermessen zu lassen.» (Brief der Virginia Company an George Yeardley, November 1618.)

Die Virginia Company, die nach zwölf Jahren mit unzähligen Werbefeldzügen und leeren Versprechungen ihren eindeutigen finanziellen Mißerfolg eingestehen mußte (sie hatte Schulden in Höhe von achttausend oder neuntausend Pfund), entschied sich im Jahre 1619 zu einer Reorganisation und ernannte Sir Edwin Sandys zum Schatzmeister. Die neue Philosophie und die Hoffnungen aller Investoren wurden nun mit einem einzigen Wort zusammengefaßt: Land.

Gemäß dieser Anordnung, der sogenannten *greate Charter* von 1619, sollten alle Siedler, dic vor 1616 in die Kolonie gekommen waren und immer noch dort waren, 40 Hektar Land bekommen sowie weitere 40, wenn sie Anteile an der Gesellschaft kauften; 20 Hektar sollten jedem Vertragsarbeiter nach Auslaufen seines Vertrages gewährt werden; die Londoner Geldgeber erhielten Anspruch auf Land gemäß der Zahl ihrer Anteile sowie 20 Hektar zusätzlich für jeden Pächter, dessen Überfahrt sie bezahlten; und alle Vertreter der Gesellschaft in Virginia sollten ansehnliche Grundstücke erhalten – 1200 Hektar der Gouverneur, 600 Hektar der Schatzmeister, 40 Hektar alle Geistlichen. In den nächsten sechs Jahren vergab die Gesellschaft nicht weniger als 184 überwiegend 80 Hektar, vielfach aber auch 400 Hektar große Grundstücke, und bis zur Jahrhundertwende wurden durchschnittlich 226 Hektar, also nicht ganz 2,5 Quadratkilometer große Landflächen an englische Siedler in Virginia vergeben.

Landbesitz war zwar immer ein Maßstab für Rang und Würde gewesen, in Virginia hatte er aber keine besondere Bedeutung gehabt, bis herausgefunden wurde, daß dieses Land ein einträgliches und leicht verkäufliches Landwirtschaftsprodukt hervorbringen konnte – das darüber hinaus riesige Flächen in Anspruch nahm. Ein Ansturm auf Land setzte ein, der zur Folge hatte, daß die Kolonisten sich des Landes bemächtigten, wo immer seine Bewohner zu schwach oder zu gering an Zahl waren, um es zu verhindern. Damit begann eine Entwicklung – und es ist nicht übertrieben, sie als leidvoll zu bezeichnen –, die die gesamte amerikanische Geschichte kennzeichnete und ihren Lauf entscheidend mitbestimmte. Der Historiker Michael Rogin stellte es folgendermaßen dar: «Land war in Amerika nicht nur ein Symbol nationaler Identität, sondern auch – in viel extremerem Maß als auf der ganzen übrigen Welt – eine Ware. [...] Land war die wichtigste Wirtschaftsquelle, der entscheidende Faktor für sozialen Status und die wichtigste Quelle politischer Macht im frühen Amerika.»

Die Tatsache, daß das begehrte Land ihnen eigentlich nicht gehörte, bereitete den meisten Engländern kaum Kopfzerbrechen. Sie waren überzeugt (führten es jedenfalls regelmäßig als Rechtfertigung an), daß nicht bebautes Land von niemandem, allenfalls manchmal von den Indianern, genützt wurde und daher auch niemandem gehörte, also frei zu ihrer Verfügung stand: «Wir haben ihnen kein Unrecht getan, da wir uns in ihrer Mitte angesiedelt haben», schrieb ein Engländer 1636 großsprecherisch, «sind doch wir vielmehr die ersten Bewohner, und nicht sie, die nur Gäste in diesem Land sind.» Das war eine völlig falsche Interpretation des sorgfältigen und wohldurchdachten Umgangs der Indianer mit ihrem Land, aber nicht einmal Roger Williams, der einfühlsamste der englischen Kolonisten, wurde sich dessen bewußt.

«Bitte mich, so will ich Dir Völker zum Erbe geben und der Welt Enden zum Eigentum.» So stand es in der Bibel, die König Jakobs Gelehrte erst vor kurzem ins Englische übersetzt hatten; stets hielt sie einen Trost bereit für die Eindringlinge in Virginia und später in Plymouth und Boston, manchmal durchaus praktischen Trost. Ironischerweise klang ganz ähnlich, was ein indianischer Stammesältester 1608 über die weißen Fremden im Land der Powhatans sagte: Sie seien «ein Volk, das von unterhalb der Welt kam, um (den Indianern) ihre Welt wegzunehmen».

In ihrer Haltung dem Land und seinen Bewohnern gegenüber offenbart eine Kultur ihre wahre Seele. In den wilden Weiten Nordamerikas zeigte Europa so deutlich seinen Charakter, daß zwei Jahrhunderte nach Beginn der Eroberung Amerikas der Franzose Tocqueville schreiben konnte: «Man befaßt sich in Europa viel mit den Wildnissen Amerikas, aber die Amerikaner denken keineswegs daran. Die Wunder der unbeseelten Natur lassen sie unberührt, und sie bemerken die herrlichen Wälder, die sie umgeben, sozusagen erst im Augenblick, da sie unter ihren Schlägen fallen. Ein anderer Anblick erfüllt ihr Auge. Das amerikanische Volk sieht sich selbst, wie es durch diese Wildnisse schreitet, Sümpfe austrocknet, die Flüsse eindämmt, die Einsamkeit bevölkert und die Natur bezwingt. Dieses prächtige Selbstbildnis bietet sich der Vorstellungskraft der Amerikaner nicht bloß ab und zu dar; man kann sagen, daß es einem jeden in seinen unscheinbarsten wie in den wichtigsten Handlungen immerzu folgt und daß es beständig seinem Geiste vorschwebt.»

Er hat es genau erfaßt: die Blindheit, die Gefühllosigkeit, die Ausbeutung, die Zerstörung – und vor allem den geheimnisvollen, besessenen Drang, «die Natur zu bezwingen».

Das alles ist von Anfang an zu beobachten. John Smith zum Beispiel zeigte sich unbeeindruckt von den Wundern der Wildnis Virginias: In seinen Aufzeichnungen «Proceedings of the English Colony» beschreibt er in 413 Zeilen (in einer modernen Ausgabe) die Ereignisse der ersten fünf Jahre; nur 83 davon beziehen sich, oft sehr vage, auf die Natur, und ein Drittel dieser Zeilen widmet er den Nahrungsmitteln der Eingeborenen, von denen die Kolonisten abhängig waren; ein einziges Mal schildert er die Landschaft, durch die er so häufig reiste: «... Die Küste ist wasserreich, die Berge sind sehr kahl, die Täler überaus fruchtbar, die Wälder aber sind außerordentlich dicht, voll von Wölfen, Bären, Hirschen und anderen wilden Tieren.» Da Smiths Bericht auf den Tagebüchern und Briefen von mindestens einem Dutzend seiner Gefährten beruhte, war er nicht allein für diese mangelhaften Beschreibungen verantwortlich, und die Berichte von Percy, Archer, Strachey und anderen waren nicht weniger dürftig. Sie sahen die Welt vor ihren Augen nicht.

Zum Teil läßt sich dies zweifellos durch das Fehlen einer Tradition der sorgfältigen und eingehenden Beschreibung der wilden Tier- und Pflanzenwelt in der europäischen Kultur und vor allem in England erklären. Die Engländer waren wenig erfahren in Naturgeschichte – der große Hakluyt zum Beispiel sammelte Berichte über Erkundungen und Abenteuer rund um die Welt, die auf die Topographie, das Klima, den Lebensraum der Tiere und die (nicht nutzbare) Vegetation der Wildnis nicht näher eingingen; die existierenden Herbarien oder Bestiarien, auf die er verwies, waren unzureichend.*

Ich habe den Verdacht, daß diese bemerkenswerte Blindheit, diese *mangelnde Naturverbundenheit* mit derselben geistigen Sperre zusammenhängt, der psychologischen Distanzierung und Erstarrung, die die Siedler von Jamestown in den ersten Jahrzehnten erlebt hatten. Die Engländer waren unfähig, sich der amerikanischen Wildnis anzupassen, zugleich war ihnen aber auch bewußt, daß sie ihr nicht gewachsen waren; daher zogen sie sich zurück und retteten sich in die Vorstellung, daß die Wildnis nicht wirklich existiere oder zumindest nicht real genug sei, um sich damit auseinanderzusetzen und darüber zu berichten. Leug-

* John White, der auf seiner Reise nach Roanoke im Jahre 1585 gut beobachtete und sehr schöne und genaue Aquarelle malte, steht in der langen Geschichte der englischen Naturforschung bis zum achtzehnten Jahrhundert allein da; kein Autor reichte je an ihn heran, nicht einmal sein Begleiter Thomas Hariot, der wahrscheinlich beste Beobachter vor Thomas Jefferson.

nen ist eine verbreitete Abwehrreaktion; sie hat jedoch psychologische Konsequenzen, die nicht als gesund bezeichnet werden können.

Wenn die Engländer die Natur doch wahrnahmen, so betrachteten sie sie erwartungsgemäß schon im Spiegel des Marktes – die Gaben der Natur waren erst interessant, so Tocqueville, «im Augenblick, da sie unter ihren Schlägen fallen». Die Natur war kaum mehr als ein Lager voller Handelsgüter oder potentieller Handelsgüter: In einem der dichten Urwälder stellte John Smith fest, daß «viele ihrer Eichen so hoch und gerade sind, daß sie zwei Quadratfuß und einen halben gutes Bauholz bei einer Länge von achtzehn Metern bringen». Gabriel Archer schrieb beim Anblick eines atemberaubenden Wasserfalls, in dem sich der James River aus dem Piedmont ergoß: «Das Wasser stürzt von riesigen, mächtigen Felsen hinunter und bildet beim Fall fünf oder sechs Inseln, die sich sehr gut zum Bau von Wassermühlen eignen.» Über den Wald von Virginia schrieb Archer:« Er ist im allgemeinen reich an Holz aller Arten, und dieses ist fürwahr so edel, daß keiner von uns (ob Reisender oder Arbeiter) je ein besseres gesehen hat, es eignet sich für jeden Zweck, zum Bau von Schiffen, Häusern, für Planken, Pflökke, Bretter, Masten, Täfelungen, Faßdauben, Piken und anderes.»

Aber nicht nur der Wille zu Ausbeutung und Unterwerfung der Natur treibt den Menschen; noch dunklere Triebe stecken dahinter: Am Anfang steht, wie wir gesehen haben, die Angst, das von Lukrez beschriebene ruhelose Grauen, das nie heftiger empfunden wurde als angesichts der wilden Natur – und davon gab es in Amerika im Übermaß. Die amerikanischen Urlandschaften lösten bei fast jedem Europäer Angst aus, am größten aber war die Angst bei den Protestanten – sie fügten der langen Geschichte des christlichen Widerstands gegen die Natur noch ihre eigene Abneigung gegen Emotionen, Instinkte und Unordnung hinzu; den englischen Puritanern, einer besonders verquälten und strengen Kalvinistensekte, blieb es vorbehalten, dies mit biblischer Rhetorik zum Ausdruck zu bringen. William Bradford, der erste Gouverneur von Plymouth, und Cotton Mather, der Moses von England, schlugen bei der Beschreibung der ersten Landung der Puritaner im Jahre 1620 einen düsteren Ton an: «Was sahen sie als eine trostlose und öde Wildnis voll wilder Tiere und Menschen? Und ihre Zahl kannten sie nicht. Sie konnten nicht auf den Gipfel des Berges Pisgah klettern, um jenseits der Wildnis ein besseres Land zu sehen, das ihre Hoffnungen nähren könnte; denn wohin sie ihren Blick auch wandten (es sei denn zum Himmel empor), nichts bot sich ihren Augen, was sie getröstet oder zufriedengestellt hätte. Denn da der Sommer vorbei war, trug alles die Spuren von Wind und Wetter; und das ganze Land, das voll Wald und Gestrüpp war, bot einen wilden und ungezähmten Anblick.»

Ein und derselbe Ton hallte durch das ganze Jahrhundert: «... eine verlassene Wildnis ... trostlos, grenzenlos und unbekannt» (Edward Johnson), «eine riesige und tosende Wildnis» (Thomas Hooker), «eine Wildnis, in der es nichts gibt als wilde Tiere und tierartige Menschen» (John Winthrop), «eine rohe und unbezähmte Wildnis» (Richard Mather), «eine riesige, heulende Wildnis» (Charles Chauncy). Man hat den Eindruck, daß sich ihre Stimmen überschlagen.

Diesem Grauen der Wildnis setzte der europäische Geist die Heiterkeit des Gartens entgegen: die bezähmte Natur, die unterworfene Natur, dic von der Natur *befreite Natur* gewissermaßen. Der Auftrag, die Herrschaft über die Elemente der Natur zu übernehmen – und ihnen Ordnung, die ästhetische Entsprechung der Herrschaft, aufzuzwingen –, wurde als eigentliche Pflicht und eigentlicher Zweck der Zivilisation und vor allem der christlichen Zivilisation betrachtet. Mit der Bibel in der Hand faßte es Gouverneur Winthrop in diesem einen Satz zusammen: «Die ganze Erde ist der Garten des Herrn, und er hat ihn den Söhnen des Menschen gegeben mit einem allgemeinen Auftrag: Gen, 1,28: ‹Seid fruchtbar und mehret euch und füllet die Erde und machet sie euch untertan.›»*

---

* Vor einigen Jahren versuchte der Historiker Oscar Handlin die Ordnungssucht der amerikanischen Siedler zu erklären: «Viele kamen über das Meer, weil ihr Leben bereits in Unordnung war. [...] Die Auswanderung war vorwiegend eine Folge ihrer eigenen Hilflosigkeit sowie sozialer Zwänge, die sie nicht beeinflussen konnten – Verfolgung durch die Staatskirche, Veränderungen in der Landwirtschaft, Mangel an Land, der Verfall des Wollhandels und die wachsende Zahl der Arbeitslosen.» Dagegen und gegen das Gefühl des Verlustes der Heimat mußten sie sich irgendwie wehren, und genau das taten sie.

Wenn noch soviel von Gärten die Rede ist, so dürfen wir nicht vergessen, daß es um gewaltsame Beherrschung und Unterwerfung ging; man gebrauchte jede zur Verfügung stehende Technik, arbeitete mit Axt, Säge, Gewehr, Messer und Pflug – und mit kriegserfahrenen Männern, die stets vorausgeschickt wurden – die Gouverneure von Virginia, die Konquistadoren von Neuspanien, die Chevaliers Neufrankreichs –, um überall Forts als Niederlassungen der Macht zu errichten. Im Grunde war es nichts anderes als ein Krieg zwischen Mensch und Natur, ein Blitzkrieg auf dem größten Schlachtfeld aller Zeiten, und er konnte nur ein Ergebnis haben: Die Gewalt des Menschen führt zum Ziel, die Natur kann in kurzer Zeit bezwungen, wenn nicht sogar ein für allemal besiegt werden; es kann aber Generationen oder sogar Jahrhunderte dauern, bis die schrecklichen und nicht wiedergutzumachenden Auswirkungen dieses Krieges zutage treten. Der Sieg über die Natur war das Fundament Amerikas.

In Virginia begann die Veränderung des östlichen Nordamerika, das binnen einem knappen Jahrhundert zur Heimat des von William Carlos Williams später so bezeichneten großen Sinnenmenschen wurde, des von «einem ungestümen Streben nach Umgestaltung» erfüllten kolonialen Amerikaners. Möglicherweise kam es hier zur raschesten und dramatischsten Umweltveränderung, die es je gab – wie Richard Lilliard in seiner Untersuchung der amerikanischen Waldlandschaft schreibt.

Wenn es auch keine zuverlässigen Statistiken gibt, so war die Vernichtung bestimmter für die europäische Wirtschaft wichtiger Arten doch so eklatant, daß man nicht umhin konnte, darüber zu berichten und Schätzungen anzustellen. Biber, von denen es in Nordamerika einst sechzig Millionen oder mehr gegeben haben dürfte, waren in einem Großteil des Nordostens bereits 1640 ausgestorben. Wie aus dem 1635 verfaßten Bericht eines Jesuiten hervorgeht, hatten «die Huronen ... keinen einzigen Biber», die Bestände der Irokesen waren in den dreißiger Jahren des siebzehnten Jahrhunderts bereits erschöpft, und an den Küsten von Massachusetts und Delaware waren 1640 keine Biber mehr zu finden. Die französischen Pelzjäger drangen auf der Suche nach Bibern zwar bis nach Manitoba und Saskatchewan vor, aber auch hier kam es bis zum Ende des darauffolgenden Jahrhunderts zur «Vernichtung der Bestände» und zum «Verschwinden des Bibers». Wie dem Biber erging es fast allen Pelztieren (Marder, Wolf, Otter, Nerz, Bisamratte), den meisten großen Pflanzenfressern (Hirsch, Elch, Antilope, Bison, Karibu) und sehr vielen Jagdvögeln (Truthahn, Ente, Gans, Birkhahn, Wandertaube): Wo immer die Europäer sich ansiedelten oder ihr Einfluß wirksam wurde, wurden sie stark dezimiert und mancherorts völlig ausgerottet.

Dem großen Laubwald im Osten ging es nicht besser. Die ersten abgeholzten Gebiete waren die Küsten, wo große Mengen an Bauholz zur Errichtung von Anlegestellen, Lagerhallen und anderen Bauten und als Brennstoff für die Verarbeitung der Fischfänge verbraucht wurden; die Küsten Neufundlands, Labradors, des nördlichen Neuengland und die Mündung des Sankt-Lorenz-Stroms waren 1640 bereits bis weit ins Landesinnere kahlgeschlagen («ein bejammernswerter Anblick»), wie aus zeitgenössischen Berichten hervorgeht. Das südliche Neuengland wurde ähnlich verwüstet, doch kam hier der Holzbedarf einer beachtlichen Bauholzindustrie (1675 gab es allein in der Massachusetts Bay fünfzig Sägewerke) zum traditionellen Bedarf im Hausbau, als Brennmaterial und für Zäune hinzu; darüber hinaus fielen große Waldflächen dem Ackerbau und der Nutzung als Weideland zum Opfer. (Man schätzt, daß zwischen 1630 und 1800 in Neuengland etwa neunhundert Millionen Kubikmeter Holz gefällt wurden.) In Virginia, wo die Wälder sehr bald den Tabakpflanzungen weichen mußten, war Ende des siebzehnten Jahrhunderts bereits eine Fläche von etwa zweihunderttausend Hektar entwaldet, und Baumarten wie Weißeiche, Nußbaum und Lebensbaum-Zypresse, die sich nicht leicht fortpflanzen, waren praktisch ausgerottet; für immer verloren waren die Urwälder und ihre majestätischen Fünfundsiebzig-Meter-Riesen. Hundert Jahre nach dem ersten Landgang der Engländer war die Beseitigung der alten Wälder im Osten von Maine bis zum Mississippi bereits weit fortgeschritten.

Die Langzeitfolgen dieser Umweltzerstörung waren weniger offensichtlich, aber um so weitreichender. Durch die Ausrottung des Bibers etwa verfielen die von den Bibern gebauten Dämme und Teiche, und die Strömung wurde nicht mehr im Zaum gehalten.

Das führte zur Zerstörung der Ökosysteme der Flüsse, zu vermehrter Überflutung und Auswaschung des Mutterbodens, es förderte die Erosion und Schlammbildung der Flußufer und bewirkte ein Absinken des Grundwasserspiegels. Die Zerstörung der Urwälder bewirkte die Beseitigung ökologischer Nischen samt den Mikroorganismen und Tieren, die darin überlebt hatten; ganze Vogel- und Tierpopulationen wurden vertrieben, und das Vordringen von Pionierarten wurde begünstigt, so daß sich die hier heimischen mächtigen Bäume und bestimmte andere Pflanzenarten in der natürlichen Verbreitung nie wieder durchsetzen konnten. In der Folge kam es zu lokalen und regionalen Klimaveränderungen mit neuen Windverhältnissen, Temperaturen, geänderter Luft- und Bodenfeuchtigkeit und sogar zu einer Verschiebung der Jahreszeiten; viele Tier- und Pflanzenarten wurden nicht damit fertig. Die unzähligen neuen Tier- und Pflanzenarten aus Europa – Rinder, Schweine, Pferde, Ratten, Löwenzahn und so weiter – aber gewöhnten sich rasch daran, da sie nicht von Raubtieren oder Krankheiten bedroht waren.

Alles in allem hatten die wenigen Hunderttausend Angehörigen des europäischen Menschenschlages binnen einem einzigen Jahrhundert die Umwelt Nordamerikas so schwerwiegend und mancherorts und für manche Arten unwiederbringlich verändert, wie es die mehreren Millionen amerikanischen Ureinwohner in fünfzehn Jahrhunderten und mehr nicht vermocht hatten. Es erforderte eine besondere Geisteshaltung, um die Zerstörung als Nutzen zu sehen, als «Fortschritt» und «Zivilisierung». Ebendiese Haltung aber nahmen die Europäer (und ihre amerikanischen Nachfahren) ein: Die Engländer, die auf ihrem Weg die ewigen Urwälder kahlschlugen, behaupteten von sich, «Land zu schaffen».

«[März 1622] Es hat Gott gefallen, für unsere vielfältigen Sünden furchtbares Unheil über diese Pflanzung zu bringen durch den Verrat der Indianer, die am 22. des vergangenen März an den meisten Orten unter Vorspiegelung argloser Freundschaft und an manchen durch Überrumpelung den Versuch unternahmen, uns von allem abzuschneiden und uns auf einmal aus dem ganzen Land zu vertreiben. [...] Sie waren insofern erfolgreich, als sie in allen genannten Gegenden dreihundert Männer, Frauen und Kinder umbrachten und uns seither nicht nur mehrere Stück Vieh geraubt oder abgeschlachtet und noch mehr von unseren Leuten getötet und die meisten von uns aufgegebenen Häuser niedergebrannt haben, sondern uns auch gezwungen haben, viele von unseren Pflanzungen zu verlassen.» (Virginia Council, April 1622.)

Der zweite Krieg zwischen den Engländern und den Powhatans begann im März 1622 mit einem Angriff der Indianer unter der Führung von Wahunsenekas Nachfolger Opechankano auf Jamestown und mehrere andere Siedlungen auf einer Strecke von mindestens einhundert Meilen beiderseits des James River. Die Zahl der Todesopfer wird unterschiedlich hoch beziffert – John Smith sprach einige Jahre später ziemlich glaubwürdig von 347, andere Zeitgenossen schätzten sie auf über 400 –, es steht jedoch außer Zweifel, daß die Kolonie von einem «furchtbaren Unheil» heimgesucht wurde, besonders da sie zu dieser Zeit von bestenfalls etwa 1240 Siedlern bewohnt wurde. Es hätte noch schlimmer ausgehen können, wenn nicht ein Diener aus dem Volk der Powhatans seinem Herrn die Verschwörung verraten und dieser die Hauptsiedlung in Jamestown rechtzeitig gewarnt hätte, so daß sie Widerstand leisten konnte.

Dieser zweite Krieg, der durch das immer weitere Vordringen der englischen Pflanzungen (und des Viehs) in das Land der Powhatans und vermutlich auch durch zwei schwere Epidemien in den Jahren 1617 und 1619 verursacht wurde, dauerte etwa drei Jahre und endete fast wie der erste mit dem Sieg der Engländer. Die Virginia Company erteilte kompromißlose Befehle für «einen ständigen Krieg ohne Frieden oder Waffenstillstand», um «[die Indianer] bei der Wurzel auszureißen, damit sie nicht länger ein Volk seien, diese verfluchte Nation, die so undankbar für alle Unterstützung ist und nicht fähig, gut zu sein». Solche Anweisungen wurden eifrig befolgt. Die Streitkräfte unter Gouverneur George Yeardley und drei anderen erfahrenen Soldaten wurden umgehend in Marsch gesetzt; sie töteten jeden Indianer, dessen sie ansichtig wurden, ohne Unterschied des Alters oder Geschlechts, steckten Felder und Dörfer in Brand, zerstörten Kanus und Wehre und alles, was ihnen in den Weg kam. Danach schickte die Kolonie regelmäßig zweimal jährlich schwerbewaffnete mobile Kampftruppen auf Vergeltungsstreifzüge – euphemistisch als «strenge Besuche» bezeichnet – gegen nahe gelegene Dörfer, denen feindliche Gesinnung vorgeworfen wurde. So wurden alle Indianer mit Ausnahme der wirklich willfährigen immer tiefer in die Wälder im Westen abgedrängt. Binnen einem Jahr konnte der Virginia Council stolz behaupten: «Es wird geschätzt, und die Indianer selbst gestehen es ein, daß wir in diesem Jahr mehr von ihnen getötet haben, als je zuvor seit der Gründung der Kolonie getötet worden sind.»

Über die Einzelheiten dieser Strafexpedition ist verständlicherweise wenig bekannt, die existierenden Berichte deuten jedoch darauf hin, daß die Engländer auch hier ihren spanischen Vorgängern an Unbarmherzigkeit und Gewissenlosigkeit keineswegs nachstanden. So segelte ein von Hauptmann William Tucker angeführtes Überfallkommando zu einem Dorf der Powhatans «unter dem Vorwand, den Frieden anzustreben» und um die Freilassung einiger gefangener Engländer zu vereinbaren; nach der Übergabe der Gefangenen, zu der sich eine große Menge am Ufer versammelt hatte, eröffneten die Engländer von ihrem Schiff aus das Feuer auf die Eingeborenen und töteten mindestens vierzig von ihnen. Kurz darauf führte Tucker eine Truppe zu Friedensverhandlungen in ein Dorf am Potomac. Zur Feier des erfolgreichen Vertragsabschlusses überredete er die indianischen Gastgeber, von dem mitgebrachten Wein zu trinken, der vergiftet war. Etwa zweihundert Indianer starben unmittelbar nach dem Genuß des Weines, worauf die Soldaten weitere fünfzig mit konventionelleren Waffen ins Jenseits beförderten und «einen Teil ihrer Schädel heimbrachten».

Schließlich erklärte die Kolonie Virginia den Indianern den offenen Krieg und ging damit zur uneingeschränkten Beschlagnahmung des Landes und Beseitigung der Bevölkerung über – was sie ohnehin angestrebt hatte, seit sich der Tabak als gewinnbringend erwiesen hatte. Einer der Kolonisten dazu: «Wir, die wir bislang nicht mehr Boden besaßen, als sie uns ließen oder wir durch Kauf erwarben ... können jetzt gemäß dem Recht des Krieges und dem Recht der Völker in das Land eindringen und sie vernichten, die uns vernichten wollten: Auf diesem Wege werden wir uns ihrer bebauten Gebiete erfreuen ... und die Früchte ihrer Arbeit ernten. Fortan werden wir das Land, wo ihre Dörfer sind, die fruchtbarsten Gegenden des Landes, bewohnen.»

Das setzte nicht nur dem Widerstand der Powhatans gegen die englische Kolonisation ein Ende; durch die ein Menschenalter währende Vernichtung durch Krankheit, Verdrängung, Zerstreuung und Verwüstung wurde auch ihre Gesellschaft als zusammenhängendes politisches Gebilde ein für allemal zerstört. Vor der Gründung Jamestowns hatten vermutlich über 40000 Menschen im Wattengebiet der Chesapeake Bay gelebt; davon waren 1625 wahrscheinlich kaum 5000 übrig, und die meisten hatten sich in die Dörfer an der Fall Line zurückziehen müssen: Ob dank der Mikroben oder dank der Musketen – die englische Invasion erwies sich als erfolgreich. 1646 wurden die Powhatans nach einem zweiten fehlgeschlagenen Aufstand offiziell aus dem Land ihrer Ahnen verbannt, und bei einer Volkszählung der Kolonie wurden 1669 nur noch 528 Männer (insgesamt vermutlich etwa 2000 Personen) gezählt. Da ihre Stammesstrukturen zerstört waren, lebten sie meist im Umfeld der weißen Siedlungen. Bereits 1685 bezeichneten die Engländer die Powhatans als ausgestorben.

Es war zwar keineswegs ausgleichende Gerechtigkeit, aber immerhin bedeutete der zweite Krieg zwischen den Engländern und den Powhatans auch das Ende der Virginia Company. Die Nachricht von dem Massaker traf ein, als die Anteilseigner der Gesellschaft in heftigem Streit lagen und eben zahlreiche Fälle von Verschwendung und Mißwirtschaft – «Veruntreuung» wäre wohl nicht zuviel gesagt – aufgedeckt worden waren. Die anschließenden Untersuchungen des Kronrates brachten zutage, daß die Gesellschaft nach zwanzig Jahren, in denen über 100000 Pfund an öffentlichen Beteiligungen und darüber hinaus Tausende Pfund aus einer Langzeit-Lotterie investiert worden waren, bankrott war; daß viele der dreitausend zwischen 1619 und 1624 nach Virginia entsandten Personen zugrunde gegangen waren, weil die Virginia Company sie nicht ausreichend versorgt hatte (und die Beamten in Virginia ihnen das wenige, was da war, wegnahmen); und daß alle Versuche, aus der Kolonie mehr herauszuholen, fehlgeschlagen waren, weil die Pläne schlecht durchdacht und für Virginia ungeeignet waren.

Am 26. August 1624 ging die Kolonie Virginia in den Besitz der Krone über, jedenfalls in den Augen der Engländer. Die neuen Machtverhältnisse brachten eine positive Wende in der Verwaltung mit sich, doch war es nur zum Teil dieser Veränderung zu verdanken, daß die Kolonie in der Folge eine politische Ordnung herstellen und in gewissem Maße gedeihen konnte. Eine größere Rolle spielte es, daß die Kolonisten (und vor allem die kleine Gruppe der Reichen unter ihnen) nach der Niederlage der Powhatans ihre Pflanzungen ausdehnen konnten und in den nächsten zehn Jahren einen Aufschwung erlebten. Die Bevölkerung wuchs bis 1629 auf etwa 2600 an und erreichte ein Jahrzehnt später den Stand von ungefähr 8000.

Kurz nach dem Massaker des Jahres 1622 schrieb Samuel Purchas in einem umfangreichen Werk, das die britische Kolonisation verherrlichte, daß die englischen Kolonisten wie die Engländer in Roanoke fünfunddreißig Jahre zuvor durch ihren Tod Europa das Recht gegeben hatten, das amerikanische Territorium in Besitz zu nehmen. Mit der erstaunlichen Gewißheit, mit der alle Eroberer ihr Werk vor sich selbst zu rechtfertigen suchen, kam er zu folgendem Schluß: «... ihre Leichen, die zerstreuten Gebeine ihrer Körper und der nach ihnen ermordeten Landsleute haben durch den Tod für immer [von dem Land] Besitz ergriffen, und die Toten sagen, verkünden und rufen es: Diese unsere Erde ist wahrhaft englisch, und daher ist dieses Land rechtmäßig euer, ihr Engländer!»

Und so sollte es sein.

Zwölftes Kapitel
1607–1625

II
Die Powhatans und andere Indianerstämme

Im Herbst 1608 versuchte Kapitän Christopher Newport gemäß den Anweisungen der Virginia Company (und möglicherweise König Jakobs I. selbst, wie seit langem behauptet wird) Wahunseneka, den Häuptling der Powhatans, zu krönen und damit zum Vasallen des englischen Königs und Verbündeten der Kolonie Virginia zu machen. John Smith, der zu dieser Zeit die Kolonie leitete und stets ein Befürworter militärischer Lösungen war, hielt wenig von dieser Idee; dennoch willigte er ein, den Kapitän mit «fünfzig der besten Schützen» ins Landesinnere an die Fall Line im Bereich des York River zu begleiten; ausgerüstet mit einer Bootsladung Geschenke für den künftigen Vasallen, unter anderem ein «Becken, Wasserkrug, Bett und Hausrat», ein scharlachroter Anzug und Mantel und eine Krone aus Kupfer, machten sie sich auf den Weg. Wahunseneka hatte zweifellos keine Vorstellung von einer Krönung oder Einsetzung als Lehensherr, war jedoch bereit, die Geschenke des Häuptlings der weißen Fremden anzunehmen. «Wenn Euer König mir Geschenke geschickt hat», gab er Smith zu verstehen, «werde ich acht Tage warten, um sie in Empfang zu nehmen, denn auch ich bin ein König, und dies hier ist mein Land.» Am vereinbarten Tag überreichten Newport und seine Begleiter dem Häuptling feierlich ihre Schätze, und dieser nahm sie im Kreise seines Ältestenrates mit der gebotenen Würde entgegen (nach einigem Zögern probierte er sogar das scharlachrote Gewand an); aber der von den Engländern geforderten Krönungszeremonie widersetzte er sich. John Smith beschrieb die beinahe komische Szene: «Es kostete unerhörte Mühe, ihn zum Niederknien zu bewegen, damit er die Krone empfange, kannte er doch weder die Würde noch die Bedeutung einer Krone, noch den Sinn des Niederkniens, und alle wurden der vielen Überredungsversuche,

Beispiele und Anweisungen überdrüssig. Schließlich wurden seine Schultern fest niedergedrückt, so daß er sich ein wenig neigte und Newport ihm die Krone auf den Kopf setzen konnte.»

Was für ein Schauspiel: Ein weißhaariger alter Mann, dem ein Arm fehlt, versucht einen anderen (der als «knapp unter achtzig» beschrieben wird) dazu zu überreden, vor ihm niederzuknien, muß aber schließlich seine Männer zu Hilfe rufen, damit sie den Indianer gewissermaßen zu Fall bringen und er ihm mit dem entsprechenden mittelalterlichen Hokuspokus eine billige Kupferkrone auf den Kopf setzen kann. Und der zweite alte Mann, der nicht wissen kann, was das ganze Getue zu bedeuten hat, vor diesem fremden Kapitän jedoch nicht auf die Knie fallen will, sich aber schließlich doch herbeiläßt, den Kupferschmuck zu tragen, wenn die Fremden schon so viel Wind darum machen. «Um ihre Wohltaten zu vergelten, überreichte er Kapitän Newport seine alten Schuhe und seinen Umhang», damit er ihn dem englischen König überbringe. Dieser perlenbesetzte und mit den Zeichen zweier Tiere, möglicherweise Hasen, geschmückte Pelzumhang ist heute im Ashmolean Museum in Oxford zu besichtigen. Was aus dem Becken, dem Bett und der Krone wurde, ist nicht bekannt.

Dieses seltsame Ereignis erscheint fast wie eine Parodie auf die Geschichte der Mißverständnisse, die die Kontakte zwischen den beiden so grundverschiedenen, um die Vorherrschaft in der Neuen Welt wetteifernden Kulturen in den ersten Jahrzehnten kennzeichneten; dennoch werden hier einige wichtige Wahrheiten über die Völker in der Chesapeake Bay offenbar, die den Europäern als erste Vertreter der usprünglichen Kultur, der Gastgeberkultur, entgegentraten. Nicht alle ursprünglichen Völker Nordamerikas teilten ihre Überzeugungen und die Prinzipien ihres Umgangs mit der Natur – die unterschiedliche Umgebung ließ unterschiedliche Subkulturen entstehen, darüber hinaus waren die organisatorischen Strukturen bei manchen stärker ausgeprägt –, Historiker und Ethnologen sind sich jedoch einig, daß die Gesellschaften des Kontinents nördlich des Wendekreises des Krebses soviel gemeinsam hatten, daß dieses eine Volk an der Küste Virginias uns so gut wie jedes andere als Fenster zu jener Welt dienen kann.[1]

Was als erstes ins Auge fällt, ist Wahunsenekas Weigerung, niederzuknien; darin zeigt sich sehr deutlich, welchen Persönlichkeiten die Indianergesellschaften ihre Führung anvertrauten und wie diese Führungspositionen beschaffen waren.

Einerseits war Wahunseneka zu stolz, um niederzuknien und sich vor seinem versammelten Rat einem europäischen Fremden gegenüber unterwürfig zu zeigen. Wer zum Anführer gewählt wurde (selbst wo das Amt des Häuptlings erblich war, wie bei den Powhatans, konnten die Stammesältesten die Wahl beeinflussen), zeichnete sich durch hoheitsvolle Ruhe und deutliche Charakterstärke, kombiniert mit einer Aura gemessener Würde aus, die sogar auf die Europäer Eindruck machte; John Smith, der nicht viel von dem «schlauen» Wahunseneka hielt, berichtete nichtsdestotrotz, er benehme sich «so stolz und doch zurückhaltend (auf seine wilde Art), daß wir alle seine natürliche Begabung bewunderten, die trotz seiner mangelhaften Bildung durchschlug». Auch andere Indianerhäuptlinge, sowohl im Norden als auch im Süden, wurden wiederholt in der gleichen Weise beschrieben: Diese Menschen weigerten sich offensichtlich, sich den fremden Eindringlingen zu beugen.

Andererseits hatte Wahunseneka aber auch nicht die Macht, niederzuknien, das heißt, er konnte nicht stellvertretend für den ganzen Stamm handeln und damit alle Mitglieder den Absichten der Engländer unterwerfen. Der indianische «Häuptling» – auch Wahunseneka, der durch die Umwälzungen im Zuge der früheren Kontakte mit den Europäern eine ungewöhnliche Machtfülle gehabt haben dürfte – hatte nur beschränkte Vollmachten, war mehr ein respektierter Sprecher als ein autoritärer Monarch; ihm kam es zum Beispiel zu, den Ältestenrat einzuberufen und dessen Willen kundzutun oder den Stamm in Verhandlungen mit anderen Völkern zu vertreten, er konnte jedoch eigenmächtig keine Gesetze erlassen und Entscheidungen fällen oder ohne die Zustimmung der regierenden Räte Handlungen ausführen. Die Europäer waren kaum in der Lage zu verstehen, daß es sich hier nicht um einen Despoten handelte, wie sie ihn kannten, und so machten sie aus dem eingeborenen «Werowan», «Sachem» oder «Sagamor» einen Häuptling und aus dem Häuptling einen König oder Kaiser; seine wahre Rolle und Autorität blieb ihnen unbegreiflich.

Freilich fiel es den an hierarchische und patriarchische Systeme gewöhnten Europäern schwer, die typischen indianischen Formen gesellschaftlicher Gleichberechtigung zu verstehen. Nördlich von Mexiko waren nirgends Elemente des Nationalstaates zu finden – Regierungsapparate, Steuern, Vollzugseinrichtungen, Adelshierarchien oder ähnliches –, und selbst wo das Amt des Häuptlings innerhalb einer Familie erblich war, war es nicht mit dem Beiwerk der Macht oder einer hervorgehobenen sozialen Position verbunden. Es gab zwar Regeln und Gesetze, manchmal sogar ziemlich komplizierte, und Sanktionen und Tabus sorgten für ihre Einhaltung; der einzelne ließ sich aber überwiegend von seinem Sinn für die Gemeinschaft (auch die Gemeinschaft mit der Natur) leiten, und nicht von Obrigkeitsdenken, Gehorsam oder Angst vor Bestrafung. Der Jesuitenpater Paul Le Jeune, der im Jahre 1634 eine Zeitlang bei dem Stamm der Montagnais lebte, brachte dies in seinem Bericht *Jesuit Relations* zum Ausdruck: «Sie dulden niemanden, der Übermacht über die anderen zu erlangen begehrt, und als höchste Tugend gilt ihnen eine gewisse Sanftheit oder Gleichgültigkeit. [...] Alle Gewalt ihres Häuptlings liegt auf seiner Zungenspitze, denn er ist so mächtig, wie er beredt ist; aber er kann noch soviel sprechen und Reden halten, man wird ihm nicht gehorchen, wenn man keinen Gefallen an ihm findet.»

Wohl waren die Montagnais nicht seßhaft wie die Powhatans und andere ackerbautreibende Stämme und hatten daher wahrscheinlich ein weniger rigides soziales System, dennoch paßt diese Beschreibung auf die meisten indianischen Gesellschaften.[2]

Ein weiterer wichtiger Aspekt dieses egalitären Gemeinwesens verdient, erwähnt zu werden. Bei Wahunsenekas «Krönung» saßen «auf jeder Seite seines Hauses zwanzig seiner Konkubinen mit rotbemalten Gesichtern und Schultern und einer großen Kette aus weißen Perlen um den Hals, und davor saßen seine höchsten Männer in gleicher Anordnung in seinem laubenartigen Haus». Smith konnte nicht wissen, daß das, was er beschrieb, nichts mit einem Konkubinat gemein hatte: Diese Männer und Frauen gehörten mit größter Wahrscheinlichkeit Wahunsenekas Dorfrat an, und wenn die Frauen auch nicht in die Beratungen eingreifen konnten (wie es in manchen Gesellschaften des östlichen Waldlandes der Fall gewesen sein soll), so waren sie doch als Beobachterinnen zugelassen und vermutlich an Mehrheitsbeschlüssen beteiligt.

Frauen genossen in den indianischen Gesellschaften allgemein ein hohes Ansehen und waren in politischen wie in wirtschaftlichen Bereichen gleichberechtigt. Für die kürzlich mehrfach aufgestellte Behauptung, es habe sich um ausgeprägte Gynäkokratien gehandelt, habe ich nicht sehr viele Beweise gefunden, gewisse augenfällige Merkmale können jedoch nicht in Zweifel gezogen werden: Bei den Algonkin und anderen Stämmen der Ostküste war es viel eher möglich, daß Frauen durch weibliche Erbfolge Häuptlinge wurden (in manchen Gesellschaften auch Schamanen) und nicht über die Vater- oder Gattenlinie; die weibliche Erbfolge war die Regel, nicht die Ausnahme bei den nordamerikanischen Stämmen, und das Anrecht auf bestimmte Häuser oder die Nutznießung bestimmter Felder oder Grundstücke wurde in der weiblichen Linie weitergegeben. Die Frauen waren ein vollwertiger Bestandteil des Wirtschaftslebens, sie kümmerten sich um die Felder und brachten nicht selten auch die Ernten ein, sammelten Nüsse und Beeren, stellten Kleidung her, bereiteten das Essen, erledigten die Hausarbeit und bestimmten auch über die Produkte ihrer Arbeit.* Sie hatten freie Hand bei der Wahl ihrer Männer und entschieden sich erst für einen Mann, wenn er sich als guter Jäger, Ernährer und Liebhaber erwiesen hatte. Angesichts des krassen Gegensatzes zur Position der Frau in der europäischen Gesellschaft ist es nicht verwunderlich, daß die Europäer verwirrt waren und die wahre Sachlage kaum erkannten.

Sie verstanden die von ihnen bedrängten Kulturen nie wirklich, auch wenn sie sie oft ausführlich und manchmal sogar mit einer gewissen Sorgfalt beschrieben; und eben das ließ die «Krönung» zu einem solchen Fiasko werden. In ihrer ausgeprägten ethnozentrischen Gefühllosigkeit glaubten die Engländer in diesem Fall und

* Es gibt die Geschichte von einer Frau, die aus Ärger über ihren Mann die Lebensmittel, die Kochutensilien und seine Kleider versteckte, dann die Rinde vom Kanu der Familie löste und sich von weiteren Zerstörungen nur dadurch abhalten ließ, daß er sich mit ihr versöhnte.

auch später, daß entweder die Kultur der Powhatans so oberflächlich oder die europäische Kultur so unwiderstehlich sei, daß schon ihre bloße Anwesenheit – ihre überlegene Art, sich zu kleiden, ihr überlegenes Kriegsgerät, ihre überlegene Religion – die Indianer dazu bewegen würde, ihre amerikanische Vergangenheit aufzugeben und sich umgehend in englisches Landvolk mit gelbbräunlicher Haut zu verwandeln. Man war davon überzeugt, daß dieser heidnische Häuptling dem großen König Jakob freudig die Treue schwören und sich zweifellos mit dem ganzen Stamm zum Christentum und zur Zivilisation bekehren würde. Als sich herausstellte, daß die Powhatans keineswegs das Verlangen hatten, ihre Kultur aufzugeben, sondern sich sogar entschieden dagegen wehrten, ließ man sie fallen, betrachtete sie als Feinde und griff zu militärischen Mitteln.

Ein wirklich objektiver Beobachter hätte sehr wohl zu dem Schluß gelangen können, daß das Leben im Raum der Chesapeake Bay im Jahre 1607 dem Leben im ländlichen England in kaum etwas nachstand, es sei denn in technischen Bereichen wie der Metallurgie oder den Feuerwaffen, daß es aber in einigen sehr wichtigen Aspekten, vom Reichtum an Nahrungsmitteln bis zur individuellen Freiheit, durchaus als besser bezeichnet werden konnte.

Zweifellos hatten die Indianer ein wesentlich besseres System der Nahrungsmittelversorgung, sowohl was die Effizienz, als auch was die Nahrung selbst betrifft. Die Powhatans, wie die meisten Stämme nördlich von Mexiko, ernährten sich zu zwei Dritteln vom Fleisch erlegter Tiere und von gesammelten Wildfrüchten, zu einem Drittel von Mais, Bohnen und Kürbissen, die auf wechselnden Flächen angebaut wurden; dieses Wirtschaftssystem, so Albert Cowdrey, «wußte die eingesetzte Energie am besten zu nützen», und es beruhte «auf dem nützlichsten Korn der Welt» – dem Mais, von dem die Indianer im Osten mehrere Sorten kannten. Dieses System war im Lauf der Jahrhunderte mittels verschiedener Methoden weiterentwickelt worden, die seinen Erfolg gewährleisteten: Um der Erosion durch Wind und Wasser entgegenzuwirken, wurde nicht in Reihen, sondern in Hügelbeeten (ähnlich den *conucos* der Tainos) gepflanzt; die Dreifachbepflanzung mit Bohnen, Mais und Kürbissen – die Bohnen konnten sich an den Maisstengeln hochranken, die Kürbisse sorgten für die Bewahrung der Bodenfeuchtigkeit – ergab eine ausgewogene Nährstoffversorgung des Bodens und ausreichende Nahrungsvielfalt; beschränkte Anbauflächen, meist in nährstoffreichen Feldern an Flüssen, wurden zur Wiederherstellung der Fruchtbarkeit nach mehreren Jahren brachliegen gelassen; zur Erzielung des größtmöglichen Ertrages und der größtmöglichen Fruchtbarkeit von Nuß- und Obstbäumen, Weinstöcken und Wurzelpflanzen wurden wildwachsende Arten selektiert und manchmal gezüchtet; die territorial und zeitlich begrenzte Jagd verhinderte eine übermäßige Dezimierung oder Verschwendung des Wildbestandes; gefischt wurde mit so kompliziert gebauten Fischwehren aus Holz, daß die Engländer die, die sie von den Indianern stahlen, nicht einmal reparieren konnten; und das Mittel des Inbrandsetzens eines Teils des Waldes wurde umsichtig eingesetzt, um Großwild in gewünschte Richtungen zu treiben und Pionierpflanzen und kleinere grasfressende Tiere zu fördern. Insgesamt, so folgert Cowdrey, ergaben diese Methoden, die auf jahrtausendelanger Erfahrung basierten, ein Ernährungssystem, «das längst ein hohes Maß an Raffinesse und Differenziertheit erreicht hatte».

Die Neue Welt war mit einer reicheren und vielfältigeren Natur als Europa ausgestattet, und der umsichtige Umgang damit sorgte dafür, daß sich nichts daran veränderte. Carl Sauer, der eminente Spezialist der historischen Geographie, der als erster dieses Gebiet erforschte, faßte dies folgendermaßen zusammen: «Die Indianer im Osten führten ein gutes und sorgloses Leben in einem üppigen Land, das sie richtig und ohne ihm Schaden zuzufügen zu nützen wußten.» Aber es steckte noch mehr dahinter, denn die Indianer waren auch äußerst fähige Züchter. Dazu noch einmal Sauer: «Allgemein kann man behaupten, daß die Kulturpflanzen der Neuen Welt den zur Zeit ihrer Entdeckung in Europa verfügbaren Feldfrüchten sowohl im Umfang als auch im Nutzeffekt bei weitem überlegen waren. Kein europäisches Getreide kam dem Mais der Indianer an Produktivität, Nährwert, Nutzbarkeit in Hügelgebieten und Anpassungsfähigkeit an klimatische Bedingungen nahe. [...] Europa war arm an pflanzlichem Eiweiß und Fett, während die Neue Welt durch Zuchtpflanzen reichlich damit versorgt wurde. [...] Die alten Pflanzenzüchter hatten ihre Arbeit gut gemacht. In den warmen Klimazonen gab es hervorragende, überaus ertragreiche Pflanzen, die zu allen Arten von Nahrungsmitteln, Getränken, Würzmitteln und Fasern verarbeitet wurden. In den extrem kalten und trockenen Zonen gab es immer noch eine bemerkenswert große Zahl von Pflanzenzüchtungen, die die landwirtschaftliche Nutzung so weit ermöglichten, wie es das Klima zuließ.»

Nicht vergessen werden darf, daß die Indianer die Pflanzen auch zu Heilzwecken einsetzten. Nur wenig von ihrem medizinischen Wissen ist bis heute erhalten geblieben, dennoch haben etwa hundertfünfzig Arzneien der nordamerikanischen Indianer und etwa fünfzig aus Südamerika Aufnahme in die gegenwärtige Arzneimittelliste der Vereinigten Staaten gefunden. Immer wieder berichteten die ersten englischen Siedler über die Wirksamkeit der indianischen Medizin, und viele profitierten von ihren Heilmitteln («Ihre Zaubermittel haben die Kraft, Wunder zu wirken ...»); offenbar waren sie aber meist so verblüfft, daß sie die heilende Wirkung ebenso «ihrer verfluchten Zauberei» und ihren «teuflischen Zaubermitteln» zuschrieben wie ihren «Kräutern, Wurzeln und Pflanzen». Es gibt Hinweise darauf, daß die Arzneien der Eingeborenen als Anästhetika, Antiseptika, Sedativa, Laxativa, Purgativa, Anthelmintika, Stimulantia, Antitoxine und Kaustika eingesetzt wurden und die Medizinmänner im allgemeinen auch über Kenntnisse in der Chirurgie, Massage und Geburtshilfe (die «wahrscheinlich weiter fortgeschritten» war als im heutigen Europa) und darüber hinaus in Methoden der Psychotherapie und Selbstbehandlung verfügten, die als «Hexenzauber» abgeurteilt wurden. Man kann die Medizin der Indianer zwar kaum mit der europäischen Medizin vergleichen, doch wage ich zu behaupten, daß sie einen gleichwertigen Entwicklungsstand erreicht hatte und die Indianer über umfangreichere pharmakologische Kenntnisse verfügten.

Weitere Aspekte des indianischen Lebens, wie wir es am Beispiel der Powhatans sehen können, schnitten im Vergleich mit Europa besser ab. Die Dörfer waren sauber und gepflegt, zweckdienlich angelegt und häufig mit Palisaden aus Baumstämmen umgeben. Eines machte so großen Eindruck auf John Smith («kein Ort in Virginia [ist] so fest, so schön und erfreulich»), daß er es kurzerhand erwarb und «Nonsuch» taufte. Die geräumigen und sauberen Häuser waren aus Holzrahmen in der Form von Brotlaiben gebaut, die mit gewebten Matten oder Rinde abgedeckt waren und im Winter Schutz boten («trotz Wind, Regen und Unwettern sind sie warm wie Treibhäuser», so Smith), in der warmen Jahreszeit aber zur Seite gezogen werden konnten, um Luft und Licht hineinzulassen. Alle von Menschen gemachten Gegenstände waren meist einfach, in manchen Fällen allerdings überaus fein verziert, und man besaß sehr viele davon; sie wurden im Alltag (Tontöpfe und Gefäße aus Speckstein, Messer aus Schilfrohr, Feuerstein und Biberzähnen, Bögen und Pfeile mit Pfeilspitzen aus Knochen, bis zu fünfzehn Meter lange ausgehöhlte Kanus, Maisspeicher), zu Dekorationszwecken oder als Kultgegenstände (Tierstatuen, Gegenstände mit Ornamenten aus Kupfer, Perlen und Knochen, perlenbestickte Gürtel und Decken, Tonpfeifen) verwendet. Die meist fransenbesetzte Kleidung war im allgemeinen aus Wildleder oder Waschbärfellen gearbeitet, auch die Felle von Hasen, Wölfen und anderen Tieren wurden verarbeitet; im Wald wurden schenkelhohe Gamaschen und Mokassins getragen und bei Feiern ein Kopfschmuck aus Federn in verschiedenen Ausführungen. Wir wissen nicht, was die Powhatans von Hygiene hielten; die Engländer waren aber erstaunt, daß sie soviel Wert darauf legten, sich jeden Morgen und vor jedem Essen zu waschen, da solche Gebräuche in Europa selbst in den höchsten Kreisen (Jakob I. soll sich zum Beispiel nie die Hände gewaschen haben) völlig unbekannt waren.

Die Herzlichkeit und Höflichkeit der Völker in der Chesapeake Bay – zumindest bis zum Kriegsausbruch – machte den größten Eindruck auf die englischen Chronisten, die gelegentlich doch andere Seiten an dem «wilden Ungeheuer» entdeckten. Auch wenn sie insgeheim vielleicht Zweifel hegten, waren die Indianer wie die Tainos ein «überaus freundliches und gutes Volk», sie schienen «von Natur aus äußerst höflich» und «sehr heiter und hilfsbereit» und waren sogar zu Fremden gastfreundlich, die ihnen keinen Anlaß zur Zuneigung gaben: «... wir wurden von ihnen sehr großzügig bewirtet», «sie hießen uns herzlich willkommen», «die Geringsten brachten uns vom Besten, das sie hatten» und so weiter. Und die liebevolle und innige Beziehung zwischen Eltern und Kindern war so beeindruckend, daß selbst so hartgesottene Engländer wie John Smith und Ralph Hamor ihre Anerkennung nicht verhehlen konnten; Hamor berichtete, daß Wahunseneka seine Tochter liebe «wie sein eignes Leben ... und er könnte wohl nicht leben, ohne sie immer wieder zu sehen».

In einem Klima, das die meiste Zeit des Jahres äußerst günstig und angenehm war, muß die Lebensqualität dieser Menschen trotz der Beeinträchtigungen durch die Europäer beträchtlich gewesen sein, und sie dürften daher kaum in Versuchung geraten sein, mit dem harten, kriegerischen und unruhigen Leben zu tauschen, das die Kolonie in Jamestown zu bieten hatte.

An dieser Stelle ist im Hinblick auf die Geschichtsschreibung eine Mahnung zur Vorsicht angezeigt. Nicht nur, weil die historischen Zeugnisse, auf die wir zurückgreifen müssen, hauptsächlich englischen Ursprungs sind und von nicht geschulten und herablassenden Menschen zusammengetragen wurden, und nicht nur, weil die Zeitspanne bis zum Abbruch der Kommunikation zwischen Beobachtern und Beobachteten allzu kurz ist; vielmehr, weil diese Berichte und im Grunde alle europäischen Berichte über diese ersten Kontakte nur ein schwaches Licht auf die ursprünglichen Eingeborenengesellschaften Amerikas werfen können. Es ist fast unmöglich, zuverlässige Aussagen über die Gesellschaftsformen der indianischen Urvölker vor dem Kontakt mit den Europäern zu machen. Ausgenommen davon sind nur die durchorganisierten mittelamerikanischen Kulturen, deren Schriftzeichen und Texte auf uns gekommen sind.

In erster Linie liegt dies an der radikalen Veränderung der amerikanischen Gesellschaften durch die 1493 einsetzenden und ein Jahrhundert anhaltenden todbringenden Epidemien, die sie so schrecklich dezimierten – mindestens um zwei Drittel, *möglicherweise aber sogar um 95 Prozent,* wie die neuesten Forschungen ergeben haben –, daß kein Bereich ihres Lebens davon unberührt blieb. Zu den für Amerika neuen und verheerenden Krankheiten zählten Pocken, Beulenpest, Masern, Cholera, Typhus, Rippenfellentzündung, Scharlach, Diphtherie, Keuchhusten, Grippe, Gonorrhöe, Lungenentzündung, Malaria, Gelbfieber, Ruhr und Alkoholismus – insgesamt, so Russell Thornton, möglicherweise an die dreiundneunzig Krankheiten. Die plötzliche hohe Sterblichkeitsrate kann nicht ohne Folgen geblieben sein: Sie muß die Überzeugungen der Indianer ins Wanken gebracht oder entstellt, ihre politischen und sozialen Institutionen zerrüttet, ihre Medizin und ihre Medizinmänner in Mißkredit gebracht und sie allgemein verunsichert und demoralisiert haben; ein Großteil der Stammesältesten, Träger des überlieferten Wissens, muß ein Opfer der Krankheiten geworden sein. In der Folge muß die Vereinfachung der kulturellen Praktiken und der technischen Methoden erforderlich gewesen sein, die Restbevölkerung muß gezwungen gewesen sein abzuwandern und sich in Gebieten neu zu gruppieren, die oft weit von den heiligen Stätten entfernt waren; durch den Zusammenprall heimatlos gewordener Völker und einzelner Gruppen muß die Gefahr von kriegerischen Auseinandersetzungen gestiegen sein. Das alles muß diese Gesellschaften in ihren Grundzügen so tiefgreifend verändert haben, daß sie mit ihren Ahnen kaum mehr etwas gemein hatten, als sie von der Geschichtsschreibung entdeckt wurden. Der Historiker Henry Dobyns erklärte dazu: «Die Zeit der Eingeborenen ging in Nordamerika zwischen 1520 und 1524 [dem Auftreten der ersten Pockenepidemie] zu Ende, danach verhielten sich die eingeborenen Amerikaner nie wieder ganz so wie zuvor.»

Die Powhatan-Indianer können als Beispiel für diesen Zusammenbruch dienen. Aus Eindrucksschilderungen geht hervor, daß sie einst ein menschenreiches Volk waren – «In diesem Land habe ich mehr Menschen gesehen als in jedem anderen Gebiet der bekannten Küste», so ein französischer Missionar, der 1570 in das Chesapeake-Gebiet kam; in unserer Zeit wurde rekonstruiert, daß im sechzehnten Jahrhundert etwa 40000 Menschen hier lebten, andere Schätzungen sprechen allerdings von 60000 und 100000. In den Jahren 1520 bis 1600 traten laut Alfred Crosby «möglicherweise bis zu siebzehn» schwere Epidemien im östlichen Nordamerika auf: unter anderem die Pockenepidemie, die ab 1519 von Mexiko nach Norden vordrang; die von der Expedition unter Narváez nach Florida eingeschleppte Epidemie von 1528, wahrscheinlich Fleckfieber; die Masernepidemie, die sich ab 1531 von Mexiko aus ausbreitete; die von Cartier in den Jahren 1535 und 1536 verbreitete Grippeepidemie; die von der Expedition unter de Soto als «Pest im Lande» bezeichnete Krankheit im Jahre 1538; und eine 1585 von den Siedlern in Roanoke eingeschleppte Krankheit, wahrscheinlich Fleckfieber, die Thomas Hariot als «so seltsam» beschrieb, «daß sie ihnen völlig fremd war und sie nicht wußten, wie sie zu heilen sei», während «die Menschen sehr schnell dahinstarben». Alle diese ansteckenden Krankheiten zeitigten für uns kaum vorstellbare Wirkungen, trafen sie doch auf eine Bevölkerung auf «unberührtem Boden», die keinerlei Abwehrreaktionen entwickelt hatte. Sie fegten ganze Dörfer, ja ganze Gebiete leer: «Ich habe dreimal mein ganzes Volk sterben sehen», sagte Wahunseneka zu Smith, «und von diesen drei Generationen bin nur noch ich übrig.» Es ist unklar, ob der alte Häuptling damit sein ursprüngliches Dorf meint oder ein größeres Gebiet – Smith jedenfalls schätzte 1608 die noch übrigen Powhatans auf etwa 7650 Personen und später sogar auf nur fünftausend.

Wir wissen nicht, wie die überlebenden Powhatans mit diesem plötzlichen Sterben fertig wurden; wahrscheinlich hatten sie aber keine andere Wahl, als sich neu zu formieren und in neuen Gebieten anzusiedeln. James Merrell untersuchte eine vergleichbare indianische Kultur im Gebiet des Piedmont Plateau von Carolina, der im siebzehnten Jahrhundert ähnliches geschehen war. Er stellte fest, daß die Überlebenden meist gezwungen waren, neue Dörfer zu suchen, die von den Krankheiten verschont geblieben waren, und ihre heiligen Stätten und vertrauten Ökosysteme zu verlassen; nicht selten mußten sie sich mit fremden Stämmen vermischen und neue Sprachen und Sitten erlernen: «Um zu überleben, waren die einzelnen Gruppen gezwungen, aus den zersplitterten Überresten der alten Gesellschaften neue aufzubauen», schreibt Merrell. Daß ein solcher Prozeß in der Chesapeake Bay stattfand, läßt sich aus den englischen Quellen schließen; ihnen zufolge «erbte» Wahunseneka zwischen 1572 und 1597 sechs

«Stämme» (vermutlich waren es nur Dörfer) und erwarb bis 1607 etwa vierundzwanzig weitere; so entstand die «Konföderation», als deren «König» er bezeichnet wurde. Es dürfte sich dabei um nicht mehr als eine provisorische Vereinigung gehandelt haben, entstanden aus der Beunruhigung über die neuerliche Heimsuchung durch die Weißen im Jahre 1607; aber wie sollte man darauf reagieren? Es gab keine einheitliche Linie, auch nicht, als die Kolonisten 1607 eine neue «große Krankheit» einschleppten, die ein «seltsames Sterben» verursachte.

Nirgends steht etwas von den psychischen Erschütterungen, die die Überlebenden erlitten haben müssen, man kann sich aber durchaus vorstellen, daß Todesfälle in solchen Größenordnungen, die nicht zu begreifen und noch weniger zu verhindern waren, nur durch beträchtliche geistige und moralische Anstrengungen und auf Kosten uralter, aber den neuen Umständen nicht angemessener Überzeugungen von den Indianern verkraftet werden konnten. Wo diese neuen Umstände gekennzeichnet waren durch neue Siedlungen der weißen Eindringlinge, neue Handelssysteme, neue Werte und Lebensformen, neue Techniken und neue Rauschmittel (die Indianer der Waldgebiete kannten nichts Stärkeres als Tabak), müssen die Auswirkungen besonders erschütternd gewesen sein. Weiter verschlimmert wurde die Situation durch die Tatsache, daß die Stammesältesten, die am ehesten in der Lage gewesen wären, mit der neuen Situation fertig zu werden, empfindlicher als alle anderen auf die Krankheiten reagierten, was zu einer Veränderung vieler alter Sitten und Grundsätze geführt haben dürfte. Ein Indianer aus Neuengland berichtete über seinen Stamm, der noch im selben Jahrhundert ähnliches durchmachte: «Vor langer Zeit hatten sie weise Männer, die in würdevoller Haltung die Menschen lehrten, was sie wußten; aber sie sind tot, und ihre Weisheit ist mit ihnen begraben, und nun leben die Menschen ein leichtfertiges Leben in Unwissenheit, bis ihr Haar weiß wird und sie reif an Jahren, aber dennoch ohne Weisheit ins Grab steigen.»

Einige ihrer Traditionen wurden zwar beibehalten, doch konnten die Entwicklungen auch an ihnen nicht spurlos vorbeigehen, und keine Gesellschaft konnte unbeeinflußt bleiben. Was die Europäer als eine seit grauer Vorzeit unveränderte Kultur betrachteten und schilderten, war also Ergebnis umfassender Umwälzungen und Neuordnungen. Daß diese Kultur den Europäern dennoch fast immer relativ gelassen und gleichmütig entgegentreten konnte, zeugt von der Kraft der früheren Sitten und Überzeugungen.

Was in der Welt der Indianer des östlichen Waldlandes fortdauerte, war das beschriebene Grundgefüge: das erbliche Amt des Häuptlings, die matrilinearen Stammesstrukturen, bestimmte Techniken in Handwerk und Landwirtschaft. Am nachhaltigsten wirkte aber – in diesen wie in allen anderen Indianerkulturen – die enge und stabile Beziehung zur Natur weiter, die alle wichtigen Handlungen eines Lebens bestimmte.

Die Europäer betrachteten sie immer als eine Art Religion, doch lagen ihr viel weitreichendere und tiefgreifendere Überzeugungen zugrunde. In der Regel spricht man in diesem Zusammenhang von «Animismus» (vom lateinischen *anima,* Seele), der in der gesamten Natur und in allen Objekten und Vorgängen der Natur – in Regen, Wind und Wetter, in Bergen, Flüssen und Felsen, in Eichen, Wild und Truthähnen – Leben sieht; dieser Begriff reicht aber nicht aus, um die Beziehung in allen ihren Aspekten zu erfassen: die Rolle des Menschen zum Beispiel, der in diesem Lebensgefüge gleichberechtigt, aber nicht überlegen ist; die Heiligkeit dieser lebendigen Welt, deren besonderes und empfindliches Gleichgewicht zur Erhaltung des darin lebenden Menschen gewahrt werden muß; die unerläßlichen Wechselbeziehungen zwischen allen Teilen dieser Welt, die Pflichten, die in erster Linie vom Menschen erfüllt werden müssen; und das ständige Zusammenspiel und die Kommunikation zwischen allen diesen natürlichen Verwandten, deren Regeln die Ahnen zu verstehen sich bemühten und in Mythen, Geschichten und Legenden, in Tänzen, Riten und Zeremonien weitergaben. Das alles existiert nicht nur nebenbei oder am Rande, irgendwo an den Ausläufern des Alltagslebens oder beschränkt auf das Wochenende, es steht vielmehr im Vordergrund, spielt die zentrale Rolle im Leben. Mißbrauch hat Krankheit und Unglück zur Folge; Mißachtung bringt Unheil über das ganze Dorf.

Diese Grundhaltung der Indianer ist auch belegt. Luther Standing Bear, ein Häuptling der Oglala Sioux, sagte: «Der Indianer [wurde], wie alle anderen Wesen, die geboren wurden und wuchsen, von der gemeinsamen Mutter genährt – der Erde. Daher war er mit allen lebenden Dingen verwandt, und er gestand allen Wesen die gleichen Rechte zu wie sich selbst. [...] Eine große, alles einende Lebenskraft ... strömte in allen Dingen – den Blumen der Ebenen, dem Wehen der Winde, in den Felsen, Bäumen, Vögeln, Tieren –, und es war dieselbe Kraft, die einst dem ersten Menschen eingehaucht worden war. So waren alle Dinge gleich und wurden vereint durch dasselbe Große Geheimnis.

Die Verwandtschaft mit allen Wesen der Erde, des Himmels und des Wassers war ein echter und wirksamer Grundsatz. Der Tierwelt wurden so brüderliche Gefühle entgegengebracht, daß die Lakota [die Oglala waren ein Zweig der Lakota] sicher unter ihnen lebten, und manche der Lakota kamen ihren gefiederten und pelztragenden Freunden so nahe, daß sie in wahrer Brüderlichkeit eine gemeinsame Sprache sprachen.»

Ein neueres Dokument von den Haudenosaunee (Irokesen) lautet folgendermaßen: «In unseren Sprachen ist die Erde unsere Mutter Erde, die Sonne unsere älteste Schwester, der Mond unser Großvater und so weiter. Unser Volk glaubt daran, daß alle Elemente der Natur zum Nutzen alles Lebenden geschaffen wurden und daß wir, die Menschen, zu den Schwächsten in der gesamten Schöpfung zählen, weil unser Überleben von der gesamten Schöpfung abhängig ist. Diese Philosophie hat uns gelehrt, die Natur mit großer Sorgfalt zu behandeln. Bei der Entwicklung unserer Institutionen, Gewohnheiten und Techniken wurde gründlich geprüft, ob sie das empfindliche Gleichgewicht, in dem wir leben, stören könnten.»

Der gesamte Lebenszyklus war geprägt von den Zeremonien, die diese Beziehung zur Erde stärkten und feierten, eine besondere Rolle kam ihnen jedoch in der entscheidendsten Wachstumsphase, der Jugend, zu, und das darf nicht unbeachtet bleiben. In dieser Zeit durchlebten die jungen Männer – und soweit sich heute feststellen läßt, in manchen Gesellschaften auch die jungen Frauen – verschiedene Rituale und Proben, die sie für ihr ganzes Leben eng mit der Natur verbanden. Der Vorgang unterschied sich von einem Stamm zum anderen, von einer Gegend zur anderen, es gab ihn aber offenbar in allen indianischen Gesellschaften, meist in Form eines Initiationsritus, an dessen Ende eine Vision stand – dem Ökohistoriker Thomas Berry zufolge ergab sich daraus die «geistige Charakteristik der Indianer des nordamerikanischen Kontinents».

In der klassischen Form dieses Rituals wurde der dreizehn- bis fünfzehnjährige Junge von einem Medizinmann oder einer ähnlichen geistlichen Führerpersönlichkeit auf seine Suche vorbereitet, dann zog er sich für drei oder vier Tage in ein abgelegenes Gebiet zurück, wo er ganz allein und ohne Nahrung, Waffen und Beistand den Kräften der Natur direkt gegenüberstand – und mit ihnen in Verbindung zu treten hoffte. Er mußte sich selbst Prüfungen auferlegen: Verzicht auf Nahrungs- und Wasseraufnahme zum Beispiel; Isolation in der Wildnis; intensives, konzentriertes Beten; und vor allem bei den Indianern der Prärien Schmerzen, die man sich selbst zufügte. (Manche schnitten sich sogar ein Stück Fleisch aus dem Leib, um es der Schöpfung zu opfern.) So gelangten die meisten – manche allerdings erst nach mehrmaliger Wiederholung des Rituals – zu der Vision, in der die Kraft der Natur deutlich wurde und durch die sie in eine direkte geistige Beziehung mit der Natur traten. Die Natur offenbarte sich: «Und während ich da stand [diese Vision hatte Black Elk von den Oglala Sioux, als er neun Jahre alt war], erblickte ich mehr, als ich sagen kann, und ich verstand mehr, als ich erblickte; denn ich sah auf eine heilige Weise die Formen aller Dinge im Geist und die Form aller Formen, wie sie zusammenleben müssen, als wären sie ein Wesen. Und ich sah, daß der heilige Ring meines Volkes einer von vielen Ringen war, die einen Kreis bildeten, so weit wie das Tageslicht und das Sternenlicht, und in der Mitte wuchs ein mächtiger blühender Baum, der allen Kindern einer Mutter und eines Vaters Schutz bot. Und ich sah, daß er heilig war.»

Nicht selten erschien dem Suchenden ein bestimmtes Tier, das dann zum Totemgeist des zum Mann gewordenen Jungen wurde, zu einem Teil von ihm und in gewissem Sinne mit ihm identisch: «Und als ich dorthin blickte, wurden aus den Menschen Elche und

Bisons und alle vierbeinigen Wesen und sogar Vögel, und alle gingen auf heilige Weise zusammen auf der guten roten Straße. Und ich selbst war ein gefleckter Adler, der über ihnen schwebte. [...] Ich blickte nach unten und sah mein Volk. [...] Da begann sich der Wigwam, gebaut aus Wolken und mit einem Wolkendach, wie im Wind hin und her zu bewegen, und der flammende Regenbogen seiner Tür verblaßte allmählich. Von draußen hörte ich verschiedene Stimmen: Eagle Wing Stretches kommt heraus! Seht ihn an!

Als ich die Tür durchschritt, zeigte der Erdentag sein Gesicht mit dem Stern des Tagesanbruchs auf der Stirn; die Sonne loderte empor und blickte mir entgegen, und ich ging allein weiter.»

Gewiß gab es zahlreiche Formen von Initiationen, und bei den Powhatans erhielten die Engländer einen Eindruck davon; sie wußten aber nicht, was sie eigentlich sahen, und zogen den voreiligen und dem Eroberer genehmen Schluß, daß es sich dabei um eine Art Kindesopfer handeln müsse – ganz so, wie Colón auf den «Kannibalismus» gekommen war. Ein Bericht schildert die rituelle Geißelung einer Gruppe von vierzehn oder fünfzehn Jungen, die vor einem großen Feuer in einem Haufen aufeinanderliegen mußten, von den Frauen beweint und beklagt, und danach zum Sterben in den Wald geschickt wurden; in einem anderen Bericht hieß es, die jungen Männer müßten etwas trinken, das «sie verrückt macht», und würden dann mit Pfeil und Bogen in den Wald geschickt, wo sie mehrere Wochen blieben und sich danach an «nichts aus ihrem früheren Leben» mehr erinnerten, nicht einmal an ihre Eltern oder ihre Sprache. Bei diesem von den Powhatans als *huskanaw* bezeichneten Ritus handelte es sich in Wirklichkeit um eine Art Reinigungsritual, bei dem der «Tod» der Kindheit beweint wird; durch die Geißelung sollen die Jugendlichen das Leiden erfahren, das gewissermaßen ein Opfer für die Welt der Geister ist, und in den Wäldern sind sie auf sich allein gestellt, um zu einer Vision zu gelangen.

Dieses außergewöhnliche Ritual ist für die nordamerikanische Kultur von höchster Bedeutung. Der amerikanische Ökologe Paul Shepard argumentiert in seinem ungewöhnlichen Buch *Nature and Madness,* daß dieser Vorgang die *geistige Gesundheit* der indianischen Gesellschaften (und anderer Urgesellschaften) bewirkt habe, während es anderen Gesellschaften, besonders den westlichen, nicht gelungen sei, ihrer Jugend die Einheit mit der Natur zu vermitteln. Wenn man Kinder, so Shepard, in der Phase, in der sie den Sinn des Lebens und ihre eigene Rolle zu begreifen versuchen, bei der Herstellung eines geistigen Kontaktes mit der Natur und beim Erlernen des richtigen Umgangs mit ihr unterstütze, so entstehe eine psychologische Verbindung, die ein gesundes Gefühl der Identität und Sicherheit erzeuge und die Heranwachsenden den Zweck und die kosmische Ordnung der Welt in gewissem Maße begreifen lasse. «Die Erfahrung von Natur als metaphorische Grundlage für kosmisches Wohlbefinden», erklärt Shepard, «ist möglich in den Jahren des Heranwachsens und für den Organismus ebenso natürlich wie die Aufnahme von Nahrung. Wenn sie nicht gemacht wird, mangelt es dem Menschen immer an aufrichtiger Verehrung der Erde; statt dessen wird er sich an einem nebulösen Jenseits orientieren oder Strategien materialistischer Ausbeutung oder existentialistischer Absurdität verfolgen.» Gesellschaften ohne diese «aufrichtige Verehrung der Erde», folgert Shepard, seien durchaus als wahnsinnig zu bezeichnen; Gesellschaften, die sie fördern, führen «ein Leben, in dem die Ontogenese ergänzt wird durch die natürliche Selektion» und man hingeführt wird zum «Studium einer geheimnisvollen und schönen Welt, in der die Hinweise auf den Sinn des Lebens in den natürlichen Dingen liegen». Für die Gesellschaft wie für den einzelnen ist Verwurzeltsein in der Natur gleichbedeutend mit Gesundheit.

Die Beziehung zur Erde äußerte sich in gesunden Indianergesellschaften, jedenfalls in normalen Zeiten, auch durch die Art und Weise, wie sie ihr Land bewohnten und bebauten. Auch hier erzeugten unterschiedliche Umweltbedingungen unterschiedliche Methoden, erstaunlicherweise zeigt sich jedoch eines immer wieder sehr deutlich: Die Indianer ganz Nordamerikas, ob Jäger, Fischer, Pflanzer oder Sammler, waren sich der Auswirkungen ihrer Handlungen auf die Umgebung wohl bewußt, machten sich Gedanken darüber und achteten darauf, sich selbst Grenzen zu setzen. Die Nahrungsbeschaffung erforderte zwangsläufig einen gewissen Eingriff in die Umwelt – keine Gesellschaft, keine Art kann ganz ohne diesen Eingriff überleben –, und wir wissen, daß Indianergesellschaften zu verschiedenen Zeiten und an verschiedenen Orten Tiere mit Feuer einkreisten, das Unterholz verbrannten, um das Wachstum neuer Arten zu fördern, Mais auf ausgedehnten Flächen anbauten und an manchen Orten Flüsse in Bewässerungsgräben umleiteten. Aber in allen nicht durchorganisierten Gesellschaften war die grundsätzliche Respektierung des Landes und seiner Bewohner ein so wesentlicher Bestandteil der Überzeugungen, daß Umweltschäden auf ein Minimum beschränkt blieben. Soweit wir wissen, wurde die Vorstellung, daß der Mensch gegen die Natur kämpft, sie erobert oder beherrscht, in diesen Gesellschaften niemals formuliert.

Die Jagd etwa war (bis zum Eintreffen der Europäer) mit Ritualen verbunden, die die Beute beschränkten und eine Ausrottung verhinderten. Gewisse Tiere durften nur zu bestimmten Jahreszeiten oder in bestimmten Revieren gejagt werden, und das Erlegen bestimmter weiblicher Tiere und der meisten trächtigen Tiere war verboten; in jedem Fall bedurfte die Jagd aber der Zustimmung des gesamten Dorfes, denn Zeit und Ziel mußten günstig sein, mußten, ehe die Jäger in den Wald zogen, bestätigt werden durch Träume, in denen die Tiere sich mit der Jagd einverstanden erklärten, und vorbereitet werden durch Versöhnungs- und Bußrituale. Wenn die Jagd erfolgreich verlief, baten die Jäger in weiteren Ritualen um Vergebung, erklärten die Notwendigkeit der Tötung und brachten den Gefährten der getöteten Tiere Opfer, um ihren verständlichen Zorn über den erlittenen Verlust zu beschwichtigen: Wir wissen von einer Frau aus dem Stamm der Ojibwa, die den Schädel einer erlegten Bärin umschlang, «ihn wiederholt liebkoste und küßte» und «tausendmal Verzeihung erflehte», «weil sie ihr das Leben genommen hatte»; dann blies ihr Begleiter «der Bärin Tabakrauch in die Nase», um ihren Zorn zu besänftigen, und schließlich hielt er eine Rede, in der «er beklagte, daß die Männer gezwungen seien, sich so sehr zu bemühen, um ihre *Freunde* zu töten, [da] sie sich anders nicht ernähren könnten».

Die Rituale, die den Verzehr der Jagdbeute begleiteten, waren nicht weniger umsichtig und wirkungsvoll als die Jagdrituale selbst. So gut wie jede Gemeinschaft kannte eine Form des von den Indianern der Nordwestküste so bezeichneten «Potlatch» (von *potshat'l*, geben, in der Sprache der Nootka): Wer besonders viel Glück bei der Jagd oder Ernte gehabt hatte, war formell dazu verpflichtet, Nahrungsmittel an die übrigen Mitglieder der Dorfgemeinschaft zu verteilen. Diese Praxis – eine Ehre für den Schenkenden, die ihm hohes Ansehen bringt, für den Schuldner oder Beschenkten aber in keiner Weise unangenehm oder verpflichtend – war tief verwurzelt in diesen Gesellschaften, und auch Besucher und Fremde und sogar Europäer wurden bei solchen Gelegenheiten reich beschenkt – was alle Forschungsreisenden seit Colóns Zeiten nach ihrem ersten Zusammentreffen mit den amerikanischen Eingeborenen bezeugten. Besonders beeindruckend war dieser Brauch, weil er als verbindliches Prinzip des Ausgleichs nicht nur eine soziale Funktion, sondern auch eine ökologische erfüllte: Er hielt die Indianer davon ab, zu viele Tiere zu töten und dadurch die künftige Versorgung zu gefährden, verhinderte, daß zuviel gelagert und gehortet wurde, und gewährleistete die regelmäßige und sinnvolle Wiederverwertung von Nahrungsmitteln.

Auch beim Anbau und Sammeln von Nahrungsmitteln achteten die Indianer im allgemeinen sorgfältig auf Ausgewogenheit und Rücksichtnahme. In Ritualen und Zeremonien wurden die Wettergötter und die Pflanzengötter zu Rate gezogen und geehrt – selbstverständlich wurde der Mais durch Lieder, Gedichte, Tänze, Trank- und andere Opfer besonders verehrt –, und eine erfolgreiche Ernte war immer Anlaß für Verehrung und Dank. Beträchtliche Kenntnisse in der Pflanzenkunde – manche Stämme hatten vierzig Wörter für die einzelnen Teile eines Blattes – ermöglichten die Züchtung neuer Arten (weiße Weintraubensorten zum Beispiel, die nicht wild wuchsen); Gebiete, die sich am günstigsten für Nuß- oder Obstbäume oder Tabakpflanzungen erwiesen hatten, wurden sorgfältig abgegrenzt und gepflegt, und das Ernten von perennierenden Pflanzen wurde zur Sicherung künftiger Erträge eingeschränkt. Da beim Ackerbau so sehr auf die Gesundheit und den Schutz des Bodens geachtet wurde, waren die schädlichen Auswirkungen auf lange Sicht wirklich minimal; Ausgrabungen haben gezeigt, daß manche Stämme durch zehn Jahrhunderte ein und dasselbe Stück Land nützten, ohne es auszulaugen.

«Das Land ist heilig» – im Grunde läßt sich alles auf diesen einfachen und fast in jedem Stamm in irgendeiner Form gültigen Grundsatz reduzieren. Wie die Sonne, der Wind, die Wolken und die Luft wurde auch das Land als Teil des göttlichen kosmischen Geistes betrachtet, es war aber so eindeutig kostbar und lebenspendend, daß es besondere Verehrung und besonderen Respekt verdiente; und es hatte seine eigenen heiligen Stätten – schneebedeckte Berggipfel und zerklüftete Felsen, uralte Bergebenen und donnernde Wasserfälle –, die der Heiligkeit der Schöpfung deutlichen Ausdruck verliehen. Daher war bei den einzelnen Stämmen auch die Identifikation mit ihrem Territorium sehr stark ausgeprägt und wurde noch intensiviert durch das Bewußtsein, daß die Geschichte des Stammes in diesem Gebiet verwurzelt war und die Seelen der Ahnen in diesem Boden ruhten. Eine neuzeitliche Untersuchung gibt folgende Erklärung dafür: «Auf eine nur wenigen Europäern verständliche Weise war das Land der Inbegriff der indianischen Kultur: Es gab den Uramerikanern das Gefühl, einen festen Platz in der Weltordnung einzunehmen, es war der Ursprung ihrer religiösen Bräuche und ihres unbezwingbaren Glaubens an die Bedeutung der kämpfenden, aber einigen Gemeinschaft im Gegensatz zu dem ehrgeizigen, habsüchtigen einzelnen.» Daher zeitigte der Verlust von Land, bedingt durch Krankheiten und die Expansion der Europäer, so verheerende Wirkung: Er bedeutete nichts anderes als die Auslöschung der Seele.

Die Identifikation mit dem Territorium darf nicht mit Besitzdenken verwechselt werden, eine Unterscheidung ist hier unerläßlich. Nirgends in der Geschichtsschreibung finden sich Hinweise darauf, daß die Indianer je eine Vorstellung von Landbesitz hatten, weder in der Hand von einzelnen noch von Familien, Dörfern oder Stämmen, dieser Gedanke war ihnen im Gegenteil völlig fremd. Das Land zu besitzen oder zu verkaufen schien ihnen so unvorstellbar, wie Wolken oder den Wind zu besitzen oder zu verkaufen. Zweifellos gab es ein System, das wir heute als *Nutznießung* bezeichnen würden – einzelne Familien oder Dörfer hatten Anspruch auf bestimmte Felder oder Jagdgründe, solange sie regelmäßig genützt wurden –, doch war es nie sehr bedeutend und hatte gewiß nichts mit der europäischen Überzeugung gemein, daß der Besitzer mit seinem Land tun könne, was immer er will. Als in den zwanziger Jahren des siebzehnten Jahrhunderts die Indianer von Manhattan ihre Insel an die Holländer verkauften, waren sie gewiß der Meinung, ihnen damit ein Nutzungsrecht zu übertragen, wenn es auch unwahrscheinlich ist, daß sie sich selbst aus einem reichen sommerlichen Jagd- und Fischgrund verdrängen wollten – und ohne Zweifel dachten sie nicht im geringsten daran, daß die endgültige Aufgabe des Anspruchs auf dieses Land von ihnen erwartet wurde, da es den weißen Fremden «gehörte».

Die indianische Kosmologie unterscheidet sich so grundlegend von der der Europäer, daß es einem der westlichen Tradition entstammenden Beobachter – und die, in deren Adern das Blut amerikanischer Ahnen fließt, sind hier nicht ausgenommen – schwerfällt, es zu begreifen, geschweige denn, die richtigen europäischen Wörter und Begriffe dafür zu finden. Wenn dieser allzu kurze Abriß über die Beziehung der Indianer zur Erde auch unzureichend ist, so zeigt er doch, wie unschuldig die von Calvin Martin so bezeichnete «indianische Gedankenwelt» ist im Vergleich zum neuzeitlichen europäischen Glauben. Wenn wir uns bemühen, in den Hogan* und den Wigwam hineinzublicken, werden wir erkennen, wie sehr sich die ersten Europäer mit ihrer Vermutung irrten, die Indianer seien «ganz wie wir», nur dunkler; wie falsch es war, sie der europäischen Gedankenwelt zuzuordnen und wie weit entfernt von der Wahrheit die meisten späteren Historiker bis in die Gegenwart waren – am meisten die in ihren materialistischen Erklärungen befangenen marxistischen Historiker –, weil sie nicht bereit waren, ihre Vorurteile abzulegen und die Größe und Zweckmäßigkeit dieser biozentrischen und ökologischen Gedankenwelt zu erkennen.

Am eindrucksvollsten, wenn auch keineswegs unumstritten, ist wohl ein letzter Aspekt der alles bestimmenden Beziehung zur Erde. Die indianische Bevölkerung war vor allem im südlichen und östlichen Nordamerika sehr zahlreich, und dennoch war das Land überall eine üppige und fruchtbare Wildnis, deren Wasser, Wald und Luft von reichem Leben erfüllt waren. Jagend, sam-

---

* erdbedeckte indianische Balkenhütte (A. d. Ü.)

melnd, pflanzend, fischend, bauend, brennend, umherziehend hatten die Indianer seit ewigen Zeiten von ihrem Land gelebt, aber es gab immer noch so viele Wandertauben, daß sie im Flug den Himmel verdunkelten, so viele Störe, daß es hieß, man könne auf ihren Rücken die Flüsse überqueren, so viele uralte Bäume, daß die Wälder oft undurchdringlich schienen.

Wie viele Menschen lebten vor dem Kontakt mit den Europäern auf dem amerikanischen Kontinent? Diese Frage ist noch heißer umstritten als die ursprünglichen demographischen Verhältnisse auf Española, bei denen man sich wenigstens auf die spanischen Zählungen stützen kann. Im allgemeinen gibt es zwei Möglichkeiten der Schätzung: Entweder man geht von den (ungesicherten) Angaben der Europäer aus der ersten Hälfte des siebzehnten Jahrhunderts aus, die von einem mindestens siebzigprozentigen Bevölkerungsrückgang sprechen und zu siebenundneunzig Prozent die vielfältigen Epidemien des vorangegangenen Jahrhunderts dafür verantwortlich machen; oder man versucht zu ermitteln, wie viele Menschen in einem bestimmten Gebiet mit einem bestimmten Verfahren des Ressourcenabbaus leben konnten, wobei die seßhaften Bauern vermutlich mehr Menschen ernähren konnten als die Jäger und Sammler. Diese unausgereiften Methoden haben natürlich zu einer ganzen Reihe von Schätzungen geführt, heute ist sich die Fachwelt jedoch einig, daß die indianische Bevölkerung der Neuen Welt zum Zeitpunkt der Entdeckung insgesamt zwischen sechzig und hundertzwanzig Millionen Menschen umfaßt haben muß, was in einem krassen Gegensatz zu den Anfang dieses Jahrhunderts als gesichert angesehenen Zahlen steht. (Im Vergleich dazu hatte Europa ohne Rußland eine Bevölkerung von sechzig bis siebzig Millionen.) Die Bevölkerung Nordamerikas wird dementsprechend auf vierzig bis sechsundfünfzig Millionen geschätzt, wobei die Mehrheit dieser Menschen – vermutlich fünfundzwanzig bis dreißig Millionen – das Gebiet der mittelamerikanischen Staaten südlich des Wendekreises des Krebses und weitere acht Millionen die Westindischen Inseln bewohnten. Somit bleiben sieben bis achtzehn Millionen Menschen, die nördlich von Mexiko, wahrscheinlich mehrheitlich entlang des Mississippi und der Atlantikküste bis Maine als Bauern und Jäger lebten. Henry

Dobyns, dem vorgeworfen wird, daß er in seinem 1983 veröffentlichten, weitschweifigen Buch *Their Numbers Become Thinned* von allzu optimistischen Annahmen ausgegangen sei und seine Schätzungen zu hoch gegriffen seien, sagt, daß die höhere Zahl von achtzehn Millionen mit größter Wahrscheinlichkeit stimme, eher noch zu niedrig sei, da sie nur 1,4 Personen je Quadratkilometer ergebe, während in den nicht durchorganisierten Bauernvölkern auf einem Quadratkilometer wahrscheinlich 2,4 Personen lebten; die Indianer konnten solche Bevölkerungszahlen erreichen, so behauptet er, «weil sie in einem von Krankheiten fast ganz verschonten Paradies lebten und ertragreiche Getreidearten und Knollengewächse domestizierten».

Wie hoch die Zahl auch gewesen sein mag – ich gehe von etwa fünfzehn Millionen nördlich von Mexiko aus –, in einem sind sich die Demographen und andere Fachleute einig: Nordamerika war vor Kolumbus' Ankunft ziemlich dicht besiedelt. Zweifellos war es kein leeres, unbebautes Land, keine unberührte Wildnis, wie die Europäer meinten. Aber es vermittelte den Eindruck einer unberührten Welt, eines Garten Eden, besonders in den Küstengebieten, wo die meisten Menschen lebten und das Land schon seit Jahrhunderten nützten. Wir müssen uns also eine ansehnliche, in manchen Gebieten dicht zusammenlebende Bevölkerung vorstellen, wie sie die europäischen Eindringlinge erst in den vierziger Jahren des neunzehnten Jahrhunderts erreichen sollten. Seit Jahrhunderten gingen diese Menschen Tag für Tag auf die Jagd nach Kleinwild und Jagdvögeln, fischten in den Flüssen und suchten Muscheln an den Stränden, sammelten auf riesigen Flächen mehrere hundert Arten von Obst, Nüssen und Wurzeln, jagten auf Hunderten Quadratkilometern Großwild, das jährlich viele Tausende Pfund Fleisch brachte (laut einer Schätzung waren es über fünfzehntausend für ein Vierhundert-Seelen-Dorf im Süden Neuenglands), schälten die Rinde von den Bäumen und brannten die Stämme aus, pflanzten Feldfrüchte auf Flächen von etwa vierzig Ar pro Kopf, entfernten das Unterholz und kreisten Tiere mit Feuern ein, die sich über dreißig Kilometer zogen, und gewiß gerieten manchmal größere Flächen in Brand, wurde ein Hügel kahlgeschlagen, wenn es an Brennholz mangelte, trocknete ein Brunnen durch Überbeanspruchung aus – bei all dem *blieb* ihre Umwelt aber in vieler Hinsicht verschwenderisch und wild, sie befand sich praktisch noch im Urzustand. Mehr kann man kaum verlangen als Nachweis für den ganz besonderen, im wesentlichen rücksichtsvollen Umgang der Indianerkulturen mit der Natur.

In den letzten Jahren wurde in Amerika Kritik laut an der Darstellung von indianischen Völkern, die in Eintracht mit der Natur leben. Man fand sie unerträglich romantisch und idealisierend – im Grunde nichts anderes als eine heutige Version des Mythos vom edlen Wilden. Es handle sich, so wurde behauptet, um eine Verzerrung der Tatsachen; der einzige Stamm, auf den die Beschreibung passe, seien die Nevawas.

Der führende Verfechter dieser Meinung, der auf amerikanische Siedlungsgeschichte spezialisierte Historiker W. H. Hutchinson, erklärte dazu: «Der Indianer verehrte die Natur, weil er keine andere Wahl hatte. Er glaubte, daß die Natur von übernatürlichen Kräften gelenkt wird, die er sich gewogen machen mußte, wenn er ein gutes Leben führen wollte.» Das sei alles, die alles beherrschende Spiritualität, die phantastische Beziehung zur Erde habe es nie gegeben. «Wir sollten uns die Augen trocknen und erkennen, daß der Indianer vor allem ein egozentrischer Pragmatiker war, was die Nutzung des Landes betraf.»

In der Regel folgt man dieser Argumentation: Die indianischen Gesellschaften übten Gewalt aus, es gab Jagd und Krieg, und die Zerstörung der Natur geschah fast von selbst. Wie immer ihre geistige Beziehung zur Natur ausgesehen haben mag, sie fürchteten offensichtlich die in der Umwelt wirksamen Kräfte mehr, als sie sie verehrten, so daß ihnen die Zerstörung der Flora und Fauna zu ihrem eigenen Vorteil nicht schwerfiel. Das massenhafte Aussterben von Arten im Pleistozän ist auf massenhafte Jagd im Paläolithikum zurückzuführen; darüber hinaus gibt es genügend Beweise dafür, daß die Indianer nach dem Eintreffen der Europäer den Biber fast ausrotteten und andere begehrte Tiere unbedacht und rücksichtslos abschlachteten. Sie wurden einzig und allein durch ihre allzu primitiven Techniken und ihre allzu geringe Zahl daran gehindert, noch mehr Zerstörung anzurichten, bevor die Europäer kamen, nicht aber durch ihre Wertvorstellungen. Die einzigen Indianer, die anders lebten, waren die Nevawas.

Das alles klingt plausibel. Wir haben es hier aber mit einem Gebiet zu tun, in dem kaum je etwas mit Sicherheit festgestellt werden kann, so daß Hypothesen dieser Art immer einigermaßen überzeugend dargelegt werden können. Und die Argumentation beruht in allzu vielen Punkten auf bloßen (noch dazu geringschätzigen) Mutmaßungen. Im folgenden werde ich auf einige der vorgebrachten Argumente näher eingehen:

Es läßt sich kaum nachweisen, daß die amerikanischen Urgesellschaften häufige oder besonders gewaltsame Kriege führten, während alles darauf hindeutet, daß sie meist friedfertig waren. Der Indianerforscher Darcy McNickle schätzt, daß siebzig Prozent der nordamerikanischen Stämme keine Kriege führten; es ist schwer zu sagen, ob diese Zahl stimmt, sie entspricht allerdings dem mutmaßlichen Prozentsatz der Stämme, die traditionell den Frauen einen hohen sozialen Status einräumten und vor allem weibliche Gottheiten verehrten. Zumindest von zwei Stämmen berichteten die frühen Europäer, daß sie bestimmt seien von «einer gewissen Sanftheit oder Teilnahmslosigkeit» (Le Jeune) und viele «weibische Männer haben, [die] vielmehr Ansehen durch Fleiß als Ruhm durch Ritterlichkeit zu erlangen streben» (William Wood). Dazu gibt es zahlreiche mündliche Überlieferungen von Indianergesellschaften, für die Kriege eindeutig eine so untergeordnete Rolle spielten, daß vermutlich etwa zwei Drittel von ihnen keinerlei Kriegserzählungen oder Kampflegenden kannten; weder die Algonkin-Stämme im östlichen Waldland noch die traditionell friedfertigen Stämme des Südwestens hatten Kriegsmythen, die in die Zeit vor dem Eindringen der Europäer zurückverfolgt werden können. Die bekannten und beliebten Kampf- und Kriegsgeschichten stammen in der Regel von den Indianern der Prärie; bezeichnenderweise kommen fast in jeder dieser Geschichten Pferde vor, die jedoch erst ab dem siebzehnten Jahrhundert in Nordamerika auftauchten.

Nach der europäischen Invasion wurde der Krieg zweifellos zum Bestandteil der indianischen Geschichte; bisweilen war er äußerst grausam und zerstörerisch, so zum Beispiel im Fall des

Kampfes um die Kontrolle über den Pelzhandel am Sankt-Lorenz-Strom, der 1640 mit der Vernichtung der Huronen durch die Irokesen endete. Wahrscheinlich lösten auch die verheerenden Epidemien Kriege aus – einerseits Rachefeldzüge gegen die vermeintlichen Verursacher und andererseits Eroberungsfeldzüge von ausgehungerten und dezimierten Stämmen; so berichtete John Smith über die Indianer Virginias, sie kämpften alle, «außer Frauen und Kinder, und in erster Linie aus Rache». Über kriegerische Auseinandersetzungen vor der Zeit der Entdeckungen wissen wir allerdings so gut wie nichts, und die wenigen vorhandenen Informationen deuten darauf hin, daß Kriege, wenn sie überhaupt stattfanden, selten, kurz und gemäßigt waren; «Krieg» scheint überhaupt eine unpassende Bezeichnung zu sein für die Kampfhandlungen, die stattgefunden haben könnten, da sie kaum tödliche Auswirkungen und jedenfalls keine Verheerungen von Dörfern zur Folge hatten. Die frühen europäischen Siedler machten sich oft lustig über die Kriegsführung der Indianer, ihre «Listen, den Verrat und die Überraschungen», die sie den Schlachten im offenen Gelände vorzogen; John Underhill schrieb über die Pequots, ihre Kriege dienten «viel mehr der Kurzweil als der Eroberung und Unterwerfung des Feindes», und Henry Spelman, der unter den Powhatans lebte, berichtete, daß «sie sieben Jahre kämpfen können, ohne sieben Männer zu töten». Selbst in den Krieger-Gesellschaften, die sich in den Great Plains entwickelten, galt es als viel ehrenvoller, seinen Mut vor Zeugen unter Beweis zu stellen, indem man etwa die Pferde des Feindes stahl oder ihn mit einem Stock (dem «coupstick») berührte, als ihn zu töten.

Die traditionellen Indianergesellschaften zeichneten sich also nicht durch organisierte Gewalt aus – schon gar nicht, wenn man sie mit ihren europäischen Zeitgenossen vergleicht.

Angst vor der Natur und beständiges Grauen vor ihren Kräften gab es in Europa, nicht aber in den indianischen Gesellschaften. Die Fachwelt stimmt darin überein, daß die Indianer «die Erde verehrten, sich mit allen Lebensformen verwandt fühlten und mit der Natur in Harmonie lebten» – so der Ökohistoriker J. Donald Hughes. Das soll nicht heißen, daß sie die Kraft, ja die Launenhaftigkeit der Natur nicht zutiefst respektierten und sich nicht ihrer eigenen unmittelbaren Abhängigkeit von ihr bewußt waren; auch nicht, daß sie keine Angst hatten – in einem tosenden Gewitter oder bei einem Vulkanausbruch, in Zeiten der Niedergeschlagenheit und Verbitterung, in Dürreperioden, Hungerszeiten oder Krankheiten. Aber soweit wir über die in vielfacher Hinsicht tatsächlich undurchsichtige Beziehung der Indianer zur Erde Bescheid wissen, finden wir darin nichts, was auch nur annähernd mit den furchterregenden und rachsüchtigen Himmelsgöttern der Wüstenkulturen im Vorderen Orient zu vergleichen ist, die Europa schließlich beerbte.

Auf fast dem gesamten Kontinent setzten die Indianer Feuer ein, um die Umwelt ihren Bedürfnissen anzupassen, was die unvermeidliche Zerstörung bestimmter Pflanzen und Bäume und die Beeinträchtigung der Lebensräume bestimmter Tiere zur Folge hatte. Dennoch wurde das Feuer mit Bedacht verwendet und zeitigte im großen und ganzen positive Wirkung. Regelmäßige und kontrollierte Brände, wie sie die Indianer in der Prärie oder den Hartholzwäldern entfachten, *steigerten* den Artenreichtum, die Nährstoffmenge im Boden, die Dichte des Grasbewuchses und die Qualität der Nahrung der Pflanzenfresser. In den Wäldern wendeten regelmäßige jährliche Feuer die Gefahr verheerender Brände durch Verminderung des Unterholzes ab und regten das Wachstum so begehrter und feuerresistenter Harthölzer wie Walnuß und Eiche an; in der Prärie verhinderten sie das Wachstum von Bäumen und förderten den Bison- und Kleinwildbestand.*

Der Mensch mag dem Aussterben vieler Arten im Pleistozän Vorschub geleistet haben, er hat es aber, so die allgemeine Lehrmeinung, keineswegs verursacht. Die sogenannten Clovis-Jäger (Indianer mit besseren Speeren und Speerspitzen) dürften vor etwa elftausend Jahren die Szene betreten haben, als es bei mehreren Großsäugetieren (Wollmammut, Mastodon, Kamel und so weiter) zu einem Massensterben kam und einige Arten sogar ganz ausstarben. Gleichzeitig fanden aber auch schwerwiegende und un-

* Henry Dobyns führt in *From Fire to Flood* eine Untersuchung an, die beweist, daß infolge besserer Nahrung und gesteigerter Fruchtbarkeit in den abgebrannten Gebieten der Wachtelbestand um 250 Prozent und der Eselhasenbestand um 350 Prozent anstieg.

vermittelte Klimaveränderungen statt und veränderten die Lebensbedingungen dieser riesigen, meist pflanzenfressenden Tiere; sie waren ohnedies nie sehr zahlreich gewesen, darüber hinaus brauchten sie täglich etwa zweihundert bis zweihundertfünfzig Kilogramm Grünfutter, das unter den neuen Bedingungen jedoch nicht mehr vorhanden war. Im übrigen kann man sich kaum vorstellen, was die Völker jener Zeit so plötzlich dazu getrieben haben soll, diese Tiere auszurotten; zwei- bis dreihundert Jahre später wurden zahllose Tiere durch Fallen getötet, oder man trieb sie an den Rand von Schluchten, wo sie zu Tode stürzten, das reichte jedoch nicht aus, um ganze Arten zu vernichten (an den entsprechenden Fundorten wurden zum Beispiel keine Mammuts gefunden). Die Menschen des Pleistozäns jagten vorwiegend den amerikanischen Bison, der in jeder Hinsicht den ausgestorbenen großen Säugern glich; obwohl er ein so begehrtes Wild war, konnten sich die Europäer noch im neunzehnten Jahrhundert über sein erstaunlich zahlreiches Vorkommen wundern.

Daß in historischer Zeit ein Überjagen stattfand, kann nicht in Frage gestellt werden: Es gibt verifizierte Berichte über Tötung, Zerstörung, (flächenbeschränkte) Ausrottung, Vergeudung, leichtfertigen Umgang, Grausamkeit – Taten einer Kultur, die die Erde nicht für lebendig und die Biber nicht für Brüder hält. Das war allerdings keineswegs allgemein verbreitet; es geschah vielmehr plötzlich und unregelmäßig: Zu gewissen Zeiten und aus immer noch unerfindlichen Gründen warfen die Stämme ihre Tabus und Bräuche über Bord, und es gab Tierschlachtereien von außerordentlichen Ausmaßen. Die Ausrottung des Bibers in der östlichen Hälfte des Kontinents, Beispiele willkürlicher und unnötiger Schlachtungen ganzer Karibu- und Bisonherden, Berichte aus dem neunzehnten Jahrhundert über Indianer, die «alles zu töten pflegten, was ihnen in den Weg kam» – die Beweise sind nicht von der Hand zu weisen. Wie ist das mit dem ökologisch denkenden Indianer zu vereinbaren?

Die kurze Antwort lautet, daß der Indianer, der mit den Europäern in Kontakt kam, sich vom Indianer früherer Zeiten sehr wesentlich unterschied und die Verirrungen der späteren Gesellschaften der Dezimierung durch Krankheit und den zerstörerischen

Auswirkungen von Krieg, Handel, Technik und Alkohol zugeschrieben werden können. In seinem bahnbrechenden Buch *Keepers of the Game* versucht Calvin Martin aufzuzeigen, warum zum Beispiel im östlichen Kanada das erste Auftauchen der Europäer den «uralten Pakt zwischen dem Tierreich und dem Menschen» und die bis dahin bestehende «auf gegenseitigen Pflichten und gegenseitiger Aufmerksamkeit gründende Wechselbeziehung» zerstörte. Wenn diese Stämme von Jägern «auf dem Höhepunkt des Pelzhandels nicht an Bewahrung dachten», sondern «eindeutig nur an Ausbeutung», so lag das laut Martin daran, daß «ihre traditionellen Methoden der Erhaltung der Natur wirkungslos geworden waren».

Dennoch verschwand der ökologisch denkende Indianer mit der Ankunft des Europäers nicht völlig von der Bildfläche. Unser Wissen über die Einstellung zur Jagd und zur Tötung von Tieren beruht auf den Traditionen, die stark genug waren, um bis in historische Zeit zu überdauern, und daher von Anthropologen und Ethnologen in den letzten beiden Jahrzehnten aufgezeichnet werden konnten: Black Elk und Luther Standing Bear sind keine Erfindungen – wie Hunderte anderer waren sie authentische Vertreter einer uralten Tradition. Welche Greuel die europäische Invasion auch verursacht haben mochte – es waren Anomalien, außergewöhnliche Vorkommnisse. Und sie betrafen nicht alle Stämme auf die gleiche Weise und zerstörten nicht überall den ursprünglichen Glauben an die Einheit von Mensch und Tier. Anhand der von Martin angeführten Beweise dürften nur Stämme, die keinen Ackerbau betrieben, sondern weitgehend von der Jagd abhängig waren und möglicherweise zu Recht Krankheitsüberträger in den Tieren sahen, der Versuchung nachgegeben haben, Tiere für den Pelzhandel zu erlegen oder in einem Ausmaß zu jagen, wie es die ostkanadischen Stämme praktizierten. Und selbst dort, wo die Beziehung zum Tier eine Veränderung erfuhr und Tabus hinsichtlich der Beutemenge aufgegeben wurden, unterlagen nicht alle Überzeugungen, die die Indianer mit der Natur insgesamt und den Tieren im einzelnen verbanden, einem grundlegenden Wandel, so daß andere Umweltbereiche von gewaltsamen Eingriffen und Zerstörung verschont blieben.

Man gelangt also dennoch mit dem führenden Indianerhistoriker der Smithsonian Institution, Wilcomb Washburn, zu dem Schluß, daß «die Beispiele für das Bemühen der Indianer, nur so viele Tiere zu töten, wie sie brauchten, und dabei nur die sanftesten Methoden anzuwenden, zahlreich genug sind, um die Darstellung des Indianers als erstem Ökologen zu untermauern».

Wem eine Gesellschaft, die die Natur nicht zerstört, wenn sie die Möglichkeit dazu hat, völlig unvorstellbar erscheint, der nimmt zu dem letzten Argument Zuflucht – daß dieses Phänomen ausschließlich auf die mangelnden technischen Fähigkeiten oder die zu geringen Zahlen der Indianer zurückzuführen sei.

Die Indianergesellschaften verfügten über eine Vielzahl von technischen Hilfsmitteln, von denen manche ziemlich ausgeklügelt waren und viele alles Vergleichbare in Europa übertrafen (die Fischwehre der Powhatans zum Beispiel oder Pfeil und Bogen – eine viel einfachere, schnellere und sicherere Waffe als die Muskete), und zweifellos wären sie bei Bedarf in der Lage gewesen, weitere zu entwickeln, besonders was den Bereich der Nahrungsmittelversorgung betrifft. Wenn dies nicht geschah, so wahrscheinlich mit gutem Grund: Wenn sie zum Beispiel keinen Pflug verwendeten, so vielleicht, weil ihre Methode, den Boden mit einem Pflanzstock umzugraben, bei einem Zehntel an Energieaufwand ebensogut funktionierte, weil sie erkannt hatten, daß das Aufreißen und Wenden ganzer Felder den Nährstoffgehalt verringert und die Erosion fördert, oder weil ihre Vorstellung derart unbarmherzige Gewaltanwendung nicht zuließ. Eine naturverbundene Gesellschaft wählt ihre Methoden je nach ihrem ökologischen Wert und Einfluß aus, nicht danach, was am meisten Einkommen oder Besitz verspricht. «Da er die Welt im Licht der Mythen betrachtete», so Calvin Martin, habe der Indianer «keinen starken Anreiz [gehabt], technische Neuerungen und entsprechende Strategien zu entwerfen, um sich das Leben zu erleichtern. Die biologische Lebensanschauung erzeugt keine derartigen Denkweisen oder Verhaltensformen.»

Die wichtigste umweltverändernde Technik der Indianer – das Legen von Feuer – war zweifellos kraftvoll und zerstörerisch genug, um enormen Schaden anzurichten, wenn man es zuließ. Seit alters her unterlag sie jedoch Beschränkungen, und man arbeitete so sorgfältig damit, daß die Umwelt eher Nutzen als Schaden davontrug. Wäre diese Technik nicht so verwendet worden, hätten die Europäer vielleicht einen völlig schwarzen und kahlen Kontinent entdeckt, statt des üppigen Grüns überall.

Weitere Erkenntnisse lassen sich aus den Bevölkerungszahlen gewinnen. Niedrige Bevölkerungszahlen sind noch keine Garantie für wenig Umweltschäden, wie zahlreiche Beispiele in Europa zeigen. Große Bevölkerungsdichten gehen aber tatsächlich häufig mit ausgedehnter Verwüstung einher – zumindest, wenn es sich um mächtige, staatlich organisierte Gebilde handelt, die offenbar überall in der Welt (Mittelamerika und seine Nachbarn nicht ausgenommen) auf den Prinzipien einer immer komplizierter werdenden Manipulation der Natur nach den Launen des Menschen beruhen (Dämme, Bewässerungssysteme, umfangreiche landwirtschaftliche Nutzung, ausgedehnte Straßennetze, Monumentalbauten, Städte).

Die Gesellschaften Nordamerikas nördlich von New Mexico entwickelten sich im großen und ganzen nicht in Richtung organisierter Staatswesen – möglicherweise mit Ausnahme der Mississippi-Kultur –, sie bildeten weder große Bevölkerungen, noch zerstörten sie ihre Umwelt. In dem Bewußtsein, daß die «Belastbarkeit» ihrer Stammesgebiete beschränkt war, dürften sie sogar ganz besonders darauf bedacht gewesen sein, die Beeinflussung des Ökosystems durch den Menschen auf ein Minimum zu beschränken und die Bevölkerungszahlen niedrig zu halten. Zu diesem Zweck wurden vielfältige, nicht immer erfolgreiche Methoden angewandt: Unter anderem wurde rituelle sexuelle Enthaltsamkeit (vor einer Jagd oder wichtigen Gemeinschaftsfeier zum Beispiel) geübt, Untreue bestraft, und Kinder wurden möglichst in größeren Abständen gezeugt, um ihnen die ungeteilte Aufmerksamkeit der Eltern während der Kindheit zu sichern; Alte und Kranke verließen ihren Stamm oder begingen Selbstmord; pflanzliche Abtreibungsmittel wurden verwendet. Andererseits gab es Methoden, die die Überbeanspruchung der Umwelt durch die dörflichen Gemeinschaften verhindern sollten: Im Sommer hatte man andere Lagerplätze als im Winter; in regelmäßigen Abständen (meist etwa dreißig Jahre) zog das ganze Dorf weiter zu neuen Feldern und Jagdgründen; wenn ein Dorf eine bestimmte Größe überschritten hatte, wurde es geteilt und ein neues Dorf gebildet.

Alles deutet darauf hin, daß die ersten Amerikaner wirklich die ersten ökologisch denkenden Menschen waren; sie entwickelten Glaubenssysteme, die sie so werden ließen, umgekehrt verhielten sie sich (wie viele andere Urvölker der Welt) entsprechend, weil sie wußten, daß ihr Überleben und ihr Glück – und in ihren Augen auch das Überleben und das Glück aller anderen Lebewesen – davon abhingen. Es ist wirklich so einfach.

Amerika wurde dadurch nicht wirklich zum Paradies, kam ihm aber doch so nahe, daß man durchaus verstehen kann, warum so viele Europäer bei seinem ersten Anblick vom Goldenen Zeitalter und vom Garten Eden sprachen. Weitaus schwieriger ist es nachzuvollziehen, warum sie, dem Beispiel des ersten Eroberers folgend, dessen Vermächtnis nach dem katholischen Königreich Spanien nun das protestantische englische Königreich verwaltete, das Land und seine Menschen in Besitz nahmen, beherrschten und zerstörten – und so gewährleisteten, wie es der Historiker Francis Parkman noch Mitte des neunzehnten Jahrhunderts beobachtete, daß der Indianer «zusammen mit seinem Wald» unterging, «da er sich weigerte, die Künste der Zivilisation zu erlernen».

Dreizehntes Kapitel
1625–1992

Kolumbus/Columbia

Als Reverend Samuel Purchas 1625 die rechtmäßige Eroberung Nordamerikas durch seine lebenden oder toten Landsleute – «daher ist dieses Land rechtmäßig Euer, Ihr Engländer» – verkündete, veröffentlichte er zur Untermauerung dieses Anspruchs eine Buchreihe über die englische Seefahrt und die Entdeckungen; der zweite Band enthielt eine langatmige Beschreibung des «würdigsten aller Männer», dessen Entdeckungen die Eroberung erst ermöglicht hatten. In erster Linie basierend auf den Berichten Petrus Martyrs, Francisco López de Gómaras und Antonio de Herreras (dessen fachkundiges Geschichtsbuch kurz davor erschienen war), berichtete er darüber, wie «Colombo» nach jahrelangem Drängen am kastilischen Hof schließlich seine Reise beginnen konnte und so Europa «die kolumbianische Welt» (wieviel passender als «amerikanische» Welt) eröffnete. Die Reisen selbst werden nur knapp geschildert, und es liegt auf der Hand, daß der gute Kirchenmann (der seit zehn Jahren Kaplan eines anderen Kolumbus-Anhängers, George Abbots, des Erzbischofs von Canterbury, war) mit seinem Geschichtsbuch in erster Linie moralische Ziele verfolgte: Er stellte Colombo als ein Vorbild an Geduld und Beharrlichkeit hin, Tugenden, die ihm den gerechten Lohn einbrachten, damit andere «anhand seines Beispiels» lernten, «daheim größeren Stürmen zu trotzen»; dem Leser wird vor Augen geführt, daß sein «Eifer und Wissen» vor allem belohnt wurden, weil er stets «Christus im Herzen» getragen habe. Aber Purchas war doch auch Historiker, und der praktische Wert der Entdeckung war ihm bewußt: Cortés war trotz seines mexikanischen Goldes und Pizarro trotz seines peruanischen Silbers «nicht zu vergleichen mit dem Meisterstück ihres Meisters, der die Neue Welt fand, um ein Betätigungsfeld für sie zu finden».

Wie viele andere seiner Zeit zeichnete Purchas seine Figuren und die neuen Länder, in denen sie wandelten – er hatte sie nie mit eigenen Augen gesehen – mehr symbolisch als realistisch. Eine gewisse Dreidimensionalität, die heute von historischen Analysen gefordert wird, fehlt vollständig: Colón ist eine leblose Puppe, widersprüchlich, beeinflußbar. Ungeachtet der Tatsache, daß Fernandos Biographie über seinen Vater damals in England zweifellos zur Verfügung stand – 1614 war eine dritte italienische Ausgabe erschienen, bis zur Veröffentlichung einer englischen Übersetzung sollte es allerdings noch neunzig Jahre dauern –, wurden die persönlichen Einzelheiten, die man diesem Buch entnehmen kann, sowohl von den Alltags-Chronisten wie von den ernst zu nehmenden Historikern vom Range Purchas' bis zu dieser Zeit meist vernachlässigt.

Im Lauf der Jahrhunderte kann aus Colón ein Symbol werden, ein Mythos oder ein Mensch aus Fleisch und Blut, oder er ist ein kompliziertes Gemisch all dieser Elemente, je nachdem, von wem sein Rang und Ansehen welchen Zwecken angepaßt wird. Zunächst war er, wie wir bereits gesehen haben, vor allem Symbol – Forscher, Entdecker, Held – und wurde nach Bedarf in den Mittelpunkt gerückt, um die Geistesgröße und den Mut der Italiener, die Abenteuerlust und den Entdeckungswillen der Spanier oder die Beharrlichkeit und Zielstrebigkeit der Christen zu verkörpern; die Einzelheiten seines Lebens, seiner Reisen, seiner Regierungszeit auf Española und sogar seiner späteren Schwierigkeiten mit den spanischen Monarchen wurden allgemein außer acht gelassen. Für die Einwanderer auf dem nördlichen Kontinent, die sich selbst als «Amerikaner» zu fühlen begannen und als solche gesehen wurden, personifizierte er dann die Einheit der neuen Länder und Völker, und der Schiffskapitän aus Genua verschwand im Nebel patriotischer Absichten. Durch die Veröffentlichung eines Berges von Material aus den spanischen Archiven wurde er schließlich zum Akteur, zu einem überlebensgroßen Wesen aus Fleisch und Blut, das die menschlichen Irrwege gehen mußte, aber mit der Kraft des Geistes alles überwand – fast eine Romanfigur; dennoch wurde ihm immer mehr historische Größe zugeschrieben (und er verlor nichts von seiner Nützlichkeit als Symbol). Vorwiegend unserem Jahrhundert blieb es vorbehalten, ihn als Menschen zu verstehen und mit Hilfe seriöser Forschung alle Mythen und Illusionen auszusondern, so anziehend sie sein mögen, und eine viel komplexere – und auf beiden Seiten des Atlantiks umstrittene – Persönlichkeit zum Vorschein zu bringen. So lebt also Kolumbus' Vermächtnis weiter.

Vor zwanzig Jahren stellte der Historiker J. H. Elliott fest, daß «Kolumbus' Ruf in der Geschichte bisher nicht die verdiente Aufmerksamkeit zuteil wurde»; das gilt auch heute noch. Ein kurzer Überblick kann die Unterlassungen zwar nicht wiedergutmachen, soll aber einen Teil der historischen Bahn verfolgen und dazu beitragen, den Entdecker als Symbol wie als Mensch in ein dem Jahrestag seiner Tat angemessenes Licht zu rücken.

1625–1740: «L'Amérique ne commande pas seule», warnte Fernand Braudel düster; dennoch erlangte Amerika im siebzehnten Jahrhundert höchste Bedeutung für die Staaten und die Wirtschaft Europas und war sogar entscheidend an der Entwicklung Europas zur Weltmacht beteiligt. Die Eroberung Amerikas, so analysiert Elliott, gab dem Subkontinent «neues Vertrauen in seine eigenen Fähigkeiten, neue Gebiete und Quellen des Reichtums und ein neues und tieferes Bewußtsein des komplizierten Zusammenspiels von Reichtum, Bevölkerung und Handel als Grundlage nationaler Macht». Auf das Jahrhundert der Ausbeutung, das sich ab 1660 seinem Ende zuneigte, folgte ein Jahrhundert oder mehr im Zeichen von Einwanderung und Besiedelung, Handel und Gewerbe, ein ständiges Hin und Her über den Atlantik; so wurden Europas Weltreiche im Westen verankert, und die Neue Welt wurde nicht nur wirtschaftlich eine Realität, sondern zeigte auch deutliche Auswirkungen auf das Bewußtsein und die Kultur der Alten Welt.

Jede Nation hätte sich inzwischen aus mehreren gelegentlich in den Vordergrund gerückten Persönlichkeiten eine eigene Leitfigur erwählen können, doch es war Colón, der weiterhin für die Entdeckung und Eröffnung der neuen Hemisphäre stand. Während zum Beispiel Cortés, eine imposante und erstaunliche Persönlichkeit, die Spanien weit mehr Reichtum einbrachte als der Admiral, von 1600 bis 1650 in etwa vierundzwanzig Büchern erwähnt wird, erscheint Colón in über einhundertzwanzig. Er war weiterhin in den Verzeichnissen «berühmter Männer» vertreten – wie in

Fernando Pizarro y Orellanas *Varones ilustres,* dem ersten in Spanien erschienenen derartigen Verzeichnis aus dem Jahre 1639 –, ebenso in fast jedem Bericht über die spanische oder ligurische Geschichte und in allgemeinen Geschichtsbüchern über die Entdeckungen und Expansion der Europäer. Erstaunlicherweise erhielt Fernandos Biographie im Lauf des Jahrhunderts einen immer höheren Stellenwert als historische Quelle; 1704 wurde sie erstmals (und sehr gut) ins Englische übersetzt – dabei handelte es sich sogar um die erste Übersetzung aus dem Italienischen in ganz Europa – und in einer ansehnlichen Bandfolge unter dem Titel *Collection of Voyages and Travels* von Awnsham und John Churchill veröffentlicht (Neudrucke in den Jahren 1733, 1744–1747 und 1752).*

England fühlte sich weiterhin vom Entdecker oder dem Bild, das es sich von ihm machte, angezogen, und mehrere historische Werke setzten sich in dieser Zeit nach Purchas' Vorbild mit ihm auseinander. Eine besondere Faszination übte Kolumbus auf Francis Bacon, den führenden englischen Naturwissenschaftler des frühen siebzehnten Jahrhunderts, aus; er findet sich in mindestens sechs seiner Werke: in seiner beliebten *Geschichte der Herrschaft König Heinrichs VII.* (1622) behauptete er zwar, daß nicht Colón, sondern der walisische Prinz Madoc im zwölften Jahrhundert die westlichen Inseln als erster entdeckt habe, bedauerte aber dennoch die Tatsache, daß Heinrich das mutmaßlich von Bartolomé im Namen seines Bruders vorgebrachte Angebot abgelehnt hatte; in seinem utopieähnlichen Werk *Nova Atlantis* (um 1626 verfaßt) ließ er eine Statue Colóns im Saal der «besten Erfinder» aller Zeiten aufstellen. Der deutlichste, wenn auch seltsamste Hinweis auf Colóns Ansehen in England findet sich in dem 1682 in London veröffentlichten Werk *De jure maritimo et navali,* in dem die Engländer Colón als einen der ihren reklamieren – «ein unzufriedener Sohn dieser Insel, der berühmte Kolumbus ... geboren in

* Diese Reihe wurde eingeleitet von einer Abhandlung über die Geschichte der Seefahrt, die «dem gefeierten Mr. Locke» – vermutlich mit dem in diesem Jahr verstorbenen John Locke identisch – zugeschrieben wurde. Sie basierte größtenteils auf Herreras Berichten und befaßte sich ausgiebig mit Kolumbus, ließ aber seine Taten an Land unerwähnt.

England, aber wohnhaft in Genua». Als wollte das Leben die Kunst nachahmen, heiratete 1716 James Francis Fitz-James Stuart, Enkel des englischen Königs Jakobs II., Catarina-Ventura de Portugal y Ayala, Ur-Ur-Ur-Ur-Urenkelin Cristóbal Colóns in direkter Linie, und erhielt 1733 selbst den Titel eines Admirals der Inseln und Festländer von Indien (und eines Fürsten von Veragua, der zweite erbliche Titel); wäre Jakob II. nicht durch die Glorious Revolution 1688 gestürzt worden, hätte England vielleicht einen Admiral der Inseln und Festlande von Indien als König bekommen.*

Wieder ist es die Literatur, durch die wir den besten Eindruck von Colóns damaligem Ansehen erhalten. Die Italiener widmeten ihm im siebzehnten Jahrhundert nicht weniger als acht Gedichte – unter anderem Tommaso Stiglianis *Del mondo nuovo* (Piacenza, 1617; Rom, 1628), ein *«poema eroico»* in vierunddreißig Gesängen – sowie zwei Dramen (1621, 1691) und 1690 die erste in einer langen Reihe von Kolumbus-Opern, *Il Colombo,* Text und Musik von Kardinal Pietro Ottoboni. (In Italien entstanden auch die ersten Gemälde zum Thema Kolumbus, die nicht Colón selbst porträtierten: eine Darstellung der Entdeckung, die Giovanni Battista Carlone Mitte des siebzehnten Jahrhunderts für den Dogenpalast in Genua malte; eine weitere von Domenico Fiasella, ebenfalls für den Dogenpalast, die später verbrannt wurde; und eine dritte von Lazzaro Tavarone für den Saluzzo-Palast in Genua.) Das Interesse der englischen Dichter an Colón war zunächst noch sehr oberflächlich, wie zum Beispiel ein Gedicht von Michael Drayton aus dem Jahre 1607 zeigt, aber noch vor Mitte des Jahrhunderts wird Colón in mindestens vier weiteren Gedichten und danach in einem 1667 veröffentlichten Gedicht erwähnt –

> ... So umgürtet fand jüngst Kolumbus den Amerikaner.
> Mit Federwedeln nur, sonst nackt und wild –

Miltons *Verlorenem Paradies,* das unbestritten zu den überragenden Werken der englischen Sprache zählt.* Auch die Franzosen

---

* Die Tatsache, daß der Admiral 1642 von Thomas Fuller als «der ehrenwerte Peter Kolumbus» beschrieben wurde, dürfte seinem Ansehen in England kaum abträglich gewesen sein; vermutlich ging dieser Irrtum auf Lucio Marineo Siculo zurück, der 1539 von «Pedro Colon» spricht.

waren nur vereinzelt an Colón interessiert, doch entstanden zwei beachtliche Gedichte auf ihn, von denen eines zwar mitten im zweiten Gesang endet, aber immerhin über fünfhundert Seiten lang ist. Nun trug sich auch Spanien in die Liste der Kolumbus-Literatur ein mit dem wirren, aber überaus beliebten Stück Lope de Vegas *El Nuevo Mundo descubierto por Cristóbal Colón,* in dem der Entdecker gleichsam ein ritterlicher Held ist, ein Träumer, verlacht von einer grausamen und schwerfälligen Welt; doch er behauptet sich und triumphiert und wird dadurch für alle Zeit zum Symbol des vermeintlich ewig menschlichen Unternehmungsgeistes und Entdeckungswillens. Ende des Jahrhunderts (1701) folgte Francisco Botelo de Moraes e Vasconcelos' beeindruckendes *El Nuevo Mundo,* die erste vollständige «*poema heroyco*» über Colón in spanischer Sprache, 968 Seiten voll wenig berühmter, aber um so aufrichtiger empfundener Verse.

Zwei Jahrhunderte nach seinen Entdeckungen dürfte Colón in Europa vor allem so gesehen worden sein, wie Lope de Vega ihn darstellte, obwohl er durchaus auch tragisch, romantisch oder einfach ein Held sein konnte, ganz wie man ihn sich wünschte. Eigenartigerweise wissen wir jedoch nicht, wie ihn die Menschen sahen, die seinen Spuren in die Neue Welt folgten und dort ein neues Leben begannen. Es waren keine sehr belesenen Menschen, wenn auch die Spanier noch vor Ende des sechzehnten Jahrhunderts drei Universitäten gegründet und die Druckerpresse einge-

---

* Da sowohl Justin Winsor wie Henry Harrisse behaupten, Baptist Goodalls 1630 entstandenes Gedicht *Tryall of Travell* sei das erste englische Gedicht, das Colón erwähnt, sollte ich wohl anmerken, daß ihm Robert Sealls Pamphlet (1563), George Gascoignes Lobpreisung (1576), Stephen Parmenius' *De navigatione* (1582), Edward Fairfax' Übersetzung des Tasso (1600), Draytons Widmungsvers für D'Olivier de Serres' *The Perfect Use of Silkwormes* (1607) und eine kurze Erwähnung im *Epigrammaton opusculum duobus distinctum* eines gewissen Huntingdon Plumptre (1629) vorangingen. Das Gedicht Goodalls, der sich selbst als «Kaufmann» bezeichnet, ist nichts als billiger Kitsch, offenbar zur Verherrlichung des Welthandels und der «mit Schätzen gesegneten Welten und von Gold strotzenden Reiche» gedacht.

> «Collumbus und Magellan wagten kühn sich voraus
> Dann folgten Drake, Vespucius und Frobisher ihnen hinaus ...»

Dieses Niveau wird über achtundsiebzig Seiten durchgehalten.

führt hatten und die Engländer bis 1700 zwei Universitäten gebaut hatten; und selbst wenn sie die Neigung dazu hatten, so fehlte es ihnen an der Zeit zum Nachdenken; sie waren allzu beschäftigt damit, immer reicher zu werden, sie frönten der von John Adams so bezeichneten «Gier nach Land, die in diesem Land so viele Apostel des Mammon hervorgebracht hat». Dennoch ist es erstaunlich, wie wenige Bücher in der Neuen Welt über die eigene Geschichte entstanden, und ebenso erstaunlich ist, daß im siebzehnten Jahrhundert und in den ersten dreißig Jahren des achtzehnten meines Wissens keine einzige Veröffentlichung auf Colón Bezug nimmt.

Das ist beschämend angesichts der Tatsache, daß die Kolonien, und vor allem die nordamerikanischen Kolonien, das Vermächtnis des Kolumbus eifrig in die Tat umsetzten: den Traum vom Paradies und einem Leben ohne Mühsal (Sir Robert Montgomery zum Beispiel nannte 1717 Georgia «unser künftiges Eden»); den Einsatz von Gewalt und militärischem Zwang (Pequot-Krieg 1637, King-Philip-Krieg 1675, Bacons Rebellion 1676–1677; Auseinandersetzung zwischen Briten und Franzosen 1689–1697 und 1702–1713; und so weiter; die Suche nach den unerhörten Schätzen (Benjamin Franklins freimütige Empfehlungen «Hints for Those That Would Be Rich» kamen 1736 heraus); die Zerstörung der Waldgebiete und der dort lebenden Indianer (die Entwaldung schritt bis 1740 von Quebec bis Tobago, von Plymouth bis zum Gebiet der Appalachen und durch das Tal des Mississippi voran); und die Versklavung der Indianer und später der Schwarzen (bis 1740 langten zwei bis drei Millionen Afrikaner lebend in Amerika ein). Wie hätte alles ausgehen können, wenn nur ein einziger von den etwa 600 000 Siedlern in Nordamerika und den 500 000 in Südamerika innegehalten hätte, um über den Lauf der Dinge und ihren Ursprung nachzudenken?

Das Jahr 1692 verging, ohne daß der Ursprung dieser Entwicklungen mit einem einzigen Wort erwähnt oder seiner mit einer einzigen Handlung gedacht worden wäre.

1692: Bei Hexenprozessen in Salem, Massachusetts, werden zwanzig Frauen zum Tode verurteilt und vor den Augen einer Beifall bekundenden Menge hingerichtet.

Cotton Mather veröffentlicht *Fair Weather, A Midnight Cry,* und *Political Fables;* seine Werke sind geprägt von den erhabenen religiösen Prinzipien, die die Puritaner für die Heiden aller Rassen bereit hielten.

Das William and Mary College, die fünfte universitäre Einrichtung in Nordamerika, wird in Williamsburg, Virginia, gegründet.

Gouverneur Diego de Vargas führt nach zehn Jahren anhaltender Aufstände der Pueblo-Indianer eine spanische Truppe von El Paso aus zur brutalen Rückeroberung New Mexicos; im Oktober wird Santa Fe zurückgewonnen und siebzig Indianerführer hingerichtet.

Baron Louis Armand de Lahonton kehrt von einem Aufenthalt in Kanada nach Frankreich zurück und beginnt sein Werk *Dialogues ... entre l'auteur et un sauvage,* in dem er voller Verständnis über die nordamerikanischen Indianer spricht. Er und Montaigne prägen den Begriff des edlen Wilden in Frankreich.

Die Zahl der Eingeborenen in Nordamerika liegt wahrscheinlich nicht über vier Millionen.

1740–1825: Das Rad der Geschichte begann sich schneller zu drehen. Die neuen Völker Amerikas sahen sich selbst nunmehr als einen anderen Menschenschlag, die Neuankömmlinge aus Europa ebenso wie die seit mehreren Generationen hier Ansässigen. Und sie begannen in dem Augenblick an den Ketten zu rütteln, die sie an ihre Mutterländer banden, als diese erkannt hatten, wie überaus wichtig sie für die Erhaltung ihrer Reiche nicht nur als Warenlieferanten, sondern auch als Handelspartner, Verbündete, ja sogar als Sicherheitsventile für ihre ruhelosen Metropolen waren. Das Streben der Kolonien nach Selbstbestimmung begann gegen Mitte des achtzehnten Jahrhunderts und wurde mit jedem Jahrzehnt ausgeprägter, bis es zu dem amerikanischen Erdbeben kam, aus dem 1783 die Vereinigten Staaten hervorgingen und dessen Erschütterungen in der ganzen Hemisphäre zu spüren waren; am Ende dieses Zeitabschnitts hatten die meisten früheren Kolonien ihre Unabhängigkeit erklärt und waren zu eigenständigen Nationen (nach dem Vorbild Europas, das sei betont) geworden.

In Europa baute England (seit der Vereinigung des schottischen und des englischen Parlaments 1707 eigentlich Großbritannien) unterdessen seine Macht mit der Verlagerung des Wirtschaftsschwerpunkts nach Norden immer weiter aus, so daß es zu Beginn dieses Zeitabschnitts bereits das führende Reich der Welt mit Nordamerika als wichtigstem Eckpfeiler war. Dies war mit ein Grund für das erwachende Interesse an der Geschichte vor allem der westlichen Hemisphäre und löste eine wahre Flut von Büchern aus – in den Jahren 1704, 1708, 1727, 1739, 1743, 1759 sowie ein Dutzend in den siebziger Jahren des achtzehnten Jahrhunderts – , in denen Admiral Kolumbus eine wichtige Rolle spielte. Am gelehrtesten war wohl William Robertsons *History of America* (1777), am beliebtesten war aber eindeutig *The World Displayed* (1759) – es heißt, die amerikanischen Kinder, einschließlich Washington Irvings, seien damit aufgewachsen –, ein aus zahlreichen Bänden bestehendes Werk, dessen erstes Buch ausschließlich Kolumbus und seinen unmittelbaren Nachfolgern gewidmet war. Die wichtigsten Quellen, inzwischen bereits Standardwerke, waren Fernandos Biographie und Herreras Geschichtsbuch (das wiederum von Las Casas' *Historia* beeinflußt war), so daß die Darstellung des Admirals im großen und ganzen der seines Sohnes und seines großen Bewunderers entspricht. In diesem Werk *nicht* erwähnt wurde jedoch die durch die Untaten der Spanier begründete Schwarze Legende, die die Briten allgemein deshalb vernachlässigt haben dürften, weil ihre Kolonialgeschichte nicht weniger düstere Kapitel hatte; darüber hinaus fehlte in diesem wie in allen anderen Berichten eine ausführliche Beschreibung Colóns als Gouverneur und als zunehmend dem Wahnsinn verfallender Nörgler in seinen letzten Lebensjahren in Spanien. Wie die Italiener und die Spanier malten auch die Briten am liebsten das Bild eines unkomplizierten Helden.

Im übrigen Europa nahm das Interesse an Colón immer mehr zu. Vier bahnbrechende wissenschaftliche Werke lenkten die Aufmerksamkeit in eine neue Richtung: 1749 erschien eine spanische Sammlung von Kolumbus-Dokumenten mit mehr als hundert Kapiteln über Colón von Andrés González Barcia; 1782 publizierte der Chevalier de Langeac in Frankreich eine umfangreiche und packende Lebensgeschichte mit Gedichten, die sich über fünfzehn Seiten hinzogen; 1793 wurde in Spanien eine *Historia del Nuevo-Mundo* des Juan Bautista Muñoz, der Zugang zu zahlreichen spanischen Archiven hatte, veröffentlicht; und 1818 erschien in Italien eine umfassende *Vita di Cristofero Colombo* von Luigi Bossi, die als erste «moderne» Biographie gilt; dem könnte noch der Erstdruck von Colóns *Buch der Privilegien* in Italien und England im Jahre 1823 hinzugefügt werden. Offenbar waren die Europäer aber eher geneigt, den Entdecker in Dramen und Gedichten, ja sogar in Opern und Balletten zu behandeln, ließen sich mehr von der fesselnden Dramatik der Geschichte in den Bann ziehen als von nüchternen historischen Einzelheiten. So entstanden zwei weitere lange epische Gedichte in französischer Sprache (1756, 1773) und fünf kürzere Gedichte sowie mindestens drei Bühnenstücke, eines von Rousseau (1742 verfaßt, 1782 gedruckt und angeblich mit Musikbegleitung, die jedoch verlorenging), eines von Nepomucène Lemercier (1809), das bei der Uraufführung wegen seiner schlechten Qualität für Unruhe sorgte; drei Opern, zum Teil mit Balletteinlagen, entstanden 1770, 1778 und 1788 in Italien, zwei Bühnenstücke im Jahre 1775; in Deutschland wurde 1795 Schillers berühmtes Gedicht *Columbus* gedruckt, 1812 entstand ein Drama; auch England trug mehrere lange Gedichte bei, darunter das unseres Wissens erste von einer Frau verfaßte Gedicht über Kolumbus (*Reflections on a Tomb* von einer anonymen «Lady», 1791), sowie das erste englischsprachige Stück über den Entdecker (*Columbus, or A World Discovered* von Thomas Morton, uraufgeführt und gedruckt im Jahre 1792, 1797 in den Vereinigten Staaten aufgeführt).

Wie nicht anders zu erwarten, erlangte Kolumbus aber besonders in Amerika, und vor allem in dem von den rastlosen und ehrgeizigen Briten beanspruchten Teil, große Bedeutung, und sein Vermächtnis wurde zu neuem Leben erweckt. Die Menschen dort sahen sich selbst jetzt als *Amerikaner,* nicht als Briten; viele von ihnen waren bereits seit drei oder vier Generationen im Land, und sie fühlten sich allmählich als Angehörige einer eigenständigen Kultur. Ihre Bestimmung (wie sie selbst sie sahen und darstellten) war der *Fortschritt,* sowohl das Vordringen über Berge und Flüsse immer tiefer in das Land hinein als auch der materielle Fortschritt, um dessentwillen die öde Wildnis in ertragreiche Felder und Weideflächen und in blühende Dörfer und Städte verwandelt wurde; ebenso aber auch der moralische Fortschritt, der diesem Land und seinen Bewohnern, ob weißer oder roter Hautfarbe (falls sie sich unterwarfen) die Gesetze und Sitten der Zivilisation brachte. Und aus all dem ergab sich der politische Fortschritt, der auf Widerstand, Revolution und Unabhängigkeit ausgerichtet war und als solcher mit Kolumbus in Zusammenhang gebracht wurde.

Das erste amerikanische Werk, das sich ausführlich mit Kolumbus auseinandersetzte, dürfte die erste Ausgabe des *New American Magazine*, erschienen im Januar 1758, gewesen sein; diese sachkundige, wenn auch etwas überladene Biographie des Admirals leitete die Serie «Geschichte des amerikanischen Kontinents» ein, die sich in der Folge fast ausschließlich auf die Leistungen englischer Forschungsreisender konzentrierte. (Die Briten bemühten sich zu dieser Zeit darum, das Ansehen John Cabots zu steigern, der immerhin unter englischer Fahne gesegelt war und im Gegensatz zu Kolumbus höchstwahrscheinlich das nordamerikanische Festland erreicht hatte. Er war aber eine zu undurchsichtige und verschwommene Persönlichkeit und eignete sich selbst schlecht als Objekt der Verehrung. Danach erschien nichts mehr – nichts, das die Zeiten überdauert hat – bis zum Jahr 1772, dem ersten Akt in dem Drama, das Kolumbus zur Verkörperung der neuen Nation Amerika machte. Für diese Entwicklung war ein sehr ungewöhnliches Trio verantwortlich – ein New Yorker Publizist und Verleger, ein wohlhabender Geschäftsmann und Amateurdichter und ein Bostoner Priester mit Leidenschaft für die Geschichte –, das dem aufstrebenden Land innerhalb von nur zwanzig Jahren genau das Symbol schenkte, das es brauchte: einen Mann, der eindeutig nichts mit England zu tun hatte und der Eigenschaften wie Beharrlichkeit, Mut, Vorstellungskraft, Scharfsinn und Heroismus in sich vereinte.

Philip Freneau (1752–1832) wurde als «Vater der amerikanischen Dichtung» bezeichnet, was seine Nachfahren möglicherweise lieber in Abrede stellen, offenbar war er aber tatsächlich der erste in Amerika geborene Schriftsteller, dessen gesammelte Werke

1786 in einem gewinnträchtigen Band veröffentlicht wurden. Seine Graduierungsrede in Princeton 1771 war ein Lobgesang auf Kolumbus in Form von reimlosen Pentametern (unter dem Titel «The Rising Glory of America» 1772 in *The American Village* und 1809 in einer anderen Sammlung veröffentlicht). Später behandelte er dieses Thema noch fünfmal, unter anderem 1788 in dem Gedicht *The Pictures of Columbus, the Genoese*, dessen achtzehn Strophen als eigenes Buch erschienen. Vieles entspricht der konventionellen Mythologie, belebt durch einige Fernando entlehnte Posen des Selbstmitleids:

> «... durch reiche Mühen
> Hunger, Tod bahnte der Held sich den Weg.
> Durch unablässig sturmschwangere Meere
> Und dem Verwegenen feindliche Zonen ...»

Eigentlich aber wird die Einzigartigkeit des amerikanischen Kontinents gefeiert, wo «sicher vor Tyrannei und gemeiner Herrschaft»

> «Nationen entstehen und Staaten, ruhmreich
> wie einst Griechenland und Rom!»

Wo vielleicht sogar

> «Das Paradies von neuem
> wird erblühn, das kein Adam büßt mehr ein. [...]
> Ein Kanaan hier,
> Das alte Kanaan soll's übertreffen.»

In einem etwa im Juli 1775, kurz nach den Schlachten von Lexington und Bunker Hill veröffentlichten Gedicht identifiziert Freneau erstmals die neue Nation mit dem Geist des Entdeckers:

> «Sieh mit Schmerz Massachusetts' schönes Land
> Den Sitz von Krieg, des Todes Schreckensbild. [...]
> Welch Wahnsinn, Himmel, läßt Britannia zürnen?
> Wer schmiedet Ränke, Columbia zu brechen.»

In seiner Fußnote zu dem Wort «Columbia» erklärt Freneau, es sei «das bisweilen nach Kolumbus, dem ersten Entdecker, so genannte Amerika» – so genannt offenbar in Anlehnung an die Namengebung von Virginia, Georgia – und Amerika.

Der nächste Akt spielt im darauffolgenden Jahrzehnt. Die Nation hatte die Unabhängigkeit erlangt und erhielt nun von Joel Barlow (1754–1812) einen umfassenden Überblick über Kolumbus' Absichten und deren Nachwirkungen. Sein 1787 erschienenes Werk *Vision of Columbus* bestand aus neun Büchern in ein wenig leblosen, gereimten Versen und war Ludwig XVI. gewidmet (dem dafür gedankt wurde, daß er «einer anderen Hemisphäre seine wohltätige Hand gereicht hatte»). Am Anfang steht ein recht sorgfältiger biographischer Aufsatz über Kolumbus, den Barlow für unerläßlich hielt, da außerdem nur ein einziges Buch mit «einem zufriedenstellenden Bericht» über das Leben des Entdeckers (Robertsons *History*) vorhanden sei und «angesichts des gegenwärtigen Zustands der Literatur in diesem Land angenommen werden muß, daß viele ... nur wenig vertraut sind mit dem Leben und Wesen dieses großen Mannes, dessen außergewöhnliche Geistesgröße ihm die Entdeckung des Kontinents ermöglichte und dessen außergewöhnliche Leiden bei der ganzen Welt Entrüstung hervorrufen sollten».*

In dem Gedicht selbst liegt ein gealterter Kolumbus in einem spanischen Gefängnis und klagt wie immer über sein Schicksal, bis ein Engel erscheint, ihn wieder in die Neue Welt bringt und ihm seine Zukunft zeigt, in der

> «Künft'ge Geschlechter werden preisen den Freudentag,
> Als forsch deine Schiffe auf neuen Kurs sich gewagt. [...]
> Und da die Inseln, wo die erste Flagge, windgeschwellt,
> Kündete friedvollen Sieg über die neue Welt,
> Wo ehrfurchterstarrt wilde Horden wichen zurück,
> Die Söhne der Sonne willkommen hießen voll Glück.»

---

* Wie damals üblich, wurde der Druck dieses Buches teilweise durch Subskription finanziert, und die Prominenz der Interessenten läßt auf Barlows hohes Ansehen schließen. Auf der Liste standen Ludwig XVI., der fünfundzwanzig Exemplare bestellte, George Washington (zwanzig Exemplare), der New Yorker Gouverneur DeWitt Clinton, Alexander Hamilton, Robert Livingston, «Col. Aaron Burr», Benjamin Franklin (sechs Exemplare), Thomas Paine und Charles W. Peale sowie eine Reihe von Soldaten, Richtern und Politikern von Boston bis Baltimore.

Auf dem nördlichen Kontinent sieht Kolumbus, wie

«Der Freiheit unbesiegte Söhne mit eifrig Mühn
Beschneiden den Hain und lassen die Erde erblühn,
Von ehernen Felsen zerklüftet' Erz sie hauen,
Aus blaßpoliertem Marmor hohe Türme bauen.»

Und er ist erfreut:

«Kolumbus ging gütig lächelnd ihnen entgegen,
Dankten doch alles sie seinem Sorgen und Streben;
Vergoß Freudentränen und sah doch den Bogen,
Ihrer gewagten Reise über ferne Wogen. [...]
Sah die Geschwader sich nähern dem aufsteigend' Rand.
Dem Meer entsteigen, mit ihm teilen das selig' Land.
Wälder fallen und überlassen den Helden Raum.
Felder und Gärten erblühen an der Wildnis Saum.»

In einer endlosen Passage muß der Admiral den Unabhängigkeitskrieg und den Sieg Amerikas miterleben und sieht schließlich eine Vision der amerikanischen Zukunft vor sich, die beherrscht ist von Fortschritt und Wissenschaft und den daraus entstehenden Wohltaten:

«Jedes Orientalenreich, einst der Erde Zierde,
Heimat großer Männer und der Wissensbegierde,
An diesen erleuchtet Gestaden wird es sehen
Seinen Ruhm übertroffen, seinen Glanz vergehen.»

Zum Schluß spricht der Engel dem Admiral Trost zu:

«Mit freudigem Herzen laß ruhen nun die Klagen
Über Gefahren und Schmerzen, sinnlos ertragen,
Über treulose Höfe, der Mißgunst gift'gen Dorn,
Den Verlust deiner Herrschaft und der Könige Zorn;
Strahlende Bilder bestimmen dein glühend' Denken,
Dem Schmähen der Feinde sollst Verachtung nur schenken.

Glückseligkeit kommende Epochen gewinnen,
All dein' Mühn wird belohnt, deine Qualen zerrinnen.»

Etwas bombastisch, zweifellos, aber voller Optimismus; es machte Barlow sofort berühmt, und zwar so berühmt, daß er zwanzig Jahre später sein Werk überarbeitete und *zehn* Bücher mit 3675 Doppelversen daraus machte, die er Robert Fulton (dessen Dampfschiff im selben Jahr vom Stapel lief) widmete und – ausgestattet mit einer Serie von Stichen – unter dem Titel *The Columbiad* veröffentlichte.

In ihrer Rezension sieht sich die *Edinburgh Review* bemüßigt, über den Verfasser zu schreiben: «Wir zögern nicht, ihn als Giganten zu bezeichnen.»

Den letzten Akt des Dramas lieferte Reverend Doctor Jeremy Belknaps (1744–1798) «Rede, gedenkend der Entdeckung Amerikas durch Christopher Columbus», die am 23. Oktober 1792 vor der Historical Society of Massachusetts gehalten und noch im selben Jahr als Pamphlet gedruckt wurde; 1794 nahm er den Text in das Kolumbus-Kapitel seines Buches *Biographies of the Early Discoverers* auf. Belknap beschränkt sich großteils auf Prosa, allerdings ist sie ziemlich exaltiert: «Gegen Mitte des fünfzehnten Jahrhunderts ... trat ein großer Geist in Erscheinung, dessen Name im großen Buch der Geschichte mit Verehrung ausgesprochen wird. Er verhalf Wissenschaft und Handel zu Größe und Ausdehnung ... Sein Geist war dergestalt beschaffen, daß ihm jede Vermutung, jede Betrachtung den Antrieb zu einer neuen Tat gab. Er schmiedete seine Pläne nicht im verborgenen, sondern war ein wagemutiger Abenteurer, seine Reisen eröffneten den Europäern eine neue Welt. Das lenkte ihre Gedanken in neue Bahnen, ermunterte ihren Unternehmungsgeist und ihren Handelssinn; das spanische Reich vergrößerte sich, und der Name Christoph Kolumbus wurde unsterblich. [...] Im großen Buch einer Geschichte, die unvoreingenommen urteilt, wird er stets als Mann des Geistes und der Wissenschaft gefeiert werden, als besonnener, kundiger, furchtloser Seefahrer.»

In diesem Ton geht es weiter und gipfelt in einer langen Lobrede auf Wissenschaft, Handel («die Seele der Seefahrt»!) und Freiheit, die in den neuen Vereinigten Staaten in einzigartiger Weise kombiniert würden: den Abschluß bildet die unvermeidliche Ode an Kolumbus und seine «wagemutige Fahrt»:

«Die Welt des Westens dem Blick sich zeigte,
Wohlwollend die Arme ausgebreitet;
FREIHEIT, über'n Atlantik sich neigte,
Von der armen RELIGION begleitet.»

Und Gott verkündet:

«Süßer Friede, Himmelsrecht soll'n scheinen
Auf lieblich' COLUMBIAS glückliches Land;
Wo FREIHEIT und RELIGION sich einen
Und ihr Einfluß bald alles überspannt.»

Es ist verständlich, daß niemand den guten Doktor zitierte, um Freneau seinen Rang als Begründer der amerikanischen Dichtung streitig zu machen; im neunzehnten Jahrhundert wurde er allerdings als «Vater der amerikanischen Geschichtsschreibung» gefeiert, in erster Linie wegen seines Werkes über die Entdecker.

Sieht man von einer literarischen Beurteilung dieser drei frühamerikanischen Patrioten ab, so liegt auf der Hand, daß dank ihrer beachtlichen Bemühungen – und dank der Bemühungen anderer Reimeschmiede, Journalisten und Liedermacher, deren Namen wir nur zum Teil kennen – die meisten Bürger des neu gebildeten Staates von der Bedeutung der Entdeckung überzeugt waren und sich ein klares Bild vom Entdecker machen konnten. Bereits 1784 bekam das King's College in New York den passenderen Namen Columbia College; 1785 (und 1786) ließ der Schatzmeister der Konföderation, Gouverneur Morris, eine (in fehlerhaftem Latein) als «Immune Columbia» bezeichnete allegorische Frauendarstellung auf Kupfer-, Gold- und Silbermünzen prägen; 1786 wurde die neue Hauptstadt South Carolinas Columbia getauft, und im selben Jahr wurde in Philadelphia ein *Columbian Magazine* gegründet (die beständigste und angesehenste Zeitschrift ihrer Zeit mit Beiträgen von Barlow, Belknap, Noah Webster und John Quincy Adams); 1787 erschien die erste Fassung des Liedes «Columbia» von Timothy Dwight, der an der Universität Yale lehrte, und aufgrund seiner Beliebtheit bei den Revolutionstruppen galt es lange Zeit als inoffizielle Nationalhymne Amerikas; 1789 begründeten einige führende Patrioten die St. Tammany Society, auch Columbian Order genannt, einen gesellschaftlich und politisch ausgerichteten Klub in New York; 1791 beschlossen die Väter der neuen Regierung, eine Bundeshauptstadt an den Ufern des Potomac zu gründen, die «the Territory of Columbia» zu benennen sei; und 1792 entdeckte die *Columbia* unter Kapitän Robert Grant einen mächtigen Fluß, der bei etwa 46 Grad nördlicher Breite in den Pazifik mündete; Grant erhob im Namen der Vereinigten Staaten Anspruch darauf und taufte ihn «Columbia's River».

So ist es nicht verwunderlich, daß die Vereinigten Staaten am Ende ihres ersten Jahrzehnts als neue Nation den dreihundertsten Jahrestag von Kolumbus' Landung nicht mehr mit dem frostigen Schweigen des vorangegangenen Jahrhunderts übergehen konnten. In Boston hielt Belknap vor der Historical Society in Anwesenheit des Gouverneurs, des Vizegouverneurs und anderer Würdenträger seine Rede, anschließend fand ein Diner statt, «bei dem in geselligem Beisammensein auf das Andenken des Kolumbus angestoßen» und Belknaps Ode von einem Chor «ausgesuchter Sänger» gesungen wurde. In New York enthüllte die Tammany Society einen vier Meter hohen Obelisken zu Ehren Kolumbus' (der später offenbar niedergerissen wurde) und sorgte laut einer Lokalzeitung für eine «Abendunterhaltung», bei der eine «elegante Rede» gehalten und zahlreiche Toasts ausgebracht wurden: «Auf das Andenken des Christoph Kolumbus», «Möge die Neue Welt nie das Laster und die Not der Alten erleben», «Mögen die Retter Amerikas nie die Undankbarkeit erfahren, die Kolumbus von seinem König hinnehmen mußte» und «Mögen in den Vereinigten Staaten des Kolumbus stets Friede und Freiheit herrschen». In Baltimore wurde das erste öffentliche Denkmal der Welt zur Erinnerung an den Entdecker enthüllt, eine über dreizehn Meter hohe Ziegelsäule mit Marmorplatte; der französische Konsul in Baltimore, General Charles d'Amanor, hatte sie der Stadt zum Zeichen der Freundschaft zwischen den beiden Nationen geschenkt. Im selben Monat fanden angeblich auch in Providence, Richmond und «zahlreichen anderen Städten» Feiern statt.

Von da an und bis weit ins neunzehnte Jahrhundert stand Columbia als Allegorie für die Vereinigten Staaten. Zunächst griff man die Bezeichnung nur in kleinen Kreisen auf – nicht weniger als sechzehn periodische Schriften und achtzehn patriotische Bücher (zum Beispiel *The Columbian Arithmetician, a new system of math,* 1811 verfaßt «von einem Amerikaner») verwendeten sie zwischen 1792 und 1825 –, allmählich setzte sie sich aber auch in der Öffentlichkeit durch. Sechs wissenschaftliche Vereinigungen erhielten ihren Namen, unter anderem das Columbian Institute for the Promotion of Arts and Sciences in Washington, D. C., die heutige Smithsonian Institution. Der erste Ort dieses Namens dürfte das 1812 als Hauptstadt des Staates Ohio gegründete Columbus gewesen sein, in den zwanziger Jahren des Jahrhunderts folgten andere Städte in Massachusetts, Georgia und Indiana, und etwa zur gleichen Zeit wurde sogar landesweit darüber diskutiert, ob die Nation sich nicht den Namen «Vereinigte Staaten von Columbia» geben solle, beziehungsweise einfach «Columbia». Aber man sah davon ab, als 1819 die Kolonie Nueva Granada, die als eine der ersten südamerikanischen Kolonien ihre Unabhängigkeit von Spanien durchsetzte, sich «Colombia Grande» taufte (mit einer gewissen Berechtigung, lagen in diesem Gebiet doch alle Orte auf dem Kontinent, wo Colón selbst gewesen war) und später: Kolumbien.

1792: Mary Wollstonecraft veröffentlicht *A Vindication of the Rights of Woman,* eines der ersten Werke, das für die Gleichberechtigung der Frau eintritt, und wird in der Parodie *A Vindication of the Rights of Brutes* ins Lächerliche gezogen.

Kentucky wird der fünfzehnte Staat der Vereinigten Staaten; die Sklaverei in diesem Staat wird für zulässig erklärt.

Ludwig XVI., Freund der Amerikaner, aber nicht der Jakobiner, wird angeklagt und verurteilt (ein Jahr darauf wird er hingerichtet).

Unter der Leitung von James Hoban beginnt der Bau des Weißen Hauses in Washington, der District of Columbia wird jedoch erst 1800 zum offiziellen Sitz der Union.

Das Königreich Dänemark verbietet als erster europäischer Staat offiziell den Sklavenhandel; in England legt William Wilberforce dem Parlament einen Gesetzesantrag zur Abschaffung der

Sklaverei vor, ein entsprechendes Gesetz tritt jedoch erst fünfzehn Jahre später in Kraft.

Die weltweit erste wissenschaftliche Gesellschaft zum Studium und zur Förderung der Chemie wird in Philadelphia gegründet.

Die Eingeborenenbevölkerung Nordamerikas beträgt vermutlich drei Millionen, zwei Drittel der Indianer leben in Mittelamerika.

1825–1892: Nun brachen alle Dämme. Die plötzlichen Ergüsse waren unter anderem auf die überschäumende Energie der blühenden neuen Nation zurückzuführen, die so zuversichtlich und stark war, eindeutig dazu bestimmt, eine führende Rolle auf der Weltbühne zu spielen, und die bereits damals den vermutlich höchsten Lebensstandard der Welt hatte – jedenfalls der weiße Teil ihrer Bevölkerung. Aber es war auch eine neue Romantik entstanden, die Amerika als ideales Land für eine freie, natürliche und unverdorbene Gesellschaft präsentierte, eine Gesellschaft, die unberührt sei von der europäischen Dekadenz und doch modern und zivilisiert, fähig, alle Vorteile von Wissenschaft und Handel zu nützen. Und nicht zuletzt spielte auch eine Rolle, daß man mittlerweile mehr denn je über Cristóbal Colón und sein Leben wußte.

Das war zurückzuführen auf die langen und entbehrungsreichen Bemühungen von Martín Fernández de Navarrete, der 1789 die spanische Marine verließ, um im Auftrag der Krone Dokumente zur Geschichte der spanischen Seefahrt zu sammeln. Etwa ein Jahr später stieß er beim Sichten der Bibliothek des Duque del Infantado auf ein Manuskript von sechsundsiebzig großen Papierblättern mit vierzig oder fünfzig Zeilen pro Seite, das sich als Las Casas' längst verloren geglaubtes *Bordbuch* der historischen ersten Reise erwies. In den nächsten fünfunddreißig Jahren durchforstete Navarrete hartnäckig alle spanischen Archive auf der Suche nach Material über Colón und seine Reisen. Es gelang ihm nicht nur, das *Bordbuch* zutage zu fördern, sondern auch viele Briefe aus der Korrespondenz zwischen dem Admiral und den Monarchen, Briefe Colóns an seinen Sohn Diego aus den letzten Lebensjahren, einige der Aussagen in den *Pleitos*, ein spanisches Manuskript der *Lettera Rarissima* und eine ganze Reihe anderer

Papiere, die nicht im vollen Wortlaut bekannt gewesen oder nie gedruckt worden waren. 1826 erschienen sie gesammelt unter dem Titel *Viajes de Colón* als erster Teil des dreibändigen Werkes *Colección de los viajes y descubrimientos* (sie waren zwar mit 1825 datiert, lagen aber erst im Januar 1826 gedruckt vor): und die Kolumbus-Forschung schlug eine neue Richtung ein.*

Die bevorstehende Veröffentlichung des *Bordbuchs* sprach sich in Madrid herum; der amerikanische Botschafter in Spanien, Alexander Everett, hielt es für angebracht, es sofort ins Englische übersetzen zu lassen und der amerikanischen Öffentlichkeit kurz nach dem Erscheinen in Spanien zu präsentieren. Seine Reisen hatten ihn kürzlich nach Frankreich geführt, wo er mit einem amerikanischen Schriftsteller namens Washington Irving zusammengetroffen war. Da dieser fließend Spanisch sprach, fragte Everett an, ob er an der Arbeit interessiert sei. Irving, damals zweiundvierzigjährig und vom Pech verfolgt, fehlte es an Geld und einer Idee für ein neues Buch, und so war er sofort begeistert von dem Vorschlag. Die Übersetzung würde ihn nicht mehr als einige Monate kosten, so meinte er, seine Sprachkenntnisse waren ohne Zweifel ausreichend, und es würde eine passende Antwort sein für die amerikanischen Kritiker, die ihm vor kurzem vorgeworfen hatten, er schreibe nicht über authentische amerikanische Helden und kehre der jungen Nation, die so dringend fähige Künstler brauche, den Rücken, um im dekadenten Europa zu leben. Er schrieb sofort einen zustimmenden Brief und fühlte bei einigen Verlegern vor, und einige Monate später reiste er nach Spanien.

---

* Eigentlich soll Juan Bautista Muñoz, ein früherer Historiker der Krone, der 1779 Dokumente über Indien zu sammeln und abzuschreiben begann, das *Bordbuch* erstmals verwendet haben; in seiner *Historia del Nuevo-Mundo* aus dem Jahre 1793, so Morison, habe er sich bereits das Exemplar des *Bordbuchs* zunutze gemacht, das ihm Navarrete kurz nach seiner Entdeckung gezeigt hatte. Darüber hinaus behauptete der amerikanische Bibliophile Obadiah Rich im neunzehnten Jahrhundert, Muñoz habe eine Abschrift des *Bordbuchs* angefertigt, die Rich 1830 erhielt (heute in der Rich Collection der New Yorker Public Library zu finden, wo es irrtümlich als gedrucktes Buch katalogisiert ist). Ich finde allerdings keinen Hinweis darauf, daß Muñoz dieses Dokument in seinem Geschichtsbuch verwendete; im übrigen wurde sein Werk von zeitgenössischen spanischen Historikern kritisiert und seine Arbeit in den Archiven von der spanischen Akademie der Geschichte hintertrieben.

In Madrid aber geschah folgendes: Im Februar 1826 bekam Irving das neue Buch, Navarretes eigenes Exemplar, zu Gesicht; er sprach ausführlich mit dem bereits betagten Forscher; er nahm die Einladung von Obadiah Rich an, in seinem Haus ein Zimmer voller Bücher über die spanischen Entdeckungen und die Anfänge der amerikanischen Geschichte zu beziehen. Und in den nächsten vier Monaten brachte er siebenhundert Seiten des ersten Entwurfs einer umfassenden Kolumbus-Biographie zu Papier. Etwas länger dauerte es schon, dieses Projekt seinem Verleger schmackhaft zu machen, und noch länger dauerte die Überarbeitung, die er mit großer Energie vorantrieb; aber im Juli 1827 lag das mit etwa 340000 Wörtern überaus umfangreiche Manuskript fertig auf dem Tisch. «Ich hatte keine Ahnung, was ich mir da vorgenommen hatte», schrieb er im selben Monat einem Freund, aber nach der Fertigstellung sei er nun «erfüllt von Zweifeln und Befürchtungen» über sein Schicksal, von dem «mein künftiges Wohlbefinden, und ich kann sagen, auch meine finanzielle Zukunft abhängen».

Er hätte sich keine Sorgen zu machen brauchen. Die vierbändige, 1828 in London veröffentlichte Ausgabe von *The Life and Voyages of Columbus* und die später in New York veröffentlichte dreibändige Ausgabe waren sofort ein Erfolg; innerhalb kurzer Zeit wurden in zwölf Ländern Übersetzungen davon angefertigt; Irving wurde in die spanische Akademie der Geschichte berufen, Oxford verlieh ihm die Ehrendoktorwürde, und er wurde von der British Royal Society of Literature gewürdigt. In den nächsten dreißig Jahren erschienen neununddreißig Auflagen und Ausgaben seines Buches in den Vereinigten Staaten und Großbritannien sowie weitere einundfünfzig in Lateinamerika und Europa. (Heute ist sie weltweit in fast zweihundert Ausgaben erhältlich.)

Es ist wirklich ein eigenartiges Buch. Irving listete nicht weniger als einhundertfünfzig Quellen auf, seine Tagebücher und der Text selbst zeigen ihn als fleißigen Forscher, und er war gewiß um Authentizität bemüht, erklärte er doch, er habe es sich «angelegen sein lassen, das Werk so vollständig und genau zu verfassen, wie es anhand der vorhandenen Informationen möglich war». Er hatte Navarretes Dokumente vor sich, insgesamt über neunhundert Seiten, und darüber hinaus das reiche Material in Richs Bibliothek. Dennoch enthält das Werk zahlreiche Fehler und unbewiesene Vermutungen; in fast jeder Szene sind einzelne Details erfunden, völlig unbedeutende Tatsachen werden manchmal zu großartigen Ereignissen hochstilisiert, und durch das ganze Werk ziehen sich historisch belanglose, konstruierte Gespräche und lange innere Monologe. Er machte kaum Gebrauch von den neu entdeckten Originalquellen (sein Bericht über die erste Reise, um ein besonders krasses Beispiel herauszugreifen, enthält weniger Details aus dem *Bordbuch* als Fernandos Bericht, und wo Las Casas Colóns Worte verwendet, läßt Irving sie so gut wie immer außer acht) und neigte dazu, sich kritiklos und leichtgläubig auf unzuverlässige Sekundärquellen zu verlassen, in erster Linie Fernando und Las Casas, deren Vorurteile er samt und sonders übernahm.

Es ist ein überaus dramatisches und lesbares Werk, und Kolumbus wird zu einer äußerst bezwingenden und faszinierenden Figur, zum überdimensionalen Protagonisten eines überdimensionalen Plots, was zweifellos die Beliebtheit dieses Buches erklärt. Aber Irving vernachlässigt in eklatanter Weise die Verantwortung des Historikers, er erfindet einen Helden, dessen Handlungen historisch nicht hätten dokumentiert zu werden brauchen (vielleicht in der Hoffnung auf öffentliche Anerkennung und literarisches Ansehen). Anstatt die zahllosen Mythen, die sich um Kolumbus rankten, aus der Welt zu schaffen, zog Irving es vor, sie alle in bester Dichtermanier einzuflechten – der junge Colón als Freibeuter, die kurze Universitätslaufbahn, Colón im Dienste des Königs René von Anjou, der Schiffbruch vor der Küste Lissabons, die schlechte Behandlung durch den portugiesischen Hof, die noch schlechtere durch den spanischen Hof, das mutige Auftreten vor dem Gelehrtenrat der Universität von Salamanca, dessen Beharren darauf, daß die Erde flach sei, Isabellas Angebot, ihre Juwelen zu verpfänden, die Meuterei auf See, die triumphale Rückkehr nach Barcelona, das Ei als Beweis seines Genies, der sofort einsetzende Beifall der zivilisierten Welt – und noch vieles mehr. Einige kritische Gelehrte hielten Irving damals vor, «eine faszinierende Lüge» verfaßt zu haben, die von «protzigen und trügerischen» Geschichten strotze. Aber man muß zugeben, daß es sich um eine gehaltvolle und dramatische Erzählung handelt, die zur wichtigsten Inspirationsquelle für die endlose Reihe beliebter Geschichtsbücher, Bilder, Gedichte und Bühnenstücke des neunzehnten Jahrhunderts wurde.

Irvings Kolumbus war eingehender und detaillierter beschrieben als alle anderen zuvor, war aber dennoch ein romanhafter Held, in Nebensächlichkeiten mit Fehlern behaftet, aber heroisch in allem, was zählte: eine romantische Figur des neunzehnten Jahrhunderts, die den Romanen Walter Scotts entstiegen zu sein schien:

«Kolumbus war ein Mann von großer Geisteskraft und Erfindungsgabe. [...] Er strebte hohe und edle Ziele an, die große Gedanken in ihm weckten und das Verlangen, sich durch große Taten auszuzeichnen. Dieselbe erhabene Gesinnung, mit der er Ansehen zu erlangen suchte, ließ ihn auch nach Würde und Reichtum streben. [...] Sein Verhalten wurde bestimmt von seinen hervorragenden Anschauungen und seinem großmütigen Herzen. Anstatt die neu entdeckten Länder zu zerstören ... versuchte er, sie zu kolonisieren und zu kultivieren und den Eingeborenen die Zivilisation zu bringen. [...] Ein kühner und forscher Geist ... eine glühende und begeisterte Vorstellungskraft ... ein ungewöhnlicher Träumer.»

Was hatte es mit seinem offensichtlichen Wahnsinn auf sich? – Es sei sein «dichterisches Temperament» gewesen, das «ihn zu visionären Spekulationen verleitete». Und was mit der Entführung, Versklavung und Ermordung unschuldiger Eingeborener? – In der Tat, «ein Makel auf seinem ruhmreichen Namen», aber «von der Krone begünstigt», «Sünden der Zeit», die nicht als «seine persönlichen Fehler» zu sehen seien. Alles in allem also wie Romulus ein Vorfahr, auf den jedes Volk stolz sein konnte.

Als Washington Irving Spanien im Jahre 1829 verließ, hatte er Material für drei weitere umfangreiche Bücher gesammelt (*The Conquest of Granada,* 1829; *The Companions of Columbus,* 1831 und *Die Alhambra,* 1832), die die Amerikaner weiterhin mit einer ebenso düsteren, heroischen, romantischen wie phantastischen Vergangenheit versorgten. Mehr konnte der Sohn einer jungen Nation nicht vollbringen, und als Irving über Herrera schrieb: «Eine der edelsten Aufgaben des Historikers ist es, den Ruhm einer Nation darzustellen», dachte er vermutlich, und zu Recht, an sich selbst. Er wurde gebührend belohnt: Als er 1842 nach Madrid zurückkehrte, kam er als Botschafter der Vereinigten Staaten.

Auch andere machten sich inzwischen Navarretes Material zunutze, und einige Forscher machten sich, seinem Beispiel folgend, selbst auf die Suche nach Originalquellen. Im Lauf des Jahrhunderts erschienen mindestens zehn seriöse und umfassende Werke (und mindestens doppelt so viele Bücher in englischer Sprache, die Kolumbus' Geschichte für ein breites Publikum aufbereiteten; besonders bemerkenswert, vor allem, weil wissenschaftlich besser fundiert als Irvings Werk, sind die Biographien des Deutschen Alexander von Humboldt (1836–1839), des Frankoamerikaners Henry Harrisse (1884 beziehungsweise 1892), des Spaniers José Asensio y Toledo (1888) und des Amerikaners Justin Winsor (1891). Zu erwähnen wäre auch ein einzigartiges Buch von Aaron Goodrich, das 1874 unter dem Titel *A History of the Character and Achievements of the So-called Christopher Columbus* erschien: Viele der darin vertretenen Annahmen sind zwar grundlegend falsch, dennoch verdient das Werk Anerkennung, weil Goodrich meines Wissens als erster den Versuch unternimmt, bestimmte Mythen zu zerstören: «Was bisher als Geschichte eines großen Mannes bezeichnet wurde, ist nichts als billige Lüge.» Es wurden auch zahlreiche neue Kolumbiana entdeckt und erschienen im Druck, meist zum ersten Mal: Andrés Bernáldez' *Historia de los reyes católicos,* zu Kolumbus' Lebzeiten von einem Freund des Admirals verfaßt, wurde 1856 erstmals gedruckt; Las Casas' *Historia de las Indias* wurde über dreihundert Jahre nach der Entstehung 1875 endlich publiziert und damit der Forschung weltweit zugänglich; Cuneos Handschrift über die zweite Reise wurde 1885 erstmals veröffentlicht; 1889 wurde im Auftrag der Pariser Librairie Maisonneuve das einzige erhaltene Exemplar des Briefes an Santangel im kastilischen Original aus dem Jahre 1493 entdeckt und 1891 ins Englische übersetzt. Zwei hervorragende Leistungen der Forschung krönten diesen Zeitabschnitt: die Veröffentlichung von zweiundvierzig Büchern mit weiteren Dokumenten aus dem Indienarchiv in Sevilla zwischen 1864 und 1884 in Spanien (gefolgt von fünfundzwanzig Büchern zwischen 1885 und 1932, die insgesamt 3807 Dokumente enthielten); und die zu Recht berühmte *Raccolta di documenti* in dreizehn Bänden, die italienische Forscher zwischen 1892 und 1896 mit Unterstützung der Regierung in Rom veröffentlichten: Die ersten drei Bände enthielten Kolumbus' sämtliche Schriften, von Cesare de Lollis hervorragend ins Italienische übersetzt und mit einem erstklassigen wissenschaftlichen Apparat versehen.

Und doch weckten nicht die Texte der täglichen Reiseaufzeichnungen Colóns oder die offiziellen Dokumente aus den Archiven das Interesse der Öffentlichkeit, sondern vielmehr jene erfundenen Szenen eines begabten amerikanischen Erzählers, der aus Kolumbus einen schlecht behandelten und triumphierenden, einen beharrlichen und tapferen, ruhmreichen und verkannten Helden machte und ihm dadurch neue historische Größe verlieh. Das war der Held der bis zum Ende dieses Jahrhunderts von Autoren wie James Russell Lowell, Walt Whitman, Ralph Waldo Emerson, Edward Everett Hale, Sidney Lanier, Joaquin Miller, Alfred Tennyson und Arthur Hugh Clough verfaßten mehreren hundert Gedichte in englischer Sprache (mindestens zwanzig davon erschienen in Buchform, weitere achtundzwanzig auch in Übersetzungen);* der Held von vierzehn Bühnenstücken und sieben Opern, unter anderem von Felicien David aus dem Jahre 1847 und von S. G. Pratt, 1892 an der Metropolitan Opera in New York aufgeführt; von neun Romanen (unter anderem James Fenimore Coopers *Mercedes of Castile*) und drei erhaltenen Erzählungen; und das Bild dieses Helden scheint auch Inspirationsquelle von drei bedeutenden Musikwerken der Zeit gewesen zu sein, Richard Wagners 1835 entstandener *Kolumbus*-Ouvertüre, Antonin Dvořáks 1892 für die New Yorker Vierhundertjahrfeiern verfaßtem *Te Deum* und seiner Fünften Symphonie (später als Neun-

* Für eine von der Italienisch-Asiatischen Gesellschaft und einem Verleger in Mailand geförderte Anthologie aus Anlaß der Vierhundertjahrfeiern versuchte sich auch Algernon Charles Swinburne an dem Thema; nach sechs wahrlich pathetischen Zeilen war er klug genug aufzugeben. Über sechshundert Gedichte wurden jedoch in den Band aufgenommen und 1892 veröffentlicht.

te bezeichnet), *Aus der Neuen Welt,* die er für die Kolumbus-Ausstellung in Chicago 1893 komponiert hatte. Als Held dieser Art steht Kolumbus mit großartiger Geste und heroischer Haltung auch im Mittelpunkt zahlloser romantischer Gemälde der Zeit – mindestens vierundsechzig solche Darstellungen (abgesehen von den achtundsiebzig Porträts, die es damals gegeben haben soll) zählt Nestor Ponce de León 1893 auf, darunter die wohl berühmteste, John Vanderlyns Bild *Landing of Columbus,* das er 1846 (in Paris) für die Rotunde des Kapitols malte, wo es heute noch hängt. Über den künstlerischen Wert dieser meist riesenformatigen Gemälde sollte man besser schweigen, es muß aber gesagt werden, daß keines sich um historische Treue bemüht – Vanderlyn zeigt zum Beispiel einen Franziskanerpater bei der Landung auf Guanahani, obwohl auf dieser Reise kein Priester mitfuhr –, und die meisten haben in Anlehnung an Irving gerade die historisch am wenigsten fundierten Ereignisse zum Thema. (Vanderlyns Gemälde hat gleich zwei Zwecke erfüllt: Eine Reproduktion davon findet sich auf dem ersten Geldschein mit einer Abbildung von Kolumbus, dem Fünf-Dollar-Schein von 1863, der bis 1875 gedruckt wurde und auf der Vorderseite Kolumbus zeigt, wie er Land sichtet; auch die Vorderseite des von 1869 bis 1880 gültigen Tausend-Dollar-Scheins der Nationalbank und die Rückseite des 1914 bis 1922 gültigen Fünf-Dollar-Scheins der Zentralbank zeigen Kolumbus.)

Nach seinem Besuch Perus und Chiles in den Jahren 1823 bis 1825 soll der junge italienische Priester Giovanni Maria Mastai Ferretti (der spätere Papst Pius IX.) sich beklagt haben, er kenne in ganz Nord- und Südamerika kein einziges Denkmal des Mannes, der diese Länder für Europa entdeckte. Allem Anschein nach hatte er nichts von der Statue in Baltimore gehört, unseres Wissens gab es aber zu dieser Zeit auf dem Doppelkontinent keine andere Statue oder Gedenktafel zu Ehren Colóns und auch in Europa nur ein einziges Denkmal, eine 1821 in Genua auf einem mächtigen Sockel errichtete Büste. Dieses Versäumnis sollte aber bald nachgeholt werden.

Schon 1828 wurde in Havanna eine bescheidene Büste und 1832 vor dem Regierungsgebäude in Nassau, auf den Bahamas, eine Statue aufgestellt. Dann wurden Colón auf dem neuen Kapitol in Washington – weit entfernt von den von ihm entdeckten Gebieten – zwei Denkmäler gesetzt: Eine Marmorgruppe, angeblich die erste von der Regierung der Vereinigten Staaten erworbene Skulptur, wurde 1846 im östlichen Säulengang aufgestellt (erwartungsgemäß entsprechen die Kleidung und verschiedene Details nicht den historischen Tatsachen) und zeigt einen Kolumbus, der in der erhobenen Hand einen als «America» bezeichneten Globus hält; achtzehn Jahre später entstand ein riesiges Bronzetor am östlichen Haupteingang mit nicht ausschließlich erfundenen Szenen aus dem Leben des Entdeckers und kleinen Porträtbüsten der Historiker (einschließlich Irving), die seine Geschichte bekannt gemacht hatten. Boston ließ 1849 auf dem Louisburg Square eine kleine Statue des Knaben Colón und 1871 eine weitere Statue aufstellen, und Philadelphia errichtete zur Weltausstellung 1876 ein Denkmal von beachtlicher Größe. In Europa machte selbstverständlich Genua mit einem großen Denkmal und einer Statue im Jahre 1862 den Anfang; gleich darauf folgte 1866 erstaunlicherweise Liverpool mit einer Statue, geschaffen im Auftrag seiner Reeder. Als sich die Entdeckung zum vierhundertsten Mal jährte, gab es gemäß damaligen Angaben achtundzwanzig große öffentliche Kolumbus-Denkmäler in den Vereinigten Staaten (je drei in New York und Washington D. C., je zwei in Baltimore und Boston und je eines in Philadelphia, Chicago, St. Louis, Scranton und Sacramento sowie dreizehn an nicht angegebenen Orten), zehn in der Karibik* (nun doch auch in Santo Domingo), zwei in Mexiko, fünf in Südamerika und neunzehn in Europa (drei in Frankreich, sieben in Italien und neun in Spanien, darunter sechs große Denkmäler, vier mit Statuen des Entdeckers in verschiedenen heroischen Positionen, von denen das in Barcelona mit fast sechzig Metern das höchste der Welt ist).

---

* Die Statue Colóns im Hafen von Port-au-Prince in Haiti, im westlichsten Teil seiner Ysla Española, wurde von Demonstranten, die im Februar 1986 den Sturz des Präsidenten Jean-Claude Duvalier feierten, umgestürzt und ins Meer geworfen; auf dem leeren Sockel wurde ein Plakat mit der Aufschrift in Kreolisch *«Pa des blans en Hayti!»*, «Keine Weißen in Haiti!», befestigt.

Das ergibt eine außerordentliche Zahl von Denkmälern und Darstellungen eines einzigen Menschen, selbst für ein Zeitalter, das offenbar eine Vorliebe für Plastiken und Gemälde hatte. William E. Curtis, der Leiter des Bureau of the American Republics, einer Abteilung der Kolumbus-Ausstellung des Jahres 1893, stellte damals fest, es sei «eine Tatsache, daß mit Ausnahme des Heilands nie jemand so oft gemalt oder in Stein gehauen wurde wie der ‹Admiral der beiden Indien› und mehr Denkmäler die Welt an ihre Verpflichtungen ihm gegenüber erinnern, als je zu Ehren eines anderen Helden der Geschichte errichtet wurden».

Möglicherweise war es unvermeidlich, gewiß aber typisch für die Zeit, daß dieses außergewöhnliche Interesse in dem Versuch gipfelte, Colón heiligsprechen zu lassen. Diesen Schritt leitete in erster Linie der französische Schriftsteller Antoine F. F. Roselly de Lorgues ein, der seine Vorstellungen in dem 1856 erschienenen Buch *Christophe Colomb* darlegte und in dem 1874 veröffentlichten Werk *L'ambassadeur de Dieu et le Pape Pie IX* weiter ausführte; verschiedene Gruppen, insbesondere in Italien und den Vereinigten Staaten, darunter auch eine Vereinigung amerikanischer Katholiken mit bürgerlicher Gesinnung, die sich 1882 als Kolumbus-Ritter in New Haven niederließ, griffen seine Ideen auf und setzten sich dafür ein. Trotz ihres beachtlichen Einflusses wurden ihren Bestrebungen zahlreiche Argumente entgegengesetzt – nicht zuletzt Colóns unsittliche Beziehung zu Beatriz de Arana, der ein unehelicher Sohn entsprungen war, und das Fehlen eines für die Heiligsprechung erforderlichen Beweises für eine Wundertat Colóns –, und allem Anschein nach leitete der Vatikan nicht einmal den Seligsprechungsprozeß ein.

1892: Grover Cleveland wird zum zweiten Mal zum Präsidenten der Vereinigten Staaten gewählt, was er und die gesamte Nation nur ein Jahr später, nach dem Zusammenbruch und der Panik des Jahres 1893, bereuen sollten.

Alfred Lord Tennyson und Walt Whitman sterben; Pearl S. Buck wird geboren.

Antonin Dvořák wird zum Leiter des Musikkonservatoriums der Stadt New York ernannt, wo er das erste Jahr hauptsächlich mit der Arbeit an seiner Symphonie *Aus der Neuen Welt* für die Kolumbus-Ausstellung in Chicago verbringt.

Der deutsche Techniker Rudolf Diesel läßt seinen Verbrennungsmotor patentieren, der mit Rohöl anstelle von raffiniertem Benzin arbeitet und sich für den Einsatz in Großtransportmitteln wie Lokomotiven und Schiffen eignet; zur gleichen Zeit arbeitet Henry Ford an der Verbesserung seines ersten Automobils.

Die erste in Serie hergestellte Ansichtskarte für die Ausstellung in Chicago wird gedruckt.

Die Eingeborenenbevölkerung Nordamerikas wird auf 4,5 Millionen geschätzt, höchstens 500 000 Indianer leben nördlich von Mexiko.

1892–1893: Wenn wir wissen, warum das Vierhundertjahrjubiläum der Entdeckung für soviel Aufregung sorgte, nachdem zwei Jahrhundertjahrestage sang- und klanglos vorübergegangen waren und der dritte nur zu bescheidenen Feierlichkeiten Anlaß gegeben hatte, kennen wir auch das Wesen der Entwicklung Amerikas bis zum Ende des neunzehnten Jahrhunderts und die Auswirkungen von Kolumbus' Vermächtnis. Kolumbus galt nach wie vor als Verkörperung der Nation, und der nationalistische Eifer der Zeit ging so weit, daß die Zeitschrift *The Youth's Companion* sich veranlaßt sah, aus Anlaß des Jubiläums einen «Treueid» zu veröffentlichen. Aus der bloßen Tatsache, daß für die Kolumbus-Ausstellung 1893 fast viermal soviel Geld ausgegeben wurde wie für die Ausstellung zum hundertsten Jahrestag der Unabhängigkeitserklärung in Philadelphia siebzehn Jahre zuvor, und daß sie mehr als doppelt soviel Menschen anzog, geht eines hervor: Kolumbus war nun mehr als nur ein patriotisches Symbol der Nation, er repräsentierte ihren offiziellen Gott, den Fortschritt, und seine Engel, die Wissenschaft, den Reichtum, die Macht und die Zivilisation.

New York leitete die Feierlichkeiten des Oktobers 1892 mit einer «Riesenfeier» (so das *Magazine of American History*) ein – fünf Tage mit Paraden, Umzügen und Feuerwerken, mit Reden, Märschen und Marinefestzügen (und mit einer Denkmalenthüllung und einer Oper) –, die mindestens eine Million Besucher anlockte (bei einer Bevölkerung von nur zwei Millionen) und an Ausmaßen alles übertraf, was die Stadt je erlebt hatte: «ein unüberbietbares Schauspiel». New York präsentierte sich, so die Zeitschrift, als «große Handelsstadt», die «heute [als] lebendiges, geschäftiges, lehrreiches Denkmal zu Ehren des Vorkämpfers der modernen Zivilisation erblüht ist». Zur Illustration der Rede des Gouverneurs von New York, Roswell Pettibone Flower, in der er von den Männern der ersten Reise sagte: «Sie träumten von Reichtum, und hier gibt es Reichtum jenseits aller Vorstellungskraft», wurde ein Banktresor mit Inhalt – zweiundsiebzig Millionen Dollar in Gold – abgebildet.

Noch in derselben Woche, am Mittwoch, dem 12. Oktober, wurde an der Südwestecke des Central Park ein Kolumbus-Denkmal errichtet und die Stelle in Columbus Circle umbenannt. Die stattliche Säule aus italienischem Carrara-Marmor, geschaffen von Gaetano Russo (ausschließlich italienische Künstler waren um Vorschläge gebeten worden), wurde aus Mitteln finanziert, die der Herausgeber des New Yorker *Progresso Italo-Americano* laut der Inschrift auf dem Sockel bei «in Amerika lebenden Italienern» gesammelt hatte. Man sieht daran, daß es Versuche gab, Cristóbal Colón in Cristoforo Colombo, einen spezifisch italienischen Helden umzuwandeln: Italien, ab 1861 vereint, nahm ihn als Vorfahr in Anspruch, und für die immer zahlreicher werdenden italienischen Einwanderer in Amerika war er einer der ihren.

Chauncey Depew, Leiter der New Yorker Zentralbahn und Hauptagent Cornelius Vanderbilts, eröffnete die Feiern in New York. In einer Rede in der Carnegie Hall äußerte er sich ziemlich gereizt über einige kurz zuvor veröffentlichte Zeitungsartikel von Historikern wie Justin Winsor, dem damals führenden Kolumbus-Forscher Amerikas, die Kolumbus nicht ausschließlich in den Himmel hoben: «Nichts verabscheue ich mehr als die kritische historische Untersuchung, die alles in Frage stellt; diese moderne Haltung, die alle Illusionen und Helden zerstört, die jahrhundertelang patriotische Haltungen genährt haben.» Die Vierhundertjahrfeier sei nicht der geeignete Zeitpunkt für kleinlich-gelehrtes Auftrumpfen, sondern vielmehr ein Anlaß, um «den Reichtum und Fortschritt eines großen Volkes» sichtbar zu machen, Dinge, «die sein Wohlergehen und seinen Seelenfrieden, seine Vergnügungen und seinen Luxus ... und seine Macht bedeuten». Klarer konnte es nicht ausgedrückt werden.

Erstmals schaltete sich nun auch die Bundesregierung in die Feiern zum Jahrestag der Entdeckung ein, und zwar mit einem Beschluß beider Kammern des Kongresses* und einer Aufforderung von Präsident Benjamin Harrison, diesen Tag zu Hause, am Arbeitsplatz und in der Schule zu feiern; Vizepräsident Levi Morton erklärte würdevoll: «Wir haben einen neuen Feiertag in den amerikanischen Kalender eingeschrieben ... der sich nach Ablauf von jeweils einhundert Jahren in alle Ewigkeit wiederholen soll.» Die Regierung setzte darüber hinaus eine Gedenkmünze – die erste je in den USA geprägte – mit einem Nennwert von einem halben Dollar in Umlauf, die zur Finanzierung der Kolumbus-Ausstellung zum Preis von einem Dollar verkauft wurde; auf der Vorderseite zeigte sie Kolumbus im Profil nach einem Porträt aus dem Madrider Marinemuseum und auf der Rückseite die *Santa María*. Die Regierung wollte zu diesem Anlaß auch eine Gedenkserie von fünfzehn Briefmarken mit Szenen aus Kolumbus' Leben herausbringen, was aber erst im darauffolgenden Jahr geschah.

Chicago war nicht in der Lage, die Kosten für die riesige Ausstellung aufzubringen und die entsprechenden Bauten rechtzeitig zur Eröffnung im Jahre 1892 fertigzustellen, daher mußte sie auf das nächste Frühjahr verschoben werden. Niemand scheint sich daran gestoßen zu haben, und die Ausstellung – offiziell als «The World's Columbian Exposition», Kolumbus-Weltausstellung, bezeichnet – war großartiger und umfassender als alles bisher Dagewesene. Am Eröffnungstag, dem 1. Mai 1893, sprach Präsident Cleveland zu einer Menge von vermutlich über 300 000 Menschen, und um punkt zwölf Uhr Mittag drückte er eine goldene

* Im Bemühen um historische Genauigkeit forderte der Kongreß, daß die Feiern im ganzen Land am Tag der Entdeckung selbst stattzufinden hätten, der nach dem Kalender neuen Stils auf den 23. Oktober fällt (da der 23. in diesem Jahr auf einen Sonntag fiel, dieser Tag nach Meinung der Gesetzgeber aber ganz besonders von Schulkindern gefeiert werden sollte, verlegten sie ihn kurzerhand auf den 21. Oktober). Bestrebungen dieser Art waren allerdings nie beliebt oder anerkannt.

Telegraphentaste mit Elfenbeineinlage und setzte damit Tausende Zahnräder, Riemen und Räder in Gang, die den Strom zum Antrieb der zahllosen Maschinen lieferten. Ein Augenzeuge berichtet:

«In ein und demselben Augenblick brach das Publikum in tosenden Beifall aus; das Orchester schmetterte das Halleluja; die Räder der großen Ellis-Maschine in der Maschinenhalle begannen sich zu drehen; die elektrischen Springbrunnen in der Lagune ließen ihr Wasser in die Höhe schießen; ein Wasserschwall stürzte aus dem McMonnies-Brunnen und strömte zurück in das Becken; die Schiffe auf dem See schossen Artilleriesalven; die Glocken in der Halle der Fabrikanten und im Deutschen Haus läuteten fröhlich. Über unseren Köpfen entfalteten sich die Fahnen an den Masten vor der Plattform, und zwei vergoldete Modelle der Schiffe, auf denen Kolumbus zum erstenmal die amerikanischen Küsten erreicht hatte, wurden sichtbar.»

In einem Park am Michigan-See waren auf einer Fläche von 2,7 Millionen Quadratmetern (fast das Dreißigfache des Geländes der Pariser Ausstellung von 1855) vierzig Gebäude im viktorianischen Stil für die Hauptausstellung errichtet worden, einige davon von beeindruckender Größe; in zweiundvierzig weiteren Gebäuden stellten die einzelnen Staaten aus; achtzig Gebäude und Gehwege, verbunden durch Kanäle und Lagunen, auf denen Gondeln und kleine Dampfer verkehrten, standen für die Exponate von achtzig fremden Staaten, Kolonien, Bezirken und Körperschaften zur Verfügung. Die Gesamtkosten beliefen sich auf atemberaubende dreißig Millionen Dollar (im Vergleich dazu kosteten die Ausstellungen in Paris 1867 und in Philadelphia 1876 je acht Millionen Dollar), was etwa den Kosten für den Bau des Panamakanals über zehn Jahre später entspricht. Die Ausstellung lockte mit fast 24 Millionen Besuchern bei einer Bevölkerung von 63 Millionen eine wahrhaft gigantische Menge von Menschen an.*

* Fast ein Jahrhundert später zog Chicago seine Bewerbung um die Weltausstellung 1992 zurück, da es sich außerstande sah, die veranschlagten Kosten in Höhe von 2,2 Milliarden Dollar aufzubringen.

Man kann nicht behaupten, daß die Person des Kolumbus in alledem unterging. Am Haupteingang zum Verwaltungsgebäude stand eine große Statue von Louis Saint-Gaudens, *Kolumbus ergreift Besitz,* eine weitere, von Frederic-Auguste Bartholdi in Silber gegossen, noch zwei Statuen in kleinerem Format und ein Brunnenfries; die spanische Regierung ließ für billige 50000 Dollar das bei Palos gelegene Kloster La Rábida originalgetreu nachbauen und stellte eine Kopie der Verträge von 1492, neunundzwanzig Originalbriefe des Kolumbus, eines der Testamente und eine Kopie der *Profecías* zur Verfügung; im See lagen die maßstabgetreuen Reproduktionen der drei Schiffe der ersten Reise vor Anker (nicht alles war authentisch). Der wahre Zweck der Ausstellung aber war die Präsentation dessen, wofür Kolumbus bekanntlich seine Fahrten unternommen und Ruhm geerntet hatte: die amerikanischen Exponate aus den Bereichen industrielle Fertigung, Kunst, Maschinenbau, Landwirtschaft, Transportwesen, Bergbau, Elektrizität, Gartenbau, Forstwirtschaft und Fischfang (nach der Größe aufgezählt). Der Besucher sollte davon überzeugt werden, so ein Werbeprospekt, «daß alle Wunder der Welt und die Werke aller Meister der Kunst und der Erfindung hier versammelt sind, damit wir uns daran erfreuen und daraus lernen – ein wahres Panorama der Möglichkeiten menschlicher Erfindungskraft und unablässigen Bemühens». Welch treffende Huldigung für den Entdecker.

1893–1992: In den letzten hundert Jahren hat sich kaum etwas an Christoph Kolumbus als Symbol Amerikas verändert – nach wie vor ist er der Held unzähliger Theaterstücke, Opern, Romane und Gedichte, mythenumwoben wie eh und je; erstmals werden aber ernsthafte Bemühungen unternommen, ihn als Person im Licht der umfangreichen neuen oder noch nicht geprüften Dokumente neu zu bewerten. Auf beiden Seiten des Atlantiks ist eine allem Anschein nach endlose Flut von zum Teil sehr umstrittenen Studien und Monographien entstanden, die dem Leben und den Leistungen des Entdeckers bis ins kleinste Detail nachgehen. In ihrer 1986 veröffentlichten Bibliographie gibt Simonetta Conti 3271 zwischen 1880 und 1985 erschienene Artikel und Bücher über Kolumbus und seine Zeit an – etwa achthundert davon sind wissenschaftlich bedeutend.

Abgesehen von der Quantität ist aber auch die Qualität der Kolumbus-Forschung (wenn man die vielen verkitschten Darstellungen außer acht läßt) von hohem Niveau, obwohl man gelegentlich durch nationalistisch geprägte Kurzsichtigkeit, endlose Debatten über Colóns Geburtsort, die Frage der Landung und ähnliches irregeleitet wurde. Die wichtigsten Dokumente wurden inzwischen zum Großteil mehrmals und in der Regel mit einem wissenschaftlichen Apparat versehen veröffentlicht, und manche wurden mehrmals übersetzt; das *Bordbuch* zum Beispiel, das nach der ersten Übersetzung ins Englische 1827 erst wieder im Jahre 1893 von Clements Markham für die Hakluyt Society bearbeitet wurde, erschien in unserem Jahrhundert in acht englischen Fassungen – zwei davon entstanden in den letzten drei Jahren – und mindestens zweiundzwanzig Übersetzungen ins Italienische, Deutsche, Französische, Portugiesische und moderne Spanisch sowie in drei Abschriften des gesamten Manuskriptes und einem vollständigen Faksimiledruck. Die 1892 bis 1894 erstmals veröffentlichten *Pleitos* kamen 1967 in einer historisch-kritischen Ausgabe in spanischer Sprache heraus, und das *Buch der Privilegien* erschien 1951 und 1982 in einer Abschrift und ebenfalls wissenschaftlich bearbeitet in spanischer Sprache. Seit 1950 fanden mindestens sechs internationale Symposien über Kolumbus statt, und obwohl die Ergebnisse erwartungsgemäß uneinheitlich waren, kann man doch behaupten, daß alle Aspekte des Kolumbus-Themas ausgeleuchtet worden sind. Mindestens drei Dutzend wissenschaftlich erstrangiger Bücher wurden veröffentlicht, und zum Jubiläum und danach sollen noch mehr erscheinen; in allen Sprachen liegen umfassende Biographien und ergänzende Werke über die verschiedensten Einzelaspekte vor.[1]

In unserem Jahrhundert wurde wiederholt behauptet, daß es im Zusammenhang mit Kolumbus nichts mehr zu entdecken gebe, dennoch ist man zahlreichen neuen Details auf die Spur gekommen, unter anderem wurden in den spanischen Archiven mehrere von Kolumbus verfaßte Briefe und Dokumente gefunden. 1904 wurde eine Notariatsurkunde entdeckt, aus der hervorgeht, daß

Kolumbus auf Madeira mit Zucker handelte und eindeutig «Bürger von Genua» war; eine Landkarte des türkischen Kartographen Piri Re'is aus dem Jahre 1513, kopiert nach einer Karte aus dem Besitz des «genuesischen Ungläubigen Colon-bo», wurde 1929 in Istanbul entdeckt – sie zeigt Hispaniola, Puerto Rico und möglicherweise Kuba als Insel vor der Küste eines eindeutig südlichen Kontinents; in den zwanziger und dreißiger Jahren durchforstete Alice Gould in den spanischen Archiven lagernde Akten, die Napoleons Truppen im Krieg gegen Spanien als Streu in den Ställen gedient hatten und die daher verständlicherweise niemand angerührt hatte, und förderte eine königliche Bestätigung von Colóns mutmaßlichem Testament aus dem Jahre 1498 sowie mehrere Mannschaftslisten der ersten Reise zutage; der Historiker Eugene Lyon fand in den achtziger Jahren Einzelheiten über eine Reise der *Niña* im Jahre 1498 heraus, die neue Informationen über Segel, Takelung und Rauminhalt des Schiffes lieferten. Der Zustand der spanischen Archive, in denen manche Aufzeichnungen immer noch nicht katalogisiert sind und viele noch nicht einmal gelesen wurden, und das durch das nahende Jubiläum wieder auflebende Interesse an Kolumbus' Entdeckungen lassen weitere Funde wahrscheinlich erscheinen.

Das neue Quellenmaterial und die neuen Forschungen haben dazu beigetragen, den Entdecker Kolumbus von Mythen zu befreien und den Menschen Colón zu entdecken, eine vielschichtige, interessante Persönlichkeit mit all ihren Stärken und Schwächen. Henry Vignaud, der amerikanische Amateurhistoriker, der zu Beginn dieses Zeitabschnitts mithalf, Kolumbus neu zu bewerten, hat es folgendermaßen beschrieben:

«Die aus entsprechenden Quellen auf uns gekommene Geschichte des Kolumbus führte dazu, daß man ausschließlich das Bild des Kolumbus kannte, das er selbst und seine engsten Vertrauten gezeichnet hatten. [...] Aber schließlich wandte sich der kritische Blick, der weder Personen noch Dinge schont, suchend der Legende um Kolumbus zu und nahm ihre Ursprünge genau in Augenschein. Neben den Dokumenten, auf die man sich bislang verlassen hatte, wurden nun neue, unabhängige Quellen entdeckt, die von den früheren deutlich abwichen. [...] Beim Studium dieser neuen Texte wurde allmählich deutlich, daß zahlreiche als erwiesen geltende Tatsachen in Zweifel gezogen werden mußten und die mit Kolumbus verbundenen Traditionen selbst einer eingehenden und strengen Untersuchung unterzogen werden mußten.»

Bei dieser Untersuchung stellte es sich heraus, daß vieles von dem, was Colón von sich selbst behauptet hatte und was er vermutlich seinem Sohn Fernando und seinem Bewunderer Las Casas weitergegeben hatte, einfach nicht stimmte und daß vieles mehr äußerst zweifelhaft oder nicht nachweisbar war. Die Kolumbus-Forscher dieses Jahrhunderts sehen sich also vor die Aufgabe gestellt, nicht nur Colóns Version der Ereignisse zu überprüfen, sondern auch seinen Charakter und seine Persönlichkeit unvoreingenommen zu untersuchen. Das hatte man früher nicht für angebracht gehalten.

Zu den wichtigsten neuen Untersuchungsgegenständen zählen: Colóns Religiosität – ob sie nun echt war oder gespielt, um den Monarchen Eindruck zu machen – sein Sendungsbewußtsein, sein Mystizismus und die Bedeutung dieser Eigenschaften neben der Gier nach Gold und der Abenteuerlust; die Frage, ob Colón mittelalterlich dachte oder bereits als Renaissancemensch zu betrachten ist und ob seine Vorstellungen von Geographie, Kolonialherrschaft und anderem als moderne Gedanken oder archaische Überreste zu sehen sind; Colóns Lektüre und Bildung vor der Entdeckung, der Einfluß zeitgenössischer Theorien auf seine Vorstellungen und Pläne; seine navigatorischen Kenntnisse und die Frage, inwieweit seine Erfolge auf Beharrlichkeit und Glück zurückzuführen waren und seine Fehler (nicht nach Westen zu segeln, als es möglich war, zum Beispiel) auf Kurzsichtigkeit und Pech; sein Gesundheitszustand, die Ursache und Art seiner Erkrankungen und insbesondere ihre möglichen Auswirkungen auf sein Wahrnehmungs- und Urteilsvermögen, auf seine ganze Geistesverfassung während der späteren Reisen. Ich will nicht behaupten, daß diese Fragen schon erschöpfend behandelt worden sind, vielmehr setzen sich die meisten Biographien viel zu wenig, wenn überhaupt, mit dem komplizierten Charakter Colóns auseinander – einer Beschreibung des Lebens von Colón an Land wird auch heute noch nach Möglichkeit ausgewichen und seine späteren Jahre meist auf eine einzige Szene am Sterbebett reduziert; immerhin gaben sie aber den Anstoß zu hervorragenden Leistungen der modernen Forschung, bemerkenswerterweise vor allem in Spanien, zu einem umfassenderen und realistischeren, wenn auch vielfach düsteren neuen Bild des Entdeckers.

Und zahlreiche uralte Meinungsverschiedenheiten wurden beigelegt. Der Streit um Colóns Geburtsort zum Beispiel ebbte ab, nachdem die spanische Akademie für Geschichte 1928 herausgefunden hatte, daß es sich bei den zum Nachweis seiner kastilischen Herkunft herangezogenen Dokumenten um Fälschungen handelte; und die Stadt Genua hatte 1931 Dokumente veröffentlicht, die den Nachweis lieferten, daß Genua tatsächlich Colóns Geburtsstadt war. Allerdings tauchen nach wie vor die abwegigsten Behauptungen auf, zum Beispiel, er sei Portugiese oder Grieche gewesen, und gelegentlich wird immer noch die Theorie vertreten, es habe *zwei* Colóns gegeben, beide Spanier, aber nur einer von Adel. Auch in der Frage der Echtheit der wichtigsten Dokumente – Fernandos Biographie, Las Casas' Abschrift des *Bordbuchs,* das Testament von 1498, die *Profecías* – hat man sich im wesentlichen darauf geeinigt, die vorhandenen Texte bis zum Auffinden neuer Fakten anzuerkennen. Hingegen gibt es immer noch eine Reihe von ungeklärten Fragen im Zusammenhang mit dem mutmaßlichen Briefwechsel zwischen Colón und dem florentinischen Humanisten Paolo Toscanelli.

Manches bleibt dennoch umstritten, und viele Fragen werden nach wie vor heftig diskutiert: Colóns frühe Jahre auf See und die Richtigkeit seiner Angaben über seine Reisen (zum Beispiel nach Island und Afrika); der Ablauf der Ereignisse während seiner ersten Jahre in Spanien und die Frage, wie «unbeugsam» (oder einfach von anderem in Anspruch genommen) der spanische Hof war; die Rolle der Pinzóns vor und während der ersten Reise und die Motive für Martín Alonso Pinzóns «Fahnenflucht»; der genaue Ort der Landung im Jahr 1492; Bobadillas Behandlung der Brüder Colón; der Verbleib der sterblichen Überreste des Admirals. Auch in diesem Jahrhundert sind es zwei trügerisch einfach klingende Fragen, die uns am meisten beschäftigen: Was hoffte

Colón zu entdecken, und was meinte er, entdeckt zu haben? Die Frage seines Zieles hat bekanntermaßen hitzige Debatten unter den Forschern hervorgerufen, wobei Vignaud (1905, 1911, 1921), Jane (1930) und Romulo Carbia (1936) in ihren Werken die Ansicht vertreten, er habe sich auf den Weg zu neuen Ländern gemacht, während Thacher (1903–1904), Emiliano Jos (1935), Morison (1942), Taviani (1974) und viele andere behaupten, er habe den Weg nach Asien gesucht; Morisons Meinung hat sich heute wahrscheinlich weitgehend durchgesetzt. Der Frage, ob er auf der Suche nach der Neuen Welt gewesen sei, wurde viel weniger Aufmerksamkeit geschenkt, und wahrscheinlich herrscht immer noch die traditionelle (wenn auch eindeutig falsche) Meinung vor, daß Colón bis zu seinem Tod meinte, Asien gefunden zu haben; es steht jedoch zu vermuten, daß es auch hier in der Forschung sehr bald eine Neuorientierung geben wird.

Bei der Frage, ob Colón Jude war, wird aus einer Mücke ein Elefant gemacht. Populäre wie wissenschaftliche Werke beschäftigen sich nach wie vor mit diesem Problem; Autoren wie Vignaud 1913, Francisco Martínez Martínez 1916 und Jakob Wassermann 1929 schrieben darüber; Madariaga nahm es 1939 zum Anlaß für eine lange Biographie. Leider gibt es nach wie vor keinerlei wirkliche Anhaltspunkte dafür, daß Colón ein zum Christentum konvertierter Jude war, und ich bin überzeugt davon, daß diese Behauptung längst aus der Welt wäre, wenn der Beginn der ersten Reise nicht mit der Vertreibung der Juden aus Spanien zusammengefallen wäre. Aber sie tauchte 1972 in dem Buch des bekannten Nazijägers Simon Wiesenthal *Segel der Hoffnung* wieder auf und hat seither wiederholt Autoren beschäftigt. Antonio Ballesteros y Beretta (1945) und Armando Alvarez Pedroso (1942) haben versucht, sie zu widerlegen.

Wie im Bereich der Forschung stieg auch im Bereich der Kunst die Zahl kreativer Werke über Kolumbus explosionsartig an. Ich habe mindestens 143 im zwanzigsten Jahrhundert entstandene einschlägige Werke gezählt, darunter 11 Gedichte in Buchlänge, zwei Erzählungen, 39 Romane und nicht weniger als 51 Theaterstücke und Opern – eine Flut von Werken, die zu mehr als einem Drittel in den Vereinigten Staaten entstanden. Die Quantität dieser Werke sagt aber noch nichts über ihre Qualität aus, die im Grunde von erstaunlichem Mittelmaß ist; immerhin zählt aber eine allen Anforderungen gerecht werdende Oper von Darius Milhaud und Paul Claudel aus dem Jahre 1927 dazu, außerdem ein 1944 entstandenes Hörspiel von Louis MacNeice, eine Show (Text und Musik) von Meredith Willson aus dem Jahre 1969, Romane von C. S. Forester und Cedric Belfrage und ein hervorragendes Gedicht des Bibliographen Foster Provost aus dem Jahre 1989. Unbedingt erwähnt werden muß auch das 1919 von Winifred Sackville Stoner Junior verfaßte Gedicht «Die Geschichte der Vereinigten Staaten», dem die folgenden (leider) unsterblichen Zeilen entnommen sind:

Vierzehnhundertundneunzigzwei
Kolumbus kam und fand das Ei.

In diesem Zeitraum entwickelte sich der nationale Kolumbus-Feiertag für die Amerikaner italienischer und spanischer Herkunft zum traditionellen Tag für Einkaufsbummel und Paraden. Schon seit den Vierhundertjahrfeiern waren vor allem die Kolumbus-Ritter für die Einführung eines solchen Feiertages eingetreten, aber es bedurfte des entschlossenen Einsatzes eines in Denver ansässigen italienischen Einwanderers, des Buchdruckers und nebenberuflichen Politikers Angelo Noce, um den ersten offiziellen Kolumbus-Tag außerhalb des Jahrhundertrhythmus durchzusetzen; von Jesse F. McDonald, Gouverneur von Colorado, wurde er 1905 per Verordnung eingeführt und zwei Jahre später gesetzlich im Bundesstaat verankert. Der Kolumbus-Tag war 1910 bereits in fünfzehn und 1938 in vierunddreißig Staaten Feiertag; 1934 erklärte Franklin Roosevelt ihn schließlich zum offiziellen Nationalfeiertag, der neuerdings zu den beweglichen Festtagen zählt. Da die Schulen seit über einem halben Jahrhundert an diesem Tag geschlossen bleiben, möchte man annehmen, daß die Kinder über den historischen Anlaß für ihren freien Tag aufgeklärt werden; bei einer Untersuchung der Nationalen Stiftung für Geisteswissenschaften im Jahre 1986 stellte sich jedoch heraus, daß *ein Drittel* aller Siebzehnjährigen nicht einmal wußten, in welchem Jahrhundert Amerika entdeckt wurde und vier Prozent meinten, die Entdeckung habe nach 1850 stattgefunden.*

Wenn schon nicht in der Schule, so hat Kolumbus immerhin auf der Landkarte seinen festen Platz. 1988 wurde ermittelt, daß 65 geopolitische Gebilde in 37 Staaten der USA (sowie der District of Columbia) «Columbus» und «Columbia» in irgendeiner Form verwenden, nämlich 50 Städte, 9 Counties, 5 Townships und ein Luftwaffenstützpunkt; diese Zahl enthält *nicht* die Flüsse, Kaps, Berge, Wasserfälle, Seen, Gletscher, Gipfel und die Hochebene, auch nicht die zahllosen Straßen, Plätze, Brücken, Parks und Gebäude (ebensowenig die Rundfunk- und Fernsehgesellschaft, das Symphonieorchester, die Jazzband, das Streichquartett, die Enzyklopädie, die Filmfirma, die Colleges, Eisenbahnen, Banken, Museen, Zeitschriften und Raumfähren). Außerhalb der Vereinigten Staaten werden «Kolumbus», «Colón» oder Ableitungen davon verwendet zur Benennung eines Staates (Kolumbien), einer Hauptstadt (Colombo auf Sri Lanka, 1517 von den Portugiesen so benannt), einer großen Provinz (British Columbia, Kanada), einer Reihe kleiner Inseln (im Mittelmeer vor der spanischen Küste), eines Archipels (die Galapagosinseln, wo mehrere Orte und Einzelinseln nach Persönlichkeiten aus Colóns Kreis, unter anderem Bartolomé und den Brüdern Pinzón, benannt sind) sowie von Gemeinden und Städten in jedem Land Südamerikas. In der englischsprachigen Welt hat Kolumbus mehr Orten seinen Namen geliehen als jede andere historische Persönlichkeit mit Ausnahme Königin Viktorias; in den Vereinigten Staaten hat er nach Washington alle anderen Namengeber ausgestochen.

Es steht außer Frage, daß die Fünfhundertjahrfeiern aufregender und großartiger sein werden als alle anderen zuvor, ob sie allerdings mit dem Mann, dessen Andenken sie gewidmet sind, viel zu tun haben werden, darf bezweifelt werden.

---

* 1938 wurde der Kolumbus-Tag bereits in zweiundzwanzig Ländern Süd- und Mittelamerikas und der Karibik gefeiert; heute ist er im gesamten amerikanischen Raum ein Feiertag, und in den spanischsprachigen Gegenden wird er als El Día de la Raza, der Tag der Rasse, bezeichnet. Nur Kanada bildet hier eine Ausnahme, und in Neufundland erinnert der Tag der Entdeckung, der 20. Juni, an den mutmaßlich ersten Landgang John Cabots.

Alle Staaten auf beiden Seiten des Atlantiks und einige im Pazifik werden sich an den sorgfältig geplanten, kostspieligen und mit großem Werberummel angekündigten offiziellen Feiern beteiligen. 1989 hatten zweiunddreißig Staaten und zwanzig US-Bundesstaaten offizielle Jubiläumskommissionen eingesetzt, die eine verwirrende Menge von Feiern, Paraden, Festzügen, Feuerwerken, Konferenzen, Symposien, Ausstellungen, Projekten, Denkmälern, Museumsausstellungen, Wettbewerben, Stipendien, Buchprojekten, Informationsblättern, Zeitschriften, Fernsehprogrammen, Gedenkmünzen und Briefmarken, Memorabilien, Segelwettbewerben, Kreuzfahrten und Führungen angeregt, geplant und bewilligt haben; vieles davon wird im Geiste des Gewinnstrebens der ersten Reise unternommen, manches aber auch aus derselben Entdeckerlust und Lernfreude, die ihr Antrieb war. Sevilla wird Schauplatz der Kolumbus-Weltausstellung sein, bei der einhundert Staaten vertreten sein werden – Kostenpunkt etwa vier bis fünf Milliarden Dollar; Genua plant eine fünfte internationale Konferenz der Kolumbus-Forschung, eine Ausstellung weltweit gesammelter Kolumbiana (unter anderem ein Gewächshaus mit allen Pflanzen der Neuen Welt) und eine neue Reproduktion der *Santa María;* in Barcelona werden die dem Admiral gewidmeten Olympischen Sommerspiele stattfinden; die Dominikanische Republik hofft, mit fünfzig Jahren Verspätung einen einhundertzwanzig Meter hohen Leuchtturm zu errichten, der voraussichtlich zehn Millionen Dollar kosten und das größte Kolumbus-Denkmal der Welt sein wird; die Stadt Columbus in Ohio wird die «AmeriFlora '92» veranstalten, die erste internationale Blumen- und Gartenausstellung der Vereinigten Staaten, mit Pflanzen im Wert von fünfzig Millionen Dollar; die spanische Regierung wird einen Nachrichtensatelliten starten, und er soll, möglicherweise ohne beabsichtigte Ironie, den Namen des Seemanns tragen, der als erster Land sichtete und dem der Kapitän seine Belohnung absprach; im Oktober 1992 wird die Oper *The Voyage* des Champions der Minimal Music, Philip Glass, mit Texten des Broadway-Dramatikers David Henry Hwang an der New Yorker Metropolitan Opera Premiere haben; zwölf Schiffsreproduktionen in Originalgröße sind geplant, eine wurde von Japan in Auftrag gegeben, und die Kosten für die offiziellen spanischen Reproduktionen der drei Schiffe werden vermutlich vier Millionen Dollar, also etwa das Sechzigfache der Gesamtkosten der ersten Reise, betragen;* eine Privatinitiative in New York ist sogar auf die abwegige Idee gekommen, 1990 die «Hochzeit» des Kolumbus-Denkmals in Barcelona mit der Freiheitsstatue im Hafen von New York zu feiern, auf die 1992 eine Hochzeitsreise und eine sogenannte «Denkmal-Zwillingsgeburt» (ein Denkmal in jeder Hemisphäre) folgen soll.

Dieser ganze Humbug wird allem Anschein nach an Dauer, Kosten, Erregung, Technologieeinsatz, Publikumswirksamkeit und falschem Pathos alle bisherigen Gedenkfeiern in den Schatten stellen; Pater Charles Polzer von der Jubiläumskommission der Vereinigten Staaten erklärt, dieses Ereignis ziehe «in weiten Kreisen beachtliche Aufmerksamkeit» auf sich – er untertreibt.

Allerdings sind auch kritische Stimmen zu vernehmen. So mancher, der mit den einst in der Neuen Welt beheimateten Kulturen vertraut ist, sieht kaum eine Veranlassung dazu, ein Ereignis zu feiern, das die weitgehende Zerstörung dieser Kulturen herbeiführte. Es wurden Proteste angekündigt. Vielfach wurde die Forderung erhoben, die Ereignisse von 1492 nicht als «Entdeckung», sondern als «Begegnung» zu bezeichnen und sie auch als solche für 1992 anzukündigen; außerdem besteht die Absicht, bei diesem Anlaß die Kunst und die Errungenschaften der amerikanischen Eingeborenen zu präsentieren. Die UNO-Vollversammlung hatte mehrmals die Möglichkeit, sich positiv zu den Fünfhundertjahrfeiern zu äußern, wurde aber in diplomatischer Weise blockiert – man stritt sich, ob Colón wirklich der erste Entdecker

* Der Nachbau der Schiffe der ersten Reise wurde ursprünglich von Admiral Cristóbal Colón, einem Nachfahren des ersten Admirals in der siebzehnten Generation und dem ersten direkten Nachkommen, der als Offizier in der spanischen Marine diente, geleitet. 1986 wurde er in Madrid von unbekannten Attentätern erschossen. Sein Sohn, ein Marineleutnant mit demselben berühmten Namen – und Träger der erblichen Titel eines Admirals des Ozeanischen Meeres, Gouverneurs der Inseln und Festlande von Indien und Herzogs von Veragua – übernahm sein Amt und wird möglicherweise bei der Fahrt der *Santa María* über den Atlantik 1992 das Kommando haben.

war und ob eine Gedenkfeier überhaupt angebracht sei, da sie doch einen Kolonialismus verherrliche, mit dessen Auswirkungen viele Staaten bis zum heutigen Tag zu kämpfen haben. Viele, die die Aufmerksamkeit auf die Umweltzerstörung im Gefolge der Entdeckung zu lenken versuchen, in erster Linie Mitglieder der verschiedenen Grünen Bewegungen in den industrialisierten Ländern, wollen die Gelegenheit nützen, um die Zivilisation in Frage zu stellen, die die Erde so nahe an den Rand des Ökozids gebracht hat.

Mit Cristóbal Colón wird das alles wahrscheinlich herzlich wenig zu tun haben. Darüber sollte man sich nicht wundern. Er beurteilte die Welt immer nur nach ihrem Nutzwert, und so ist es vielleicht nur gerecht, daß die Welt genauso mit ihm umgeht.

Walt Whitman hatte einen Kolumbus auf dem Sterbelager in Valladolid im Mai 1506 vor Augen, der das nahende Ende sieht und in die Zukunft starrt:

> Was weiß ich vom Leben? was von mir selbst?
> Ich kenne nicht einmal mein eigenes Werk, jetzt oder je,
> Dämmrige, ewigwechselnde Ahnungen, vor mir gebreitet,
> Von neuen, besseren Welten und ihrem gewaltigen Werden,
> Die mich verwirren und täuschen.

Aber nein, Colón, sie verwirren nicht und sollten nicht täuschen: Sie leben vielmehr dein Vermächtnis, dein Schicksal, nur erfolgreicher und großartiger, wenn auch mit größeren Schrecken, als du es dir je erträumtest.

1992: Die Weltbevölkerung wird auf über 5,6 Milliarden geschätzt.

Der Regenwald der westlichen Hemisphäre wurde von 2,2 Milliarden Hektar auf etwa eine halbe Milliarde Hektar dezimiert und weicht in rasantem Tempo um weitere 10 Millionen Hektar pro Jahr oder 430 Quadratkilometer pro Tag zurück; das Waldland der Vereinigten Staaten, das ursprünglich über eine halbe Milliarde Hektar bedeckte, umfaßt nunmehr eine Fläche von wirtschaftlich genützten 200 Millionen Hektar, 105 Millionen Hektar fielen allein der Rinderzucht zum Opfer.

7,4 Millionen Quadratmeter Mutterboden werden in den Vereinigten Staaten pro Tag erschöpft und ausgeschwemmt, das sind fast 30 Milliarden Tonnen jährlich.

Fünfundzwanzig Jahre nach Verabschiedung des Gesetzes zum Schutz gefährdeter Arten und der Erstellung eines Verzeichnisses bedrohter Arten, in das 500 von den mehreren Tausend bedrohten Arten in den USA Aufnahme fanden, sind 12 der geschützten Arten ausgestorben, während bei 150 ein Rückgang in der Population zu verzeichnen ist, der bei dem jetzigen Tempo binnen zehn Jahren zur völligen Ausrottung führen wird. In den vergangenen fünf Jahren starben 200 in den Vereinigten Staaten heimische bedrohte Pflanzen völlig aus. Seit 1492 sind mindestens 140 wichtige Tierarten verschwunden; dazu zählen 4 Walarten, 17 Varietäten des Grizzlybären, 7 Fledermausarten, das Bison im Osten und in Oregon, der Riesenalk, der Seeotter, der Küstennerz, der Elch im Osten, der kleine Kitfuchs, der Wolf in Neufundland und Florida, der Puma im Osten, das Wapiti in Arizona und im Osten, das Dickhornschaf in den Badlands, das Präriehuhn, die Wandertaube, die Zwergralle in Jamaika, der Brillenkormoran, die Rosenschultertaube in Puerto Rico, der Eskimo-Brachvogel, der Grünflügelsittich in Puerto Rico, der Karolina-Sittich, die Höhleneule auf Antigua und Guadeloupe, der Goldspecht in Guadeloupe, der Elfenbeinschnabel, der Buschzaunkönig in Guadeloupe, der Tecopa-Kärpfling, der «harelip-sucker» (Lagohila lacera), die Langschnauzen-Renke und der Blaue Glasaugenbarsch.

Von den etwa 0,9 Milliarden Hektar urwüchsigen Landes vor Kolumbus' Landung existieren heute laut offiziellen Angaben noch 36,4 Millionen Hektar geschützte und 20,2 Millionen Hektar ungeschützte Flächen – ein Rückgang von etwa 96 Prozent also.

Die Eingeborenenbevölkerung Nordamerikas beträgt etwa 20 Millionen Menschen, nur 1,5 Millionen Indianer leben außerhalb Mittelamerikas.

Epilog

In den achtziger Jahren des achtzehnten Jahrhunderts wurde die Bedeutung der Entdeckung und ihrer weltweiten Auswirkungen in den intellektuellen Kreisen Frankreichs und in den Schriften der führenden Philosophen eifrig erörtert und war im Grunde eine Fortsetzung der früheren Debatte über die Natur des Wilden. Das Thema war höchst provokant, und Abbé Guillaume Reynal, Verfasser einer überaus beliebten vierbändigen Studie über Besiedelung und Handel in den beiden Indien, unternahm den Versuch, die Diskussionen in rechter Philosophenmanier zum Verstummen zu bringen; er forderte die Akademie der Wissenschaften in Lyon auf, Vertreter aller Meinungsrichtungen zu einem Aufsatzwettbewerb einzuladen, und wollte selbst den Preis für den Gewinner stiften. Das Thema lautete: «War die Entdeckung Amerikas Segen oder Fluch für die Menschheit?»

Leider haben nicht alle Texte die Turbulenzen der französischen Geschichte überdauert. 1787 und 1788 wurden erwiesenermaßen Beiträge eingereicht, die Lyoner Gelehrten waren jedoch nicht in der Lage, einen Gewinner zu ermitteln; nur acht Beiträge mit einer ausgewogenen Verteilung der Ansichten zu den verschiedenen Aspekten des Themas sind bis heute erhalten. Am gelehrtesten, klarsten und überzeugendsten war der Aufsatz, den der Abbé selbst vorlegte.

Reynal war bereit, der Entdeckung einige positive Wirkungen zuzugestehen. «Dieses große Ereignis hat zu Verbesserungen im Schiffsbau, in der Navigation, Geographie, Astronomie, Medizin, Naturgeschichte und auf einigen anderen Wissensgebieten geführt; und diese Vorteile waren unseres Wissens mit keinerlei Nachteilen verbunden.» Darüber hinaus hätten die indianischen Reiche «den Staaten, die sie gründeten, Größe, Macht und Reichtum gebracht», wenn auch tatsächlich viel Geld verschwendet worden sei, «um sie zu ordnen, zu regieren [und] zu verteidigen», und sie schließlich unweigerlich ihre Unabhängigkeit erklären und für das «Land, das seinen Glanz auf ihrem Wohlstand aufgebaut hat», verloren wären. Und außerdem sei «Europa der Neuen Welt für einige Annehmlichkeiten und Genüsse zu Dank verpflichtet», doch da diese «so grausam erworben, so ungleich verteilt und so heftig umstritten» seien, könne man kaum behaupten, die dafür geopferten Menschenleben und die dadurch verursachte Zerstörung hätten sich gelohnt – denn: «... waren wir ohne diese Freuden weniger gesund, weniger widerstandsfähig, weniger intelligent oder weniger glücklich?» Und obwohl «die Neue Welt sich in gleicher Weise bei uns ausgebreitet hat», hätten die Völker Amerikas ihre Entdeckung teuer bezahlen müssen; sie «vegetieren unwissend, abergläubisch und stolz dahin» und hätten noch dazu den Verlust «ihrer Landwirtschaft und ihrer Erzeugnisse» zu beklagen. Aber auch Europa ergehe es nicht besser, denn die Inflation zehre fast die gesamten Gewinne aus der Neuen Welt auf.

Er sah viele bedrohliche negative Auswirkungen: «... die kühnen Abenteuer eines Kolumbus und Vasco da Gama [weckten] eine fanatische Begeisterung für die Entdeckung von Kontinenten, die man erobern, von Inseln, die man verheeren und von Menschen, die man zerstören, unterwerfen und umbringen konnte».

Er sah Abenteurer heranwachsen, «ein neuer Menschenschlag von ungewöhnlichen Wilden», Männer, die «viele Länder durchreisen und sich schließlich keinem wirklich zugehörig fühlen ... die ihre Heimat ohne Bedauern verlassen [und] ungeduldig wieder hinausdrängen, wenn sie zurückkehren», um sich «auf Kosten von Kraft und Gesundheit Reichtümer erwerben zu können». «Diese unstillbare Begierde nach Gold» habe dazu «den niederträchtigsten und abscheulichsten Handel begründet, den Sklavenhandel», das «verabscheuungswürdigste» Verbrechen an der Natur. Und durch die neuen Reichtümer in der Heimat und in Amerika sei die «Maschinerie der Beherrschung» riesengroß geworden, da die ärmsten Staaten gezwungen seien, «unter dem Joch der Unterdrückung und endlosen Kriegen zu schmachten», während die von den indischen Schätzen «ständig erneuerten» europäischen Staaten «den Erdball verwüsteten und mit Blut besudelten».

So lautete die Anklage des gelehrten Abbés. Und das war seine Schlußfolgerung:

«Halten wir hier inne und stellen wir uns vor, in einer Zeit zu leben, in der Amerika und Indien unbekannt waren. Nehmen wir an, daß ich mich mit folgenden Worten an die Grausamsten unter den Europäern wende: Es gibt Gebiete, die Euch reiche Erze, gute Kleidung und köstliche Eßwaren schenken werden. Aber lest diese Geschichte und seht, zu welchem Preis Euch die Entdeckung versprochen wird. Wollt Ihr, daß sie geschehe? Man muß sich vorstellen, daß es ein Wesen gibt, das teuflisch genug ist, diese Frage zu bejahen! Denken wir daran, daß es keinen einzigen Augenblick in der Geschichte geben wird, da meine Frage nicht dieselbe Gültigkeit hat.»

Ja, denken wir daran.

Doch Reynal stand nicht allein. Von Anfang an hegten einige wenige dieselben Zweifel – Montaigne zum Beispiel, der sich im expansionsbegierigen sechzehnten Jahrhundert beunruhigt zeigte, «daß wir den Verfall und Niedergang dieser neuen Welt beschleunigt haben, indem wir sie vergifteten» –, und auch im überschwenglichen neunzehnten Jahrhundert waren sie Menschen wie Henry Harrisse nicht ganz fremd: «Die Philosophen werden das Glück, das Kolumbus' Entdeckung der Menschheit brachte, als gering und teuer erkauft bezeichnen. [...] Und es bringt sogar Unheil zu fragen, ob die beiden Welten nicht viel glücklicher gewesen wären, wenn sie einander nie gekannt hätten.» Fünfhundert Jahre später sind wir in der günstigen Lage, die Klugheit dieser wenigen viel höher einschätzen zu können als ihre Zeitgenossen.

Doch die Geschichte ist das, was geschehen ist, nicht das, was hätte geschehen sollen, und gewiß wird mit einiger Berechtigung die Meinung vertreten, daß Europa gar nicht anders sein konnte und nicht anders handeln konnte. Warum sollte eine Kultur, die so besessen war von Reichtum, gewöhnt an Gewalt und stolz auf Intoleranz, die nach einem von Krankheit, Hunger und Tod beherrschten Jahrhundert entmutigt und orientierungslos war, in der Lage gewesen sein, auf unschuldige und schutzlose Gesellschaften in einer fruchtbaren Welt zu treffen, ohne sie zu verdrängen, zu unterwerfen und zu zerstören? Warum sollte eine solche Kultur innehalten, um ein fremdes, heidnisches Volk zu beobachten und von ihm zu lernen? Das, so J. H. Elliott, der sich intensiv mit dieser Frage beschäftigte, wäre «viel verlangt von jeglicher Gesellschaft», nicht nur von der europäischen des fünfzehnten und sechzehnten Jahrhunderts.

War nicht Europa, als es sich damals in die Welt vortastete, auf der Suche nach Erlösung oder nach Erneuerung, die von neuen Ländern und neuen Völkern – und natürlich neuen Schätzen – kommen sollte? War das nicht genau das, was Colón den Monarchen schmackhaft zu machen versuchte?

Die Neue Welt hielt wirklich Erlösung bereit, doch von einer anderen Art, als die Europäer sie erhofften. Zunächst suchten sie ihr Heil in der Ausbeutung, die sie eifrig vorantrieben, und fanden neue Nahrungsmittel, Arzneien und Schätze aller Art, aber Erlösung fanden sie nicht; dann in der Kolonisierung und Besiedelung beider Kontinente, aber auch das war keine Erlösung; und schließlich in Fortschritt, Macht und Technik auf Kosten der neuen Länder, in denen sie mächtige Staaten und wachsende Städte zu ihren Diensten erstehen ließen, aber nicht einmal darin lag Erlösung.

Hätten die Europäer gewußt, wo und wie sie suchen mußten – sie hätten sicher Erlösung gefunden: in dem integrativen Verhalten der Stämme, in den wohltuenden gemeinschaftsorientierten Werten, im reichen Zusammenspiel der indianischen Kulturen mit der Natur – aber ebenso aller anderen Urvölker, die europäischen nicht ausgenommen. Besonders im indianischen Bewußtsein wäre Erlösung zu finden gewesen, in der von Calvin Martin so bezeichneten *biologischen Betrachtungsweise des Lebens:* Verhaltensmuster, Gedanken und die großen teleologischen Konstruktionen der Kultur sind dabei nicht auf den Menschen ausgerichtet, sondern basieren auf dem Bewußtsein des Einsseins mit der Natur, sind also biozentriert und ökozentriert; es gibt Mythen, aber keine Geschichte, die Zeit dreht sich im Kreis, anstatt linear zu verlaufen; es gibt Erneuerung und Wiederherstellung, aber keinen Fortschritt, es gibt Erkenntnisse, die viel weiter vordringen als die Wissenschaft, Verständnis, das keine Worte oder Ideengebäude braucht, eine Interpretation der Dinge, die von ihnen selbst, nicht ihrem materiellen Wert ausgeht, einen Umgang mit der Erde, der über die Identifikation mit dem Ich oder der Art weit hinausgeht.

Das alles war da, als Colón zum erstenmal auf die Menschen stieß, von denen er intuitiv richtig sagte, es gebe «auf der Welt keine besseren Menschen» und «kein schöneres Land», und das alles gibt es auch heute noch, trotz der jahrhundertelangen Zerstörung, wenn man nur innehält und bereit ist, Augen und Ohren dafür zu öffnen. Das Vorbild der Indianer wäre damals Erlösung gewesen, und es könnte heute noch Erlösung sein.

Die Indianerin Doris Melliadis vom Stamm der Irokesen erklärte vor fünfzehn Jahren in New York:

«Heute versammeln sie sich zur nahenden Katastrophe und der Zerstörung des weißen Mannes *durch seine eigene Hand,* durch seine fortschrittlichen Technologien, und nur der Indianer Amerikas kann sie abwenden. Die Zeit ist nahe. Und nur der Indianer weiß, was dagegen zu tun ist. Nur der Indianer kann diese Pest aufhalten. Diesmal wird das Unsichtbare sichtbar werden. Und das Unhörbare wird gehört werden. Wir werden gesehen werden, und sie werden an uns denken.»

Wollen wir es hoffen. Es gibt nur eine mögliche Lebensweise in Amerika, es kann nur eine geben, und es ist die der Amerikaner – der ursprünglichen Amerikaner –, denn das fordert die amerikanische Erde von uns. Fünf Jahrhunderte lang haben wir versucht, diese einfache Wahrheit zu ignorieren. Wenn wir sie weiter ignorieren, riskieren wir die Gefährdung – schlimmer noch, die Zerstörung – der Erde.

Es gibt eine *Oahspe* betitelte «Bibel» aus dem neunzehnten Jahrhundert, die großen Einfluß auf die Irokesen gehabt haben soll; angeblich spricht «Jehovih» aus ihr, und er hat seine Worte einem Dr. John Ballou Newbrough 1881 in den Mund gelegt, der Christoph «Columbo» eine besondere Rolle in Gottes Vorsehung zuschreibt. In «einem der Pläne Gottes zur Erlösung der Welt» – einer Welt, die Gott für sündig hielt – kamen die himmlischen Heerscharen zu Columbo und flüsterten ihm ein, «mit Schiffen über das Meer gegen Westen zu fahren» und dort für Europa «einen neuen sterblichen Hafen» zu finden, «ein neues Land, wo der Große Geist Jehovih angebetet wird». Er unternimmt die folgenschwere Reise, aber die Anhänger des Satans, des «falschen Kriste», und seine Engel finden es heraus und «brachten die Herrscher Spaniens gegen Columbo auf, ließen ihn in den Kerker werfen und unterbrachen so die Verbindung zwischen Columbo und dem Thron Gottes»; diese bösen Geister sind es, die statt dessen die Europäer über das Meer «zu den von Columbo entdeckten Ländern» führen, wo zur Bestürzung des Himmels das «Böse seinen Lauf nahm».

Möglich, daß es so war. Wie man es auch darstellen mag, die Europäer hatten zweifellos einmal die Chance, einen neuen Hafen in einem neuen Land zu finden, das sie schemenhaft als Paradies erkannten, die Chance, den Weg zur Erlösung der Welt zu finden. Doch sie fanden nur eine halbe Welt mit frei verfügbaren Naturschätzen und Naturvölkern, und sie machten sie sich zunutze, ohne die regenerative Kraft, die dort beheimatet war, auch nur zu ahnen, und so wurde die Chance verspielt. Sie eroberten wirklich das Paradies, aber im Krieg gegen die Natur werden die Gewinner immer verloren haben – und auch diesmal werden sie verlieren, vielleicht zum letztenmal.

Danksagung

In den sieben Jahren meiner Arbeit an diesem Buch haben mir unzählige Menschen geholfen, nicht alle von ihnen wissentlich; einigen von ihnen möchte ich ganz besonders danken: Ben Apfelbaum, David Belsky, Jerry H. Bentley, David Buisseret, Gabriella Canfield, Richard Cornuelle, J. H. Elliott, W. H. Ferry, Lydia Freeman, David Gurin, David Henige, Janis B. Holm, Anna Jardine, Karen Kennerly, John E. Kicza, Joseph Laufer, Virginia Leonard, Pat und Dick Mackey, Mark Mirsky, Victor Navasky, der Bibliothek von Newberry (Richard Brown, David Buisseret, Frederick Hoxie, Tina Reithmaier), Anne Paolucci, John Paulits, William Pomerantz, Foster Provost, Nan Rothschild, Norman Rush, Kalista Sale, Rebekah Sale, Roger Sale, William M. Sale III., Trudie Schafer, Elisabeth Scharlatt, Barbara Schneider, Joseph Spieler, Harrison Starr, Paolo Emilio Taviani, Gerald Theisen, Lionel Tiger, Frederick Turner, William Whitefeather und Bill Whitehead.

Zu besonderem Dank verpflichtet bin ich meiner Agentin Joy Harris und meiner Verlegerin Elisabeth Sifton, weil sie an mein Vorhaben glaubten, als andere daran zweifelten.

Anmerkungen

In den Anmerkungen verwendete Kurztitel beziehen sich auf Werke, die im Literaturverzeichnis angegeben sind.

Erstes Kapitel
1492 (I)

1. Die genauen Maße der drei Schiffe sind unbekannt und werden wahrscheinlich für immer unbekannt bleiben, da keine zeitgenössischen Pläne oder Zeichnungen, Beschreibungen oder Maßangaben existieren. In einem 1979 im Indienarchiv von Sevilla entdeckten und als *Libro de Armada* bezeichneten Dokumentenbündel fanden sich Angaben über die Fracht der *Niña,* anhand derer der Marinehistoriker Eugene Lyon ihre Maße auf 20,42 m Länge, 6,4 m äußerste Breite, knapp 2 m Tiefgang und 58 bis 60 Tonnen Ladekapazität schätzte. Er berichtet weiter, daß sie möglicherweise mit einem vierten Mast für ein kleineres Besansegel ausgestattet wurde, zumindest für die spätere, im *Libro* detailliert dargestellte Reise des Jahres 1498 (*National Geographic,* Bd. 170, November 1986). In einer neueren Arbeit auf diesem Gebiet revidiert Carla Rahn Phillips von der University of Minnesota diese Schätzungen. Nachdem sie über hundert Schiffe aus derselben Zeit untersucht hat, schätzt sie die *Pinta* auf etwa 17 bis 20 m Länge, 5 bis 5,5 m Breite und auf eine Kapazität von etwa 75 Tonnen, die *Niña* entsprechend auf 17 bis 18 m, 4 bis 5 m und 55 Tonnen, und die *Santa María* auf 18 m, 6 m und 108 Tonnen (in: Gerace: *Columbus,* S. 69ff.) Dazu ist jedoch zu sagen, daß 1985 international nicht weniger als 44 Bücher vorlagen, die sich speziell mit den von Colón auf seinen vier Reisen verwendeten Schiffstypen und deren Größe auseinandersetzen, und in jedem einzelnen werden andere Abmessungen angegeben.

   Die zahlreichen vorhandenen Nachbauten dieser Schiffe – drei Schiffe wurden für die Kolumbus-Ausstellung in Chicago 1893 gebaut, eine Santa María III entstand 1927, eine Santa María IV liegt seit 1951 im Hafen von Barcelona vertäut, und eine Kopie davon wurde in den USA gezeigt – ebenso wie die zum Fünfhundertjahrjubiläum gebauten Schiffe – drei Santa Marías allein in Spanien – können jedoch auch bei sorgfältigster Arbeit kaum mehr sein als farblose und fehlerhafte Abbilder der Originale.
2. Die Beweggründe für die Vertreibung der Juden aus Spanien, das dadurch zahlreiche seiner bedeutendsten Intellektuellen, Geschäftsleute, Bankiers und Handwerker verlor, liegen im dunkeln. Ich nehme an, daß die Ursachen in den Schwierigkeiten der führenden *conversos* begründet lagen, die am Hof von Kastilien und noch mehr am Hof von Aragonien eine wichtige Stellung einnahmen und wachsendem Druck seitens der spanischen Inquisition ausgesetzt waren.

   Die Inquisition wurde 1478 eingesetzt, um die religiöse Einheit im aufstrebenden spanischen Staat zu gewährleisten, und sie zielte eindeutig auf die *conversos,* die nach außen hin Christen waren, aber verdächtigt wurden, heimlich ihre hebräischen Praktiken fortzusetzen. Kein *converso,* so hoch seine Position auch sein mochte, entkam diesem Druck: Juan de Santangel, der *escribano de ración* an König Ferdinands Hof und einer seiner wichtigsten Geldgeber, wurde im Juli 1491 vor ein Inquisitionsgericht gezerrt und dazu verurteilt, als Zeichen seiner Schuld und Reue in der Öffentlichkeit einen gelben Mantel zu tragen, eine Demütigung, die alle Mitglieder seiner Familie ertragen mußten, wenn sie nicht noch schlimmer behandelt wurden. Es ist nicht schwer, sich vorzustellen, daß diese einflußreichen Neuchristen es für ratsam hielten, die Juden zu vertreiben, um ihre eigenen Machtpositionen zu sichern: Ohne Juden würde es für *conversos* keinen Anreiz mehr geben, zum alten Glauben zurückzukehren, und die Inquisitionsgerichte hätten weniger Grund, sie derartiger Überlegungen zu verdächtigen. Wie J. H. Elliott es ausdrückte, beschlossen die *conversos* die Vertreibung «aus Angst, daß ihre eigenen Positionen durch die Rückkehr ihrer Brüder zum alten Glauben gefährdet würden», weil dadurch «die Versuchung für all diese Neuchristen, die immer noch voll Unbehagen auf den aufgegebenen Glauben zurückblickten, beseitigt würde»; er bezeichnet die Vertreibung sogar als den «letzten und größten Triumph der fanatischen *conversos*» (*Imperial Spain,* S. 96–98).

3. Es darf bezweifelt werden, daß Colón je nach Island segelte, auch wenn Autoren wie Morison (*Weltmeer,* S. 24) versichern, daß dies «eine weitere abenteuerliche Reise» gewesen sei. Die einzigen Quellen hierzu sind Fernando und Las Casas; Fernando zitiert eine Notiz, die angeblich von seinem Vater verfaßt wurde: «Im Februar des Jahres 1477 segelte ich hundert Meilen jenseits der Insel Thule (oder Island) hinaus, deren nördlicher Teil sich auf dem 73. Grad nördlicher Breite befindet, und nicht auf dem 63. , wie von manchen behauptet wird. [...]

   Als ich mich dorthin begab, war das Meer nicht zugefroren, doch die Gezeiten waren so gewaltig, daß sie an manchen Stellen um 26 *braccia* stiegen und um ebensoviel fielen.»

   Hier ergeben sich folgende Probleme: Erstens ist die Breitenangabe falsch; Island liegt in Wirklichkeit bei 63 bis 66 ½ Grad nördlicher Breite. Zweitens steigt in Island das Wasser nirgends um 26 *braccia* (über 15 m) an, tatsächlich beträgt der Tidenhub nicht mehr als viereinhalb Meter; allerdings erreicht der Wasserstand bei Flut diese Höhe manchmal an der Mündung des Avon in der Nähe von Bristol, wo Colón sich aufgehalten haben könnte, wie er einmal in seinem *Bordbuch* (21. Dezember) und in einer Postille in der *Historia Rerum* von Papst Pius II. anmerkt, jedoch bezieht er sich hier ganz offensichtlich auf Island. Drittens ist es sehr unwahrscheinlich, daß die isländischen Gewässer im Februar nicht zugefroren waren, auch wenn der Winter in jenem Jahr erwiesenermaßen besonders mild war. In jedem Fall wäre es aber höchst ungewöhnlich gewesen, mitten im Winter nach Island zu segeln, und es gibt auch keine Berichte über derartige Reisen zwischen England oder Irland und Island. Viertens ist es fast unmöglich, daß Colón hundert Meilen «jenseits», das heißt westlich von Island segelte, da er dann Grönland erreicht hätte, was er uns wohl kaum verschwiegen hätte. Mehrfach wollte man aus dieser Stelle herauslesen, daß Colón meinte, Island messe hundert Meilen (im Umkreis), doch diese Zahl ist so weit von der Realität entfernt, daß die Lesart keinen Sinn ergibt. Und schließlich erwähnt Colón an der Stelle im *Bordbuch,* wo er sich brüstet, auf seinen Reisen «den ganzen Osten und Westen kennengelernt» zu haben (21. Dezember), Island mit keinem Wort. (Beiträge zu diesem Problem finden sich in Vilhjalmur Stefanssons *Ultima Thule,* 1940, und in Tavianis *Columbus.*)

4. Colóns Geburtsdatum läßt sich anhand der vorhandenen Dokumente nicht genau bestimmen, auch wenn Leute wie Morison auf dem Zeitraum August bis Oktober 1451 beharren. Diese Behauptung beruht auf zwei notariellen Erklärungen (Morison: *Journals,* S. 7–9) aus den Jahren 1470 und 1479, doch heißt es in ersterer nur «über neunzehn Jahre alt» und in letzterer «etwa siebenundzwanzig Jahre alt». Diese Angaben sind viel zu vage, um ein bestimmtes Geburtsjahr daraus ableiten zu können, außerdem könnte Colón selbst geirrt haben, und wir dürfen nicht annehmen, daß er im neuen Stil rechnete (statt im lateinischen, bei dem das erste und das letzte Jahr mitgerechnet werden). Der italienische Kolumbus-Experte Taviani sagt dazu: «Mit Bestimmtheit können wir nur sagen, daß er zwischen 1450 und 1452 geboren wurde.» (*Columbus,* S. 233.)

Aber es gibt noch mehr Verwirrung stiftende Quellen. Der zeitgenössische Historiker Andrés Bernáldez, der Colón kannte, behauptet, bei seinem Ableben 1506 sei er «ungefähr 70» gewesen (also 1436 geboren). 1501 sagte Colón selbst, er fahre seit über vierzig Jahren zur See, und an einer anderen Stelle erklärte er laut Fernando, er habe mit vierzehn Jahren zum ersten Mal das Meer befahren (daraus ergibt sich ein Geburtsdatum zwischen 1446 und 1447); aus einer zweiten Angabe (1492), er sei «dreiundzwanzig Jahre hindurch» auf See gewesen, ergibt sich ein noch späteres Geburtsjahr (1455), wenn wir die vierzehn Jahre wieder dazuzählen. Es ist also wohl am sichersten, den Schluß daraus zu ziehen, daß wir das genaue Datum einfach nicht wissen und wahrscheinlich nie wissen werden.

5. Obwohl Las Casas den «Prolog» an den Anfang des *Bordbuchs* stellt, muß bezweifelt werden, ob er tatsächlich zuerst verfaßt wurde; es besteht Grund zu der Annahme, daß er erst am Ende der Reise entstand. Sein gewandter und formeller Stil unterscheidet sich vom übrigen Text; der hoheitsvolle Ton läßt an die schon vollbrachte Entdeckung denken, nicht den Plan dazu. Auch wird auf die Bedingungen seiner Ernennung zum «Don» Bezug genommen, und zwar in der Vergangenheit, und der Titel «Großadmiral des Ozeanischen Meeres», der ebenfalls erwähnt wird, ist ihm erst *nach* seinen Entdeckungen verliehen worden.

Viele Kolumbus-Forscher sind davon überzeugt, daß es sich eigentlich um einen Epilog handelt oder zumindest eine gegen Ende der Reise verfaßte Schrift (siehe: *Studi colombiani,* Bd. 2, S. 89ff.). Manche von ihnen (dazu zählen auch Cesare de Lollis und Cecil Jane) ziehen die Authentizität des Prologs überhaupt in Zweifel und meinen, er könnte von Las Casas hinzugefügt worden sein – oder von einem noch zerstreuteren Autor, der die Vertreibung der Juden im Januar statt im August ansetzt und die Monarchen als «König und die Königin der spanischen Länder [*dlas españas*]» bezeichnet, einem durchaus ungebräuchlichen Ausdruck. Morison hingegen behauptet, daß der Inhalt «den Schluß nahelegt, daß Colón diesen Prolog kurz nach seiner Abreise verfaßte» (*Journals,* S. 48f), und zieht als Beweis die Tatsache heran, daß er seine Schiffe, mit denen er später so viele Schwierigkeiten hat, als «für dieses Unternehmen sehr geeignet» lobt. Morison meint weiter, daß Colón sein Versprechen im Prolog, «alles nach äquinoktialer Breite und westlicher Länge bildhaft» darstellen zu wollen, in einem unbesonnenen Augenblick vor der Reise gegeben haben muß, da er «so offenkundig verabsäumt», es im *Bordbuch* einzulösen. Liest man diese Passage jedoch unvoreingenommen, gelangt man eher zu dem Schluß, daß Colón sich vorgenommen hat, in einem *anderen* Dokument als dem *Bordbuch* «eine neue

Seekarte zu zeichnen ... ein Buch zusammenzustellen ... und alles bildhaft darzustellen» und so weiter.

6. Morisons Argumentationsgebäude zur Verteidigung der Indien-Theorie (siehe vor allem *Ocean Sea,* Bd. I. Kap. 6) steht in vielfacher Hinsicht auf wackeligen Beinen. So führt er etwa ins Treffen, daß Colón keinen Grund für ein nachträgliches Täuschungsmanöver gehabt hätte, obwohl doch auf der Hand liegt, daß er in Anbetracht der dürftigen Ergebnisse der ersten Reise an der Behauptung festhalten mußte, Indien erreicht zu haben, wenn er die Monarchen zur Finanzierung einer zweiten Reise gewinnen wollte. Wie Fernando erläutert, hatte er die ganze Zeit über vorgehabt, diesen Vorwand zu verwenden. Des weiteren behauptet Morison, daß Colón das *Bordbuch* nach der Entdeckung hätte fälschen müssen, es aber keine Anzeichen dafür gebe. Wir wissen allerdings nicht, wieviel im *Bordbuch* Colón und wieviel Las Casas zuzuschreiben ist, und das Wort «Indianer» wird in Colóns eigenen Worten erst am 17. Oktober erwähnt, also fünf Tage nach der Landung. Dem Argument, Spanien könne unmöglich eine so armselige und kaum bewaffnete Flotte zum Großen Khan ausgesandt haben, hält Morison entgegen, daß Isabella und Ferdinand «naiv» waren und *tatsächlich* glaubten, der Khan und alle anderen Fürsten würden vor Colón auf die Knie fallen, wenn er nur mit seinen Beglaubigungsschreiben vor ihnen auftauchte. Die Regentschaft dieser Monarchen ist jedoch keineswegs von Naivität geprägt, und auch in den Quellen läßt sich dieser Charakterzug nirgendwo nachweisen.

Drittes Kapitel
1492 (II)

1. Man kann sich durchaus vorstellen, daß Colón seine Männer betrog, und das paßt auch zu seinem späteren Verhalten; die verwirrenden Fragen rund um die Zahlen des «falschen» Tagebuches lassen sich damit aber nicht beantworten. (Eine umfangreiche, wenn auch letztendlich nicht zufriedenstellende Analyse dieses Problems sowie eine britische Auseinandersetzung mit anderen Erklärungsversuchen findet sich in David Henige und Margarita Zamora: *The Americans,* Bd. 46, Nr. 1, Juli 1989.) Um nur einige dieser Fragen zu stellen: Warum begann Colón seine Täuschung am 10. September, drei Tage nach Reisebeginn, lange bevor es wirklich notwendig gewesen wäre, die Männer in die Irre zu führen oder zu beruhigen? Warum gibt er an zehn der vierunddreißig Tage auf See keine Zahlen an und verändert sie an zwei Tagen nur geringfügig von 56 auf 52 und von 56 auf 44 Seemeilen? Warum sind die Differenzen so uneinheitlich, zwischen 54 und 94 Prozent abweichend gegenüber den «tatsächlich» zurückgelegten Seemeilen, warum wurde die längste Strecke nicht immer auch am meisten verkürzt? Warum sind im Text von Las Casas nur ein Viertel der Entfernungsangaben ausgeschrieben, während die übrigen in römischen oder arabischen Zahlen angeführt werden, und warum steht ein Drittel der mit ihnen kombinierten Verben im Konditional? Und warum wird die doppelte Rechnung des Admirals in den *Pleitos* nicht erwähnt, obwohl die Anwälte der Krone Zugang zu Colóns Originaltagebuch gehabt haben müssen und jede Möglichkeit genutzt hätten, ihren Gegner als unzuverlässigen Lügner hinzustellen? Eine Fülle von Fragen, auf die es keine Antworten gibt.
2. Die erstmals durch die Veröffentlichung von Navarretes *Bordbuch* im Jahre 1826 aufgeworfene Landungsfrage hat seither Hunderte von Forschern in Dut-

zenden von Ländern beschäftigt und wurde in den letzten zehn Jahren mit zunehmendem Eifer diskutiert. Nach fünf Jahre dauernden Forschungsarbeiten, die Kosten in Millionenhöhe verursacht hatten, präsentierte sich Samana Cay in *National Geographic* (November 1986) als letzte in der Reihe der Inseln, die die Ehre der Landung für sich beanspruchen. Die Fachwelt reagierte jedoch überwiegend kritisch.

Die meisten Kolumbus-Forscher betrachten wohl das frühere Watlings Island als wahrscheinlichsten Landungsort. Nachdem man viele Beweise zusammengetragen hatte, wurde die Insel 1926 offiziell in San Salvador umbenannt (diesen Namen gab Colón der Insel, auf der er landete). Admiral Morison stimmte in seiner zum Klassiker gewordenen Biographie aus dem Jahre 1942 der Wahl zu, er bekräftigt sie in seiner späteren Edition der *Bordbücher.*

Allerdings muß Morison in seinem wissenschaftlichen Anspruch in diesem Punkt als anmaßend – man kann es nicht anders nennen – und an manchen Stellen als schlicht unaufrichtig bezeichnet werden. Eine einigermaßen fundierte kritische Auseinandersetzung ist in einem neueren Buch zur Landungsfrage (De Vorsey und Parker: *In the Wake of Columbus,* 1985) zu finden; die wichtigsten Ansatzpunkte will ich herausgreifen: Erstens: In mindestens sechs Fällen übersetzt Morison das *Bordbuch* falsch, teilweise aus Unachtsamkeit, teilweise aber auch, um es seiner vorgefaßten Meinung über den Ort der Landung und Colóns anschließenden Kurs anzupassen – so übersetzt er zum Beispiel *isleta* (kleine Insel) im Zusammenhang mit Guanahani fälschlich als «Insel», da er Watlings Island als Ort der Landung annimmt, diese aber eindeutig keine kleine Insel ist. Zweitens: Morison behauptet, daß Colón keine Standortbestimmung mit Hilfe des Polarsterns vorgenommen haben kann, weil die navigatorischen Mittel damals noch nicht so weit waren; Colóns (tatsächlich verwirrende) Zahlen im *Bordbuch* lassen sich wahrscheinlich darauf zurückführen, daß er vermutlich einen Quadranten benutzte, von dem Morison nichts wußte, und möglicherweise eine Tangentenskala mit der Gradskala verwechselte, nicht aber auf fehlende navigatorische Mittel oder mangelnde navigatorische Kenntnisse. Morisons Vermutung, daß Colón den Fehler beging, die Höhe des Sternes Alfirk und nicht des Polarsterns zu messen, ist lachhaft: Alfirk ist mit bloßem Auge kaum zu sehen und unmöglich mit dem hellen Polarstern zu verwechseln. Drittens: Morison ist so sehr bemüht, den Eindruck zu erwecken, daß Colóns Beschreibung seiner ersten Insel als «sehr eben» (in Wirklichkeit ist sie hügelig) für Watlings Island zutrifft, daß er Kerr Mountain und seine Höhe (*Weltmeer,* S. 224) in der Landkarte in seiner Ausgabe des *Bordbuchs* (*Journals,* S. 66) einfach ausläßt; Long Island beschreibt er als breit, eben und grün, obwohl es doch äußerst schmal, hügelig und eher karg ist. Viertens: Morison spekuliert, daß Colón von Zeit zu Zeit in Landmeilen rechnete, um zu erklären, warum das *Bordbuch* so sehr von seinen eigenen Berechnungen abweicht. In keiner europäischen Sprache gibt es aber zu dieser Zeit ein Meßspektrum von Landmeilen.

Viertes Kapitel
Europa (II): «Vor ihm erzittert das Land»

1. Seit einiger Zeit neigt man zu der Auslegung, daß dieses «Vor ihm erzittert das Land» nicht ganz so hart gemeint ist, wie es klingt. Das hebräische *yirdu,* so sagt man, bedeute ebenso «Abstammung» wie «Beherrschung» und «Herrschaft»

und lege daher eine gewisse Verwandtschaft von Mensch und Tier nahe; auch durch andere Zitate – Adam soll den Garten «bebauen und bewahren» – wird der göttliche Auftrag, die Erde zu beherrschen, abgeschwächt. Im übrigen, so die Argumentation, leiteten die alten Rabbiner aus der «Herrschaft» nie eine Erlaubnis zu destruktivem Verhalten der Umwelt gegenüber ab. Diese Lesart ist möglich, gewiß enthält das Alte Testament aber nicht zufällig eine solche Fülle von Bildern der Gewalt, Macht und Angst im Zusammenhang mit der Natur. Es zielt darauf ab, sich von mehr animistisch orientierten, «heidnischen» oder Naturreligionen abzusetzen. (Siehe dazu besonders Paul Shepard: *Nature and Madness,* 1982; Lynne White in: *Science* vom 10. März 1967, John Passmore: *Man's Responsibility for Nature,* 1974 und Merlin Stone: *When God Was a Woman,* 1976.)

Zunehmend wird auch die Behauptung laut, daß die wahren Absichten der Bibel nicht in der Genesis zum Ausdruck kommen, sondern zum Beispiel im Psalm 24 («Die Erde ist des Herrn und was darinnen ist»), und daß sie uns nicht Herrschaft, sondern *Verwaltung* nahelegt, wie etwa in Gottes Bund mit Noah: «Siehe, ich richte mit euch einen Bund auf und mit euren Nachkommen und mit allem lebendigen Getier bei euch.» Auch das stimmt vielleicht, wenn man eine sehr kreative Lesart zugrunde legt. Aber der Begriff des Verwalters, des griechischen *oikonomos,* beinhaltet die Rolle eines Wächters und Verwalters, die jener des Beherrschers und Herren sehr nahekommt. Und abgesehen davon, was die Bibel oder die Alten gesagt oder gemeint oder getan haben, kommt es letzten Endes doch nur darauf an, daß die Christen des Mittelalters aus der Bibel eine Legitimation und Ermutigung für den Menschen herauslasen, über die Natur zu herrschen.

Fünftes Kapitel
1492–1493

1. Wenn wir die Bezeichnung «Arawak-Indianer» für dieses Karibikvolk fallenlassen, so wäre es vielleicht auch angebracht, den offenbar von Las Casas für die Bewohner der Bahamas-Kette geprägten Begriff «Lucayisch» über Bord zu werfen. Es ist völlig ungerechtfertigt, für ein Volk, das eindeutig die Sprache der Tainos sprach, ihre Bräuche pflegte und offenbar regelmäßige Kontakte mit den Stammesbrüdern auf den größeren Inseln unterhielt, eine eigene Stammesbezeichnung zu erfinden; am ehesten könnten wir uns noch Irving Rouses Vorschlag anschließen, sie als Sub-Tainos oder westliche Sub-Tainos (s. Gerace: *Columbus*) zu bezeichnen, doch scheint mir auch das unnötig und übertrieben.
2. Die Historiker sind auch uneins in ihrer Beurteilung Colóns als Beobachter der Natur in der Neuen Welt. Der deutsche Naturforscher und Historiker Alexander von Humboldt und seine Anhänger vertraten die Meinung, daß Colón ein exakter Beobachter und gewandter Beschreiber gewesen sei, der die Erhabenheit der Natur tief empfunden habe, auch wenn er mehr auf die Menschen als auf ihre Umgebung achtete. Filson Young, ein Kolumbus-Forscher der Jahrhundertwende, bezeichnete Colóns Beschreibungen hingegen als «kindisch» und stellte fest, daß er sich überwiegend darauf beschränkte festzustellen, ob etwas wie in Spanien war oder nicht.

   In einem vielzitierten, eigenwilligen Artikel in der Zeitschrift *Proceedings of the American Philosophical Society* (Juli 1941) erklärt Leonardo Olschki,

Colóns lakonischen und knappen Beschreibungen der Landschaften, Orte und Ereignisse fehle jegliche Genauigkeit und Farbe, und die Tatsache, daß er nicht ins Detail gehe und die Dimensionen und Proportionen übertrieben groß angebe, zeige seine mangelnde Aufmerksamkeit für die Natur der neuentdeckten Inseln. Als Grund gibt Olschki an, daß Colón einer mittelalterlichen, vorwissenschaftlichen Tradition angehöre, in der «die Natur Beiwerk für Erzählungen ist und nur den Rahmen für menschliches Handeln, Leben und Geschehen bildet», und es sei daher ganz normal, daß er «den anthropozentrischen Tendenzen seiner Zeit folgte». Dann argumentiert Olschki aber weiter, daß Colón die Eigenheiten des Lebens und der Natur auf den Inseln zunehmend deutlich erkenne und mit unvergleichlich tiefem Interesse betrachte. Colóns Sichtweise der «Naturaspekte» werde allmählich sehr persönlich, und es sei eine ungewöhnliche Fähigkeit zu realistischer Beobachtung der Natur und der Menschen festzustellen. Man fragt sich nur, wie Olschki diese sehr unterschiedlichen Meinungen unter einen Hut bringen konnte.

Sechstes Kapitel
1493–1494

1. Der einzige glaubwürdige Bericht über diesen Empfang am Hof von Barcelona ist der des italienischen Humanisten Petrus Martyr, der damals als Erzieher im Dienst der königlichen Familie stand. Er sagt nur, daß Colón «vom König und von der Königin mit allen Ehren empfangen und dazu aufgefordert wurde, in ihrer Gegenwart Platz zu nehmen, was bei den Spaniern als Zeichen großer Wertschätzung und Hochachtung gilt». Die zahlreichen anderen Schilderungen – von dem «triumphalen Einzug» in die Stadt, bei dem die ganze Bevölkerung kam, um den Entdecker zu begrüßen (wie es zum Beispiel auch auf den Bronzetoren des Kapitols in Washington dargestellt wird) und von den mit Colón betenden und weinenden Königen – kamen erst Jahrzehnte später auf. Fernando zum Beispiel, der selbst *nicht* dabei war (er war damals erst vier Jahre alt), beschreibt in leuchtenden Farben, wie «der ganze Hof und die ganze Stadt dem Admiral entgegenging» und die Monarchen während der Audienz «sich von ihren Thronsesseln erhoben, als wäre er ein großer Fürst, und nicht zuließen, daß er ihnen die Hände küsse». Und auch Las Casas' Beschreibung entsprang einzig seiner Phantasie.
2. Leichtgläubige Menschen führen den Tod Giovanni da Verrazzanos auf einer Karibikinsel im Jahre 1528 gern als Beweis für den dort herrschenden Kannibalismus an. Dabei gibt es keinerlei Dokumente, die seine Reise belegen – wir wissen nicht einmal, wo er den Tod fand, es steht nur fest, daß es auf einer nicht identifizierten Insel geschah. Die Behauptung, daß «Kannibalen» ihre Hand im Spiel gehabt hätten, basiert einzig und allein auf einem 1551, also dreiundzwanzig Jahre später, verbreiteten Bericht eines italienischen Dichters. Dieser wollte die Nachricht von Girolamo da Verrazzano erfahren haben, der seinen Bruder begleitet hatte und behauptete, Augenzeuge der Tat gewesen zu sein. Aber auch das reicht nicht aus als Beweis, daß Girolamo wirklich beobachtet hatte, wie Menschenfleisch verspeist wurde oder überhaupt mehr gesehen hatte als die Tötung seines Bruders durch namenlose Indianer an einem namenlosen Strand, während er selbst in einer schaukelnden Barkasse mehrere hundert Meter entfernt war. In einem überzeugenden Artikel in der *Enciclopedia italiana* aus

dem Jahre 1937 meldete Alberto Magnaghi berechtigte Zweifel an der Kannibalengeschichte an. (Siehe dazu auch Marcel Trudel: *The Beginnings of New France,* 1973.)

3. Mediziner und Historiker setzen sich seit Jahrhunderten fasziniert mit der Frage der Syphilis auseinander. Die meines Wissens sorgfältigste und klarste Analyse findet sich in dem 1972 erschienenen Buch *The Columbian Exchange* von Alfred Crosby jun., der diesem Thema ein ganzes Kapitel widmet. Crosby schließt sich nur sehr zögernd der Meinung an, daß die verheerende Spur dieser Krankheit, die zu Recht als Rache der Indianer für die ihnen zugefügten Verletzungen und Demütigungen betrachtet wird, in der Neuen Welt begann.
4. Amerigo Vespucci, eine erstaunliche Gestalt in der Geschichte der Entdeckungen, hat viele Fürsprecher, aber ebenso entschlossene Kritiker. Wir kennen nicht die ganze Wahrheit über seine Laufbahn, verschiedene Schlußfolgerungen scheinen jedoch plausibel:

   Erstens machte er wahrscheinlich drei Reisen in die westliche Hemisphäre, eine mit Alonso de Hojeda 1499 und zwei mit Gonçalo Coelho entlang der Küste Südamerikas in den Jahren 1501–1502 und 1503–1504, mit größter Wahrscheinlichkeit segelte er 1497 aber nicht nach Südamerika. Zu dieser Zeit befand er sich nachweislich in Spanien. Zweitens war er ein begabter Seefahrer (entgegen manchen recht abenteuerlichen Theorien) und verfügte über genügend Fähigkeiten, um zwischen 1508 und 1512 als erster *piloto mayor* im Dienst der spanischen Krone gewirkt haben zu können. Drittens war er mit größter Wahrscheinlichkeit der Verfasser der vier ihm zugeschriebenen handschriftlichen Briefe (Vaglienti, 1500; Cabral, 1501; Bartolozzi, 1502; und Conti, 1502), die zwar in manchen Aussagen übertrieben und mythologisierend sind, aber auch einige genaue Beschreibungen der Neuen Welt enthalten. Und schließlich war er aller Wahrscheinlichkeit nach nicht der Hauptverfasser der beiden Werke, die seinen Ruhm begründeten (*Mundus novus,* 1502, und *Quattro viaggi,* 1505). Sie strotzen von wüsten Schilderungen und Lügen und werden heute als das Werk eines unbekannten Piraten in Italien (möglicherweise eines sehr phantasievollen Giovanni Giocondo) betrachtet.

   Selbstverständlich kann es nicht Vespucci vorgeworfen werden, daß Martin Waldseemüller beim Zusammenstellen einer neuen Ptolemäus-Ausgabe um 1507 auf ein Exemplar der *Quattro viaggi* stieß und Vespucci zum ersten Entdecker des neuen Kontinents im Ozeanischen Meer erklärte, der folglich *Amerige* oder *Land des Americus* oder *America* genannt werden sollte. Möglicherweise schrieb er Vespucci diese Leistung deshalb zu, weil Vespucci behauptet hatte, 1497 in Südamerika gewesen zu sein, oder weil er als erster Entdecker festgestellt hatte, daß es sich wirklich um einen »vierten Teil der Erde« handelte. Waldseemüller kann kaum gewußt haben, daß ein gewisser Cristóbal Colón den südlichen Kontinent auf seiner dritten Reise 1498 entdeckt hatte, ehe Vespucci eine seiner tatsächlichen Reisen dorthin antrat, oder daß Colón dieses Land als *otro mundo* bezeichnet hatte. Colóns *Bordbuch* und sein zusammenfassender Brief über die dritte Reise wurden erst im neunzehnten Jahrhundert gedruckt; in der plagiierten Fassung von Petrus Martyrs «Erster Dekade» aus dem Jahre 1504 wird diese Reise nur beiläufig erwähnt, und im Original schreibt Martyr: «Ob es sich [bei der Entdeckung] um einen Kontinent handelt oder nicht, kümmert den Admiral kaum.» (Vgl. Arber: *First Three Books,* S. 90.)

Im übrigen erfuhr Waldseemüller später doch die Wahrheit und schrieb in der Ptolemäus-Ausgabe von 1513 die Entdeckung des Festlandes Colón zu.

Achtes Kapitel
1500–1506

1. Von diesen vier Exemplaren sandte Colón ein auf Pergament geschriebenes zur Aufbewahrung nach Las Cuevas; ein möglicherweise ebenfalls auf Pergament geschriebenes erhielt sein Sohn Diego, der zu jener Zeit Hofpage war und es vermutlich den Monarchen übergeben sollte; zwei Exemplare sandte er an seinen genuesischen Freund Nicolò Oderigo (oder Odorico), vermutlich mit dem Auftrag, sie der Bank von San Giorgio in Genua vorzulegen – mit der Colón offenbar Verhandlungen über Schiffstransporte von und nach Española geführt hatte –, damit ihre Agenten das Colón geliehene Geld bei Bedarf von der Krone einfordern könnten (bis heute ist ungeklärt, warum *zwei* Exemplare dafür erforderlich waren). Eine Diskussion über dieses Dokument und ein Faksimile der Titelseite ist in Thacher, Bd. 3, zu finden. Das Buch wurde erstmals im neunzehnten Jahrhundert nach einem der Exemplare der San Giorgio Bank gedruckt; zunächst wurde es ins Italienische übersetzt, und 1823 erschien es in einer englischen Fassung unter dem Titel *Memorials of Columbus* (Giovanni Batista Spotorno, Ponthenier [Genua] und Treuttel and Winter [London]).
2. Zu dieser Zeit kam es zu regen Kontakten zwischen spanischen und italienischen Kosmographen, und das Interesse an den Entdeckungen im Westen war in Italien groß genug, um Bartolomé nach dem Tod seines Bruders 1506 zu einer Italienreise zu veranlassen. Es müssen jedoch nicht einmal direkte Verbindungen zwischen den Brüdern Colón und dem Kosmographen Giovanni Contarini oder dem Stecher Francesco Roselli hergestellt werden, um glaubhaft zu machen, daß Contarinis Karte eindeutig die Vorstellungen des Admirals wiedergibt. Auf dieser Karte – überschrieben mit einem Vers über die neue Hemisphäre («Halte inne, Reisender, und sieh neue Völker und eine neu entdeckte Welt») – wird Colóns Tierra Firme eindeutig als großer südlicher Kontinent dargestellt, der einige Grad über dem Äquator beginnt und dessen Ostküste als «Terra Crucis» bezeichnet wird. Im Norden liegen die Großen und die Kleinen Antillen einschließlich des eindeutig als Insel dargestellten Kuba, und etwa 20 Grad westlich davon liegt Cipango (Japan). Darüber erstreckt sich Asien, beginnend mit einem vage an Florida erinnernden Vorsprung und im Südwesten übergehend in eine langgezogene Küstenlinie, auf der mehrere chinesische Städte eingezeichnet sind («Cianaba», «Magna», «Cathay» und so weiter). All das steht im Einklang mit den Vorstellungen des Admirals, zwei weitere Eintragungen widersprechen seinen Ideen jedoch ganz und gar: Die Entdeckung Südamerikas wird dem «überaus edlen Herrn Pedro Alvares [Cabral] ... im Jahre 1499 [in Wirklichkeit 1500]» zugeschrieben, und in einer Aufschrift am westlichen Rand Asiens heißt es: «Christopherus Columbus ... segelte westwärts ... begab sich an diesen Ort [«Cianaba», Marco Polos Chamba], der große Mengen Goldes birgt, wie Christoph selbst versichert». Beides war zweifellos nicht vom Admiral selbst so dargestellt worden, denn er hätte die Entdeckung Südamerikas für sich selbst in Anspruch genommen, und er wäre nicht auf den Gedanken gekommen, je 100 Grad *westlich* der Tierra Firme gewesen zu sein, wo «Cianaba» verzeichnet ist. Dennoch entspricht die Karte ansonsten so sehr den kosmographischen

Vorstellungen des Admirals, daß man vermuten könnte, er sei sogar selbst an ihrer Entstehung beteiligt gewesen.

In diesem Zusammenhang müssen wir uns mit den Bartolomé Colón zugeschriebenen kartographischen Skizzen auseinandersetzen, die von Alessandro Zorzi gesammelt und um 1525 gedruckt wurden. Zorzi behauptet, daß diese kleinen Skizzen nach einer Karte entstanden, die Bartolomé 1506 einem Bruder Hieronymus in Rom übergeben hatte (er sagt allerdings nicht, daß Bartolomé selbst diese oder die Originalkarte gezeichnet habe); aufgrund dieser Aussage nehmen manche Historiker an, die Skizzen seien Bartolomés Werk und geben die geographischen Vorstellungen der Brüder Colón am Lebensende des Admirals wieder. Die Skizzen wurden aber eindeutig nicht von Bartolomé angefertigt, von dem wir annehmen können, daß er eine Zeitlang als Kartograph tätig war: Sie sind äußerst plump, die Position des Äquators wechselt und ist irreführend; die Karibikinseln sind falsch eingezeichnet, Kuba oder Cipango fehlen ganz. Wer auch immer diese Skizzen anfertigte, sie stellen gewiß nicht Bartolomés Weltbild dar, geschweige denn das von Cristóbal. (Am besten behandelt wird dieses Thema von John Bigelow in «The So-Called Bartholemew Columbus Map», *Geographical Review,* Bd. 25, 1935.)

3. Ich kenne keine einzige ausführliche kritische Untersuchung über die seefahrerischen Talente des Admirals des Ozeanischen Meeres; in seiner ausgezeichneten Analyse in der Einleitung zu Janes zweitem Band äußert sich E. G. R. Taylor allerdings äußerst kritisch darüber. Halten wir einige Punkte fest, die eine derartige Studie behandeln müßte. Beginnen wir mit der Tatsache, daß der Admiral fünf von den sieben Schiffen verlor, die er auf den beiden wichtigsten und weitesten Reisen verwendete (eines auf der ersten und alle vier auf der vierten Reise). Bei der Bestimmung seiner Position machte er manchmal so schwerwiegende Fehler, daß manche Interpreten annehmen mußten, er habe nicht genau gewußt, von welchen Sternen aus Entfernungen zu messen seien; auf der ersten, der dritten und der vierten Reise machte er eindeutig falsche Angaben der geographischen Breite, und auf der letzten Reise erklärte er einmal sogar, daß das etwa 9 Grad vom Äquator entfernt gelegene Veragua in gleicher Entfernung «vom Pol und von der Äquatorlinie» liege. Und immer wieder geriet er zur falschen Zeit in die falschen Breiten; auf der Rückfahrt von der ersten Reise etwa überquerte er den Nordatlantik während der schlimmsten Schlechtwetterperiode, auf der Hinfahrt der dritten Reise blieb er zwei Wochen im Kalmengürtel stecken, und die Heimfahrt von der zweiten Reise dauerte drei qualvolle Monate.

4. Colóns finanzielle Lage ist schwer zu beurteilen, doch steht außer Frage, daß er ein beträchtliches Vermögen angehäuft hatte; als er sein letztes Testament verfaßte, betrug es etwa 4 Millionen Dollar (Kurs von 1990). Ohne Zweifel war auch Diego ein reicher Mann, als er 1509 sein Testament schrieb, obwohl er nicht das gesamte Vermögen geerbt hatte.

   Colóns Vater Doménico starb zwischen 1494 und 1500 arm und verschuldet, und 1500 wurden seine Schulden eingeklagt; welches Vermögen der Admiral zu diesem Zeitpunkt, vor dem Goldfund, bereits angehäuft haben mochte – es schien ihm offenbar nicht ausreichend, um seinen Vater zu unterstützen.

   Las Casas schätzt die jährlichen Einkünfte von 1502 bis 1509 auf *450000 pesos de oro* beziehungsweise 9000 Pesos (27000 Dollar) für Colóns Anteil. Die denkbar umfangreichsten Angaben über die Goldexporte von den Inseln sind in

Troy Floyds aufschlußreichem Buch *The Columbus Dynasty in the Caribbean, 1492–1526*, New Mexico, 1973, zu finden.

5. In diesem Zusatz, an dessen Echtheit keine Zweifel bestehen, erklärt Colón: «Als ich im Jahre 1502 von Spanien abfuhr, setzte ich eine Verfügung auf und errichtete ein Majorat über meine Güter [vermutlich das von der Krone genehmigte].» Eine Kopie dieses Dokuments konnte aber nie gefunden werden. Allerdings besitzen wir das mit 22. Februar 1498 datierte Testament in einer von Navarrete 1825 nach einem später zerstörten Original, das er eigenen Aussagen zufolge selbst gesehen hatte, gedruckten Kopie sowie eine königliche Bestätigung dieses Testaments vom September 1501, die im Original gefunden wurde und sich als echt erwiesen hat. Neben anderen Forschern beschäftigte sich Enrique de Gandia eingehender damit und stellte fest, daß dieses Testament von 1498 möglicherweise nicht ganz echt sei und man daher der von Navarrete gedruckten Fassung nicht vertrauen dürfe (*Historia de Cristóbal Colón,* Buenos Aires, 1942); andere Fachleute, darunter auch Antonio Ballesteros y Beretta (*Cristóbal Colón y el descubrimiento de America,* Salvat [Barcelona/Buenos Aires], 1945, Bd. 1, S. 121) erklären es für authentisch. Salvador de Madariaga (*Kolumbus*) verficht die Theorie, daß es sich dabei um eine spätere, auf dem Testament von 1502 beruhende Fälschung handle, hat aber keine Erklärung für die Bestätigung aus dem Jahre 1501. Dieses Testament von 1498 ist in vollem Wortlaut und mit dem Zusatz in Young: *Columbus,* abgedruckt. Morison setzt sich in *Journals* und Taviani in *Columbus* damit auseinander.

   Die Bemerkungen über Beatriz, unter anderem der Satz, sie sei «ein Mensch, dem ich tief verpflichtet bin», ermangeln noch einer Erklärung. Es ist unklar, warum er die Erbteile seiner anderen Erben so detailliert festlegt, ihr aber nur nicht näher bezeichnete «Mittel» zugesteht.

6. Entgegen der von R. H. Major anhand zweifelhafter Quellen in seinen *Select Letters of Christopher Columbus* (Hakluyt, 1847) aufgestellten Behauptung ist es höchst unwahrscheinlich, daß die Darstellung des heiligen Christophorus in der 1500 entstandenen Karte Juan de la Cosas die Züge des Admirals trägt, mit dem de la Cosa segelte; der genuesische Numismatiker Gaetano Avignone erklärte 1892, eine um 1505 entstandene Bronzemedaille mit dem Bildnis eines Seemanns zeige das möglicherweise von Guido Mazzoni, einem Künstler in Modena, angefertigte Konterfei Colóns, jedoch lassen sich auch dafür keine Beweise finden. Abgesehen von diesen ziemlich wilden Mutmaßungen kennen wir kein zeitgenössisches Porträt des Admirals, von dem man annehmen könnte, daß es zu seinen Lebzeiten oder gar in seiner Anwesenheit entstanden ist. Mindestens elf Porträts aus dem sechzehnten Jahrhundert werden als Darstellungen des wahren Colón präsentiert – obwohl sie alle völlig unterschiedlich sind –, und vermutlich ist das älteste das im Besitz des Grafen Alessandro de Orchi befindliche «Giovio»-Porträt, das zwischen 1551 und 1556 entstanden sein muß, da es nicht in Giovios *Elogia* aus dem Jahre 1551 enthalten war, aber 1556 in die Uffizien gesandt worden sein soll.

7. Das Schicksal von Colóns sterblichen Überresten ist nach wie vor ungeklärt und wird es wohl für immer bleiben, auch wenn aus Anlaß des Fünfhundertjahrjubiläums neue Versuche unternommen wurden, die Wahrheit herauszufinden.

   Der Sarg von Santo Domingo wurde mehrmals geöffnet und untersucht, und da er eine kleine Bleikugel enthält, sind manche davon überzeugt, daß es sich tatsächlich um die Gebeine Colóns handelt – basierend auf Las Casas' Bericht, Colón sei in der Schlacht vor Portugal 1476 verwundet worden und habe sich schwimmend an Land retten können, und auf Colóns Aussage in der *Lettera Rarissima,* daß die «alte Krankheit» wieder ausgebrochen sei (eindeutigere Beweise konnten allerdings nicht gefunden werden). Ein Orthopäde von der Universität Yale untersuchte den Sarg im Jahre 1960 und stellte fest, daß es sich bei der Leiche um einen ein Meter siebzig großen Mann mit großem Kopf handelt, er konnte ihn aber nicht eindeutig identifizieren und war sogar der Meinung, daß die Gebeine von *zwei* Körpern unbekannter Identität stammten; das hilft uns also auch nicht weiter.

Neuntes Kapitel
1506–1606 (I): Das Vermächtnis des Kolumbus

1. Abgesehen von den zu Lebzeiten Cristóbal Colóns entstandenen Werken, die seinen Namen erwähnen (neunzehn Fassungen des Briefes an Santangel, Nicolo Scillacio über die zweite Reise, die *Lettera Rarissima,* Werke von M. A. Sabellico, 1498, 1504 und danach, J. F. Foresti, 1503 und danach, Petrus Martyr, 1504 und danach, Raffaele Maffei, 1506), entstanden zwischen 1506 und 1606 142 Druckwerke, die das Thema berühren. Im folgenden findet sich eine vollständige Autorenliste. Sie beruht auf den Bänden 2 und 3 von *European Americana* (1980–82) der John Carter Brown Library unter Einbeziehung von Joseph Sabins klassischem *Dictionary of Books Relating to America,* Henry Harisse: *Biblioteca Americana Vetustissima* und *Notes on Columbus,* Justin Winsor: *Narrative and Critical History of America,* John Parker: *Books to Build an Empire,* und E. G. R. Taylor: *Late Tudor ... Geography* (siehe Literaturverzeichnis). (x2) bedeutet in der Regel zwei Auflagen derselben Ausgabe.

Abbot, George, London, 1599, 1600, 1605.
Alvarez, F., Antwerpen, 1558.
Baptista Mantuanus, Paris, 1509, 1512.
Barros, João de, Lissabon, 1552, Venedig, 1561.
Barrough, Phillip, London, 1601.
Benzoni, Girolamo, Venedig, 1565 (x2), 1572, Genf, 1578, 1579, 1581, 1586, Basel, 1579, 1583, Frankfurt, 1594 (x2), 1595 (x2), 1597 (x2), Wittenberg, 1606.
Beuther, M., Basel, 1582.
Bielski, M., Krakau, 1551.
Bizzarri, P., Antwerpen, 1579 (x2).
Boemus, Johann, Venedig, 1560, 1564, 1566, 1573, 1585, Genf, 1586, 1604.
Boissard, Jean Jacques, Frankfurt, 1597.
Bonsi, Lelio, Florenz, 1560.
Bruno, Giordano, London, 1584.
Buonfiglio Constanzo, Giuseppe, Venedig, 1604.
Capilupi, I., Antwerpen, 1574.
Caprioli, Aliprando (illustriert), Rom, 1596.
Carion, Johann, Schwaben, 1537, Antwerpen, 1537.
Castellanos, Juan de, Madrid, 1589.
Cataneo (Catanaei), Mariae, Rom, 1514.

Cecchi, G. M., Florenz, 1583.
Cesalpino, Andrea, Rom, 1602–03, 1605, 1606.
Chiabrera, Gabriel, Venedig, 1591, Venedig, 1605, 1606.
Colón, Fernando, Venedig, 1569, 1571.
Conestaggio, Girolamo, Genua, 1585, München, 1589, Besançon, 1596, 1601, London, 1600, Frankfurt, 1602.
Coppo, Pietro, Venedig, 1528.
Croce, Giovanni, Venedig, 1573, 1574, 1605.
Cunningham, William, London, 1559.
Doglioni, Giovanni, Venedig, 1601.
Dolce, L., Venedig, 1561.
Dordoni, G., Pavia, 1568.
Eden, Richard (zusammengest. und übers.), London, 1553, 1555, 1572, 1576, 1577.
Emili, P., Paris, 1548, 1549, 1581, Basel, 1569, 1572, 1601.
Falloppius, Gabriel, Padua, 1563–64.
Foglietta, U., Rom, 1572, 1579, Genua, 1579, 1585, 1597.
Fontaine, Charles, Paris, 1554, 1559.
Foresti, J. F., Nürnberg, 1506, Venedig, 1506, 1513, 1524, Paris, 1535.
Fossetier, J., Antwerpen (?), 1525 (?).
Fracastoro, Girolamo, Florenz, 1530.
Fregoso, B., Mailand, 1509, Antwerpen, 1565, Basel, 1567.
Galvão, Antonio, Lissabon, 1555, 1563, 1601.
Gambara, Lorenzo, Rom, 1581, 1583, 1585.
García Matamoros, A., Alcalá, 1553.
Garibay y Zamolloa, E., Antwerpen, 1571.
Garimberto, G., Venedig, 1549, Lyon, 1559.
Giglio, G., Venedig, 1565.
Gilbert, Humphrey, London, 1576.
Giorgini, Giovanni, Iesi, 1591, 1596.
Giovio, Paolo, Venedig, 1548, Florenz, 1551, 1554 (x4), Granada, 1568, Basel, 1575, 1577, 1580, 1596.
Giustiniani, Agostino, Genua, 1516, 1537.
Glen, Jean Baptiste de, Lüttich, 1601.
Goes, D. de, Louvain, 1540, 1544.
Gohory, Jacques, Paris, 1581.
Gómara, Francisco López de, Saragossa, 1552, 1553, (x2), 1554, Antwerpen, 1554, Rom, 1556, Venedig, 1557 (x2), 1560 (x2), 1564, 1565, 1576, 1599, Paris, 1568, 1569 (x2), 1577, 1578, 1580, 1584, 1587, 1605.
Grynaeus, Simon (zusammengest.), Basel und Paris, 1532, Basel, 1534, 1537, 1555.
Guicciardini, Francesco, Florenz, 1561 (x2), Venedig, 1564, Basel, 1566, 1574, 1599, Paris, 1568, 1577, Bern, 1574, Baeza, 1581, London, 1579 (x2), 1599, Dordrecht, 1599, Treviso, 1604.
Hakluyt, Richard (zusammengest.), London, 1582, 1589, 1598, 1599, 1600.
Hall, Joseph, Frankfurt, 1605.
Herrera, Antonio de, Madrid, 1601, 1612, Valladolid, 1606 (x2).
Interiano, P., Lucca, 1551.
La Popelinière, L. V. de, Paris, 1584.

Laudonnière, René de, Paris, 1586, London, 1587, Frankfurt, 1591, 1603.
Le Ferron, A., Paris, 1549 (x2).
León, Andrés de, Valladolid, 1605.
Le Pois, A., Paris, 1579.
Lindschoten, John Huighen van, London, 1598.
Lloyd, Humphrey, London, 1584.
Madrignani, Angelo, Mailand, 1508.
Maffei, Giovanni Petri, Florenz, 1588, 1589, Venedig, 1588, 1589, Köln, 1589, 1590, 1593, 1595, Lyon, 1589, 1604, Ingolstadt, 1589, Bergamo, 1590, Antwerpen, 1605.
Magno, M. A., Neapel, 1516.
Malvenda, Tommaso, Rom, 1604.
Manuzio, P., Venedig, 1557, Paris, 1558.
Martyr, Petrus, (Anghiera), Sevilla, 1511, Alcalá, 1516, 1530, Basel, 1521, 1533, 1582, 1587, Nürnberg, 1524, Paris, 1532, 1587, Venedig, 1534, Antwerpen, 1536, London, 1555, 1572, 1576, 1577.
Maurolico, F., Venedig, 1543.
Montalboddo, Fracanzano da, Vicenza, 1507, Genf, 1508, Nürnberg, 1508 (x2), Mailand, 1508, 1512, 1519, Paris, 1515 (x2), 1516, 1521, 1535, Venedig, 1517, 1521.
Münster, Sebastian, Basel, 1550–98 (18 Ausgaben in Deutsch), 1552–65 (5 Ausgaben in Französisch), 1550–72 (5 Ausgaben in Latein), London, 1553, 1572, 1574, 1576, Prag, 1554, Venedig, 1558, 1575, Paris, 1575 (x2), Köln, 1575.
Nauclerus, J., Köln, 1564.
Nicolay, N., London, 1585.
Oviedo, Gonzalo Fernández de, Toledo, 1526, Sevilla, 1535, Salamanca, 1547, 1549, Paris, 1555, 1556, Valladolid, 1557.
Padilla, J. de, Sevilla, 1521.
Panciroli, G., Amberg, 1599.
Pantaleon, H., Basel, 1550, 1572.
Parmenius, Stephen, London, 1582.
Passe, C. van de, Köln, 1598.
Paulus Middelburgensis, Fossombrone, 1513.
Peckham, George, London, 1583.
Petrarca, Venedig, 1507.
Peucer, K., Wittenberg, 1560, Antwerpen, 1584, Lyon, 1584.
Porchacchi, Tommaso, Venedig, 1572, 1575, 1576, 1590.
Ralegh, Walter, London, 1596.
Ramusio, Giovanni Battista (Bd. 3), Venedig, 1556, 1565, 1606, Rouen, 1598.
Resende, G. de, Lissabon, 1545, 1596.
Rosaccio, G., Brescia, 1593, Venedig, 1602.
Ruscelli, G., Venedig, 1566.
Sabellico, M. A. (Coccio), Paris, 1509, Basel 1538, Coimbra, 1550.
Sacro Bosco, Juan de, Paris, 1515, Alcalá, 1526, Florenz, 1572.
Saint-Gelais, M. de, Lyon, 1574.
Schöner, Johann, Nürnberg, 1533, 1551.
Schottus, Andreas (Hg.), Frankfurt, 1603–08.
Seall, Robert, London, 1563.

Servetus, Michael, (Hg.), Lyon, 1535.
Stamler, Johannes, Augsburg, 1508, Venedig, 1540 (?).
Stella, Julius Caesar, London, 1585, Lyon, 1585, Rom, 1585, 1590, Sevilla (?), 1586, Basel, 1590.
Surius, L., Köln, 1566, 1568, Paris, 1571.
Szekely, I., Krakau, 1559.
Tarcagnota, Giovanni, Venedig, 1562.
Tasso, Torquato, Parma, 1581 (x5), Paris, 1581, 1595 (x3), Madrid, 1587, Venedig, 1593, 1595, 1600 (x2), London, 1600, Rom, 1601.
Testamento do Don Cristóbal Colón, Denkschrift, Madrid (?), 1600 (?).
Thilo, V., Basel, 1589.
Thou, Jacques Auguste de, Paris, 1604 (x3), 1606–09.
Valori, Filippo, Florenz, 1604.
Veer, G. de, Amsterdam, 1598, Nürnberg, 1598, Paris 1599, Venedig, 1599.
Venegas de Busto, A., Toledo, 1540.
«Vespucci» (Plagiat), Florenz, 1505–06, St. Dié, 1507 (x2), Straßburg, 1509, Lyon, 1517–18.
Villifranchi, Giovanni, Florenz, 1602.
Voerthusius, Johannes, Frankfurt, 1573.
Waldseemüller, Martin, (Hg.), Straßburg, 1513, 1522.
Wytfliet, Corneille, Löwen, 1597, Douai, 1603.
Zapata, Luis, Sevilla, 1566.

Zehntes Kapitel
1506–1606 (II): England

1. Fernando und Las Casas berichten ebenfalls von dieser Episode und drücken sich sogar ähnlich aus. Beide behaupten, Heinrich VII. habe das Angebot *angenommen,* als aber Bartolomé mit dieser Nachricht nach Spanien zurückkehrte, habe man bereits von der Entdeckung gewußt. Es existiert keine unabhängige Quelle, um diese Geschichte zu verifizieren, allerdings auch nichts, was sie widerlegen würde. Wahrscheinlicher scheint jedoch, daß Heinrich das Angebot zurückgewiesen hat.
2. Auch die Laufbahn Sebastian Cabots kann zur Veranschaulichung der englisch-spanischen Verbindungen herangezogen werden. Er kehrte um 1512 nach Spanien zurück, arbeitete dann im Dienst der spanischen Seefahrt und wurde 1518 zum *piloto mayor* ernannt; dennoch hielt er seine englischen Verbindungen aufrecht, insbesondere mit befreundeten Seefahrern, die er aus den Tagen in Bristol kannte und von denen ihn einige auf der Reise nach Südamerika 1526 bis 1530 begleiteten. Um 1548 ging er wieder nach London, weil er einen Stimmungswandel in England wahrgenommen hatte – möglicherweise aber auch, weil er wegen Unzulänglichkeiten in seinem Amt unter Beschuß geraten war und ihm 1545 eine Untersuchung in Sevilla bevorstand –, und warb um Unterstützung für Reisen nach China, die ihn unter englischer Flagge über «geheime», ihm aber, wie er versicherte, gut bekannte, Routen nach Norden führen sollten. Schließlich gelang es ihm, sogenannte «Handelsabenteurer» zur Unterstützung einer von 1553 bis 1556 bestehenden Cathay Company zu überreden, deren Vorsitzender er selbst war. Dann fuhr er über die Nordost-Route in Richtung China, mußte am Ende der Reise jedoch ernüchtert zur Kenntnis nehmen, daß

er statt China nur Rußland erreicht hatte. Dadurch kam es zwar einige Jahrzehnte lang zu keinen weiteren Reisen, doch wurde immerhin ein bescheidener Handel mit Rußland eingeleitet, dessen Urheber mit einer königlichen Pension von 134 Pfund jährlich belohnt wurde. Cabot starb 1557 nach einem von Triumphen und tragischen Wendungen, Mut und Verbitterung, großer Eitelkeit und Verschlossenheit gekennzeichneten Leben, und nicht selten wurde er mit Cristóbal Colón verglichen.

3. Folgende zwischen 1553 und 1606 entstandene Bücher in englischer Sprache nehmen Bezug auf Colón (die Angaben beruhen größtenteils auf John Parker: *Books to Build an Empire*):

Abbot, George: *A Briefe Description of the Whole Worlde.* 1599, 1600, 1605.
Barrough, Philip: *The method of phisick,* 1601.
Conestaggio, Girolamo: *History of Portugal and Spain,* 1600.
Cunningham, William: *Cosmographical Glasse,* 1559.
Eden, Richard: *A treatyse of the newe India ...,* 1553; *The Decades of the newe worlde ...,* 1555, 1572, 1576, mit Richard Willes überarbeitete Ausgabe unter dem Titel *History of travayle,* 1577.
Galvão, Antonio: *Discoveries of the world,* 1601.
Gascoigne, George: in: Humphrey Gilbert, a.a.O.
Gilbert, Humphrey: *A Discourse ...,* Catai, 1576.
Gómara, Francisco López de: *The pleasant historie ...,* 1578, 1596.
Guicciardini, Francesco: *The historie of Guicciardin,* 1579.
Hakluyt, Richard: *Divers Voyages,* 1582; *Principall navigations ...,* 1589, 1598, 1600 (mit Anmerkungen von Fernando Colón, George Peckham und René de Laudonnière).
Laudonnière, René de: *A notable historie ...,* 1587.
Lindschoten, John Huighen van: *His Discours of Voyages into y Easte & West Indies,* 1598.
Lloyd, Humphrey: *History of Cambria,* 1584.
Martyr, Petrus: *Decades.* (Siehe Eden.)
Münster, Sebastian: *Treatyse.* (Siehe Eden.)
(?) Münster, Sebastian: *A briefe collection ... Cosmographie,* 1572 (das einzige Exemplar ist unvollständig).
Nicolay, N.: *The navigations ... into Turkie,* 1585.
Parmenius, Stephen: *De navigatione ... Humfredi Gilberti ... carmen,* 1582.
Peckham, George: *A true report,* 1583.
Ralegh, Walter: *The discoverie of Guiana,* 1596.
Seall, Robert: *«A Comendation ... of the wurthy Captain M. Thomas Stutely»,* 1563.
Tasso, Torquato: *Jerusalem Delivered,* übersetzt von Edward Fairfax, 1600.

Alle genannten Werke erschienen in London.

Elftes Kapitel
1607–1625 (I): Jamestown

1. 1638 hatten die Engländer bereits prosperierende Kolonien in Virginia, Plymouth, Salem-Boston, Cape Ann, Connecticut, Rhode Island, Maryland, Guyana, St. Kitts, Barbados, Nevis, Antigua, Santa Catalina und Tortuga; die Franzosen hatten Niederlassungen in Quebec-Cap de Tourmente, Trois-Rivières, Acadia, St. Christophe und Martinique; die Niederländer waren in Albany, New Amsterdam, Delaware, St. Eustatius und Curaçao; die Spanier hatten neben den ansehnlichen mexikanischen Siedlungen und Saint Augustine eine Niederlassung in Santa Fe und Kolonien auf Hispaniola, Kuba, Jamaika und Puerto Rico; die Schweden und Finnen hatten am Delaware einige Forts errichtet. Insgesamt betrug die Bevölkerung bis zu 200000 Personen, solche Schätzungen sind jedoch äußerst gewagt: Etwa 125000 Spanier lebten in Mittelamerika (es könnten aber auch um die Hälfte mehr gewesen sein) und etwa 20000 in der Karibik; auf dem Festland gab es etwa 30000 Engländer und in der Karibik 25000; in Kanada lebten nur einige Hundert Franzosen, während ihre Zahl in der Karibik etwa 5000 betragen haben dürfte, und nur etwa 2000 Niederländer waren nach Amerika gekommen.
2. Die Geschichte von Jamestown in den ersten Jahrzehnten seines Bestehens kann sich nicht auf so zahlreiche und auch nicht auf so literarisch hochstehende Quellen stützen wie die der Siedlungen in Massachusetts; ein beträchtlicher Teil der offiziellen Aufzeichnungen der Virginia Company in London und der ersten Regierung in Virginia ist verlorengegangen. Immerhin steht uns der Augenzeugenbericht des John Smith zur Verfügung, der sich bis 1609 in der Kolonie aufhielt, sowie seine Interpretationen der Tagebücher anderer Kolonisten in der 1612 veröffentlichten *Map of Virginia;* die Beschreibungen von William Strachey, von 1610 bis 1611 Sekretär der Kolonie, die in einem langen, von Samuel Purchas 1625 veröffentlichten Brief und in einem 1612 entstandenen, aber erst im neunzehnten Jahrhundert publizierten Manuskript enthalten sind; die Tagebücher von George Percy und Gabriel Archer mit detaillierten Angaben über die Ereignisse im ersten Jahr und einen später verfaßten Bericht von Percy («Trewe Relacyon»), der erst 1922 veröffentlicht wurde; eine Sammlung von englischen Aufzeichnungen, die S. M. Kingsbury als *The Records of the Virginia Company of London* zu mehreren Bänden zusammenfaßte; und eine Auswahl verstreuter Briefe, die zum Teil in Quinn, *New World,* Bd. 5, zu finden sind. Insgesamt haben sie über die Siedler viel mehr zu berichten als über die, die ihnen weichen mußten.
3. Bedauerlicherweise wird nicht immer mit solcher Vorsicht gearbeitet. Die neueren Historiker, Anthropologen, Ethnologen und so weiter haben den ersten englischen Augenzeugenberichten bereitwillig Glauben geschenkt, und ihre Vorstellungen von der Gesellschaft der Powhatans basieren fast ausschließlich darauf; die Siedlungsweise der Indianer, ihre politischen Umgangsformen, Bestattungs- und Hochzeitsbräuche, Abgabensysteme, Rangordnungen, Initiationsriten und ähnliches werden beschrieben anhand der Wahrnehmungen völlig anglozentrischer und voreingenommener Personen. Das Standardwerk *Handbook of North American Indians* (hg. v. Bruce Trigger, Nr. 15, Washington, D. C., 1978) enthält zum Beispiel ein ganzes Kapitel über die Powhatans mit einer umfassenden Beschreibung ihrer sozialen und kulturellen Sitten, das den

Eindruck erweckt, als hätten moderne Anthropologen bei diesem Stamm gelebt und geforscht; in Wirklichkeit stützt sich der Aufsatz fast ausschließlich auf frühe englische Quellen (sogar auf ein Jahrhundert nach der ersten Besiedelung oder noch später datierende Quellen, der Autor übernimmt, ohne mit der Wimper zu zucken, die darin enthaltenen Vorurteile und Mißverständnisse; als Nachweis führt er vier archäologische Arbeiten an. Grabungen, von denen zwei nicht einmal an eindeutig von Powhatans bewohnten Stätten durchgeführt wurden.

Solche Forschungen bringen durchaus interessante Ergebnisse und gewisse Erkenntnisse über die möglichen Gesellschaftsstrukturen der Powhatans, in der Regel sind sie aber koloniale Erfindungen und beruhen auf der Annahme, daß man vom Bakterium auf das Verhalten seines Wirtes schließen kann.

4. Die Powhatans und andere Völker des Wattengebietes blickten auf eine lange Geschichte meist feindseliger Kontakte mit den Europäern zurück und könnten aus all dem, was sie wußten, durchaus den Schluß gezogen haben, daß es den Weißen nur um ihr Land ging und Bündnisse daher unerläßlich seien.

Wie aus den allerdings unvollständigen Zeugnissen ersichtlich ist, gingen in den Jahren 1560, 1570, 1572, 1585, 1587, 1603 und 1607 Europäer in diesem Raum an Land. 1570 wurde in der Chesapeake Bay, vermutlich am York River (nördlich des James River), eine spanische Mission gegründet, die so viele Spannungen verursachte, daß sie offenbar im Jahr darauf völlig zerstört wurde und acht Jesuitenpatres den Tod fanden; 1572 landete eine spanische Truppe unter Pedro Menendez de Aviles und tötete in einem Rachefeldzug mindestens 20 Indianer, vierzehn weitere wurden gehängt. Im Winter 1485–86 lagerte eine Gruppe von Engländern aus der Siedlung Roanoke am Südufer der Chesapeake Bay; über konkrete Auseinandersetzungen wurde zwar nichts bekannt, jedoch gestand Thomas Hariot ein, daß die Männer allgemein «zu hart mit [den Indianern] umgingen und einige von ihnen töteten». Im nächsten Frühjahr zog Kommandeur Ralph Lane mit einer Truppe den nahe gelegenen Chowan River hinauf, blies zum Sturm auf die Indianer und tötete und enthauptete einen Häuptling der Roanoke. Da eine Handvoll Indianer eine kleine Gruppe von Newports Männern bei ihrer Landung am Südufer 1607 aus dem Hinterhalt überfiel (es gab keine Opfer, die Indianer wurden durch Musketenschüsse in die Flucht gejagt), muß es schon vorher zu Provokationen gekommen sein. 1603 nahm der englische Kapitän Samuel Mace zwei Indianer aus «Virginia» gefangen und brachte sie mit nach London, wo sie starben. Sie müssen in der Chesapeake Bay entführt worden sein.

In Anbetracht all dessen dürften die Völker des Chesapeake-Gebietes allen Grund gehabt haben, dem weiteren Eindringen der Europäer Widerstand entgegenzusetzen, und ein Verteidigungsbündnis dürfte eine ihrer Maßnahmen dagegen gewesen sein.

5. Ich ziehe nach Lektüre der wenigen und vermutlich von den Verfassern selbst zensierten Berichte den Schluß, daß die Engländer den Krieg mit Genehmigung der Virginia Company knapp nach der Landung Lord De La Warrs in Jamestown im Juni 1610 begannen. Man könnte allerdings auch behaupten – und diese Auffassung vertritt J. Frederick Fausz (*Virginia Magazine of History*, Bd. 95, Nr. 2, April 1987) –, daß die Auseinandersetzungen von den Powhatans eingeleitet wurden, die im vorangegangenen Winter kleine englische Lager in Nonesuch und Nansemond angegriffen hatten und den Handel mit Jamestown boykottierten, um die Kolonisten auszuhungern. Die Angriffe der Engländer im

Jahre 1610 wären demnach als Vergeltungsschläge zu betrachten, das heißt, sie traten in den Krieg ein, als sie genügend Waffen und Männer zur Verfügung hatten. Wenn man so argumentiert, müßte man aber die ganze verwickelte Reihe von Provokationen und Beleidigungen einmal von der einen und dann wieder von der anderen Seite bis zur Landung im Jahre 1607 zurückverfolgen oder sogar bis zu den ersten Kontakten der Powhatans mit den feindlich gesinnten Europäern im sechzehnten Jahrhundert.

6. Karen Ordahl Kupperman versucht in ihrem Buch *Settling with the Indians* (1980) nachzuweisen, daß die Engländer zwischen 1580 und 1640 die Indianer *nicht* als Untermenschen betrachteten, sondern manchmal sogar etwas Lobenswertes an ihnen fanden. Das Buch ist interessant, weil es daran erinnert, daß es doch Engländer gab, die fast so etwas wie Mitgefühl für die Indianer hegten. Aber auch aus den von der Autorin ins Treffen geführten Beweisen geht eindeutig hervor, daß man die Indianer generell eher als fremd und abstoßend empfand (vor allem in den Einzelheiten, auch wenn die allgemeinen Beschreibungen voll des Lobes sind), jedenfalls nicht als nachahmenswert. Ein Argument erscheint mir besonders bezeichnend: In allen Aufzeichnungen über die Anfänge der englischen Besiedelung wird nicht ein einziges Mal das *Gesicht* eines Indianers beschrieben (Augenfarbe, Backenknochen, Zähne, Nase, Lippen und so weiter); selbst für die wohlwollendsten Betrachter waren sie also offenbar gesichtslos, in einer subtilen Weise weniger als menschlich.

Zwölftes Kapitel
1607–1625 (II): Die Powhatans und andere Indianerstämme

1. Das Problem der Benennung muß unbedingt behandelt werden. Die Bezeichnung «Stamm» für eine größere soziale beziehungsweise politische Einheit der Indianer hat sich durchgesetzt, und ich habe sie mehrfach verwendet, dennoch ist diese vom europäischen Denken bestimmte Ableitung ungenau und irreführend. Als «Stamm» ließe sich im besten Fall eine sprachliche Untergruppe bezeichnen, wie etwa die Powhatans, die offenbar großteils einen algonkinischen Dialekt sprachen; es bestanden zwar gewisse Unterschiede zu den Dialekten, die im Raum des Potomac, des Delaware oder auf der Delmarva Peninsula gesprochen wurden, doch gehörten alle eindeutig der algonkinischen Sprachfamilie an. Das aber bedeutet keine politische oder gar soziale Zusammengehörigkeit. Die politische Grundeinheit der meisten nordamerikanischen Gesellschaften vor der Entdeckung durch Kolumbus dürfte das Dorf gewesen sein oder ein durch verwandtschaftliche Verbindungen zusammengehaltener Verband mehrerer Dörfer in einem bestimmten Gebiet; in schweren Zeiten wurden jedoch zusätzliche Allianzen innerhalb der Dialektgruppe geschlossen – im allgemeinen nur vorübergehend, im Fall der Irokesen und der Powhatans aber offenbar für eine längere Dauer geplant. Da viele die Bezeichnung «Stamm» als abwertend empfinden, wird häufig die neutralere Bezeichnung «Nation» verwendet; diese ist aber mit vielen spezifisch europäischen Konnotationen belegt, die den amerikanischen Bedingungen in keiner Weise entsprechen, und ist an sich schon äußerst unpräzise. Nach Möglichkeit sollten wir daher wohl am besten von einem «Volk» sprechen – das entspricht auch am ehesten den Begriffen «das Volk» oder «das wahre Volk», als das sich die Indianer häufig selbst bezeichnen, wenn auch ohne politische Konnotationen – und die allgemein verwendeten Benennungen beibe-

halten, so ungenau sie auch sein mögen. («Delaware» zum Beispiel wurde vom Namen des englischen Lord De La Warr abgeleitet und einem Gemisch von zahlreichen Restgesellschaften an der Küste des heutigen New York, New Jersey und Pennsylvania übergestülpt, zu denen auch die sprachlich nur entfernt verwandten Leni Lenape gehören.) Weitere Einzelheiten finden sich bei Robert Berkhoffer in: Howard Lamar und Leonard Thompson (Hrsg.): *The Frontier in History,* Yale, 1981.

2. Es ist umstritten, inwieweit Wahunseneka eine Ausnahme von der Regel der in den indianischen Gesellschaften üblichen Gleichberechtigung darstellte, da von ihm behauptet wird, er habe über etwa dreißig «Stämme» im Bereich der Chesapeake Bay geherrscht und sei einem komplizierten «Abgabensystem» vorgestanden, das ihn sogar zur Bestrafung widerstrebender Untergebener ermächtigte. Selbst wenn wir von der Richtigkeit dieser Beobachtungen der Engländer ausgehen (wozu im Grunde kein Anlaß besteht, da sie sich meistens als ungenau und falsch erwiesen haben), steht fest, daß Wahunseneka nicht mit einem «König» im europäischen Sinn des Wortes zu vergleichen war, der sich von seinen «Untertanen» deutlich abhob. Wie John Smith erklärte: «Denn der König selbst stellt seine eigenen Kleider, Schuhe, Bögen, Pfeile, Töpfe her; er pflanzt, jagt und tut alles ganz so wie die anderen.» (Kupperman: *Settling with the Indians,* S. 145.) Ich nehme an, daß das, was die Engländer für ein Abgabensystem hielten, regelmäßige freiwillige Beiträge zu einem gemeinsamen Warenlager waren, die bei einem Potlach wieder verteilt wurden oder für eine andere Jahreszeit aufbewahrt wurden; und was sie für willkürliche Bestrafung hielten, waren wohl vom Ältestenrat gebilligte Maßnahmen, die den überlieferten Verhaltensregeln entsprachen.

Dreizehntes Kapitel
1625–1992: Kolumbus/Columbia

1. Unter den Kolumbus-Biographien aus unserem Jahrhundert sticht Morisons Buch – ursprünglich in zwei Bänden mit nützlichen Anmerkungen veröffentlicht, später aber zu einer einbändigen Ausgabe heruntergekürzt – als die überragende Biographie des Jahrhunderts hervor und verdient daher eine nähere Erläuterung. Die Originalbände enthalten zweifellos wichtige, wissenschaftlich begründete Aussagen, sie sind flott geschrieben und gut lesbar, und Morison, der die mutmaßlichen Routen Colóns in einem kleinen Segelboot nachvollzogen hat, macht brauchbare navigatorische Anmerkungen. Dennoch gibt es Fehler – die den meisten, die in den letzten fünfzig Jahren vertrauensvoll auf diese Quelle zurückgegriffen haben, leider entgangen sind. Zum einen wird vieles als erwiesene Tatsache hingestellt, was heute ernsthaft in Zweifel gezogen wird (und immer schon fraglich schien) oder zumindest umstritten ist. (Um nur einige Beispiele zu nennen: die Darstellung Colóns als eindeutig ersten Atlantiküberquerers des fünfzehnten Jahrhunderts, Tod und Kinder seiner ersten Frau, der Toscanelli-Brief, die Jahre in Spanien, die ausbleibenden Goldfunde auf Española, Colóns Unkenntnis der Tragweite seiner Entdeckung und sogar Berechnungen und navigatorische Angaben; siehe hierzu De Vorsey und Parker.) Zum anderen will Morison die dunkle Seite seines Helden nicht wahrnehmen – die Seite, auf die zum Beispiel Carl Sauer in *Early Spanish Main* hinwies – und schenkt seinen zweifelhaften Handlungen an Land wenig Beachtung. Morisons

Überzeugung von der eindeutigen Bestimmung des europäischen Imperialismus, der Unterlegenheit der indianischen Kulturen und dem unausweichlichen, gerechten Sieg der fortschreitenden Zivilisation – Überzeugungen, die 1942 durchaus zum Allgemeingut gehörten – sollten (wie David Quinn in einer Einleitung zu der 1983 veröffentlichten Ausgabe von Morisons Buch deutlich machte) uns Heutigen unannehmbare Vorurteile sein.

Quellenverzeichnis und Literaturangaben

Untenstehend aufgelistet finden sich die am häufigsten konsultierten Werke und Quellen. Bücher und Zeitschriftenartikel zu Einzelaspekten sind im Anschluß daran kapitelweise in alphabetischer Reihenfolge aufgeführt.

Edward Arber: *The First Three English Books on America*. Birmingham, 1885, New York, 1971.

Fernand Braudel: *Sozialgeschichte des 15.–18. Jahrhunderts*. Bd. 1: *Der Alltag*. München, 1990.

Fredi Chiapelli (Hrsg.): *First Images of America*. Bd. 1 und 2, Kalifornien, 1976.

Fernando Colón: *The Life of the Admiral Christopher Columbus by His Son Ferdinand*. Rutgers, 1959.

K. G. Davies: *The North Atlantic World in the Seventeenth Century*. Minnesota, 1974.

Louis De Vorsey jun. und John Parker: *In the Wake of Columbus: Islands and Controversy*. Wayne State, 1985.

J. H. Elliot: *The Old World and the New 1492–1650*. Cambridge, 1970.

William W. Fitzhugh (Hrsg.): *Cultures in Contact*. Washington, DC, 1985.

Donald T. Gerace (Hrsg.): *Columbus and His World: Proceedings of the First San Salvador Conference*. Fort Lauderdale, 1987.

Henry Harrisse: *Notes of Columbus*. New York, 1866.

Cecil Jane (Hrsg.): *The Four Voyages of Columbus*. London, 1930, 1933, Dover, 1988.

Christoph Kolumbus: *Bordbuch*. Frankfurt/Main, 1981.

Ders.: *Bordbuch, Briefe, Berichte, Dokumente*. Bremen, 1956. (Im folgenden mit dem Kürzel *BBB* bezeichnet.)

Ders.: *Entdeckungsfahrten. Reiseberichte und Briefe von der 2., 3. und 4. Entdeckungsfahrt nach Amerika 1493–1506*. Zürich, 1943.

Bartolomé de Las Casas: *Kurzgefaßter Bericht von der Verwüstung der Westindischen Länder*. Frankfurt/Main, 1966.

Salvador de Madariaga: *Kolumbus. Entdecker neuer Welten*. Bern, München, Wien, 1966.

Samuel Eliot Morison: *Admiral des Weltmeeres*. Bremen, 1942 (einbändige Ausgabe).

Ders.: *Admiral of the Ocean Sea*. New York, 1942 (Bd. 1 und 2).

Ders.: *The European Discovery of America*. Oxford, 1971.

Ders. (Hrsg.): *Journals and Other Documents on the Life and Voyages of Christopher Columbus*. New York, 1963.

Foster Provost: *Columbus: An Annotated Guide to the Study of His Life and Writings, 1750–1988*. Detroit, Providence, 1990.

David Beers Quinn: *England and the Discovery of America 1481–1620*. New York, 1973.

Ders. (Hrsg.): *New American World. Bd.* 1–5. New York, 1979.

Carl O. Sauer: *Early Spanish Main*. Kalifornien, 1966.

Ders.: *Sixteenth Century North America*. Kalifornien, 1971.

Paolo Emilio Taviani: *Christopher Columbus: The Grand Design*. London, 1985.
J. B. Thacher: *Christopher Columbus*. Bd. 1–3, New York, 1903/1904.
Justin Winsor: *Narrative and Critical History of America*. Bd. 1, Bd. 2, Bd. 8, New York, 1889, 1967.
Filson Young: *Christopher Columbus and the New World of His Discovery*. Lippincott, 1912.

Prolog

Elliott, a.a.O., S. 10.
Francisco López de Gómara: *Historia general de las Indias*. Saragossa, 1552 (Widmung), Madrid, 1852, Bd. 23, S. 156.
Jane, a.a.O., Bd. 2, S. 72ff.
Adam Smith: *The Wealth of Nations* (Hrsg.: R. H. Campbell und A. F. Skinner). Oxford, 1976, Buch 4, Kap. 7, Teil 3, S. 626.
Thacher, a.a.O., Bd. 2, S. 669ff.

Erstes Kapitel
1492 (I)

Braudel, a.a.O., S. 88.
Fernand Braudel, Georges Duby, Maurice Aymard: *Die Welt des Mittelmeeres*. Frankfurt a. M., 1988.
De Vorsey und Parker, a.a.O., S. 21.
Oliver Dunn und James E. Kelley jun.: *The Diario of Christopher Columbus's First Voyage to America 1492–1493*. Oklahoma, 1989.
Cesareo Fernández Duro (Hrsg.): *De los pleitos de Colón*. Bd. 1 und 2, Madrid, 1892–94.
J. H. Elliott: *Imperial Spain 1469–1716*. New York, 1963, S. 98–99, S. 117.
Elliott: *Old World,* S. 10.
Colón, a.a.O., S. 9, S. 10, S. 23.
John Block Friedman: *The Monstrous Races*. Harvard, 1981.
Robert Fuson: *The Log of Christopher Columbus*. Camden, 1987.
Gerace, a.a.O., S. 69ff., S. 115ff., S. 122, S. 189.
Alice Bache Gould: *Nueva lista documentada de los tripulantes de Colón en 1492*. Madrid, 1984.
Cecil Jane: *The Journal of Christopher Columbus*. New York, 1960.
Jane: *The Four Voyages*.
Meyer Kayserling: *Christopher Columbus and the Participation of the Jews in the Spanish and Portuguese Discoveries*. 1893, New York, 1968.
Kolumbus: *Bordbuch,* S. 9–11, S. 15f., S. 19, S. 30, S. 76, S. 178.
Kolumbus: *BBB,* S. 63ff., S. 56, S. 73–76.
Bartolomé de Las Casas: *Historia de las Indias* (Hrsg. A. M. Carlo und L. Hanke). Bd. 1–3, Mexico City, 1951, Bd. 1, Kap. 2.
Eugene Lyon in: *National Geographic,* Bd. 170, November 1986.
Angus MacKay: «Pogroms in Fifteenth-Century Castile» in: *Past and Present,* Nr. 55, 1972.
Charles Paul Mac Kie: *With the Admiral of the Ocean Sea*. Chicago, 1891, S. 90.
Madariaga, a.a.O., S. 480.

Juan Manzano Manzano: *Cristóbal Colón: Siete años decisivos de su vida, 1485–1492.* Madrid, 1964.
José Maria Martínez-Hidalgo: *Columbus' Ships.* Barre, 1966.
Alain Milhou: «Colón y su mentalidad mesiánica ...» in: *Cuadernos colombinos,* Bd. 9, Valladolid, 1983.
Townsend Miller: *The Castles and the Crown.* 1963, S. 149.
Morison: *Journals,* S. 27, 31, S. 383.
Morison: *Weltmeer,* S. 33, S. 63, S. 135, S. 145, S. 156, S. 188.
Antonio Muro Orejón: *Pleitos colombinos.* Sevilla, 1967.
Gonzalo Fernández de Oviedo: *Historia general y natural de las Indias.* Sevilla, 1535, Salamanca, 1547, 1549, Madrid, 1851–55.
J. H. Parry: *Das Zeitalter der Entdeckungen.* München, 1983.
J. H. Parry (Hrsg.): *The European Reconnaissance,* New York, 1968, Kap. 4.
John Phelan: *The Millennial Kingdom of the Franciscans in the New World.* Kalifornien, 1970.
Provost, a.a.O., IV. B. C., IV. E. 2., V. G., V. O.
Quinn: *New World,* Bd. 1, S. 78 ff.
Cecil Roth: *A History of the Marranos.* O. O., 1959.
Sauer: *Early Spanish Main.*
Otto Schoenrich: *The Legacy of Columbus.* Glendale, 1949–50.
Leonard I. Sweet: «Christopher Columbus and the Millennial Vision of the New World» in: *Catholic Historical Review,* Bd. 72, Juli 1986.
Taviani, a.a.O.
Thacher, a.a.O.
Marcel Trudel: *The Beginnings of New France.* Toronto, 1973, S. 183.
Henry Vignaud: *Histoire critique de la grande entreprise de Christophe Colomb.* Paris, 1911.
Ders.: *The Letter and Chart of Toscanelli.* London, 1902, Freeport, 1971.
Ders.: *Le vrai Christophe Colomb et la légende.* Paris, 1921.
Pauline Moffitt Watts: «Prophecy and Discovery: On the Spiritual Origins ...» in: *American Historical Review,* Bd. 90, Februar 1985.
Ann Williams (Hrsg.): *Prophecy and Millenarianism.* Essex, 1980.
Young, a.a.O., S. 379.

Zweites Kapitel
Europa (I): «Denn die Zeit ist nahe»

Margaret Aston: *The Fifteenth Century.* Norton, 1986, S. 15 ff., S. 46, S. 150.
Morris Berman: *Wiederverzauberung der Welt. Am Ende des Newtonschen Zeitalters.* München, 1984.
Braudel: *Sozialgeschichte,* S. 35 ff., S. 74, S. 86 ff.
Braudel et al.: *Mittelmeer.*
Fernand Braudel: *The Perspective of the World.* New York, 1984, S. 563.
Peter Burke: *Helden, Schurken und Narren. Europäische Volkskultur in der frühen Neuzeit.* Stuttgart, 1981.
Bruce and William B. Catton: *The Bold and Magnificent Dream: America's Founding Years.* New York, 1978, S. 12.
Kenneth Clark: *Zivilisation. Von den Gedanken, Bauten, Büchern, Kunstwerken und Genies, die den Glanz des Abendlandes schufen.* Reinbek, 1977, S. 107.

S. B. Clough und C. W. Cole: *Economic History of Europe*. Boston, 1952, S. 91.
Norman Cohn: *Das Ringen um das Tausendjährige Reich. Revolutionärer Messianismus im Mittelalter und sein Fortleben in den modernen totalitären Bewegungen*. Bern und München, 1961.
David Ehrenfeld: *The Arrogance of Humanism*. Oxford, 1978.
Elliott, a.a.O., S. 15.
Egon Friedell: *Kulturgeschichte der Neuzeit: Die Krisis der europäischen Seele von der schwarzen Pest bis zum 1. Weltkrieg*. München, 1989, S. 101, S. 143, S. 147, S. 179, S. 236, S. 240.
Fielding Hudson Garrison: *An Introduction to the History of Medicine*. Philadelphia, 1929, S. 186.
Paul Herrmann: *Conquest by Man*. New York, 1954, S. 426 f.
Ders.: *Das große Buch der Entdeckungen. Wagemut und Abenteuer aus 3 Jahrtausenden*. Reutlingen, 1958.
Ders.: *Sieben vorbei und acht verweht. Das Abenteuer der frühen Entdeckungen*. Hamburg, 1952.
Johan Huizinga: *Herbst des Mittelalters. Studien über Lebens- und Geistesformen des 14. und 15. Jahrhunderts in Frankreich und in den Niederlanden*. Stuttgart, 1939, S. 26, S. 38, S. 45.
Howard Mumford Jones: *O Strange New World*. New York, 1964, S. 127 ff.
Alexandre Koyre: «Galileo to Plato» in: *Journal of the History of Ideas,* Bd. 18, 1957.
Cesare de Lollis: *Raccolta di documenti* ... 13 Bde., o. O., 1894, Teil 1, Bd. 2, S. 75 ff.
Niccolò Machiavelli: *Der Fürst*. Stuttgart, 1955, S. 73.
MacKay, a.a.O.
Juan de Mariana: *Historia general* ... Barcelona, 1939, Bd. 4, S. 390.
Lauro Martines: *Power and Imagination: City-States in Renaissance Italy*. New York, 1979, S. 205, S. 216.
Massachusetts Historical Society (Hrsg.): *Pierre d'Ailly's Imago Mundi*. Boston, 1927.
Peter Mathias (Hrsg.): *Science and Society 1600–1900*. Cambridge, 1972, S. 78.
Miller, a.a.O., S. 30.
Lewis Mumford: *The Condition of Man*. New York, 1973, S. 162.
Leonard Sagan: *The Health of Nations*. New York, 1987.
Hartmann Schedel: *Das buch der Cronicken*. Nürnberg, 1493, München-Allach, 1965.
Pitirim Sorokin: *Social and Cultural Dynamics*. O. O., 1937.
Thacher, a.a.O., Bd. 2, S. 660 ff.
Thomas a Kempis: *Nachfolge Christi*. München, 1962.
Arnold Toynbee: *Menschheit und Mutter Erde. Die Geschichte der großen Zivilisation*. Düsseldorf, 1979, S. 427.
Frederick Turner: *Beyond Geography*. New York, 1980, S. 255.
Quincy Wright: *A Study of War*. Chicago, 1965.

Drittes Kapitel
1492 (II)

Arber, a.a.O., S. 66.
Ernle Bradford: *Christopher Columbus*. New York, 1973, S. 24f.
Braudel: *Sozialgeschichte*, S. 436, S. 450.
Paul Chapman: *The Man Who Led Columbus to America*. Atlanta, 1973.
City of Genoa: *Christopher Columbus: Documents and Proofs of His Genoese Origin*. Genua, 1932.
Colón, a.a.O., S. 4, S. 10, S. 17, S. 23, S. 48, S. 56.
Simonetta Conti: *Un secolo di bibliografia colombiana 1880–1985*. Genua, 1986.
Alfred W. Crosby, jun.: *Ecological Imperialism*. Cambridge, 1986.
Arthur Davies in: *Geographical Journal*, Bd. 150, Nov. 1984.
De Vorsey jun. und John Parker, a.a.O., S. 91f.
Dunn, a.a.O.
Duro, a.a.O., Bd. 2, S. 127, S. 217–219, S. 407–410.
Felipe Fernández-Armesto: *Before Columbus: Exploration and Colonization from the Mediterranean to the Atlantic, 1229–1492*. Pennsylvania, 1987.
Fitzhugh, a.a.O., Teil 1.
Fuson, a.a.O.
Enrique de Gandia: *Historia de Cristóbal Colón. Analisis crítico*. Buenos Aires, 1942.
Gerace, a.a.O., S. 109.
Henry Harrisse: *Christophe Colomb*. Paris, 1884, Bd. 1, S. 254ff.
Ders.: *Discovery of North America*. London, 1892, Amsterdam, 1969.
Jacques Heers: *Christophe Colomb*. Paris, 1981.
David Henige und Margarita Zamora: «Text, Context, Intertext» in: *Americas*, Bd. 46, 1989.
Cecil Jane: «The Question of the Literacy of Christopher Columbus» in: *Hispanic American Historical Review*, Bd. 10, 1930.
Gwyn Jones: *The Norse Atlantic Saga*. Oxford, 1964.
Joseph Judge et al. in: *National Geographic*, Bd. 170, Nov. 1986.
Kayserling, a.a.O.
Kolumbus: *Bordbuch*, S. 11, S. 19f., S. 21ff., S. 26, S. 35ff., S. 51, S. 74, S. 260.
Ders.: *BBB*, S. 64, S. 336, S. 338.
Ders.: *Entdeckungsfahrten*, S. 316, S. 318.
Marion C. Link: *A New Theory on Columbus' Voyage Through the Bahamas*. Washington, 1959.
Salvador de Madariaga: *Christoph Columbus. Das Leben des sehr hochmögenden Señor Cristóbal Colón*. Stuttgart, 1951.
Manzano, a.a.O.
Robert McGhee: «Contact Between Native Americans and the Medieval Norse» in: *American Antiquity*, Bd. 49, Januar 1984.
V. I. Milani: «The Written Language of Christopher Columbus» in: *Forum italicum*, Buffalo, 1973.
Morison: *Weltmeer*, S. 196.
Ders.: *Journals*, S. 5ff., S. 60, S. 64, S. 165, S. 202.
Ders.: *Discovery*.
Ders.: *Portuguese Voyages to America in the Fifteenth Century*. Harvard, 1940.

Edmundo O'Gorman: *The Invention of America.* Indiana, 1961.
de Oviedo, a.a.O., zweites Buch, Kap. 5
J. H. Parry: *Das Zeitalter der Entdeckungen.*
Provost, a.a.O., IV. C., IV. E. 2.
Quinn (Hrsg.): *New World,* Bd. 1, Teil 1.
Quinn: *England.*
Ders.: *North American Discovery, circa 1000–1612.* O. O., 1971.
Ders.: «The Argument for the English Discovery of America Between 1480 and 1494» in: *Geographical Journal,* Bd. 127, September 1961.
Studi colombiani, Genua, Bd. 2, 1952.
Taviani, a.a.O., S. 223 ff., S. 468 ff., Anmerkungen zu Kap. 10.
Thacher, a.a.O., Bd. 1, S. 190–193, Bd. 2, S. 554–556, Bd. 3, S. 646 ff.
José de la Torre: *Beatriz Enríquez de Harana.* Madrid, 1933.
Henry Vignaud: *Etudes critiques* ... Paris, 1905, S. 424 ff.
Wilcomb E. Washburn: «The Meaning of ‹Discovery› in the Fifteenth and Sixteenth Centuries» in: *American Historical Review,* Bd. 68, Oktober 1962.
Simon Wiesenthal: *Segel der Hoffnung. Die geheime Mission des Christoph Columbus.* Freiburg, 1972.
Young, a.a.O., S. 356ff.

Viertes Kapitel
Europa (II)
«Vor ihm erzittert das Land»

Berman, a.a.O.
Thomas Berry: *Dance of the Earth.* O. O., 1988.
Richard Bernheimer: *Wild Men in the Middle Ages.* Harvard, 1952.
Alfred Biese: *The Development of the Feeling for Nature in the Middle Ages and Modern Times.* O.O., 1905.
Marc Bloch: *La Société Féodale.* Paris, 1949.
Braudel, *Sozialgeschichte,* S. 125 f., S. 224, S. 367 ff., S. 390 ff., S. 579.
Ders.: *The Perspective,* S. 387.
Olive Dickason: *The Myth of the Savage.* Alberta, 1984.
Edward Dudley und Maximilian E. Novak (Hrsg.): *The Wild Man Within.* Pittsburgh, 1972.
Jacques Ellul: *The Technological System.* New York, 1980.
Ellen C. Eyler: *Early English Gardens and Garden Books.* Washington, 1963.
H. R. Fairclough: *Love of Nature Among the Greeks and Romans.* O. O., 1930.
Friedman, a.a.O., S. 200.
Clarence Glacken: *Traces on the Rhodian Shore.* O. O., 1967. Kap. 10.
Antonio de Guevara: *Epistres dorées* ... Madrid, 1850, Bd. 13, S. 93.
A. R. Hall: *The Scientific Revolution 1500–1800.* London, 1954, S. 29.
Noel Hudson: *An Early Version of Hortus Sanitatis.* London, 1954.
J. Donald Hughes: *Ecology in Ancient Civilizations.* New Mexico, 1975.
William Leiss: *The Domination of Nature.* New York, 1972.
David C. Lindburg (Hrsg.): *Science in the Middle Ages.* Chicago, 1978.
E. T. McLaughlin: *Studies in Medieval Life and Literature.* New York, 1894.
Carolyn Merchant: *Der Tod der Natur. Ökologie, Frauen und neuzeitliche Naturwissenschaft.* München, 1987.

Lewis Mumford: *The Pentagon of Power.* New York, 1970.
Ders.: *Der Mythos der Maschine.* Wien 1974.
Ders.: *Technics and Civilization.* New York, 1934, S. 4.
Roderick Nash: *Wilderness in the American Mind.* Yale, 1979. S. 21.
Evelyn Page: *American Genesis.* O.O., 1973.
Samuel Purchas: *Hakluytus posthumus, or Purchas his pilgrimes.* Bd. 19, Glasgow, (Neudruck) 1905–1907.
Darcy Ribeiro: *The Americas and Civilization.* New York, 1971.
Lawrence D. Roberts (Hrsg.): *Approaches to Nature in the Middle Ages.* Binghamton, 1982.
John Rodman: «The Dolphin Papers» in: *Antaeus,* Nr. 57, Herbst 1986.
Paul Shepard: *Nature and Madness.* O. O., 1982.
Rodney W. Shirley: *The Mapping of the World.* London, 1984.
John M. Steadman: *Nature into Myth: Medieval Renaissance Moral Symbols.* Duquesne, 1979.
J. V. Thirgood: *Man and the Mediterranean Forest.* O. O., 1981.
Keith Thomas: *Man and the Natural World.* New York, 1983, S. 18, S. 77f., S. 145, S. 193, S. 198, S. 258, S. 274.
Turner, a.a.O.
Lynn White: «The Historical Roots of Our Ecological Crisis» in: *Science,* 10. März 1967.

Fünftes Kapitel
1492–1493

Ricardo E. Alegria: *Ballcourts and Ceremonial Plazas in the West Indies.* Yale, 1983.
Colón, a.a.O., S. 44, S. 59f.
Elliott: *Old World,* S. 19f.
Fitzhugh, a.a.O.
Gerace, a.a.O., S. 99ff., S. 102, S. 293, S. 313ff., S. 341ff.
Antonello Gerbi: *Nature in the New World, from Christopher Columbus to Gonzalo Fernández de Oviedo.* Pittsburgh, 1985, S. 7, S. 18, S. 99ff.
Margaret T. Hodgsen: *Early Anthropology in the Sixteenth and Seventeenth Centuries.* Pennsylvania, 1964.
Alexander von Humboldt: *Examen critique ... du nouveau continent.* Paris, 1856, Bd. 1.
Jane: *The Four Voyages,* Bd. 1, Bd. 3ff.
Jones, a.a.O., Kap. 1.
Kayserling, a.a.O.
Kolumbus: *Bordbuch,* S. 44, S. 50, S 54ff., S. 74, S. 94f., S. 129f., S. 151f., S. 190ff., S. 196f., S. 205, S. 228, S. 230, S. 237, S. 287ff.
Ders.: *BBB,* S. 66.
Bjorn Landström: *Columbus.* New York, 1966.
de Lollis, a.a.O., Bd. 1.
Sven Loven: *Origins of Tainan Culture.* Göteborg, 1935.
Madariaga: *Kolumbus.*
R. H. Major: *Letters of Christopher Columbus.* London, 1847, New York, 1961, S. 1ff.

Manzano, a.a.O., S. 196.
Charles MacCarthy: «Columbus and the Santa Hermandad in 1492» in: *Catholic History Review,* Bd. 1, 1915.
Morison: *Weltmeer,* S. 232, S. 238, S. 305.
Ders.: *Journals,* S. 64f., S. 78, S. 182ff.
The New York Times, 27. August 1985.
Leonardo Olschki: «What Columbus Saw on Landing in the West Indies» in: *Proceedings of the American Philosophical Society,* Bd. 84, Juli 1941.
Ders.: «Columbian Nomenclature of the Lesser Antilles» in: *Geographical Review,* Bd. 33, 1943.
Julius E. Olson und E. G. Bourne (Hrsg.): *The Northmen, Columbus, and Cabot.* New York, 1925, S. 263ff.
de Oviedo, a.a.O., S. 21.
Irving Rouse in: *Handbook of South American Indians.* O. O., 1948, New York, 1963, Bd. 4, S. 495ff.
Ders.: *Migrations in Prehistory.* Yale, 1986.
Sauer: *Early Spanish Main,* S. 69.
G. V. Scammel in: *Historical Journal,* Bd. 23, September 1980.
Antonio M. Stevens-Arroyo: *Cave of the Jaguar.* New Mexico, 1988.
Taviani, a.a.O., S. 497ff.
Thacher, a.a.O., Bd. 1, Kap. 54 und 55, Bd. 2, S. 17ff.
Tzvetan Todorov: *The Conquest of America.* New York, 1984, Teil 1.
David Watts: *West Indies.* Cambridge, 1987, S. 60.

Sechstes Kapitel
1493–1494

Arber, a.a.O., S. 67, S. 90.
W. Arens: *The Man-Eating Myth.* Oxford, 1979, S. 21, S. 54.
Braudel: *Sozialgeschichte,* S. 78.
Chiapelli, a.a.O., Bd. 2.
Colón, a.a.O., Kap. 46–50, 54–58, 62–63, S. 105f., S. 170f.
Alfred W. Crosby, jun.: *The Columbian Exchange: Biological and Cultural Consequences of 1492.* Westport, 1972, Kap. 4.
Troy Floyd: *The Columbus Dynasty in the Caribbean 1492–1526.* New Mexico, 1973.
Donald Forsyth: «Three Cheers for Hans Staden» in: *Ethnohistory,* Bd. 32, 1985.
Stanley Garn und Walter Block in: *American Anthropologist,* Bd. 72, Februar 1970, und Bd. 81, Dezember 1979.
Gerace, a.a.O.
de Gómara, a.a.O., Bd. 1, S. 36.
Michael Harner: «The Ecological Basis for Aztec Sacrifice» in: *American Ethnologist,* Februar 1977.
Marvin Harris: *Cannibals and Kings.* New York, 1977.
Richard Holcomb: *Who Gave the World Syphilis?* New York, 1937.
Jane: *The Four Voyages,* Bd. 1, S. cxliii-iv, S. cxlvi, S. 20ff., S. 30, Bd. 3, S. 100ff.
Ders.: «The Opinion of Columbus Concerning Cuba and the Indies» in: *Geographical Journal,* Bd. 73, 1929.
John Carter Brown Library: *European Americana.* Bd. 1. New Canaan, 1980.

Kayserling, a.a.O., S. 157–169.
Kolumbus: *Bordbuch:* S. 229 ff., S. 284, S. 290, S. 296.
Ders.: *BBB,* S. 56, S. 229 f., S. 246.
Ders.: *Entdeckungsfahrten,* S. 42 f., S. 47 f., S. 55 f., S. 63., S. 72, S. 74, S. 87, S. 95 ff., S. 102 ff., S. 112, S. 117.
de Lollis, a.a.O., Bd. 1, S. Lxxv ff.
Morison: *Weltmeer,* S. 350, S. 425, S. 469, S. 548.
Ders.: *Journals,* Teil 3, S. 199 ff., S. 221–225, S. 227, S. 233, S. 238 ff., S. 243 f., S. 248.
Robert A. Myers: «Island Carib Cannibalism» in: *New West Indies Guide,* Bd. 58, Utrecht, 1984.
George T. Northrup in: *Princeton Project,* Bd. 5. Princeton, 1916.
Olson und Bourne, a.a.O., S. 273ff.
Anthony Pagden: *The Fall of Natural Man.* Cambridge, 1982.
Michael Palencia-Roth: «Cannibalism and the New Man of Latin America» in: *Comparative Civilizations Review,* Nr. 12, 1985.
J. H. Parry und Robert G. Keith (Hrsg.): *New Iberian World.* O. O., 1984.
Provost, a.a.O., IV. E., V. E.
Eli Sagan: *Cannibalism.* New York, 1974.
Marshall Sahlins in: *New York Review of Books,* 23. November 1978.
Hans Staden: *True History of His Captivity.* New York, 1929.
Thacher, a.a.O., Bd. 1, S. 123 f., Bd. 2, Kap. 75, 77, 80; S. 223 ff., S. 283 f., S. 322 ff., Bd. 3, Kap. 123; S. 100 ff.
Gerald Weissman: *They All Laughed at Christopher Columbus.* O.O., 1987, Kap. 1.
William J. Wilson in: *Hispanic American Historical Review,* Bd. 22, Februar 1942.
Young, a.a.O., S. 350 ff.

Siebtes Kapitel
1495–1500

Arber, a.a.O., S. 81, S. 90.
S. M. Ashburn: *The Ranks of Death.* O.O., 1947.
Braudel: *Sozialgeschichte,* S. 500 ff.
John Stuart Collis: *Christopher Columbus.* O.O., 1977, S. 136.
Colón, a.a.O., Kap. 66–73, S. 149 f., S. 167 ff, S. 169, S. 174, S. 191, S. 206 ff., S. 211–214, S. 221–223.
Sherburne F. Cook und Woodrow Borah: *Essays in Population History,* Bd. 1, Kalifornien, 1971.
Crosby: *The Columbian Exchange,* Kap. 2, 3, S. 211.
Ders.: *Ecological Imperialism,* S. 196.
William Deneven (Hrsg.): *The Native Population of the Americas in 1492.* Wisconsin, 1976.
Henry Dobyns: *Native American Historical Demography.* Indiana, 1976.
Ders.: *Their Numbers Become Thinned.* Tennessee, 1983, S. 35.
John Duffy: *Epidemics in Colonial America.* Louisiana, 1953.
Elliott: *Old World,* S. 15.
Ders.: *Imperial Spain,* S. 59 ff.
Floyd, a.a.O., S. 46, S. 68, S. 170 und Anhang 2.

Gerace, a.a.O.
Francisco Guerra: «La epidemia americana de influenza en 1493» und «El efeto demografico ...» in: *Revista de Indias,* Bd. 45, 1985, und Bd. 46, 1986.
Earl J. Hamilton: *American Treasure and the Price Revolution in Spain 1501–1650.* Harvard, 1934.
Lewis Hanke: *The Spanish Struggle for Justice in the Conquest of America.* Pennsylvania, 1949, S. 200ff.
David R. Harris: *Plants, Animals and Man in the Outer Leeward Islands.* O.O., Bd. 8, 1965.
David Henige in: *Journal of Interdisciplinary History.* Bd. 16, 1986.
Las Casas:, *Historia de las Indias,* Buch 1, Kap. 100–122, Buch 2, Kap. 3–4, Kap. 7–11, Buch 3, Kap. 90, Kap. 105, Kap. 127–146.
Ders.: *Kurzgefaßter Bericht,* S. 13, S. 16, S. 191.
Salvador de Madariaga: *The Rise of the Spanish American Empire.* London, 1947.
R. H. Major, a.a.O., S. 104ff.
Frances A. MacNutt: *Bartholomé de Las Casas.* New York, 1909, S. 316–321.
Morison: *Weltmeer,* S. 38f., S. 477ff., S. 482ff., S. 494ff., S. 542.
Ders.: *Journals,* S. 259ff, S. 279ff., S. 283ff., S. 292ff., S. 315f.
Ders.: *Ocean Sea,* S. 486.
Lewis Mumford: *Die Stadt.* Köln, Berlin, 1963.
Olson und Bourne, a.a.O., S. 317ff., S. 369ff., S. 371ff.
de Oviedo, a.a.O., Kap. 29, Kap. 30, Kap. 37.
Pagden, a.a.O., S. 35.
Parry und Keith, a.a.O., Bd. 2, Teil 2; S. 212, S. 273f.
Parry: *European Renaissance,* Kap. 7.
Provost, a.a.O., IV. E., V. E.
Quinn: *New World,* Bd. 1, Kap. 10.
Sauer: *Early Spanish Main.*
Seymour I. Schwartz et al.: *The Mapping of North America.* New York, 1980.
Stuart B. Schwartz: *The Iberian Mediterranean and Atlantic Traditions in the Formation of Columbus as a Colonizer.* Minnesota, 1986.
Shirley, a.a.O.
Thacher, a.a.O., Bd. 2, Kap. 86, Kap. 91, S. 348ff., S. 423ff.
Russel Thornton: *American Indian Holocaust and Survival.* Oklahoma, 1987.
Todorov, a.a.O., S. 141
Louis A. Vigneras: *The Discovery of South America and the Andalusian Voyages.* Chicago, 1976.
Watts, a.a.O.

Achtes Kapitel
1500–1506

Arber, a.a.O., S. 71, S. 78, S. 94, S. 96, S. 105f.
Germán Arciniegas: *America in Europe: A History of the New World in Reverse.* New York, 1975, S. 51.
S. F. Bemis in: *Yale Review,* Bd. 57, März 1968.
Robert Berkhoffer: *The White Man's Indian.* New York, 1979.
John Bigelow: «The So-Called Bartholomew Columbus Map of 1506» in: *Geographical Review,* Bd. 25, 1935.

Daniel Boorstin: *The Discoverers*. New York, 1983.
Brandon, a.a.O.
Chiapelli, a.a.O., Bd. 1.
Colón, a.a.O., S. 10, S. 228ff., S. 234f., S. 240, S. 244ff., S. 264, S. 284.
William Eleroy Curtis: *Christopher Columbus: His Portraits and His Monuments*. Chicago, 1893.
Duro, a.a.O., Bd. 2, S. 227.
Elliott: *Old World*.
Christian Feest (Hrsg.): *Indians and Europe*. Aachen, 1987.
Laura Schrager Fishman: *How Noble the Savage?* Diss. o.O., 1979.
Floyd, a.a.O.
Fuson, a.a.O., S. 23.
Gerace, a.a.O., S. 50.
Antonello Gerbi: *The Dispute of the New World*. Pittsburgh, 1973.
Hanke, a.a.O., S. 122f.
Harrisse: *Discovery*, S. 361ff.
Hugh Honour: *The European Vision of America*. Cleveland, 1975.
Jane: *The Four Voyages*, Bd. 2, S. xxv, S. 44, S. 66, Bd. 1., Einl.
Ders.: «The Opinion of Columbus».
Francis Jennings: *The Invasion of America: Indians, Colonialism, and the Cant of Conquest*. New York, 1976.
Paul E. Kahle in: *Geographical Review*, Bd. 23, 1933.
Kolumbus: *Bordbuch*, S. 250, S. 290f.
Ders.: *BBB*, S. 269, S. 336.
Landström, a.a.O., S. 191.
de Lollis, a.a.O., Teil 1, Bd. 2, S. lviiff.
Madariaga: *Kolumbus*, S. 469ff., S. 478ff.
Morison: *Weltmeer*, S. 561, S. 570f., S. 576, S. 640.
Ders.: *Ocean Sea*, S. 74f., S. 374, S. 532, S. 556, S. 588; Bd. 2, S. 412f.
Ders.: *Journals*, S. 165, S. 296, S. 309, S. 314ff., S. 322–370.
Ders.: *Discovery*, S. 199, S. 269–271.
Ders.: «Columbus as a Navigator» in: *Studi colombiani*, Bd. 2, 1952. Northrup, a.a.O.
G. E. Nunn: *The Geographical Conceptions of Columbus*. O.O., 1924, Teil 3.
Ders.: *The Columbus and Magellan Concepts of South American Geography*. Glenside, 1932.
Ders.: *Imago Mundi*. O.O., 1937, Bd. 2.
Olson und Bourne, a.a.O., S. 389ff.
Pagden, a.a.O.
Nestor Ponce de Léon: *The Columbus Gallery*. New York, 1893.
Provost, a.a.O., IV. E., V. E., V. N.
Quinn: *New World*.
Sauer: *Early Spanish Main*, S. 141.
Schoenrich, a.a.O., S. 57ff.
Shirley, a.a.O.
Benjamin Franklin Stevens (Hrsg.): *Christopher Columbus: His Own Book of Privileges, 1502*. London, 1893.
E. G. R. Taylor: «Columbus the Navigator» in: *Journal of the Institute of Navigation*, Bd. 14, 1961.

Thacher, a.a.O., Bd. 1, Kap. 1-16, Bd. 2, Kap. 99, S. 617–621, S. 568, S. 589–593, Bd. 3, S. 8 ff., S. 560 ff.
Todorov, a.a.O.
Vignaud: *Etudes critiques.*
P. M. Watts, a.a.O.
John Noble Wilford: *The Mapmakers.* New York, 1981.
Young, a.a.O., S. 146.

Neuntes Kapitel
1506–1606 (I)
Das Vermächtnis des Kolumbus

Arber, a.a.O., S. 3 f., S. 6, S. 29–36, S. 90, S. 103, S. 209, S. 236, S. 340 ff.
Elizabeth Baer: «Richard Eden's Copy of the 1533 Decades», in: *Essays Honoring Lawrence C. Wroth.* Portland, 1951.
Leicester Bradner in: *Essays Honoring Lawrence C. Wroth.* Portland, 1951.
Colón, a.a.O., S. v.
Curtis, a.a.O.
Elliott: *Old World,* S. 11.
Gerbi: *Nature,* S. 129.
de Gómara, a.a.O.
Richard Hakluyt: *Principall navigations, voiages & discoveries of the English nations.* London, 1598, Glasgow, 1903–05, Bd. 7, S. 464.
Henry Harrisse: *Biblioteca Americana Vetustissima.* New York, 1866, Paris, 1872 (Madrid, 1960).
Jane: *The Four Voyages,* Bd. 1, S. xxvi ff.
John Carter Brown Library, a.a.O.
Cesare de Lollis: *Cristoforo Colombo nella leggenda e nella storia.* O.O., o. J., S. 139.
Morison: *Weltmeer,* S. 349–350, S. 353.
Ders.: *Discovery,* S. 331, S. 434 ff., S. 545, Kap. 15, Kap. 16.
de Oviedo, a.a.O., Bd. 1, S. 167, Bd. 2, S. 13, Bd. 6, S. 8.
John Parker: *Books to Build an Empire: Bibliographical History of English Overseas Interests to 1620.* Amsterdam, 1965.
Boies Penrose: *Travel and Discovery in the Renaissance 1420–1620.* Harvard, 1952, S. 277.
William Prescott: *History of the Conquest of Mexico.* Philadelphia, 1873, Bd. 3, S. 217 f.
Quinn: *New World,* Bd. 1, S. lxv; S. 207, Kap. 22, S. 337–339, Bd. 3, Bd. 4, Kap. 80.
Ders.: *England,* S. 266.
Antonio Rumeu de Armas: *Colón en Barcelona.* Sevilla, 1944.
Joseph Sabin: *A Dictionary of Books Relating to America.* Amsterdam, 1870, 1961.
Vilhjalmur Stefansson: *The Three Voyages of Martin Frobisher.* London, 1938.
Peter Such: *Vanished People.* Toronto, 1978.
Torquato Tasso: *Werke und Briefe.* München, 1978.
Taviani, a.a.O., S. 470 f.
E. G. R. Taylor: *Late Tudor and Early Stuart Geography.* New York, 1968.
Thacher, a.a.O., Bd. 1, Kap. 29, S. 668 f., Bd. 2, S. 548, Bd. 3, S. 9 ff.
Winsor, a.a.O.

Zehntes Kapitel
1506–1606 (II)
England

K. R. Andrews: »Christopher Newport of Limehouse, Mariner« in: *William and Mary Quarterly,* Bd. 9, Januar 1954.
Matthew Page Andrews: *The Soul of a Nation: The Founding of Virginia and the Projection of New England.* New York, 1944, S. 50.
Arber, a.a.O., S. xx-xxi, S. xxv ff., S. 269, S. 288.
James Axtell: *The European and the Indian.* Oxford, 1981, S. 41.
Baer, a.a.O.
Philip L. Barbour: *The Three Worlds of Captain John Smith.* O.O., 1964.
Ders.: *The Jamestown Voyages Under the First Charter.* Cambridge, London, 1969.
Ders. (Hrsg.): *The Complete Works of John Smith.* North Carolina, 1986.
George Louis Beer: *The Origins of the British Colonial System 1578–1660.* New York, 1908.
H. P. Biggar: *The Early Trading Companies of New France.* Toronto, 1901.
Braudel: *Sozialgeschichte,* S. 500 ff.
Ders.: *Perspective,* S. 387.
Charles Bréard und Paul Bréard: *Documents relatifs à la marine normande.* Rouen, 1889.
Carl Bridenbaugh: *Vexed and Troubled Englishmen.* Oxford, 1968.
Peter Burke (Hrsg.): *Economy and Society in Early Modern Europe.* London, 1972.
Joseph Campbell: *Creative Mythology.* New York, 1968, S. 596–599
Charles F. Carroll: *The Timber Economy of Puritan New England.* New York, 1973.
Catton und Catton, a.a.O.
Gillian T. Cell: *English Enterprise in Newfoundland 1577–1660.* Toronto, 1969.
Pierre Chaunu: *L'expansion européenne du XIIIe au XVe siècle.* Paris, 1969.
Ders. und Huguette Chaunu: *Seville et l'antique 1504–1650.* Paris, 1955.
Chiapelli, a.a.O., Bd. 1, Bd. 2.
Norman Cohn: *Europe's Inner Demons.* Sussex University, 1975.
Colón, a.a.O., S. 36 f.
Davies, a.a.O., S. 12 ff., S. 51, «Bibliographical Note».
John Donne: *Metaphysische Dichtungen.* Frankfurt, 1986, S. 59.
Hans-Peter Duerr: *Traumzeit.* Frankfurt, 1978.
W. J. Eccles: «The Fur Trade and 18th-Century Imperialism» in: *William and Mary Quarterly,* Bd. 40, 1983.
Elliott: *Old World,* S. 59 ff.
Ders.: *Imperial Spain,* Kap. 5, Teil 3.
Robert Ergang: *Europe from the Renaissance to Waterloo.* London, 1939, S. 173.
F. J. Fischer: «Commercial Trends and Policy in Sixteenth Century England» in: *Economic History Review,* Bd. 10, 1940.
Friedell, a.a.O., S. 246, S. 261 ff., S. 376 ff., S. 330–332.
Humphrey Gilbert: *A discourse for the discoverie for a new passage to Cataia.* London, 1576.
Hakluyt, a.a.O., Bd. 7, S. 188 f.

Hamilton, a.a.O.
Ders.: «The Role of Monopoly in the Colonial Trade and Expansion of Europe» in: *American Economic Review,* Bd. 38, 1948.
Robert Harcourt: *A Relation of a voyage to Guiana.* (Neuauflage) London, 1928, S. 106.
Harold A. Innes: *The Cod Fisheries.* Yale, 1940, Kap. 3.
Charles Burnet Judah, jun.: *The North American Fisheries and British Policy to 1713.* University of Illinois, Bd. 31, 1933.
Paul Kennedy: *The Rise and Fall of Great Powers.* New York, 1987, S. 45 f.
Annette Kolodny: *Lay of the Land.* North Carolina, 1975, Kap. 2.
Brian P. Levock: *The Witchhunt in Early Modern Europe.* New York, 1987.
C. B. Macpherson: *The Political Theory of Possessive Individualism.* Oxford, 1962, S. 263 ff.
Calvin Martin: *Keepers of the Game.* O. O., 1978.
Franklin T. McCann: *The English Discovery of America to 1585.* O. O., King's Crown, 1952.
William H. McNeill: *The Pursuit of Power.* Chicago, 1982, S. 110 f.
Merchant, a.a.O.
Morison: *Discovery,* Kap. 6.
Thomas Morton: *New English Canaan.* London, 1637 (?).
Domingo Fernández de Navarrete: *The Travels and Controversies of Friar Domingo Navarrete, 1618–1686.* Cambridge, 1962.
Parker, a.a.O.
Boies Penrose: «First Book About America Printed in England» in: *Pennsylvania Magazine,* Januar 1949.
S. Lee Phillips: «List of Books Relating to America in the Register of the London Company of Stationers, from 1562 to 1638», in: *American Historical Association Annual Report,* Bd. 1, 1896.
O. C. Phillips: *The Fur Trade.* Oklahoma, 1961.
Purchas, a.a.O.
G. R. Quaife: *Godly Zeal and Furious Rage.* London, 1987.
Quinn: *New World,* Bd. 1, Kap. 10, Kap. 12, S. 128 f., S. 135 f., S. 171, S. 193 ff., S. 267 ff., S. 310 f., Bd. 5, Teil 23, S. 194.
Ders.: *England,* Kap. 1, Kap. 6, S. 5 ff., S. 75 ff., S. 94 ff., S. 167ff., S. 169 f., S. 209, S. 452 f.
Ders.: *North American Discovery,* S. 511 ff.
Ders. (Hrsg.): *The Roanoke Voyages 1584–1590.* Cambridge, 1955, Bd. 1, S. 91.
Ders. und Neil M. Cheshire (Hrsg.): *The New Found Land of Stephen Parmenius.* Toronto, 1972.
Theodore K. Rabb: *Enterprise and Empire: Merchant and Gentry Investment in the Expansion of England, 1575–1630.* Harvard, 1967, S. 15, S. 57–62.
G. D. Ramsay: *English Overseas Trade During the Centuries of Emergence.* London, 1957.
A. L. Rowse in: *American Heritage,* Juni 1959, S. 106.
Muriel Rukeyser: *The Traces of Thomas Hariot.* New York, 1970, 1971, S. 177, S. 202, S. 204.
Jeffrey B. Russell: *Witchcraft in the Middle Ages.* O. O., Cornell, 1972.
Sauer: *North America,* Kap. 2.
Seall, a.a.O.

John Smith: *Travels and Works ...* (hrsg. v. Edward Arber). Birmingham, 1884.
Taviani, a.a.O., S. 474f.
R. H. Tawney: «The Rise of the Gentry 1558–1640» in: *Economic History Review* Bd. 11, 1941.
Taylor: *Late Tudor and Early Stuart Geography.*
James Westfall Thompson: *The Wars of Religion in France 1559–1576.* New York, 1909.
Eric Williams: *From Columbus to Castro: The History of the Caribbean.* O. O., 1970.
Norman Lloyd Williams: *Sir Walter Raleigh.* London, 1965, Teil 5.
Louis B. Wright (Hrsg.): *The Elizabethan's America.* Harvard, 1965, S. 156ff.

Elftes Kapitel
1607–1625 (I)
Jamestown

Charles M. Andrews: *The Colonial Period of American History.* Bd. 1, Yale, 1934.
M. P. Andrews, a.a.O., S. 87, S. 191f., S. 287f., S. 317ff., S. 332.
S. M. Ashburn: *The Ranks of Death: A Medical History of the Conquest of America.* Coward, 1947.
Axtell, a.a.O., Kap. 3, S. 44.
Barbour: *Three Worlds,* S. 304.
Beer, a.a.O., S. 87.
Berkhoffer, a.a.O., S. 30, S. 131.
Carl Bridenbaugh: «Yankee Use and Abuse of the Forest» in: *Massachusetts Historical Society Proceedings,* Bd. 89, 1977.
C. F. Carroll, a.a.O.
Peter N. Carroll: *Puritanism in the Wilderness ...* Columbia, 1969.
Wilson O. Clough: *The Necessary Earth: Nature and Solitude in American Literature.* Texas, 1964.
John L. Cotter: *Archeological Excavations at Jamestown.* Washington, 1988.
William Crashaw: *Sermon.* London, 1610.
Avery Craven: *Soil Exhaustion ... Virginia and Maryland 1600–1860.* Illinois Studies in the Social Sciences, Bd. 13, 1926.
William Cronon: *Changes in the Land.* O. O., 1983.
Davies, a.a.O., S. 72, Anm. Kap. 3.
James E. Defebaugh: *History of the Lumber Industry in America.* Chicago, 1907, Bd. 1.
Richard Drinnon: *Indian-Hating and Empire-Building.* Minnesota, 1980.
Dudley und Novak, a.a.O., S. 61.
Fitzhugh, a.a.O., S. 188, S. 236, S. 241, S. 246.
Regina Flannery: *Analysis of Coastal Algonkian Culture.* Washington, 1939.
Robert Gray: *A good speed to Virginia.* London, 1609.
Hakluyt, a.a.O., Bd. 8, S. 350.
John P. Harrington (Hrsg.): *The Original Strachey Vocabulary of the Virginia Indian Language (1612).* U.S. Bureau of American Ethnology, Anthropology Papers Nr. 46, Bd. 157, o.O., 1955.
Hans Huth: *Nature and the American.* Kalifornien, 1957.
Innes, a.a.O.
Jakob I.: *A Counterblaste to Tobacco.* London, 1604.

Jennings, a.a.O., Kap. 4, Kap. 5.
Jones, a.a.O., Kap. 2, Kap. 4.
S. M. Kingsbury (Hrsg.): *Records of the Virginia Company of London.* 3 Bände. O.O., 1906. Bd. 1, S. 24–29, S. 660–673, S. 158, S. 603, Bd. 2, S. 221 f., Bd. 3, S. 165 f., S. 536, S. 98 ff., S. 153 ff.
Karen Ordahl Kupperman: *Settling with the Indians: The Meeting of English and Indian Cultures in America 1580–1640.* Totowa, 1980, S. 112.
Dies.: «Apathy and Death in Early Jamestown» in: *Journal of American History.* Bd. 66, 1979.
Clifford M. Lewis und Albert J. Loomie (Hrsg.): *The Spanish Jesuit Mission in Virginia 1570–1572.* North Carolina, 1953.
Stefan Lorant: *The New World.* Sloan, 1946, 1965.
Martin, a.a.O.
Leo Marx: *The Machine in the Garden.* Oxford, 1964.
Roy Harvey Pearce: *The Savages of America.* O.O., 1953, 1965, Teil 1.
Purchas, a.a.O., Bd. 19, S. 228.
Quinn: *New World,* S. 187–189, S. 215 ff., S. 238 ff., S. 274, S. 295, S. 300, S. 310–351; Einleitung zu Teil 23.
Ders.: *England,* Kap. 15, S. 426–429, Kap. 17.
Rabb. a.a.O.
Edward M. Riley und Charles E. Hatch (Hrsg.): *Jamestown in the Words of Contemporaries.* Washington, 1944, S. 12.
Michael Rogin: *Fathers and Children: Andrew Jackson and the Subjugation of the American Indian.* New York, 1979, S. 79.
Charles L. Sanford: *The Quest for Paradise.* Illinois, 1961.
Sauer: *North America.*
Bernard W. Sheehan: *Savagism and Civility.* Cambridge, 1980.
Richard Slotkin: *Regeneration Through Violence: The Mythology of the American Frontier 1600–1860.* Wesleyan, 1973.
William M. and Mabel S. C. Smallwood: *Natural History in the American Mind.* Columbia, 1941.
Abbot E. Smith: *Colonists in Bondage.* North Carolina, 1947.
J. Smith, a.a.O., S. 6, S. 427, S. 574, S. 929, S. 931.
David D. Smits: «Abominable Mixture» in: *Virginia Magazine of History,* Bd. 95, 1987.
Stella H. Sutherland: *Population Distribution in Colonial America.* Columbia, 1936.
E. G. Swem (Hrsg.): *Jamestown 350th Anniversary Historical Booklets.* University Press of Virginia, 1957.
E. G. R. Taylor: *Tudor Geography.* London, 1930, Kap. 1.
Ders., *Late Tudor and Early Stuart Geography,* Kap. 7.
Lionel Tiger: *The Manufacture of Evil.* New York, 1987.
Alexis de Tocqueville: *Über die Demokratie in Amerika.* München, 1976, S. 559.
Bruce G. Trigger (Hrsg.): *Handbook of North American Indians,* Nr. 15. Washington, 1978.
Turner, a.a.O.
Richard Weiss und Gary Nash (Hrsg.): *The Great Fear.* New York, 1970.
Michael Williams: *Americans and Their Forests: A Historical Geography.* Cambridge, 1989.

Zwölftes Kapitel
1607–1625 (II)
Die Powhatans und andere Indianerstämme

Paula Gunn Allen: *The Sacred Hoop*. Beacon, 1986, S. 266.
M. P. Andrews, a.a.O., S. 109ff.
Philip L. Barbour: *Pocahontas and Her World*. New York, 1970.
Thomas Berry: «Vision Quest» in: *Creation,* Bd. 2, 1987.
Black Elk: *Black Elk Speaks*. Nebraska, 1961, S. 37, S. 43, S. 45f.
Joseph Espes Brown in: *Parabola* 7. Sommer 1982.
W. H. Capps (Hrsg.): *Seeing With a Native Eye: Essays on Native American Religion*. New York, 1981.
William Cronon in: *Journal of American History,* Bd. 71, September 1984.
Ders.: *Changes in the Land,* S. 47ff.
Crosby, a.a.O., S. 38.
Robert Cushman: *A Serman Preached in Plimmoth*. London, 1622. S. A.»
Dobyns, a.a.O., S. 25.
Robert Elliott und Arran Gare (Hrsg.): *Environmental Philosophy*. Queensland, 1983.
Mona Etienne und Eleanor Leacock (Hrsg.): *Women and Colonization*. O.O., Praeger, 1980.
Fitzhugh, a.a.O., Teil 3.
Flannery, a.a.O.
Hakluyt, a.a.O., Bd. 8, S. 383.
Ralph Hamor: «A True Discourse of the Present Estate of Virginia» in: Swem, a.a.O.
Jamake Highwater: *Primal Mind*. New York, 1981.
Charles Hudson: *The Southwestern Indians*. Tennessee, 1976.
J. Donald Hughes: *American Indian Ecology*. O.O., Texas Western, 1983, S. 9.
W. H. Hutchinson: «Dissenting Voice ... Against the Myth of the Noble Savage» in: *Westwards,* Oktober 1972.
Wilbur R. Jacobs: *Dispossessing the American Indian*. New York, 1972.
Jennings, a.a.O., Kap. 9.
Shepard Kretch III. (Hrsg.): *Indians, Animals and the Fur Trade: A Critique of Keepers of the Game*. Georgia, 1981. Kupperman, a.a.O.
Howard Lamar und Leonard Thompson (Hrsg.): *The Frontier in History*. Yale, 1981.
Eleanor Leacock und N.O. Lurie (Hrsg.): *North American Indians in Historical Perspective*. New York, 1971.
Calvin Martin: *The American Indian and the Problem of History*. Oxford, 1987, S. 197.
Ders.: *Keepers of the Game,* S. 80, S. 165, S. 168ff., S. 184ff., Epilog.
Paul S. Martin und H. E. Wright (Hrsg.): *Pleistocene Extinctions: The Search for a Cause*. Yale, 1967.
Hu Maxwell: «The Use and Abuse of Forests by the Virginia Indians» in: *William and Mary Quarterly,* Bd. 19, 1910.
Ben C. McCary: «Indians in 17th Century Virginia» in: *Swem*, a.a.O.
James H. Merrell: «The Indians' New World» in: *William and Mary Quarterly,* Bd. 41, 1984.

Maria Mook: «Virginia Indians» in: *Williams and Mary Quarterly,* Bd. 23, Nr. 1, 2, 4, 1943.
William Morell: *New-England.* London, 1625, S. 19.
Peter Nabokov und Robert Easton: *Native American Architecture.* Oxford, 1989.
Gary Nash und David Sweet (Hrsg.): *Struggle and Survival in Colonial America.* Kalifornien, 1981.
Marshall T. Newman in: *American Journal of Physical Anthropology,* Bd. 45, November 1976.
Francis Parkman: *The Conspiracy of Pontiac.* O.O., Collier, 1852, 1962, S. 63.
Quinn: *New World,* Bd. 5, S. 269f., S. 276, S. 323–325, S. 316.
Sauer: *North America,* S. 80ff., S. 224f., S. 286ff., S. 296.
Charles M. Segal und David C. Stineback: *Puritans, Indians, and Manifest Destiny.* New York, 1977, S. 28.
Bernard Sheenan: «Indian-White Relations in Early America» in: *William and Mary Quarterly,* Bd. 26, 1969.
Shepard, a.a.O., Kap. 3, S. 71.
J. Smith, a.a.O., S. 65, S. 67, S. 71f., S. cxiv.
Frank G. Speck: *Chapters on the Ethnology of the Powhatan Tribes of Virginia.* New York, 1928.
Standing Bear: *Land of the Spotted Eagle.* New York, 1933, S. 193.
William Sturtevant in: *American History Review,* Bd. 89, Dezember 1984.
Thornton, a.a.O.
R. G. Thwaites (Hrsg.): *Jesuit Relations.* Cleveland, 1906, Bd. 6, S. 233.
Trigger, a.a.O.
D. H. Ubelacker: «Prehistoric New World Population Size» in: *American Journal of Physical Anthropology,* Bd. 45, 1976.
Ders.: *Reconstruction of Demographic Profiles from Ossuary Skeletal Samples.* Washington, 1974.
John Underhill: *Newes from America.* London, 1638, S. 40.
Christian Vecsey und Robert C. Venables (Hrsg.): *American Indian Environments.* Syracuse, 1980.
Virgil J. Vogel: *American Indian Medicine.* Oklahoma, 1970.
Washburn, a.a.O., S. 56.
Charles C. Willoughby: «Virginia Indians in the Seventeenth Century» in: *American Anthropologist,* Bd. 9, 1907.
Gary Witherspoon: *Language and Act in the Navajo Universe.* Michigan, 1977.
William Wood: *New England's Prospect.* London, 1634, S. 82f.
J. Leitch Wright jun: *The Only Land They Knew.* O.O. Free Press, 1981.

Dreizehntes Kapitel
1625–1992
Kolumbus/Columbia

Alfred K. Allan: «Forgotten Founder of Columbus Day» in: *Columbia,* Oktober 1966.
W. R. Anderson: *Viking Explorers and the Columbus Fraud.* Chicago, 1984 (?).
Joel Barlow: *The Vision of Columbus.* Hartford, 1787, Baltimore, 1814.
Ders.: *The Columbiad.* Philadelphia, 1807, 1809, Paris, 1813.
Carl Becker: *Beginnings of the American People.* O. O., Cornell, 1915, 1960.

Jeremy Belknap: *Biographies of the Early Discoverers.* O.O., 1794, 1856.
Braudel: *Sozialgeschichte.*
Walter Breen: *Complete Encyclopedia of U.S. and Colonial Coins.* New York, 1988.
Rómulo Carbia: *La nueva historia del descubrimiento de América.* Buenos Aires, 1936.
City of Genoa, a.a.O.
Conti, a.a.O.
E. G. Cox: *A Reference Guide to the Literature of Travel.* Washington, 1938, Bd. 2.
Davies, a.a.O.
Elliott: *Old World,* S. 10, S. 102.
Harrisse: *Christophe Colomb.*
Ders.: *Christophe Colomb devant l'histoire.* Paris, 1892.
John D. Hazlett: «Literary Nationalism and Ambivalence in Washington Irving's ‹The Life and Voyages of Christopher Columbus›» in: *American Literature,* Bd. 55, Dezember 1983.
Jacques Heers: *Le projet de Colomb.* Genua, 1983.
Gene Hessler: *The Comprehensive Catalog of U.S. Paper Money.* O.O., Regnery, 1974.
Humboldt, a.a.O.
Washington Irving: *Complete Works.* Boston, 1981.
Ders.: *Die Alhambra.* Stuttgart, 1963.
John Carter Brown Library, a.a.O.
Jones, a.a.O., S. 159, S. 95 ff.
Michael Kammen: *People of Paradox: An Inquiry Concerning the Origins of American Civilization.* O.O., Vintage, 1973.
Michael Kerney: *The Spanish Letter of Columbus to Luis de Sant'Angel.* London, 1891.
Edward F. de Lancey in: *Magazine of American History,* Nov. 1893.
Las Casas, a.a.O.
de Lollis, a.a.O.
Francisco Martínez Martínez: *El descubrimiento de América y las joyas de doña Isabel.* Sevilla, 1916.
C. M. Matthews: *Place-Names of the English-Speaking World.* London, 1972.
John Harmon McElroy in: Irving, a.a.O., Bd. 9, Einleitung.
Morison: *Journals,* S. 8 f., S. 6.
Muñoz, a.a.O.
de Navarrete, a.a.O.
Bruder Nectario Maria: *Juan Colon ... Was a Spanish Jew.* New York, 1971.
New Yorker, 4. Dezember 1989, S. 68.
New York Times, 31. August 1987.
New York Times, 7. Februar 1986.
H. D. Northrup: *Popular History of America.* Springfield, 1898, S. 395.
Giovanni Odoardi in: *Studi colombiani,* Bd. 3, S. 261 ff.
Joaquin F. Pacheco et al.: *Colección de documentos ... del Real Archivo de Indias.* Madrid, 1864–1884.
Anne und Henry Polucci (Hrsg.): *Columbus.* Whitestone, 1989.
Douglas und Mary Patrick: *The International Guide to Stamps and Stamp Collecting.* O.O., McClelland & Stewart, 1962, S. 43.

F. L. Pattee: *The Poems of Philip Freneau.* Princeton, 1902.
Hilah Paulmier und R. H. Schauffer: *Columbus Day: Prose and Verse on Christopher Columbus.* O. O., 1938.
E. J. Perkins: *Economics of Colonial America.* Columbia, 1980, S. 145.
Charles Polzer: *Five Hundred.* O.O., 1989.
Ponce de León, a.a.O.
Provost, a.a.O., Nr. 9; V. J.
Purchas, a.a.O., Bd. 2, S. 19–32.
Quinn: *New World,* Bd. 1, Nr. 25.
L. N. Richardson: *History of Early American Magazines.* O. O., Thomas Nelson, 1931.
Jean-Jacques Rousseau: «La Découverte du Nouveau Monde» in: *Œuvres,* Paris, 1826.
Sara Agnes Ryan: *Christopher Columbus in Poetry, History, and Art.* Chicago, 1917.
Angelo Sanguineti: *La canonizzazione di Cristoforo Colombo.* Genua, 1875.
Carlos Seco Serrano (Hrsg.): *Obras de Navarrete* ... Madrid, 1954.
Luciano da Silva: *Columbus Was 100% Portuguese.* Bristol, 1989.
Raffaele Soprani: *Vite de' pittori, scultori, architetti genovesi.* Bd. 1, 2, Genua, 1768.
George Stewart: *Names on the Land.* New York, 1958.
Thacher, a.a.O., Bd. 3, S. 637.
Charles T. Thompson und William E. Curtis: *Chautauguan.* O. O., 1892.
Vignaud: *Toscanelli.*
Jakob Wassermann: *Christoph Columbus.* Frankfurt, Berlin, 1929.
P. M. Watts, a.a.O.
Wiesenthal, a.a.O.
Walt Whitman: *Werke.* Reinbek, 1956.
Young, a.a.O., S. 373 ff.

Epilog

Chiapelli, a.a.O., Bd. 1.
Henry Steele Commager und Elmo Giordanetti: *Was America a Mistake?* New York, 1967.
Durand Echeverria: *Mirage in the West.* Princeton, 1968, S. 172 ff.
Gerbi: *The Dispute.*
Harrisse: Notes.
Martin, a.a.O., S. 197.
John Ballou Newbrough: *Oahspe: The Words of Jehovih.* Montrose, 1882, 1910, 1935, Passus 735, 737, 790.
Sam Steiner: *The Vanishing White Man.* New York, 1976, S. 282.
Turner, a.a.O., S. 118 ff., S. 171 ff.

Ortsregister

Die kursiv gesetzten Seitenzahlen beziehen sich auf die Fußnote.

Namenregister

Die kursiv gesetzten Seitenzahlen beziehen sich auf die Fußnote.